이한우의 지인지감 06

이한우의
사기
7

이한우의 지인지감 06

이한우의 사기

7

열전(列傳) 권61-권79

『사기집해』『사기색은』『사기정의』
삼가주 완역 해설판

21세기북스

일러두기

1. 삼가주(三家注)는 원칙적으로 모두 번역하되 발음을 풀이한 것이 기존 발음과 같은 경우에는 대부분 생략했다. 또 중복되거나 지금 상황과 동떨어진 주는 생략했다.

2. 삼가주란 배인(裴駰)의 『사기집해(史記集解)』, 사마정(司馬貞)의 『사기색은(史記索隱)』, 장수절(張守節)의 『사기정의(史記正義)』를 뜻하며, 삼가주의 번역은 각주 앞에 각각 【집해(集解)】, 【색은(索隱)】, 【정의(正義)】로 표시해 구분했다.

3. 【 】표시로 시작하지 않는 주석은 옮긴이의 주이며, 삼가주와 다른 서체로 표기했다. 삼가주에 옮긴이의 주를 단 경우에도 마찬가지이다.

4. 발음 풀이 중에 간단한 것은 주(注)로 처리하지 않고 대부분 본문에 포함해 [ㅇ-ㅇ]이라는 식으로 표현했다. 또 역자가 뜻을 분명히 하기 위해 [ㅇ=ㅇ]이라는 표현을 쓰기도 했다.

5. 지나치게 미세해 지금의 독자에게 불필요한 주는 생략했고, 번역문에 녹였을 때는 따로 주(注) 표시를 하지 않았다.

6. 번역 원전은 인터넷사이트 '한천초려(漢川草廬)'를 기본으로 삼았다.

차례

열전(列傳)

권61 ──백이열전(伯夷列傳) 제1

권61 백이열전(伯夷列傳) 제1[1]

무릇 배우는 자들[學者]이 (자신들의 생각을) 글에 실어 쓴 책들[載籍 = 書籍]은 지극히 많지만, 여전히[猶] 육예(六藝=六藝)[2]만이 실로 믿을 만하다[考信]. 『시경(詩經)』과 『서경(書經)』 같은 경우, 비록 빠진 부분이 있기는 하지만[3] (순임금의) 우(虞)나라와 (우왕의) 하(夏)나라에서 열렬하게 애쓴바[文][4]를 (지금도) 얼마든지 알 수 있다[5].

1) 【색은(索隱)】 열전(列傳)이란 남의 신하 된 자[人臣]의 일과 행적[事跡]을 차례대로 나열해[序列] 후세에 전해지도록 하는 것을 말한다. 그래서 열전(列傳)이라고 하는 것이다. 【정의(正義)】 그 사람의 행적을 순서에 따라 나열하므로[序列] 그래서 열전이라고 한다.

2) 일반적으로 육예라고 하면 주나라 교육의 기본 과목인 예(禮)·악(樂)·사(射)·어(御)·서(書)·수(數)의 6가지 기예를 말한다. 예는 예용(禮容), 악은 음악, 사는 궁술(弓術), 어(御)는 마술(馬術), 서는 서도(書道), 수는 수학(數學)이다. 그러나 여기서는 육경(六經)을 말하는데, 『시경(詩經)』·『서경(書經)』·『예기(禮記)』·『악기(樂記)』·『역경(易經)』·『춘추(春秋)』다.

3) 【색은(索隱)】 살펴보건대[按], 공자(孔子)가 속한 유파[家=流派]에서 높이 친 옛 시는 3,000여 편이었다. 공자가 여기서 305편만을 깎아내[刪] 『시경(詩經)』이라고 했는데, 지금은 5편이 없어졌다[亡]. 또 『서위(書緯)』[유가(儒家)의 경전인 경서(經書)에 대칭되는 위서(緯書)의 하나로, 시위(詩緯)·역위(易緯)·서위(書緯)·예위(禮緯)·악위(樂緯)·춘추위(春秋緯)·효경위(孝經緯)를 일컬어 7위서(緯書)라고 한다. 공자의 저작이라고 전하는 위서(僞書)로, 유교에 바탕을 두고 길흉화복을 예언한 책이다. 전한(前漢) 말에서 흐한(後

漢)에 걸쳐 성행했고, 당시 유행하던 음양오행(陰陽五行) 등 신비 사상을 바탕으로 경서를 해석했다.]에 이르기를, 공자가 황제(黃帝)의 현손(玄孫)인 제괴(帝魁)의 책을 구해서 얻어 (그 후로) 진(秦)나라 목공(穆公)에까지 이르렀는데, 모두 3,330편이었고 마침내 깎아내 그중 100편을 『상서(尙書)』, 18편을 『중후(中候)』라고 했다고 한다. (그런데) 지금은 100편 중에서 42편이 없어졌으니, 이 때문에 『시경(詩經)』과 『서경(書經)』은 빠지고 없어진 부분[缺亡]이 있다고 말한 것이다.

4) 우나라와 하나라를 각각 순임금과 우왕으로 한정시켜봐도 상관없다. 그리고 공자의 고유한 문(文) 개념에 입각해서 그것을 애씀, 애쓰는 법, 애쓴 사례 등으로 보아 문(文)을 이렇게 옮겼다. 물론 글 또한 애쓴 결과물이기는 하다.

5) **【색은(索隱)】** 살펴보건대, 『상서(尙書)』에는 「요전(堯典)」·「순전(舜典)」·「대우모(大禹謨)」가 있어 순임금과 우왕이 (서로) 선양(禪讓)한 일을 갖춰 말하고 있다[備言=具言]. 그래서 "우(虞)나라와 (우왕의) 하(夏)나라에서 열렬하게 애쓴바[文]는 얼마든지 알 수가 있다"라고 한 것이다.

요(堯)가 장차[將=且] 자리를 내놓으려 하다가[遜位] (마침내) 우순(虞舜-순임금)에게 넘겨주었다. 순임금과 우왕(이 서로 자리를 넘겨주고 넘겨받는)의 사이에[1] 악(岳-제후들의 우두머리)과 목(牧-12주의 최고 책임자)이 모두 (우(禹)를) 천거했으니, 이에 시험 삼아 자리에 있게 해서[試] 수십 년 동안 직무를 맡겼다가[典職][2] 공로[功用=功效]가 이미 이뤄진 다음에 정권을 넘겨주었다[授政]. (이렇게 한 이유는) 천하란 가장 귀중한 그릇[重器]이고[3] 임금이란 가장 큰 계통[大統]이기 때문에, 천하를 전해주는 일이 이처럼 어려운 것임을 보여주기 위해서였다. 그런데 말하기 좋아하는 사람들[說者]은 요임금은 (원래) 천하를 허유(許由)에게 넘겨주려 했는데[4] 허유가 그것을 받지 않고 (그런 말을 들었다는 것 자체를) 부끄럽게 여겨서 달아나 숨어버렸으며[逃隱], 하(夏)나라 때 이르러서는 변수(卞隨)나 무광(務光)이라는 사람이 있었다고 말한다. (하지만) 그들은 무얼 갖고서[何以] (그렇게) 말하는[稱] 것인가?5)

1) 순임금이 우왕에게 선위하려 할 때를 말한다.

2) 【정의(正義)】 순임금이나 우왕 둘 다 20여 년 동안 직사(職事)를 맡은 다음에야 제의 자리[帝位]에 오를[踐=就] 수 있었다.

3) 【색은(索隱)】 천하란 임금 된 자[王者][왕자(王者)는 경우에 따라 '임금다운 임금'으로 옮겨야 할 때도 많다.]의 가장 귀중한 그릇이라는 말이다. 『장자(莊子)』에 이르기를 "천하란 가장 큰 그릇[大器]"이라고 한 것이 바로 이것이다. 그렇다면 가장 큰 그릇이란 가장 귀중한 그릇이라는 뜻이기도 하다.

4) 【정의(正義)】 황보밀(皇甫謐)은 『고사전(高士傳)』에서 이렇게 말했다. "허유(許由)는 자(字)가 무중(武仲)이다. 요임금이 (그의 명성이) 천하에 널리 퍼졌다[致天下]는 말을 듣고서 그에게 (자리를) 넘겨주려 하니, (허유는) 이에 물러나서 중악(中嶽) 인근 영수(潁水) 북쪽[陽][양(陽)은 산의 남쪽이나 강의 북쪽을, 음(陰)은 산의 북쪽이나 강의 남쪽을 뜻한다. 예를 들어, 한양(漢陽)이란 한수(漢水)의 북쪽 지역을 가리킨다.]으로 달아나[遁] 기산(箕山) 아래에 숨었다. 요임금이 다시 불러서 아홉 주[九州]의 우두머리[長]로 삼자, 유(由)는 그 말을 듣고 싶지 않았었다면서 영수의 물가[濱]에서 귀를 씻었다. 마침 소보(巢父)가 송아지[犢]를 끌고 와서 물을 먹이고 있었는데, 유가 귀를 씻는 것을 보고서 까닭을 물었다. '요임금이 나를 불러 아홉 주의 우두머리로 삼겠다고 하니, 그 소리를 들은 것 자체가 싫어서[惡聞其聲][惡를 '싫어할 오'가 아니라 '어찌 오'로 새길 경우에는 '어찌 그 소리를 그냥 듣고 있겠소'라고 옮길 수 있다. 문맥상으로는 둘 다 자연스럽게 통한다.] 이 때문에 귀를 씻었다'라고 대답하자, 소보가 말했다. '그대가 만약에 높은 절벽 위나 깊은 계곡 속에 살았다면 사람의 도리[人道]란 통하지 않았을 것이니, (그랬더라면) 누가 능히 그대를 알아보았겠소? 그대는 일부러[故] 떠돌아다니면서[浮游] 소문을 통해 자기 명예(名譽)를 구하려 했소. (그러니 그대는 귀를 씻어) 내 송아지의 입을 더럽혔소.' (그러고는) 송아지를 끌고 상류로 올라가서 물을

먹였다. 허유가 죽자[歿] 이 산에 장사 지냈는데, 그래서 이름도 허유산(許由山)이라고 했다."(그 산은) 낙주(洛州) 양성현(陽城縣) 남쪽으로 13리에 있다.

5) 【색은(索隱)】 살펴보건대, 말하기 좋아하는 사람들[說者]이란 제자잡기(諸子雜記 -여러 유파의 잡스러운 주장들)를 가리킨다. 그러나 요임금이 허유에게 넘겨주려 했고 하나라 때 이르러서는 변수(卞隨)·무광(務光) 등이 있었으며 은(殷)나라 탕왕(湯王)이 천하를 넘겨주려[讓=禪讓] 할 때도 마찬가지로 받지 않고서 달아나 사람이 있었다는 일들은 『장주(莊周-장자)』「양왕(讓王-왕위를 양보하다)」편에 갖춰져 있다[具=具載]. 【정의(正義)】 (유가의) 경전과 역사서[經史]에서는 (왕위를 사양하고 끝내 받지 않은 사람으로) 오직 백이(伯夷)·숙제(叔齊)만을 일컬을[稱] 뿐이고 허유·변수·무광에 대해서는 언급하지 않아서 개략조차 볼 수가 없으니, 어째서인가? 따라서 "(하지만) 그들은 무얼 갖고서[何以] (그렇게) 말하는[稱] 것인가?"라고 한 것은, 그들에 대해 일컬어 말할[稱說] 자료가 없기 때문이라고 할 수 있다.[이 구절을 그냥 일컬을 만한 근거나 자료가 없다고 보는 【정의(正義)】의 풀이를 감안할 때, 이 부분을 "이러한 사람들은 무엇 때문에 (세상 사람의) 추앙을 받는 것일까"라고 옮긴 기존의 일부 번역판은 정반대로 옮긴 것이라 할 수 있다.]

태사공(太史公)이 말한다.

내[余]가 기산(箕山)에 올랐을 때[1], 그 위에는 아마도[蓋] 허유의 무덤이 있을 것이라고들 했다[云]. 공자(孔子)가 옛날의 어진 이, 빼어난 이, 뛰어난 이[古之仁聖賢人]를 차례대로 열거한 것[序列]을 보면 오태백(吳太伯)이나 백이(伯夷) 같은 무리[倫]에 대해서는 상세하다. (그런데) 내가 들은 바로는 유(由-허유)와 광(光-무광)은 의로움[義]이 지극히 높았는데도[至高][2] 그들에 관한 문사(文辭-글)는 조금도 개략조차 볼 수가 없으니[不少概見] 어째서인가?[3]

1) 【색은(索隱)】 대개 양운(楊惲, ?~기원전 54년)[사마천의 외손자로, 훗날 사마천의 『사기(史

記)』를 세상에 널리 알린 장본인이다.]과 동방삭(東方朔)의 경우 자신들의 글에서 스스로를 나[여(余)]라고 일컫는 것을 볼 수 있는데, 여기서는 "태사공(太史公)이 말한다"가 더해졌기 때문에 스스로를 여(余-나)라고 부른 것이다.[일반적으로 자기를 칭할 때는 이 경우 천(遷)이라고 해야 하는데 그렇지 않았기에 주를 단 것이다.]

2) 【색은(索隱)】 이는 장주(莊周)가 말한 허유·무광 등의 일에 대해 태사공이 들은 내용을 가리킨다. 즉 허유에게 천하를 넘기려 하니 유가 드디어 기산으로 달아나 영수에서 귀를 씻은 이야기, 변수가 (그런 이야기를 듣자) 동수(桐水)에 스스로 몸을 던진[자투(自投)] 이야기, 무광이 돌을 지고 노수(盧水)에 스스로 빠진[자침(自沈)=자투(自投)] 이야기 등인데, 이것들이 바로 의로움이 지극히 높았다는 것이다.

3) 【색은(索隱)】 살펴보건대, 개(概)란 대략의 줄거리[경개(梗概)]이니 개략[약(略)]이란 뜻이다. 대개 유나 광의 의로움이 지극히 높았는데도 『시경(詩經)』이나 『서경(書經)』의 글[문사(文辭)]에 끝내 조금도 대략의 줄거리조차 실려 있지 않은 것은 어째서인가라고 묻고 있는 것이다. 이는 태사공이 설자(說者)들의 말이 혹 사실이 아닐 것[비실(非實)]이라고 의심한 것이다. 【정의(正義)】 概의 발음은 고(古)와 대(代)의 반절음이다.

공자가 말했다.
"백이(伯夷)와 숙제(叔齊)는 옛 악행을 염두에 두지 않았기에[불념구악(不念舊惡)] 원망함이 이로 인해 드물었다."

"(두 사람은) 어짊을 구해서 어짊을 얻었으니[구인득인(求仁得仁)], 다시 무엇을 원망하겠는가?"[1]

(그러나 공자의 이런 말과 달리) 나는 백이의 속마음[의(意)]을 슬퍼하니, (왜냐하면) 일시(軼詩=逸詩)를 보면[도(睹)] (공자의 말과는) 다르다고 할 수 있기 때문이다[2].

그 전(傳)에는 이렇게 되어 있다.

1) 두 글은 각각 『논어(論語)』 「공야장(公冶長)」과 「술이(述而)」편에 나온다.

2) **【색은(索隱)】** 그 형제가 서로 양보했고 또 의리상으로 마땅히 주나라 곡식[周粟]
을 먹지 않다가 굶어 죽은 것을 슬퍼한다는 말이다. 睹의 발음은 도(睹)다.
軼의 발음은 (질이 아니라) 일(逸)이다. 일시(逸詩)의 글을 본다는 것은 곧 아
래의 「채미(采薇-고사리를 캐다)」라는 시가 그것이다. 『시경(詩經)』 300편에 편
입(編入)되지 못했기 때문에 일시(逸詩)라고 했다. "다르다고 할 수 있다[可異
焉]"는 것은 무슨 말인가? 『논어(論語)』에서는 말하기를 "(두 사람은) 어짊을
구해서 어짊을 얻었는데[求仁得仁] 또 무엇을 원망하겠는가?"라고 했는데,
지금 이 시에서는 "나는 어디로 돌아가야 하는가? 아 죽음뿐이로다. 명(命)
이 쇠했구나"라고 했으니 이는 원망하는 말[怨詞]이다. 그래서 "다르다고 할
수 있다"라고 말한 것이다.

'백이와 숙제는 고죽군(孤竹君)의 두 아들[1]이다. 아버지는 숙제를 (후사
로) 세우고 싶어 했는데, 아버지가 졸(卒-사망)하자 숙제는 백이에게 양보했
다. 백이가 말했다.

"아버지의 명이다."

드디어 (나라 밖으로) 달아나 떠나갔다[逃去]. 숙제 또한 한사코 (왕으로)
세워지고 싶지 않았기에[不肯立] 달아났으니, 나라 사람들[國人]이 그 가
운데 아들[中子]을 세웠다. 이때 백이와 숙제는 서백(西伯) 창(昌)이 노인들
을 잘 모신다[善養]는 말을 듣고서 아마도[盍=蓋] 가서 귀의하려 했던 것
같다[2]. 드디어 거기에 이르렀을 때 서백이 졸(卒)하니, (그의 아들) 무왕(武
王)은 나무 신주[木主=位牌]를 (수레에) 실은 채로 호(號-시호)를 문왕(文
王)이라 하고서 동쪽으로 (은나라 마지막 천자) 주(紂)를 정벌하려 했다. 백이
와 숙제가 (무왕의) 말고삐를 붙잡은 채 간언해 말했다.

"아버지가 돌아가시고 장례도 치르지 않았는데 이에[爰=於是] 곧바로
전쟁[干戈]을 한다면 이를 효(孝)라고 할 수 있겠습니까? (그리고 또) 신하로

서 임금을 시해하는 것[弑]을 어짊[仁]이라고 할 수 있겠습니까?"

좌우에서 (무기로) 쳐 죽이려 하자[兵=殺], 태공(太公)이 말했다.

"이들은 의로운 사람[義人]이다."

그들을 도와[扶=助] 떠날 수 있게 해주었다. 무왕이 은나라의 어지러움[殷亂]을 평정하고 나자, 천하는 주(周)나라를 종주(宗主)로 삼았지만[宗], 백이와 숙제는 그것을 치욕스럽게 여겨[恥=恥] 의리상으로 주나라 곡식을 먹지 않고자 해서 수양산(首陽山)에 숨어3) 고사리를 뜯어 먹었는데4), 굶주림 끝에 장차[且] 죽음에 이르러 노래를 지었다. 가사는 이렇다.

1) **[색은(索隱)]** 살펴보건대 '그 전(傳)'이란 대개 『한시외전(韓詩外傳)』[한(漢)나라 때 한영(韓嬰)이 지은 책이다. 한영은 내전(內傳) 4권, 외전 6권을 저술했으나 남송(南宋) 이후 겨우 외전만 전해졌다. 한영은 문제(文帝) 때 박사(博士)가, 경제(景帝) 때는 상산왕(常山王) 유순(劉舜)의 태부(太傅)가 되었다.]과 『여씨춘추(呂氏春秋)』[진나라 때 여불위(呂不韋)의 저작이다.]일 것이다. 그 전(傳)에 이르기를 "고죽군(孤竹君)은 은나라 탕왕[殷湯] (즉위년) 3월 병인(丙寅)에 봉(封)해졌다. (그 지위를) 서로 전해 이(夷-백이)와 제(齊-숙제)의 아버지에 이르렀는데, (아버지의) 이름은 초(初)이고 자(字)는 자조(子朝)이며, 백이는 이름이 윤(允)이고 자는 공신(公信)이며, 숙제는 이름이 치(致)이고 자는 공달(公達)"이라고 했는데, 어떤 해설자[解者]는 말하기를 이(夷)와 제(齊)는 시호[諡]이고 백(伯)·중(仲)·숙(叔) 등은 그 위아래에 따른 자(字)라고 했다. 살펴보건대, 「지리지(地理志)」에 따르면 고죽성(孤竹城)은 요서(遼西) 영지현(令支縣)에 있다. 응소(應劭)는 말하기를 백이(伯夷)의 국(國-봉국)이라고 했다. 그 봉국 임금의 성(姓)은 묵태씨(墨胎氏)다. **[정의(正義)]** 본래 '병인(丙寅)'에 대한 예전 주석에서는 "은나라 탕왕 정월 3일 병인일"이라고 되어 있다. 『괄지지(括地志)』에 이르기를 "고죽고성(孤竹古城)은 노용현(盧龍縣) 남쪽으로 12리에 있으며, 은나라 때 제후(諸侯)인 고죽국(孤竹國)"이라고 했다.

2) 【색은(索隱)】 유씨(劉氏)가 말했다. "합(盍)은 (불확실성을 뜻하는) 의사(疑辭)다. 이는 대개 그들이 연로해서 서백에게 귀의하려고 나아간 것[歸就]을 말한다."

3) 【집해(集解)】 마융(馬融)이 말했다. "수양산은 하동(河東) 포판(蒲阪)의 화산(華山) 북쪽인 하곡(河曲)의 가운데에 있다." 【정의(正義)】 조대고(曹大家)[후한(後漢) 화제(和帝) 때 인물로 이름은 반소(班昭)이고 다른 이름은 희(姬)이며 자(字)는 혜반(惠班)이다. 반고(班固)의 누이동생으로, 반고가 저술한 『한서(漢書)』의 미완성 부분, 즉「표(表)」 8개와「천문지(天文志)」를 이어서 완결지었으며 황후(皇后)와 귀인(貴人-후궁)들의 스승 노릇을 했다. 조수(曹壽)에게 시집갔는데, 조수가 일찍 죽었다. 사람들은 그를 높여 조대고(曹大家)라고 불렀는데, 대고(大家)는 여성에 대한 존칭으로 이때 家는 고(姑)로 읽는다.]가 (반고(班固)의 글인)「유통부(幽通賦)」에 대한 주해에서 이렇게 말했다. "이(夷)와 제(齊)는 수양산에서 굶어 죽었는데, 농서(隴西)의 머리 부분[首]에 있다." 또 대연지(戴延之)의 『서정기(西征記)』에서는 이렇게 말했다. "낙양(洛陽) 동북쪽 수양산에 이제사(夷齊祠-백이숙제의 사당)가 있다." (그런데) 지금은 언사현(偃師縣) 서북쪽에 있다. 또 맹자(孟子)가 말하기를 "이(夷)와 제(齊)는 주(紂)를 피해 북해(北海) 바닷가에서 살았다"라고 했다. 수양산에 대해 (허신(許愼)의) 『설문(說文-설문해자)』에서는 "수양산은 요서(遼西)에 있다"라고 했다. 역사책이나 경서, 각종 책에서는 이(夷)와 제(齊)가 굶어 죽었다는 수양산에 대해 모두 다섯 곳을 언급했는데, 각각 나름의 근거[案據]가 있지만 정확히 어디인지 알 수 없다. 『장자(莊子)』에서 이렇게 말했다. "백이와 숙제는 서쪽으로 가서 기양(岐陽)에 이르렀는데, 주나라 무왕이 은나라를 정벌하려는 것을 보고서 말했다. '내가 듣건대, 옛날의 (뛰어난) 선비들은 다스려지는 세상을 만나면[遭治世] 그 임무를 피하지 않았고 어지러운 세상을 만나면[遇亂世] 구차스럽게 살아남으려[苟存] 하지 않았다고 했다. 지금 천하는 어둡고[闇] 주나라의 다움[周德]은 쇠퇴했으니, 어찌[其=豈] 주나라와 나란히 함으로써 내 몸[吾身]을 더럽히랴! 달아나 내 행실[吾行]을 깨끗이 하는 것만 못하리라!' 두 사람[二子]은 북쪽으로 가서 수양(首陽)이라는 산에 이르러 끝내 굶주리

다가 죽었다." 또 아래의 시에서 "저 서산(西山)에 올라"라고 했는데, 이는 지금의 청원현(淸源縣) 수양산(首陽山)으로 기양(岐陽) 서북쪽에 있으니 곧 이와 제가 굶어 죽은 곳을 밝혀주고 있다.

4) **【색은(索隱)】** 미(薇-고비, 고사리)는 고사리[蕨]다. 『이아(爾雅)』에 이르기를 "궐(蕨)은 고사리[虌]"라고 했다. **【정의(正義)】** (삼국시대 오(吳)나라 학자) 육기(陸璣)는 『모시초목소(毛詩草木疏)』에서 이렇게 말했다. "미(薇)는 산나물[山菜]이다. 줄기와 잎[莖葉]이 모두 소두(小豆-팥)와 비슷한데, 덩굴져 자라고[蔓生] 맛 또한 소두 잎[小豆藿]과 비슷하다. 국[羹]을 끓일 수 있고, 날것으로 먹을 수도 있다[生食]."

저 서산(西山)에 올라[登彼西山兮]1)

그곳 고사리를 캤네[采其薇矣]

사나움으로 사나움을 바꾸고서도[以暴易暴]2)

그 잘못됨을 모르는구나[不知其非矣]3)

신농(神農), 우(虞-순임금), 하(夏-우왕)(의 도리) 돌연 사라졌으니[神農虞夏忽焉沒兮]

나는 어디로 돌아가야 하는가[我安適歸矣]?4)

아 죽음[徂=死]뿐이로다[于嗟徂兮]

명(命)이 쇠했구나[命之衰矣]!5)

1) **【색은(索隱)】** 살펴보건대, 서산은 곧 수양산이다.

2) 폭정으로 폭정을 바꾼다는 말이다.

3) **【색은(索隱)】** 이는 무왕(武王)이라는 폭신(暴臣)이 은나라의 주(紂)라는 폭주(暴主)를 바꾸려 하면서도 스스로 잘못됨을 알지 못한다는 말이다.

4) **【색은(索隱)】** 복희·신농·순임금·우왕이 순박하게[敦樸] 선양(禪讓-선위)했던 도리를 말한 것인데, 그 도리가 사라진 지 오래고 끝내는 없어졌다는 말이다.

(그런데) 지금은 임금과 신하가 다퉈 빼앗으려는[爭奪] 때를 만났으니, 그래서 "나는 어디로 돌아가야 하는가"라고 한 것이다.

5) **【색은(索隱)】** 우차(于嗟)란 탄식하고 한탄하는 말[嗟嘆之辭]이다. 조(徂)란 '가다[往]', '죽다[死]'이다. 자기가 지금 굶어 죽게 되었으니, 진실로[亦] 운명(運命)이 쇠하고 엷어져[衰薄] 큰 도리의 시대를 만나지 못한[不遇大道之時] 까닭에 암울한 근심[幽憂]을 겪다가 굶어 죽게 되었음을 말한다.

드디어 수양산에서 굶어 죽었다.'

이로 미뤄보건대 원망한 것인가, 원망하지 않은 것인가?[1)]

1) **【색은(索隱)】** 태사공(太史公)이 말하려는 바는 자기가 이 시의 속내[情]를 살펴보건대 이(夷)와 제(齊)의 행동[行]이 거의[似] 원망하는바[所怨]가 있었던 것 같으며, 또 그 말[云]「채미가(采薇歌)」라는 시의 내용을 가리킨다.]에도 원망이 있는 것이 아닌가 의심된다는 것이다.

어떤 사람이 말했다.

"하늘과도 같은 도리[1)]는 따로 사사로이 가까이함이 없고, 늘 좋은 사람과 함께한다[天道無親 常與善人][2)]."

백이와 숙제 같은 경우[若=如]라면 좋은 사람[善人]이라고 부를 수 있지 않을까?[3)] 어짊을 쌓고 행실을 깨끗이 하기[積仁潔行]를 이와 같이 했으나, 그런데도 굶어 죽고 말았다. 또한 70제자의 무리 중에서 중니(仲尼-공자)는 오직 안연(顔淵-안회)만이 배우기를 좋아한다[好學]고 추천해 말했는데[薦][4)], 그러나 회(回)는 누차 굶으면서[屢空][5)] 술지게미와 쌀겨[糟糠]조차 배불리 먹지 못하다가[不厭][6)] 결국 일찍 죽고 말았다[蚤夭=夭折]. 하늘이 좋은 사람에게 갚아주고 베푸는바[報施]가 어찌 이럴 수 있는가?

　　도척(盜跖)은 날마다 아무 죄 없는 사람들[不辜=無辜]을 죽이고[7] 사람의 살을 회 쳐 먹었다[肝][8]. 사납고 거칠게 굴면서 함부로 행동하고 희번덕희번덕 부릅뜨고 노려보았으며[暴戾恣睢][9] 수천 명의 무리를 모아 천하를 휘젓고 다녔으나 끝내 수명을 다하고 죽었다[壽終][10]. (그렇다면) 이는 무슨 다움[德]을 따른 것인가?[11] 이는 그중에서도 더욱 크게[尤大] 훤히 밝혀지고[彰明] 분명하게 드러난 것[較著]이다[12].

1) 천도(天道)를 흔히 하늘의 도리라고 옮긴다. 그러나 송나라 학자 진덕수(眞德秀)는 이런 경우 하늘은 비유라고 했다. 강조점이 하늘이 아니라 도리에 있다는 말이다. 다만 명확히 하늘 자체의 도리를 뜻할 때만 하늘의 도리라고 옮길 것이다.

2) 선인(善人)을 흔히 착한 사람이라고 번역하는데, 오역이다. 이때 선(善)이란 '좋다', '잘하다'라는 뜻이다. 유능하다는 뜻에 가깝다. 선인(善人)의 의미와 관련해서 먼저 『논어(論語)』「술이(述而)」편을 보자.

공자가 말했다. "내가 만일 빼어난 이[이(聖人)]를 만나보는 것이 불가능하다면 군자라도 단나보면 괜찮겠다."공자가 말했다. "내가 만일 좋은 사람[善人]을 만나보는 것이 불가능하다면 떳떳한 마음을 가진 자[有恒者]라도 만나보면 괜찮겠다. 아무것도 없으면서 있는 척하고 텅 비어 있으면서 가득한 척하며 보잘것없으면서 큰 척하면 항심을 가졌다고 말하기 어려울 것이다."

이어서 「자로(子路)」편을 보자.

공자가 말했다. "유능한 사람[善人]이 7년 동안 백성을 가르치면 (백성으로 하여금 자발적으로) 또한 전쟁터에 나아가게 할 수 있다."

어디서도 선인(善人)을 착한 사람으로 옮겨야 할 근거는 없다.

3) **【색은(索隱)】** 또 서론(叙論)에 이르기를 "이와 제의 행실이 이와 같았으니 좋은 사람이라고 부를 수 있을까, 아니면 좋은 사람은 아니라고 해야 할까"라고 했는데, 이 또한 의심한 것이다.

4) 이는 『논어(論語)』「옹야(雍也)」편에 나오는 노나라 임금 애공(哀公)과 공자의 대화에서 가져온 것이다.

애공이 물었다. "제자 중에서 누가 배우기를 좋아하는가?" 공자가 말했다. "안회(顔回)라는 자가 있어 배우기를 좋아해 분노를 다른 데로 옮기지 않고[不遷怒] 잘못을 두 번 다시 반복하지 않았는데[不貳過], 불행하게도 명이 짧아 죽었습니다. 지금은 그가 가고 없으니 아직 배우기를 좋아하는 자를 들어보지 못했습니다."

여기서 보듯이 호학(好學)이란 단순히 공부하고 독서하기를 좋아하는 것이 아니다. 스스로를 낮춰 끊임없이 자신을 좋은 방향으로 닦아가는 것을 말한다.

5) 이는 『논어(論語)』 「선진(先進)」편에 나오는 표현이다.

공자가 말했다. "안회는 (천명을 받아들여) 도리에 가까운 삶을 살았으나 누차 끼니를 걸렀다[屢空]. 자공은 천명을 받아들이지 않고 재화를 늘렸으나 그의 억측은 자주 중화에 이르렀다[屢中]."

6) 【색은(索隱)】 염(厭)이란 '실컷 먹다[飫]'라는 뜻이니, 불염(不厭)이란 '배불리 먹지 못했다[不飽]'는 말이다. 조강(糟糠)이란 가난한 사람들의 보잘것없는 식사[所餐]를 말하니, 조강지처(糟糠之妻)라고 할 때의 그 조강이다. 그러나 (『논어(論語)』에서는) 안생(顔生-안회)이 단사표음(簞食瓢飮) 했다고는 했지만 실로 (『논어』에는) '조강(糟糠)'이라는 글은 보이지 않는다.[『논어(論語)』 「옹야(雍也)」편에서 공자가 말했다. "뛰어나도다, 안회여! 대그릇 하나에 담은 밥과 표주박 하나에 담은 물만으로[一簞食一瓢飮] 누추한 삶을 살아갈 경우, 일반 사람들은 그 근심을 견뎌내지 못하는데 안회는 늘 한결같아서 마음의 즐거움을 조금도 바꾸려 하지 않는다. 뛰어나도다, 안회여!"]

7) 【색은(索隱)】 蹠과 아래 주(注)에 있는 跖은 모두 발음이 지(之)와 석(石)의 반절음이다.[그러나 관례에 따라 '적'이 아니라 '척'이라고 표기했다.] 살펴보건대, 도척은 유하혜(柳下惠) 동생으로 역시 『장자(莊子)』에 나오는데, 그것을 편(篇) 이름으로 삼았다. 【정의(正義)】 살펴보건대, 척(蹠)이란 황제(黃帝) 때의 큰 도둑의 이름이다. 유하혜의 동생이 천하의 큰 도둑이 되자 세상에서는 옛일을 본떠[放古=倣古] 이름을 도척(盜蹠-도둑 척)이라고 한 것이다.

8) 【색은(索隱)】 유씨(劉氏)가 말하기를 "인육을 떼어내 생간(生肝)을 만들어 먹은 것을 말한다"라고 했는데, 틀렸다. 살펴보건대 『장자(莊子)』 「도척(盜跖)」편에

이르기를 "척(跖)이 마침 졸개들을 태산(太山) 남쪽[陽]에서 쉬게 하고는 사람의 간을 잘게 저며서[膾] 먹고 있었다[脯=食]"라고 했다.

9) 【색은(索隱)】 폭려(暴戾)란 흉폭(兇暴)하고 악려(惡戾-그릇되고 사나움)한 것을 말한다. (남조(南朝) 제(齊)나라 학자) 추탄생(鄒誕生-추탄)은 恣의 발음은 자-(資), 睢의 발음은 천(千)과 여(餘)의 반절음이라고 했다. 유씨(劉氏)는 恣의 발음은 글자 그대로이고[如字]이고, 睢의 발음은 휴(休)와 계(季)의 반절음이라고 했다. 자휴(恣睢)란 마음대로 행동하면서 눈을 희번득거리며 못된 짓을 해대는 모습이다.[睢의 발음에 대해 두 학자의 의견이 다르다. '수'라고도 하고 '휴'라고도 하는데, 여기서는 '휴'라고 했다.] 【정의(正義)】 휴(睢)란 올려다보느라 흰자위가 많이 드러난 눈으로, 화난 모습이다. 이는 도척이 흉폭하고 사나우며 성질이 제 마음대로여서 화를 낼 때 흰자위가 크게 드러났음을 말한다.

10) 【집해(集解)】 『황람(皇覽)』에서 말하기를, "도척(盜跖)의 무덤은 하동(河東) 대양(大陽)에 있는데, 하곡(河曲)에 접해 있으며 홍농(弘農) 화음현(華陰縣) 동향(潼鄉)과 마주하고 있다[直]"라고 했다. 살펴보건대, 도척은 곧 유하혜 동생이다. 【색은(索隱)】 直의 발음은 글자 그대로이니, 직(直)이란 '마주하다[當]'는 뜻이다. 혹 발음을 치(値)라고 하는 데 아니다. 潼의 발음은 동(同)이다. 살펴보건대 동(潼)은 강의 이름[水名]이고 그것을 갖고서 향(鄉)이라고 했는데, 지금의 동진관(潼津關)이 이곳이고 역시 현(縣)이 되었다. 【정의(正義)】 『괄지지(括地志)』에서 말했다. "도척의 무덤은 섬주(陝州) 하북현(河北縣) 서쪽으로 20리에 있다. 하북현은 본래 한(漢)나라의 대양현(大陽縣)이다. 또 지금 제주(齊州) 평릉현(平陵縣)에 도척의 무덤이 있는데 (연유는) 잘 모르겠다."

11) 【색은(索隱)】 도척이 무도해 천하를 마구 휘젓고 다니고도 끝내 수명을 다 마치고 죽은 것은 그 사람이 무슨 다움을 따르고 행해서[遵行] 그렇게 될 수 있었는가라고 말하는 것이다.

12) 【색은(索隱)】 살펴보건대, 교(較)란 밝게 나타난 것[明]이다. 백이는 다움이 있었

는데도[有德] 굶어 죽었고 도척은 사납고 거칠게 굴었는데도[暴戾] 수명을 다 마쳤으니, 이는 뛰어난 이[賢]는 (좋은 명을) 만나지 못했고[不遇] 나쁜 도리를 행한 자는 장수했다는 것이 더욱 크게 훤히 드러난 증거사례라는 말이다.

근세(近世)의 경우에는 행실[操行]이 도리에서 벗어난 데다가[不軌=不道] 오로지 금하고 꺼려야 할 일[忌諱]만 골라가면서 어기는 데도 종신토록 편안하고 즐겁게 지내면서[逸樂] 부유함[富厚=富裕]이 여러 세대에 걸쳐 끊어지지 않는 자들이 있다[1]. (반면에) 어떤 이는 땅을 가려서 발로 딛고[2] 때에 맞은 다음에야[時然後] 입 밖으로 말을 내며[出言][3] 길을 갈 때는 샛길로 다니지 않으며[4] 공적이고 바른 일[公正]이 아니면 떨쳐 일어나지[發憤] 않았는데도 재앙이나 불행[禍災]을 만난 경우가 이루 다 헤아릴 수가 없다[不可勝數][5].

1) **【색은(索隱)】** 예를 들면 노나라 환공[魯桓], 초나라 영왕[楚靈], 진나라 헌공[晉獻], 제나라 양공[齊襄] 등이 모두 이런 부류다.

2) **【색은(索隱)】** 어리석은 군주일 때는 벼슬하지 않고 도천(盜泉)[산동성 사수현에 있는 샘으로 공자(孔子)는 그 이름이 좋지 않아 아무리 목이 말라도 그 샘의 물은 마시지 않았다고 한다.]의 물을 마시지 않으며 발을 싸맨 채[裹足-아무 일을 하지 않음] 높은 산의 꼭대기에 있거나 종적을 감추고[竄跡] 창해(滄海-큰 바다)의 바닷가에 숨어 지내는 것을 말한다. **【정의(正義)】** 북곽락(北郭駱)이나 (주나라 선비) 포초(鮑焦) 등이 이런 사람이다.

3) **【색은(索隱)】** 살펴보건대, 『논어(論語)』에서 "그분께서는 때에 맞은 다음에야 말씀을 하십니다[時然後言]"라고 했다.

「헌문(憲問)」편에 나오는 대화다.

공자가 공숙문자(公叔文子)에 대해 공명가(公明賈)에게 물었다. "참으로 그분께서는 말씀이

없으시고 웃음을 아끼시며 이익을 탐하지 않으시는가?" 공명가가 대답했다. "그렇게 달한 자

가 있다면 그것은 지나칩니다. 그분께서는 때에 맞은 다음에야 말씀하시기[時然後言] 때문에,

사람들이 그 말을 싫어하지 않고, 즐거운 다음에야 웃음을 보이기 때문에 사람들이 그 웃음을

싫어하지 않으며, 의리에 맞은 다음에야 취하시므로 사람들이 그 취함을 싫어하지 않는 것입니

다." 공자가 말했다. "그런가? 어찌 그러하겠는가?"]

4) **【색은(索隱)】** 살펴보건대, 『논어(論語)』에 나오는 담대멸명(澹臺滅明)의 처신이다.

「옹야(雍也)」편에 나오는 대화다.

자유(子游)가 노나라의 무성(武城)이라는 읍을 다스리는 읍재가 되었다. 이에 공자는 자유에게

너는 사람을 얻었느냐고 묻는다. 자유는 이렇게 답한다. "담대멸명(澹臺滅明)이라는 자가 있는

데, 다닐 때 샛길로 다니지 않고 또 공무가 아니면 한 번도 우리 집에 온 적이 없습니다."

바로 다음 문장도 이 일화와 연관된 것으로 보인다.]

5) **【색은(索隱)】** 남의 신하 된 자[人臣]의 절의로서 공적이고 바른 일이 아닐 경우에

는 감격해 발분하지 않으며, 혹 충언을 말하고 혹 신명(身命)을 다 바치는데

도 결국은 화재(禍災)를 만나는 경우를 이루 다 헤아릴 수가 없다는 말이다.

(하나라 걸왕 때의 충신) 용봉(龍逢), (은나라 주왕 때의 충신) 비간(比干), 굴평(屈

平-굴원), 오서(伍胥-오자서) 등이 이런 부류다.

나[余]는 심히 당혹스러우니[甚感＝甚惑], 혹시라도[儻] 하늘과도 같은 도리[天道]라는 것이 이것인가, 아닌가?[1]

1) **【색은(索隱)】** 태사공(太史公)은 도리에서 벗어난 길[不軌]을 가면서 편안하게

즐거움을 누리고 공적이고 바른 행동을 하고서 재해(災害)를 만나는 것에

대해 의혹을 품고서, 하늘과도 같은 도리는 과연 옳은가 틀린가라고 했으

니, 이는 그 도리를 깊이 의심한 것이다. 대개 하늘과도 같은 도리란 아득하

고 멀어서[玄遠＝幽遠] 귀 밝게 듣기[聰聽]를 잠시 내버려두거나 궁하면 통하

기[窮通]를 자주 해서 그 행한 바를 따르지 않기 때문에 좋은 일을 행한다

고 해서 반드시 복을 받는 것이 아니고 악을 행한다 해서 반드시 화를 입는 것도 아니다. 이전의 달통한 이들[先達]도 모두 오히려 이에 어두웠던 것이다. 【정의(正義)】 儻의 발음은 타(他)와 탕(蕩)이 반절음이다. 당(儻)은 '아직 정해지지 않았다[未定]'는 말이다. 하늘과도 같은 도리에 대해 감히 옳다 그르다를 명확하게[昀＝明] 말할 수 없기에, 그래서 '혹시라도[儻]'라고 한 것이다.

공자가 말하기를 "도리가 같지 않으면 서로 도모하지 말아야 한다[道不同不相爲謀][1]"라고 했으니, 실로 각자 자신의 뜻을 따라야 한다는 것[2]이다. 그래서 (공자는) 말하기를 "부귀(富貴)가 만일 얻으려고 해서 얻을 수 있는 것이라면[可求] 말채찍을 잡는 자의 일이라도 내 기꺼이[亦] 하겠다[3]. (그러나) 얻으려고 한다고 해서 얻을 수 없는 것이라면 내가 좋아하는 바를 따르겠다[4]"라고 했다. (또) 말하기를 "날씨가 추워진[歲寒] 뒤에야 소나무와 잣나무가 뒤늦게 시듦[後凋]을 알 수 있다"[5]라고 했으니, 온 세상이[擧世] 혼탁해졌을 때야 맑은 선비[淸士]가 마침내 드러난다는 것이다[6].

그런데 어찌 저와 같은 것[若彼]은 무겁게 여기면서 이와 같은 것[若此]은 가벼이 여기는가?[7]

1) 『논어(論語)』「위령공(衛靈公)」편에 나오는 말이다.

2) 【정의(正義)】 태사공(太史公)은 공자의 말을 끌어와서 이전의 일들을 입증하고 있다. 하늘의 도리와 사람의 도리는 같지 않으니, 한 번 운명에 맡겨서 그 운명과 만나게 되면 진실로 각자 그 뜻한바[志意]를 따라야 한다는 것이다.

3) 【집해(集解)】 정현(鄭玄)이 말했다. "부귀란 구한다고 해서 얻을 수 있는 것이 아니라 마땅히 다움을 닦음[脩德]으로써 얻는 것이다. 만약 도리가 구하기만 해서 얻을 수 있는 것이라면 비록 말채찍을 잡는 것과 같은 비천한 일이라 해도 나는 기꺼이 그것을 할 것이다."

4) 【집해(集解)】 공안국(孔安國)이 말했다. "좋아하는 바란 옛사람의 도리[古人之道]다."[『논어(論語)』「술이(述而)」편에 나오는 말이다.]

5) 【집해(集解)】 하안(何晏)이 말했다. "큰 추위가 닥치면 뭇 나무들이 다 죽고 나서야 소나무와 잣나무는 조금 시들게 되고, 평상시에는 뭇 나무들 또한 죽지 않는다. 그래서 모름지기[須] 날씨가 추워진 뒤에야 구별이 되는 것이다. 이는 평범한 사람들은 다스려지는 세상[治世]에서 살 때는 또한 능히 스스로 닦고 단정해[脩整] 군자와 똑같아 보이지만 흐려진 세상[濁世=亂世]이 된 뒤에는 군자의 올바름을 구차스럽게라도 갖출 수 없음[不苟容]을 알게 된다는 사실을 일깨워준다[喩].[『논어(論語)』「자한(子罕)」편에 나오는 말이다.]

6) 【색은(索隱)】 『노자(老子)』에 이르기를 "국가가 혼란해져야 비로소[始] 충성스러운 신하[忠臣]가 나오게 된다"라고 했으니, 이는 온 시대[擧代]가 혼탁해지면 선비 중에서 맑고 깨끗한[淸潔] 자가 마침내 훤히 드러나게 된다[彰見=彰顯]는 것이다. 그러므로 위의 글에서 "날씨가 추워진[歲寒] 뒤에야 소나무와 잣나무가 뒤늦게 시듦[後凋]을 알 수 있다"라고 한 것은, 먼저 이 말을 하고 나서 본론을 펼친 것[張本]이다. 【정의(正義)】 천하가 무너져 어지러워져도[泯亂] 맑고 깨끗한 선비는 굽히지 않으며[不撓] 도척(盜跖)(과 같은 자)에게 구차스럽게 영합하지는 않는다[不苟合]

7) 【색은(索隱)】 살펴보건대, 백이가 다움으로 양보한 것[讓德]은 저와 같은 것을 무겁게 여긴 것이고, 고사리를 캐서 먹다가 굶어 죽은 것은 이와 같은 것을 가볍게 여긴 것이다. 어떤 풀이에서는 "행실[操行]이 도리에서 벗어나고[不軌=不道] 부유함[富厚=富裕]이 여러 세대에 걸쳐 이어지는 것, 이것이 저와 같은 것을 무겁게 여긴 것이고, 공적이고 바른 일[公正]에 떨쳐 일어나는데도[發憤] 재앙이나 불행[禍災]을 만난 경우, 이것이 이와 같은 것을 가벼이 여긴 것"이라고 했다. 【정의(正義)】 무겁게 여긴다[重]는 것은 도척 등을 이른 것이고, 가벼이 여긴다[輕]는 것은 이(夷-백이), 제(齊-숙제), 유(由-허유), 광(光-무광) 등을 이른 것이다.

(공자가 말했다.)

"군자는 죽을 때까지 자신의 이름이 일컬어지지 않는 것[不稱]을 싫어한다[疾]."1)

가자(賈子)2)가 말했다.

"탐욕스러운 사내[貪夫]는 재물을 좇고[徇財]3), 치열한 선비[烈士]는 이름을 추구하고[徇名], 자랑하는 자[夸者]는 죽자 사자 권세를 탐하고[死權]4), 일반 백성은 생업에 목을 맨다[馮生=憑生]5)."

"같은 종류의 빛은 서로를 비춰주고, 같은 종류의 일이나 사물은 서로 찾는다[相求]."6)

"구름은 용을 따르고, 바람은 호랑이를 따른다7). (이처럼) 빼어난 이가 일어나[作] 만물을 살핀다[覩]8)."

백이와 숙제의 뛰어남은[賢] 부자(夫子-공자)를 만나 이름을 더욱 드날렸고[益彰]9) 안연(顔淵)이 배움에 독실하자[篤學=好學] 천리마의 꼬리[驥尾]에 붙어 행실이 더욱 드러났으나[益顯]10), 바위 동굴에 숨어 사는 선비[巖穴之士]는 나아가고 물러나는바[趣舍]에 일정함이 있다 하더라도 이런 부류의 사람들은 그 명성이 흔적도 없이 사라져서 일컬어짐이 없으니 슬프도다[悲夫]!11) 시골 마을[閭巷]에 묻혀 사는 사람은 행실을 갈고닦아[砥行] 이름을 세우고자[立名] 해도 학덕이나 지위가 높은 훌륭한 선비[靑雲之士]에게 기대지 않고서야 어찌 능히 후세에 이름을 남길 수 있겠는가12)?13)

---

1) 【색은(索隱)】 이 글 이하에서는 비록 백이가 부자(夫子-공자)를 만나 이름을 드날렸고 안회(顔回)는 천리마의 꼬리[驥尾]에 붙은 듯이 행실이 드러났지만 대개 자신의 저술[著撰]을 조금이라도 보여주려는 것을 그치지 않는 것은 또한 죽을 때까지 자신의 이름이 일컬어지지 않는 것[不稱]을 싫어하기 때문이라는 점을 논하고 있다. 가자(賈子)의 "탐욕스러운 사내[貪夫]는 재물 때문

에 죽고 치열한 선비[烈士]는 이름 때문에 죽는다"라는 말을 끌어온 것은 그 때문이다. 또 "같은 종류의 빛은 서로를 비춰주고 같은 종류의 일이나 사물은 서로 찾는다[相求]", "구름은 용을 따르고 바람은 호랑이를 따른다"를 끌어온 것은, 일이나 사물[物]은 각자 종류나 유형에 따라 서로를 찾는다는 것을 말한 것이다. 그러므로 태사공(太史公)은 자기 또한 행실이 갖춰져 있고[操行] 청렴하며 곧은데도[廉直] 그 시대에 쓰이지 못하고 졸지에 죄가 아닌 죄[非罪]에 빠져 백이 같은 부류가 되었음을 말하면서 이에 기대 논(論)을 펼친 것이다. 【정의(正義)】 군자는 세상을 떠난[沒世] 후에 이름이 흔적도 없이 사라져버려[堙滅] 자신의 이름이 일컬어지지 않는 것[不稱]을 싫어한다고 하면서, 이(夷)나 제(齊)나 안회(顔回)의 경우에 깨끗한 행실[絜行=潔行]로 이름을 세워[立名] 후대에 칭술(稱述)되고 있다는 것은, 태사공 또한 스스로 이름을 세울 만한 뛰어난 저술을 써서 점차 자신을 드러내 보이고 싶어 한 것이다.[『논어(論語)』「위령공(衛靈公)」편에 나오는 말이다.]

2) 【색은(索隱)】 가자(賈子)란 가의(賈誼)다. 의(誼)가 「붕조부(鵩鳥賦)」를 지어, 이렇게 말했는데[云然], 그래서 태사공이 그것을 끌어들이면서 가자(賈子)라고 부른 것이다.

3) 【정의(正義)】 徇은 재(才)와 신(迅)의 반절음이다. 순(徇)은 구하다, 찾다[求]라는 뜻이다. 찬(瓚)이 말하기를 "온몸으로 사물이나 일을 좇는 것을 순(徇)이라고 한다"라고 했다.

4) 【색은(索隱)】 권세를 탐해 자랑하고 과시하는 자는 죽을 때까지 조금도 그치려 하지 않으니, 그래서 사권(死權)이라고 한 것이다.

5) 【색은(索隱)】 빙(馮)이란 '기대다', '의지하다[恃]'라는 뜻으로, 발음은 빙(凭-기대다)이다. 일반 백성[衆庶]의 실상[情]을 보면 대개 생업에 의지해 겨우 살아간다. 추탄(鄒誕)의 판본에는 "매생(每生)"으로 되어 있는데, 매(每)란 '무릅쓰다[冒]'라는 뜻이니 곧 탐하기를 무릅쓴다[貪冒]는 말이다. 【정의(正義)】 태사공은 가자(賈子)를 끌어들여 『사기(史記)』를 짓는 것에 빗댄 것인데, 예를 들면 탐

욕스러운 사내는 재물을 좇고 치열한 선비는 이름을 추구하며 자랑하는 자는 죽자 사자 권세를 탐하고 일반 백성은 생업에 목을 매듯이, 이에 자신은 『사기(史記)』를 완성했다는 것이다.

6) 【색은(索隱)】 이하는 둘 다 『주역(周易)』 「계사전(繫辭傳)」 글이다. 【정의(正義)】 하늘이 비를 내리고자 하면 기둥 주춧돌[柱礎]이 축축해진다고 한 것은 다움이 같은[同德-같은 성질] 것은 서로 호응한다는 말이다.

7) 【집해(集解)】 왕숙(王肅)이 말했다. "용이 날자 상서로운 구름이 따르고, 호랑이가 울자, 계곡의 바람이 일어난다." 장번(張璠)이 말했다. "오히려 용이 구름을 따르고 호랑이가 바람을 따르는 것을 말하는 것이다."

8) 【집해(集解)】 마융(馬融)이 말했다. "작(作)이란 '일어난다[起]'는 것이다. 【색은(索隱)】 다시 이 구절을 끌어들인 것은 빼어난 이가 일어나 자리에 머물자[居位] 만물의 실상을 모두 다 살펴볼 수 있게 되었기 때문에 자기가 오늘날 또다시 저서를 얻어 세상 사정[世情]의 가볍고 무거운 바를 말하게 되었다는 뜻이다. 【정의(正義)】 이는 식견이 있다[有識]고 할 수 있다. 빼어난 이에게는 생명을 길러주는 다움[養生之德]이 있고 만물에는 자라나는 실상[長育之情]이 있어, 그 때문에 서로 감응하는 것이다. 앞의 "같은 종류의 빛은 서로를 비춰주고" 부터 여기까지는 『주역(周易)』 건괘(乾卦, ䷀)의 상 풀이[象辭]다. 태사공이 이것들을 끌어들여 서로 감응시킨 것[相感]은 (『사기(史記)』를) 술작(述作-찬술해 지음)한 뜻을 보여주어 만물 만사가 다 드러나 보이게 하려는 것이다. (즉) 공자가 몰(歿-사망)한 이후 500년이 지나 자신이 이를 떠맡았기에[當] 『사기(史記)』를 지어 만물을 드러나 보이게 하려고 한 것이다. 태사공이 「서전(序傳)」[「태사공자서(太史公自序)」를 말한다.]에 이르길 "선인(先人-돌아가신 아버지)이 말씀하시길 '주공(周公)이 졸(卒)한 이후 500년이 지나 공자가 있었고 공자가 졸한 이후 지금 500년이 되어 능히 이름을 세상에 잇게 할 수 있으니, 『역전(易傳-주역)』을 바로잡고 『춘추(春秋)』를 이어받아 『시경(詩經)』·『서경(書經)』·『예기(禮記)』·『악기(樂記)』 사이[際]에 근본을 둔 뜻이 여기에 있도다'

라고 하셨으니, 소자(小子)가 어찌 감히 사양하겠는가!"라고 했다. (태사공은)

육경(六經)에 대해 평가해[作述^{작술}] 이렇게 말했다.

"『주역(周易)』은 하늘과 땅, 음과 양, 사계절, 오행(五行)을 드러내는 것이기 때문에 변화[變^변]에 대해 장점이 있고, 『예기(禮記)』는 사람의 큰 도리[人倫^{인륜}]를 크고 작은 벼리로 잡아주기[綱紀^{강기}] 때문에 행실[行^행]에 대해 장점이 있고, 『서경(書經)』은 옛 임금들의 일과 행적을 기록하고 있기 때문에 정사[政^정]에 장점이 있고, 『시경(詩經)』은 산천·계곡·금수·초목, (짐승의) 암놈과 수놈[牝牡^{빈모}], (새의) 암컷과 수컷[雌雄^{자웅}]을 노래하고 있기 때문에 풍자적 은유[風^풍=諷諭^{풍유}]에 장점이 있고, 『악기(樂記)』는 몸을 세우는 까닭을 즐겁게 해주기 때문에 조화[和^화]를 이루는 데 장점이 있고, 『춘추(春秋)』는 옳고 그름을 가려주기 때문에 사람을 다스리는[治人^{치인}] 데 장점이 있습니다. 그래서 『예기(禮記)』로써 사람에게 절도(節度)를 부여해주고, 『악기(樂記)』로써 조화로움을 불러일으키며, 『서경(書經)』으로써 사실을 말하고, 『시경(詩經)』으로써 뜻(이나 감정)을 전달하며, 『주역(周易)』으로써 변화를 말하고, 『춘추(春秋)』로써 의로움을 말하는 것입니다. 『춘추(春秋)』는 문자 수만 자로 이뤄져 있고 뜻하는 바도 수천 가지입니다. 어지러운 세상을 다스려[撥^발=治^치] 그것을 바른 세상으로 되돌리는 것으로는 『춘추(春秋)』만큼 가까운 것이 없습니다[撥^발亂^난世^세反^반之^지正^정莫^막近^근於^어春^춘秋^추][이 표현은 『춘추공양전(春秋公羊傳)』에 나온다. 반정(反正)이란 말도 여기서 나온 것이다.]." 살펴보건대 술작(述作)함으로써 만물 만사를 볼 수 있게 드러낸 것이다.

9) 【정의(正義)】 백이와 숙제는 비록 행실이 뛰어나기[賢行^{현행}]는 했지만, 부자를 만나 (공자가) 칭송해 끌어올리니[稱揚^{칭양}] 이름이 더욱 밝게 드러났다. 만물 만사가 비록 살리고 길러주는 본성[生養之性^{생양지성}]이 있기는 하지만 태사공을 얻어 (태사공이) 짓고 칭술 함으로써[作述^{작술}] 세상의 일을 더욱 훤히 볼 수 있게 되었다.

10) 【색은(索隱)】 살펴보건대, 쉬파리[蒼蠅^{창승}]가 천리마의 꼬리에 기대 1,000리를 가듯이 안회가 공자로 인해 이름이 널리 드러나게 되었음을 비유한 것이다.

11) 【정의(正義)】 趣의 발음은 추(趨)이고, 舍의 발음은 사(捨)다. 추(趣)란 향해서

나아가는 것[向]이고, 사(捨)란 그만두는 것[廢]이다. 이는 숨어 지내는 선비[隱處之士]의 경우, 때에 따라 천리마의 꼬리에 기대 이름이 밝게 드러나기도 하지만 혹 흔적도 없이 사라져서 일컬을 수가 없게 된다면 참으로 비통한 일이라 할 것이다.

12) 【정의(正義)】 砥는 발음이 지(旨)다. 행실을 갈고 다움을 닦으면서[礪行脩德] 시골 마을[鄕閭]에 사는 사람의 경우, 만약에 귀한 선비[貴大之士]에게 의탁하지 않는다면 어떻게 봉후작상(封侯爵賞)을 얻어 이름을 후대에 남기겠는가[留=遺]?

13) 【색은술찬(索隱述贊)】 하늘과도 같은 도리는 공평해[天道平分]/좋은 사람과 함께 한다 했건만 헛되다 하겠다[與善徒云]/뛰어난데도 굶어 죽었고[賢而餓死]/도적질하는데도 무리를 모았다[盜而聚群]/길함과 흉함은 서로 의존하고[吉凶倚伏]/보답과 베풂은 (일정한 법도가 없이) 어지럽다[報施糾紛]/공자는 명(命)에 대해 드물게 말했으니[子罕言命][『논어(論語)』 「자한(子罕)」편에 나오는 말이다. "공자께서는 이익[利]과 천명[命], 어짊[仁]에 대해서는 아주 드물게만 언급하셨다." 이에 대해 정약용(丁若鏞)은 다음과 같이 풀이했다. "이익이란 백성을 이롭게 한다거나 나라를 이롭게 한다고 할 때의 이(利)라는 뜻이다. 명(命)은 천명(天命)이며, 어짊이란 인륜의 성덕(成德)이다. 이익을 자주 말하면 의(義)를 상하게 하고 명(命)을 자주 말하면 하늘을 모욕하게 되며 인(仁)을 자주 말하면 몸소 실행하는 것이 미치지 못하게 되니, 이것이 드물게 말한 까닭이다."]/이는 스스로 전에 듣고 겪었던 바에서 얻었으리라[得自前聞]/아 저 벼슬 없는 선비들이여[嗟彼素士]/청운(靑雲)에는 기대지 말지어다[不附靑雲]!

권62

관안열전(管晏列傳) 제2

권62 관안열전(管晏列傳) 제2

관중(管仲) 이오(夷吾)는 영상(潁上-영수 주변) 사람[1]이다. 어릴 때 늘 포숙아(鮑叔牙)와 놀았는데, 포숙(鮑叔)은 그의 뛰어남[其賢]을 알아차렸다. (그래서) 관중이 가난하고 힘들어[貧困] 늘 포숙을 속였지만[2] 포숙은 끝까지 그에게 잘 대해주면서도[善遇=善待] 그것을 입에 담지 않았다.

시간이 흘러[已而], 포숙은 제(齊)나라 공자(公子-공의 아들) 소백(小白)을 섬겼고 관중은 공자 규(糾)를 섬겼다. 소백이 세워져 환공(桓公)이 되자 공자 규는 (환공에게) 죽고 관중은 옥에 갇혔는데, 포숙이 드디어 관중을 (벼슬길에) 나아오게 했다[進][3]. 관중이 이미 쓰이게 되어[用] 제나라에서 정치를 맡으니[任政][4], 제나라 환공이 패자(霸者)로서 제후들을 규합해[九合=糾合] 단번에 천하를 바로잡은[一匡天下][5] 것은, 관중의 모책(謀策) 덕분이었다.

1) 【색은(索隱)】 영(潁)은 강 이름이다. 「지리지(地理志)」에 따르면, 영수(潁水)는 양성(陽城)에서 발원한다. 한(漢)나라 때는 영양(潁陽), 임영(臨潁)이라는 현(縣)이 2개 있었는데, 지금도 영상현(潁上縣)이 있다. 【정의(正義)】 위소(韋昭)가 말하기를 "이오(夷吾)는 희성(姬姓)의 후예로, 관엄(管嚴)의 아들 경중(敬仲)이다"라고 했다.[기존 번역본 중에는 영상(潁上)을 "영수 남쪽"이라고 옮기기도 했는데, 한나라 때 영양(潁陽)이라고 했다는 것을 보면 오히려 "영수 북쪽"이라고 봐야 한다. 양(陽)은 강의 경우에는 북쪽, 산의 경우에는 남쪽이다. 한양(漢陽)이 바로 한강의 북쪽을 가리키는 것을 보면 명확하다.]

2) **【색은(索隱)】** 『여씨춘추(呂氏春秋)』에서 말했다. "관중은 포숙과 함께 남양(南陽)에서 장사를 했는데, 재물과 이익을 나누게 될 경우 관중은 일찍이 포숙을 속여 자신이 차지하는 것이 많았다. 그러나 포숙은 그가 어머니가 계시고 가난하다는 것을 알았기 때문에 탐욕스럽다고 여기지 않았다."

3) **【정의(正義)】** (『사기(史記)』)「제세가(齊世家)」[정확한 이름은 「제태공세가(齊太公世家)」다.]에 이런 내용이 나온다. "포숙아가 말했다. '임금[君]께서 장차[將] 제나라를 다스리려고 하신다면 고혜(高傒)[제나라 강태공의 후손으로 강성(姜姓), 고씨(高氏)다. 제나라의 귀족이며, 주나라 천자의 명을 받아 상경(上卿)이 되었다. 제나라 16대 임금 강소백(-제 환공)을 임금으로 옹립하는 데 큰 역할을 했다.]와 숙아만 있어도 충분합니다. (그러나) 임금께서 장차[且] 패왕(霸王)이 되시고자 한다면 관이오(管夷吾)가 없이는 불가능합니다. 이오가 다른 나라에 머물게 될 경우 그 나라가 강대해질[重] 것이니, 놓쳐서는 안 됩니다.' 이에 환공은 포숙아의 말을 따랐다." 위소(韋昭)가 말했다. "포숙(鮑叔)은 제나라 대부이며 사성(姒姓)의 후예로, 포숙(鮑叔)[포숙아 아버지의 이름은 포경숙(鮑敬叔)이니, 이는 '포경숙'의 착오다.]의 아들 숙아(叔牙)다."

4) **【정의(正義)】** (관중의 저서) 『관자(管子)』에서 말했다. "제나라 재상이 되어 아홉 가지 은혜[九惠]의 가르침을 베풀었다. 첫째 노인을 공경하고[老], 둘째 아이들을 자애롭게 대하고[慈], 셋째 고아들을 구휼해주고[孤], 넷째 장애가 있는 자들을 돌보고[疾], 다섯째 혼자인 사람들을 혼인시켜주고[獨], 여섯째 병든 자들을 위문하고[病], 일곱째 곤궁한 사람들의 어려움을 풀어주고[通], 여덟째 흉년 때 어려움을 겪는 이들을 돕고[振], 아홉째 공신들의 끊어진 제사를 이어주는[絶] 것이 그것이다."

5) 이는 『논어(論語)』「헌문(憲問)」편에서 공자가 관중을 평가하며 한 말의 일부를 그대로 가져온 것이다.

자공(子貢)이 말했다. "(아무리 그렇게 말하셔도) 관중은 어진 사람[仁者]이라고 할 수 없을 것입니다. 환공이 공자 규를 죽였는데도 기꺼이 따라 죽지 못했고, 또 환공을 돕기까지 했습니다."

공자가 말했다. "관중이 환공을 도와 제후의 패자가 되게 하여 단번에 천하를 바로잡음으로써 [一匡天下] 백성이 지금까지 혜택을 받고 있으니, 관중이 없었다면 나(우리)는 머리를 헤쳐 풀고 옷깃을 왼편으로 하는 오랑캐가 되었을 것이다. 어찌 필부들이 작은 신의[諒]를 지키기 위해 스스로 목매 죽어서 시신이 도랑에 뒹굴어도 사람들이 알아주는 이가 없는 것과 같이 하겠는가?"

관중이 말했다.

"나는 애초에[始=初] 곤궁할 때 일찍이 포숙과 장사를 하면서[賈][1] 재물과 이익을 나누었는데, 그때 내가 차지하는 것[自與=自取]이 많았는데도 포숙이 그것을 갖고서[以] 나를 탐욕스럽다[貪]라고 여기지 않은 것은 내가 가난함을 알았기 때문이다. 내가 일찍이 포숙아를 위해 어떤 일을 도모했다가 또 한 번 곤란해졌는데, 그때도 포숙이 그것을 갖고서 나를 어리석다[愚]라고 여기지 않은 것은 때에는 이로울 때와 불리할 때가 있음을 알았기 때문이다. 내가 일찍이 세 차례 벼슬에 나갔다가[三仕] 세 번 모두 임금에게 쫓겨났는데, 그때도 포숙이 그것을 갖고서 나를 모자란 사람[不肖]이라고 여기지 않았던 것은 내가 때를 만나지[遭時=遇時] 못했음을 알았기 때문이다. 내가 일찍이 세 번 싸움에 나갔다가 세 번 모두 달아났는데, 그때도 포숙이 그것을 갖고서 나를 겁쟁이[怯]라고 여기지 않았던 것은 나에게는 노모(老母)가 계심을 알았기 때문이다. 공자 규(糾)가 싸움에 져서 (나와 함께 규를 도왔던) 소홀(召忽)이 (스스로) 죽었으나 나는 옥에 갇혀[幽囚] 굴욕을 당했는데, 그때도 포숙이 그것을 갖고서 나를 부끄러움도 모르는 자[無恥=無恥]라고 여기지 않았던 것은 내가 사소한 절의[小節](를 꺾는 것)에 대해서는 부끄러워하지 않지만[不羞] 천하에 공로와 이름[功名]을 드날리지 못하는 것에 대해서는 부끄러워할 줄 안다는 것을 알았기 때문이다. 나를 낳아주신 분[生我者]은 부모님이지만, 나를 알아주는 사람[知我者]은 포자(鮑子)다."

1) 【정의(正義)】 賈의 발음은 고(古)다.

　　포숙은 이미 관중을 (재상에) 나아오게 한 뒤 자신은 그의 아래에 있었다 [下之]. (관중의)[1] 자손들은 대대로 제나라에서 녹(祿)을 누렸고 봉읍을 소유한 것이 10여 대(代)였으며[2] (그중 많은 자손은) 늘 이름 있는 대부(大夫)가 되었으나, 천하에서는 관중의 뛰어남[賢]을 아름답게 여기기[多=美]보다는 포숙이 능히 사람을 알아볼 줄 아는 것[能知人]을 (더) 아름답게 여겼다.

1) 원문은 그냥 자손(子孫)으로 되어 있는데, 아래의 【색은(索隱)】에서 포숙이 아니라 관중 자손들을 10대까지 열거한 것을 감안하면 이는 관중의 자손들이라고 봐야 한다. 기존의 일부 번역본에서는 근거 없이 포숙의 자손이라고 했으니, 잘못이다.

2) 【색은(索隱)】 살펴보건대, 「계본(系本)」에 이르기를 "장중산(莊仲山)은 경중(敬仲) 이오(夷吾)를 낳고[産], 이오는 무자(武子) 명(鳴)을 낳고, 명은 환자(桓子) 계방(啓方)을 낳고, 계방은 성자(成子) 유(孺)를 낳고, 유는 장자(莊子) 노(盧)를 낳고, 노는 도자(悼子) 기이(其夷)를 낳고, 기이는 양자(襄子) 무(武)를 낳고, 무는 경자(景子) 내섭(耐涉)을 낳고, 내섭은 미(微)를 낳으니, 모두 10대"라고 했다. 계(系)는 족보[譜]와 같은 뜻이다.

　　관중은 이미[旣] 정치를 맡아 제나라 재상이 되자[1] 제나라[區區之齊]가 별 볼 일 없이 바닷가[海濱]에 있는 점을 활용해[2] 교역으로[通貨=交易] 재물을 쌓아서 나라를 부유하게 하고 군대를 강하게 했으며[富國彊兵], 일반 백성과 좋고 나쁨을 함께했다[同好惡][3]. 그리하여 그는 이 점을 언급해 말했다[4].

　　"곳간[倉廩=倉庫]이 채워지면 예의와 범절을 알고, 입고 먹을 것이 충분하면 영예와 치욕을 알며, 상(上-임금)이 법도를 따르면 육친(六親)이 굳건해진다[5]. 네 벼리[四維]가 팽팽하게 펼쳐지지 못하면[不張] 나라는 마침내 멸망하고[6], 영(令)을 내리기[下令]를 흐르는 물의 원천처럼 하면 (그 영은) 백성의 마음에 고분고분 들어맞게 된다."

그리하여 논하는 바가 낮아서[論卑] 쉽게 시행되었으니[7], 백성[俗]이 원하는 바가 있으면 그것을 기반으로 해서 그렇게 해주었고 백성이 싫어하는 바가 있으면 그것을 기반으로 해서 그것을 없애주었다.

1) 【정의(正義)】『국어(國語)』(「제어(齊語)」)에서 이렇게 말했다. "제나라 환공이 포숙을 상(相-재상)으로 삼으려 하자, (포숙이) 사양하며[辭] 말했다. '신(臣)이 이오(夷吾)보다 못한 것이 다섯 가지입니다. 너그럽고 화합해[寬和] 백성에게 은혜를 베푸는 면[惠民][『국어(國語)』에는 관혜유민(寬惠柔民)으로 되어 있다. 너그럽고 은혜로워 백성을 포근하게 품어준다는 말이다.]에서 그만 못합니다. 국가를 다스리면서 그 칼자루를 잃지 않는 면에서 그만 못합니다. 충성스러움과 은혜로움[忠惠][판본에 따라 충신(忠信)으로 되어 있는 곳도 있다.]으로 백성(百姓)[백성을 제후로 볼 수도 있다.]들과 결속을 맺는 면에서 그만 못합니다. 예의(禮義)를 제정해서 사방의 나라로 하여금 본받게 하는 면에서 그만 못합니다. 북채와 북을 갖춰 군문(軍門)에 서서 백성으로 하여금 모두 더욱 용기를 내도록 하는 면에서 그만 못합니다.'"

2) 【정의(正義)】 제나라는 동쪽 바닷가에 있다.

3) 이는 바로 아래 관중 자신의 말을 통해 드러난다. "백성[俗]이 원하는 바가 있으면 그것을 기반으로 해서 그렇게 해주었고, 백성이 싫어하는 바가 있으면 그것을 기반으로 해서 그것을 없애주었다."

4) 【색은(索隱)】 이는 이오(夷吾)가 지은 책『관자(管子)』에 나오는 말이다. 이 책에 이와 같은 말이 있는데, 핵심만 간략히 열거했다.

5) 【정의(正義)】 상의 복어(服御-의복과 거동)에 일정한 제도가 있게 되면 육친이 견고해진다는 말이다. 육친이란 외조부모가 1, 부모가 2, 자매가 3, 처의 형제 자식이 4, 종모(從母) 자식이 5, 딸의 자식이 6이다. 왕필(王弼)은 말하기를 아

버지·어머니·형·동생·처·자식이 육친이라고 했다.

6) 【집해(集解)】『관자(管子)』에 이르기를 "네 벼리란 첫째 예(禮-사리), 둘째 의(義-
마땅함), 셋째 염(廉-깐깐함), 넷째 치(恥-부끄러움)"라고 했다.

7) 【정의(正義)】 정치를 함에 있어 백성을 비하하는 일이 드물어서 백성이 쉽게 그
것을 시행했다는 것이다. [백성의 눈높이에서 정령을 내렸기 때문에 백성도 기꺼이 받아
들였다는 말이다.]

그가 정사를 한 것을 보면, 재앙도 잘 처리해 복이 되게 했고 실패도 잘
바꿔[轉敗] 성공으로 이끌었다. 경중(輕重)을 귀하게 여겼고[1], 권형(權衡)
을 신중하게 다뤘다[2]. (가령) 환공이 사실[實]은 소희(少姬)에게 화가 나
서[3] 남쪽으로 채(蔡)나라를 쳤을 때 관중은 그것을 숨기고자[因][4] 초(楚)
나라를 정벌하면서 포모(苞茅)[5]를 주나라 왕실[周室]에 공물로 들이지 않
은 것을 꾸짖었고, (또) 환공이 사실[實]은 북쪽으로 산융(山戎)을 정벌했
을 때 관중은 그것을 숨기고자 연(燕)나라로 하여금 (그들의 선조인) 소공
(김公)의 정사를 닦도록 했다[6]. 가(柯)[7]의 회맹에서 환공이 (노나라 장수)
조말(曹沫)[8]과 맺은 (빼앗긴 노나라 땅을 되돌려주겠다는) 약속을 어기려 했
을 때 관중은 그것을 지키게 함으로써 신의를 보여주자[9] 이로 말미암아
여러 제후가 제나라에 귀의했다.

그러므로 말한다.

"내어줄 줄을 알아서 취하는 것[10], 이것이 정치하는 보배[政之寶]다[11]."

1) 【색은(索隱)】 경중이란 전(錢-돈)을 가리킨다. 지금『관자(管子)』에 「경중(輕重)」편
이 있다.

2) 【정의(正義)】 경중(輕重)이란 치욕을 가리키고, 권형(權衡)이란 얻고 잃음[得失]
을 가리킨다. 치욕을 당할 일이 있을 경우 그것을 매우 귀하고 중하게 여기게
되고, 얻고 잃음이 있을 경우 그것을 매우 경계하고 조심하게 된다.

3) 【색은(索隱)】 살펴보건대, 소희가 뱃놀이 중에 배를 흔들어서 그녀를 (고국인 채나라로) 돌아가게 하기는 했지만, 인연이 아직 끊어지지 않았는데, 채(蔡)나라에서 그녀를 (다른 데) 시집보냈다.

4) 문맥을 감안해 조금 풀어서 옮겼다.

5) 억새로 만든 제사용품으로, 술을 거를 때 쓴다.

6) 연나라를 쳐서 소공의 정치를 다시 행하라고 압력을 넣었다는 말이다.

7) 【정의(正義)】 지금의 제주(齊州) 동아(東阿)다.

8) 【색은(索隱)】 沫의 발음은 매(昧)인데, 말(末)로도 읽는다.『좌전(左傳-춘추좌씨전)』에서는 조귀(曹劌)라고 했다. 【정의(正義)】 沫은 막(莫)과 갈(葛)의 반절음이다.

9) 【정의(正義)】 겁박을 해서 노(魯)나라로부터 빼앗은 땅을 돌려주게 한 것이다.

10) "내어주는 것이 취하는 것이라는 것을 아는 것"이라고 옮겨도 무방하다.

11) 【색은(索隱)】『노자(老子)』에 이르기를 "장차 뭔가를 차지하려면 반드시 실로 내어주어야 한다[같은 말이『한비자(韓非子)』에도 있다.]"라고 했으니, 이를 아는 것이 정치를 함에 있어 보배로 여겨야 할 바[所寶]라는 것이다.

관중의 부유함은 공실(公室-왕실)에 버금가서[擬=侔], 삼귀(三歸)¹⁾와 반점(反坫)을 갖고 있었지만, 제나라 사람들은 사치[侈]라고 여기지 않았다²⁾. 관중이 졸(卒)하고서도 제나라가 그의 정치(하는 도리)를 그대로 따르니[遵] 늘 다른 제후들보다 강했고, 100여 년이 지나자 안자(晏子-안영)가 있게 되었다.

1) 【정의(正義)】 삼귀란 세 성(姓)의 여인을 말한다. 부인이 시집가는 것[嫁]을 귀(歸)라고 한다.

2) 그러나 공자는 관중의 다른 점들에 대해서는 뛰어났다고 극찬하면서도 이에 대해서는 매우 비판적이었다.『논어(論語)』「팔일(八佾)」편이다.

공자가 말했다. "관중의 그릇은 작았도다!" 이에 어떤 사람이 물었다. "(그렇다면) 관중은 검소했습니까?" 공자가 말했다. "관중은 삼귀(三歸)를 두었고 가신의 일을 통합해 겸직시키지 않았으니, 어찌 검소했다고 하겠는가?" 그 사람이 또 물었다. "그러면 예는 잘 알았습니까?" 공자가 말했다. "나라의 임금만이 병풍으로 문을 가릴 수 있는데 관중도 그렇게 했고, 또 나라의 임금이라야 두 임금이 만났을 때 술잔을 되돌려놓는 자리[反坫]를 만들어놓을 수 있는데 관중도 그렇게 했으니, 만일 관중이 예를 안다고 하면 누가 예를 모르겠는가?"

안평중(晏平仲) **영**(嬰)**은 내주**(萊州)**의 이유**(夷維) **사람**[1]**이다. 제나라의 영공**(靈公)**과 장공**(莊公)**과 경공**(景公)**을 섬기면서**[2] **절검**(節儉-절약과 검소)**과 역행**(力行-힘써 행함)**으로 제나라에서 중망**(重望)**을 얻었다. 이미 제나라 재상이 되고 나서도 밥을 먹을 때는 고기반찬 두 가지 이상을 놓지 못하게 했고 첩에게는 비단옷을 입지 못하게 했다.**

그가 조정에 있을 때는 임금의 말이 어디에 미치면 곧바로 각듯이 말했고[危言][3], **임금의 말이 미치지 않으면 곧바로 각듯이 행동했다**[危行][4]. **나라에 도리가 있으면 곧 명**[5]**에 고분고분했고**[順命], **도리가 없으면 명을 잘 헤아렸다**[衡命][6]. **이를 통해 3세**(世-영공·장공·경공)**에 걸쳐 제후들 사이에서 이름을 드날렸다**[顯名].

1) **[집해(集解)]** 유향(劉向)이 『별록(別祿)』에서 말했다. "내(萊)는 지금의 동래(東萊) 땅이다." **[색은(索隱)]** 이름은 영(嬰)으로, 평(平)은 시호이고 중(仲)은 자(字)다. 아버지 환자(桓子)의 이름은 약(弱)이다. **[정의(正義)]** 『안씨제기(晏氏齊記)』에 이르기를, 제성(齊城)에서 300리 떨어진 곳에 이안(夷安)이 있는데 곧 안평중의 읍이라고 했다. 한(漢)나라 때 이안현(夷安縣)으로 삼아 고밀국(高密國)에 소속시켰다. 응소(應劭)가 말하기를, 옛 내(萊)의 이유읍(夷維邑)이라고 했다.

2) **[색은(索隱)]** 살펴보건대, 「계가(系家)」와 『계본(系本)』에 따르면 영공은 이름이 환(環)이고 장공은 이름이 광(光)이며 경공은 이름이 저구(杵臼)다.

3) 【정의(正義)】 스스로 겸양하면서 공능(功能)에 대해서는 언급도 하지 않았다는 말이다.

4) 【정의(正義)】 行은 하(下)와 맹(孟)의 반절음이다. 임금이 자신을 알아주지 않으면[不知己] 더욱더 일과 행실[業行]을 닦으며 혹시라도 꾸지람을 들을까 두려워했다는 말이다.[공자는 『논어(論語)』 「헌문(憲問)」편에서 "나라에 도가 있을 때는 말이나 행동 모두 깍듯하게 하고, 나라에 도가 없을 때는 행실은 깍듯하게 하되 말은 공손하게 해야 한다[邦有道危言危行 邦無道危行言孫]"라고 했는데, 대체로 이는 안영을 염두에 둔 발언이라 할 수 있다.]

5) 이는 천명이 아니라 임금의 명령이다.

6) 【정의(正義)】 형(衡)은 '저울에 달아보다[秤]'라는 뜻이다. 나라에 도리가 없을 때는 잘 재어보고 헤아린 뒤 행해도 될 때 즉각 행했다는 말이다.

월석보(越石父)는 뛰어난 사람[賢]인데, 감옥[縲紲] 안에 있었다[1]. 안자가 외출했다가 길에서 그와 마주치게 되었는데, 마차를 끄는 왼쪽 끝의 곁말[左驂]을 풀어서 그를 속죄시켜주고 수레에 태워 돌아왔다. (집에 도착해 안자가) 아무런 인사도 하지 않고 방 안으로 들어가자, 한참 있다가 월석보가 곧장 떠날 것[絶=即去]을 청했다.

안자가 화들짝 놀라서는[戄然][2] 의관(衣冠)을 끌어당겨 가다듬은[攝] 뒤 사과하며 말했다.

"제[嬰]가 비록 어질지는 못하지만[不仁] 그대[子]를 어려움[厄]에서 구해주었는데, 어찌 그대는 이토록 빨리 떠나려 합니까?"

석보가 말했다.

"그렇지 않습니다. 내가 듣건대, 군자는 자기를 알아주지 않는 사람[不知己]에게는 굽히지만[詘] 자기를 알아주는 사람[知己]에게는 믿음을 보여준다[信]라고 했습니다[3]. 바야흐로 내가 감옥[縲紲] 안에 있을 때 저들은 나를 알지 못했습니다. (반면에) 부자(夫子-선생)께서는 이미 뭔가 깨달은 바가 있어 나를 속죄하게 해주었으니, 이는 나를 알아준 것입니다. (그러나) 나를 알아주고서도 예를 갖춤이 없다면[無禮] 진실로 감옥 안에 있는 것만 못합니다."

안자가 이에 안으로 이끌어 들어오게 하고서[延入=導入] 상객(上客-자기보다 지위가 높은 손님)으로 삼았다.

1) 【정의(正義)】 縲의 발음은 역(力)과 추(追)의 반절음이다. 유(縲)란 검은 새끼줄[黑索]이다. 설(紲)은 '묶다[繫]'라는 뜻이다. 『안자춘추(晏子春秋)』에서 이렇게 말했다. "안자(晏子)가 진(晉)나라에 가서 중모(中牟)에 이르렀는데, 낡아 빠진 관[弊冠]에 갖옷을 뒤집어 입은 채 땔감을 등에 진 사람이 길가에서 쉬고 있는 것을 보았다. 안자가 물었다. '뭐 하는 사람이오?' 대답했다. '나는 석보라고 합니다. 굶주림과 추위를 구차스럽게 면하고자[苟免] 다른 사람의 신복(臣僕)이 되었습니다.' 안자가 마차를 끄는 왼쪽 끝의 곁말[左驂]을 풀어서 그를 속죄해준 뒤 함께 수레를 타고 돌아왔다." 살펴보건대 이 글과는 조금 차이가 있다.

2) 【정의(正義)】 懬은 (발음이 확이 아니라) 상(床)과 박(縛)의 반절음이다.

3) 【색은(索隱)】 信은 신(申)이라고 읽는데, 옛날의 『주례(周禮)』에서는 다 그러했다. 자기를 알아주는 사람에게 거듭 내보인다[申]는 것은, 저쪽에서 나를 알아준다면 내 뜻을 거듭해서 펼칠 수 있다[申]는 말이다.

안자가 제나라 재상이 되어 외출하려는데, 마부[御]의 아내가 문틈[門閒]으로 몰래 자기 남편을 엿보았다. 자기 남편이 재상의 마부가 되어 큰 햇빛 가리개를 받쳐 들고 말 4필을 채찍질하고 있었는데, 의기양양(意氣揚揚)한 것이 심히 스스로 만족해하고 있었다[自得]. 얼마 후[既而=俄而]에 (남편이) 돌아오자, 아내는 헤어질 것[去]을 청했다. 남편이 이유를 묻자, 아내가 말했다.

"안자는 키[長]가 여섯 자도 채 안 되지만[不滿] 몸은 제나라의 재상이고 제후 사이에 이름을 드날리고 있는데, 최근에 제[妾]가 그분이 외출하는 모습을 살펴보니 뜻과 생각이 깊고 늘 스스로를 낮추고 있었습니다[自下]. (그런데) 지금 당신은 키가 여덟 자나 되면서도 겨우 남의 마부[僕御]가 되었지만, 당신의 뜻은 스스로 이에 만족하고 있으니, 저는 이 때문에 떠나려고 하는 것입니다."

그 후부터 사내는 스스로를 누르고 덜어냈다[抑損=謙遜]. 안자가 이를 이상하게 여겨 물어보니 마부가 있는 그대로 답했고, 안자는 그를 천거해 대부(大夫)로 삼았다.[1]

1) 【집해(集解)】『황람(皇覽)』에서 이렇게 말했다. "안자 무덤은 임치성(臨菑城) 남쪽 치수(菑水)의 남쪽에 있는 환공(桓公) 무덤 서북쪽에 있다." 【정의(正義)】『황람(皇覽)』의 주해에 이르기를 "안자의 무덤은 임치성(臨淄城) 남쪽 치수(菑水)의 남쪽에 있는 환공의 무덤 서북쪽에 있다"라고 했는데, 또 이르기를 "제나라 안영(晏嬰)의 무덤은 제자성(齊子城) 북문 밖에 있다. 안자가 말하기를 '내가 시장 근처에서 살았는데, 죽은들 어찌 내 뜻을 바꾸랴'라고 했으니, 이에 옛집[故宅] 뒤에 묻었고 사람들은 이름 붙이기를 청절리(淸節里)라고 했다"라고 했다. 살펴보건대 아마도[恐] 『황람(皇覽)』이 잘못인 듯하니, 사실 그곳은 관중의 무덤이다.

태사공(太史公)이 말한다.

"내[吾]가 관씨(管氏-『관자(管子)』)의 「목민(牧民)」·「산고(山高)」·「승마(乘馬)」·「경중(輕重)」·「구부(九府)」편[1]과 『안자춘추(晏子春秋)』[2]를 읽어보았는데, 상세했도다, 그 말한 바들이여! 이미 그 저서들을 읽고 나니 그들이 행한 일[行事]을 깊이 살피고 싶어서 그들의 전(傳)을 차례대로 썼는데[次], 그 책들의 경우에는 세상에 많이 있으므로 이 때문에 (따로) 논하지 않았고 거기에 빠진 일[軼事]^{일사}³⁾들만 논(論)했다.

관중은 세상에서 말하기를 뛰어난 신하[賢臣]^{현신}라고 하지만 공자는 (그의 그릇에 대해) 작다고 했다[小之]^{소지}. 어찌 주나라의 도리[周道]^{주도}가 쇠퇴하고 미미해졌건만 (제나라) 환공(桓公)이 이미 뛰어난데도[賢]^현 그를 왕도[王=王道]^왕^{왕도}에 이르도록 힘쓰지 않아서 마침내 패자[覇=覇者]^패^{패자}로만 불리게 했단 말인가? 전하는 말에 '장차 임금의 아름다움을 따르고 임금의 그릇됨을 바로잡고 구제해야만[匡救]^{광구} 그로 인해 위아래가 능히 서로 제 몸처럼 여길 수 있다[相親]^{상친}'라고 한 것이 어찌 관중을 가리켜 한 말이랴!⁴⁾

바야흐로 안자는 장공(莊公)의 시신에 엎드려 곡(哭)을 하고서 예를 마친[成禮]^{성례} 다음에야 떠나갔으니⁵⁾, (그가) 어찌 '마땅함을 보고서도 아무것도 하지 않는 용기 없는 자'이겠는가?

(또) 임금 앞에 이르러 간언(諫言)할 때는 임금의 낯빛을 범했으니[犯顔]^{범안}⁶⁾, 이는 '(조정에) 나아가서는 충심을 다할 것[盡忠]^{진충}을 생각하고 물러나서는 허물을 보충할 것[補過]^{보과}을 생각한다'라는 것이다. 만약에[假令]^{가령} 안자가 살아 있다면 나[余]^여는 설사 그를 위해 말채찍을 잡는다 하더라도 기꺼이 흠모하리라[忻慕=欣慕]^{흔모}^{흔모}⁷⁾!⁸⁾

1) 【집해(集解)】 유향(劉向)이 『별록(別祿)』에서 말했다. "「구부(九府)」라는 글은 민간에는 없다. 「산고(山高)」는 일명 「형세(形勢)」라고 한다." 【색은(索隱)】 이는 모두 관씨가 지은 책에 나오는 편(篇) 이름이다. 살펴보건대, 구부(九府)란 대개 돈을 부장(府藏-관리하고 저장하는 것)하는 곳이니, 그 글에서 주전(鑄錢)의 경중을 논하고 있기 때문에 「경중구부(輕重九府)」라고 부르기도 한다. 나머지는 『별록(別祿)』의 설과 같다. 【정의(正義)】 (유흠(劉歆)이 지은) 『칠략(七略)』에서는 『관자(管子)』 18편이라고 부르며 「법가(法家)」편에 있다.

2) 【색은(索隱)】 살펴보건대 영(嬰)이 지은 책의 이름은 『안자춘추(晏子春秋)』로, 지금 그 책은 7편이 남아 있다. 그래서 아래에서 이르기를 "그 책의 경우에는

세상에 많이 있다"라고 한 것이다. 【정의(正義)】『칠략(七略)』에서는 『안자춘추(晏子春秋)』 7편이라고 부르며 「유가(儒家)」편에 있다.

3) 【정의(正義)】軼의 발음은 일(逸)이다.

4) 즉 관중은 여기에 해당할 수 없다는 단호한 말이다. 그런데 일부 번역본 중에서는 상투적으로 "이것이 어찌 관중을 두고 하는 말이 아니겠는가"라고 하여 원문에도 없는 비(非)자까지 넣어서 옮겼는데, 오독(誤讀)을 부르는 오역(誤譯)이다.

5) 【색은(索隱)】 살펴보건대, 『좌전(左傳-춘추좌씨전)』에서 최저(崔杼, ?~기원전 546년)[최무자(崔武子) 또는 최자(崔子)로도 불린다. 영공(靈公) 때 정(鄭)나라와 진(秦)나라 등의 정벌에 공을 세웠다. 처와 사통한 장공(莊公)을 시해하고 경공(景公)을 세워서 전권을 휘둘렀지만, 집안의 불화를 틈탄 경봉(慶封)에 의해 멸문을 당했다.]가 장공(莊公)을 시해하자 안영이 (조정에) 들어와 장공의 시신 허벅다리 쪽을 베고서[枕] 곡을 하며 예를 마친 뒤에 떠나가자, 최저가 그를 죽이려 했던 것이 바로 이 일이다.

6) 『논어(論語)』「헌문(憲問)」편에서 자로(子路)가 임금을 섬기는 도리에 관해 묻자, 공자가 말했다. "결코 속여서는 안 되며[勿欺] (낯빛을) 범해야 한다[犯之]."

7) 【색은(索隱)】 태사공(太史公)이 평중(平仲)의 행실을 부러워하고 사모하며 우러러보고 닮으려 하기를[羨慕仰企], 만약에 안생(晏生)이 세상에 있다면 자기는 비록 그를 위해 종[僕隷]이 되어 말채찍을 잡더라도 진실로 즐거이 흠모할 것이라고 했다. 그가 뛰어난 이를 좋아하고 좋은 도리를 즐기는 것[好賢樂善]이 이와 같았다. 뛰어나도다[賢哉], 훌륭한 역사가여[良史]! 남의 신하 된 자[人臣]가 밝게 경계 삼아야 할 바[炯戒]를 보여주었도다.

8) 【색은술찬(索隱述贊)】 이오는 패업을 이루었고[夷吾成覇]/평중은 뛰어난 이로 칭송받았네[平仲稱賢]/(관중의 다스림으로) 곡식이 마침내 나라의 곳간을 다 채웠고[粟乃實廩]/(안영은 절검해) 제기[豆]를 돼지고기 어깨살로 다 덮지 않았도다[豆不掩肩=豚肩不掩豆]/(관중은) 재앙을 바꿔 복으로 만들었고[轉禍爲福]/(안영은) 깍듯한 말로 온전할 수 있었다네[危言獲全=危言得全]/공자는 (관중 덕에) 좌임(左袵)을 면할 수 있었다고 칭송했고[孔賴左袵]/사마천은 (안영을 흠

모해) 즐거이 말채찍 잡으려 했도다[史忻執鞭]/(안영은) 예를 마친 다음에야 떠나가서[成禮而去]/사람들이 우러러보는 덕망을 그대로 보존할 수 있었다네[人望存焉]!

열전(列傳)

권63 ― 노자한비열전(老子韓非列傳) 제3

권63 노자한비열전(老子韓非列傳) 제3

노자(老子)[1]는 초(楚)나라 호현(苦縣) 뇌향(厲鄕)의 곡인리(曲仁里) 사람[2]이다. 성(姓)은 이씨(李氏)이고 이름은 이(耳)[3]이며 자(字)는 백양(伯陽), 시호[諡]는 담(聃-귓바퀴가 없음)[4]이다. 주(周)나라 장실(藏室-일종의 도서관)을 지키는 사관[史][5]이었다.

1) **[정의(正義)]** (노장 계통의 책인) 『주도옥찰(朱韜玉札)』과 『신선전(神仙傳)』에서 이렇게 말했다. "노자는 초(楚)나라 호현(苦縣) 뇌향(瀨鄕) 곡인리(曲仁里) 사람이다. 성(姓)은 이(李), 이름은 이(耳), 자(字)는 백양(伯陽)이며, 일명 중이(重耳)이고 외자(外字)가 담(聃)이다. 신장(身長)은 8척 8촌에 황색의 아름다운 눈썹, 긴 귀와 큰 눈, 넓은 이마에 듬성한 이빨, 방형(方形)의 입과 두꺼운 입술, 이마에 주름[達理]이 35개 있었는데, 이마 가운데가 두드러진 일각월현(日角月縣)의 상이었다. 코에는 쌍기둥[雙柱]이 있고 귀에는 문이 3개 있었으며 발이 25문(文), 손이 10문이었다. 주나라 때 사람으로, 이(李)의 어머니가 81세 때 낳았다." 또 『현묘(玄妙)』 내편(內篇)에 이르기를 "이(李)의 어머니가 81세에 그를 가져[懷胎] 오얏나무[李] 아래를 거닐다가 왼쪽 겨드랑이를 절개해 세상에 나왔다"라고 했고, 또 이르기를 "현묘옥녀(玄妙玉女)가 꿈에 유성(流星)이 되어 입으로 들어오니 그를 가졌고[有娠], 72세에 노자를 낳았다"라고 했다. 또 『상원경(上元經)』에 이르기를 "이(李)의 어머니가 밤낮으로 오색 구슬을 보았는데 크기가 탄환만 했다. 그것이 하늘에서 내려오자 삼키니 곧바로 임신했다"라고 했다. 장군상(張君相)이 말했다. "노자는 칭호[號]

이지 이름이 아니다. 노(老)는 고(考), 자(子)는 자(孶-낳다)다. 온갖 이치를 잘 고찰해[考] 가르쳐서 빼어난 깊이에 이르니, 마침내 만 가지 이치를 낳아서 길러주고[孶生] 이것들을 잘 교화함으로써 만물을 구제함에 있어 조금도 남 김이 없었다[無遺=無留]."

2) 【집해(集解)】「지리지(地理志)」에 말하기를, 호현(苦縣)은 진국(陳國)에 속한다고 했다. 【색은(索隱)】 살펴보건대, 「지리지」에서 호현(苦縣)은 진국(陳國)에 속한다 고 한 것은 잘못[誤]이다. 호현은 본래 진(陳)에 속했지만, 춘추시대 때 초(楚) 가 진(陳)을 멸하면서 다시 초나라에 속하게 되었으니, 그래서 초나라 호현이 라고 한 것이다. (한나라) 고제(高帝) 11년에 회양국(淮陽國)을 세워줄 때 진현 (陳縣)과 호현(苦縣)을 모두 여기에 소속시켰다. 배씨(裴氏)가 무엇을 인용했 는지는 분명치 않지만, 호현이 진현 아래에 있다고 보고서 호현(苦縣)은 진국 (陳國)에 속한다고 했던 것 같다. 지금 「지리지」를 검토해보니, 호(苦)는 사실 상 회양군(淮陽郡)에 속한다. 苦의 발음은 (고가 아니라) 호(怙)다. 【정의(正義)】 살 펴보건대, 「연표(年表)」에 이르기를 회양국(淮陽國)은 (한나라) 경제(景帝) 3년 에 없어졌다[廢]라고 했는데, (무제 때인) 천한(天漢) 연간에 (사마천이) 『사기 (史記)』를 편찬하고 있던 무렵에 이르러 초(楚)나라 절왕(節王) 순(純)이 팽 성(彭城)에 도읍을 했으니 서로 가까웠다. 아마도[疑] 호(苦)는 이때 초국(楚 國)에 속하게 되었고, 그래서 태사공이 그것을 기록한 것 같다. 『괄지지(括地 志)』에 이르기를 "호현(苦縣)은 박주(亳州) 곡양현(谷陽縣) 경계에 있다. 노자 의 집과 사당이 있고 사당 안에 우물이 9개 그대로 남아 있는데, 지금의 박 주 진원현(眞源縣)"이라고 했다. 厲의 발음은 (려가 아니라) 뢰(賴)다. 『진태강지 기(晉太康地記)』에 이르기를 "호현성(苦縣城) 동쪽에 뇌향사(瀨鄉祠)가 있는 데, 노자가 난 곳[所生地]"이라고 했다.

3) 【색은(索隱)】 살펴보건대, 갈현(葛玄)[삼국시대 오나라 단양(丹陽) 구용(句容) 사람이다. 갈 홍(葛洪)의 종조부다. 좌자(左慈)를 따라 태청(太淸)과 구정(九鼎), 금액(金液) 등의 『단경(丹 經)』을 익혔는데, 일찍이 천태적성산(天台赤城山)에 들어가 도를 배웠다. 항상 마적산(馬迹山)

에 은거하면서 수련했고 스스로 갈선옹(葛仙翁)이라 불렀다. 전하는 말로 오나라의 손권(孫權)이 불러서 만나보았다고 한다.]이 말하기를 "이씨(李氏)의 딸이 낳은 자식이라, 그래서 어머니 성을 따랐다"라고 했고 또 말하기를 "태어나면서 오얏나무[李]를 손가락으로 가리키니, 그 때문에 성(姓)으로 삼았다"라고 했다.

4) **[색은(索隱)]** 살펴보건대, 허신(許愼)이 말하기를 "담(聃)은 '귀가 늘어지다[耳曼]'라는 뜻"이라고 했다. 그래서 이름이 이(耳)이고 자(字)가 담(聃)이다. 본래부터 자(字)가 백양(伯陽)이었다고 하는 것은 바르지 않다. 그런데 노자는 백양보(伯陽父)라고 불렀다고 하니, 이 전(傳)은 사실과 부합하지 않는다. **[정의(正義)]** 담(聃)은 '귀가 늘어지고[漫=曼] 귓바퀴[輪]가 없다'라는 뜻이다. 『신선전(神仙傳)』에 이르기를 "외자(外字)가 담(聃)이다"라고 했다. 살펴보건대, 자(字)는 부르는 칭호[號]이니 아마도 노자는 귀가 늘어지고 귓바퀴가 없었기 때문에 세상 사람들이 그를 부르기를[世號=外字=外號] 담(聃)이라고 했던 것 같다.

5) **[색은(索隱)]** 살펴보건대, 장실사(藏室史)란 주나라 장서실(藏書室-왕립도서관) 사관이다. 또 「장창전(張蒼傳)」에 이르기를 "노자는 주하사(柱下史)였다"라고 했는데, 이는 대개 장실의 기둥 아래에 있었기에 그로 인해 그것으로써 관직 이름을 삼은 것이다.[『한서(漢書)』 「동방삭전(東方朔傳)」에 따르면, 동방삭은 말년에 자식들을 경계시켜 이렇게 말했다. "수양산에서 굶어 죽은 백이숙제는 아둔하고[拙] 주하사(柱下史)가 된 노자는 노련하다[工][응소(應劭)가 말했다. "노자는 주(周)나라의 주하사(柱下史-관청 장서 관리관)가 되어 조정에 은신했기 때문에 평생토록 아무런 우환이 없었으니, 이를 일러 노련하다고 한 것이다."]. 배불리 먹고 거드름 피우기 위해서는 농사를 버리고 벼슬을 해야지, 조정에 숨어서 세상을 즐기며 살고 시류를 거스르다 화를 자초해서는 안 된다."]

공자(孔子)가 주(周)나라에 가서 노자에게 예(禮-사리)에 관해 묻기를 청하자[將問=請問]¹⁾ 노자가 말했다.

"그대가 말하는 바를 보면, 그 말을 한 사람들과 그들의 뼈는 모두 이미

썩어버렸고 오직 그 말만 남아 있을 뿐이다. 또 군자가 자기의 때를 얻으면 (관리의) 수레를 타게 되고, 얻지 못하면 바람에 날리는 쑥처럼[蓬累] 떠돌게 된다2). 내가 듣건대, 훌륭한 장사꾼[良賈]은 (귀한 물건을) 깊이 감춰두고서 [深藏] 아무것도 없는 것처럼 하고[若虛], 군자는 성대한 다움을 갖추고서 [盛德] 용모를 어리석은 것처럼 한다고 했다3). 그대는 교만한 기운과 많은 욕심, 거만한 몸가짐[態色]과 쓸데없는 뜻을 버려야 할 것이다4). 이는 모두 그대의 몸[身]에 도움이 되지 않는다. 내가 그대에게 해줄 말이라고는 이런 것뿐이다."

공자가 물러 나와 제자들에게 말했다.

"새에 대해 나는 그것이 잘 난다는 것을 알고, 물고기에 대해 나는 그것이 잘 헤엄친다는 것을 알고, 짐승에 대해 나는 그것이 잘 달린다는 것을 안다. (그렇기에) 달리는 짐승은 그물[罔]로 잡을 수 있고, 헤엄치는 물고기는 낚시 그물[綸]로 잡을 수 있고, 나는 새는 주살[矰]로 잡을 수 있다. (그러나) 용(龍)에 이르러서는 나는 그것이 어떻게 바람과 구름을 타고서 하늘로 올라가는지를 알 수가 없다. 나는 오늘 노자를 만나보았는데, 그는 마치 용과 같았도다!"

1) 『대대기(大戴記)』에도 그렇게 되어 있다[云然].

2) 유씨(劉氏)가 말했다. "봉루(蓬累)란 '어렵사리 버티다[扶持]'라는 뜻이다. 한 해설자가 말하기를 '머리에 물건을 인 채 두 손으로 그것을 바치고서 길을 가는 것을 일러 봉루(蓬累)라고 한다'라고 했다." 살펴보건대, 봉(蓬)이란 '뚜껑을 덮다[蓋]', 누(累)는 '따라가다[隨]'라는 뜻이다. 이는 결국 눈 밝은 임금[明君]을 얻으면 수레를 타고 면복(冕服)을 입지만 그런 임금을 만나지 못했을[不遭=不遇] 때는 스스로 벙거지를 쓰고서 갈 뿐이라는 말이다. 【정의(正義)】 봉(蓬)이란 모래 둔덕 위를 굴러다니는 쑥이고, 누(累)란 굴러다니는[轉行] 모양이다. 이는 군자가 눈 밝은 임금을 만나면 수레를 타고 섬기

게 되지만, 그런 임금을 만나지 못했을 때는 마치 굴러다니는 쑥처럼 이리저리 떠돌아다니게 되니 그칠 수 있으면 그만두라는 말이다. 봉(蓬)이란 모양[其狀]이 흰쑥[皤蒿]과 같아서 잎이 가늘고 덩굴을 이루며 사막 안에서 자라는데, 바람이 불어오면 뿌리가 끊어져서 바람 따라 이리저리 굴러다닌다. 파호(皤蒿)를 강동(江東)에서는 사호(斜蒿)라고 부른다고 한다.

3) 【색은(索隱)】 양고(良賈)란 좋은 물건[善貨]을 파는 사람인데, 賈의 발음은 고(古)다. 깊이 감춰둔다는 것은 자신의 보화를 숨기고서 사람들의 눈에 띄지 않게 하는 것이다. 그래서 "아무것도 없는 것처럼[若虛]"이라고 했다. 군자다운 사람[君子之人]은 몸에는 성대한 다움이 있지만 용모가 겸손하고 물러설 줄 알아서[謙退] 마치 어리석고 미련한 사람[愚魯之人]처럼 보이는 바가 있다. 혜강(嵇康, 223~262년)[삼국시대 위(魏)나라 초군(譙郡) 질현(銍縣) 사람으로, 죽림칠현(竹林七賢)의 한 사람이다. 위나라 장락정주(長樂亭主)를 아내로 삼았는데, 조조(曹操)의 증손녀였다. 제왕(齊王) 조방(曹芳) 정시(正始) 연간에 낭중(郞中)으로 옮겼다가 중산대부(中散大夫)로 승진해 세칭 '혜중산(嵇中散)'으로 불린다. 나중에 은둔해 벼슬을 하지 않았고, 완적(阮籍) 등과 교유했다.]의 『고사전(高士傳)』에도 이 말이 실려 있는데 문장은 조금 다르다. 그 글은 이렇다. "훌륭한 장사꾼은 깊이 감춰두고서 겉모습은 마치 아무것도 없는 것 같다. 군자는 성대한 다움을 갖추고 있지만 용모는 부족한 듯하다[若]."

4) 【정의(正義)】 제멋대로이고 거만한 용모와 낯빛[恣態之容色] 그리고 마구 욕심을 부리는 속마음[淫欲之志]은 모두 부자(夫子-공자)에게 무익하니 모름지기 없애버려야 한다[去除=除去]는 것이다.

노자는 도(道)와 덕(德)[1]을 닦았는데, 그의 배움[學]이란 스스로를 숨기고 이름을 내지 않는 것[自隱無名]에 힘쓰는 것이었다. 주나라에 산 지 오래되었는데, 주나라가 쇠퇴하는 것을 보고서 마침내[迺=乃] 드디어 떠났다. 관(關-함곡관)에 이르렀을 때[2] 관령(關令-관 책임자) 윤희(尹喜)가 말했다.

"선생[子]께서 장차 숨으려 하시니 억지로라도[彊=强] 저를 위해[爲] 책을 써주십시오."

이에[於是] 노자가 마침내[迺] 책 상·하편을 지었으니 도와 덕의 뜻 5,000여 자를 말한 것이었다. 그러고는 떠나갔는데, 그가 어떻게 삶을 마쳤는지[所終]는 아무도 모른다.[3]

1) 공자로 대표되는 유가의 도리나 다움과는 차이가 있어 발음 그대로 옮겼다.

2) 【색은(索隱)】 이우(李尤)[후한 광한락(廣漢雒) 사람으로, 어려서부터 문장으로 이름이 났다. 화제(和帝) 때 시중(侍中) 가규(賈逵)가 사마상여(司馬相如)와 양웅(揚雄)의 풍모가 있다고 천거함으로써 난대령사(蘭臺令史)에 임명되었다. 안제(安帝) 때 간의대부(諫議大夫)로 옮겨서 황명을 받고 유진(劉珍) 등과 함께 『동관한기(東觀漢記)』를 편찬했다. 황제가 태자를 제음왕(濟陰王)으로 폐하자, 글을 올려 간언했고, 순제(順帝)가 즉위하자 낙안상(樂安相)으로 옮겼다. 83세로 죽었다. 작품에 「함곡관부(函谷關賦)」와 「동관부(東觀賦)」, 「구곡가(九曲歌)」 등이 있다.]의 「환곡관명(函谷關銘)」에 이르기를 "윤희(尹喜)가 노자에게 머물러 있으며 2편을 지어줄 것을 요청했다"라고 했고, 또 최호(崔浩, ?~450년)[중국 북위 시대 관료이며 명문 한인 가문 출신으로, 431년에 한인 사족이 누릴 수 있는 최고의 관직인 사도(司徒)에 임명되었다. 태무제 때인 429년에는 사직(史職)에 임명되어 국사 편찬의 총책임을 맡았는데, 최호는 한인 귀족 세력을 믿고 화이(華夷) 사상을 근거로 국사에 북위 조상들의 불명예스러운 사실을 기록해 이를 비석에 새겨넣음으로써 선비족의 분노를 샀다. 이에 최호를 비롯한 최씨 일족은 물론 인척 관계에 있던 범양(范陽) 노씨, 태원(太原) 곽씨, 하동(河東) 유씨 등 화북의 명문 귀족 128명이 태무제에 의해 주살되었다.]는 윤희가 산관령(散關令)이 되었다고 했는데, 바로 이것이다. 【정의(正義)】 (갈홍(葛洪)이 지은) 『포박자(抱朴子)』에서 이렇게 말했다. "노자가 서쪽으로 유람하다가 산관(散關)에서 관령(關令) 윤희(尹喜)를 만났는데, 희(喜)를 위해 '도덕경(道德經) 1권'을 지었으니 이를 일러 『노자(老子)』라고 한다." 어떤 사람은 (산관이 아니라) 함곡관(函谷關)으로 본다. 『괄지지(括地志)』에서 말했다. "산관(散關)은 기주(岐州) 진창현(陳倉縣)

동남쪽으로 52리에 있다. 함곡관은 섬주(陝州) 도림현(桃林縣) 서남쪽으로 12리에 있다."

3) 【집해(集解)】 (유향(劉向)이 지은) 『열선전(列仙傳)』에서 이렇게 말했다. "관령(關令) 윤희(尹喜)는 주(周)나라 대부(大夫)다. 내학(內學-참위설)과 성수(星宿-별자리)를 잘 알아 그 정수를 체화했지만, 다움을 숨긴 채 어짊을 행했는데[隱德行仁], 당시 사람들은 누구도 알지 못했다. 노자가 서쪽으로 유람을 떠났을 때 희(喜)는 그의 기운을 먼저 보고서 진인(眞人-진리를 깨달은 사람이라는 뜻의 도교 용어)이 마땅히 지나가게 될 것임을 알아차렸고, 물색(物色)을 살펴가며 추적해보니 과연 노자를 만나게 되었다. 노자 또한 그의 기이함을 알아보고서 그를 위해 책을 지었다. 노자와 함께 유사(流沙) 서쪽으로 갔으니, 노자를 신하로서 섬기는 것이 훨씬 낫다고 여겼기 때문인데, 그가 어떻게 삶을 마쳤는지는 아무도 모른다. 또 9편으로 된 책을 지었으니, 『관령자(關令子)』[『관윤자(關尹子)』라고도 한다. 이 책을 후대의 위작(僞作)으로 보기도 한다.]라고 한다. 【색은(索隱)】 『열선전』은 유향이 기록한 것이다. "물색(物色)을 살펴가며 추적해보니"란, 기운에 특이한 점이 있어 찾아 나섰다[尋跡]는 말이다. 또 살펴보건대, 『열선전』에 이르기를 "노자가 서쪽으로 유람을 갈 때 관령 윤희가 멀리서 자줏빛 기운이 관문으로 떠가고 있음을 보았는데, 노자가 과연 푸른빛 나는 소[靑牛]를 타고 지나갔다"라고 했다.

어떤 이는 말하기를, 노래자(老萊子) 또한 초(楚)나라 사람[1]이며 15편으로 된 책을 지어 도가(道家)의 쓰임새[用]를 말했는데 공자와 같은 때(의 사람이)라고 했다[云].

1) 【정의(正義)】 태사공(太史公)은 혹시 노자가 노래자(老萊子)일 수도 있다고 여겼기에[疑=意] 이를 적어둔 것이다. 『열선전(列仙傳)』에서 이렇게 말했다. "노래자는 초나라 사람이다. 당시에 세상이 어지러워지자, 세상을 피해[逃世] 몽

산(蒙山) 남쪽[陽=南]에서 밭을 갈았는데, 갈대[莞葭]를 담장 삼고 다북쑥[蓬蒿]을 방 삼고 장목(杖木)을 침상 삼고 쑥풀[蓍艾]을 자리 삼고 나물[菹芰]을 음식 삼으며 산을 개간해[墾山] 오곡을 심었다. 초왕(楚王)이 문에까지 이르러 그를 맞이하려 하자 드디어 떠나갔고, 강남(江南)에 이르러서야 멈춰 머물렀다[止]. 그가 말했다. '짐승들의 빠진 털[解毛]을 쌓아두면 얼마든지 옷을 해서 입을 수 있고 땅에 떨어진 알갱이만 있으면 충분히 먹을 수 있다.'"

대개[蓋] 노자는 160여 세였다고도 하고 혹은[或] 200여 세라고도 말하는데[1], 이는 그가 도를 닦아 (양생술로) 수명을 기른[脩道養壽] 때문이다.

1) **[색은(索隱)]** 이는 옛날[前古] 호사가들이 외전(外傳-야사)에 근거해서 노자의 생년(生年)을 공자 때까지 이어지게 한 것이니, 그래서 160세라고 한 것이다. 혹 200여 세라고 한 것은 곧 주나라 태사(太史) 담(儋)을 노자라고 보았기 때문에 200여 세라고 한 것이다. **[정의(正義)]** 대개[蓋]나 혹은[或]은 모두 의심스럽다는 말[疑詞]이다. 세상 사람들이 밝게 알지 못했기 때문에, 그래서 대개[蓋]나 혹은[或]이라고 한 것이다. 『옥청(玉淸)』[도교에서는 삼청(三淸)을 중시하는데, 태청(太淸)과 상청(上淸)과 옥청(玉淸)이 그것이다. 서울 삼청동(三淸洞)의 유래이기도 하다.]에 이르기를, 노자는 주나라 평왕(平王) 때 (도와 덕이) 쇠퇴함을 보고서 이에 떠나갔다[去]라고 했다. (『사기(史記)』) 「공자세가(孔子世家)」에 이르기를 공자가 노자에게 예를 물은 것[問禮]은 주나라 경왕(景王) 때로 공자의 나이가 대략 30세였으며 평왕부터 12왕이 지나서인데, 이 전(傳)에서는 담(儋)이 곧 노자라고 했고 진(秦)나라 헌공(獻公)이 열왕(烈王)과 같은 때라고 했으므로 평왕부터 21왕이 지나서다. 말하는 사람마다 같지가 않으니[不一] 알 수가 없다. 「갈선공서(葛仙公序)」[이 글을 지은 갈현(葛玄)은 삼국시대 오나라 단양(丹陽) 구용(句容) 사람으로, 갈홍(葛洪)의 종조부다. 좌자(左慈)를 따라 태청(太淸)·구정(九鼎)·금액(金液) 등의 단경(丹經)을 익혔는데, 일찍이 천태적성산(天台赤城山)에 들어가 도를 배웠다. 항

상 마적산(馬迹山)에 은거하면서 수련했고 스스로 갈선옹(葛仙翁)이라 불렀다. 전하는 달로는 오나라의 손권(孫權)이 불러 만나보았다고 한다.]에 이르기를 "노자는 스스로 그러함[自然]을 체득했다. 태시(大始)에 앞서 태어나 아무런 원인도 없는 것[無因]에서 일을 일으키고 하늘과 땅의 끝과 시작을 두루 편력했으니[經歷], 나이를 칭할[稱載=稱年] 수 없다"라고 했다.

공자가 죽은 지 129년이 지난 뒤[1]의 역사 기록[史記]이다. 주나라 태사 담(儋)이 진(秦)나라 헌공(獻公)을 만나 말했다.

"맨 처음에 진나라는 주나라와 합쳐져 있다가 떨어졌는데, 떨어지고 500년이 지나면 다시 합쳐지고, 합치고서 70년[2]이 지나면 패자(霸者-패도의 임금)나 왕자(王者-왕도의 임금)가 나타날 것입니다."

어떤 사람은 담(儋)이 곧 노자라고 했고 어떤 사람은 아니라고 했으며, 세상에는 그것이 맞는지 아닌지를 도무지 알지 못한다. 노자는 숨어 지낸 군자[隱君子]다.

1) 【집해(集解)】 서광(徐廣)이 말했다. "실은 119년이다."

2) 『사기(史記)』의 다른 곳에서는 17년, 77년이라고 한 곳도 있다. 『한서(漢書)』 「교사지(郊祀志)」에서는 여기서와 같이 70년이라고 했다.

노자의 아들 이름은 종(宗)인데, 종은 위나라 장수[魏將]가 되어 단간(段干)에 봉(封)해졌다[1]. 종의 아들은 궁(宮)이고 궁의 현손은 가(假)이니, 가는 한(漢)나라 효문제(孝文帝) 때 벼슬을 했다. 가의 아들 해(解)는 교서왕(膠西王) 앙(卬-유앙)의 태부가 되었고, 그로 인해 제나라에서 집안을 이뤘다[家].

1) 【집해(集解)】 이는 단간(段干)에 봉해졌다는 말인데, 단간이란 물론 위(魏)나라

읍 이름이다. 『사기(史記)』「위세가(魏世家)」에 단간목(段干木)·단간자(段干子)가 나오고 「전완세가(田完世家)」에 단간붕(段干朋)이 나오는데, 이 세 사람이 모두 성(姓)이 단간인지는 의심스럽다. 본래 대체로 읍을 갖고서 성으로 삼으니, 『좌전(左傳)』에서 "읍 또한 그와 같다"라고 한 말이 바로 그것이다. 『풍속통(風俗通)』「씨성(氏姓)」[후한 사람 응소(應劭)가 지은 『풍속통의(風俗通義)』의 준말이다. 당나라 이전의 목록에는 30권으로 되어 있으나 송나라 이후 10권으로 전해져왔다. 또 원본에는 「황패(皇覇)」·「정실(正失)」·「건례(愆禮)」·「과예(過譽)」·「십반(十反)」·「성음(聲音)」·「궁통(窮通)」·「사전(祀典)」·「괴신(怪神)」·「산택(山澤)」·「성씨(姓氏)」 11편이었으나 현존하는 것은 「성씨」편이 빠졌다. 각 편은 다시 항목 몇 개로 나뉘는데, 「황패」편은 삼황오제(三皇五帝) 등을 5항목으로 해설하고 있으며 「괴신」편은 15항목으로 세분해 음사(淫祀)와 사교(邪敎)를 경계하고 있다. 모두 당시 일반인의 유속에 대한 잘못된 인식을 바로잡으려고 사물을 고증 논술한 것이다.] 주(注)에 이르기를 성은 단(段), 이름은 간목(干木)이라고 했는데, 아마도 잘못이 아닌가 싶다. 천하에 별도로 단(段)이라는 성이 있기는 하지만 어찌 반드시 단간목이라고 했으랴!

세상에서 노자를 배우는 사람들은 유학(儒學)을 깔보고[絀]1), 유학 또한 노자를 깔본다. "도리가 같지 않으면 서로 함께 도모하지 말아야 한다[道不同不相爲謀]2)"라는 말이 어찌 이를 가리키는 것이 아니랴!

이이(李耳)는 무위자화(無爲自化)했고 청정자정(淸靜自正)했다3).

1) 【색은(索隱)】絀의 발음은 출(黜)이다. 출(黜)이란 '물리쳐 뒤에 둔다[退而後之]'는 뜻이다.

2) 『논어(論語)』「위령공(衛靈公)」편에 나오는 말이다.

3) 【색은(索隱)】 이는 태사공(太史公)이 노자가 행한 일들을 바탕으로 이 편의 말미에 결론 삼아 말한 것이니, 이 또한 찬(贊)이다. 살펴보건대, 『노자(老子)』에 이르기를 "나는 아무것도 하지 않았는데 백성이 스스로 교화되었고, 나는

고요함을 좋아했을 뿐인데 백성이 저절로 바르게 되었다[我無爲而民自化 我好靜而民自化]"라고 했으니, 이는 옛사람들이 노담(老聃)의 덕(德)을 평해서 말한 것을 태사공은 여기에 가져와서 기록한 것이다. 【정의(正義)】 이는 노자의 가르침을 총괄해서[都=總] 결론지은 것으로, 억지로 행하는 바[所造爲]가 없는데도 (백성이) 스스로 교화가 되어 맑고 깨끗하며[淸淨] 누구에게도 휘둘리지 않으니[不撓] 백성이 스스로 바른 곳으로 돌아갔다[歸正]는 말이다.

장자(莊子)는 몽(蒙) 땅 사람[1]으로 이름은 주(周)다. 주는 일찍이 몽 땅의 칠원(漆園)에서 말단 관리 생활을 했는데, 양(梁)나라 혜왕(惠王), 제(齊)나라 선왕(宣王)과 동시대 사람이다. 학문은 두루 포괄하지 않는 것이 없었지만, 요체는 노자의 말을 뿌리로 삼고[本] 노자의 말로 돌아간다[歸]. 10만 자가 넘는 책은 대부분 우화[寓言]인데, 「어부(漁父)」·「도척(盜跖)」·「거협(胠篋)」은 모두 공자의 무리를 비방하고 헐뜯음으로써 노자의 학술을 밝히고 있으며 「외루허(畏累虛)」·「항상자(亢桑子)」 같은 부류는 사실이 아닌 허구[空語]다.

그러나 문장을 잘 짓고[善屬] 글귀를 잘 분석해[離辭] 세상사와 사람 마음을 잘 살펴 적절한 비유로써 유가와 묵가[儒墨]를 공격했으니, 당대의 내로라하는 학자들[宿學]은 스스로 비판을 피하거나 벗어날 수 없었다. 그의 말은 거센 물결처럼 막힘이 없고 자유자재로 자기를 드러냈기 때문에 왕공(王公)부터 대인(大人)까지 그 그릇을 감당하지[器之] 못했다.

1) 【집해(集解)】 「지리지(地理志)」에 따르면, 몽현(蒙縣)은 양국(梁國)에 속한다. 【색은(索隱)】 「지리지」에 따르면 몽현(蒙縣)은 양국(梁國-양나라)에 속한다고 했는데, 유향(劉向)은 『별록(別錄)』에서 송(宋)나라 몽 사람이라고 했다. 【정의(正義)】 (진(晉)나라 사람) 곽연생(郭緣生)의 『술정기(述征記)』에 이르기를, 몽현은 장주(莊周)의 본읍(本邑)이라고 했다.

초나라 위왕(威王)[1]이 장주(莊周)가 뛰어나다는 말을 듣고는 사자를 보내 두터운 예물로써 그를 맞이해 재상으로 삼으려 했는데, 장주가 웃으면서 초나라 사신에게 일러 말했다.

"천금, 큰돈이지요. 경과 상, 귀한 자리지요. 그대는 교(郊) 제사 때 희생으로 바치는 소를 보지 못했소? 몇 해 동안 잘 먹이고는 (결국) 수를 놓은 비단옷을 입혀 태묘로 끌고 가지요. 그런데 그때 가서 그 소가 몸집이 작은 돼지가 되겠다고 한들 어찌 가능하겠소?

그대는 더는 나를 더럽히지 말고 당장[亟=急] 떠나가시오! 내 차라리[寧] 시궁창에서 놀면서 즐거워할지언정 나라를 소유한 자(=제후들)에게 얽매이지는 않을 것이오. 평생토록 벼슬하지 않고 내 뜻대로 즐거워하며 살겠소!"

1) 【정의(正義)】 위왕(의 이 일)은 주나라 현왕(顯王) 33년(기원전 336년)에 해당한다.

신불해(申不害)는 (옛 정나라) 경(京) 사람[1]으로 옛 정(鄭)나라 말단 신하[賤臣]였다. 학술[2]로 한(韓)나라 소후(昭侯)를 찾아가자, 소후가 그를 써서 재상으로 삼았는데, 안으로 정치와 교화[政敎]를 닦고 밖으로 제후들을 상대한 것이 15년이었다.

신자(申子)가 죽을 때까지 나라는 잘 다스려지고 군대는 강해져서 한나라를 침략하는 나라가 없었다[3].

1) 【색은(索隱)】 신자는 이름이 불해다. 『별록(別錄)』에 이르기를, "경은 지금의 하남군(河南郡) 경현(京縣)이다"라고 했다.

2) 【색은(索隱)】 살펴보건대, 학술이란 곧 형명(刑名)의 법술이다.

3) 【색은(索隱)】 왕소(王劭)가 살펴보건대 『기년(紀年)』에는 "한나라 소후 때 외적의 침입이 여러 차례였다"라고 했으니, 이 말과는 차이가 있다.

신자의 학술은 황로(黃老)에 뿌리를 두면서 형명(刑名)을 위주로 했다. 저서에 『신자(申子)』로 불리는 2편이 있다.

한비(韓非)[1]는 한(韓)나라 여러 공자 중 한 사람이었다. 형명과 법술을 좋아했으나, 결론은 황로로 귀착된다. 한비는 말을 더듬어서[口吃] 유세는 잘 못했지만, 글을 잘 썼다. 이사(李斯)와 함께 순경(荀卿-순자)[2]을 스승으로 섬겼는데, 이사는 스스로 자기가 한비만 못하다고 여겼다.

1) **[정의(正義)]** 왕(王-한왕) 안(安) 5년에 한비가 진(秦)나라에 사신으로 갔고, 9년에 진나라가 왕 안을 사로잡자, 한나라는 드디어 망했다.

2) **[정의(正義)]** 『손경자(孫卿子)』 22권이 있다. 이름은 황(況)으로, 조나라 사람이며 초나라에서 난릉령(蘭陵令)을 지냈다. 한나라 선제의 이름을 피해 성을 손(孫)으로 고쳤다.

한비는 한나라가 쇠약해지는 것을 보고 여러 차례 글을 올려, 한나라 왕[1]에게 간언했으나 한나라 왕은 능히 쓸 수 없었다. 이에 한비는 나라를 다스리면서 법과 제도를 닦아 바로 세우고 권세를 잡아 쥐고서 신하들을 제어해 부국강병을 이루며 뛰어난 인재를 구하는 데는 힘을 쏟지 않고, 도리어 아무짝에도 쓸모없는 좀 같은 자들을 천거해서 공로와 실력이 있는 인재들 위에다 갖다 놓는 것을 가슴 아파했다.

한비는 또 유자(儒者)는 문(文)으로 법을 어지럽히고 협객은 무(武)로써 법을 어기는데, (임금은) 나라가 평안할 때[寬=安]는 이름 날리는 것을 중시하는 자들을 총애하고 위급할 때[急]는 갑옷 입고 투구 쓴 무사를 찾는다고 여겼다. 그러므로 지금 나라에서 녹을 주어 기르는 자들은 위급할 때 쓸 수 없는 자이고, 위급할 때 쓰이는 사람은 평소 녹을 주어 기른 자가 아니다. 이에 염치를 알고 곧은 사람[廉直]들이 (윗자리에 있는) 그릇되고 마음이 굽은 신하들[邪枉]에게 받아들여지지 못함을 슬퍼하면서, 지난날 일들의 득실이 어떻게 변했는가를 살펴[2] 「고분(孤憤)」·「오두(五蠹)」·「내외저(內外儲)」·「세림(說林)」·「세난(說難)」 등 10여만 자의 글을 지었다.

1) 【색은(索隱)】 한왕 안(安)이다.

2) 【정의(正義)】 한비는 왕 안이 충량(忠良)한 신하들을 쓰지 못해 지금 나라가 쇠약해졌다고 보았기에, 그래서 옛날에 나라를 소유했던 임금들이 일을 함에 있어 그 얻고 잃은[得失] 바를 잘 살펴서 『한자(韓子)』 20권을 지었다.

그러나 한비는 유세(遊說)의 어려움을 잘 알아서 「세난」에다 어려움을 상세히 써놓았음에도 결국 진(秦)나라에서 죽었으니, 정작 그 자신은 어려움에서 벗어날 수 없었던 것이다.

「세난」편에서는 이렇게 말했다.

무릇 유세의 어려움이란 내가 아는 것으로써 남을 설득하기 어렵다는 것이 아니고, 또 내 말솜씨로써 능히 내 뜻을 다 밝히기 어렵다는 것도 아니며, 또 내가 감히 해야 할 말을 자유롭게 모두 다 풀어내기 어렵다는 것도 아니다. 무릇 유세의 어려움이란 (군주라는) 상대방의 마음을 잘 알아내 내 말을 그 마음에 딱 들어맞게 하는 데 있다[1].

1) 【정의(正義)】 앞의 세 가지는 모두 아직은 어려운 일이 아니지만 무릇 (그렇기 때문에) 유세의 어려움이 바로 여기에 있다는 뜻이다. 이는 곧 상대방의 뜻을 깊이 들여다보고서 잘 판단해 알아낼 때 내 말을 그 마음에 딱 들어맞게 할 수 있다는 것으로, 상대방의 마음을 읽는데 어두우면 유세를 해서 시행한다 한들 마침내 어려움에 처하게 될 것이다.

상대방이 높은 명성을 추구하는데 큰 이익을 얻을 수 있다고 유세한다면 지조가 떨어진다고 여겨서 천시하고 분명 내버리거나 멀리하게 될 것이다. 상대방이 큰 이익을 얻고자 하는데 높은 명성으로 얻을 수 있다고 유세한다면 아무 생각이 없고 세상 물정과는 동떨어져 있다고 여겨서 분명 받아들이지 않을 것이다. 상대방이 속으로는[實] 큰 이익을 바라면서 겉으로[顯] 높은 명성을 추구하는데 높은 명성을 얻을 수 있다고 유세한다면 겉으로는 받아들이는 척하면서 속으로는 멀리하겠지만, 큰 이익을 얻을 수 있다고 유세한다면 속으로는 그 말을 받아들이면서 겉으로는 내칠 것이다. (유세자는) 이런 점을 알지 않으면 안 된다.

무릇 일이란 은밀하면 성공하고 말이 새어나가면 실패한다.

상대방이 아직 (자기 마음속 생각을) 누설하려고 하지 않았는데 (유세자의) 말이 그만이 감추고 있던 일에 미치게 될 경우 유세자는 몸이 위태로워진다.

귀인(貴人)에게 어떤 잘못의 단서가 있는데 유세자가 좋은 의견을 밝히며 그 잘못을 건드린다면 유세자는 몸이 위태로워진다.

임금의 은총이 아직 두텁지 못한데 자기가 알고 있는 것을 다 털어놓는다면, 유세한 대로 일이 행해져 공로가 있다 하더라도 은덕은 잊힐 것이며 유세가 행해지지 않아서 일이 실패하게 되면 의심을 받게 되어 유세자는 몸이 위태로워진다.

무릇 귀인이 계책을 얻어 스스로 그것을 자기 공로로 삼고자 하는데 유세자가 미리 거기에 관여해 그것을 알아버린 경우[1] 유세자는 몸이 위태로워진다. 저 사람이 겉으로는 어떤 일을 하면서 마침내 속으로는 다른 일을 이루고자 하는데 유세자가 이를 다 알고 있을 경우 유세자는 몸이 위태로워진다. (귀인이) 결코 할 수 없는 일을 억지로 요구하고 결코 멈출 수 없는 일을 그치게 한다면 유세자는 몸이 위태로워진다.

그러므로 (유세자가) 군주와 함께 대인을 논할 경우, (군주는 그가) 자기를 은근히 풍자한다[間=譏諫]고 여기고 비루한 사람을 논할 경우, (남을 헐뜯어서) 권력을 사고팔려 한다고 여기며 군주가 총애하는 사람에 대해 논할 경우, 자기가 기댈 언덕을 구하려 한다고 여기고, 군주가 싫어하는 사람에 대해 논할 경우, 자기를 떠본다[嘗=試]고 여길 것이다. 말을 곧장 줄여서 하면 아는 게 없다고 하찮게 여기고[屈=拙], 말을 장황하게 하면 말이 너무 많다며 피곤하게 여기며, 일의 이치에 따라 뜻을 진술하면 겁 많고 나약해 자기 말을 남김없이 다 하지 못한다고 여기고, 일을 염려해 두루 광범위하게 말하면 촌스러우면서도 거만하다고 여긴다.

이것이 유세의 어려움이니, 알지 않으면 안 된다.

1) 【정의(正義)】 임금이 먼저 계책을 얻어 자기 공으로 삼으려 하는데, 유세자가 그 과정에서 진행된 종적을 미리 알고 있다면 그는 반드시 위태롭게 된다.

무릇 유세할 때 힘써야 할 것은 상대방이 자랑스러워하는 것을 더 잘 꾸며줄 줄 알고 부끄러워하는 것을 없애줄 줄 아는 데 달렸다. 상대방이 자기 계책이 잘못된 것임을 스스로 알 경우, 굳이 그의 잘못을 건드려 궁지로 몰아서는 안 되고 자기 결정을 스스로 용감하다고 여길 경우, 굳이 반대 의견을 내세워서 화나게 해서는 안 되며 자기 힘이 세다고 여길 경우, 굳이 그 일의 어려움을 들어 가로막아서는 안 된다.

유세가는 군주와 같은 계책으로 다른 일을 도모하는 자가 있으면 그 사람을 높이면서 군주와 같은 행동을 한 것을 칭찬하고, 군주와 같은 실패를 한 사람이 있으면 그것은 실패가 아니라고 노골적으로 편들어주면서 군주와 같은 실수를 한 것은 그의 잘못이 아니라고 분명하게 꾸며줘야 한다. 상대방이 유세자의 크게 충성스러운 마음에 거부감이 있지 않아서 자기가 말할 때 구애되는 바가 없어야만 마침내 지혜와 변설을 마음껏 펼칠 수 있다.

이것이 바로 군주와 친근하게 되어 의심을 받지 않고서 남김없이 다 말을 할 수 있는 까닭이다. 이렇게 해서 오랜 시일이 지나 군주의 총애가 이미 깊어지면 깊은 계책을 올려도 의심받지 않게 되고, (혹시 의견이 달라) 서로 다투는 일이 있더라도 벌을 받지 않게 된다. 그러면 유세자는 이로움과 해로움을 명백하게 따져서 군주가 공적을 이룰 수 있게 하고, 옳고 그름을 솔직하게 지적해도 영예를 누리게 되니, 이런 관계를 서로 유지할 수 있게 된다면 유세는 성공한 것이다.

이윤(伊尹)은 요리사[庖]였고 백리해(百里奚)는 포로였지만 둘 다 그것을 통해 자기 군주를 만났다. 그러므로 이 두 사람은 모두 빼어난 이[聖人]였지만 오히려 자기 몸을 수고롭게 하고서 비천한 일[1]을 겪은 다음에야 세상에 나올 수 있었다. 따라서 능력 있는 인재라면 이런 일을 부끄러워할 필요가 없다[2].

1) 【정의(正義)】 요리사나 포로가 된 것이 바로 비천한 일이다.

2) 【색은(索隱)】 살펴보건대, 이 문장은 『한비자(韓非子)』에 나온다.

송(宋)나라에 한 부자가 있었는데, 하늘에서 비가 내려 담장이 무너졌다. 아들이 말했다.

"담장을 쌓지 않으면 장차 도둑이 들 수 있습니다."

이웃집 주인도 같은 말을 했는데, 날이 저물자 과연 재물을 많이 잃었다. 그 부자는 자기 아들이 똑똑하다고 여기면서 이웃집 주인을 의심했다.

예전에 정(鄭)나라 무공(武公)이 호(胡)나라를 정벌하고자 했는데, 자기 딸을 호나라 임금에게 시집보낸 뒤 여러 신하에게 물었다.

"내가 전쟁을 하려는데, 어느 나라를 치면 좋겠는가?"

관기사(關其思)가 말했다.

"호나라가 좋겠습니다."

마침내 관기사를 죽이면서 말했다.

"호는 형제의 나라다. 그대가 형제의 나라를 토벌하자는 것은 어째서 인가?"

호나라 임금이 이를 듣고는 정나라는 자신을 친하게 생각한다고 여겨서 정나라를 방비하지 않으니, 정나라는 호나라를 습격해 차지했다.

이 두 유세자(-이웃집 주인과 관기사)의 말은 모두 마땅한 것이었지만, 심한 경우에는 죽임을 당했고 가벼운 경우에도 의심을 샀다. 이는 아는 것이 어려운 것이 아니라 아는 것을 어떻게 하느냐[處知]가 어려운 것임을 보여 준다.

옛날에 미자하(彌子瑕)가 위(衛)나라 임금에게 사랑을 받았다. 위나라 법에 군주의 마차를 몰래 타는 자는 발목을 자르는 월형(刖刑)에 처하게 되어 있었다. 얼마 뒤에 미자하의 어머니가 병이 나자, 누군가가 이를 듣고는 밤에 달려가 미자하에게 알려주었는데, 미자하는 군주의 명이라 속이고서 군주의 마차를 타고 밖으로 나갔다. 군주가 이를 듣고는 그를 뛰어나다고 여기며 말했다.

"효성스럽구나! 어머니를 위해 월형을 감수하다니!"

그 후에 임금과 함께 과수원을 거닐다가 미자하가 복숭아를 먹었는데, 맛이 달자 다 먹지 않고 임금에게 바쳤다.

"나를 사랑하는구나, 자기 입은 생각하지 않고 나를 생각하다니!"

그러나 미자하의 고운 얼굴이 시들어 사랑도 식었을 때 임금에게 죄를 짓게 되었다.

이에 임금이 말했다.

"전에 나를 속이고 내 마차를 몰고 나갔고, 또 먹다 남은 복숭아를 내게 먹였지!"

미자하의 행위는 처음과 달라진 것이 없었는데도 전에는 뛰어나다고 칭 찬받았다가 나중에 죄를 얻게 된 것은, 그에 대한 임금의 애증이 변했기 때 문이다. 군주에게 사랑을 받을 때는 지혜가 마음에 드는 것으로 여겨져 더 욱 가까워지는 것이고, 군주에게 미움을 받을 때는 죄를 받는 것이 당연하 게 여겨져 더욱 멀어지는 것이다. 따라서 유세하는 자는 군주가 자기를 사 랑하는지 미워하는지를 잘 살핀 다음에 유세해야 한다.

저 용이라는 동물은 잘 길들이면 등에 탈 수도 있으나, 목덜미 아래에 거 꾸로 난 한 자 길이의 비늘[逆鱗]을 건드리면[嬰] 그 사람은 반드시 죽는다 고 한다. 군주에게도 역린(逆鱗)이 있으니, 유세하는 자가 군주의 거꾸로 난 비늘을 건드리지만 않는다면 유세는 거의 성공했다고 할 수 있다.

어떤 사람이 한비의 책을 진(秦)나라에 전해주었다. 진왕이 「고분」·「오 두」의 글을 읽어보고는 말했다.

"아! 과인이 이 책을 쓴 사람을 얻어 사귈 수만 있다면 (당장) 죽어도 여 한이 없겠다!"

이사(李斯)가 말했다.

"이것은 한비가 지은 저서입니다."

진나라는 그 참에 서둘러 한나라를 공격했다. 한왕은 애초에 한비를 기 용하지 않았는데, 다급해지자 마침내 한비를 진나라에 사신으로 보냈다. 진왕이 기뻐했지만, 아직 믿고 쓰지는 않았다. 이사와 요고(姚賈)가 한비를 해치고자 그를 헐뜯으며 말했다.

"한비는 한나라 공자(公子)입니다. 지금 왕께서 제후들을 합병하려 하시 는데, 한비는 결국 한나라를 위하지, 진나라를 위하지는 않을 것입니다. 이 는 인지상정입니다. (그런데) 지금 왕께서 그를 기용하지도 않으면서 오래도 록 억류했다가 그냥 돌려보내신다면, 이는 스스로 후환을 남기는 것이니 죄를 덮어씌워 죽이는 것만 못합니다."

진왕이 그렇다고 생각해 옥리에게 내려 한비를 다스리게 하니, 이사가 사람을 보내 한비에게 독약을 주어 자살하게 했다. 한비는 (진왕을 만나) 자기 생각을 말하고 싶었지만 만날 수 없었다. 진왕이 후회해 사람을 보내 사면하라고 했으나, 한비는 이미 죽은 뒤였다.

신자(申子-신불해)와 한자(韓子-한비)는 모두 책을 저술해 후세에 전했고 그들을 배우는 사람들이 많았다. 나는 다만 한자가 직접 「세난」을 짓고도 스스로는 재앙을 피하지 못한 것이 슬플 뿐이다.

태사공(太史公)이 말한다.

"노자(老子)가 귀하게 여기는 바는 비어 있음과 없음[虛無]이니, 그로 인해 아무것도 하지 않는[無爲] 가운데 변화에 응한다. 그래서 그가 지은 책은 그 말이 미묘해 이해하기 어렵다.

장자(莊子)는 노자가 말한 도리와 다움[道德]의 뜻을 미뤄 헤아려[散] 자신의 생각을 자유롭게 풀어냈는데, 핵심은 역시 자연스러움[自然]으로 돌아가라는 것이다.

신자(申子-신불해)는 비근하게[卑卑]1) 도리와 다움을 이름과 실제[名實]에 적용했고 한자(韓子-한비자)는 먹줄을 친 것처럼 세상의 모든 일을 결단하고 옳고 그름을 밝혔지만, 너무나 가혹해 은덕이 적었다.

이 학설들은 모두 도리와 다움의 뜻[道德之意]에 근원을 두고 있지만[原] 노자가 (가장) 깊고도 멀도다[深遠]."2)

---

1) 【색은(索隱)】 스스로 힘쓴다는 뜻이다.

2) 【색은술찬(索隱述贊)】 백양이 가르침을 세웠으니[伯陽立教]/청정과 무위라네[淸淨無爲]/도는 동쪽 노를 높였고[道尊東魯]/행적은 서쪽 변방으로 숨어 들었도

다[迹竄西垂]/장자는 생동감이 가득했고[莊蒙栩栩]/신불해는 온 정성을 다했다네[申害卑卑]/한비에게는 형명의 학술이 있어[刑名有術]/유세함의 어려움 지극히 잘 알았도다[說難極知]/슬프도다! 저 사람 두루 잘 방비했어도[悲彼周防]/끝내 이사에게 죽었다네[終亡李斯]!

권64

사마양저열전(司馬穰苴列傳) 제4

권64 사마양저열전(司馬穰苴列傳) 제4

사마양저(司馬穰苴)는 전완(田完)의 먼 후예[苗裔]¹⁾다. 제(齊)나라 경공(景公) 때 진(晉)나라가 아읍(阿邑)과 견읍(甄邑)을 치고 연(燕)나라가 하상(河上)을 침범하니²⁾ 제나라 군대가 크게 패배했다[敗績]³⁾. 경공이 이를 걱정하자 안영(晏嬰)이 마침내 전양저(田穰苴)를 천거하며 말했다.

"양저는 비록 전씨(田氏)의 서얼(庶孽)이지만, 사람됨이 문(文)으로는 능히 사람들을 따르게 만들 수 있고 무(武)로는 능히 적을 위협할 수 있으니다. 바라건대 임금께서는 그를 써보십시오."

경공이 양저를 불러 군사에 관해 이야기를 나누고는 크게 기뻐하더니, 장군(將軍)⁴⁾으로 삼아서 병사를 거느리고 연나라와 진나라의 군대를 막게 했다[扞=禦].

양저가 말했다.

"신은 본래 미천하건만 임금께서 일반 백성 무리에서 저를 발탁하시어 대부들 윗자리에 올리셨으니, 사졸들이 아직은 따르지 않고 백성은 믿지 않을 것입니다. 저는 사람이 미천하고 권세는 가벼우니, 바라건대 임금께서 총애하시고 나라가 존귀하게 여기는 사람으로 하여금 (장군을 보좌해 군대를 감찰하는) 감군(監軍)으로 삼으시면 마침내 좋을 것입니다."

이에 경공이 허락하고서 장고(莊賈)에게 함께 가도록 했다. 양저가 이미 하직 인사를 하고 장고와 약속해 말했다.

"내일[旦日=明日] 해가 중천에 떴을 때 군문에서 만납시다."

양저는 먼저 군대로 달려가서 해시계[立表]와 물시계[下漏]를 준비하고서5) 장고를 기다렸다. 장고는 평소 교만하고 귀한 몸인 데다 장수가 이미 자기 군대를 이끌고 있고 자신은 감군(監軍)이므로 그렇게 서두를 것 없다고 여기고서, 친척과 측근들이 송별 자리를 만들어주자, 그곳에 남아 술자리를 벌였다. 정오가 되어도 장고는 도착하지 않았다. 양저는 해시계와 물시계를 엎어버린 뒤 들어가서 병사들을 점검하고 군기를 다잡고 거듭해서 군령을 내렸다. 저녁 무렵에야 장고가 마침내 도착했다.

양저가 말했다.

"어째서 약속 시간에 늦었소?"

장고가 사과하며 말했다.

"불민하게도[不佞=不敏] 대부와 친척들이 송별 자리를 만들어주는 바람에 늦었소."

양저가 말했다.

"장수란 명을 받은 날부터 집을 잊어야 하고, 군영에 이르러 군령이 정해지면 친인척을 잊어야 하며, 진격의 북이 울려 급히 나아가 공격할 때면 자기 몸을 잊어야 합니다. 지금 적국이 깊이 쳐들어와 나라 안이 소란스럽고, 사졸들은 뙤약볕에서 변경을 지키고 있으며, 임금께서는 잠도 편히 주무시지 못하고 좋은 음식을 드셔도 맛을 모르십니다. 백성 목숨이 모두 당신에게 달렸는데 송별회가 무슨 말이오?"

군정(軍正-군 법무관)을 불러 물었다.

"군법에는 약속 시간에 늦은 자는 어떻게 하라고 되어 있는가?"

"참형에 해당합니다!"

장고가 겁이 나서 급히 경공에게 사람을 보내 이를 알리며 구원을 청했는데, (양저는) 갔던 사람이 미처 돌아오기도 전에 이에 드디어 장고의 목을 베어 삼군에 조리를 돌렸다[徇]. 삼군 병사들이 모두 벌벌 떨었다. 한참 지나서 장고를 용서하라는 부절을 가진 경공의 사자가 군중으로 달려 들어왔다. 양저가 말했다.

"장수는 군영에 있으면 임금의 명령이라도 받지 않는 경우가 있다![6]"

군정에게 물었다.

"군중에서는 말을 치달리면 안 되는데 지금 사자는 말을 치달렸으니, 군법에서는 어떻게 해야 하는가?"

군정이 말했다.

"참형에 해당합니다!"

사자가 크게 두려워했다.

양저가 말했다.

"임금의 사자를 죽일 수는 없다."

마침내 마부와 수레 왼쪽 곁마의 목을 베어 삼군에 조리를 돌렸다. 양저가 사자를 돌려보내 보고한 다음에 출정했다.

(양저는) 사졸들의 숙소, 우물 · 취사 · 음식 · 문병 · 의약을 몸소 보살폈다. 장군의 물품과 식량을 모두 사졸들에게 나눠주었고, 자신은 사졸 중에서도 몸이 가장 파리하고 약한 사졸들의 몫과 똑같이 양식을 나누었다. 이에 사흘 뒤 병사들을 출정시키는데, 몸이 아픈 자들도 모두 함께 가기를 요구하는 등 양저를 위해 앞다퉈 싸움터로 나아가려 했다. 진(晉)나라 군대는 이를 듣고 철수했다. 연나라 군대도 이를 듣고 황하를 건너 (북쪽으로 가서) 군대를 해산했다. 이에 그들을 추격해 쳐서 드디어 예전에 잃었던 경내의 옛 땅을 차지하고서 병사들을 이끌고 돌아왔다.

아직 도성[國=國都]에 도착하기 전에 군사들의 무장을 풀고 군령을 거둔 뒤 (충성을) 맹세한 다음 도읍으로 들어갔다. 경공이 대부들과 교외까지 나와서 맞이해 군사들을 위로하는 의식을 마친 뒤 궁궐로 돌아갔다. 이미 양저를 만나보고 나서는 그를 높여 대사마(大司馬)로 삼았다. 전씨(田氏)는 날로 제나라에서 더욱 존경을 받았다.

1) [색은(索隱)] 양저는 전씨(田氏)의 종족으로, 대사마(大司馬)가 되어 사마양저라

고 한다. 【정의(正義)】 전양저(田穰苴)는 사마가 되어 군사 일을 주관했다.

2) 【색은(索隱)】 살펴보건대 아와 견은 둘 다 제나라 읍이니,『진태강지기(晉太康地記)』에 이르기를 "아는 곧 동아(東阿)"라고 했고 「지리지(地理志)」에 이르기를 "견성현(甄城縣)은 제음(濟陰)에 속한다"라고 했다. 【정의(正義)】 하상은 황하 남쪽에 있는 땅이니, 곧 창주(滄州)와 덕주(德州)의 북쪽 경계다.

3) 아군이 크게 패하는 것을 패적(敗績)이라고 한다.

4) 【색은(索隱)】 드디어 장군이 관직 이름이 되었으니, 그래서『시자(尸子)』에서 말하기를 "10만 군사라 해도 장군이 없으면 어지러워진다"라고 했다. 6국 시대에 이런 관직이 있었다.

5) 【색은(索隱)】 살펴보건대, 입표(立表)란 나무를 세워 표식으로 삼아서 해의 그림자를 살펴보는 것이고, 하루(下漏)란 물이 떨어지게 해서 시각을 알아내는 것이다.

6) 【집해(集解)】 위(魏) 무제(武帝)가 말했다. "일이 급할 경우에는 임금의 명령에 구애될 필요가 없다."

　　얼마 후에 대부 포씨(鮑氏)·고씨(高氏)·국씨(國氏)의 족속들이 경공에게 양저를 참소했다[譖＝讒]. 경공이 양저를 물러나게 하니 양저는 병이 나서 죽었다. 전걸(田乞), 전표(田豹)[1]의 무리는 이 때문에 고씨·국씨 등에게 원한을 품었다. 그 후에 전상(田常)이 간공(簡公)을 시해할 때 고씨·국씨의 족속들을 모두 없애버렸다.

　　전상의 증손 전화(田和)에 이르러 스스로를 세워 제나라 위왕(威王)이 되어서는[2] 군대를 동원하고 위세를 떨치는 일[用兵行威] 등에서 대부분 양저의 병법을 따르니[放＝倣], 제후들이 제나라에 조회하러 왔다.

1) 【색은(索隱)】 전걸은 전희자(田僖子)이고, 전표 또한 희자의 친족이다.

2) 【색은(索隱)】 살펴보건대 이 글은 잘못이니, 마땅히 "전화가 스스로를 세워 왕이

되었고, 손자에 이르러 칭호를 제나라 위왕이라고 했다"라고 해야 한다. 전화는 칭호가 태공(太公)이다.

제나라 위왕은 대부들에게 옛날의 『사마병법(司馬兵法)』을 연구하면서 그 안에 양저의 병법도 덧붙이게 했으니, (이를) 『사마양저병법(司馬穰苴兵法)』이라고 불렀다.

태사공(太史公)이 말한다.

"내가 『사마병법』을 읽어보니 방대하고 깊이가 대단해 하·은·주 삼대의 전쟁이라 해도 (이 책의) 내용을 다 발휘하지 못했을 것이다. 다만 문장은 칭찬이 다소 과장된 바가 있다[1]. 저 양저는 보잘것없는 작은 나라를 위해 군사를 움직인 것이니, 어찌 한가롭게 『사마병법』에서 말하는 겸양의 예절을 지킬 겨를이 있었겠는가? 세간에 이미 『사마병법』이 많이 퍼져 있기 때문에 여기서는 논하지 않고 그저 양저의 열전만 지었다."[2]

1) **[색은(索隱)]** 『사마병법』에서 군사동원을 설명하는 것을 보면 삼대의 법을 본받아 겸양의 예절이 있기는 하지만, 제나라는 보잘것없는 작은 나라이고 전국시대에 해당하므로 "칭찬이 다소 과장된 바가 있다"라고 한 것이다.

2) **[색은술찬(索隱述贊)]** 연나라가 하상을 치자[燕侵河上]/제나라 군대는 대패했다네[齊師敗績]/안영이 양저를 천거하니[嬰薦穰苴]/무략은 능히 적에게 위엄을 떨칠 만했지[武能威敵]/장고의 목을 베어 조리돌리니[斬賈以徇]/삼군이 놀라고 두려움에 떨었다네[三軍驚惕]/우리 군사 이미 강해지니[我卒既彊]/저 외적들 후퇴했도다[彼寇退壁]/사마 임무 법대로 행하니[法行司馬]/실로 종묘가 의지하는 바가 되었도다[實賴宗戚]!

권65 ── 손자오기열전(孫子吳起列傳) 제5

권65 손자오기열전(孫子吳起列傳) 제5

손자(孫子) 무(武)는 제(齊)나라 사람[1]이다. 병법으로 오왕(吳王) 합려(闔廬)를 만나보게 되었는데, 합려가 말했다.

"그대의 13편을 내가 다 살펴보았다. 간단하게 시험 삼아 병사를 지휘해볼 수 있겠는가?"

대답했다.

"좋습니다."

합려가 말했다.

"여인들로도 시험해볼 수 있는가?"

말했다.

"가능합니다."

이에 허락하고서 궁중 미녀 180명을 불러냈다. 손자는 그들을 두 대(隊-무리)로 나눠 왕이 총애하는 희(姬-후궁) 두 사람을 각각 대장으로 삼은 뒤, 모두에게 창을 들게 하고서는 영을 내렸다.

"여러분은 가슴·왼손·오른손·등[背]을 알고 있는가?"

여인들이 말했다.

"알고 있습니다."

손자가 말했다.

"'앞으로!' 하면 가슴 쪽을 보고, '왼쪽으로!' 하면 왼손 쪽을 보고, '오른쪽으로!' 하면 오른손 쪽을 보고, '뒤로!' 하면 등 쪽을 보도록 하라!"

여인들이 말했다.

“알겠습니다.”

군령을 선포한 다음에 바로 큰 도끼를 마련해 곧장 세 차례 군령을 내리고는 다섯 차례 거듭했다. 이에 북을 치며 오른쪽으로 가라고 했으나 여인들이 크게 웃었다.

손자가 말했다.

“군령이 분명치 않고 병사들이 명령에 숙달되지 않은 것은 장수의 죄다.”

다시 세 차례 군령을 내리고 다섯 차례 거듭한 다음 북을 울려 왼쪽으로 가라고 했으나, 여자들은 다시 크게 웃었다.

손자가 말했다.

“군령이 분명치 않고 병사들이 명령에 익숙하지 않은 것은 장수의 잘못이지만, 군령이 분명한데도 따르지 않는 것은 병사들의 죄다.”

마침내 좌우 대장의 목을 치려고 하니, 오왕이 관람대 위에서 구경하다가 총애하는 궁녀의 목을 자르려는 것을 보고는 깜짝 놀랐다. 왕이 황급히 사람을 보내 말했다.

“과인은 이미 장군이 용병을 잘 한다는 것을 알았다. 과인은 그 두 여자가 없으면 맛있는 것을 먹어도 맛을 모를 정도이니, 바라건대 목은 베지 말라.”

손자가 말했다.

“신은 이미 왕명을 받아 장수가 되었습니다. 장수가 군중에 있을 때는 왕명이라도 받지 않는 경우가 있습니다.”

드디어 대장 두 사람의 목을 베어 조리를 돌린 뒤, 그다음으로 총애받는 여자들을 대장으로 삼고서 다시 북을 쳤다. 여자들은 왼쪽, 오른쪽, 앞뒤, 꿇어, 일어나 등을 모두 자로 잰 듯 먹줄을 튕긴 듯 정확히 들어맞게 움직였으며, 감히 아무런 (불만의) 소리도 내지 못했다. 이에 손자는 사람을 보내 왕에게 보고하며 말했다.

"병사들이 이미 갖춰졌으니, 왕께서 내려오시어 시험해 보시기 바랍니다. 왕께서 그들을 부리고자 한다면 물불 가리지 않고 뛰어들 것입니다."

오왕이 말했다.

"장군은 그만하고 숙소로 가라. 과인은 내려가고 싶지 않다."

손자가 말했다.

"왕께서는 그저 말만 좋아하실 뿐 실제로 쓸 줄은 모르십니다."

이에 합려는 손자가 용병에 능하다는 것을 알고는 마침내 장수로 삼았다. (그 뒤에 오나라는) 서쪽으로 강대한 초나라를 깨뜨리고서 영(郢-초나라 수도)에 진입했고 북쪽으로 제나라와 진(晉)나라를 위협해 제후들 사이에 명성을 떨쳤으니, 이는 손자가 함께 힘을 합쳤기 때문이다.

1) 【정의(正義)】 위(魏) 무제(武帝)가 말했다. "손자는 제나라 사람이다. 오왕 합려를 섬겨, 오나라 장수가 되었고, 병법 13편을 지었다."

손무가 이미 죽고 100여 년이 지나서 손빈(孫臏)이 나타났다. 빈생(臏生)은 아(阿)와 견(甄)읍 사이에서 태어났는데, 손무의 후세 자손이다. 손빈은 일찍이 방연(龐涓, ?~기원전 342년)[1]과 함께 병법을 배웠다. 방연은 일찍이 위(魏)나라를 섬겨 혜왕(惠王)의 장군이 되었는데, 스스로 능력이 손빈에 미치지 못한다고 생각해 마침내 몰래 사람을 보내 손빈을 불렀다. 빈이 오자 방연은 그가 자신보다 뛰어난 것이 두려워서 질투하다가, 형벌에 처해 두 다리를 자르고 또 경형(黥刑-묵형)을 가해지게 함으로써 숨도록 만들어 세상에 알려지지 못하게 하려고 했다.

1) 방견으로도 읽는다. 전국시대 위(魏)나라 사람이다. 제(齊)나라 사람 손빈(孫臏)과 함께 귀곡자(鬼谷子)에게 병법을 배웠으나 손빈만 못했다. 나중에 위나라 혜왕(惠王)의 장수가 되자 손빈을 위나라에 오도록 하여 빈형(臏刑-슬개골을 없애는 형벌)으로 처벌해버렸는데, 뒤에 손

빈은 제나라 사신의 도움으로 귀국해 제(齊)나라 위왕(威王)의 군사(軍師)가 되었다. 위나라 혜왕 20년(기원전 354년) 조(趙)나라의 한단(邯鄲)을 공격하다가 제나라 군사에 패배했고, 28년(기원전 342년) 한(韓)나라를 공격했지만, 구원 나온 손빈이 제나라 군대로 하여금 곧바로 위나라의 수도 대량(大梁)을 공격하게 하자 바로 철군했는데, 돌아오다가 유인책에 말려 마릉(馬陵)에서 복병에게 패하자, 목을 찔러 자살했다. 손빈의 계략으로 그렇게 되었다는 설도 있다. 『손빈병법』 「금방연(擒龐涓)」편에 보면 방연은 계릉(桂陵) 전투에서 포로로 잡혔다고 설명했다.

(뒷날) 제나라 사신이 양(梁-위나라 수도)[1]에 갔을 때, 손빈은 죄수의 몸[刑徒]으로 몰래 만나서 제나라 사신에게 유세했다. 제나라 사신이 그를 기이하게 여겨 몰래 수레에 태워 함께 제나라로 갔고, 제나라 장수 전기(田忌)가 그를 좋게 여겨 빈객으로 대우했다.

전기는 제나라 여러 공자와 함께 자주 경마로 큰 내기를 하곤 했다. 손빈이 그 말들을 보니 속도는 큰 차이가 없었지만, 말에 상·중·하 등급이 있음을 알고는 전기에게 말했다.

"당신께서는 다만[弟=佀] 크게 거십시오[重射=好射]. 신은 당신이 이길 수 있게 하겠습니다."

전기가 그 말을 믿고는 왕, 여러 공자와 천금을 건 내기를 했다. 시합[質=對]이 임박하자 손빈이 말했다.

"이제 당신의 하급 말은 상대방의 상급 말과 겨루게 하고, 당신의 상급 말은 상대방의 중급 말과 겨루게 하며, 당신의 중급 말은 상대방의 하급 말과 겨루게 하십시오."

세 번을 달려 시합이 끝났는데, 전기는 1패 2승으로 결국 왕의 천금을 땄다. 이에 전기가 손빈을 위왕(威王)에게 추천하니, 위왕이 병법을 묻고는 드디어 그를 군사(軍師-군사 분야의 스승)로 삼았다.

1) **【정의(正義)】** 지금의 변주(卞州)다.

그 후에 위(魏)나라가 조(趙)나라를 치자 다급해진 조나라는 제나라에 구원을 청했다. 제나라 위왕은 손빈을 장수로 삼으려 했으나, 손빈이 사양하며 말했다.

"형벌을 받은 몸[刑餘之人]이라, 장수가 될 수 없습니다."

이에 마침내 전기를 장수로 삼은 뒤, 손빈을 군사(軍師)로 삼아 휘장 친 수레 안에 앉아서 계책을 내게 했다. 전기가 군사를 이끌고 조나라로 가려 하자 손자가 말했다.

"무릇 어지럽게 얽힌 실을 풀려고 할 때 주먹으로 쳐서는 안 되듯이, 싸우는 자를 말리려고 할 때도 그 사이에 끼어들어 주먹만 휘둘러서는 안 됩니다. 급소를 치고 빈틈을 찔러 저들의 형세를 약화하면 저절로 물러날 것입니다. 지금 양나라(-위나라)와 조나라가 서로 싸우고 있으니, 날랜 정예병들은 틀림없이 모두 나라 밖으로 빠져나가고 힘없는 노약자만이 나라 안에 남아 있을 것입니다. 장군께서 병사를 이끌고 대량으로 달려가서 중요한 길목을 차지하고 방비가 허술한 곳을 치신다면 저들은 분명 조나라에 대한 포위를 풀고 자기 나라를 구하러 올 것입니다. 이렇게 하면 우리는 한 번 움직여 조나라에 대한 포위를 풀고 위나라를 황폐하게 할 수 있습니다."

전기가 이에 따르니 위나라는 과연 한단(邯鄲)에서 물러났고, 제나라는 계릉(桂陵)에서 싸워 양(위)나라 군대를 대파했다.

그로부터 15년 후[1]에 위나라와 조나라가 한(韓)나라를 공격하자 한나라는 제나라에 위급함을 알려왔다. 제나라가 전기를 장군으로 삼아 가게 했고 곧장 대량(大梁)으로 달려가니, 위나라 장수 방연이 이를 듣고는 한나라를 떠나 돌아왔다. 제나라 군대는 이미 (방연보다 먼저) 위나라 국경을 지나 서쪽으로 들어가고 있었다.

손빈이 전기에게 말했다.

"저들 삼진(三晉)의 위나라 병사들은 원래 사납고 용맹해 제나라를 깔보면서 겁쟁이라 부릅니다. 싸움을 잘하는 사람은 형세를 잘 살펴 유리하게 이끕니다. 병법에 100리를 달려가서 승리를 구하는 자는 상장(上將)을 잃고, 50리를 달려가서 승리를 구하는 자는 겨우 절반만 목적지에 이른다고 했습니다. 제나라 군대가 위나라 땅에 들어서면 취사용 아궁이 10만 개를 만들게 하고 다음 날에는 5만 개를, 그다음 날에는 3만 개를 만들게 하십시오."

방연이 사흘 동안 (제나라 군대를) 추격하고는 크게 기뻐하며 말했다.

"내가 제나라 군대가 비겁하다는 것은 잘 알고 있었지만, 우리 땅에 들어온 지 사흘 만에 도망간 병졸이 절반을 넘는구나."

그러고는 보병을 남겨둔 채 날랜 정예병만 데리고 이틀 거리를 하루 만에 추격했다. 손빈이 방연의 추격 속도를 헤아려보았더니 날이 저물 무렵이면 (위나라) 마릉(馬陵)에 도착할 것 같았는데, 마릉은 길이 좁고 양옆으로 험준한 곳이 많아 복병 전술이 가능했다. 이에 큰 나무의 껍질을 벗겨내고는 흰 부분에 '방연이 이 나무 아래에서 죽다'라고 쓰게 했다.

잠시 후 석궁을 잘 쏘는 제나라 군사 1만 명을 좁은 길 양옆으로 매복시켜놓고는 기약해 말했다.

"저녁에 불빛이 비치거든 (그곳을 향해) 일제히 발사하라!"

방연이 과연 밤중에 껍질을 벗겨놓은 나무에 이르더니 글자가 씌어 있는 것을 보고는 바로 불을 밝혀 비추게 했는데, 그 글을 미처 다 읽기도 전에 제나라 쇠뇌 1만 개가 일제히 날아왔다. 위나라 군대는 큰 혼란에 빠져 서로 어쩔 줄 몰랐다. 방연은 자신의 지혜가 바닥이 나서 패한 것을 자인하고는, 마침내 자기 목을 찔러 죽으면서 말했다.

"결국 애송이 놈[竪子]의 명성을 이뤄주는구나!"2)

제나라는 승세를 몰아 나머지 군대를 모두 격파하고 위나라 태자 신(申)

을 포로로 잡아 돌아왔다. 손빈은 이로써 천하에 이름을 드날렸고 대대로[世] 병법이 전해졌다.

1) 【색은(索隱)】 왕소(王劭)가 『기년(紀年)』을 살펴보건대 "양 혜왕 17년에 제나라 전기가 계릉(桂陵)에서 양나라를 무찔렀고, 27년 12월에 이르러 제나라 전반(田盼)이 마릉(馬陵)에서 양나라를 무찔렀다"라고 했으니, 두 사건의 시간 거리가 15년이 안 된다.
2) 【색은(索隱)】 애송이란 손빈을 가리킨다.

오기(吳起)는 위(衛)나라 사람으로 용병(用兵-군사)을 좋아했다[好][1]. 일찍이 (공자의 제자) 증자(曾子)에게 배우고 노(魯)나라 임금을 섬겼다. 제(齊)나라 사람이 노나라를 공격하자 노나라는 오기를 장수로 삼고 싶었으나, 오기가 제나라 여자를 아내로 얻었기 때문에 노나라는 이 점을 의심했다. 이에 오기는 명성을 얻고 싶어서 결국 아내를 죽이고 제나라를 돕지 않겠다는 뜻을 분명히 하니, 노나라는 결국 그를 장수로 삼았다. 오기는 군대를 이끌고 제나라를 공격해 크게 깨뜨렸다.

1) 호(好)는 '잘하다[善]'로 옮겨도 무방하다.

어떤 노나라 사람이 오기를 미워해 이렇게 말했다.

"오기는 사람됨이 시기 질투가 심하고 잔인합니다[猜忍]. 젊었을 때 집에 천금을 쌓아놓고 여러 곳을 돌며 벼슬을 구했으나 이루지 못하고 가산만 다 날렸습니다. 마을 사람들이 이를 비웃자 오기는 자신을 비방한 자 30여 명을 죽이고 위(衛)나라 도성 동쪽 성문을 통해 달아났는데, 어머니와 헤어질 때 자기 팔을 깨물며 맹서하길 '오기가 경상(卿相)이 되지 못하면 다시는 위나라로 들어오지 않겠습니다'라고 했습니다. 드디어 증자를 섬겼는데, 얼마 뒤 어머니가 죽었는데도 오기가 끝내 돌아가지 않으니, 증자는 그것을 박하다고 여겨 오기와의 관계를 끊었습니다. 오기는 마침내 노나라로 가서 병법을 배워 노나라 임금을 섬겼는데, 노나라 임금이 그를 의심하자 오기는 아내를 죽이고 장수 자리를 구했습니다.

저 노나라가 작은 나라인데도 전투에서 승리했다는 명성을 얻게 되었으니, 제후들은 노나라를 도모하려 할 것입니다. 또한 노나라와 위나라는 형제의 나라[1]이니, 임금께서 오기를 쓰는 것은 위나라를 버리는 것입니다."

이에 노나라 임금이 의심해 오기를 물리쳤다[謝=絶].

1) 『논어(論語)』「자로(子路)」편에서 공자가 말했다. "노(魯)나라와 위(衛)나라의 정치는 형제로다."

오기는 이에 위(魏)나라 문후(文侯)가 뛰어나다는 말을 듣고는 그를 섬기고자 했다.

문후가 이극(李克)에게 물었다.

"오기는 어떤 사람인가?"

이극이 말했다.

"오기는 욕심이 많고 여색을 좋아하지만, 용병에서는 사마양저(司馬穰苴)도 그를 뛰어넘을 수 없습니다."

이에 위 문후는 (오기를) 장수로 삼아 진(秦)나라를 공격해 5개 성을 뽑아버렸다.

장수이면서도 오기는 사졸 중 가장 낮은 자들과 함께 입고 마셨다. 잘 때는 이불 따위를 깔지 않았고, 행군 때는 말이나 수레를 타지 않고 식량도 직접 메고 다니면서 사졸들과 함께 노고를 나누었다. 병졸 중에 종기가 난 사람이 있었는데 오기가 입으로 빨아내자[吮], 병졸의 어머니가 그 이야기를 들고는 통곡했다.

어떤 사람이 물었다.

"아들이 졸병이고 장군이 직접 종기를 입으로 빨아주었다는데, 왜 우는 거요?"

어머니가 말했다.

"그렇지 않소. 왕년에 오공께서 그 아이 애비의 종기를 빨아주었는데, 그 아이 애비는 전투에서 뒤도 안 돌아보고 싸우다가 결국 적진에서 전사했소. 오공이 지금 또 그 아들의 종기를 빨아주었으니, 그 아이도 언제 어디서 죽을지 몰라서 내가 이렇게 우는 것이오!"

문후는 오기가 용병을 잘하는 데다가 청렴하고 공평해[廉平] 능히 병사들 마음을 얻을 수 있다고 여겨서, 마침내 서하(西河) 군수로 삼아 진(秦)나라와 한(韓)나라를 막도록 했다.

위나라 문후가 이미 졸하자 오기는 아들 무후(武侯)를 섬겼는데, 무후가 서하에서 배를 타고 내려가다가 중간쯤에서 고개를 돌려 오기에게 말했다.

"아름답구나, 이 산하의 견고함이여! 이것이야말로 위나라의 보배로다!"

오기가 말했다.

"(나라의 보배란) 임금의 임금다움에 달린 것이지 지형의 험준함에 달린 것이 아닙니다. 옛날에 삼묘씨(三苗氏)는 왼쪽으로 동정호(洞庭湖), 오른쪽으로 팽려호(彭蠡湖)를 가지고 있었지만, 다움과 마땅함[德義]을 닦지 않아 우(禹)에 의해 멸망했고, 하나라 걸(桀)은 왼쪽으로 황하와 제수(濟水), 오른쪽으로 태산(泰山)과 화산(華山), 남쪽으로 이궐(伊闕), 북쪽으로 양장(羊腸)을 갖고도 어진 정치를 닦지 않아 탕왕(湯王)에 의해 추방되었으며, 은나라 주(紂)는 왼쪽으로 맹문(孟門), 오른쪽으로 태항산(太行山), 북쪽으로 상산(常山)을 끼고 남쪽으로 황하가 흘렀지만, 부덕한 정치를 하여 무왕(武王)에 의해 죽었습니다. 이로써 보자면 (나라의 보배란) 임금의 임금다움에 달린 것이지 지형의 험준함에 있는 것이 아닙니다. 임금께서 임금다움을 닦지 않으시면 배 안의 사람이 죄다 적이 될 것입니다!"

무후가 말했다.

"좋도다!"

오기가 서하 군수가 되어 대단한 명성을 날렸음에도 위나라에서는 상(相-재상)을 두어 전문(田文)을 상으로 삼았다. 오기가 기분이 나빠 전문에게 말했다.

"그대와 공로를 한번 논해보고자 하는데 괜찮겠소?"

전문이 말했다.

"좋소."

오기가 말했다.

"삼군(三軍)의 장수가 되어 사졸들을 기꺼이 죽을 수 있게 하고 적국이 감히 우리를 넘보지 못하게 하는 점에서 당신과 이 오기 중 누가 낫소?"

전문이 말했다.

"내가 그대만 못하지요."

오기가 말했다.

"백관을 다스리고 만민들과 친하게 지내며 창고를 든든하게 한 점에서 당신과 이 오기 중 누가 낫소?"

전문이 말했다.

"내가 그대만 못하지요."

오기가 말했다.

"서하를 지켜서 진나라 군대가 감히 동쪽 지방을 넘보지 못하게 하고 한나라와 조나라를 복종시키는 점에서 당신과 이 오기 중 누가 낫소?"

전문이 말했다.

"내가 그대만 못하지요."

오기가 말했다.

"이 세 가지에서 그대가 모두 나보다 못한데 자리는 나보다 위에 있으니, 왜 그렇소?"

전문이 말했다.

"군주는 어리고 나라는 불안하며 대신들은 따르지 않고 백성은 믿지 않습니다. 이런 시기라면, 이 자리에 그대가 낫겠습니까, 제가 낫겠습니까?"

오기가 한참 말이 없다가 말했다.

"그대에게 맡기겠소."

전문이 말했다.

"이것이 바로 내가 그대보다 윗자리에 있는 까닭이오."

오기는 마침내 자기가 전문만 못하다는 것을 스스로 알게 되었다.

전문이 죽고 나서 공숙(公叔)[1]이 재상이 되었는데, 위(魏)나라 공주와 결혼하고서는[尙] 오기를 해치려 했다.

공숙의 노복이 말했다.

"오기는 쉽게 제거할 수 있습니다."

공숙이 "어떻게?"라고 묻자, 노복은 이렇게 말했다.

"오기는 사람됨이 절개가 있고 청렴하며[節廉] 명예를 중시합니다. 주군께서 먼저 무후께 '오기는 뛰어난 사람입니다. 그러나 임금의 나라는 작고 강한 진나라와 국경을 접하고 있으니, 신은 오기가 머무를 마음이 없으면 어쩌나 이것이 걱정입니다'라고 말하십시오. 그러면 무후께서는 즉각 '어찌하면 좋겠는가?'라고 하실 것입니다. 주군께서는 무후께 '시험 삼아 공주를 짝지어 주겠다고 하십시오. 오기에게 남을 마음이 있으면 틀림없이 받아들이겠지만, 그럴 마음이 없다면 분명 사양할 것입니다. 이렇게 해서 판단하면 됩니다'라고 하십시오. 그런 다음 주군께서는 오기를 초대한 다음 집에 가서 공주를 화나게 해서 (공주가) 주군을 마구 대하게 만드십시오. 공주께서 주군을 깔보는 것을 오기가 보게 되면 틀림없이 사양할 것입니다."

이렇게 해서 오기는 공주가 위나라 상을 천시하는 것을 보게 되었고, 과연 위나라 무후의 제안을 거절하니 무후는 오기를 의심해 신임하지 않았다. 오기는 죄를 얻을까 두려워서 드디어 (위나라를) 떠나 곧바로 초나라로 갔다.

1) 【색은(索隱)】 한(韓)나라 공족이다.

초나라 도왕(悼王)은 평소 오기가 뛰어나다는 말을 들어 오기가 초나라에 오자 그를 초나라 재상으로 삼았다. 오기는 법을 분명하고도 세밀하게 만들고 긴요하지 않은 관직을 없앴으며 촌수가 멀어진 공족들의 특권 등을 폐지하고 전투 병사들을 길렀다. 그가 행한 정치의 요체[要]는 강한 군대를 만들고 유세를 일삼는 종횡가(縱橫家)들을 내치는 데 있었다. 이렇게 해서 남으로는 백월(百越)을 평정했고 북으로는 진(陳)나라, 채(蔡)나라를 병탄하고 삼진(三晉)을 격퇴했으며 서쪽으로는 진(秦)나라를 정벌했으니, 제후들은 초나라가 강해지는 것을 걱정했다.

예전부터 초나라 귀척들은 모두 오기를 해치려 했는데, 도왕이 죽자, 종실 대신들이 난을 일으켜 오기를 공격했다. 오기가 도망치다가 도왕의 시신 위에 엎어지자 오기를 공격하던 무리가 오기에게 활을 쏘고 칼로 찔러 죽였는데, 이때 도왕의 시신에도 화살이 꽂혔다.

도왕의 장례를 치르고 태자가 세워지자[1] 마침내 영윤(令尹)으로 하여금 오기에게 활을 쏘고 칼로 찌르다가 아울러 왕의 시신에까지 활을 쏜 자들을 모조리 죽이게 하니, 오기를 쏘아 죽인 일에 연루되어 멸족당한 집안이 70여 집안이 넘었다.

1) **【색은(索隱)】** 숙왕(肅王) 장(臧)이다.

태사공(太史公)이 말한다.

"세속 사람들이 군사의 일[師旅]을 칭송할 때는 모두 『손자(孫子)』 13편과 『오기 병법(吳起兵法)』을 말한다. 이 책들은 세상에 많이 알려져 있어 더는 논하지 않고, 그들이 행하고 이룩한 바와 독자적인 학설만 논했다.

속담에 '능히 잘 행하는 사람이 반드시 말을 잘하는 것은 아니며, 말을 잘하는 사람이 반드시 능히 잘 행하는 사람은 아니다[能行之者未必能言 能言之者未必能行]'라고 했다. 손자(孫子-손빈)가 방연을 해치운 계략은 실로 절묘했으나, 그에 앞서 스스로 다리가 잘리는 형벌을 당하는 재앙을 막지는 못했다.

오기는 무후(武侯)에게 험난한 지형보다 임금의 다움이 더 낫다고 말했지만, 행실이 각박하고 사나웠으며[刻暴] 베푼 은덕이 적어 초나라에서 목숨을 잃었다. 슬프도다!"1)

1) **【색은술찬(索隱述贊)】** 손자병법은[孫子兵法]/13편이라지[一十三篇]/후궁들 이미 목 베니[美人旣斬]/훌륭한 장수 얻었다네[良將得焉]/손빈은 다리 베는 형벌 당했으니[刖孫臏脚]/방연의 계책이었지[籌策龐涓]/오기는 위나라 재상이 되어[吳起相魏]/서하에서 뛰어나다는 칭송 얻었도다[西河稱賢]/각박하고 모질게 초나라를 섬겼으나[慘礉事楚]/죽은 후에 권도를 남겼구나[死後留權]!

권66 ─ 오자서열전(伍子胥列傳) 제6

권66 오자서열전(伍子胥列傳) 제6

오자서(伍子胥)는 초(楚)나라 사람으로 이름은 원(員)이다. 원(員)의 아버지는 오사(伍奢)이고, 원의 형은 오상(伍尙)이다. 그의 선조 중에 오거(伍擧)가 있었는데, 초나라 장왕을 직간(直諫)으로 섬겨[1] 이름을 드러내[有顯] 후세들도 초나라에서 명망이 있었다[有名].

1) 【색은(索隱)】 오거가 직간을 잘했다는 것은 『좌씨(左氏)』와 「초세가」에도 나온다.

초나라 평왕(平王)에게 건(建)이라는 태자가 있었는데, 오사를 태부(太傅)로, 비무기(費無忌)[1]를 소부(少傅)로 삼았으나 무기는 태자 건에게 충성스럽지 못했다. 평왕이 비무기를 시켜 진(秦)나라에 가서 태자의 아내를 맞이해 오게 했는데, 비무기는 진나라 여자가 빼어난 미인임을 알고는 말을 달려 돌아와서 평왕에게 보고해 말했다.

"진나라 여자가 절세미인[絶美]이니, 왕께서 몸소 취하시고 다시 태자에게는 다른 여자를 얻어주십시오."

평왕이 드디어 진나라 여자를 몸소 취해 특별히 총애하더니 아들 진(軫)을 낳았고, 태자를 위해서는 다른 여자를 취하게 했다.

1) 【색은(索隱)】 살펴보건대, 『좌전(左傳)』에는 비무극(費無極)으로 되어 있다.

무기는 진나라 여자로써 평왕의 비위를 맞추게 되자 태자를 떠나 평왕을 섬겼는데, (뒷날) 하루아침에 평왕이 졸하고 태자가 세워지게 되면 자기를 죽일까 두려워서 마침내 태자 건을 헐뜯었다. 건의 어머니는 채나라 여자로 평왕에게 총애를 받지 못했기에 평왕은 점점 더 건을 멀리했고, 건에게 성보(城父)[1]를 지키며 변방을 수비하게 했다.

1) **[색은(索隱)]** 원래 진(陳)나라 읍이었는데, 초나라가 진나라를 치고서 차지했다. 「지리지(地理志)」에 따르면 영천군(潁川郡)에 성보현이 있다.

얼마 뒤에 무기는 또 밤낮으로 태자의 단점을 왕에게 말했다.

"태자는 진나라 여자 때문에 원망이 없을 수 없으니, 왕께서는 조금씩이라도[少] 스스로 대비하시길 바랍니다. 태자는 성보에 거처하고부터 군대를 거느리고 밖으로 제후들과 교류하고 있으니, 장차 들어와 난을 일으키려고 할 것입니다."

평왕이 곧바로 태자태부 오사를 불러 캐물었다[考問]. 오사는 비무기가 평왕에게 태자를 헐뜯었다는 것을 알고는 이렇게 말했다.

"왕께서는 어찌 단지 참소나 일삼으며 남을 해치려는 하찮은 신하[小臣]의 말만 듣고 골육지친을 멀리하십니까?"

무기가 말했다.

"왕께서 지금 제압하지 않으면 그 일이 성사될 것입니다. 장차 왕께서 붙잡히실 것입니다[見禽=被禽][1].

이에 평왕이 화를 내며 오사를 가두고 성보(城父)의 사마분양(司馬奮揚)[2]으로 하여금 가서 태자를 죽이게 하니, 분양이 도착하기 전에 미리 태자에게 사람을 보내 이 일을 알렸다[先告].

"태자께서는 빨리 도망가십시오. 그렇지 않으면 장차 죽게 될 것입니다."

태자 건은 송나라로 도망쳐 달아났다.

1) 견(見)은 수동태 조동사다.

2) **【색은(索隱)】** 분양은 성보를 지키는 사마의 이름이다.

비무기가 평왕에게 말했다.

"오사에게 아들이 둘 있는데, 둘 다 뛰어나니 죽이지 않으면 장차 초나라의 근심거리[楚憂]가 될 것입니다. 아비를 인질로 잡고 부르십시오. 그렇지 않으면 장차 초나라의 걱정거리[楚患]가 될 것입니다."

왕이 오사에게 사자를 보내 말했다.

"능히 네 두 아들을 불러들이면 살겠지만, 그렇지 않으면 죽을 것이다."

오사가 말했다.

"상(尙)은 사람됨이 어질어[仁] 부르면 반드시 올 것입니다. (그러나) 원(員)은 사람됨이 강하고 독하며 치욕을 견뎌낼 수 있어[剛戾忍詢] 능히 큰일을 할 수 있으니, 그 아이는 왔다가는 아버지와 함께 붙잡힐 것이 뻔히 보이므로 형세상 반드시 오지 않을 것입니다."

왕이 그의 말을 듣지 않고, 사람을 보내 두 아들을 오라고 하면서 말했다.

"오면 내가 너희 아비를 살려주고, 오지 않으면 당장 오사를 죽일 것이다."

상이 가려고 했으나 원이 말했다.

"초나라에서 우리 형제를 부르는 것은 우리 아버지를 살려주려는 것이 아니라 (우리 중에) 도망치는 사람이 있어 훗날 근심거리가 되는 것을 두려워해서 아버지를 인질로 삼아 거짓으로 우리를 부르는 것입니다. 두 아들이 가면 아버지와 아들들이 모두 죽게 될 것이니, 그것이 아버지의 죽음에 무슨 보탬이 되겠습니까? 갔다가는 복수조차 할 수 없게 될 뿐입니다. 다른 나라로 도망쳐서 그 나라의 힘을 빌려 아버지의 치욕을 씻어주는 것이 낫지, 다 같이 죽는 것은 아무 의미가 없습니다[無爲]."

오상이 말했다.

"간다고 해도 끝내 아버지의 목숨을 구할 수 없다는 것은 나도 안다. 하지만 억울한 처지에 놓이신 아버지께서 목숨을 구하기 위해 우리를 부르는데, 가지 않았다가 이후에 치욕도 갚지[雪恥=雪辱] 못한다면 결국은 천하의 웃음거리가 될 뿐이다."

원에게 말했다.

"너는 달아나거라! 너는 아버지 원수를 갚을 수 있을 것이다. 나는 장차 돌아가서 죽겠다."

상이 이미 나아가 스스로 붙잡히자 사자는 오자서도 체포하려 했다. 오자서가 활을 당겨서[貫]1) 화살을 매겨[執矢] 사자를 겨누자[繡=向] 사자는 감히 달려들지 못했고, 오자서는 드디어 달아났다. 태자 건이 송나라에 있다는 이야기를 듣고는 가서 그를 따랐다. 오자서가 도망갔다는 말을 듣고 오사가 말했다.

"초나라 임금과 신하들은 장차 전란에 시달릴 것이다!"

오상이 초나라에 이르자 초나라는 오사와 오상을 모두 죽였다.

1) 【색은(索隱)】 貫은 발음이 (관이 아니라) 오(烏)와 환(還)의 반절음이다.[오늘날에는 '당길 만'으로 읽기도 한다.]

오자서가 이미 송나라에 이르고 나서 보니 송나라에는 화씨(華氏)의 난1)이 일어났기에, 마침내 태자 건과 함께 정나라로 달아났다. 정나라 사람이 아주 잘 대우해주었는데, 태자 건이 다시 진(晉)나라로 갔다.

진나라 경공(頃公)이 말했다.

"태자는 정나라와 사이가 좋고 정나라도 태자를 신뢰한다. 태자가 나를 위해 안에서 호응하고 내가 밖에서 공격한다면 정나라를 멸망시키는 일은 볼 것도 없다. 정나라를 멸하고 나면 태자로 봉하겠다."

태자는 마침내 정나라로 돌아갔다. 일을 벌이기도 전[未會]에 때마침 사사로운 일로 시종을 죽이려고 했는데, 시종이 음모를 알고서 마침내 정나라에 알렸다. 정나라 정공(定公)과 자산(子産)은 태자 건을 주살했다. 건에게는 승(勝)이라는 아들이 있었는데, 오자서는 겁이 나서 마침내 승과 함께 오나라로 달아났다. 소관(昭關)[2]에 당도하자 소관의 관리들이 그들을 잡으려 했고, 오자서는 드디어 승과 단신으로 걸어서 도망치다가 거의[幾] 붙잡힐 지경에 놓였다. 추격자들을 바로 뒤에 둔 채로 장강에 이르렀는데, 강에서 배를 타던 한 어부가 오자서의 위급함을 알아차리고 마침내 건너게 해주었다. 오자서는 드디어 강을 건너고 나자 자기 칼을 풀어 어부에게 주면서 말했다.

"이 검은 백금의 가치가 있으니 당신[父]에게 주겠소."

어부가 말했다.

"초나라 법에 따르면 오자서를 잡는 자에게는 곡식 5만 석과 집규(執圭-재상급) 작위까지 받는데, 어찌 그깟 백 금짜리 검을 받는단 말이오!"

어부는 받지 않았다.

오자서는 오나라에 이르기도 전에 병이 나서 가던 길을 멈추고 먹을 것을 구걸했다[3]. 오나라에 이르렀을 때 오왕 요(僚)가 바야흐로 정권을 장악했고[用事], 공자 광(光)은 (병권을 장악한) 장군이었다. 오자서는 드디어 공자 광을 통해 오왕을 만나보고자 시도했다.

---

1) 【색은(索隱)】 『춘추(春秋)』 소공(昭公) 20년에 "송나라 화해(華亥), 상녕(向寧), 화정(華定)이 임금과 다투다가 나라 밖으로 달아났다"라고 한 것이 이것이다.

2) 【색은(索隱)】 이 관은 강서(江西)에 있는데, 곧 오나라와 초나라의 접경 지역이다.

3) 【집해(集解)】 장발(張勃)이 말했다. "자서가 걸식한 곳은 단양군(丹陽郡) 율양현(溧陽縣)에 있다." 【색은(索隱)】 장발은 진(晉)나라 사람이다. 율양은 율수(溧水) 북쪽이다.

　한참 시간이 흘러, 초나라 평왕의 변방 읍 종리(鐘離)와 오나라의 변방 읍 비량지(卑梁氏)는 둘 다 누에를 쳤는데 두 곳의 여자들이 뽕나무를 두고 다투고 있었다. 서로 공격하던 중에 마침내 크게 화가 나서 두 나라가 군대를 일으켜 서로를 쳤는데, 오나라는 공자 광으로 하여금 초나라를 치게 해서 종리와 거소(居巢)[1]를 뽑아버리고 돌아왔다. 오자서는 오왕 요에게 유세해 말했다.

　"초나라는 깨뜨릴 수 있습니다. 바라건대 다시 공자 광을 보내소서."

　이에 공자 광이 오왕에게 이렇게 말했다.

　"저 오자서는 아버지와 형이 초나라에 의해 피살당했습니다. 그러니 왕께 초나라를 치라고 권유하는 것은 자기 원수를 갚고 싶어서일 뿐입니다. 초나라를 친다 해도 깨뜨릴 수 없습니다."

　오자서는 공자 광이 속으로 왕을 죽이고 스스로를 세우려는 내밀한 뜻[內志]이 있음을 알고는 아직은 대외적인 일을 말할 때가 아니라고 여겨서, 마침내 공자 광에게 전제(專諸)[2]를 천거한 뒤 자기는 물러나 태자 건의 아들 승과 함께 초야에서 농사를 지었다.

---

1) 【색은(索隱)】 이 두 읍은 초나라 현에 속한다. 살펴보건대, 종리현은 육안(六安)에 있으니 영성(嬴姓)의 나라다. 거소 또한 나라였다.
2) 【색은(索隱)】 『좌전(左傳)』은 전설제(專設諸)라고 했다.

　5년이 지나 초나라 평왕이 졸했다. 애초에 평왕은 태자 건에게서 빼앗은 진(秦)나라 여자로부터 아들 진(軫)을 낳았는데, 평왕이 졸하자 진이 결국 세워져서 뒤를 이었으니 바로 소왕(昭王)이다.

　오왕 요는 초나라에 초상이 난 틈을 타서 두 공자로 하여금 군대를 거느리고 가서 초나라를 기습하게 하자, 초나라는 군대를 동원해서 오나라 군대의 뒤를 끊어 돌아가지 못하게 했다.

오나라 도성 안이 팅 비자 공자 광은 마침내 전제를 시켜 오왕 요를 습격해 찔러 죽인 뒤 스스로를 세웠으니, 이 사람이 바로 오왕 합려(闔廬)다. 합려는 세워져 뜻을 이루고 나자 마침내 오원을 불러 행인(行人-외교관)으로 삼아 더불어 나랏일을 도모했다.

초나라가 대신 극완(郤宛)과 백주리(伯州犁)를 주살하자 백주리의 손자 백비(伯嚭)가 오나라로 도망쳐[1] 오니, 오나라는 백비를 대부로 삼았다. 그에 앞서 오나라 왕 요가 군대를 거느리고 초나라를 정벌하라고 보낸 두 공자[2]는 길이 끊어져 돌아오지 못하고 있었는데, 뒤에 합려가 오왕 요를 시해하고 스스로를 세웠다는 소식을 듣고는 드디어 그 군대를 이끌고 초나라에 항복했다. 초나라는 그들을 서(舒) 땅에 봉해주었는데, 합려는 세워진 지 3년에 군대를 일으켜 오자서·백비와 함께 초나라를 쳐서 서 땅을 뽑아버리고 드디어 예전에 오나라를 배반했던 두 장군(공자)을 사로잡았다. 그 참에 (수도) 영(郢)까지 가려 하자, 장군 손무(孫武)가 말했다.

"백성이 지쳐 있으니 아직은 안 됩니다. 잠시 기다리십시오."

마침내 돌아왔다.

1) 【집해(集解)】 서광(徐廣)이 말했다. "백주리는 진(晉)나라 백종(伯宗)의 아들이다. 백주리의 아들이 극완이고, 극완의 아들이 백비다."

2) 【색은(索隱)】 공자 촉용(燭庸)과 개여(蓋餘)다.

4년에 오나라가 초나라를 쳐서 육(六)과 첨(灊) 땅을 차지했다[1].

5년에 월나라를 쳐서 물리쳤다.

6년에 초나라 소왕이 공자 낭와(囊瓦)[2]로 하여금 군대를 거느리고 오나라를 치게 했다. 오나라는 오원으로 하여금 이를 맞아 싸우게 해서 초나라 군대를 예장(豫章)에서 크게 깨뜨리고 초나라 거소(居巢)를 차지했다.

1) 【집해(集解)】 육은 옛 나라로, 고요(皐陶)의 후손이 봉해진 나라다. 첨현에 천주산(天柱山)이 있다.

2) 【집해(集解)】 살펴보건대,『좌전(左傳)』에 따르면 초나라 공자 정(貞)은 자가 자낭(子囊)이었으며 그 손자는 이름이 와(瓦)이고 자는 자상(子常)이니, 여기서 공자를 말하면서 둘을 합쳐 부른 것은 잘못이다.

9년에 오왕 합려가 자서와 손무에게 일러 말했다.

"애초에 그대들은 영(郢)에 들어가서는 안 된다고 했는데, 지금도 과연 어떤가?"

두 사람은 말했다.

"초나라 장수 낭와는 탐욕스러워 당(唐)나라와 채(蔡)나라가 모두 원망하고 있습니다. 왕께서 꼭 초나라를 크게 치시겠다면, 반드시 당나라와 채나라를 먼저 얻어야만 마침내 가능할 것입니다."

합려는 그 말을 듣고 군사를 총동원해 당·채 두 나라와 함께 초나라를 쳐서 한수(漢水)를 끼고 초나라와 함께 서로 진을 치며 맞섰다. 오왕의 동생 부개(夫槪)가 군대를 거느리고 따라가겠다고 청했으나 왕이 들어주지 않자, 결국 자신에게 속한 5,000명을 거느리고 초나라 장수 자상(子常)[1]을 공격했다. 자상은 패해 정(鄭)나라로 달아났고, 이에 오나라는 승기를 타고 전진해 다섯 차례 싸우고서 드디어 영(郢)[2]에 이르렀다. 기묘일에 초나라 소왕이 도성을 나가 달아났고, 경진일에 오왕이 영에 들어갔다.

1) 【집해(集解)】 자상은 공손와(公孫瓦)다.

2) 【집해(集解)】 영은 초나라 도읍이다.

소왕이 달아나 운몽(雲夢)에 들어갔는데, 도둑들이 왕을 공격하니 왕은 운(鄖)나라[1]로 달아났다.

운공(鄖公)의 동생 회(懷)가 말했다.

"평왕이 우리 아버지를 죽였으니, 내가 그 아들을 죽이는 것이 실로 마땅하지 않습니까?"

운공은 동생이 소왕을 죽일까 걱정해서 왕과 함께 수(隨)나라로 달아났다. 오나라 군대가 수나라를 에워싸고 수나라 사람들에게 말했다.

"한천(漢川) 인근에 살던 주나라 왕실의 자손들을 초나라가 남김없이 없앴다."

수나라 사람들이 소왕을 죽이려 하니, 왕자 기(綦)가 소왕을 숨겨놓은 채 자기가 왕인 것처럼 하여 죽으려 했다. 수나라 사람들이 오나라에 왕을 넘겨주는 문제에 대해 점을 치자 불길하다는 괘가 나오니, 마침내 오나라의 요청을 거절하고 왕을 넘겨주지 않았다.

1) 【집해(集解)】 운은 나라 이름이다.

애초에 오원은 신포서(申包胥)와 친했는데, 오원이 도망치면서 포서에게 말했다.

"나는 반드시 초나라를 뒤엎을 것이다!"

포서가 말했다.

"나는 반드시 초나라를 보존할 것이다!"

오나라 병사들이 영에 들어갔을 때 오자서는 소왕을 찾았으나, 결국 찾지 못하자 마침내 초나라 평왕의 무덤을 파헤쳤다. 시신을 꺼내 300번 채찍질을 가한 다음에야 그만두었으니, 산속으로 달아난 신포서는 오자서에게 사람을 보내 말했다.

"그대의 복수가 어찌 이다지도 심한가! 내가 듣건대, 사람이 많으면 하늘도 이기지만 하늘의 뜻이 정해지면 실로 사람을 깨뜨릴 수 있다고 했소[1]. 그대는 예전에 평왕의 신하로서 북면하고 그를 섬겼는데 지금은 죽은 사람을 욕보이니, 이 어찌 하늘의 도리를 무시하고 극단적인 행동을 하는 것인가!"

오자서가 말했다.

"나를 대신해 신포서에게 사과하고 '해는 저무는데, 갈 길이 멀어 [日暮途遠] 나는 길을 거꾸로 걸어 도리에 어긋하게 할 수밖에 없었다'라고 말해주시오."

이에 신포서는 진(秦)나라로 달려가서 위급함을 알리고 구원을 청했으나, 진나라는 허락하지 않았다. 신포서가 진나라 대궐 뜰에 서서 밤낮으로 통곡하는데, 7일 밤낮 동안 그 소리가 끊이질 않았다. 진나라 애공(哀公)이 이를 가엾게 여겨 말했다.

"초나라가 비록 무도하긴 하지만, 이런 신하가 있으니 망하게 할 수 있겠는가?"

마침내 전차 500승을 보내 초나라를 구원해 오나라를 공격했다.

6월에 직(稷)²⁾ 땅에서 오나라 군대를 물리쳤다. 그때 오나라 왕이 초나라에 오래 머물면서 소왕을 찾고 있었는데, 합려의 동생 부개(夫槩)가 마침내 도망쳐 돌아와서 자기를 세우고 왕이 되었다. 합려가 이를 듣고는 곧바로 초나라를 풀어주고 돌아와서 동생 부개를 공격하니, 부개는 패해 드디어 초나라로 달아났다. 초나라 소왕은 오나라에 내란이 일어난 것을 보고는 마침내 영으로 다시 들어가 있었는데, 부개를 당계(堂谿)³⁾에 봉해주고 당계씨(堂谿氏)라고 했다. 초나라가 다시 오나라와 싸워서 물리치니, 오왕은 마침내 돌아갔다.

1) 【정의(正義)】 사람들이 많으면 일시적으로는 흉포해 하늘을 이길지도 모르지만 하늘이 흉함을 내리면 결국에는 강포한 사람이라 할지라도 깨뜨려지게 된다는 말이다.

2) 【집해(集解)】 직구(稷丘)로, 땅 이름이며 교외에 있다.

3) 【집해(集解)】 살펴보건대, 「지리지(地理志)」에 따르면 여남(汝南)에 오방현(吳房縣)

이 있다고 했다. 응소(應劭)가 말했다. "부개가 초나라로 달아나니 당계에 봉해주었는데 본래 방자국(房子國)이었고 오를 봉해주어 오방(吳房)이라고 부른 것이다."

2년 후에 합려는 태자 부차(夫差)로 하여금 군대를 이끌고 초나라를 치게 해서 파(番)[1] 땅을 차지했다. 초나라는 오나라가 다시 대규모로 쳐들어올 것을 걱정해 마침내 영을 떠나 약(鄀)[2]으로 옮겼다. 이런 때를 맞아 오나라는 오자서와 손무의 계책을 써서 서쪽으로 강한 초나라를 깨뜨렸고, 북쪽으로 제나라와 진(晉)나라에 위세를 떨쳤으며, 남쪽으로 월나라 사람들을 복종시켰다.

1) 【색은(索隱)】 아마도 파양(鄱陽)일 것이다.
2) 【집해(集解)】 초나라 땅이다.

그로부터 4년 뒤에 공자(孔子)가 노(魯)나라 재상이 되었다.

5년 뒤에 (오나라가) 월나라를 치니, 월왕 구천(句踐)이 고소(姑蘇)[1]에서 맞아 싸워[迎擊] 오나라를 물리쳤다. 합려가 손가락에 부상을 입고 군대를 물렸는데, 합려는 상처가 심해져 장차 죽음을 앞두고 태자 부차에게 일러 말했다.

"너는 구천이 네 아비를 죽인 일을 잊겠느냐?"
부차가 말했다.
"감히 잊지 않겠습니다."
이날 저녁 합려가 죽었다. 부차가 세워져서 왕이 되고 나자, 백비를 태재(太宰)로 삼아 병사들에게 전투 요령과 활쏘기를 익히게 했다.
2년 뒤에 월나라를 쳐 부추(夫湫)[2]에서 월나라를 꺾었다. 월왕 구천은 마침내 남은 5,000의 병력을 거느리고 회계산(會稽山) 위에 머물렀다가[棲],^서 대부 문종(文種)을 사자로 삼아 두터운 예물을 오나라 태재 백비에게 보내 강화를 청하면서 월나라를 오나라에 맡기고 신첩이 되겠다고 했다. 오왕이 장차 이를 받아들이려 했는데, 오자서가 간언해 말했다.

"월왕은 사람됨이 힘든 고통을 잘 견딥니다. 지금 왕께서 없애지 않으시면 훗날 반드시 후회하게 될 것입니다."

오왕이 듣지 않고 태재 백비의 계책을 써서 월나라와 화평을 맺었다.

1) 【정의(正義)】 고소(姑蘇)는 마땅히 취리(檇李)가 되어야 하니, 곧 오류다. 『좌전(左傳)』에서 "취리에서 싸워 가운뎃손가락을 다쳤다"라고 한 것이 이것이다.

2) 【정의(正義)】 태호(太湖) 안에 초산이 있다.

그로부터 5년 후에 오나라 왕은 제나라 경공(景公)이 죽은 뒤로 대신들이 총애를 다투고 새 임금이 약하다는 이야기를 듣고는, 마침내 군사를 일으켜 북쪽으로 제나라를 치려고 했다.

오자서가 간언해 말했다.

"구천은 식탁에 맛있는 음식을 올리지 않고 죽은 사람을 조문하며 아픈 사람을 위문하고 있는데, 이는 장차 그들을 쓰려고 하는 바가 있기 때문입니다. 이자가 죽지 않으면 반드시 오나라의 걱정거리가 될 것입니다. 지금 오나라에 월나라는 마치 사람 뱃속에 있는 질병과 같습니다. 그런데도 왕께서는 먼저 월나라를 손쓰지 않고 마침내 제나라에만 힘을 쓰고 계시니, 실로 잘못이 아니겠습니까!"

오왕은 듣지 않고 제나라를 쳐 애릉(艾陵)¹⁾에서 제나라를 대패시킨 뒤 드디어 추(鄒)나라와 노나라 임금²⁾에게 위세를 떨치고 돌아왔다. (이에 오왕은) 오자서의 계책을 더욱 멀리하게 되었다.

1) 【정의(正義)】 제나라 박읍(博邑)이다.

2) 【정의(正義)】 추나라 임금은 연주(兗州) 추현(鄒縣)에 있었고, 노나라는 곡부현(曲阜縣)이다.

그로부터 4년 뒤, 오왕이 장차 북쪽으로 제나라를 치려 하자 월왕 구천은 자공(子貢)의 모책을 써서 마침내 그 무리를 이끌고 오나라를 돕는 한편 많은 보물을 태재 백비에게 바쳤다. 태재 백비가 여러 차례 월나라 뇌물을 받고는 월나라를 더욱 믿고 아껴서 밤낮으로 오왕에게 이야기하니, 오왕은 백비의 계책을 믿고 썼다.

오자서가 간언해 말했다.

"무릇 월나라는 뱃속의 병과 같은데, 지금 허황된 말과 거짓을 믿고는 제나라를 탐내고 계십니다. 제나라를 깨부수는 일은 비유컨대 자갈밭과 같아서 아무 쓸모가 없습니다. (『서경(書經)』)「반경지고(盤庚之誥)」에 이르기를 '참월(僭越)해 공손하지 못하면 나는 이들을 코 베고 남김없이 죽임으로써 아무도 남겨두어 기르지 않고 종자들을 이 읍에 옮겨놓지 못하게 하리라'라고 했습니다. 이것이 바로 상나라가 중흥을 이룬 까닭입니다. 바라건대 왕께서는 제나라를 그냥 두고 월나라를 먼저 도모하소서. 그렇지 않으면 훗날 후회해도 소용없을 것입니다."

그런데도 오왕은 듣지 않고 오자서를 제나라에 사신으로 보냈다. 자서가 사행(使行)을 앞두고 아들에게 말했다.

"내가 왕에게 여러 차례 간했으나 왕이 (내 말을) 쓰지를 않으니, 내가 지금 보건대 오나라는 망할 것이다. 네가 오나라와 함께 망하는 것은 부질없는 일이다[無益]."

마침내 아들을 제나라 포목(鮑牧)에게 맡긴 뒤 돌아와서 오나라 왕에게 보고했다.

오나라 태재 백비는 이미 오자서와 틈이 있었기에[有隙], 그 참에 참소해 말했다.

"자서는 사람됨이 강하고 사나우며 정이 없고 시기심이 강합니다. 그가 원망을 품고 있으니, 큰 화를 불러오지 않을까 두렵습니다. 지난번 왕께서 제나라를 치려고 할 때 오자서는 반대했지만, 왕께서 결국 제나라를 쳐서 큰 공을 세우셨으니, 자서는 자기 계책이 쓰이지 않은 것을 수치로 여겨 마침내 도리어 원망을 품었습니다. 그리고 지금 왕께서 또다시 제나라를 치고자 하시는데, 자서는 자기만 옳다고 여겨 고집스럽게 간언하면서 그저 오나라가 패해, 자기 계책이 옳았다는 것이 입증되기만을 바랄 뿐입니다. 지금 왕께서 몸소 전쟁터로 가서 나라 안의 모든 병력을 동원해 제나라를 치려고 하시는데, 오자서는 간언이 쓰이지 않게 되자 핑계 대는 말로써 일을 중단시키려고[輟謝] 병을 핑계로 일을 하지 않고 있습니다. 왕께서는 (앞으로 일에) 대비하시지 않으면 안 됩니다. 이제 화가 생겨날 것은 뻔합니다. 이 백비가 사람을 시켜 오자서를 은밀히 엿보았더니, 그는 제나라에 사신으로 갔을 때 마침내 자기 아들을 제나라 포씨에게 맡겼습니다. 무릇 남의 신하 된 자가 안에서 뜻을 얻지 못했다고 해서 밖으로 다른 제후에 의탁하고는, 자신이 선왕의 모신(謀臣)이었다고 해서 지금 쓰이지 않는다고 생각해 늘 앙앙불락하며 원망하고 있습니다. 바라건대 왕께서는 서둘러 도모하십시오."

오나라 왕이 말했다.

"그대의 말이 없었더라도[微] 나 역시 그를 의심하고 있었다."

마침내 사람을 보내 오자서에게 촉루검(屬鏤劍)을 내려주며 말했다.

"그대는 이 칼로 죽으라!"

오자서가 하늘을 우러러보며 탄식해 말했다.

"아! 참소하는 신하[讒臣] 백비가 나라를 어지럽히는데, 왕은 마침내 도리어 나를 죽이는구나. 내가 네 애비[若父]를 패주로 만들었다. 네가 아직

임금으로 세워지기 전에 여러 공자가 세워지려고 다툴 때, 나는 선왕에게 죽음을 무릅쓰고 간쟁해 너를 지켰으니 (그렇게 하지 않았더라면) 너는 거의 세워지지 못했을 것이다. 네가 이미 세워지고 나서 오나라를 나눠 내게 주겠다고 했을 때도, 나는 도리어 감히 바라지도 않았다. 그런데 지금 네가 아첨하는 신하[諛臣]의 말만 듣고서 어른[長者]을 죽이려 하는구나!"

마침내 사인(舍人-가신)에게 일러 말했다.

"반드시 내 무덤 위에 가래나무를 심어 왕의 관을 짤 목재로 쓰도록 하고, 내 눈알을 파내 오나라 동문 위에 걸어두어 월나라 놈들이 쳐들어와서 오나라를 멸망시키는 것을 지켜보게 하라!"

마침내 자기 목을 찔러[自剄=自刎] 죽었다. 오왕이 이를 듣고는 크게 화를 내다가, 마침내 자서의 시신을 가죽 주머니[鴟夷]¹⁾에 채워 넣어 강물에 내던져 버리게²⁾ 했다. 오나라 사람들이 그를 가엾게 여겨 강변에 사당을 세웠으니, 그래서 이름이 서산(胥山)이 되었다.

1) 【집해(集解)】 응소(應劭)가 말했다. "말가죽으로 치이를 만든다."
2) 【집해(集解)】 서광(徐廣)이 말했다. "노나라 애공 11년이다."

오왕은 오자서를 죽이고 나서 드디어 제나라를 쳤다. 제나라에서는 포씨(鮑氏)가 자기 임금 도공(悼公)을 죽이고 양생(陽生)을 세웠는데, 오왕이 역적들을 토벌하려고 했으나 이기지 못하고 돌아갔다.

그로부터 2년 뒤에 오나라 왕이 노나라와 위(衛)나라의 임금을 불러 탁고(橐皐)에서 회맹했다.

그 이듬해에 북쪽으로 올라가 황지(黃池)에서 제후들과 큰 회맹을 했는데, 주나라 왕실에도 호령했다. (이때) 월왕 구천이 습격해, 오나라 태자를 죽이고 오나라 군대를 깨뜨리니, 오왕은 이를 듣고서 곧장 귀국해 넉넉한 예물로써 월나라와 강화를 맺었다.

　그로부터 9년 뒤에 월왕 구천이 드디어 오나라를 멸망시키고 왕 부차를 죽였다. 태재 백비도 주살했는데, 죄목은 자기 임금에게 충성하지 않았으며 밖으로 적에게 엄청난 뇌물을 받고 월왕 자신과 내통했다[比周]는 것이었다.

　애초에 오자서와 함께 도망쳤다가 죽은 태자 건의 아들 승은 오나라에 있었다. 오왕 부차 때 초나라 혜왕이 승을 불러 초나라로 돌아오게 하려고 했는데, 섭공(葉公)이 간언해 말했다.
　"승이 용맹스러움을 좋아하고 죽음도 불사할 사람들을 은밀하게 모으고 있으니, 아마도 사사로운 음모를 꾸미고 있을 것입니다."
　혜왕은 듣지 않고 결국 승을 불러 초나라 변읍인 언(鄢) 땅에 살게 하면서 칭호를 백공(白公)이라고 했다. 백공이 초나라에 돌아온 지 3년이 되었을 때, 오나라는 자서를 주살했다.

　백공 승이 초나라에 돌아와서는 정나라가 자기 아버지를 죽인 것에 원한을 품고, 마침내 몰래 결사대[死士]를 길러 정나라에 보복하려 했다. 초나라에 돌아온 지 5년째 되었을 때, 정나라를 치자고 청하자, 초나라 영윤 자서(子西)가 이를 허락했다. 병사를 아직 출발시키지도 않았는데 진(晉)나라가 정나라를 치니, 정나라는 초나라에 구원을 청했다. 초나라는 자서로 하여금 구원하게 했고, (자서는) 정나라와 맹약한 뒤에 돌아왔다.
　백공 승이 화를 내며 말했다.
　"정나라가 원수가 아니라, 마침내 자서가 원수다!"
　승이 직접 칼을 갈고 있는데, 어떤 사람이 물었다.
　"어쩌려고 그러십니까?"
　승이 말했다.
　"자서를 죽이려고 그런다."

자서가 이를 듣고는 웃으며 말했다.

"승은 달걀 같은 애송이일 뿐인데, 그가 무엇을 하겠는가?"

그로부터 4년 뒤에 백공 승이 석걸(石乞)과 함께 초나라 영윤 자서와 사마자기(司馬子綦)[1]를 조정에서 습격해 죽였다.

석걸이 말했다.

"왕을 죽이지 않으면 안 됩니다."

마침내 왕을 겁박하고자 고부(高府)[2]로 갔는데, 석걸의 시종 굴고(屈固)[3]가 초나라 혜왕을 업고 소부인(昭夫人)[4]의 궁으로 달아났다. 섭공(葉公)은 백공이 난을 일으켰다는 소식을 듣고는 자기 나라 사람들을 거느리고 백공을 공격했으니, 백공의 무리는 패해 산속으로 도망쳤고 백공은 자살했다[5]. 석걸을 사로잡아 백공의 시신이 있는 곳을 물으면서 말하지 않으면 장차 삶아 죽이겠다[亨=烹] 하자, 석걸이 말했다.

"일이 성공했다면 경이 되었을 것이니, 일이 성사되지 않아 삶기는 것 또한 실로 마땅하다[職=當]!"

끝까지 시신 있는 곳을 말하지 않으니, 드디어 석걸을 삶아 죽이고 혜왕을 찾아서 다시 그를 세웠다.

1) 【색은(索隱)】『좌전(左傳)』에는 자기(子期)로 되어 있다.

2) 【색은(索隱)】 두예(杜預)가 말했다. "초나라 별부(別府)다."

3) 【집해(集解)】 서광(徐廣)이 말했다. "판본에 따라 '혜왕의 시종 굴고'로 되어 있고, 「초세가」에는 '왕의 시종'이라고 되어 있다."

4) 【색은(索隱)】 소왕의 부인이니, 곧 혜왕의 어머니로 월나라 여자다.

5) 【정의(正義)】『좌전(左傳)』에는 달아나다가 목을 매어 죽었다[縊]라고 했다.

태사공(太史公)이 말한다.

"원한으로 인한 해독이 사람에게 미치는 악영향은 참으로 심하도다!

왕도 신하에게 차마 그렇게 해서는 안 되거늘, 하물며 같은 반열에 있는 동료끼리야 어떻겠는가! 만일 오자서가 오사를 따라 함께 죽었더라면 땅강아지나 개미[螻蟻]와 무슨 차이가 있겠는가? 작은 의리를 버리고 큰 치욕을 갚아 이름을 후세에 드리웠으니, 참으로 비장하도다! 바야흐로 오자서가 장강에서 곤궁함에 빠지고 길에서 빌어먹었을 때 한순간도 초나라를 잊을 수 있었으랴! 그랬기에 남몰래 치욕을 견뎌내고 공명을 세웠으니, 열장부(烈丈夫)가 아니면 어느 누가 능히 이런 일을 해낼 수 있었겠는가?

백공 또한 만일 스스로 세워져 임금이 되려고만 하지 않았던들 공로와 계책이 실로 이루 다 헤아릴 수 없었다고 할 것이로다!"[1]

1) **【색은술찬(索隱述贊)】** 참소하는 자 끝이 없어[讒人罔極]/사방 나라들을 교란하는구나[交亂四國]/아! 저 오씨들[嗟彼伍氏]/이 흉특함에 시달렸도다[被玆凶慝]/오원 홀로 치욕을 견뎌낼 수 있어[員獨忍詬]/원한을 갚는 데 뜻을 두었네[志復冤毒]/패자 오나라 군사를 일으켜[覇吳起師]/초나라를 쳐서 북쪽으로 내쫓았도다[伐楚逐北]/시체에 채찍질해 치욕을 씻어냈고[鞭尸雪恥]/눈알 뽑은 것은 다움을 버린 것이라네[抉眼棄德]!

권67

중니제자열전(仲尼弟子列傳) 제7

권67 중니제자열전(仲尼弟子列傳) 제7

공자(孔子)는 "가르침을 받고 몸소 (육예에) 통달한 사람이 77명[1]"이라고 했는데, 모두가 재능이 남다른[異能] 사람들이었다. 덕행(德行)은 안연(顔淵-안회), 민자건(閔子騫), 염백우(冉伯牛), 중궁(仲弓-염옹)이 있었고, 정사(政事)는 염유(冉有), 계로(季路-자로)가 있었으며, 언어(言語)는 재아(宰我-재여), 자공(子貢)이 있었고, 문학(文學)은 자유(子遊), 자하(子夏)가 있었다[2]. 사(師-자장)는 치우쳤고[辟=僻][3], 삼(參-증자)은 노둔했고[魯][4], 시(柴)는 어리석었고[愚][5], 유(由)는 거칠었고[喭][6], 회(回-안회)는 수시로 굶었고[屢空], 사(賜)는 천명을 받아들이지 않고 재산을 불렸는데[貨殖] 억측을 하면 자주 들어맞았다[屢中][7].

1) 【색은(索隱)】 『공자가어(孔子家語)』도 77명이라고 했고, 『문옹공묘도(文翁孔廟圖)』는 72명이라고 했다.

2) 【색은(索隱)】 『논어(論語)』에서는 덕행·언어·정사·문학이라고 했는데, 여기서는 정사가 언어보다 앞에 있다.[『논어(論語)』「선진(先進)」편 2에 나온다.]

3) 【집해(集解)】 마융(馬融)이 말했다. "자장(子張)은 재주가 남보다 지나쳐서 한쪽으로 쏠리고 꾸밈이 지나친 잘못이 있었다."

4) 【집해(集解)】 공안국(孔安國)이 말했다. "노(魯)란 무디다, 둔하다[鈍]라는 뜻이니, 증자는 느리고 둔했다."

5) 【집해(集解)】 하안(何晏)이 말했다. "우직(愚直)이라고 할 때의 우(愚)다."

6) 【집해(集解)】 정현(鄭玄)이 말했다. "자로의 행동은 무례하고 거친 잘못이 있었

다.”[『논어(論語)』 「선진(先進)」편 17에 나온다.]

7) 『논어(論語)』 「선진(先進)」편 18에 나온다.

　공자가 존경하는 마음으로 섬긴 사람으로는 주(周)나라의 노자(老子), 위(衛)나라의 거백옥(蘧伯玉)[1], 제(齊)나라의 안평중(晏平仲)[2], 초(楚)나라의 노래자(老萊子)[3], 정(鄭)나라의 자산(子産), 노(魯)나라의 맹공작(孟公綽)이 있다. 자주 칭찬한 사람으로는 장문중(臧文仲), 유하혜(柳下惠)[4], 동제백화(銅鞮伯華)[5], 개산자연(介山子然)[6]이 있는데, 공자는 이들 모두보다 후대로서 같은 세대가 아니었다.

1) 【집해(集解)】 밖으로는 너그럽고 안으로는 곧아서 몸가짐을 단속하며, 자기에게 곧게 하고 남에게는 곧게 하지 않아서 어짊을 행하기에 급급함으로써 스스로 삶을 잘 마쳤으니, 이는 대개 거백옥이 행한 바다.

2) 【집해(集解)】 임금은 신하를 골라 부리고 신하는 임금을 골라 섬기니, 임금이 도리가 있으면 명을 고분고분 따르고 도리가 없으면 명을 저울질해서 바로잡아준다[衡命]. 이는 대개 안평중이 행한 바다.

3) 【색은(索隱)】 『대대기(大戴記)』에 이르기를, “공손한 다움을 갖고서 신의를 행해 종일 말을 해도 후회할 일이나 잘못을 범하지 않았고 가난하면서도 도리를 즐겼으니, 이는 대개 노래자가 행한 바다”라고 했다.

4) 【집해(集解)】 효성스럽고 공손하며 자애롭고 어질어서 다움을 갖춘 채 마땅함을 마음에 품고서 재물에 덜 관심을 두고 원망받을 일을 멀리했으니, 이는 대개 유하혜가 행한 바다.

5) 유향의 『설원(說苑)』(이한우 옮김, 21세기북스)에 나오는 말이다.

　공자가 한가로이 머물다가 한숨을 쉬며 탄식해서 말했다.

　“동제백화(銅鞮伯華)가 죽지 않았더라면 천하는 이에 안정되었으리라.”

　자로가 말했다.

"돌이켜보건대, 그 사람됨이 어떠했는지 듣고 싶습니다."

공자가 말했다.

"그 사람됨이, 어릴 때는 주도면밀하면서도 배우기를 좋아했고, 장성해서는 용기가 있어 굽히지 않았고, 나이가 들어서는 도리를 갖추고 있어 능히 다른 사람에게 자기를 낮출 수 있었다."

6) **【집해(集解)】**『대대기(大戴記)』에 이르기를, "사방을 유람하면서도 부모를 잊지 않고 늘 부모를 그리워하며 즐거움을 그치지 않았으니, 이는 대개 개산자연이 행한 바"라고 했다.

안회(顏回)는 노(魯)나라 사람으로 자(字)가 자연(子淵)이며 공자보다 30세 어렸다.

안연(顏淵)이 어짊[仁]을 묻자, 공자가 말했다.

"자기를 이겨내고 예로 돌아가(는 것이 어짊이다. 하루라도 자기를 이겨내고 예로 돌아가)면[克己復禮] 천하가 어짊으로 돌아갈 것이다."[1]

공자가 말했다.

"뛰어나도다, 회(回)여! 한 대그릇의 밥과 한 표주박의 물만으로 허름한 동네에서 살아간다면 사람들은 근심을 견디지 못하는데, 회는 그 (도리를) 즐기는 것을 고치지 않았다."[2]

"(나는 처음에) 안회가 어리석다고 여겼는데, 물러간 뒤에 그의 사사로움을 살펴보았더니[省其私] 실로 내 뜻을 제대로 드러내 행하고 있었다. 회는 어리석지 않다."[3]

"(임금이 인재로) 써주면 행하고 (임금이) 버리면 숨어 지내는 것을 오직 너하고 나만이 갖고 있구나!"[4]

안회는 29세에 머리카락이 하얗게 다 세었고, 일찍 죽었다[5]. 공자가 곡을 하며 애통하게 말했다.

"나에게 회가 있은 다음부터 제자들이 나와 더욱 가까워졌거늘![6]"

노나라 애공(哀公)이 물었다.

"제자 중에서 누가 배우는 것을 좋아하는가?"

공자가 말했다.

"안회라는 자가 있어 배우기를 좋아해 분노를 다른 데로 옮기지 않았고 [不遷怒] 잘못을 두 번 다시 반복하지 않았는데[不貳過], 불행하게도 명이 짧아 죽었습니다. 지금은 (그가 가고 없으니) 배우기를 좋아하는 자는 없습니다."[7]

1) 【집해(集解)】 마융(馬融)이 말했다. "자기를 이겨내는 것은 자기 몸과 마음을 다 잡는 것[約身]이다."[『논어(論語)』 「안연(顏淵)」편 1에 나온다.]

2) 『논어(論語)』 「옹야(雍也)」편 9에 나온다.

3) 『논어(論語)』 「위정(爲政)」편 9에 나온다.

4) 『논어(論語)』 「술이(述而)」편 10에 나온다.

5) 【색은(索隱)】 『공자가어(孔子家語)』에서도 "29세에 백발이 되었고, 32세에 죽었다"라고 했다.

6) 【집해(集解)】 왕숙(王肅)이 말했다. "안회는 공자와 서로 의지하는 벗과 같았기에 능히 제자들로 하여금 공자와 친해지게 할 수 있었다."

7) 『논어(論語)』 「옹야(雍也)」편 2에 나온다.

민손(閔損)은 자(字)가 자건(子騫)[1]이다. 공자보다 15세 어렸다.

공자가 말했다.

"효자구나, 민자건이여! 사람들이 그 부모와 형제들이 민자건을 칭찬하는 말 사이에 끼어들 수가 없구나."[2]

(민자건은) 대부(大夫)에게 벼슬하지 않고 더러운 군주의 녹을 먹지 않았다[3]. (민자건이 말했다.)

"만약에 다시 나를 부르러 온다면, 나는 반드시 문수(汶水) 가에 가 있을 것이오."[4]

1) 【집해(集解)】 정현(鄭玄)이 말했다. "공자 제자 목록에 노나라 사람이라고 되어 있다."

2) 【집해(集解)】 진군(陳群)이 말했다. "자건은 위로는 부모를 섬기고 아래로는 형제들에게 고분고분해 생각이나 행동 모두 지극히 좋았다. 그래서 다른 사람들이 그사이에 끼어들 말을 할 수가 없었다."[『논어(論語)』 「선진(先進)」편 4에 나온다.]

3) 【색은(索隱)】 『논어(論語)』에 이르기를, 계씨가 사람을 시켜 민자건을 비읍(費邑)의 책임자로 삼으려 하자 민자건이 "나를 위해 잘 사양해주시오"라고 했으니, 이것이 바로 대부에게 벼슬하지 않고 더러운 군주의 녹을 먹지 않았다는 말이다.

4) 【집해(集解)】 공안국(孔安國)이 말했다. "문수 가로 떠나간다는 것은 북쪽 제나라로 가겠다는 말이다."[『논어(論語)』 「옹야(雍也)」편 7에 나온다.]

염경(冉耕)은 자(字)가 백우(伯牛)[1]다. 공자는 그가 덕행(德行)을 갖췄다고 생각했다. 백우(伯牛)가 중병에 걸리자, 공자가 문병하러 가서 남쪽 창[牖]에서 그의 손을 잡고 말했다.

"명(命)이로다. 이런 사람이 이런 병에 걸리다니! 명이로다."[2]

1) 【집해(集解)】 정현(鄭玄)이 말하기를, 노나라 사람이라고 했다.

2) 【집해(集解)】 포씨(包氏)가 말했다. "두 번 거듭해서 말했다는 것은 애통함이 심한 것이다."[『논어(論語)』 「옹야(雍也)」편 8에 나온다.]

염옹(冉雍)은 자(字)가 중궁(仲弓)[1]이다.
중궁이 정치를 묻자[問政][2] 공자가 말했다.
"문을 나서면 큰 손님을 뵙듯이 해야 하고, 백성을 부릴 때는 큰 제사를 받들듯이 해야 (하며, 자기가 하고 싶지 않은 것을 남에게 베풀지 말아야) 한다. (이렇게 하면) 나라에 (벼슬하고) 있을 때도 원망이 없을 것이고, 집 안에 있을 때도 원망이 없을 것이다.”[3]

공자는 그가 덕행(德行)을 갖췄다고 생각해서 “옹(雍)의 경우 (그 군주를) 남면(南面)하게 할 만하다”[4]라고 했다.

중궁의 아버지는 미천한 사람이었는데, 공자가 말했다.

“색깔이 곱지 않은 소의 새끼라 해도, 털이 붉고 뿔이 제대로 났다면 비록 (사람들이) 희생 제물로 쓰지 않으려 한다 해도 산천(의 귀신)이 그냥 버려두겠는가?”[5]

1) 【집해(集解)】 정현(鄭玄)이 말하기를, 노나라 사람이라고 했다.

2) 착오다. 이때 중궁은 어짊을 물었다[問仁].

3) 『논어(論語)』「안연(顏淵)」편 2에 나온다.

4) 『논어(論語)』「옹야(雍也)」편 1에 나온다.

5) 【집해(集解)】 하안(何晏)이 말했다. “비록 아버지가 선하지 못하다 하더라도 자식의 아름다운 자질에는 아무런 해악을 끼치지 않는다는 말이다.”

염구(冉求)는 자(字)가 자유(子有)[1]이고 공자보다 29세 어렸으며, 계씨의 재(宰)[2]가 되었다.

계강자(季康子)가 공자에게 “염구는 어집니까?”라고 묻자, 공자가 말했다.

“구의 경우 천호의 큰 읍이나 경대부 집안에서 부세를 담당하게 할 수는 있지만, 그가 어진지는 모르겠습니다.”

다시 “자로는 어집니까?”라고 묻자, 공자는 “염구와 같습니다”라고 대답했다.[3]

염유(冉有)가 묻기를 “마땅함을 들으면 곧장 행해야 합니까?”라고 하자 공자가 말했다.

"들었으면 곧장 행해야 한다."

자로(子路)가 묻기를 "마땅함을 들으면 곧장 행해야 합니까?"라고 하자 공자가 말했다.

"부형이 계신데, 어찌 들었다고 해서 이에 곧장 행하겠는가?"

자화(子華)가 괴이하게 여기며 말했다.

"질문은 같은데 답이 달라서 감히 여쭙겠습니다."

공자가 말했다.

"구(求)는 뒤로 물러서려는 경향이 있으니 그래서 나아가게 한 것이요, 유(由)는 남을 이기려는 성향이 있으니 그래서 물러나게 한 것이다[4]."

1) **【집해(集解)】** 정현(鄭玄)이 말하기를, 노나라 사람이라고 했다.

2) 재(宰)에는 임금의 요리사, 가신, 읍 책임자 등의 뜻이 있는데, 여기서는 가신이다.

3) 한마디로 뒤죽박죽이다. 『논어(論語)』「공야장(公冶長)」편 7에서 염구가 어진지를 물은 사람은 계강자가 아니라 맹무백이다. 내용도 뒤섞여 있다. 「공야장」편 7을 보자.

맹무백(孟武伯)이 물었다.

"자로는 어집니까?"

공자가 말했다.

"모르겠다."

또 묻자, 공자가 말했다.

"유(由-자로)의 경우 제후의 나라에서 부세를 담당하게 할 수는 있지만 그가 어진지는 모르겠다."

"구(求-염유)의 경우는 어떻습니까?"

공자가 말했다.

"구의 경우 1,000호의 큰 읍이나 경대부 집안의 가신[宰]을 시킬 수는 있지만 그가 어진지는 모르겠다."

4) **【집해(集解)】** 정현(鄭玄)이 말했다. "염유는 성품이 겸손해 물러서려 하고[謙退]

자로는 남을 딛고 이기려는 데 힘쓰기 때문에 각자의 단점을 갖고서 바로 잡아주려 한 것이다."[『논어(論語)』「선진(先進)」편 21에 나온다.]

중유(仲由)는 자(字)가 자로(子路)이고 (노나라) 변(卞) 땅 사람[1]이다. 공자보다 9세 어렸다.

자로는 성품이 거칠었고[鄙=野] 용맹하게 힘쓰는 것을 좋아했으며 의지가 강하고 곧았다. 수탉 깃으로 만든 관을 쓰고 수퇘지 가죽으로 장식한 패(佩)를 차고 다니면서[2] 공자를 업신여기거나 사납게 대하기도 했으나, 공자가 예를 베풀면서 차근차근[稍] 자로를 이끌어주자, 자로는 뒤에 유자(儒者)의 옷을 입고 예물을 바치며[委質][3] 문인들을 통해 제자가 되기를 청했다. 자로가 정치를 묻자, 공자가 말했다.

"앞장서야 하고 (백성을) 위로해야 한다[4]."

더 말해줄 것을 청하자, 말했다.

"게을리해서는 안 된다[無倦=無逸][5]"

자로가 말했다.

"군자는 용맹을 높입니까?"

공자가 말했다.

"군자는 마땅함을 가장 높인다. 군자가 용맹만 있고 마땅함이 없으면 난을 빚고, 소인이 용맹만 있고 마땅함이 없으면 도둑질을 한다."[6]

자로는 오직, 좋은 말을 듣고서 아직 제대로 실행하지도 못했는데 또다시 다른 좋은 말을 듣게 될까만을 걱정했다[7].

---

1) 【집해(集解)】 서광(徐廣)이 말했다. "시자(尸子)가 말하기를, 자로는 변 땅의 야인(野人)이라고 했다."

2) 【집해(集解)】 수탉이나 수퇘지는 모두 용감한데, 자로 또한 용맹을 좋아했기에 그런 관을 쓰고 그런 패를 찼다.

3) 【색은(索隱)】『좌씨(左氏)』에 대한 복건(服虔)의 주석에서 이렇게 말했다. "옛날에 처음 벼슬을 하게 되면 반드시 먼저 책(策)에 자기 이름을 쓰고 임금에게 목숨을 바치겠다는 뜻을 바친 다음에야 신하가 되었으니, 이는 자기 임금에게 반드시 목숨을 바쳐 절의를 지키겠다는 뜻을 보이는 것이다."

4) 【집해(集解)】 공안국(孔安國)이 말하기를 "먼저 앞에서 다움으로 이끌어 백성에게 믿음을 준 다음 백성에게 수고로운 일을 시키라는 말"이라고 했고, 『주역(周易)』에 이르기를 "기쁜 마음으로 백성을 부리면 백성은 수고로움을 잊는다"라고 했다.[여기서 공안국은 노(勞)를 '위로하다'가 아니라 '수고롭게 하다'로 보았다.]

5) 【집해(集解)】 공안국(孔安國)이 말했다. "자로는 공자의 말이 너무 적다고 찜찜해하면서 더 말해줄 것을 청한 것이다. 게을리해서는 안 된다는 것은, 방금 말해준 두 가지를 등한시하지 말라는 말이다."[『논어(論語)』, 「자로(子路)」편´에 나온다.]

6) 『논어(論語)』, 「양화(陽貨)」편 23에 나온다.

7) 【집해(集解)】 공안국(孔安國)이 말했다. "전에 들은 좋은 말을 아직 실천에 옮기지 못해 새롭게 좋은 말을 듣게 될 경우 둘 다 실행하지 못할까 봐 두려워했다는 것이다."[『논어(論語)』, 「공야장(公冶長)」편 13에 나온다.]

공자가 말했다.

"한마디 말로 옥사를 판결할 수 있는 자는 아마도 유(由-자로)일 것이다. 자로는 남에게 승낙한 일은 묵혀두는 일이 없었다."[1]

"유(由)의 경우 용맹을 좋아하는 것이 나보다 낫지만, 일을 마름질하는 바가 없다."[2]

"유(由)는 제명에 죽지 못할 것이다."[3]

"해진 솜옷을 입고서도 여우나 담비 가죽으로 만든 비싼 옷을 입은 자와 함께 (조정에) 서더라도 조금도 부끄러워하지 않을 사람은 아마도 유(由)일 것이다."[4]

"유(由)의 경우 (배움이) 당(堂)에는 올랐으나 아직 실(室)에는 들지 못했을 뿐이다."5)

계강자6)가 물었다.

"자로는 어집니까?"

공자가 말했다.

"유(由)의 경우 제후의 나라에서 부세를 담당하게 할 수 있지만, 그가 어진지는 모르겠습니다."7)

자로는 공자를 따라 떠돌기를 좋아했는데, 장저(長沮), 걸익(桀溺), 망태기를 짊어진 노인 등을 만났다.

자로가 계씨의 재(宰-가신)가 되자 계손(季孫)이 물었다.

"자로는 대신(大臣)이라 할 수 있습니까?"

공자가 말했다.

"숫자만 채우는 신하[具臣]라 할 수 있습니다."8)

1) 『논어(論語)』 「안연(顏淵)」편 12에 나온다.

2) 『논어(論語)』 「공야장(公冶長)」편 6에 나온다.

3) 『논어(論語)』 「선진(先進)」편 12에 나온다.

4) 『논어(論語)』 「자한(子罕)」편 26에 나온다.

5) 『논어(論語)』 「자한(子罕)」편 14에 나온다.

6) 앞서 지적한 대로, 계강자가 아니라 맹무백이 물은 것이다.

7) 『논어(論語)』 「공야장(公冶長)」편 7에 나온다.

8) 『논어(論語)』 「선진(先進)」편 23에 나온다.

자로가 포(蒲)1) 땅의 대부가 되어 공자에게 하직 인사를 드리니, 공자가 말했다.

"포에는 장사(壯士)들이 많고 다스리기 어렵다. 그래서 내가 너에게 일러

주마. 공손하면서 마음을 삼가면 용맹한 자라도 다스릴 수 있고, 너그러운 마음으로 공정하게 하면 사람들을 따르게 할 수 있으며, 공손하고 공정하게 안정시키면 임금에게 보답할 수 있다."

애초에 위(衛)나라 영공(靈公)에게 남자(南子)라는 총희(寵姬)가 있었다. 영공 태자 괴외(蒯聵)가 남자에게 잘못을 저질렀는데, 주살될까 두려워 나라 밖으로 도망쳤다. 영공이 졸하자 부인은 공자 영(郢)을 세우고 싶어 했는데, 영이 사양하면서 말했다.

"망명한 태자의 아들 첩(輒)이 있습니다."

이에 위나라는 첩을 세워 임금으로 삼으니, 이 사람이 출공(出公)이다. 출공이 세워진 지 12년이 되었으나 아버지 괴외는 나라 밖에 살면서 들어오지 못하고 있었다. 자로는 위나라 대부 공회(孔悝)의 읍재(邑宰)가 되었는데, 괴외가 마침내 공회와 더불어 난을 일으키려고 모의하더니 공회의 집으로 들어가서 드디어 무리와 함께 출공을 습격했다. 출공은 노나라로 달아났고, 괴외가 들어와 세워지니 이 사람이 장공(莊公)이다.

바야흐로 공회가 난을 일으켰을 때, 자로는 외부에 있다가 그 소식을 듣고는 내달려 왔다. 이때 위나라 성문을 나서는 자고(子羔)와 마주쳤는데, 자고가 자로에게 일러 말했다.

"출공은 떠났고 문은 이미 닫혔으니, 돌아가는 것이 좋겠습니다. 공연히 화를 당하지 마십시오."

자로가 말했다.

"출공의 녹을 먹는 자로서 그가 처한 어려움을 피할 수 없다."

자고는 결국 떠났다. 마침, 성으로 들어가는 사자가 있어 성문이 열리자, 자로가 그를 따라 들어갔다. 괴외에게 갔는데[造], 괴외는 공회와 함께 대(臺)에 오르고 있었다. 자로가 말했다.

"임금께서는 어찌 공회를 쓰려 하십니까? 잡아 죽이게 해주십시오."

괴외가 들어주지 않자 이에 자로는 대(臺)에 불을 지르려고 했고, 괴외는 두려워서 마침내 석걸(石乞)과 호염(壺黶)를 내려보내 자로를 공격하게 했다. 자로를 쳐서 갓끈이 끊어졌는데, 자로가 말했다.

"군자는 죽더라도 관은 벗지 않는다."

드디어 갓끈을 고쳐 매다가 죽었다.

(그에 앞서) 공자는 위나라에 난이 일어났다는 소식을 듣고는 말했다.

"아아, 유(由-자로)가 죽겠구나!"

얼마 뒤에 과연 자로가 죽었다. 그때 공자가 말했다.

"내가 자로를 제자로 삼은 뒤로부터는 귀에 나쁜 말이 들리지 않았도다[2]."

이때 자공(子貢)은 노나라를 위해 제나라에 사신으로 갔다[3].

1) 【색은(索隱)】 포는 위(衛)나라 읍이다.

2) 【집해(集解)】 왕숙(王肅)이 말했다. "자로가 공자를 시위하게 되자 오만한 자들이 감히 공자에 관해 악담을 하지 못했으니, 이 때문에 나쁜 말이 공자 귀에 들어오지 않게 되었다."

3) 【색은(索隱)】 『좌전(左傳)』을 살펴보건대 자공이 노나라를 위해 제나라에 사신으로 간 것은 애공(哀公) 15년의 일이니, 대개 이 글과는 차이가 있다.

재여(宰予)는 자(字)가 자아(子我)[1]로, 말재주가 뛰어났다[利口辯辭].

이미 수업을 다 마치고 나자 (재아가) 공자에게 물었다.

"(기존의) 삼년상은 너무[已=太] 오래이지 않습니까? 군자가 3년 동안 (상을 치르느라고) 예를 행하지 않으면 예는 반드시 무너지게 되고, 또 3년 동안 음악을 하지 않으면 음악이 반드시 무너지게 될 것입니다. (1년이면) 묵은 곡식이 이미 없어지고 새 곡식이 나오며 불씨를 취하는 나무도 새로 바뀌게 되니[改火][2], (상은) 1년이면 그쳐도 됩니다."

공자가 말했다

"네 마음에 편안하냐?"

(재아가) 말했다.

"편안합니다."

공자가 말했다.

"네가 편안하거든 그렇게 해라. 무릇 군자가 거상(居喪)할 때는 맛있는 것을 먹어도 달지 않고 음악을 들어도 즐겁지 않으며 거처가 좋아도 편안하지 않다. 이 때문에 하지 않는 것이다."

재아가 밖으로 나가자, 공자가 말했다.

"재아의 어질지 못함[不仁]이여! 자식은 태어나서 3년이 된 뒤에야 부모의 품을 벗어난다. 무릇 삼년상은 천하의 공통된 의리[通義]3)다."4)

재여가 낮에 누워 있었다[寢=臥]. 공자가 말했다.

"썩은[朽=腐] 나무는 조각할 수 없고, 거름이 섞인 흙담은 손질할[圬=墁] 수 없다."

재아가 오제(五帝)의 다움을 묻자, 공자가 말했다.

"너는 그런 것을 물을 자격이 없다."

재아가 (제나라) 임치(臨菑)의 대부가 되었다가 전상(田常)과 난을 일으켜서 멸족을 당하니5), 공자는 이를 부끄러워했다.

중니제자열전(仲尼弟子列傳) 제7

1) 【집해(集解)】 정현(鄭玄)이 말하기를, 노나라 사람이라고 했다.

2) 【집해(集解)】 마융(馬融)이 말했다. "『주서(周書)』「월령(月令)」에 불을 바꾸는 것에 관한 글이 있다. 봄에는 느릅나무와 버드나무에서, 여름에는 대추나무와 은행나무에서, 늦여름에는 뽕나무와 산뽕나무에서, 가을에는 자작나무와 졸참나무에서, 겨울에는 홰나무와 박달나무에서 불씨를 취한다. 1년 중에 불씨를 취할 때마다 나무가 달랐으니, 그래서 개화(改火)라고 했다."

3) 【집해(集解)】 공안국(孔安國)이 말했다. "천자부터 서인까지 모두 통용되는 의리다."

4) 『논어(論語)』「양화(陽貨)」편 21에 나온다.

5) 【색은(索隱)】『좌씨전(左氏傳)』을 살펴보건대 재아와 전상이 난을 일으켰다는 글은 없고, 다만 감지(闞止)의 자(字)가 자아(子我)였으니 감지가 전상과 총애를 다투다가 결국 전상에게 살해당한 일은 있다. 아마도 자 때문에 재아와 혼동을 일으켜 이렇게 잘못 기록한 듯하다.

단목사(端木賜)는 위(衛)나라 사람으로 자(字)가 자공(子貢)이다. 공자보다 31세 어렸다. 자공은 말재주가 특출났는데[利口巧辭], 공자는 늘 그 말재주를 억제했다[黜].

공자가 물었다.

"너와 회(回-안회) 중에서 누가 나으냐?"

대답해 말했다.

"사(賜-자공)가 어찌 감히 회를 바라보겠습니까? 회는 하나를 들으면 열을 알고, 사는 하나를 들으면 둘을 압니다."[1]

이미 수업을 다 마치고서 공자에게 물었다.

"사(賜-자공)의 경우는 어떠합니까?"

공자가 말했다.

"너는 그릇이다."

(자공이) 말했다.

"어떤 그릇입니까?"

(공자가) 말했다.

"호련(瑚璉)[2]이다."[3]

진자금(陳子禽)이 자공에게 물었다.

"중니(仲尼-공자)는 어떻게 배웠는가?"

자공이 말했다.

"문왕과 무왕의 도리[文武之道]가 아직 땅에 떨어지지 않아 사람들에게

(남아) 있으니, 뛰어난 자는 그 큰 것을 기억해 알고 있고 그보다 못한 자도 그 작은 것을 기억해 알고 있다. 문왕과 무왕의 도리가 여전히 남아 있지 않음이 없으니, 공자께서 어찌 배우지 않으셨을 것이며 또한 어찌 일정하게 정해진 스승이 있었겠는가?"4)

또 자금(子禽)이 자공(子貢)에게 물었다.

"부자(夫子)께서는 찾아간 나라에 이르셔서 반드시 정사(政事)를 들었습니다. 그분이 (정치에 관심이 많아) 그렇게 하려고 구해서 그런 것입니까, 아니면 (제후가 먼저 공자에게) 청해서 그렇게 된 것입니까?"

자공이 말했다.

"공자께서는 온화하고 반듯하고 공손하고 검소하며 사양함으로써 정사를 들으실 수 있었다. 공자께서 그것을 먼저 원해서 얻었다고 하더라도, 그것은 아마 다른 사람들이 그것을 구하는 것과는 다를 것이다."5)

자공이 물었다.

"가난하면서도 아첨하지 않고, 부유한데도 교만하지 않다면 어떻습니까?"

공자가 말했다.

"그것도 괜찮지만, 가난하면서도 (도리를) 즐기며 부유하면서도 예를 좋아하는 것만 못하다."6)

---

1) 『논어(論語)』「공야장(公冶長)」편 8에 나온다.

2) 【집해(集解)】 포씨(包氏)가 말했다. "호련(瑚璉)은 기장을 담는 제기다. 하나라는 호(瑚), 은나라는 연(璉), 주나라는 보궤(簠簋)라고 했는데, 종묘에서 쓰는 귀한 그릇이다."

3) 『논어(論語)』「공야장(公冶長)」편 3에 나온다.

4) 『논어(論語)』「자장(子張)」편 22에 나온다. 그런데 질문자는 진자금이 아니라 위나라 공손조(公孫朝)다.

5) 『논어(論語)』 「학이(學而)」편 10에 나온다.

6) 『논어(論語)』 「학이(學而)」편 15에 나온다.

전상(田常)[1]이 제나라에서 난을 일으키고자 하다가 (세력이 강한) 고씨(高氏), 국씨(國氏), 포씨(鮑氏), 안씨(顔氏)를 꺼려 해서[憚], 그들의 군대를 합쳐 노나라를 치려고 했다. 공자가 이를 듣고 문하 제자들에게 말했다.

"무릇 노나라는 조상들의 무덤이 있는 부모의 나라다. 나라가 이처럼 위태로운데, 너희들은 어찌 나서지 않느냐?"

(이에) 자로가 나서길 청하자, 공자가 자로를 만류했고, 자장(子張)과 자석(子石)[2]이 가겠다고 청하자, 공자는 허락하지 않았다. 자공이 가겠다고 청하자, 공자가 허락하니 드디어 (자공은) 가서 제나라에 이르러 전상에게 유세해 말했다.

"당신께서 노나라를 치시려는 것은 잘못입니다. 무릇 노나라는 치기가 힘든 나라입니다. 성벽은 얇고 낮으며, 해자는 좁고 얕으며, 임금은 어리석고 어질지 못하며, 대신들은 위선적이고 쓸데가 없으며, 병사와 백성은 심지어 군사의 일을 싫어하니, 이런 나라와는 싸울 수 없습니다. 차라리 당신께서는 오나라를 치는 것이 낫습니다. 저 오나라는 성이 높고 두터우며, 해자는 넓고 깊으며. 무기는 새롭고 병사는 잘 선발되었으며 군량미는 넘칩니다. 튼튼한 무기와 정예병이 모두 성안에 있고 뛰어난 대부들이 그곳을 지키고 있으니, 이런 나라는 치기 쉽습니다."

전상이 발끈하고 낯빛을 바꾸며 말했다.

"그대가 어렵다고 하는 것은 남들이 쉽게 여기는 것이고, 그대가 쉽다고 하는 것은 남들이 어렵게 여기는 것이오. 이런 말로 이 전상을 가르치려 드는 것은 무슨 까닭이오?"

자공이 말했다.

"신이 듣건대, 나라 안에 근심이 있으면 강한 적을 공격하고 나라 밖에 근심이 있으면 약한 적을 공격한다고 했습니다. 지금 당신의 근심은 나라 안에 있습니다. 제가 듣건대, 제나라 임금이 당신을 세 번이나 봉해주려 했음에도 세 번 다 이뤄지지 못한 것은 대신 중에 임금 명을 따르지 않는 사람들이 있었기 때문입니다. (그런데) 지금 당신이 노나라를 깨뜨리고 제나라 땅을 넓히게 될 경우, 임금은 전쟁에 이겼다 해서 교만해질 것이고 나라를 깨뜨린 신하들은 귀하게 되겠지만 정작 당신은 공로를 인정받지 못하고 군주와의 관계가 멀어질 것입니다. 이는 당신께서 위로는 임금 마음을 교만하게 하고 아래로는 여러 신하를 방자하게 만들어놓고서 큰일을 이루려는 것이니, 이뤄지기 어렵습니다. 무릇 임금이 교만해지면 제멋대로 하게 되고 신하가 교만해지면 서로 다투게 될 것이니, 이는 곧 당신이 위로 임금과 틈이 있게 되고 아래로 대신들과 서로 싸우게 된다는 말입니다. 이렇게 될 경우 제나라에서 당신의 자리는 위태로워집니다. 그래서 오나라를 치느니만 못하다고 한 것입니다.

오나라를 치게 되면 이기지 못하더라도 백성과 관리들이 밖에서 죽고 대신들이 안에서 텅 비게 되니, 이는 곧 당신에게는 위로 대적할 만한 강한 신하가 없고 아래로 백성의 비난이 없게 된다는 말입니다. 이렇게 해서 임금을 고립시키고 나면 제나라를 통제할 수 있는 사람은 오직 당신뿐입니다."

전상이 말했다.

"좋소. 그렇지만 우리 군대가 이미[業已] 노나라로 떠났으니, (갑자기) 노나라를 버리고 오나라로 가라고 하면 대신들은 나를 의심할 것이오. 어쩌면 좋겠소?"

자공이 말했다.

"당신께서는 병사들을 붙잡아두고서 노나라를 치지 마십시오. 그러면 신이 오나라 왕에게 가서 노나라를 구원해 제나라를 치도록 만들 터이니, 그때 당신께서는 군대를 거느리고 오나라를 맞아 싸우십시오."

전상이 이를 허락하고서 자공으로 하여금 남쪽으로 가서 오나라 왕을 만나보게 했다.

1) 진항(陳恒)이다.

2) **[색은(索隱)]** 공손룡(公孫龍)이다.[전국시대 명가(名家) 공손룡과는 시기가 맞지 않다.]

자공이 (오나라에 가서 오왕에게) 유세해 말했다.

"신이 듣건대, 왕자(王者-왕도를 따르는 임금)는 대를 끊지 않고[1] 패자(霸者)는 적을 강하게 만들지 않는다고 했습니다. 1,000균(鈞-1균은 30근) 무게도 수(銖)나 양(兩) 같은 가벼운 무게들이 쌓여서 이뤄집니다. 지금 1만 승의 제나라가 1,000승의 노나라를 자기 것으로 만들어 오나라와 강대함을 다투려 하니, 제가 볼 때 이는 왕께 위협이 될 듯합니다. 또 무릇 노나라를 구원하는 것은 명성을 드러내는 일이고, 제나라를 치는 것은 큰 이익입니다. 이렇게 해서 사수(泗水) 주변의 제후들을 어루만져주면서 포악한 제나라를 주벌하고 나아가 강력한 진(晉)나라를 굴복시킨다면 이익이 이보다 더 클 수는 없을 것이니, 명분으로는 망해가는 노나라[亡魯]를 존속시키고 실제로는 강대한 제나라[彊齊]를 곤경에 빠뜨리는 것입니다. 지혜로운 사람이라면 이런 계책을 의심하지 않을 것입니다."

오나라 왕이 말했다.

"좋다. 그렇지만 나는 일찍이 월나라와 싸워 그들을 회계산(會稽山)에 머물게 한 적이 있는데, 월나라 왕은 온갖 고초를 겪으면서 병사를 길러 나에게 보복할 마음을 품고 있다. 내가 월나라를 칠 때까지만 그대가 기다려주면 그때 가서 그대 말을 듣겠다."

자공이 말했다.

"월나라가 노나라만큼 강하지 못하지만, 오나라 또한 제나라만큼 강하지 못하니, 왕께서 제나라를 그냥 둔 채 월나라를 친다면 그사이에 제나라는 이미 노나라를 평정해버릴 것입니다. 게다가 왕께서 망해가는 나라를 존속시켜주고 대가 끊어지려는 나라의 대를 이어준다는 것을 명분으로 삼으시면서 정작 작은 월나라를 치고 강한 제나라를 두려워하신다면, 이는 용맹이 아닙니다. 무릇 용맹스러운 사람[勇者]은 힘든 일을 피하지 않고, 어진 사람[仁者]은 어려움에 처한 사람을 궁지로 몰아넣지 않으며, 사리를 아는 사람[智者]은 때를 놓치지 않고, 왕자(王者)는 대를 끊지 않음으로써 마땅함을 세웁니다. 지금 (왕께서) 월나라를 존속시켜 제후들에게 어짊을 보이시고 또 노나라를 구하고자 제나라를 쳐서 진(晉)나라에 위협을 가할 경우 제후들은 반드시 서로를 이끌어 오나라에 조회할 것이니, 이렇게 되면 패업이 이뤄질 것입니다.

또 왕께서 그렇게 월나라가 마음에 걸리신다면 신이 동쪽으로 가서 월나라 왕을 만나 군대를 내어 따르라고 하겠습니다. 이렇게 되면 월나라는 사실상 텅 비게 되고 명분상으로 제후들을 따라서 제나라를 치는 것이 됩니다.”

오나라 왕이 크게 기뻐하며 마침내 자공으로 하여금 월나라에 가게 했다.

---

1) 오히려 끊어진 대를 이어주니, 이를 계절세(繼絶世)라고 한다.

월나라 왕이 길을 깨끗이 한 뒤[除道] 교외까지 나와 자공을 맞이했다가 몸소 수레를 몰아 자공을 객사까지 데려다주고는 이렇게 물었다.

“이곳은 오랑캐 나라이건만, 어찌 대부께서 힘든 수고를 감수하고서 왔는가?”

자공이 말했다.

“얼마 전에 제가 오나라 왕에게 노나라를 구원해 제나라를 치라고 유세했더니 오나라 왕은, 그렇게 하고 싶은데 월나라가 걱정되어 ‘내가 월나라를 치고 나서라면 그렇게 하겠다’라고 했습니다. 이렇게 될 경우 오나라는 반드시 월나라를 깨뜨릴 것입니다.

또 무릇 상대에게 보복할 마음도 없는데 상대로 하여금 그런 의심을 하게 하는 것은 서투름[拙]이요, 보복할 뜻이 있는데 그것을 상대가 알게 하는 것은 위태로움[殆]이며, 일이 아직 시작도 하기 전에 소식이 새어나가는 것은 위험함[威]입니다. 이 세 가지는 일을 함에 있어 가장 큰 걱정거리입니다.”

구천(句踐)이 머리를 조아리고 두 번 절한 다음에 말했다.

“고(孤-임금의 자칭)가 일찍이 내 힘을 제대로 헤아리지 못하고 마침내 오나라와 싸웠다가 회계산에서 곤욕을 당했으니, 그 고통이 뼛속까지 사무쳐 밤낮으로 입술이 타고 혀가 마를[焦脣乾舌] 지경이다. 오로지 오나라 왕과 함께 맞서 싸우다가 죽는 것이 고의 바람이다.”

드디어 자공에게 물으니, 자공이 말했다.

“오나라 왕은 사람됨이 사납고 포악해[猛暴] 신하들이 감당하지를 못합니다. 국가는 계속된 전쟁으로 피폐해졌고, 사졸들은 견딜 수가 없습니다. 백성은 위를 원망하고, 대신들은 안에서 딴마음을 품고 있습니다. 오자서가 간언하다가 죽은[1] 뒤로 태재 백비가 용사(用事)하고 있는데, 군주의 잘못된 명에도 순종하며 자기의 사사로움에 안주하고 있으니 이는 나라를 망하게 하는 정치[殘國之治]입니다.

지금 왕께서 군대를 내어, 오나라 왕의 비위를 맞춰주면서 많은 보물로써 그 마음을 기쁘게 하고 겸손한 말로써 그를 높여주신다면 그는 반드시 제나라를 칠 것입니다. 그가 싸워서 이기지 못하면 왕의 복입니다. 싸워서 이기더라도 반드시 군대를 이끌고 진(晉)나라로 몰려갈 것이니, 그렇게 되면 신이 북쪽으로 가서 진나라 임금을 만나 함께 오나라를 공격하게 만들겠습니다. 이는 분명 오나라를 약하게 할 것입니다. 오나라 정예병들은 제나라에서 진이 빠지고 중무장한 병력들은 진나라에서 곤경에 처할 것이니, 이때 왕께서 피폐해진 오나라를 제압하면 오나라를 멸망시키는 일은 볼 것도 없습니다.”

월나라 왕이 크게 기뻐하며 허락했다. 자공을 전송하며 금 100일(鎰)과 칼 1자루, 좋은 창 2자루를 내려주었으나 자공은 받지 않고 드디어 길을 떠 났다.

1) 【색은(索隱)】 이때 자서는 아직 죽지 않았다.

(자공이) 오나라 왕에게 보고해 말했다.

“신이 삼가 대왕의 말씀을 월나라 왕에게 고했더니, 월왕이 크게 두려워 하며 ‘고가 불행하게도 어려서 아버지를 여의고 안으로 제힘도 헤아리지 못 한 탓에 오나라에 죄를 지었으니, 군대는 패하고 몸은 욕을 당해 회계산에 숨어 살았다. 나라가 폐허나 마찬가지가 되었으나 대왕의 은혜에 힘입어 제 기를 받들어 제사 지낼 수 있게 되었으니, 죽어도 감히 잊지 못할 것이다. 그 런데 어찌 오나라를 도모하려는 마음을 품겠는가?’라고 했습니다.”

닷새 뒤에 월나라에서 대부 문종(文種)을 사자로 보내 머리를 조아리며 오나라 왕에게 말했다.

“동해의 역신(役臣) 고(孤) 구천이 사자 문종을 보내 감히 왕의 신하들을 통해 문안드리옵니다. 지금 남몰래 듣건대 대왕께서 장차 대의(를 내세운 큰 군사)를 일으켜 강자를 토벌하고 약자를 구원하며 포악한 제나라[暴齊]를 압박하고 주나라 왕실을 위무하려 하신다고 하니, 청컨대 우리나라 안의 병 사 3,000을 모두 동원해 다시 갑옷을 입히고, 무기를 들게 해서 적의 화살과 돌을 맨 앞에서 받고자 합니다. 월나라의 미천한 신하 문종을 통해 선대의 보물과 갑옷 20벌과 도끼, 장인 굴려(屈廬)가 만든 창, 명검 보광(步光)을 바 침으로써 출정하는 장병들을 치하하옵니다!”

오나라 왕이 크게 기뻐하며, 이 말을 자공에게 일러주면서 말했다.

“월나라 왕이 몸소 과인을 따라 제나라를 치겠다고 하는데, 괜찮겠는가?"

자공이 말했다.

"안 됩니다. 무릇 남의 나라를 텅 비게 하고 그 나라 사람들을 모두 동원하고는 다시 그 나라의 임금까지 종군하게 하는 것은 의롭지 못합니다. 임금께서는 보내온 예물을 받으시고 군대의 출정은 허락하시되, 그 임금이 종군하겠다는 것은 사양하십시오."

오나라 왕이 자공의 제안을 받아들여 마침내 월나라 왕의 종군은 사양했다. 잠시 뒤 오나라 왕은 마침내 9개 군(郡)의 병사를 일으켜 제나라를 쳤다.

자공이 그 참에 진(晉)나라로 가서 진나라 임금에게 말했다.

"신이 듣건대, 사려[慮]가 먼저 정해지지 않으면 급변 사태에 제대로 대응할[應卒=應猝] 수 없고 병사가 미리 훈련되어 있지 않으면 적에게 승리할 수 없다고 했습니다. 지금 저 제나라가 오나라와 싸우려 하는데, 만일 오나라가 싸워서 이기지 못하면 반드시 월나라가 오나라를 공격할 것이고, 오나라가 제나라와 싸워서 이기면 반드시 그 군대가 진나라로 들이닥칠 것입니다."

진군(晉君)이 크게 두려워하며 말했다.

"이 일을 어찌해야 하는가?"

자공이 말했다.

"군대를 정비하고 병사들을 쉬게 하면서 기다리십시오."

진군이 그렇게 하겠다고 했다.

자공은 진나라를 떠나 노나라로 돌아왔다. 오나라 왕은 애릉(艾陵)에서 제나라 군대와 싸워[1] 대파한 뒤 일곱 장수의 병사들을 사로잡았는데, 과연 오나라로 돌아오지 않은 채 군대를 이끌고 진나라로 나아가 황지(黃池) 변에서 진나라와 병사와 서로 마주쳤다[2]. 오나라와 진나라가 강함을 다투더니, 진나라 군대가 쳐서 오나라 군대를 크게 무찔렀다. 월나라 왕이 이 소식을 듣고는 장강을 건너 오나라를 습격한 뒤 도성에서 7리 밖에 군대를 주둔시켰다. 오나라 왕이 이 소식을 듣고는 진나라를 떠나 돌아와 오호(五湖)에서 월나라 군대와 싸웠으나, 세 번 싸워 세 번 모두 이기지 못해 성을 지킬 수 없었다. 월나라는 드디어 왕궁을 에워싸고서 부차를 죽이고 재상(-백비)도 죽여버렸다3). 오나라를 깨뜨린 지 3년 뒤에 월나라는 동방 제후들의 패자(霸者)가 되었다.

1) 【색은(索隱)】『좌전(左傳)』을 살펴보건대, 애공(哀公) 11년의 일이다.

2) 【색은(索隱)】『좌전(左傳)』에 따르면 황지의 만남은 애공(哀公) 13년이다. 월나라가 오나라에 들어가자 오나라는 월나라와 강화했다.

3) 【색은(索隱)】『좌전(左傳)』을 살펴보건대, 월나라가 오나라를 멸망시킨 것은 애공(哀公) 22년의 일이다.

그러므로 자공은 한 번 나서자[一出] 노나라를 보존하고[存魯] 제나라를 혼란에 빠뜨렸으며[亂齊] 오나라를 깨뜨리고[破吳] 진나라를 강하게 했고[彊晉] 월나라를 패자로 만들었다[覇越]. 자공이 한 번 사신으로 나가게 되자[一使] 각국의 형세가 깨어져 10년 사이에 다섯 나라에 모두 변화가 일어났던 것이다.

자공은 싸게 사서 비싸게 팔기[廢擧]1)를 잘해, 시세 변동에 따라 재화와 돈을 잘 회전시켜 밑천을 불렸다. 남의 좋은 점을 칭찬하기 좋아했지만, 남의 허물을 잘 감춰줄 줄 몰랐다. 늘[常]2) 노나라와 위나라에서 재상을 지냈고, 집안에는 천금을 쌓아두었으며, 결국 제나라에서 삶을 마쳤다.

1) 폐거(廢擧)는 정확하게는 '쌀 때 사서 보관해 둔다[停貯]'라는 뜻이다.

2) 문맥상으로는 상(嘗), 즉 '일찍이'라고 해야 자연스럽다.

언언(言偃)은 오(吳)나라 사람[1]으로 자(字)가 자유(子遊)다. 공자보다 45세 어렸다.

자유가 이미 학업을 다 마치고서 무성(武城)의 재(宰-읍재)가 되었는데, 공자가 무성을 지나가다가 거문고와 비파 소리를 들었다. 공자가 빙그레 웃으며 말했다.

"닭 잡는데 어찌 소 잡는 칼을 쓰느냐?"

자유가 대답해 말했다.

"예전에 언(偃-자유)이 스승님께 듣건대, '군자가 도리를 배우면 사람을 사랑하게 되고[愛人=仁], 소인이 도리를 배우면 부리기 쉽다'라고 하셨습니다."

공자가 말했다.

"제자들아! 언의 말이 옳다. 아까 내가 한 말은 농담일 뿐이다."[2]

공자는 자유를 문학(文學-유학을 말과 글로 잘 표현하는 학술)에 능한 사람이라고 말했다.

1) [색은(索隱)] 『가어(家語-공자가어)』는 노나라 사람이라고 했다. 살펴보건대, 언은 노나라에서 벼슬을 하여 무성 읍재가 되었을 뿐이고 지금 오군(吳郡)에 언언의 무덤이 있다고 하니, 오군 사람인 듯하다.

2) 『논어(論語)』 「양화(陽貨)」편 5에 나온다.

복상(卜商)은 자(字)가 자하(子夏)[1]로, 공자보다 44세 어렸다.

자하가 물었다.

"'예쁜 미소에 보조개로다. 아름다운 눈에 눈동자 흑백이 분명하도다. 흰 바탕에 채색이 가해졌도다'라는 시는 무슨 뜻입니까?"

공자가 말했다.

"그림 그리는 일은 흰 바탕을 마련한 다음에 해야 한다는 뜻이다."

(자하가) 말했다.

"(그렇다면) 예(禮)가 뒤이겠습니다."

공자가 말했다.

"나를 흥기(興起)시켜주는 사람은 상(商-자하)이로다. 비로소 함께 시를 말할 만하구나."2)

자공(子貢)이 물었다.

"사(師-자장)와 상(商) 중에서 누가 뛰어납니까?"

공자가 말했다.

"사는 지나치고, 상은 미치지 못한다."

말했다.

"그렇다면 사(師)가 혹시 더 낫습니까?"

공자가 말했다.

"지나침은 미치지 못함과 같다."3)

공자가 자하에게 일러 말했다.

"너는 군자다운 유자가 되어야지, 소인 같은 유자가 되어서는 안 된다."4)

공자가 이미 세상을 떠나고 나자, 자하는 서하(西河)에 머물면서 가르침을 베풀다가 위(魏)나라 문후(文侯)의 스승이 되었는데5), 아들이 죽자 너무 슬퍼하다가 눈이 멀고 말았다.

---

1) 【집해(集解)】『가어(家語)』는 위(衛)나라 사람이라고 했고 정현(鄭玄)은 온국(溫國) 사람이라고 했으니 서로 같지 않지만, 온국은 지금의 하내 온현(溫縣)으로 원래 위나라에 속했다.

2) 『논어(論語)』 「팔일(八佾)」편 8에 나온다.

3) 『논어(論語)』 「선진(先進)」편 15에 나온다.

4) 『논어(論語)』 「옹야(雍也)」편 11에 나온다.

5) 【정의(正義)】 문후는 안읍(安邑)을 도읍으로 삼았다. 공자가 졸한 뒤에 자하가 서

하 변에서 가르쳤는데, 위나라 문후가 그를 스승으로 섬기며 국정에 관해 자문을 구했다.

전손사(顓孫師)는 진(陳)나라 사람[1]으로 자(字)가 자장(子張)이다. 공자보다 48세 어렸다.

자장이 벼슬자리를 구하는 법을 배우고자 하니, 공자가 말했다.

"많이 듣고서 (그중) 의심스러운 것은 제쳐놓고 그 나머지에 대해 신중하게 말한다면 허물이 적을 것이고, 많이 보고서 (그중) 타당하지 못한 것은 제쳐놓고 그 나머지에 대해 신중하게 행한다면 뉘우침이 적을 것이다. 말에 허물이 적고 일을 행함에 뉘우침이 적으면 벼슬자리가 그 가운데에 있다."[2]

어느 날 공자를 따르다가 진(陳)나라와 채(蔡)나라 사이에서 곤경에 처해 있을 때, (자장이) 행동하는 법도에 관해 물었다.

공자가 말했다.

"말이 충신(忠信)하고 일을 행함이 독경(篤敬)하면 비록 오랑캐 나라라 하더라도 일이 행해지겠지만, 말이 충신하지 못하고 일을 행함이 독경하지 못하면 비록 주리(州里-중국)라 하더라도 행해지겠는가? 서면 (충신과 독경이) 앞에 참여한 듯 드러나고 수레를 타면 멍에에 기대어 있는 듯 드러나야 하니, 무릇 이와 같은 다음이라야 일은 행해질 수 있다."

자장이 (이 말씀을) 허리띠에 썼다.[3]

자장이 물었다.

"사(士-선비)란 어뗘해야 통달했다[達]고 할 수 있습니까?"

공자가 말했다.

"무슨 뜻인가? 네가 말하는 통달이란 것이?"

자장이 말했다.

"나라에 (벼슬하고) 있어도 반드시 그에 관한 소문[聞]이 나고, 집안에서도 반드시 소문이 나는 것입니다."

공자가 말했다.

"그것은 소문이지 통달이 아니다. 무릇 통달한 사람이란 바탕이 곧고 의리를 좋아하며 남의 말을 가만히 살피고 얼굴빛을 관찰해 사려 깊게 (남에게) 몸을 낮추는 것이니, (이러하면) 나라에 있어도 반드시 통달하고 집 안에 있어도 반드시 통달한다. (이에 반해) 무릇 소문만 요란한 사람이란 얼굴빛은 어진 듯하나 행실이 어질지 못하고 (남에게 사양하지 않고 자기가) 그 자리를 차지하고서는 조금도 주저하지 않는 것이니[4], 나라에 있어도 반드시 소문이 난다."[5]

1) [색은(索隱)] 정현(鄭玄)은 양성(陽城) 사람이라고 했다. 양성은 현 이름인데, 진군(陳郡)에 속한다.

2) 『논어(論語)』「위정(爲政)」편 18에 나온다.

3) 『논어(論語)』「위령공(衛靈公)」편 5에 나온다.

4) [집해(集解)] 마융(馬融)이 말했다. "이는 영인(佞人)을 말한다. 영인은 겉모습만 어진 사람처럼 한 채 행동을 다르게 하는 사람이다."

5) 『논어(論語)』「안연(顔淵)」편 20에 나온다.

증삼(曾參)은 남쪽 무성(武城)[1] 사람으로 자(字)가 자여(子輿)다. 공자보다 46세 어렸다. 공자는 그가 효도에 능통하다고 여겨서 그에게 가르침을 베풀었다. 『효경(孝經)』을 지었고, 노나라에서 죽었다.

1) [색은(索隱)] 살펴보건대, 무성은 노나라에 속한다. 이때 노나라에는 또 북쪽 무성이 있어 남쪽 무성이라고 했다.

담대멸명(澹臺滅明)[1]은 무성(武城) 사람으로 자(字)는 자우(子羽)다. 공자보다 39세 어렸다.

얼굴이 아주 못생겼는데[狀貌甚惡], 공자를 섬기게 되자 공자는 (그를) 재주가 엷은 사람이라고 여겼다. 이미 수업을 다 마친 뒤에 물러나 행실을 닦았으니, 길을 다닐 때는 지름길로 가지 않았고 공적인 일이 아니면 경대부를 찾아가 만나지 않았다[2]. 남쪽을 떠돌다가 장강에 이르렀을 무렵에는 따르는 제자가 300명이었는데, 주고받는 것, 나아가고 물러나는 것이 분명해 명성이 제후들 사이에 퍼져 나갔다. 공자가 이를 듣고 탄식해 말했다. "내가 말로써 사람을 평가했다가 재여에 대해 잘못을 범했고, 얼굴로써 사람을 판단했다가 자우에 대해 잘못을 범했다."

1) 【집해(集解)】 포씨(包氏)가 말했다. "담대는 성이고 멸명은 이름이다."

2) 『논어(論語)』 「옹야(雍也)」편 12에 나온다.

자유가 무성 읍재가 되자 공자가 말했다.

"너는 적임자를 얻었는가?"

말했다.

"담대멸명(澹臺滅明)이라는 자를 얻었는데, 그는 길을 갈 때 샛길로 다니지 않고 공무가 아니면 일찍이 언(偃-자유)의 집을 찾은 적이 없습니다."

복부제(宓不齊)는 자(字)가 자천(子賤)[1]이다. 공자보다 49세 어렸다. 공자가 자천을 평해 말했다.

"자천은 군자로다! 노나라에 군자다운 자들이 없었다면 이 사람이 어디서 이런 군자다움을 취했겠는가!"[2]

자천이 선보(單父)의 읍재로 있을 때, 공자에게 보고해 말했다.

"이 나라에는 이 부제보다 뛰어난 다섯 사람[3]이 있어, 이 부제에게 다스리는 법을 가르쳐줍니다."

공자가 말했다.

"안타깝구나! 부제가 다스리는 곳이 작아서! 다스리는 곳이 컸더라면 거의 도리에 가깝게 다스렸을 텐데!"

1) 【집해(集解)】 공안국(孔安國)이 말하기를, 노나라 사람이라고 했다.

2) 『논어(論語)』「공야장(公冶長)」편 2에 나온다.

3) 【색은(索隱)】 『가어(家語)』에서 "부제가 아버지처럼 섬긴 사람이 세 사람, 형처럼 섬긴 사람이 다섯 사람, 벗으로 삼은 사람이 열한 사람이었다"라고 한 것과는 같지 않다.

원헌(原憲)은 자(字)가 자사(子思)[1]이다.

원헌이 부끄러움[恥]에 관해 묻자, 공자가 말했다.

"나라에 도리가 있을 때 (능력을 발휘하지 못하고) 녹(祿)만 먹는 것, 나라에 도리가 없을 때 (구차스럽게 자리에 남아) 녹을 먹는 것이 부끄러움이다."[2]

(원헌이 물었다.)

"남을 이기려는 것[克], 자랑하는 것[伐], 원망하는 것[怨], 욕심내는 것[欲], 이 네 가지를 행하지 않는 사람이라면 어질다[仁]고 할 수 있습니까?"

공자가 말했다.

"그렇게 하는 것만 해도 어렵지만[難], (그렇게 한다고 해서) 어진지는 내가 알지 못하겠다."[3]

공자가 졸하자 원헌은 드디어 세상을 등지고 풀이 무성한 늪 속에 숨어 지냈는데[4], 자공이 위(衛)나라 재상이 되어 말 4마리가 끄는 마차에 호위병을 거느린 채 풀숲을 헤치고 궁핍한 골목을 지나서 원헌을 찾아왔다. 원헌이 해진 의관을 단정히 여미고 자공을 만나니, 자공이 행색을 부끄럽게 여기며 말했다.

"그대는 어찌 이다지도 궁색하게[病] 지내는가?"

원헌이 말했다.

"제가 듣건대, 재물이 없는 것을 가난하다[貧] 하고 도리를 배우고도 행하지 않는 것을 궁색하다[病] 했습니다. 나는 가난한 것이지 궁색한 것이 아닙니다."

자공은 부끄럽고 불편한 마음으로 떠났고, 평생 자기 말이 지나쳤음을 부끄럽게 여겼다.

1) 【집해(集解)】 정현(鄭玄)이 말하기를, 노나라 사람이라고 했다. 【색은(索隱)】『가어(家語)』에서는 송나라 사람이고 공자보다 36세 어리다고 했다.

2) 『논어(論語)』「헌문(憲問)」편 1에 나온다.

3) 『논어(論語)』「헌문(憲問)」편 2에 나온다.

4) 【색은(索隱)】『가어(家語)』에서는 위(衛)나라에 숨어 지냈다고 했다.

공야장(公冶長)은 제나라 사람[1]으로 자(字)가 자장(子長)이다. 공자가 공야장을 평해 말했다.

"사위로 삼을 만하다. 비록 감옥에 갇힌 적이 있지만 그의 죄는 아니다."
(그러고는) 자기 딸을 아내로 삼게 했다.[2]

1) 【색은(索隱)】『가어(家語)』에서는 노나라 사람이고 이름은 장(萇)이라고 했다.

2) 『논어(論語)』「공야장(公冶長)」편 1에 나온다.

남궁괄(南宮括)은 자(字)가 자용(子容)[1]이다.
남궁괄이 공자에게 물어 말했다.

"예(羿)는 활을 잘 쏘았고 오(奡)는 물에서 배를 밀 만큼 힘이 셌는데, 둘 다 제대로 죽지 못했습니다.
그러나 우왕(禹王)과 직(稷)은 (젊어서) 몸소 농사를 지었지만 (훗날) 천하를 소유했습니다."
부자(夫子)는 아무런 대답을 하지 않았다[2]. 남궁괄이 밖으로 나가자, 공자가 말했다.

"군자로다, 저 사람이여! 다움[德]을 숭상하는구나, 저 사람이여!"[3]

공자가 남용(南容)을 평해 말했다.

"나라에 도리가 있을 때는 버려지지 않을 것이고, 나라에 도리가 없을 때는 형벌을 면할 것이다."[4]

남용이 (하루에) 세 번씩 「백규(白圭)」라는 시를 반복해서 읊조리니[5], 공자가 자기 형의 딸을 아내로 삼게 했다.[6]

1) 【집해(集解)】 공안국(孔安國)이 말하기를, 노나라 사람이라고 했다.

2) 【집해(集解)】 마융(馬融)이 말했다. "괄의 뜻은 우왕과 직을 공자와 비교하고자 한 것인데, 공자는 겸손하여 대답하지 않은 것이다."

3) 『논어(論語)』「헌문(憲問)」편 6에 나온다.

4) 『논어(論語)』「공야장(公冶長)」편 1에 나온다.

5) 【집해(集解)】 공안국(孔安國)이 말했다. "시에 이르기를 '백규에 생긴 흠은 오히려 갈아 없앨 수 있지만, 이 말에 생긴 흠은 그럴 수가 없구나'라고 했는데, 남용은 이 대목에 이르러 그것을 늘 세 번씩 반복해서 읊조렸다. 이는 그가 마음을 삼가며 말을 조심했다는 뜻이다."

6) 『논어(論語)』「선진(先進)」편 5에 나온다.

공석애(公晳哀)는 자(字)가 계차(季次)[1]다.

공자가 말했다.

"천하에 아무런 행실도 없이 대부분 가신이 되고 도성에서 관리가 되었지만, 오직 계차만이 일찍이 벼슬을 하지 않았다[2]."

1) 【집해(集解)】 『공자가어(孔子家語)』에서는 제나라 사람이라고 했다. 【색은(索隱)】 『가어』에서는 공석극(公晳克)이라고 했다.

2) 【색은(索隱)】『가어』에서 말하기를 "일찍이 절의를 굽혀 남의 신하가 되지 않았
으니, 그래서 공자가 특별히 그를 가상히 여겼다"라고 했다. 「유협전(游俠傳)」
에도 나온다.

증점(曾蒧)[1]은 자(字)가 석(晳)[2]이다.

(어느 날) 공자를 모시고 있었는데, 공자가 말했다.

"네 뜻을 말해보거라."

점이 말했다.

"늦봄에 봄옷이 이뤄지면 청년 대여섯 명, 동자 예닐곱 명과 함께 기수
(沂水)에서 목욕하고 무우(舞雩)에서 바람 쐬고서 노래하며 돌아오겠습
니다."

공자는 "아!" 하고 감탄하며, "나는 증점을 허여한다"라고 말했다[3].

1) 【집해(集解)】 발음은 점(點)이다.

2) 【집해(集解)】 공안국(孔安國)이 말했다. "증석은 증삼(曾參)의 아버지다."

3) 【집해(集解)】 증석만이 홀로 때를 아는 것을 좋게 여긴 것이다.[『논어(論語)』「선진(先
進)」편 25에 나온다.]

안무요(顔無繇)는 자(字)가 노(路)다. 노는 안회의 아버지로, 아버지와 아
들이 일찍이 각기 다른 때 공자를 섬겼다[1].

안연(顔淵)이 죽자 가난했던 안로(顔路)는 공자가 타는 수레를 팔아 겉널
을 만들어줄 것을 청했다.

공자가 말했다.

"재주가 있든 없든 실로 각자가 자기 아들을 중하게[言=重] 여기지만,
(내 아들) 리(鯉)가 죽었을 때 관만 있고 겉널은 없었다. 내가 (수레를 팔아) 겉
널을 만들어주고 도보로 다니지 않았던 것은 대부의 말석에 종사하고 있어

도보로 다녀서는 안 되었기 때문이다."[2]

1) **[색은(索隱)]** 『가어(家語)』에서 말하기를 "안유(顏由)는 자가 노(路)로, 안회의 아버지다. 공자가 맨 처음 궐리(闕里)에서 가르침을 시작할 때 배웠다"라고 했다.

2) 『논어(論語)』「선진(先進)」편 7에 나온다.

상구(商瞿)는 노나라 사람으로 자(字)가 자목(子木)이다. 공자보다 29세 어렸다.

공자는 상구에게 『역(易)』을 전수했고, 구는 초나라 사람 한비자홍(馯臂子弘)에게 전수했고, 홍은 강동(江東) 사람 교자용자(矯子庸疵)에게 전수했고, 자는 연나라 사람 주자가수(周子家豎)에게 전수했고, 수는 순우(淳于) 사람 광자승우(光子乘羽)에게 전수했고, 우는 제나라 사람 전자장하(田子莊何)에게 전수했고, 하는 동무(東武) 사람 왕자중동(王子中同)에게 전수했고, 동은 치천(菑川) 사람 양하(楊何)에게 전수했다. 양하는 원삭(元朔) 연간에 『역』에 정통하다 하여, 한나라 중대부(中大夫)가 되었다.

고시(高柴)는 자(字)가 자고(子羔)[1]다. 공자보다 30세 어렸다.

자고는 키가 다섯 자도 안 되었다. 공자에게 수업을 받을 때 공자는 그를 어리석다[愚]고 여겼기에[2], 자로(子路)가 (계씨의 가신이 되어) 자고를 비읍의 읍재로 삼자 공자가 말했다.

"남의 자식을 해치는구나!"

자로가 말했다.

"백성과 사람이 있고 사직(社稷)이 있으니, 어찌 반드시 책을 읽은 뒤에야 배움을 행하겠습니까?"

공자가 말했.

"이 때문에 나는 말재주 부리는 사람[佞者=佞人]을 미워하는 것이다."3)

1) 【집해(集解)】 정현(鄭玄)이 말하기를, 위(衛)나라 사람이라고 했다. 【색은(索隱)】 정현은 위나라 사람이라고 했는데, 『가어(家語)』에서는 "제나라 사람으로 고씨(高氏)의 별족이다. 키는 여섯 자가 안 되었고 얼굴이 매우 못생겼다"라고 했다. 여기서는 (또) 다섯 자라고 했으니, 잘못이다.

2) 『논어(論語)』 「선진(先進)」편 17에 나온다. "시(柴-자고)는 어리석고, 삼(參-증자)은 노둔하고, 사(師-자장)는 치우치고, 유(由-자로)는 거칠다."

3) 『논어(論語)』 「선진(先進)」편 24에 나온다.

칠조개(漆彫開)는 자(字)가 자개(子開)1)다.
공자가 칠조개에게 벼슬길에 나아가라 하자 대답했다.
"제가 벼슬길에 나설 수 있는지 아직 자신할 수 없습니다."
공자가 기뻐했다.2)

1) 【집해(集解)】 정현(鄭玄)이 말하기를, 노나라 사람이라고 했다.

2) 【집해(集解)】 정현(鄭玄)이 말했다. "그가 도리에 뜻을 둔 바가 깊음을 좋게 여긴 것이다."[『논어(論語)』 「공야장(公冶長)」편 5에 나온다.]

공백료(公伯僚)는 자(字)가 자주(子周)1)다.
자주가 계손(季孫)에게 자로(子路)를 참소하자, 자복경백(子服景伯)이 그것을 (공자에게) 고하며 말했다.
"부자(夫子-계손)께서 진실로 의심하는 뜻을 품고 있으니, 공백료에 대해서는 제힘으로도 얼마든지 (죽여서) 시장이나 조정에 늘어놓을 수 있습니다."
공자가 말했다.

"도리가 혹시라도 장차 행해지는 것 또한 명(命)이요, 도리가 혹시라도 장차 없어지는 것 또한 명이다. 공백료가 이에[其＝於是] 명을 어찌하겠는가?"[2]

1) 【집해(集解)】 마융(馬融)이 말하기를, 노나라 사람이라고 했다.

2) 『논어(論語)』「헌문(憲問)」편 4에 나온다.

사마경(司馬耕)은 자(字)가 자우(子牛)[1]다.

우는 말이 많고 조급했는데, 사마우가 어짊을 물었다.

공자가 말했다.

"어진 사람은 말하기를 어렵게 여긴다[訒]."

(사마우가) 말했다.

"말하기를 어렵게 여기면, 이에 그것을 일러 어짊이라고 합니까?"

공자가 말했다.

"(어짊을) 행하기가 어려우니, 말하기를 어렵게 여기지 않을 수 있겠느냐!"[2]

군자(는 어떠해야 하는지)를 물었다.

공자가 말했다.

"군자는 근심하지 않고 두려워하지 않는다."

(사마우가) 말했다.

"근심하지 않고 두려워하지 않으면, 이에 그것을 일러 군자라고 합니까?"

공자가 말했다.

"안으로 살펴서 아무런 병통[疚＝病]이 없으니, 무릇 무엇을 근심하고 무엇을 두려워하겠느냐!"[3]

1) 【집해(集解)】 공안국(孔安國)이 말하기를, 송나라 사람이라고 했다.

2) 『논어(論語)』 「안연(顏淵)」편 3에 나온다.

3) 『논어(論語)』 「안연(顏淵)」편 4에 나온다.

번수(樊須)는 자(字)가 자지(子遲)[1]다. 공자보다 36세 어렸다.

번지가 (공자에게) 농사일을 배울 것을 청하자, 공자가 말했다.

"나는 늙은 농사꾼만 못 하다."

채소 가꾸기를 배울 것을 청하자, 공자가 말했다.

"나는 늙은 채소 농사꾼만 못 하다."

번지가 나가자, 공자가 말했다.

"소인이로다, 번수(樊須)여! 윗사람이 예를 좋아하면 백성은 감히 공경하지 않을 수 없고, 윗사람이 마땅함을 좋아하면 백성은 감히 복종하지 않을 수 없고, 윗사람이 믿음을 좋아하면 백성은 감히 실상대로 하지 않을 수 없다. 무릇 이와 같이 한다면 사방 백성이 자식을 포대기에 업고서 찾아올 것인데, 어찌 (백성을 위해) 농사일을 쓸 것인가?"[2]

번지가 먼저 어질다는 것[仁]이 무엇이냐고 묻자, 공자가 말했다.

"사람을 사랑하는 것이다[愛人]."

안다는 것[知=智]이 무엇이냐고 묻자, 공자가 말했다.

"사람을 아는 것이다[知人]."[3]

1) 【집해(集解)】 정현(鄭玄)은 제나라 사람이라고 했다. 【색은(索隱)】 『가어(家語)』에서는 노나라 사람이라고 했다.

2) 『논어(論語)』 「자로(子路)」편 4에 나온다.

3) 『논어(論語)』 「안연(顏淵)」편 22에 나온다.

유약(有若)은 공자보다 43세 어렸다[1].

유약이 말했다.

"예를 쓸 때는 조화로움이 귀하다. 선왕의 도리에서는 이를 아름답게 여겨서, 높고 낮은 관리들이 모두 이로 말미암아 일을 했다. (그렇지만) 해서는 안 되는 것이 있으니, 조화로움을 알되 (좋은 게 좋다는 식으로) 조화롭게 하려고만 할 뿐 일의 이치로써 마디를 맺어주지 않는다면 실로 그 일은 제대로 행해질 수 없다."[2]

"개인들끼리 언약(言約)이 마땅함에 가까우면 그 말은 지켜질 수 있고, 공손함이 예에 가까우면 치욕을 멀리할 수 있다. 그러고서도 친족들과의 친함을 잃지 않는 사람이 있다면 실로 그런 사람은 종주(宗主)로 삼을 만하다."[3]

공자가 이미 세상을 떠났으나 제자들은 여전히 공자를 그리워했는데, 유약의 외모가 공자를 닮았다 하여 제자들은 서로 그를 세워 공자를 모시듯이 스승으로 섬겼다. 어느 날 한 제자가 나아와 물었다.

"옛날 공자께서는 길을 나설 때 제게 우산을 갖추라고 했는데, 얼마 안 가서 과연 비가 내렸습니다. 제가 '선생님께서는 비가 올 줄을 어찌 아셨습니까'라고 하자 공자께서는 '『시경』에 달이 필(畢)이라는 별에 걸려 있으면 큰비가 내린다고 말하지 않았느냐? 어젯밤에 달이 필에 걸려 있지 않더냐'라고 하셨습니다. 그런데 다른 날에 달이 필에 머물러 있었지만 비는 내리지 않았습니다.

상구(商瞿)가 나이가 많은데도 자식이 없었으므로 어머니가 첩실을 얻으라고 권했습니다. 공자가 상구를 제나라에 사자로 보내려 하자 상구의 어머니가 보내지 말아달라고 청했는데, 공자께서는 '걱정 마십시오. 상구는 40세가 넘으면 마땅히 아들 다섯을 두게 될 것입니다'라고 하셨습니다. 나중에 과연 그렇게 되었습니다. 감히 묻건대, 선생님께서는 이를 어떻게 아셨을까요?"

유약이 잠자코 있으면서 아무런 대답도 하지 못했다. 그때 한 제자가 벌떡 일어나 말했다.

"유자는 그 자리에서 비키시오. 그 자리는 당신이 앉을 자리가 아니오!"[4]

1) 【색은(索隱)】 『가어(家語)』에서 말했다. "노나라 사람으로 자가 자유(子有)이며 공자보다 33세 어렸다."

2) 『논어(論語)』 「학이(學而)」편 12에 나온다.

3) 『논어(論語)』 「학이(學而)」편 13에 나온다.

4) 『맹자(孟子)』 「등문공장구(滕文公章句)」에 이와 관련된 이야기가 나온다.

옛날에 공자께서 돌아가신 지 3년이 지난 후에, 제자들은 각자 자신들의 짐을 챙겨서 장차 돌아가려고 했다. 이때 제자들은 (공자의 상례(喪禮)를 주관하고 있던) 자공(子貢)에게 들어가서 인사를 한 후 서로 마주 보며 통곡하다가 모두 목이 쉰 뒤에 겨우 각자의 길을 떠났다. 자공은 다시 돌아와서 공자의 묘소 옆에 여막(廬幕)을 짓고 홀로 3년을 더 보낸 후에 돌아갔다. 훗날 자하(子夏)·자장(子張)·자유(子游) 세 사람이 모여 유약(有若)이 공자와 닮았다고 하여 공자를 섬기듯이 예로써 유약을 섬기기로 하고는 증자(曾子)에게도 이같이 해줄 것을 강권했다. 이에 증자가 다음과 같이 말했다. "안 된다. (스승님의 덕을 비유해서 말하자면) 장강과 한수의 (맑은) 물로 씻어내고 가을 뙤약볕을 쬐어 말린 듯 하얗게 빛나니, 그 위에 조금이라도 더해서는 안 될 것이다."

공서적(公西赤)은 자(字)가 자화(子華)[1]다. 공자보다 42세 어렸다.

자화(子華-공서적)가 제나라에 사신으로 가게 되었다. 염자(冉子-염유)가 자화의 어머니를 위해 곡식을 청하자, 공자가 말했다.

"1부(釜)[2]를 주어라."

더 줄 것을 청하자, 말했다.

"1유(庾)[3]를 주어라."

염자는 곡식 5병(秉)[4]을 주었다.

공자가 말했다.

"적(赤-공서적)이 제나라에 갈 때 (보니) 살찐 말을 타고 가벼운 갖옷을 입고 있었다. 내가 듣기로는, 군자는 위급한 자를 돌보아주기는 하지만 부유한 자에게 더 대주지는 않는다[周急不繼富]라고 했다[5]."

1) 【집해(集解)】 정현(鄭玄)은 노나라 사람이라고 했다.

2) 【집해(集解)】 마융(馬融)이 말했다. "6말 4되가 1부(釜)다."

3) 【집해(集解)】 포씨(包氏)가 말했다. "16말이 1유(庾)다."

4) 【집해(集解)】 마융(馬融)이 말했다. "16곡(斛)이 1병(秉)이니, 5병은 모두 80곡이다."

5) 【집해(集解)】 정현(鄭玄)이 말했다. "염유가 너무 많이 준 것을 비판한 것이다."[『논어(論語)』「옹야(雍也)」편 3에 나온다.]

무마시(巫馬施)는 자(字)가 자기(子旗)[1]다. 공자보다 30세 어렸다.

진(陳)나라 사패(司敗)[2]가 공자에게 "소공은 예를 알았습니까?"라고 묻자, 공자가 답했다.

"예를 아셨습니다."

공자가 물러가자, 사패는 무마기(巫馬期) 앞으로 가서 절을 하고 이렇게 물었다.

"내가 듣건대 군자는 편당을 하지 않는다고 했는데, 군자가 어찌 실로 편당을 하는가? 소공은 오나라 제후의 딸을 부인으로 삼았는데 (노나라와 오나라의 제후는) 동성이 되기에 부인을 오맹자(吳孟子)[3]라고 불렀으니, 이런 임금에 대해 예를 알았다고 말한다면 누가 예를 알지 못하겠는가?"

(제자) 무마기가 사패가 한 이 말을 공자에게 고하자, 공자가 말했다.

"나는 행운아다. 만일 내게 잘못이 있으면 다른 사람들이 반드시 그것을 알아차리는구나. 다만 신하는 임금의 잘못을 다른 사람에게 말하지 않으니, 그것을 숨기는 것이 예(禮)다[4]."

1) 【집해(集解)】 정현(鄭玄)은 노나라 사람이라고 했다.

2) 【집해(集解)】 공안국(孔安國)이 말했다. "사패는 관직 이름이고, 진나라 대부다."

3) 【집해(集解)】 공안국(孔安國)이 말했다. "서로 돕고 잘못을 숨겨주는 것을 당(黨)이라고 한다. 예에 따르면 동성은 혼인할 수 없다. 그런데 소공이 동성을 아내로 맞아들였으니, 마땅히 오희(吳姬)라고 해야 하는데 이를 숨기려고 맹자(孟子)라고 부른 것이다."

4) 【집해(集解)】 공안국(孔安國)이 말했다. "나라의 잘못을 숨기는 것이 예다. 빼어난 이의 도리는 크므로 그것을 허물로 받아들인 것이다."[『논어(論語)』「술이(述而)」편 30에 나온다.]

양전(梁鱣)은 자(字)가 숙어(叔魚)[1]다. 공자보다 29세 어렸다.

안행(顏幸)은 자(字)가 자류(子柳)[2]다. 공자보다 46세 어렸다.

염유(冉孺)는 자(字)가 자로(子魯)다. 공자보다 50세 어렸다.

조휼(曹卹)은 자(字)가 자순(子循)이다. 공자보다 50세 어렸다.

백건(伯虔)은 자(字)가 자석(子析)[3]이다. 공자보다 50세 어렸다.

공손룡(公孫龍)은 자(字)가 자석(子石)[4]이다. 공자보다 53세 어렸다.

1) 【집해(集解)】 『공자가어(孔子家語)』는 제나라 사람이라고 했다.

2) 【집해(集解)】 정현(鄭玄)은 노나라 사람이라고 했다.

3) 【정의(正義)】 『가어(家語)』는 자철(子哲)로 되어 있다.

4) 【집해(集解)】 정현(鄭玄)은 초나라 사람이라고 했다.

(이상) 자석에 이르기까지 35명은 나이와 이름이 분명하고 공자에게 수업을 받으면서 묻고 들은 것이 책에 보인다.

그 밖의 42명은 나이가 분명하지 않고 책에 보이지 않지만, 아래에 기록해둔다.

염계(冉季)는 자(字)가 자산(子産)[1]이다.

공조구자(公祖句玆)는 자(字)가 자지(子之)다.

진조(秦祖)는 자(字)가 자남(子南)[2]이다.

칠조차(漆雕哆)는 자(字)가 자렴(子斂)[3]이다.

안고(顔高)는 자(字)가 자교(子驕)[4]다.

칠조도보(漆雕徒父).

양사적(壤駟赤)은 자(字)가 자도(子徒)[5]다.

상택(商澤)[6].

석작촉(石作蜀)은 자(字)가 자명(子明)이다.

임부제(任不齊)는 자(字)가 선(選)[7]이다.

공량유(公良孺)는 자(字)가 자정(子正)[8]이다.

후처(后處)는 자(字)가 자리(子里)[9]다.

진염(秦冉)은 자(字)가 개(開)다.

공하수(公夏首)는 자(字)가 승(乘)[10]이다.

1) 【집해(集解)】 정현(鄭玄)은 노나라 사람이라고 했다.

2) 【집해(集解)】 정현(鄭玄)은 진나라 사람이라고 했다.

3) 【집해(集解)】 정현(鄭玄)은 노나라 사람이라고 했다.

4) 【정의(正義)】 공자가 위(衛)나라에 있을 때 남자(南子)가 공자를 불러 수레에 태우고 시장을 지나갔는데, 이때 안고가 경(卿)으로 있었다.

5) 【집해(集解)】 정현(鄭玄)은 진나라 사람이라고 했다.

6) 【집해(集解)】 『가어(家語)』에서 말하기를, 자가 자계(子季)라고 했다.

7) 【집해(集解)】 정현(鄭玄)은 초나라 사람이라고 했다.

8) 【집해(集解)】 정현(鄭玄)이 말했다. "진(陳)나라 사람으로 뛰어나고 용맹스러

윘다."

9) 【집해(集解)】 정현(鄭玄)은 제나라 사람이라고 했다.

10) 【집해(集解)】 정현(鄭玄)은 노나라 사람이라고 했다.

> **해용잠**(奚容箴)은 자(字)가 자석(子晳)[1]이다.
>
> **공견정**(公堅定)은 자(字)가 자중(子中)[2]이다.
>
> **안조**(顔祖)는 자(字)가 양(襄)[3]이다.
>
> **교선**(鄡單)은 자(字)가 자가(子家)다.
>
> **구정강**(句井疆)[4].
>
> **한보흑**(罕父黑)은 자(字)가 자색(子索)이다.
>
> **진상**(秦商)은 자(字)가 자비(子丕)[5]다.
>
> **신당**(申黨)은 자(字)가 주(周)[6]다.
>
> **안지복**(顔之僕)은 자(字)가 숙(叔)[7]이다.
>
> **영기**(榮旂)는 자(字)가 자기(子祈)다.
>
> **현성**(懸成)은 자(字)가 자기(子祺)[8]다.
>
> **좌인영**(左人郢)은 자(字)가 행(行)[9]이다.
>
> **연급**(燕伋)은 자(字)가 사(思)다.
>
> **정국**(鄭國)은 자(字)가 자도(子徒)다.
>
> **진비**(秦非)는 자(字)가 자지(子之)[10]다.

1) 【정의(正義)】 위(衛)나라 사람이다.

2) 【집해(集解)】 정현(鄭玄)은 노나라 사람이라고 했다. 혹 진(晉)나라 사람이라고도 한다.

3) 【정의(正義)】 노나라 사람이다.

4) 【집해(集解)】 정현(鄭玄)은 위(衛)나라 사람이라고 했다.

5) 【집해(集解)】 정현(鄭玄)은 초나라 사람이라고 했다.

6) 【정의(正義)】 노나라 사람이다.

7) 【집해(集解)】 정현(鄭玄)은 노나라 사람이라고 했다.

8) 【집해(集解)】 정현(鄭玄)은 노나라 사람이라고 했다.

9) 【집해(集解)】 정현(鄭玄)은 노나라 사람이라고 했다.

10) 【집해(集解)】 정현(鄭玄)은 노나라 사람이라고 했다.

시지상(施之常)은 자(字)가 자항(子恒)이다.

안쾌(顏噲)는 자(字)가 자성(子聲)[1]이다.

보숙승(步叔乘)은 자(字)가 자거(子車)[2]다.

원항적(原亢籍).

악해(樂欬)는 자(字)가 자성(子聲)[3]이다.

염결(廉絜)은 자(字)가 용(庸)이다.

숙중회(叔仲會)는 자(字)가 자기(子期)[4]다.

안하(顏何)는 자(字)가 염(冉)[5]이다.

적흑(狄黑)은 자(字)가 석(晳)이다.

방손(邦巽)은 자(字)가 자렴(子斂)[6]이다.

공충(孔忠)[7].

공서여여(公西輿如)는 자(字)가 자상(子上)이다.

공서잠(公西箴)은 자(字)가 자상(子上)[8]이다.

1) 【집해(集解)】 정현(鄭玄)은 노나라 사람이라고 했다.

2) 【집해(集解)】 정현(鄭玄)은 제나라 사람이라고 했다.

3) 【정의(正義)】 노나라 사람이다.

4) 【집해(集解)】 정현(鄭玄)은 진(晉)나라 사람이라고 했다.

5) 【집해(集解)】 정현(鄭玄)은 노나라 사람이라고 했다.

6) 【집해(集解)】 정현(鄭玄)은 노나라 사람이라고 했다.

7) 【집해(集解)】『가어(家語)』에서 말했다. "충의 자는 자멸(子蔑)로, 공자 형의 아들이다."

8) 【집해(集解)】 정현(鄭玄)은 노나라 사람이라고 했다. 【색은(索隱)】『가어(家語)』는 자상(子尙)으로 되어 있다.

태사공(太史公)이 말한다.

"배우는 자들 사이에서 공자의 70여 제자에 대해 많은 말을 한다. 그런데 기리는 자[譽者] 중에 간혹 실상보다 지나친 사람도 있고 헐뜯는 자[毀者] 중에 간혹 실상보다 지나치게 덜어낸 사람도 있으니, 어느 쪽이든 다 참모습을 제대로 모두 보지 않은 때문이다. 그런즉 제자들의 자취를 말하자면, 공씨(孔氏)의 벽에서 나온 고문이 그 실상에 가까울 것이다. (여기에 더해) 나머지 제자의 이름과 성, 관련된 글들을 모두『논어』에 있는 공자와 제자들의 문답에서 취해 아울러 순서대로 엮었으며, 의심나는 것은 제쳐두었다[疑者闕焉]1)."2)

1) 사마천이 역사를 서술하는 이 같은 태도는 이미 『논어(論語)』「위령공(衛靈公)」편 25에 나온다. 공자가 말했다. "나는 일찍이 (옛날 역사서에서) 사관(史官)이 (의심스러운 내용은) 글을 빼놓고 기록하지 않는 것과 말을 가진 자가 남에게 빌려주어 타게 하는 것을 보았는데, 지금은 사라지고 없구나!"

2) 【색은술찬(索隱述贊)】 궐리에서 가르침을 시작하니[敎興闕里]/도리는 추향에 있었도다[道在陬鄉]/탁월한 능력 갖춘 자 반열에 나아갔고[異能就列]/우수한 선비 당에 올랐다네[秀士昇堂]/어짊에 의거하고 예에서 노닐어[依仁遊藝]/같은 방향으로 뜻을 합쳤구나[合志同方]/장차 궁윤(宮尹)의 스승이 되고[將師宮尹]/제기 조두(俎豆) 귀한 옥처럼 빛내려 했도다[俎豆琳瑯]/애석하도다, 뜻을 이루지 못함이여[惜哉不霸]/실권 없는 신하, 다움을 갖췄으나 그에 어울리는 지위를 얻지 못한 왕이로다[空臣素王]!

권68 ─ 상군열전(商君列傳) 제8

권68 상군열전(商君列傳) 제8

상군(商君)[1]은 위(衛)(나라 임금)의 서얼(庶孼) 공자(公子)로, 이름은 앙(鞅)이고 성(姓)은 공손씨(公孫氏)이며, 조상은 본래 (주나라와 같은) 희성(姬姓)이다. 앙(鞅)은 젊어서 형명(刑名)의 학(學)을 좋아했고 위(魏)나라 재상 공숙좌(公叔座)[2]를 모셔 중서자(中庶子)[3]가 되었는데, 공숙좌는 그가 뛰어나다[賢]는 것을 알면서도[知賢] 아직 (벼슬에) 나아가게 하지 않았다. 마침, 좌가 병이 나자, 위(魏)나라 혜왕(惠王)[4]이 몸소 문병을 가서, "공숙의 병이 만일 피할[諱=避] 수 없는 것이라면 장차 사직은 어찌 되는가?"라고 하니 공숙이 말했다.

"저[座]의 중서자[5] 공손앙이 비록 나이는 어려도 특별한 재주[奇才]가 있으니, 바라건대 왕께서는 나라를 들어[擧國] 그의 말을 들으십시오[聽之]."

왕은 아무런 말이 없었다. 왕이 장차 가려고 하자 좌는 사람들을 물리고[屛人] 말했다.

"왕께서 즉각 앙을 쓰지 않으시려거든, 반드시 그를 죽여 국경 밖으로 나가지 못하게 해야 할 것입니다."

왕이 그리하겠다고 하고서 떠났다. 공숙좌가 앙을 불러 사과하며 말했다.

"오늘 왕께서 재상으로 삼을 만한 사람을 묻길래 내가 너[君]를 말했는데, 왕의 낯빛을 보니 내 말을 받아들일 것 같지 않았다. 나는 바야흐로 군주가 먼저이고 신하가 뒤라고 생각하기에 왕께서 즉각 앙을 쓰지 않으려면 마땅히 죽여야 한다고 말하자, 왕께서 그리하겠다고 했다. (그러니) 너는 빨리 떠나도록 하라. (안 그러면) 장차 붙잡힌다[見禽].”

앙이 말했다.

“저 왕께서는 군(君)의 말을 받아들여 신에게 일을 맡기고자 하지 않는데, 어찌 군의 말을 받아들여 신을 죽이겠습니까?”

끝내 떠나지 않았다. 혜왕은 이미 그곳을 벗어나게 되자 좌우 사람들에게 일러 말했다.

“공숙의 병이 깊어 슬프구나! 과인(寡人)으로 하여금 나라를 공손앙에게 맡기라고 하니, 이 어찌 사리에 어긋나는 일이 아니겠는가[不悖6)]?”

1) 【정의(正義)】 진(秦)이 상(商)에 봉해주어 칭호를 상군(商君)이라고 한 것이다.

2) 【색은(索隱)】 공숙은 씨(氏)이고 좌(座)는 이름이다.

3) 【색은(索隱)】 관직 이름이다. 위(魏)나라가 이미 그것을 두었으니, 진(秦)나라에서 비롯된 것은 아니다. 『주례(周禮)』 「하관(夏官)」편에 이르기를 '제자(諸子)'라고 했고 『예기(禮記)』 「문왕세자(文王世子)」편에 이르기를 '서자(庶子)'라고 했으니, 공족(公族-왕족)을 담당한다.

4) 【색은(索隱)】 곧 위후(魏侯-위나라 임금)의 아들이다. 이름은 앵(罃)인데, 뒤에 대량(大梁)으로 천도했으므로 (위나라를) 양(梁)나라라고 불렀다.

5) 【색은(索隱)】 『전국책(戰國策)』에서는 위서자(衛庶子)라고 했다.

6) 【색은(索隱)】 병이 심해 사리분별을 못한다[悖亂]라는 말이다.

공숙이 이미 죽고 나서[死] 공손앙은 진(秦)나라 효공(孝公)이 나라 안에 영을 내려, 뛰어난 이를 구해[求賢] 장차 무공(繆公)의 업을 닦아서 동쪽으로 침략당한 땅을 되찾으려 한다는 소식을 듣고는 마침내 드디어 서쪽으로 갔고 (공손앙은) 진나라에 들어가서 효공이 총애하는 신하 경감(景監)1)을 매개로[囚] 효공을 만나고자 했다.

효공이 이미 위앙(衛鞅)을 만나고 나서 일에 관해 오래도록 이야기를 나누기는 했지만, 효공은 수시로 졸면서 제대로 듣지 않았다. 자리가 끝나자, 효공은 경감에게 화를 내며 말했다.

"그대[子]의 손님은 허황한 사람[妄人]일 뿐이니, 어찌 제대로 쓸 수 있겠는가?"

경감이 그리하여 위앙을 꾸짖으니[讓], 위앙이 말했다.

"나[吾]는 공(公)께 제(帝)의 길[帝道]을 말씀드렸는데 그 뜻을 깨닫지 못하시더군요."

닷새 뒤에 다시 앙을 만나고 싶다고 해서 앙이 다시 효공을 알현했는데, 지난번보다 훨씬 나아지기는 했으나 여전히 공의 뜻에 맞추지 못했다[未中旨]. 자리가 끝나자, 효공은 다시 경감을 나무랐고, 경감도 역시 앙을 나무랐다.

앙이 말했다.

"나는 공께 (이번에는) 임금다운 임금의 길[王道]을 말씀드렸는데 받아들이지 않았습니다[未入]. 청컨대 다시 앙이 공을 만나게 해주십시오."

앙이 다시 효공을 알현하니 효공은 앙을 좋게 여겼지만[善之] 아직 쓰지는 않았다. 자리가 끝나고 (앙이) 물러가자, 효공은 경감에게 "그대의 손님이 좋더군. 더불어 이야기를 나눌[與語] 만한 사람이야"라고 했다. 앙이 말했다.

"내가 공께 패자의 길[覇道]을 말씀드렸더니 저를 쓸 마음이 있으시더군요. 정말로 다시 한번만 더 만나뵙는다면 내가 (효공 마음이 어디에 있는지) 알 것 같습니다."

위앙이 다시 효공을 알현했다. 공이 더불어 이야기를 나누었는데[與語], 자기도 모르는 사이에 무릎이 (위앙의) 자리로 다가갔다. 며칠 동안 이야기를 나누고도 싫증을 내지 않으니[不厭], 경감이 말했다.

"그대는 어떻게 우리 군의 마음에 딱 들어맞게 한[中] 것이오? 우리 군께서 너무도 기뻐하셨소!"

앙이 말했다.

"내가 군께서 제왕의 도리를 가지고 삼대와 비교하며[比]2) 유세했더니, 군께서는 '너무 멀어서 나는 기다릴 수가 없다. 뛰어난 군주[賢君]라면 자신이 살아 있을 때 천하에 그 이름을 드러내야지[顯名], 어찌 느릿느릿[邑邑] 수십수백 년을 기다려 제왕(帝王)이 될 것인가?'라고 하셨습니다. 그래서 내가 나라를 강하게 만드는 방법[彊國之術]을 갖고서 군께 유세했더니[說]3) 군께서 그것을 크게 기뻐하셨을[說]4) 뿐입니다. 그러나 실로 은나라와 주나라의 다움[德]과는 비교하기가 어렵습니다."

1) 【색은(索隱)】 경(景)은 성(姓)이고 초(楚)나라의 족친이다. 監의 발음은 거성과 평성 모두 통한다.

2) 【정의(正義)】 比는 필(必)과 매(寐)의 반절음이다[정확히는 발음이 '패'라는 말인데, 관행을 따라 '비'라고 했다.]. 유세자 앙이 오제삼왕의 일을 갖고서 효공으로 하여금 비교하며 거기에 이르게 함으로써 삼대(三代) 제왕의 도리를 바야흐로 일으키려 하니, 효공이 말하기를 "너무나도[太] 아득하고 멀어서 나는 할 수가 없다"라고 말한 것이다.

3) 【색은(索隱)】 발음은 세(稅)다.

4) 【색은(索隱)】 발음은 열(悅)이다.

효공이 이미 위앙을 쓰니 앙은 기존의 법을 바꾸려 했고[變法=改革], (이에) 효공은 천하가 자기에 대해 이러쿵저러쿵할까[議] 두려웠다. 위앙이 말했다.

"의심하면서 행하면 이름을 이룰 수 없고, 의심하면서 일하면 공을 세울 수 없습니다[疑行無名 疑事無功]. 또 무릇 뜻이 높은 사람[高人]이 행하는 것은 실로 세상에서 비난받기[非]1) 마련이고, 남다른 사람[獨知]의 깊은 생각은 일반 사람들로부터 외면당하게 마련입니다[必見敖於民]2). 어리석은 자[愚者]는 일을 이루는 데[成事] 어둡고, 사리를 아는 자[知者]는 일이 아직 싹트기 전[未萌]에 그것을 봅니다.

(그러므로) 일반 백성과는 더불어 일의 시작에 대해 함께 생각할 수는 없지만 더불어 이뤄진 결과를 함께 즐길 수는 있습니다3). 지극한 다움[至德]을 논하는 사람은 세속과 화합하지 못하고, 큰 공을 이루는 사람은 무리와 꾀하지 않습니다. 이 때문에 빼어난 이가 진정으로 나라를 강하게 하려고 할 때는 옛것을 본받지 않고4), 진정으로 인민을 이롭게 하려고 할 때는 낡은 예(禮-사리)를 그냥 따르지 않습니다."

효공이 "좋다"고 하자, 감룡(甘龍)5)이 말했다.

"그렇지 않습니다. 빼어난 이는 인민(의 습속)을 바꾸지 않고서도 가르치고[敎], 사리를 아는 사람은 기존의 법을 바꾸지 않고서도 다스립니다[治]. 백성의 눈높이에 맞춰[因] 가르치면 힘들이지 않고도 공을 이루며, (기존의) 법에 따라 다스리고 관리가 법률에 익숙해지면[習] 백성이 그것을 편안하게 여깁니다."

위앙이 말했다.

"룡(龍)의 말은 세속에서나 하는 말입니다. 보통 사람들[常人]은 옛 습속[故俗]에 안주하고, 배우는 자들[學者]은 자신이 주워들은 것에 푹 빠져 있습니다. 이 두 부류는 자리를 차지하고서 기존의 법이나 지키는 일이라면 괜찮겠지만 법 밖의 일에 대해서는 함께 논할[與論] 수 없습니다. (하·은·주) 삼대는 각기 다른 예(禮)를 갖고서 왕 노릇을 했고6), (춘추시대) 오패는 각기 다른 법(法)을 갖고서 패주 노릇을 했습니다. 사리를 아는 사람은 법을 만들고, 어리석은 사람은 법에 통제를 당합니다. 뛰어난 사람[賢者]은 예를 바꾸고, 불초한 자[不肖者]는 그것에 구속당합니다."7)

두지(杜摯)가 말했다.

"이익이 100배가 안 되면 법을 고치지 않고, 공이 10배가 안 되면 기물

[器-수단이나 도구]을 바꾸지 않습니다. 옛일을 본받으면 잘못이 없고[法古無過], 예를 잘 따르면 그릇됨이 없습니다[循禮無邪].”

위앙이 말했다.

“세상을 다스리는 데는 하나의 길만 있는 것이 아니기에, 나라에 편리하다면 옛일을 본받지 않아도 됩니다. 그래서 탕왕과 무왕은 옛일을 본받지[循古]8) 않고서도 왕 노릇을 했고, 하와 은9)은 예를 바꾸지 않았지만 망했습니다. 옛일에 반대하는 사람을 그르다 해서는 안 되며, 예를 그저 따르려는 사람을 잘한다[多]라고 해서도 안 됩니다.”

효공은 “좋다”라고 하고는 위앙을 좌서장(左庶長)으로 삼고 결국 변법령(變法令)을 확정했다.

1) 【색은(索隱)】 『상군서(商君書)』에는 비(非)가 부(負)로 되어 있다.

2) 【색은(索隱)】 『상군서(商君書)』는 필견오어인(必見鶩於人)으로 되어 있다.

3) 이 말은 『논어(論語)』 「태백(泰伯)」편에서 공자가 한 말과 정확하게 통한다. “백성으로 하여금 도리를 따르게 할 수는 있어도 그 도리를 알게 할 수는 없다.”

4) 【색은(索隱)】 폐단을 구제해 정사를 행하는 방법을 말하고 있는데, 진정으로 나라를 강하게 하려고 한다면 반드시 옛일을 모름지기 모범으로 삼아야 할 필요는 없다는 말이다.

5) 【색은(索隱)】 효공의 신하로, 감(甘)은 성(姓)이고 용(龍)은 이름이다. 감씨(甘氏)는 춘추시대 감(甘)나라 소공(昭公)의 왕자 대(帶)의 후예다.

6) 왕조마다 거기에 맞는 사리가 있어 그에 맞게 왕도를 잘 구현했다는 말이다.

7) 【색은(索隱)】 뛰어나고 사리를 아는 사람은 법을 만들고 예를 고치는 데 반해 어리석고 불초한 자는 변통(變通)에 밝지 못해서 문득 구속되고 제어를 받아 제대로 일이 시행되지 못하게 한다는 말이니, 이는 참으로 믿을 만하다.

8) 【색은(索隱)】 『상군서(商君書)』에는 “옛일을 닦는다[修古]”로 되어 있다.

9) 【색은(索隱)】 은나라의 주(紂)와 하나라의 걸(桀)을 가리킨다.

백성(의 집)을 십(什)과 오(伍)로 나눠¹⁾ 서로를 감독하고[收司] 연좌(連坐)시켰다²⁾. 범법자[姦者]를 알리지 않으면 (허리를 자르는) 요참(腰斬)에 처했고, 알린 사람은 적의 목을 벤 것과 같은 상을 주었으며³⁾, 범법자를 감추면[匿姦] 적에게 항복한 것과 같은 벌을 주었다⁴⁾. 민가에 성인 남자가 둘 이상인데도 분가하지 않으면 (각각) 세금을 2배로 올렸으며⁵⁾, 군대에서 공을 세우면 각각 정도에 따라[以率]⁶⁾ 바로 위의 작[上爵]을 받았다. 사사롭게 다툰 자는 각각 경중을 따져 크고 작은 형을 받았다. 본업(-농업)에 죽을힘을 다하게 해서[僇力], 농사와 베 짜기에서 곡식과 비단을 많이 수확한 자는 본인의 노역이나 세금을 면제해주었고[復], 상업[末利]에 종사하거나 게을러서[怠] 가난해진 자는 모조리[舉=盡] 노비로 삼았다[收孥]⁷⁾. 종실(宗室-왕실의 종친)이라 해도 군공이 있는지 없는지를 논해서 (공이 없을 경우) 속적(屬籍)할 수 없게 했다⁸⁾. 귀하고 천함, 벼슬과 작위 등급을 분명히 하여 땅과 집을 차등 있게 등록하게 했고, 신첩(臣妾-여자들) 옷도 집안의 등급[家次]에 따라 달리 입게 했다. 공을 세운 사람은 영예를 드러냈고, 공이 없는 자는 아무리 부유해도 명예[芬華]를 누릴 수 없었다.

1) 【색은(索隱)】 유씨(劉氏)가 말했다. "다섯 집을 보(保)라고 하니, 열 보를 서로 연결했다." 【정의(正義)】 혹은 열 보로 하거나 혹은 다섯 보로 했다는 말이다.

2) 【색은(索隱)】 수사(收司)란 서로 규찰해 고발하는 것[糾發]을 가리킨다. 한 집에 죄가 있으면 아홉 집이 연결되어 서로 고발해야 했는데, 만일 규찰해서 고발하지 않으면 열 집이 연좌되었다. 법령을 바꾼 것이 시행되지 못할까 봐 걱정해서 이처럼 겹겹이 감시하는 제도[重禁]를 둔 것이다.

3) 【색은(索隱)】 살펴보건대, 범법자 1명을 신고하면 작(爵) 1급(級)을 얻을 수 있었다. 그래서 "적의 목을 벤 것과 같은 상을 주었다"라고 한 것이다.

4) 【색은(索隱)】 살펴보건대, 율(律)에 따르면 적에게 항복한 자의 경우 본인은 주살하고 집안 재산은 몰수했다. 그러므로 지금 범법자를 숨겨주면 마땅히 그와

똑같은 처벌을 가한다는 말이다.

5) 【정의(正義)】 민간에 성인 남자가 둘 이상인데도 분가해서 살지 않으면 한 사람이 두 사람분의 세금을 내게 했다는 말이다.

6) 【집해(集解)】 率의 발음은 (솔이 아니라) 율(律)이다.

7) 【색은(索隱)】 말(末)이란 공상(工商)을 말한다. 대개 농업과 잠업[農桑]은 근본이므로 위에서 "본업은 농사와 베 짜기"라고 한 것이다. 태(怠)란 '게으르다[懈]'는 뜻이다. 『주례(周禮)』는 이런 사람을 일러 '피민(疲民)'이라고 했다. 이는 일마다 게으르고 나태해 가난해진 사람이 있으면 그들을 규찰해서 찾아내 처자의 호적까지 거둬들이고[收錄] 재산을 몰수해 관노비로 삼았다는 것이니, 대체로 법이 옛날보다 더 무거워졌다는 뜻이다.

8) 【색은(索隱)】 종실 사람이라도 군공이 없으면 속적에 이름을 올릴 수 없게 했다는 말이다. 즉 그 적(籍)을 없애면 결국 공로를 세우지 않고서는 작질(爵秩)을 받을 수 없게 된다.

법령이 갖춰졌으나 아직 공표되지는 않았는데, (상앙은) 백성이 믿지 않을까 걱정해서 이에 3장(丈) 길이의 나무를 도읍[國都] 시장 남문에 세우고 모여든 인민 중에서 이것을 북문으로 능히 옮길 수 있는 사람에게는 10금을 주겠다고 했다. 백성은 괴이하게만 여겼지 선뜻 옮기지 못했다. 다시 말하기를 "능히 옮길 수 있는 사람에게는 50금을 준다"라고 했다. 어떤 사람이 그 나무를 옮기자 그 자리에서[輒] 50금을 주어 속이지 않는다는 점을 분명히 했다. 결국 법령을 내려보냈다.

법령을 백성 사이에 시행한 지 1년이 지나자, 진나라 백성 중에서 도읍에까지 와서 초령(初令)[1]의 불편함을 말하는 사람이 수천 명이었다. 이때 태자가 법을 어기자 위앙이 말했다.

"법이 제대로 시행되지 않는 것은 위부터 어기기 때문이다."

장차 태자를 법대로 하려고 했으나, 태자는 군주의 후계자[嗣]이므로 형벌을 시행할 수 없었다. 이에 태자의 사부 공자(公子) 건(虔)에게 형벌을 가하고 태자의 또 다른 사부 공손고(公孫賈)에게 경형(黥刑-얼굴에 문신을 파는 형벌)을 가하니, 다음 날부터 진나라 백성은 모두 법령을 따랐다[趨令]2).

법령을 시행하고 10년이 지나자, 진나라 백성은 크게 기뻐했으니, 길 위의 (남의) 물건을 줍지 않았고 산에는 도적이 없어졌으며 집집마다 사람들이 풍족해졌다. 백성은 나라의 전쟁[公戰]에는 용감했지만 사사로운 싸움에는 겁을 내니, 농촌과 도읍 할 것 없이 크게 다스려졌다[大治]. 진나라 백성 가운데 애초에 법령이 불편하다고 말한 사람 중에서도 뒤에 와서는 법령이 편리하다고 말하는 자들이 있었는데, 위앙은 "이자들은 교화를 어지럽히는[亂化] 백성"이라며 모두 변방의 성으로 옮겨버렸다[遷]. 그 뒤로 백성 중에 법령에 대해 이러쿵저러쿵하는 자는 없었다.

1) 【색은(索隱)】 앙이 새롭게 바꾼 법령을 '초령(初令)'이라고 했다.
2) 【색은(索隱)】 추(趨)란 '향하다[向]', '기대다[附]'라는 뜻이다.

이에 (효공이) 앙을 대량조(大良造)1)로 삼으니, 병사를 이끌고[將兵] 위(魏)나라 안읍(安邑)을 에워싸서 항복시켰다. 3년 뒤 함양(咸陽)에 기궐(冀闕)2)과 궁정을 지은 뒤 진나라는 도읍을 옹(雍)에서 이곳으로 옮겼다. 그러고는 백성에게 부모 형제가 한집에 사는 것을 금지하는 법령을 내렸다. 또 작은 도향(都鄕)과 읍취(邑聚)를 합쳐 현(縣)으로 삼고 현령(縣令)과 현승(縣丞)을 두니, 모두 31현이었다. 밭 사이로 난 길과 경계[阡陌封疆]3)를 없애고[開] 부세를 공평하게 했으며, 됫박[斗桶]4) 용량, 저울추 무게, 자 길이를 통일했다. 이를 시행한 지 4년이 되었을 때 공자 건이 다시 법[約]을 어기자, 코를 베었다[劓=刑]. 5년이 되자 진나라 사람들이 부강해지니, 천자는 효공에게 제사 지낸 고기를 보내왔고[致胙] 제후들이 모두[畢] 축하했다.

1) 【색은(索隱)】 즉 대상조(大上造)로, 진나라 제16작(爵) 이름이다. 여기서 양조(良造)라고 한 것은 혹 뒤에 명칭을 바꾼 것일 뿐이다.

2) 【색은(索隱)】 기궐(冀闕)이란 곧 위궐(魏闕-궁문 밖에 있는 쌍궐)이다. 기(冀)란 '기록하다[記]'라는 뜻이니, (임금이) 각종 교령(敎令)을 낼 때는 마땅히 이 문궐에서 기록했다.

3) 【정의(正義)】 남북으로 이어진 두렁길을 천(阡), 동서로 난 두렁길을 맥(陌)이라고 하니, 살펴보건대 밭두둑을 말한다. 疆의 발음은 강(疆)이다. 봉(封)이란 흙을 모으는 것[聚土]이고, 강(疆)은 경계[界]다. 따라서 이는 밭의 경계 위를 봉긋하게 올려 표시하는 것이다.

4) 【집해(集解)】 정현(鄭玄)이 말했다. "桶의 발음은 용(勇)이다. 지금의 곡(斛-10말)이다." 【색은(索隱)】 桶의 발음은 통(統)인데, 물건의 양을 재는 기구[量器]의 이름이다.

그 이듬해 제(齊)나라가 마릉(馬陵)에서 위(魏)나라 군대를 깨뜨려[敗] 태자 신(申)을 사로잡고 장군 방연(龐涓)은 죽였다. 그다음 해에 위앙이 효공에게 유세해 말했다.

"진나라에 위나라란 비유하자면 사람 뱃속의 질병과 같아서, 위가 진을 병합하지[幷] 않으면 진이 곧바로 위를 병합합니다. 어째서이겠습니까? 위는 산의 험준함을 끼고 있는 서쪽을 차지하고서 안읍(安邑)[1]을 도읍으로 삼고 있으며, 진과는 황하를 사이에 두고 천산(擅山-효산) 동쪽의 이점을 독차지하고 있습니다. 유리하면 서쪽으로 진을 침략하고, 불리하면[病=不利] 동쪽의 땅을 거둡니다. 지금 임금의 뛰어나고 빼어나심[賢聖]에 힘입어 나라가 번성하고 있습니다. 반면에 위나라는 지난해 제나라에 크게 깨져서 제후들이 반란하고 있으니, 이때야말로 위나라를 치는 것이 좋습니다. 위가 진에게 버티지 못하면[不支] 분명 동쪽으로 옮겨갈 것입니다. (위가) 동쪽으로 옮겨가면 진은 황하와 천산의 견고함을 바탕으로, 동쪽으로[東鄉=

東向] 제후들을 제어하게 되니, 이것이 제왕의 업(業)인 것입니다."

효공이 그렇다고 여겨 위앙에게 군대를 거느리고 위나라를 치게 하자, 위나라는 공자 앙(卬)을 시켜 군대를 거느리고 진나라를 치게 했다. 군대가 이미 서로 맞섰는데[相距=相對], 위앙이 위나라 공자 앙에게 편지를 보내 말했다.

"나는 애초에 공자와 사이가 좋았으니, 지금 각각 두 나라의 장수가 되었으나 차마 서로를 공격할 수 없습니다. 그러니 공자와 얼굴을 마주해 맹세하고 즐겁게 마신 다음에 군대를 철수시켜 진나라와 위나라를 평안하게 합시다."

위 공자 앙도 그렇다고 여겼다. 만나서 맹세를 마치고 술을 마시는데 위앙이 병사들을 숨겨놓았다가 위 공자 앙을 습격해 포로로 잡았고, 그 틈을 타서 군대를 공격해 모조리 깨뜨리고 진(秦)나라로 돌아왔다.

위나라 혜왕은 군대가 여러 차례 제나라와 진나라에 깨져 나라 안이 텅 비고 날이 갈수록 쇠퇴해지자, 두려워하다가 마침내 사신을 보내 황하 서쪽의 땅을 떼어[割] 진나라에 바치면서 강화를 청했다. 그러고 나서 위나라는 드디어 안읍을 떠나 대량(大梁)으로 도읍을 옮겼다[徙都]2). 양(위)나라 혜왕이 말했다.

"과인은 공숙좌의 말을 쓰지 않은 것이 한스럽다."

위앙이 이미 위나라를 깨뜨리고 돌아오자, 진나라는 그에게 오(於)와 상(商)의 15개 읍을 봉해주고서3) 칭호를 상군(商君)이라 했다.

---

1) 【색은(索隱)】 대개 곧 안읍 동쪽을 말하는데, 산이 험준하니 바로 지금의 포주(蒲州) 중조(中條) 이동(以東) 지역이다. 험난한 분수(汾水), 진수(晉水)와 연접해 있다.

2) 【색은(索隱)】 『기년(紀年)』에서 말하기를 "양(梁) 혜왕(惠王) 29년에 진나라 위앙이 양나라의 서비(西鄙)를 쳤다"라고 했으니, 그렇다면 대량으로 옮겨간 것

은 혜왕 29년이다. 【정의(正義)】 포주(蒲州) 안읍에서 변주(汴州) 준의(浚儀)로 옮겼다.

3) 【집해(集解)】 서광(徐廣)이 말했다. "홍농(弘農) 상현(商縣)이다." 【색은(索隱)】 오(於)와 상(商)은 둘 다 현(縣) 이름인데, 홍농에 있다. 『기년(紀年)』에 이르기를 진나라가 앙을 봉해준 것은 혜왕 30년이라고 했으니, 이 글과 합치한다. 【정의(正義)】 오(於)와 상(商)은 등주(鄧州) 내향현(內鄉縣) 동쪽으로 7리에 있는데, 옛날의 오읍이다. 상락현(商洛縣)은 상주(商州) 동쪽으로 89리에 있는데, 본래는 상읍(商邑)이고 주나라 때 상국(商國)이다. 살펴보건대, 15개 읍은 이 3개[왜 2개가 아니고 3개라고 했는지는 분명치 않다.] 읍과 가까이에 있다.

상군이 진(秦)나라 재상이 된 지 10년이 되자[1] 종실이나 귀척(貴戚) 중 많은 사람이 그를 원망했다. (선비) 조량(趙良)이 상군을 찾아뵙자, 상군이 말했다.

"내가 당신을 만날 수 있게 된 것은 맹난고(孟蘭皋)의 말을 따랐기 때문이오[2]. 지금 나는 그대와 교유하기를 청합니다. 괜찮겠습니까?"

조량이 말했다.

"저[僕]는 감히 원하지 않습니다. 공구(孔丘-공자)의 말 중에 '뛰어난 이를 추천해 받드는 자는 번영하고[進], 똑똑하지 못한 자[不肖]를 불러 모아 임금 노릇 하는 자는 쇠퇴한다[退]'라는 것이 있습니다. 저는 똑똑하지 못하므로 감히 당신의 명을 받을 수 없습니다. 제가 듣건대 '그 자리에 있어서는 안 되는 자가 그 자리에 있는 것을 일러 자리를 탐한다[貪位]라고 하고, 그 이름을 누려서는 안 되는 자가 그 이름을 누리는 것을 일러 이름을 탐한다[貪名]라고 한다'라고 했습니다. 제가 당신의 뜻을 받아들인다면 저는 자리를 탐하고 이름을 탐하는 사람이 될까 봐 두렵습니다. 그래서 감히 청을 받아들일 수 없는 것입니다."

상군이 말했다.

"아마도[與] 당신은 내가, 진나라를 다스리는 방식을 좋아하지 않는 [不說] 것이지요[3]?"

조량이 말했다.

"자신에게 돌이켜[反] 잘 듣는 것을 귀 밝음[聰]이라 하고, 안으로[內] 자기 자신을 잘 들여다보는 것을 눈 밝음[明]이라 하며, 스스로를 잘 이겨내는 것[自勝]을 굳셈[彊]이라 합니다[4]. 순(舜)임금도 '자신을 낮추면 높아진다'라고 했습니다. 요순의 도리를 따르는 것만 한 바가 없으니, 제게 물어볼 것은 없습니다."

상군이 말했다.

"애초에 진나라는 서북쪽 오랑캐인 융(戎)과 적(翟)의 가르침을 받아서 아버지와 아들이 아무런 구별 없이 같은 방에서 살았소. 그런데 내가 그런 풍습을 고쳐 남자와 여자의 구별이 있게 했고, 큰 궁궐 문을 축조해서 노(魯)나라나 위(衛)나라처럼 꾸밀 수 있었소. 그대가 볼 때 내가 진나라를 다스리는 것이 오고대부(五羖大夫)[5] 백리해(百里奚)와 비교해서 어느 쪽이 더 뛰어난[賢] 것 같소이까?"

조량이 말했다.

"1,000마리 양의 가죽이라도 1마리 여우의 겨드랑이 가죽만 못하고, 1,000명 사람의 아첨[諾諾]이라도 한 선비의 곧은 말[諤諤]만 못합니다. (주나라) 무왕(武王)은 곧은 말로 일어났고[昌=昌盛], 은나라 주왕(紂王)은 (신하들의) 침묵[墨墨=默默]으로 멸망했습니다[6]. 당신이 만약에 무왕을 비난하지 않는다면, 제가 청해서 하루 종일 바른말을 하더라도[正言] 절 죽이지는 않으시겠지요. 그럴 수 있겠습니까?"

상군이 말했다.

"이런 말이 있소. '겉치레로 하는 말[貌言]은 화려하고 지극한 말[至言]은 속이 꽉 차 있으며, 듣기에 힘든 말[苦言]은 약이 되고 듣기에 달콤한 말[甘言]은 병이 된다.' 선생께서 과연 진정으로 하루 종일 바른말을 해준다면 나에게 약이 될 것이오. 내가 장차 그대를 섬기고자 하는데 그대는 어찌 사양하는 것입니까?”

1) 【색은(索隱)】『전국책(戰國策)』에 이르기를 효공이 상군의 법을 시행한 지 18년이 지나 죽었다고 했으니, 이 글과는 같지 않다. 살펴보건대 여기서는 단지[直] 진나라 재상이 된 지 10년이라고 했을 뿐이니, 『전국책(戰國策)』에서 마침내 상군의 법을 시행한 지 18년이라고 한 것은 대개 그가 아직 재상이 되지 않을 때의 햇수까지 연결한 때문일 것이다.

2) 【색은(索隱)】맹난고는 사람의 성과 이름이다. 앙이 전에 난고를 통해 조량과 서로 만나볼 수 있었다는 말이다.

3) 【색은(索隱)】說의 발음은 열(悅)이다.

4) 【색은(索隱)】겸손함과 삼감을 잘 지키는 사람을 일러 자승(自勝)한다고 하니, 이런 사람이 곧 굳센 사람이라는 말이다. 만약에 이름을 다투고 남을 이기려고만 한다면 이는 굳센 도리라고 할 수 없다.

5) 애초에 백리해는 진나라에 노비로 보내졌었는데, 진(秦)나라 목공(穆公)이 그의 사람됨을 알아보고서 양가죽[羖] 5장을 주고 사서 대부로 삼았기 때문에 생긴 별명이다.

6) 【정의(正義)】은나라 주왕을 갖고서 상군을 비유한 것이다.

조량이 말했다.
“저 오고대부는 (초나라) 형(荊) 땅의 별 볼 일 없는 사람[鄙人]이었는데[1], 진(秦)나라 목공(穆公)[2]이 뛰어나다는 말을 듣고는 만나보고자 했지만, 찾아갈 비용이 없었습니다. 그래서 진나라로 가는 여행객에게 자신을 팔아[自粥＝自賣][3] 허름한 옷을 입고 소를 치며 따라갔습니다. 1년이 지나자, 목공이 그를 알아보고 발탁해 소여물이나 먹이던 낮은 신분의 그를 백성 위에 올려주었으나, 진나라의 그 누구도 감히 그에 대해 불만을 갖지 않았습니다.

그가 진나라 재상이 되어 6~7년이 지날 동안, 동쪽으로 정(鄭)나라를 치고 진(晉)나라 임금을 세 번이나 세웠으며[三置]^{삼치}⁴⁾ 형(荊-초)나라의 재앙을 한 차례 구원해주었습니다⁵⁾. 나라 안 사람들을 가르치니 (오지인) 파(巴) 사람들까지 공물을 바쳤고, 제후들에게 은덕을 베푸니 (서쪽에 있는) 여덟 오랑캐[八戎]^{팔융}⁶⁾까지 와서 복종했습니다. 유여(由余)⁷⁾도 이 소식을 듣고서 관문을 두드리며[款關]^{관관}⁸⁾ 만나뵙기를 청했습니다.

오고대부는 진나라 재상이 된 이후로 피곤해도 수레에 걸터앉지 않았고, 더워도 수레에 햇빛 가리개를 설치하지 않았으며, 나라를 순시할 때도 호위하는 수레를 거느리지 않고 무장한 호위병도 데리고 다니지 않았습니다. 그의 공적과 명성은 부고(府庫-일종의 사료 도서관)에 보관되어 있고, 그의 다움과 행적은 후세에 그대로 베풀어지고 있습니다. 오고대부가 죽자, 진나라 사람들은 남녀 할 것 없이 모두 눈물을 줄줄 흘렸고[涕]^체⁹⁾, 아이들은 노래를 부르지 않았으며, 절구질할 때도 방아타령을 부르지 않았습니다¹⁰⁾. 이것이 바로 오고대부의 (재상)다움[德=相德]^덕^{상덕}입니다.

1) 【정의(正義)】 백리해(百里奚)는 남양(南陽) 원(宛) 땅 사람이다. 초나라에 속했기 때문에 그래서 형(荊)이라고 한 것이다.

2) 목공(繆公)이라고도 쓴다.

3) 죽(粥)은 '팔다[賣]'^매나 '기르다[育]'^육의 뜻일 때는 발음이 육이다.

4) 【색은(索隱)】 (진(秦)나라 목공이) 진(晉)나라 (헌공(獻公)이 죽은 뒤에) 혜공(惠公)·회공(懷公)·문공(文公)을 세워준 것을 말한다.

5) 【색은(索隱)】 (『사기(史記)』) 「12제후연표」에 따르면 목공(穆公)은 28년에 진(晉)과 만나고 초(楚)를 구원했으며 주(周)나라에 조회했다고 했으니, 이를 말한다.

6) 사방팔방의 모든 오랑캐를 가리킨다.

7) 진(晉)나라 사람인데, 서융으로 도망쳤다가 그 후 진(秦)나라에 투항해 목공을 도와서 서융을 치는 데 기여했다.

8) 【집해(集解)】 위소(韋昭)가 말했다. "관(款)이란 '두드리다[叩]'라는 뜻이다."

9) 【정의(正義)】 발음은 체(體)다.

10) 【집해(集解)】 정현(鄭玄)이 말했다. "서로 방아타령을 부르며 그 소리를 통해 스스로 권면했다."

(그런데) 지금 당신은 예전에 총애받는 신하인 경감(景監-환관이다)을 통해, 진나라 임금을 만났으니, 이는 명성이 될 수 없습니다. 재상이 되어서는 백성(에게 도움이 되는 일)을 큰일로 삼지 않고 큰 대궐이나 세웠으니, 이는 공적이 될 수 없습니다. (게다가) 태자의 사부들을 죽이거나 묵형(墨刑)[黥]을 가하고 가혹한 형벌로 백성을 죽거나 다치게 했으니, 이는 (사람들에게) 원한을 사고 재앙을 쌓는 것[積怨畜禍]입니다. 당신의 가르침[教]은 임금의 명(命)보다 깊숙이 백성에게 영향을 미치고[1], 백성은 왕의 영(令)보다 빠르게 위[上]에서 하는 일을 본받습니다[2]. 또한 지금 당신이 만든 제도들은 도리에 어긋나고 당신이 바꾼 제도들은 이치에서 벗어나니[左建外易][3], 이를 교화라고 할 수는 없습니다. 당신은 또 (임금만 할 수 있는) 남면(南面)을 하고 앉아 스스로를 (임금처럼) 과인(寡人)이라 칭하면서 날마다 진나라의 귀한 공자들을 옭아매고 있습니다[繩]. 『시경(詩經)』에 이르기를 '저 쥐도 모양새라는 게 있는데 사람이면서 예가 없구나. 사람이면서 예가 없으니 어찌 빨리 죽지 않겠는가[相鼠有體 人而無禮 人而無禮 胡不遄死][4]'라고 했습니다. 이 시를 살펴보건대, 당신은 하늘이 준 수명을 다할 수 없을 것입니다. 공자 건(虔)은 (코가 베인 것을 부끄럽게 여겨) 문을 닫아걸고 나오지 않은 지가 [杜門不出] 이미 8년입니다. 당신은 또 축환(祝懽)을 죽이고 공손고(公孫賈)를 묵형으로 다스렸습니다. 한 시(詩)에 이르기를 '사람을 얻는 자는 일어나고 사람을 잃는 자는 무너진다[得人者興 失人者崩]'라고 했습니다. 지금 말한 몇 가지 것들을 보면 당신은 사람을 얻을 수 없습니다.

당신이 외출할 때는 뒤따르는 수레가 십수 대인데 따르는 수레에는 무장

병이 실려 있으니, 힘세고 가슴이 솟은 자가 함께 타고서 자루가 긴 창과 날이 갈라진 창[鋘戟][5]을 들고 옆 수레에서 달립니다[6]. 그중 어느 하나가 빠져도 당신은 한사코[固] 외출하지 않습니다. 『서경(書經)』(「주서(周書)」)에 이르기를 '다움을 믿는 자는 일어나고 힘을 믿는 자는 망한다[恃德者昌 恃力者亡][7]'라고 했으니, 당신의 위태로움이 아침이슬과도 같은데 오히려 장차 해를 늘려[延年] 더 오래 살기를 원하십니까? 그렇다면 어찌하여 (상(商)과 오(於)의) 15개 읍[都]을 돌려주고[8] 시골[鄙]로 은퇴해 동산에 물이나 주지 않습니까? 진나라 임금에게 권해 바위굴에 숨어 지내는 선비를 천거해서[顯] 노인과 고아를 보살피고 부형을 공경하며 공로가 있는 자에게 지위를 주고 다움이 있는 이를 높인다면 조금은 평안해질 것입니다. (그런데) 당신은 오히려[尙] 상과 오 고을의 부를 탐내고 진나라의 교화를 마음대로 함으로써 백성의 원한을 쌓고 있으니, 진나라 임금이 하루아침에 손님(-상앙)을 버려두고 조정에 서지 못하게 되면[9] 진나라에서 그대를 잡으려 하는 자가 어찌 한둘이겠습니까[豈其微哉][10]? 그대의 패망은 가히 발꿈치를 들고서[翹足] 기다리고 있는 꼴입니다."

상군은 따르지 않았다.

1) [색은(索隱)] 가르침은 상앙의 영(令)이고, 명은 진나라 임금의 명이다. 이는 사람들이 상앙을 진나라 임금보다 더 두려워했다는 말이다.

2) [색은(索隱)] 상(上)이란 앙의 처분이고, 영(令)이란 진나라 임금의 영이다.

3) [색은(索隱)] 좌건(左建)이란 그릇된 도리[左道]로써 위엄과 권위를 세우는 것을, 외역(外易)이란 밖에서[在外] 임금의 명을 바꾸려고[革易] 하는 것을 말한다.

4) 「용풍(鄘風)·상서(相鼠)」편에 나오는 구절이다.

5) 鋘의 발음은 (흡이 아니라) 소(所)와 급(及)의 반절음이다.

6) [집해(集解)] 서광(徐廣)이 말했다. "(극(戟)은) 판본에 따라 요(憀)로 되어 있기도 하다. 굴로(屈盧)의 강한 창[勁矛]과 간장(干將)의 좋은 창[雄戟]을 말한

다."【색은(索隱)】闟(습)은 습(鈒-창)으로 되어 있기도 한데, 마찬가지로 鈒의 발음은 (삽이 아니라) 소(所)와 급(及)의 반절음이다. 추탄(鄒誕)은 (鈒의) 발음이 토(吐)와 납(臘)의 반절음이라고 했다. 獠의 발음은 요(遼)다. 살펴보건대, 굴로와 간장은 둘 다 옛날에 창을 잘 만들던 이름난 장인이다. 【정의(正義)】 고야왕(顧野王, 519~581년)[오(吳)나라 사람으로, 양나라에서 벼슬해 538년 태학박사(太學博士)가 되었다. 양나라가 멸망한 후에는 진나라를 섬겨 560년에 찬사학사(撰史學士), 570년에 국자박사(國子博士)가 되었으며 벼슬이 황문시랑(黃門侍郎)에 이르렀다. 천문(天文)·복서(卜書)·기자(奇字)에 능통해 저술이 많다. 그중에서도 1만 6,017자(字)를 540부(部)로 구분한 자전 『옥편(玉篇)』 30권이 특히 유명한데, 완본(完本)은 전해지지 않는다.]이 말했다. "연(鋋-날카롭고 작은 창)이다." (양웅(揚雄)의) 『방언(方言)』에서 말했다. "창[矛]은 오(吳)·양(揚)·강(江)·회(淮)·남초(南楚)·오호(五湖) 사이에서는 연(鋋), 창 자루는 긍(矜)이라고 한다." 『석명(釋名)』에서 말했다. "극(戟)은 격(格)이다. 곁에 격(格-손잡이)이 있어서다."

7) 【색은(索隱)】 이는 「주서(周書)」에 나오는 말인데, 공자가 편찬한 것[所刪]의 나머지다.

8) 【색은(索隱)】 위앙이 상과 오 두 현에 봉해져 국(國-봉국)으로 삼았는데, 그 안에는 15개 읍이 있었기에 조량이 거기로 돌아갈 것을 권한 것이다. 【정의(正義)】 공손앙이 상과 오 15개 읍에 봉해져서 "십오도(十五都)"라고 한 것이다.

9) 효공이 죽는 것을 에둘러 말한 것이다.

10) 【색은(索隱)】 앙이 진나라에 아무런 어짊이나 은혜를 베풀지 않아 진나라는 장차 앙에게 주었던 것들을 거둬들일 것이 아주 분명하니, 그래서 "어찌 한둘이겠습니까?"라고 한 것이다.

다섯 달이 지나 진나라 효공이 졸하고 태자가 세워졌다. (새 왕은) 공자 건의 무리가 상군이 반역을 꾀한다고 아뢰자, 관리를 뽑아 상군을 붙잡게 했다. 상군이 함곡관 아래까지 도망쳐 객사에 묵으려 했다. 객사 주인은 그가

상군인 줄 모르고 말했다.

"상군의 법에 따르면, 묵으려는 사람의 신분증이 없으면 함께 처벌받습니다."

상군이 크게 탄식하며 말했다.

"어허, 법을 만든 폐단이 단번에 여기에까지 이르렀구나!"

그곳을 떠나 위(魏)나라로 갔으나, 위나라 사람들은 그가 공자 앙을 속이고 위나라 군대를 깨뜨린 일에 원망을 품고 받아들이지 않았다. 상군이 다른 나라로 가려 했는데, 위나라 사람들은 "상군은 진나라의 죄인이다. 강한 진나라의 죄인이 위나라에 들어왔으니 돌려보내지 않으면 안 된다!"라며 드디어 진나라로 들여보냈다[內=納].

상군이 다시 진나라로 들어오게 된 뒤에 상읍으로 달아나서는[走][1] 부하들과 함께 읍의 군사들을 징발해서 정(鄭) 땅을 공격했으나[2], 진이 군사를 내어 상군을 공격해서 정 땅 민지(黽池)에서 그를 죽였다[3]. 진나라 혜왕(惠王)은 상군에게 (사지를 찢는) 거열(車裂)을 가해 조리를 돌리고는[徇] 말했다.

"상앙처럼 반역해서는 안 될 것이다!"

드디어 상군의 집안을 모두 없앴다.

1) 【색은(索隱)】 走의 발음은 주(奏)다. 주(走)란 '어디를 향해 달린다[向]'는 뜻이다.

2) 【집해(集解)】 서광(徐廣)이 말했다. "경조 정현(鄭縣)이다." 【색은(索隱)】 「지리지(地理志)」에 이르기를, 경조에 정현이 있다고 했다. 「진본기(秦本紀)」에 이르기를 "초현(初縣) 두(杜)는 정(鄭)"이라고 했으니, 살펴보건대 이 땅은 정나라 환공(桓公) 우(友)가 봉 받은 곳이다.

3) 【집해(集解)】 서광(徐廣)이 말했다. "민(黽-힘쓰다, 맹꽁이)은 판본에 따라 팽(彭)으로 되어 있다." 【색은(索隱)】 정 땅 민지라고 한 것은 당시에 민지가 정 땅에 속해 있어서다. 그리고 서광이 말하기를 "민(黽)은 판본에 따라 팽(彭)으로 되어

있다"라고 한 것은, 살펴보건대 『염철론(鹽鐵論)』에서 말하기를 '상군은 맹지(彭池)에서 곤욕을 당했다[困]'라고 했기 때문이다"라고 했다. 【정의(正義)】 민지는 정나라와의 거리가 300리인데, 이는 대개 진나라 병사가 정나라에 이르러 상읍의 군사를 깨뜨리자, 상군은 동쪽으로 달아나서 민지에 이르렀다가 마침내 붙잡혀 살해되었기 때문이다.

태사공(太史公)이 말한다.

"상군은 타고난 자질[天資]이 가혹하고 다움이 엷은[刻薄] 사람이었다[1]. 그가 효공에게 행하려 했던 제왕술은 허황한 말[浮說]에 불과하고 실질이 있는 것이 아니었다[2]. 게다가 폐신(嬖臣-아첨하는 신하)을 매개로 나아가 쓰이게 되자 공자 건(虔)에게 형벌을 가하고 위(魏)나라 장군 앙(卬)을 속였으며 조량(趙良)의 말을 받들지 않았으니[不師=不範], 실로 상군은 조금도 은혜를 베풀 줄 모르는 인색함[少恩]을 충분히 드러내었다. 내가 일찍이 상군의 (『상군서(商君書)』에 있는) 「개색(開塞)」, 「경전(耕戰)」이라는 글을 읽었는데[3] 그 사람이 행한 일[行事]과 비슷했다. 결국 진나라에서 더러운 이름을 얻게 된 것은 다 그럴 만한 이유가 있으리라![4]"[5]

1) 【색은(索隱)】 타고난 자질로 볼 때 그 사람은 각박(刻薄)하게 행동했다는 말이다. 각(刻)이란 형벌을 씀이 매우 엄격해서 마치 나무껍질을 벗기듯이 촘촘하게 했다[深刻]는 말이고, 박(薄)이란 어짊과 마땅함[仁義]를 저버려 진실한 열렬함[悃誠]이 없었다는 말이다.

2) 【색은(索隱)】 說은 발음 그대로 (열이 아니라) 설이다[如字]. 부설(浮說)이란 허황한 말[虛說]이다. 앙은 등용되고부터 형벌을 심각하게 쓰고 위(魏)나라 장수를 속였으니, 이는 타고난 자질이 본래부터 속이고 기만하는 것[狙詐]이었다. 그렇다면 애초에 효공에게 제왕의 술을 논한 것은 부설(浮說)일 뿐 본성에서 나온 것은 아니었다는 말이다.

3) **【색은(索隱)】**『상군서(商君書)』를 살펴보건대, 개(開)란 형벌을 엄격하게 하면 정치의 교화[政化]가 열린다는 뜻이고 색(塞)이란 은혜와 상을 베풀면 정치의 교화가 막힌다는 뜻이니, 그의 뜻은 엄격한 형벌과 인색함에 있었던 것이다. 또 (그는) 밭 사이로 난 길과 경계[阡陌封疆]를 없앴고 적의 머리를 베면 작위를 내려줘야 한다고 말했는데, 이는 「경전(耕戰)」이라는 글에서 한 말이다.

4) **【집해(集解)】**『신서(新序)』에서 (유향(劉向)이) 논해 말했다.

"진(秦)나라 효공은 효산과 함곡관의 견고함[崤函之固]을 갖고서 옹주(雍州) 땅을 넓힘으로써 동으로는 하서(河西)를 삼키고 북으로는 상군(上郡)을 거둬들여 나라는 부유하고 군사는 강력했다. 그리하여 제후들의 우두머리가 되었고 주나라 왕실[周室]에서 제사 지낸 고기를 내려주었으며[歸藉] 사방에서 와서 경하했다. 진나라가 전국(戰國)의 패군(霸君)이 되어 마침내 강성해져서 (그 후) 6세에 걸쳐 제후를 병합할 수 있었던 것은 실로 모두 상군의 지략 덕분이었다. 저 상군은 몸을 다해[極身=致身] 딴생각이 없었고 공(公)을 다해 사사로움을 돌보지 않았으며 백성으로 하여금 안으로는 농사와 베 짜기에 전력하게 함으로써 나라를 부유하게 했고, 밖으로는 전쟁에서 쌓은 공로를 크게 상주어 강한 군사가 되게 권면했다. 법이 반드시 시행되게 해서 안으로 귀족과 총신들이라 해서 봐주지 않았고 밖으로 소원한 사람들이라고 해서 편벽되게 적용하지 않았으니, 이 때문에 법령이 행해지고 금지된 일을 행하지 않았다. 법이 지배하자 간사한 짓들은 그쳤다. 그러므로 비록 『서경(書經)』에 이르길 '무편무당(無偏無黨)'이라고 했고 『시경(詩經)』에 이르길 '주(周)나라의 도리는 숫돌과 같고 곧기가 화살과 같다'라고 했으며 사마법(司馬法)이 병사를 격려하고 주나라 후직이 농업을 권면하기는 했으나, 모두 상앙만큼은 되지 않았다. 이것이 바로 제후들을 삼킬 수 있었던 까닭이다. 그래서 손경(孫卿-순자)이 말하기를 '4세에 걸쳐 승리했다는 것은 요행이 아니라 지략[數]'이라고 한 것이다.

그러나 신뢰가 없다면 제후들은 두려워는 하되 친밀함을 갖지 않는다[畏而

不親[불친]. 저 제나라 환공이나 진나라 문공 같은 패군들을 보자면, 환공은 가(柯)의 맹약을 저버리지 않았고 문공은 원(原)의 약속을 어기지 않았다. 그렇기에 제후들이 그 강함을 두려워하면서도 친밀하게 그들을 신뢰했으니, 존망이 이어졌다 끊어졌다 하면서도 사방에서 귀의해온 것은 관중(管仲)과 구범(舅犯)의 지략 덕분이었다. (그런데) 지금 상군은 공자 앙의 오래된 은의를 배반했고[倍=背] 위(魏)와의 약속을 저버렸으며 삼군의 병사를 속임수로 차지했으니, 이 때문에 제후들은 그 강함을 두려워하면서도 친밀하게 신뢰하지 않았다. 가령 효공의 경우, 제 환공이나 진 문공이 있어 그들이 제후들의 장수를 얻고 제후들의 군사를 모아서 천하의 병사를 몰아 진나라를 정벌하고자 했다면 진(秦)은 바로 망했을 것이니, 천하에 환공과 문공 같은 군주가 없었기에 진나라는 제후들을 병합할 수 있었다. 위앙이 애초에 스스로 패왕의 다움을 안다고 여겼는데, 일의 근원을 파고 들어가 보면[原] 명백하다.

옛날에 주(周)나라 소공(召公)이 선정을 베풀다 죽자, 후세 사람들은 그를 사모해 「폐불감당(蔽芾甘棠-우거진 팥배나무)」이라는 시를 지었다. 일찍이 팥배나무 아래에 집을 짓자, 후세 사람들이 그의 다움을 사모해서 그 나무를 차마 베지 않았다는 내용인데, 그렇다면 하물며 그 자신에 대해서야 말할 필요도 없다. 관중도 백씨(伯氏)의 읍 300호를 빼앗았으나 백씨는 아무런 원망하는 말도 하지 않았다.[『논어(論語)』「헌문(憲問)」편에 나오는 공자의 말이다. 관중이 직접 빼앗은 것은 아니고, 공을 세우자 제(齊)나라 환공(桓公)이 죄가 있는 백씨의 땅을 회수해 관중에게 준 것이다.] (그런데) 지금 위앙은 안으로 칼로 베고 톱으로 써는 잔인한 형과 밖으로 도끼로 죽이는 중형으로써 걸음이 6척을 넘게 뛰어도 처벌하고 재를 길에 버려도 처벌하니, 매일 위수(渭水) 가에서 죄를 묻는 700여 명으로 위수가 모두 핏빛을 물들어 통곡하는 소리가 천지에 진동하고 쌓인 원망과 복수심이 언덕에 비유될 정도였다. 결국 도망하려 해도 숨지 못하고 돌아가려 해도 받아들여지지 못해 몸은 거열형으로 죽고 멸족해 성씨가 없어지니, 패왕의 보좌와는 거리가 실로 멀었다.

그렇지만 혜왕이 그를 죽인 것 또한 잘못이었으니, 그는 실로 보좌케 하여 쓸 만한 인물이었다. 위앙으로 하여금 관대하고 공평한 법[寬平之法]을 시행케 하여 거기에 은혜를 보태고 믿음을 주는 방식으로 펼쳤다면 아마도 패자의 보좌에 거의 가까웠을 것이로다!" 【색은(索隱)】 『신서(新序)』는 유흠(劉歆)이 편찬한 것[所撰]인데[이 책은 유흠이 아니라 아버지 유향(劉向)이 편찬한 것이다.], 그중에 상군을 논한 것을 배씨(裴氏)가 끌어왔다. 藉는 발음이 조(胙-제사 고기)로서 글자도 마땅히 조(胙)가 되어야 하는데, 잘못해서 藉가 되었을 뿐이다. 살펴보건대, 「본기(本紀-주본기)」에서 "주나라는 (현왕(顯王) 때) 문왕과 무왕에 올린 제사 지낸 고기를 효공에게 보내주었다"라고 한 것이 이것이다. (유향의) 『설원(說苑)』에 이르기를 "진나라 법에는 길에다 재를 버리면 형벌을 가했다"라고 했으니, 이 일을 가리킨다.

5) 【색은술찬(索隱述贊)】 위앙이 진나라에 들어올 수 있었던 것은[衛鞅入秦]/경감을 통했기 때문이로다[景監是因]/왕도는 쓰이지 못했고[王道不用]/패술은 채용될 수 있었네[霸術見親]/정치를 반드시 개혁했으니[政必改革]/예(禮)는 어찌 옛 것을 답습하리오[禮豈因循]/이미 위나라 장수를 속였고[旣欺魏將]/실로 진나라 사람들에게 원망 품게 했도다[亦怨秦人]/어떻게 법을 만들었길래[如何作法]/나그네 맞이하기를 빈객 맞듯이 하질 않았구나[逆旅不賓]!

권69 — 소진열전(蘇秦列傳) 제9

권69 소진열전(蘇秦列傳) 제9

소진(蘇秦)은 동주(東周) 낙양(雒陽) 사람[1]이다. 동쪽으로 가서 제(齊)나라에서 스승을 섬겼고, 또 귀곡선생(鬼谷先生)[2]에게 배웠다.

1) 【색은(索隱)】 소진은 자가 계자(季子)이고 아마도 소분생(蘇忿生)의 후손인 듯하며, 기성(己姓)이다. 초주(譙周)가 말했다. "소진의 형제는 5명인데, 소진이 막내다. 맏형은 대(代)이고 대의 동생은 여(厲)와 벽(辟)과 곡(鵠)인데, 모두 유세하는 선비였다." 아래에서는 소진의 동생이 대이고 대의 동생이 여라고 했는데, 왜 그런지는 알 수 없다.

2) 【집해(集解)】 서광(徐廣)이 말했다. "영천군(潁川郡) 양성현(陽城縣)에 귀곡이 있다. 아마도 여기에 살았기에 그것을 칭호로 삼은 듯하다." 배인(裴駰)이 살펴보건대, 『풍속통의(風俗通義)』에 이르기를 "귀곡선생은 육국 시대(전국 시대)의 종횡가(從橫家)"라고 했다.

고향을 떠나 여러 해를 떠돌았으나 큰 곤란만 겪다가 돌아왔다. 형제와 형수, 누이, 아내, 첩이 모두 그를 은근히 비웃으며 말했다.

"주나라 사람의 풍속이란 농사일을 위주로 하고 상공업에 힘을 써서 10분의 2에 해당하는 이익을 올리는 것이 기본 의무다. (그런데) 지금 너는 근본을 내버리고 입과 혀를 놀리는 것을 일삼았으니, 곤궁에 빠진 것이 실로 마땅하지 않은가?"

소진이 이를 듣고 부끄러워 스스로 마음에 상처를 입고서[自傷], 마침내 방문을 잠그고 틀어박혀 책을 꺼내 훑어보다가 말했다.

"무릇 장부가 이미[業已] 머리를 처박고 책을 읽고서도 그것으로써 존귀함과 영예[尊榮]를 얻을 수 없다면, 아무리 많이 읽는다 한들 실로[亦] 무슨 쓸모가 있겠는가?"

이에 『주서(周書)』 「음부(陰符)」1)를 찾아내 엎드려서 그것을 읽었다. 1년 뒤에 췌마술(揣摩術)2)을 깨우치고는 이렇게 말했다.

"이것이라면 지금 시대 군주들에게 유세할 수 있겠다."

주나라 현왕(顯王)을 찾아가 유세하려고 했으나, 현왕의 좌우 신하들이 모두 평소 소진을 익히 알고 있었 기에 전부 다 그를 얕잡아보고[少=輕] 믿지 않았다.

1) 병가(兵家) 계통의 글이다.

2) 【집해(集解)】『귀곡자(鬼谷子)』에 「췌마」편이 있다.[췌마란 자기 마음으로 다른 사람의 속 마음을 미뤄 헤아린다는 뜻이다.]

마침내 서쪽으로 가서 진(秦)나라에 이르렀다. (때마침) 진나라 효공(孝公)이 졸(卒)했다. (새로 임금이 된) 혜왕(惠王)에게 유세해 말했다.

"진나라는 사방이 요새지로 된 나라로, 산들에 둘러싸여 있고 위수(渭水)가 띠처럼 이어져 있습니다. 동쪽에는 함곡관과 황하(黃河)가 있고 서쪽에는 한중(漢中)이 있으며 남쪽에는 파(巴)와 촉(蜀)이 있고 북쪽에는 대마(代馬)1)가 있으니, 이곳은 하늘이 내린 보고[天府]2)입니다. 진나라에는 장부와 백성이 많으니, 병법을 가르치신다면 천하를 병탄하고 칭제(稱帝) 하며 다스릴 수 있을 것입니다."

진나라 왕이 말했다.

"(새도) 털과 깃이 다 자라기 전까지는 높이 날 수가 없으니, 다스림의 이치[文理]가 밝아지기 전까지는 다른 나라를 병합해서는 안 된다."

(이때는) 바야흐로 상앙(商鞅)을 죽이고 유세객[辯士]들을 싫어해 (소진의 말을) 쓰지 않았다.

1) **[색은(索隱)]** 살펴보건대 대군(代郡) 마읍(馬邑)을 말하는데, '대군과 더불어 오랑캐 말의 이로움이 있다'로 볼 수도 있다.

2) **[색은(索隱)]** 정현(鄭玄)이 말했다. "부(府)란 좋은 물건들을 쌓아두는 곳간이다. 이곳을 높여 마치 하늘이 귀중한 물건들을 보관해둔 하늘의 곳간이라고 말한 것이다."

마침내 소진은 동쪽으로 조(趙)나라에 갔다. 조나라 숙후(肅侯)는 동생 성(成)을 재상(혹은 상국)으로 삼고 봉양군(奉陽君)의 칭호를 내렸다. 봉양군은 소진을 달갑게 여기지 않았다.

(소진은) 조나라를 떠나 연(燕)나라를 떠돌았는데, 1년여가 지나서야 겨우 (임금을) 만나볼 수 있었다. (소진이) 연나라 (임금인) 문후(文侯)에 유세해[說]1) 말했다.

"연나라는 동쪽에 조선(朝鮮)2)과 요동, 북쪽에 임호(林胡)와 누번(樓煩)3)이 있고 서쪽에 운중(雲中)과 구원(九原)4), 남쪽에 호타하(嘑沱河)와 역수(易水)5)가 있으며 땅이 사방 2,000여 리에 달하고, 무장병력이 수십만에 전차 600승, 군마 6,000필에 군량은 몇 년을 지탱할 수 있습니다[支]6). 남쪽에는 갈석(碣石)7)과 안문(鴈門)8)의 풍요로움이 있고 북쪽에는 대추와 밤의 혜택이 있어 백성은 농사를 짓지 않더라도 대추와 밤만으로 자급할 수 있습니다. 이곳은 하늘이 내린 보고[天府]입니다.

1) **[색은(索隱)]** 說의 발음은 세(稅)이고, 이하에서도 같다. 연 문후의 이름은 역사 기록에 없다.

2) 【색은(索隱)】 朝鮮은 발음이 조선(潮仙)인데, 두 강의 이름이다.

3) 【색은(索隱)】 「지리지(地理志)」에 따르면, 누번은 안문군(鴈門郡)에 속한다.

   【정의(正義)】 둘은 호국(胡國-북방 오랑캐 나라) 이름이다.

4) 【색은(索隱)】 「지리지(地理志)」에 따르면, 운중과 구원은 군(郡) 이름이다. 진나라
   때는 구원이라고 했고, 한나라 무제 때 이름을 고쳐 오원군(五原郡)이라고
   했다.

5) 【집해(集解)】 『주례(周禮)』에 이르기를, "정북에 병주(幷州)가 있고, 그 강에 호
   타(呼沱)가 있다"라고 했다. 정현(鄭玄)이 말했다. "호타는 노성(鹵城)에서 나
   온다."

6) 【색은(索隱)】 『전국책(戰國策)』을 살펴보건대, "전차 700승에 군량은 10년을 버
   틸 수 있다"라고 되어 있다.

7) 【색은(索隱)】 『전국책(戰國策)』에 따르면, 갈석산은 상산(常山) 구문현(九門縣)에
   있다.

8) 【정의(正義)】 안문산은 대(代) 땅에 있으며, 안문은 연나라 서문(西門)이다.

무릇 안락하고 무사해 군대가 전멸하거나 장군이 죽어 나가는 전화(戰
禍)를 입지 않는 곳은 연나라뿐입니다.

대왕께서는 그렇게 된 까닭을 아십니까? 무릇 연나라가 무장한 외적의
침범을 받지 않고 전화(戰禍)를 입지 않은 까닭은 조나라가 연나라 남쪽의
장벽이 되어주기 때문입니다. 진나라와 조나라는 다섯 번 싸워서 진나라가
두 번 이기고 조나라가 세 번 이겼는데, (이 때문에) 진나라와 조나라 두 나라
는 서로 피폐하게 되었고[斃=疲弊] 임금께서는 연나라를 온전히 지키면서
그 후방을 제압할 수 있었으니, 이것이 연나라가 외적의 침입을 당하지 않
는 까닭입니다.

또 저 진나라가 연나라를 치려면 운중(雲中)과 구원(九原)을 넘고 다시
대(代)와 상곡(上谷)을 넘어서 수천 리를 지나쳐 와야 하니 설령 진나라가

연나라 성들을 얻는다 하더라도, 진나라로서는 무슨 계책을 쓰더라도 실로 지켜낼 수 없습니다. 진나라가 연나라를 해칠 수 없다는 것은 실로 명백합니다. 그러나 지금 조나라가 연나라를 친다면 호령을 낸 지 열흘도 채 못되어 수십만 군사가 동원(東垣)¹⁾에 군진을 펼치게 됩니다. 호타하와 역수를 건넌 지 나흘이나 닷새도 못 되어 연나라 국도(國都)에 도달해 맞서게 됩니다. 그래서 말하기를 '진나라가 연나라를 치면 1,000리 밖에서 싸우게 되고, 조나라가 연나라를 치면 100리 안에서 싸우게 된다'라고 하는 것입니다. (그런데 대왕께서) 무릇 100리 밖의 적은 걱정하지 않으면서 1,000리 밖의 적을 중요시하신다면 계책 중에서 이보다 그릇된 것은 없을 것입니다. 이 때문에 바라건대 대왕께서는 조나라와 합종하소서[從親]! 천하가 하나 된다면 연나라에는 반드시 근심거리가 없을 것입니다."

1) 【색은(索隱)】 「지리지(地理志)」에 따르면, 고제 때 이름을 진정(眞定)으로 고쳤다. 【정의(正義)】 조나라 동쪽 읍이다. 항주(恒州) 진정현 남쪽으로 8리에 있는데, 옛날 상산성(常山城)이 이곳이다.

문후가 말했다.

"그대의 말이 옳다만, 그러나 내 나라는 작은데 서쪽으로는 강성한 조나라가 핍박하고 남쪽으로는 제나라와 가까우며 제나라와 조나라는 둘 다 강대국이다. 그대가 반드시 합종을 통해 연나라를 안정시킬 수만 있다면 과인은 온 나라를 들어[以國=擧國] 그대를 따르기를 청한다."

이에 소진에게 거마(車馬)와 금백(金帛-돈과 비단)을 밑천으로 주어[資] 조나라에 보냈다.

그런데 (이때) 봉양군은 이미 죽었으므로 (소진은) 곧바로 그 참에 조나라 숙후(肅侯)¹⁾에게 유세해 말했다.

"천하의 경상(卿相), 신하부터 벼슬하지 않은[布衣] 선비까지 모두 뛰어난 임금께서 의로움을 행하시는 것을 고명하다고 여겨서, 모두가 임금 앞으로 나아와 가르침을 받들어 충언을 올릴 수 있기를 바란 지가 오래되었습니다. 그럼에도 불구하고 봉양군은 이런 사람들을 시기했고 임금께서는 나랏일을 직접 맡지 않으시다 보니, 그로 인해 빈객이나 유세객들은 감히 임금 앞에 나아와 할 말을 다 할 수가 없었습니다. (그런데) 지금 봉양군이 세상을 떠났으니[損館舍], 임금께서는 마침내 이제 다시 장부, 백성[士民]과 서로 친할 수 있게 되었습니다. 신은 그래서 감히 어리석은 소견을 올리고자 합니다.

가만히 생각건대, 임금을 위한 계책으로는 백성을 편안케 하고 나라에 아무 일도 없도록 하는 것[安民無事]만 한 것이 없고, 또 백성에게 새로운 일을 만들어 힘들게 해서는 안 됩니다. 백성을 편안케 하는 근본은 사귈 만한 나라[交]를 잘 가리는 데 있으니, 사귈 만한 나라를 잘 가려서 고르면 백성은 편안할 수 있지만 잘못 고르면 백성은 종신토록 편안치 못할 것입니다.

나라 밖 근심에 대해 먼저 말씀을 올릴 것을 청합니다. 제나라와 진나라가 다 조나라 적국이 되면 백성은 편안할 수 없을 것이고, 그렇다고 진나라에 의지해 제나라를 공격해도 백성은 편안할 수 없으며, 또 제나라에 의지해 진나라를 공격해도 백성은 편안할 수가 없습니다. 그러므로 (가장 좋은 방법은) 다른 나라 군주를 회유해 다른 나라를 치게 하는 것인데, 그럴 경우에 말이 새어나가[出辭] 외교 관계가 끊어지는 것이 늘 힘듭니다. 바라건대 임금께서는 신중히 하시어 이런 마음을 입 밖에 내어서는 안 될 것입니다.

청컨대 흰색과 검은색이 다르고 음과 양이 구별되는 까닭으로 말씀드릴까 합니다[2]. 임금께서 진실로 신의 말을 들어주신다면 연나라는 반드시 모직물과 갖옷, 개와 말이 나는 땅을 바칠 것이고, 제나라는 반드시 생선과 소금이 나는 바다를 바칠 것이며, 초나라는 반드시 귤과 유자가 나는 땅을 바칠 것이고, 한(韓)나라와 위(魏)나라와 중산(中山-중산국)은 다 세금을 거

둘 수 있는 탕목읍(湯沐邑)을 바칠 것이니, 왕의 귀척(貴戚)과 부형도 모두 봉토를 받아 제후가 될 수 있을 것입니다. 무릇 남의 땅을 빼앗아 이익을 차지하는 일은 춘추시대 오패(五伯)가 적군을 깨뜨리고 적장을 사로잡아 추구했던 방법이고, 귀척(貴戚)을 제후로 봉하는 일은 은나라 탕왕이나 주나라 무왕이 나라의 임금을 내쫓거나 죽여서 추구했던 방법입니다. 지금 임금께서 팔짱을 낀 채 이 두 가지를 얻도록 하는 것, 이것이 바로 이 신이 임금을 위해 하고자 하는 일입니다.

지금 임금께서 진나라와 함께하면 진나라는 반드시 한나라와 위나라를 약화할 것이며, 제나라와 함께하면 제나라는 반드시 초나라와 위나라를 약화할 것입니다[3]. 위나라가 약해지면 하외(河外)를 진나라에 떼어줄 것이고, 한나라가 약해지면 의양(宜陽)을 진나라에 바칠 것입니다[效=獻]. 의양을 바치면 상군(上郡)[4]이 끊어질 것이요, 하외를 떼어주면 상군에 이르는 길이 막힐 것이며[5], 초나라가 약해지면 (조나라로서는) 구원받을 곳이 없어질 것입니다. 이 세 가지 방책은 깊이 생각하지 않으면 안 됩니다.

1) 【색은(索隱)】『세본(世本)』에 이르기를, 숙후의 이름은 언(言)이라고 했다.

2) 【색은(索隱)】 조나라의 이익을 분명하게 보여주기 위해 흑백, 음양의 차이를 갖고서 풀어낸 것이다.

3) 【정의(正義)】 초나라 동쪽 회수(淮水)와 사수(泗水)는 제나라와 접경 지역이다.

4) 【정의(正義)】 의양은 곧 한나라의 성으로 낙주(洛州) 서쪽에 있는데, 한나라의 대군(大郡)이다. 한나라가 약해져서 진나라에 의양성을 내어주면 상군에 이르는 길이 끊어진다는 말이다.

5) 【정의(正義)】 위나라가 약해져서 진나라에 하외 땅을 떼어주면 상군에 이르는 길이 통하지 않게 된다는 말이다.

저 진나라가 지도(軹道)[1]로 쳐내려오면 남양(南陽)이 위태로울 것이

요[2], 한나라를 겁박하고 주나라 왕실을 둘러싸면 조나라는 스스로 무기를 잡고 일어서야 할 것이며[3], 위(衛)나라를 근거지로 삼아 권(卷)읍을 빼앗으면 제나라는 반드시 진나라에 들어가 (신하로서) 조회하게 될 것입니다[入朝]. 진나라의 욕심으로 이미 산동(山東)의 나라들을 얻게 되면 반드시 군사를 일으켜 조나라를 향할 것이며, 진나라 군대가 황하를 건너고 장수(漳水)를 넘어 파오(番吾)[4]를 차지하면 두 나라는 반드시 조나라 도읍 한단(邯鄲) 아래에서 싸우게 될 것입니다. 이것이 바로 신이 임금을 위해 걱정하는 바입니다.

1) 【정의(正義)】 옛 정(亭-軹亭)이 옹주(雍州) 만년현(萬年縣) 동북쪽으로 16리 떨어진 원(苑) 중에 있다.

2) 【정의(正義)】 남양은 회주(懷州) 하남(河南)인데, 칠국 시대 때 한나라에 속했다. 이는 진나라 군대가 지도에 쳐들어왔다가 동쪽으로 위교(渭橋)에서 출발해 북도(北道)를 거치고 포진(蒲津)을 지나서 한나라를 공격한다면 남양이 위태로워진다는 말이다.

3) 【정의(正義)】 주나라 도읍은 낙양(洛陽)이다. 진나라가 만약에 한나라를 겁박해 남양을 차지한다면 이는 사실상 주나라 도읍을 둘러싸는 것이어서 조나라 한단은 위험에 빠질 것이므로, 모름지기 군사를 일으켜 스스로를 지켜야 한다는 말이다.

4) 【집해(集解)】 서광(徐廣)이 말했다. "상산(常山)에 포오현(蒲吾縣)이 있다. 【정의(正義)】 番의 발음은 파(婆)도 되고 포(蒲)도 되고 반(盤)도 된다. 진나라 군대가 황하를 건너서 남양을 지나 양장(羊腸)에 들어갔다가 택주(澤州)와 노주(潞州)를 지나고 장수를 건너서 포오성을 지키게 되면 조나라와 도성 아래에서 싸우게 될 것이라는 말이다.

이런 때를 맞아 산동(山東)에 세워진 나라 중에 조나라보다 강한 나라는

없습니다. 조나라 땅은 사방 2,000리가 넘고 무장병력이 수십만 명이며 전차가 1,000승, 기병이 1만 필에다가 군량은 몇 년을 지탱할 수 있습니다. 서쪽에는 상산(常山)[1]이 있고, 남쪽에는 황하와 장수(漳水), 동쪽에는 청하(淸河)[2], 북쪽에는 연나라가 있습니다. 연나라는 원래 약소국이라 두려워할 필요가 없습니다. 진나라가 천하에 방해물로 여기는 나라로는 조나라만 한 나라가 없습니다. 그런데도 진나라가 감히 군사를 동원해 조나라를 치지 않는 것은 어째서이겠습니까? 한나라와 위나라가 후방을 도모할 것[議=謀]을 두려워하기 때문입니다. 그렇다면 한나라와 위나라는 조나라의 남쪽 장벽인 셈입니다. 진나라가 한나라와 위나라를 칠 경우 큰 산이나 큰 강 같은 장애가 없어 점차 잠식해 들어간다면 도읍에까지 이르고서야 마침내 그칠 것입니다. 이리하여 한나라와 위나라가 진나라에 더는 버틸 수 없게 되면 반드시 진나라에 신하로 들어갈 것입니다. (그리하여) 진나라에 한나라와 위나라가 후방을 교란할 제약[規]이 없어지면 재앙은 반드시 조나라에 모일 것입니다. 이것이 바로 신이 임금을 위해 걱정하는 바입니다.

신이 듣건대, 요임금은 300이랑의 땅도 없었고 순임금은 지척(咫尺)의 땅조차 없었지만, 천하를 소유했고, 우왕은 100명의 촌락도 없이 제후들에게 왕 노릇을 했으며, 은나라 탕왕과 주나라 무왕은 장부[士]가 3,000명을 넘지 않고 수레가 300대를 넘지 않았으며 병졸[卒]은 3만 명도 되지 않았는데도 세워져 천자가 되었습니다. 이는 진실로 천하를 차지하는 도리를 얻었기 때문입니다. 이 때문에 눈 밝은 군주[明主]는 밖으로는 적의 강약을 헤아리고 안으로는 군졸이 뛰어나고 뛰어나지 못함을 헤아리니, 양측 군대가 서로 싸우기를 기다릴 것도 없이 승패 존망의 관건이 이미 가슴속에 있게 됩니다. (그런데) 어찌하여 평범한 여러 사람의 말에 가려져 캄캄하고 어두운 곳에서 큰일을 결정하겠습니까?

---

1) **[정의(正義)]** 진주(鎭州) 서쪽이다.

2) 【정의(正義)】 청하는 지금의 패주(貝州)다.

신이 남몰래 천하 지도를 놓고 살펴보니 제후들의 땅은 진나라보다 5배이고, 제후들의 군졸을 헤아려보니 진나라보다 10배입니다. 여섯 나라가 하나가 되어 힘을 합쳐 서쪽으로 가서 진나라를 친다면 진나라는 반드시 깨지게 되겠지만, 지금 서쪽으로 진나라를 섬긴다면 진나라의 신하가 됩니다. 무릇 남을 깨뜨리는 것과 남에게 깨지는 것, 또 남을 신하로 삼는 것과 남의 신하가 되는 것을 어떻게 같은 날[同日]에 이야기할 수 있겠습니까?

저 연횡론자들[衡人][1]은 모두 다 제후들의 땅을 잘라내 진나라에 바치고자 하는 자들입니다[2]. 진나라는 뜻을 이루면 누대와 정자[臺榭]를 높이 세우고 궁실을 화려하게 꾸며서 생황이나 거문고 소리를 듣는데 앞에는 누궐(樓闕)과 큰 수레[軒轅]가 있고 뒤에는 교태 넘치는 미녀들을 둘 터이건만, 각 나라들은 진나라에 재앙을 당할지언정 근심을 나누려 하지 않고 있습니다. 이 때문에 저 연횡론자들은 밤낮으로 진나라 권력에 기대어 제후들에게 공갈을 치며[恐惕=恐喝] 땅을 나눠달라고 요구할 것이니, 바라건대 대왕께서는 이 일을 깊이 생각하셔야 할 것입니다.

1) 【정의(正義)】 衡은 발음이 (형이 아니라) 횡(橫)이다. 진나라 편을 드는 사람을 가리킨다.

2) 【색은(索隱)】 동서가 횡(橫)이고 남북이 종(從)이다. 진나라 지형은 동서로 길게 뻗어 있기 때문에, 장의(張儀)는 진나라 재상이 되자 진나라를 위해 연횡(連橫)을 추진했다.

신이 듣건대 눈 밝은 군주는 의심을 끊어내고 참소를 멀리하며 유언비어가 떠다니는 자취를 없애고 붕당이 생겨날 수 있는 문을 틀어막는다고 했으니, 이 때문에 신하들은 임금을 높이고 땅을 넓히며 군대를 강하게 하는 계책을 임금 앞에서 충성스러운 마음으로 올릴 수 있습니다. 그래서 가만히 대왕을 위한 계책을 생각해보니 한·위·제·초·연·조 나라가 하나가 되어 합종책을 맺고[從親] 진나라에 반기를 드는 것이 가장 낫습니다. 지금 천하의 장수와 재상을 원수(洹水)[1] 부근에 모이도록 해서 서로 인질을 맞바꾸고[通質] 백마를 잡아 맹세하면서 다음과 같이 굳게 약속해야 합니다.

'진나라가 만일 초나라를 공격하면 제나라와 위나라는 각기 정예군을 내어 초나라를 돕고 한나라는 진나라의 군량 조달로[糧道]를 끊으며[2] 조나라는 하수와 장수를 건너고[3] 연나라는 상산의 북쪽을 지키도록 한다.

진나라가 만일 한나라나 위나라를 공격하면[4] 초나라는 진나라의 배후를 끊고[5] 제나라는 정예군을 내어 한나라와 위나라를 도우며 조나라는 하수와 장수를 건너고 연나라는 운중(雲中)을 지키도록 한다.

진나라가 만일 제나라를 공격하면 초나라는 진나라의 배후를 끊고 한나라는 성고(成皐)[6]를 지키며 위나라는 진나라가 제나라를 치는 길을 막고[7] 조나라는 하수를 지나서 박관(博關)을 건너며 연나라는 정예군을 내어 제나라를 돕도록 한다.

진나라가 만일 연나라를 공격하면 조나라는 상산을 지키고 초나라는 무관(武關)에 군대를 주둔시키며 제나라는 발해(勃海)를 건너고[8] 한나라와 위나라는 둘 다 정예군을 내어 연나라를 돕도록 한다.

진나라가 만일 조나라를 공격하면 한나라는 의양(宜陽)에 군대를 주둔시키고 초나라는 무관에 군대를 주둔시키며 위나라는 하외(河外)[9]에 군대를 주둔시키고 제나라는 청하(淸河)를 건너며[10] 연나라는 정예군을 내어 조나라를 돕도록 한다.

제후 중에 만약 이 약속대로 하지 않는 자가 있으면 다섯 나라가 군대를 거느리고 공동으로 그 나라를 친다.'

여섯 나라가 합종해 함께 진나라에 맞서면[賓=擯][11] 진나라 군대는 반드시 감히 함곡관을 나와 산동을 해치는 일이 없을 것입니다. 이렇게 하신다면 패왕의 대업을 이루실 것입니다."

1) 【집해(集解)】 서광(徐廣)이 말했다. "원수는 급군(汲郡) 임려현(林慮縣)에서 발원한다."

2) 【색은(索隱)】 요관(嶢關) 밖에 군대를 배치해 의양(宜陽)을 지키는 것이다.

3) 【색은(索隱)】 조나라 또한 하수와 장수를 건너 서쪽으로 가서 한나라와 함께 구원 활동을 벌임으로써 진나라 군대를 막는다는 말이다.

4) 【정의(正義)】 포진(蒲津) 동쪽을 따라 공격하는 것이다.

5) 【색은(索隱)】 무관(武關)에 출병해 진나라 배후를 끊어버리는 것을 말한다.

6) 【정의(正義)】 낙주(洛州) 범수현(氾水縣)이다.

7) 【색은(索隱)】 그 길은 곧 하내(河內)의 길이다.

8) 【정의(正義)】 제나라는 창주(滄州)로부터 황하를 건너 영주(瀛州)에 이른다.

9) 【색은(索隱)】 하외란 섬(陝)과 곡옥(曲沃) 등지를 말한다. 【정의(正義)】 동주(同州)와 화주(華州)를 가리킨다.

10) 【정의(正義)】 제나라는 패주(貝州)로부터 황하를 지나 서쪽으로 간다.

11) 【색은(索隱)】 여섯 나라 군대가 공동으로 합종을 맺어 서로 친하게 되면 진나라를 홀로 손님처럼 만들어서 공동으로 칠 수 있다는 말이다.

조왕(趙王)이 말했다.

"과인은 나이가 어리고 자리에 선 지도 얼마 되지 않아서 일찍이 사직(社稷)의 장구한 계책을 들어본 바가 없다. 지금 상객(上客)에게는 천하를 보존하고 제후들을 안정시킬 수 있는 뜻이 있으니, 과인은 삼가 이 나라를 들어 [以國] 그 말을 따르겠다."

마침내 치장한 수레 100대, 황금 2만 냥, 백옥 100쌍, 비단 1,000필을 내려주어 각 제후와 (합종을 위한) 맹약을 추진하게 했다.

이 무렵 주나라 천자는 문왕과 무왕에게 제사 지낸 고기[胙]를 진(秦)나라 혜왕에게 내려주었다. 혜왕은 서수(犀首)[1]에게 명해 위나라를 치게 해서 적장 용고(龍賈)를 사로잡고 위나라 조음(雕陰)[2] 땅을 차지했으며, 장차 동쪽으로 진군하려고 했다. 소진은 진나라 군사가 조나라에 침입해 (합종의 계책이 깨지)는 것을 두려워해 마침내 장의(張儀, ?~기원전 309년)[3]의 화를 돋워 진나라로 들어가게 했다.

1) 공손연(公孫衍)을 가리킨다. 전국시대 위(魏)나라 음진(陰晉) 사람으로 종횡가(縱橫家)를 대표하는 인물이다. 처음에 진(秦)나라의 대량조(大良造)가 되어 제(齊)나라와 위(魏)나라를 설득해서 조(趙)나라를 공격하도록 함으로써 소진(蘇秦)의 종약(縱約)을 깨뜨렸다. 나중에 위나라로 들어가 상(相-승상)이 되었고, 위나라 양왕(襄王) 원년에 각국이 진(秦)나라에 대항해 연합하자는 합종책(合縱策)을 올려 장의(張儀)의 연횡책에 맞서는 한편 진나라의 후방을 습격해 승리를 거두었다. 5국에서 유세해 초(楚)·한(韓)·월(越)·연(燕)·위 나라 등의 승상(丞相)에 임명되었다.

2) 【색은(索隱)】 위나라 땅이다. 유씨(劉氏)가 말했다. "용문 황하 서북쪽에 있다."

3) 전국시대 위(魏)나라 사람으로, 소진(蘇秦)과 함께 귀곡자(鬼谷子)를 사사해 종횡술(縱橫術)을 배웠다. 한때 화씨지벽(和氏之璧)을 훔친 도둑으로 몰려 초주검이 되기도 했으나, 진(秦)나라 혜문왕(惠文王) 9년 진나라에 들어가 재상이 되었다. 연횡책(連橫策)을 써서 진나라가 하서(河西)·상군(上郡)·하동(河東) 등지를 차지하게 했고, 혜왕 경원(更元) 2년에 제(齊)·초(楚)의 대신들과 교상(嚙桑)에서 만났다. 다음 해 위나라 또한 연횡을 실행해 혜시(惠施)를 쫓아내고 그를 재상으로 맞았다가 3년 뒤에 (다시) 위나라는 합종(合縱)을 써서 공손연을 재상으로 임용했고, 그는 진나라로 돌아왔다. 진나라는 연횡책으로 영토도 넓어졌고 강대국이 되었으니, 이 공으로 무신군(武信君)에 봉해졌다. 진(秦) 무왕(武王) 때 진나라를 떠나 위나라로 가서 재상이 되었지만 얼마 뒤에 죽었다.

이에 (소진은) 한나라 선혜왕(宣惠王)[1]에게 유세해 말했다.

"한나라는 북쪽에 공락(鞏洛)과 성고(成皐)[2] 같은 견고한 읍이 있고 서쪽에는 의양(宜陽)과 상판(商阪) 같은 요새가 있으며 동쪽에는 원(宛)·양(穰)·위수(洧水)[3]가 있고 남쪽에는 형산(陘山)이 있는데 땅이 사방 900여 리이고 무장병력은 수십만입니다. 천하의 강한 활과 튼튼한 쇠뇌가 다 한나라에서 나오니, 계자(谿子) 쇠뇌, 소부(少府)에서 만드는 시력(時力)이나 거래(距來)[4] 같은 훌륭한 쇠뇌는 모두 600보 밖까지 쏠 수 있습니다. 한나라 병사들이 발로 쇠뇌를 밟고 쏘면 100발이 연속 발사되는데, 멀리서 맞은 것도 화살 끝이 보이지 않을 만큼 가슴에 박히고 가까이에서 맞으면 화살 끝이 심장 속으로 깊이 파고들어 갑니다. 한나라 병사들의 칼과 갈라진 창은 명산(冥山)에서 나오는데, 당계(棠谿)·묵양(墨陽)·합부(合賻)·등사(鄧師)·원풍(宛馮)·용연(龍淵)·태아(太阿) 등에서 만든 것은 모두 땅에서는 소나 말을 벨 수 있고 물에서는 고니나 기러기를 벨 수 있으며 적을 만나서는 견고한 갑옷이나 쇠 방패를 쪼갤 수 있습니다. 이처럼 가죽 깍지나 방패 끈 등 갖추지 않은 것이 없습니다. 용맹스러운 한나라 병사들이 투구를 쓰고 갑옷을 입고서 굳센 쇠뇌를 당기며 날카로운 칼을 차면 한 사람이 적 100명을 당해내는데, 이는 조금도 과장이 아닙니다. 무릇 이런 강대함과 더불어 대왕의 뛰어남을 갖춘 한나라가 마침내 서쪽으로 가서 진나라를 섬겨 두 손을 맞잡아 복종한다면, 사직을 욕되게 하고 천하의 웃음거리가 되는 것이 이보다 더 심한 부끄러움은 없을 것입니다. 이 때문에 바라건대 대왕께서는 깊이 생각하십시오.

---

1) 【색은(索隱)】『세본(世本)』에는 한(韓) 선왕(宣王)으로 되어 있다. 소후(昭侯)의 아들이다.

2) 【색은(索隱)】 두 읍은 본래 동주(東周)에 속했으나 뒤에 한나라 읍이 되었다.

3) 【집해(集解)】 宛은 발음이 (완이 아니고) 어(於)와 원(袁)의 반절음이다. 洧는 발음이 (유가 아니고) 우(于)와 귀(鬼)의 반절음이다.

4) **[집해(集解)]** 한나라에는 계자의 쇠뇌가 있고, 소부에서 만드는 쇠뇌로는 시력과 쇠뇌 2종류 있다. 시력(時力)은 때를 얻으면 보통보다 훨씬 힘센 쇠뇌가 나오므로 시력이라고 했고, 거래(距來)는 다가오는 적과 충분한 거리를 둘 수 있으므로 거래라고 했다.

대왕께서 진나라를 섬기신다면 진나라는 반드시 대왕께 의양과 성고 땅을 요구할 것이며, 올해 그 땅을 바치면[效=呈=獻] 내년에는 반드시 또다시 다른 땅을 떼어달라고 요구할 것입니다. 여기에 응하게 되면 나중에는 주려고 해도 줄 땅이 없을 것이며, 주지 않으면 지금까지 땅을 바친 공은 무시당한 채 오히려 뒷날에 화를 당할 것입니다. 이리되면 장차 대왕의 토지는 점점 줄어들기만 할 것이며, 진나라 요구는 끝이 없을 것입니다. 끝이 있는 토지를 가지고 끝이 없는 요구에 응하는 것이야말로 '원수를 돈으로 사서 우환을 만든다'라는 것이니, 이렇게 되면 싸워보지도 못하고 국토는 줄어들게 됩니다. 신이 듣건대 속담에 '차라리 닭부리가 될지언정 소꼬리는 되지 말라[寧爲鷄口 無爲牛後]'고 했는데, 이제 서쪽을 향해 투항하여 신하로서 진나라를 섬기는 것이 소꼬리와 무슨 차이가 있겠습니까? 무릇 대왕의 뛰어남에다가 막강한 한나라의 군대를 갖고 있으면서 소꼬리라는 이름을 갖게 되는 것을 신이 남몰래 대왕을 위해 부끄럽게 여깁니다."

이에 한나라 임금이 발끈해 안색이 바뀌고 팔을 걷어붙이고는 눈을 부라리며 칼을 만지작거리더니, 하늘을 올려다보고 탄식하듯 말했다.

"과인이 비록 불초하나 반드시 진나라를 섬기지 않을 것이다. 지금 그대는 조나라 임금의 가르침을 알려 나를 일깨웠다. 나는 삼가 사직을 받들어 그대 계책을 따르겠노라."

또 (소진은) 위(魏)나라 양왕(襄王)에게 유세해 말했다.

"대왕의 땅은 남쪽에는 홍구(鴻溝)·진(陳)·여남(汝南)·허(許)·언(鄢)·곤양(昆陽)·소릉(召陵)·무양(舞陽)·신도(新都)·신처(新郪)가 있고 동쪽에는 회(淮)·영(潁)[1]·자조(煮棗)·무서(無胥)가 있으며 서쪽에는 장성의 경계가 있고 북쪽에는 하외(河外)[2]·권(卷)·연(衍)·산조(酸棗)가 있으니, 땅이 사방 1,000리입니다. 땅은 비록 작다고 하나 농가나 마을이 밀집해 있어 일찍이 꼴을 베고 가축을 풀어 기를 만한 곳조차 없을 정도였고, 백성과 수레와 말이 많아서 밤낮으로 왕래가 그치질 않으니 콰르릉 쾅쾅[輪輪^{횡횡}殷殷^{은은}] 굴러가는 바퀴 소리는 마치 삼군(三軍)의 군사가 행군하는 것처럼 요란합니다.

신이 가만히 헤아려보건대[竊量^{절량}], 대왕의 나라는 초나라에 뒤지지 않습니다. 그러나 연횡론자들은 대왕을 겁박해 호랑이나 이리 같은 진나라와 친교를 맺게 함으로써 진나라가 천하를 침략하도록 이끌어서, (이 때문에) 갑자기 진나라가 대왕의 나라로 쳐들어올 우환이 있는데도 그런 재앙을 전혀 돌아보지 않게 하고 있습니다. 무릇 저들은 강대한 진나라 세력을 믿고서 안으로 자기 나라 임금을 위협하고 있으니, 죄 중에 이보다 큰 것은 없습니다.

위나라는 천하의 강국이며 왕께서는 천하의 뛰어난 임금이십니다. (그런데) 지금 마침내 (임금께서는) 서쪽으로 진나라를 섬기고 (스스로를) 동쪽 속국[東蕃^{동번}]이라 일컬으면서 (진나라 임금을 위해) 황제의 궁전[帝宮^{제궁}]을 짓고 진나라의 의관과 속대를 받아서[3] 진나라 종묘의 봄가을 제사에 봉사하겠다는 뜻이 있으십니다. 신은 남몰래 대왕을 위해 이를 부끄럽게 여깁니다.

1) **[정의(正義)]** 회양(淮陽)과 영천(潁川) 두 군이다.

2) **[정의(正義)]** 하남(河南) 땅이다.

3) 진나라의 복식 제도를 받아들인다는 뜻이다.

신이 듣건대 월나라 임금 구천은 싸움에 지친 병사 3,000명으로 부차를 간수(干遂)[1]에서 사로잡았고, (주나라) 무왕은 병사 3,000명과 전차[革車=兵車] 300대로 은나라 주왕을 목야(牧野)에서 제압했습니다. 이것이 어찌 병사가 많아서였겠습니까? 진실로 그 위세[威=勢]를 능히 떨쳤기 때문입니다. 지금 가만히 듣건대, 대왕의 병사는 무사가 20만이고 푸른 두건을 쓴 병사[蒼頭] 20만에 용맹스러운 돌격대[奮擊] 20만, 후방 지원 세력[厮徒] 10만, 전차 600대, 기마 5,000필이라고 했습니다. 이는 월왕 구천이나 무왕의 군사에 비하면 훨씬 많습니다. (그런데) 지금 마침내 여러 신하의 말만 듣고서 진나라를 신하로서 섬기려 하고 있습니다. 무릇 진나라를 섬기게 되면 반드시 땅을 떼어 바쳐 성의를 표해야 할 것이니, 이는 군사력을 써보지도 못한 채 나라가 이미 허물어지는 것입니다.

대개 신하 중에 진나라를 섬기자고 말하는 자들은 모두 간사한 자들이지 충성스러운 신하가 아닙니다. 그들은 신하 된 자로서 자기 임금에게 토지를 떼어 다른 나라와 외교 관계를 맺도록 요청함으로써 한때의 성공만을 도적질하려고만 할 뿐 훗날의 일은 돌아보지 않는 자들입니다. 이들은 자기 왕실[公家]을 무너뜨려 사사로운 이익[私門]을 얻고자 밖으로 강력한 진나라의 세력을 끼고서 안으로는 자기 임금을 위협하며 토지를 떼어 바치기를 요구하고 있습니다. 바라건대 대왕께서는 이를 깊이 살피셔야 합니다.

---

1) [색은(索隱)] 간수는 지명인데 소재지는 알 수 없으나, 간(干)이란 강 주변의 높은 지대를 말한다. 그래서 강간(江干)이나 하간(河干)이라는 말이 있다. 수(遂)는 도로다.

(『서경(書經)』) 「주서(周書)」에 이르기를 '보송보송 막 싹이 터서 올랐을 때[緜緜] 싹을 자르지 않으면 넝쿨이 무성해졌을 때[蔓蔓] 어떻게 할 것인가? 털끝만 할 때[毫氂] 베지 않으면 장차 도끼를 써야 한다'라고 했습니다. 미리

깊이 생각해서 결정하지 않으신다면 뒤에 가서 큰 환난이 이르게 되었을 때 장차 어찌하시겠습니까?

대왕께서 진실로 신의 말을 들어 여섯 나라가 합종으로 친교를 맺음으로써 온 마음을 다해 힘을 합쳐서 뜻을 하나로 한다면 반드시 강한 진나라에 대한 근심이 없을 것입니다. 그러므로 우리 조나라 임금께서 신을 사신으로 삼아 어리석은 계책을 바치고 분명하게 약속을 받아내라고 하신 것이니, 대왕께서 조명(詔命)을 내리시느냐에 달렸습니다[在].”

위왕이 말했다.

“과인이 불초해 일찍이 이 같은 밝은 가르침[明敎]을 듣지 못했는데, 지금 그대가 조나라 임금의 조칙으로 나를 일깨워주었다. 삼가 나라를 들어[以國] 그대를 따르겠다.”

그리하여 (소진은) 동쪽으로 가서 제(齊) 선왕(宣王)[1]에게 유세해 말했다.

“제나라는 남쪽에 태산(泰山)이 있고 동쪽에 낭야(琅邪), 서쪽에 청하(淸河)[2], 북쪽에 발해(勃海)가 있으니, 이는[3] 사방이 다 요새인 나라[四塞之國]입니다. 제나라의 땅은 사방 2,000여 리이고 무장병력이 수십만이며 양곡이 산더미처럼 쌓여 있습니다. 삼군의 정예부대와 오가(五家)[4]의 병사들은 날랜 화살처럼 나아가고 전광석화처럼 싸우며 물러날 때는 비바람처럼 신속하게 흩어집니다. 그래서 군사를 징발하는 일이 있어도 일찍이 태산을 넘고 청하를 건너고 발해까지 가서 동원한 일이 없습니다[5]. (제나라 도읍인) 임치 안에만 7만 호가 있으니, 신이 가만히 헤아려보건대 한 집에 세 사람의 남자가 있다고만 쳐도 21만 명이 됩니다. 따라서 멀리 떨어진 현에서 병사를 모을 필요도 없이 임치의 병졸만으로도 실로 이미 21만 명인 것입니다. 임치는 매우 풍족하고 내실이 있는 곳이라 주민들은 생황을 불고 비파를 뜯으며 거문고를 타고 아쟁을 키면서 닭싸움과 개 경주를 즐기거나 윷놀이, 공차기[蹴鞠]⁶⁾를 즐기지 않는 이가 없습니다. 임치의 도로는 수레바퀴가 서로 부딪치며 사람들의 어깨가 서로 닿을 만큼 붐빕니다. 옷깃이 서로 이어져 마치 휘장을 친 것 같고 소매를 들면 장막을 이루는 듯하며 사람들이 땀을 뿌리면 마치 비가 오는 것 같습니다. 집집마다 번창하고 사람마다 유복하며 뜻이 높고 기개가 넘칩니다. 무릇 대왕의 뛰어남과 제나라의 강대함은 천하에서 누구도 당해낼 자가 없습니다. 그런데 이제 마침내 서쪽으로 향해 가서 진나라를 섬기려 하시니, 신은 남몰래 대왕을 위해 이를 부끄럽게 여깁니다.

1) 【색은(索隱)】『세본(世本)』에서 이름이 벽강(辟彊)이라 했으니, 위왕(威王)의 아들이다.

2) 【정의(正義)】즉 패주(貝州)다.

3) 원문은 북(北)으로 되어 있는데, 차(此)의 잘못으로 보고 이렇게 옮겼다.

4) 【색은(索隱)】『전국책(戰國策)』에 대한 고유(高誘)의 주에서 말했다. "오가는 곧 오국(五國)이다."

5) 【정의(正義)】수도 임치(臨淄)만으로 자족했다는 말이다.

6) 【집해(集解)】유향(劉向)이 『별록(別錄)』에서 말했다. "축국(蹴鞠)은 황제(黃帝)가 만들었다고도 하고 전국시대 때 처음 생겨났다고도 한다. 축국이란 군사 훈련과 같아서 무재가 있는 자를 알아내기 위해서 놀이를 통해 병사들을 훈련하는 것이다."

또 저 한나라와 위나라가 진나라를 몹시 두려워하는 까닭은 진나라와 국경을 접하고 있기 때문이니, 군사가 출동해 서로 맞붙게 되면 열흘 안에 전쟁의 승패와 존망의 기틀이 정해질 것입니다. 설령 한나라와 위나라가 진나라와 싸워서 이긴다고 해도 병력 절반이 타격을 입어 사방 국경을 지켜

낼 수 없을 것이요, 만일 싸워서 이기지 못한다면 나라는 위태로워지고 멸망이 뒤따를 것입니다. 이런 까닭에 한나라와 위나라는 진나라와의 싸움을 어렵게 여기고[重=難] 진나라의 신하가 되는 것을, 가벼이 여기는 것입니다.

그런데 지금 진나라가 제나라를 친다면 사정은 이와 같지 않습니다. 진나라는 한나라와 위나라 땅을 등진 채 위나라 양진(陽晉)의 (험한) 길을 거쳐 강보(亢父)[1]의 험한 길을 지나가야 합니다. 그곳은 수레 2대가 나란히 지나갈 수가 없고 기마가 두 줄씩 갈 수도 없어서 100명이 험한 땅을 이용해 지키면 1,000명으로도 지나갈 수 없는 데다가 진나라는 깊이 침입하고 싶어도 뒤를 돌아보면서 한나라와 위나라가 배후에서 공격하지 않을까 염려해야 합니다. 이 때문에 진나라는 의심에 가득 차 있으면서 허세로만 위협하고 교만하게 힘자랑을 하면서도 실은 두려워서 감히 진격하지 못하고 있습니다. 그렇다면 진나라가 제나라를 해칠 수 없다는 것은 실로 명백합니다.

1) 【색은(索隱)】 亢은 발음이 (항이 아니라) 강(剛)이다. 현 이름이며 양국(梁國-위나라)에 속한다.

무릇 진나라가 제나라를 어찌할 수 없다는 것을 깊이 헤아리지도 않고서 서쪽으로 가서 진나라를 섬기려고 하는 것, 이것이 바로 (대왕의) 여러 신하의 계책이 잘못된 것입니다. 지금 신하로서 진나라를 섬기는 것은 아무런 명분도 없고 나라를 튼튼히 할 수 있는 실익도 없습니다. 이런 까닭으로 신이 바라건대, 대왕께서는 이런 점에 조금이라도 유의해 계책을 세우셔야 할 것입니다."

제왕(齊王)이 말했다.

"과인이 불민하고 제나라는 멀리 치우쳐 외진 곳에서 바다에 의지하고 있으며 길이 끊긴 동쪽 변방의 나라이기 때문에 일찍이 이런 넉넉한 가르침[餘教]을 듣지 못했는데, 지금 족하가 조나라 임금의 조칙을 갖고 와서 나를 일깨워주었으니 삼가 나라를 들어[以國] 그대를 따르겠다."

마침내 서남쪽으로 가서 초나라 위왕(威王)[1]에게 유세해 말했다.

"초나라는 천하의 강국이며 왕께서는 천하의 뛰어난 임금[賢王]이십니다. (초나라) 서쪽에는 검중(黔中)[2]과 무군(巫郡)[3]이 있고 동쪽에는 하주(夏州)와 해양(海陽)이 있으며 남쪽에는 동정호(洞庭湖)와 창오(蒼梧)가 있고 북쪽에는 형산의 요새[陘塞]와 순양(郇陽)이 있으니, 땅이 사방 5,000여 리에 무장병력이 100만, 전차가 1,000대, 기마가 1만 필이며 식량은 10년을 지탱할 수 있습니다. 이는 패왕이 될 수 있는 밑거름[資]입니다.

무릇 초나라의 강력함과 임금의 뛰어남이라면 천하에 누구도 당해낼 자가 없습니다. 그런데도 이제 마침내 서쪽으로 가서 진나라를 섬기려 하시니, 그렇게 되면 제후들 가운데 서쪽을 향해 (진나라 도읍 함양) 장대(章臺) 아래에서 조회하지 않는 자가 없을 것입니다.

1) 【색은(索隱)】 위왕의 이름은 상(商)이고 선왕(宣王)의 아들이다.

2) 【집해(集解)】 서광(徐廣)이 말했다. "지금의 무릉(武陵)이다."

3) 【집해(集解)】 서광(徐廣)이 말했다. "무군은 남군(南郡)의 서쪽 경계다."

진나라가 장애물로 여기는 나라 중에 초나라만 한 나라가 없습니다. 초나라가 강해지면 진나라가 약해질 것이고 진나라가 강해지면 초나라는 약해질 것이기 때문에, 이 두 세력은 양립할 수 없습니다. 그러므로 대왕을 위해 계책을 생각해보건대, 여섯 나라가 합종으로 서로 화친해서[從親] 진나라를 고립시키는 것보다 더 좋은 계책은 없습니다.

대왕께서 합종하지 않으시면 진나라는 반드시 양쪽에서 군사를 일으켜 한쪽 군사는 무관(武關)으로 나가고 한쪽 군사는 검중(黔中)으로 내려올 것이기 때문에 언(鄢)과 영(郢) 일대가 동요할 것입니다[1].

1) 【정의(正義)】 진나라 군대가 무관으로 나가게 되면 언에 이르고, 검중으로 내려오면 영에 이른다.

신이 듣건대 (모든 일이란) 아직 어지러워지기 전에 다스리고 아직 일어나기 전에 대책을 세워 막아야 한다고 했습니다. 우환이나 재앙이 닥치고서야 걱정한다면 이미 늦습니다. 그러니 대왕께서는 서둘러 이 점을 깊이 생각하시기를 바랍니다.

대왕께서 진실로 신의 의견을 들어주신다면 신은 산동의 나라들이 대왕께 사계절의 공물을 바치고 대왕의 밝은 조칙을 받들며 그들의 사직과 종묘를 대왕께 맡기게 한 다음 병사를 훈련하고 무기를 만들어 대왕께서 그들을 부리실 수 있도록 하겠습니다. 대왕께서 진실로 신의 어리석은 계책[愚計]을 제대로 쓰신다면 한·위·제·연·조의 기묘한 음악과 미인들이 반드시 대왕의 후궁에 가득 차게 되고 연과 대(代)에서 나는 낙타와 좋은 말들이 반드시 대왕의 마구간을 가득 채우게 될 것입니다. 그러므로 합종(合從)이 이뤄지면 초나라가 왕(王)이 되고, 연횡이 이뤄지면 진나라가 제(帝)가 됩니다. 그런데 지금 패왕의 대업을 버리시고 남을 섬긴다는 (부끄러운) 이름을 뒤집어쓰려 하시니, 신은 대왕을 위해 그것을 취할 수는 없습니다.

저 진나라는 호랑이나 이리 같은 나라로서 천하를 집어삼킬 마음이 있습니다. 진나라는 천하의 원수이건만 연횡론자들은 모두 제후의 땅을 쪼개 진나라에 바치려고 하니, 이것은 원수를 길러주고 받들어 모시는 것입니다. 무릇 남의 신하 된 자가 임금의 토지를 쪼개어서 호랑이나 이리 같은 진나라와 사귀어 천하를 침략하게 하고, 마침내 진나라로 인한 우환이 생겨나도 그 재앙을 돌아보지 않게 하고 있습니다. 또한 나라 밖으로 강력한 진나라의 위력에 기대어 안으로 자기 임금을 겁박해 토지를 쪼개 바치기를 요구하고 있으니, 그 어떤 대역불충(大逆不忠)도 이보다 지나치지는 않을 것입니다. 그러므로 만일 합종해 화친을 맺게 되면 제후들은 토지를 쪼개 초나라를 섬길 것이고, 연횡이 이뤄져 연합하게 되면 초나라는 토지를 쪼개 진나라를 섬겨야 할 것입니다. 이 두 계책은 서로 크게 거리가 있는데, 이 둘 중에 대왕께서는 어느 것을 고르겠습니까? 그래서 폐읍(敝邑)의 조나라 왕께서는 신을 사자로 삼아 어리석은 계책을 바치고[效=獻] 분명한 약속을 받아오라고 하신 것입니다. 대왕의 조칙이 있다면 그것을 내려주십시오."

초왕(楚王)이 말했다.

"과인의 나라는 서쪽으로 진나라와 경계를 접하고 있는데, 진나라는 파촉(巴蜀)을 빼앗고 한중(漢中)까지 삼키려는 마음을 품고 있다. 진나라는 호랑이나 이리 같은 나라이므로 친해질 수 없다. 그리고 지금 한나라와 위나라는 진나라에 압박을 받고 있으니, 그들과는 깊은 모의를 할 수도 없다. 그들과 깊은 모의를 할 경우 우리 계책에 반대하는 자가 진나라에 들어가서 알릴까 두렵기 때문이다. 그렇게 되면 모의를 실행하기도 전에 나라가 이미 위태로워질 것이다.

과인이 스스로 헤아려보건대, 초나라만으로 진나라에 대항해서는 승산이 없고 조정에서 여러 신하와 계책을 세운다 한들 족히 믿을 수가 없다. 그래서 과인은 누워도 잠자리가 편하지 않고 음식을 먹어도 단맛을 알지 못하니, 마음이 왔다 갔다 하는 것[搖搖然]이 바람에 나부끼는 깃발과도 같아서 의지할 곳이 없었다. 지금 그대가 천하를 하나로 하고 제후들의 힘을 모아 위태로운 나라를 보존시키려 하니, 나는 삼가 사직을 받들어 그대를 따르겠다."

이에 여섯 나라가 합종책을 취해 힘을 모았으니, 소진은 합종 동맹의 수장[從約長]이 되었고 여섯 나라 재상을 겸했다.

(소진이) 북쪽으로 조왕에게 보고하러 가다가 마침내 낙양을 지나게 되었는데, 따르는 마차와 짐을 실은 각종 수레를 비롯해 제후마다 소진을 모실 사자들을 가득 보내주었으니 전송하는 자들이 아주 많아서 사람들이 왕의 행차에 견줄[疑=擬] 정도였다. 주(周)나라 현왕(顯王)은 이를 듣고는 겁이 나서 (소진이 지나가는) 도로를 청소하고 교외까지 사람을 보내 위로했다[郊勞]1). 소진의 형제·처·형수는 곁눈질로 볼[側目] 뿐 감히 고개를 들어 바로 보지 못했고 엎드려 식사 시중을 드니, 소진이 웃으면서 형수에게 말했다.

"전에는 앞에서 거만하시더니[倨] 지금은 어찌 이리 공손하십니까?"

형수가 뱀처럼 몸을 굽혀[委蛇] 바닥을 기면서[蒲服=匍匐] 얼굴을 땅에 대고 사죄해 말했다.

"계자(季子)2)께서 지위가 높고 돈이 많은 것을 본 때문이지요."

소진이 길게 탄식하며 말했다.

"이 한 사람 몸이 부귀해지자 친척들조차 두려워하지만 가난하고 빈천할 때는 업신여겼으니, 하물며 남들이야 어떻겠는가! 만일 내게 낙양성 근처에 밭 두 이랑만 있었던들 내가 어찌 육국 재상의 인장을 찰 수 있었겠는가?"

이에 천금을 풀어 종족과 붕우들에게 나눠주었다.

애초에 소진은 연나라에 갈 때 어떤 사람에게 100전을 빌려 노자로 삼은 적이 있었는데 부귀해지자 100금으로 갚았으니, 이처럼 일찍이 은덕을 입은 사람들에게 두루 보답했다. 그의 하인 중에 오직 한 사람만 아직 보상을 받지 못하다가 마침내 소진 앞에 나아와 자기 속내를 말했다. 소진이 말했다.

"나는 너를 잊지 않았다. 너는 나와 함께 연나라로 갔을 때 역수(易水) 가에서 나를 두세 번이나 버리고 가려 했으니, 바야흐로 그때는 내가 곤란하던 처지라 너를 깊이 원망했다. 이 때문에 너를 뒤로 미루었던 것인데, 너에게도 이제 보답하겠다."

1) 【집해(集解)】『의례(儀禮)』에서 말했다. "빈객이 근교에 이르면, 임금은 경(卿)으로 하여금 조복을 입고 속백(束帛)을 갖고 가서 위로하게 했다."

2) 【집해(集解)】 초주(譙周)가 말했다. "소진의 자(字)가 계자다."

소진이 이미 여섯 나라와 합종을 맺고 나서 조나라로 돌아오자, 조나라 숙후는 그를 봉해 무안군(武安君)으로 삼고 마침내 진(秦)나라에 종약서(從約書—합종 약속 문서)를 보냈으니[投＝設]¹⁾, 진나라 군대는 15년 동안 감히 함곡관 밖을 넘보지[闚＝窺] 못했다.

1) 【색은(索隱)】 투(投)란 육국이 종약한 일을 선포해 진나라에 알렸다는 말이다.

그 후에 진나라는 서수(犀首)로 하여금 제나라와 위나라를 속여 함께 조나라를 치게 함으로써 종약(從約)을 깨뜨리려고 했다. 이에 제나라와 위나라가 조나라를 치자 조나라 왕은 소진을 꾸짖었고, 소진은 두려워하며 연나라에 사신으로 가서 (연나라 왕에게 유세해 연나라와 함께 제나라를 쳐서) 반드시 제나라에 보복하겠다고 청했다. 소진이 조나라를 떠나자, 종약은 완전히 무너졌다.

진나라 혜왕(惠王)은 그 딸을 연나라 태자의 아내로 삼게 했다. 이해에 연나라 문후(文侯)가 졸하고 태자가 (왕으로) 세워졌는데, 이 사람이 연나라 역왕(易王)이다. 역왕이 처음 세워졌을 때 (제나라) 선왕(宣王)이 연나라 국상(國喪)을 틈타 연나라를 쳐서 10개 성을 차지했다. 역왕이 소진에게 일러 말했다.

"지난날 선생이 연나라에 왔을 때 선왕께서는 선생에게 자금을 주어 조나라로 가게 해서 드디어 육국이 합종을 맺었다. (그런데) 지금 제나라가 먼저 조나라를 치고 다음으로 연나라에 이르렀으니, 선생 때문에 천하의 웃음거리가 되었다. 선생이 연나라를 위해 빼앗긴 땅을 되찾아 올 수 있겠는가?"

소진이 크게 부끄러워하며 말했다.

"왕을 위해 빼앗긴 땅을 되찾아 오겠습니다."

소진이 제나라 왕을 만나뵙고 두 번 절한 뒤 머리를 구부려[俯] 축하하고는 다시 머리를 쳐들어[仰] 조의를 표했다[1]. 제나라 왕이 물었다.

"이 어찌 축하와 조의를 이다지도 급히 이어서 하는 것인가?"

소진이 말했다.

"신이 듣건대, 굶주린 사람이 아무리 굶주렸다 해도 오훼(烏喙)[2]를 먹지 않는 것은 그것으로 더[愈] 배를 채울 수 있겠지만 결국은 굶어 죽는 것과 같은 해악이 있기 때문입니다[3]. 지금은 연나라가 비록 약하고 작지만, 곧 진나라 왕의 막내 사위이니, 대왕께서는 연나라 성 10개를 얻었지만[利=得] 강한 진나라[彊秦]의 오랜 원수가 되었습니다. 지금 만약에 약한 연나라가 기러기 행렬[鴈行]처럼 앞장서고 강한 진나라가 뒤를 봐주면서 쳐들어온다면 천하의 정예병들을 불러들이는 격이니, 이는 오훼를 먹는 것과 같습니다."

제나라 왕은 걱정스러워하다가[愀然=偢然] 낯빛이 바뀌며 말했다.

"그렇다면 어찌해야 하는가?"

소진이 말했다.

"신이 듣건대, 옛날에 일을 잘 처리하는 사람은 화를 바꿔 복으로 만들고[轉禍爲福] 실패를 기회로 삼아 공을 이뤄낸다[因敗爲功]고 했습니다. 대왕께서 진정으로 능히 신의 계책을 들으려 하신다면 곧바로 연나라 성 10개를 돌려주십시오. (그렇게 하시면) 연나라는 아무런 이유도 없이 성 10개를 얻게 되니 반드시 기뻐할 것이고, 진왕(秦王)은 자기 때문에 연나라 성 10개를 돌려주었다는 것을 알고는 역시 반드시 기뻐할 것입니다. 이것이 원수를 버리고 돌처럼 단단한 친구를 얻는 것입니다. 무릇 연나라와 진나라가 모두 제나라를 섬기게 되면 대왕께서 천하를 호령했을 때 감히 호령을 따르지 않는 자가 없을 것이니, 이것이야말로 왕께서는 빈말로 진나라에 붙으면서 성 10개로 천하를 차지하는 것입니다. 이것이야말로 패왕의 일입니다."

왕이 말했다.

"좋도다!"

이에 마침내 연나라에 성 10개를 돌려주었다.

1) 【색은(索隱)】 유씨(劉氏)가 말했다. "이때 축하와 조의에 해당하는 말이 있었을 텐데, 다만 사가(史家)가 이를 기록하지 않았다."

2) 【집해(集解)】 『본초경(本草經)』에서 말했다. "오두(烏頭)라고도 하는데, 일명 오훼다." 【색은(索隱)】 烏喙의 喙는 발음이 탁(卓)이기도 하고 허(許)와 예(穢)의 반절음이기도 하다. 지금의 독약 오두가 이것이다.

3) 【색은(索隱)】 유씨(劉氏)는 유(愈)를 잠(暫-잠시)이라고 보았는데, 틀렸다. 오두를 먹으면 잠시 동안은[暫] 굶주린 배를 더욱[愈] 채우는 듯하지만 얼마 안 가서 독이 발휘되어 죽게 되니, 이는 실로 굶어 죽는 것과 같은 해악이라는 말이다.

사람 중에 소진을 헐뜯는 자가 있었는데 그가 이렇게 말했다.

"여기저기를 오가며 나라를 팔면서 이랬다가 저랬다가 하는 신하이니, 장차 난을 일으킬 것입니다."

소진이 죄를 얻을까 두려워서 (제나라에서 연나라로) 돌아왔으나 연나라 왕은 그에게 더는 관직을 주지 않았다. 이에 소진이 연나라 왕을 뵙고 말했다.

"신은 동주(東周)의 비천한 사람으로 털끝만 한 공로도 없었는데 왕께서는 몸소 종묘에서 신에게 관직을 제배하고 조정에서 예로 대해주셨습니다. 지금 신은 왕을 위해 제나라 군대를 물러가게 하고 성 10개를 돌려받았으니, 마땅히 신을 가까이하셔야 할 것입니다. (그런데) 지금 신이 연나라에 돌아왔는데 왕께서 신에게 벼슬을 주지 않으시니, 이는 사람 중에 반드시 누군가가 왕께 제가 신실하지 못하다고 중상했기 때문일 것입니다. 신이 신실하지 못한 것은 왕의 복입니다. 신이 듣건대, 충신(忠信)한 자는 자신을 위해 일하고 진취(進取)하는 자는 남을 위해 일한다고 했습니다. 또 신이 제나라 왕에게 유세한 것은 결단코 그를 속인 것이 아닙니다. 신이 늙으신 어머니를 동주에 내버려두고 이 나라에 온 것은 자신을 위하는 것을 버리고 진취(進取)를 행하기 위함이었습니다. 지금 증삼(曾參) 같은 효자, 백이(伯夷) 같은 청렴, 미생(尾生) 같은 신의를 가진 인물이 있다고 해보겠습니다. 이 세 사람을 얻어 대왕을 섬기게 한다면 어떻겠습니까?"

왕이 말했다.

"만족한다."

소진이 말했다.

"증삼 같은 효자는 의리상으로 자기 부모를 떠나 밖에서는 하루도 자지 않을 것인데, 왕께서는 또 어떻게 그런 사람에게 1,000리를 가서 위기에 빠진 약한 연나라 왕을 섬기게 할 수 있습니까?

백이 같은 청렴한 자는 의리상으로 고죽군(孤竹君)의 후사가 되지 않았고 무왕(武王)의 신하가 되는 것도 달가워하지 않아서, 봉후(封侯)를 받지 않고 수양산(首陽山) 아래에서 굶어 죽었습니다. 이처럼 청렴한 사람이 있다면 왕께서는 또 어떻게 이런 사람에게 1,000리를 가서 제나라에 진취(進取)1)를 행하게 할 수 있겠습니까?

미생 같은 신의를 중시하는 자는 다리 아래에서 여자를 만나기로 약속했으나 그 여자가 오지 않자, 물이 불어나도 떠나지 않고서 다리 기둥을 끌어안은 채 죽었습니다. 이처럼 신의를 중시하는 자를 왕께서는 또 어떻게 1,000리를 가서 제나라의 강한 군대를 물러가게 할 수 있겠습니까?

신은 충신(忠信) 때문에 왕에게 죄를 얻은 것입니다."

연나라 왕이 말했다.

"그대가 충신(忠信)하지 않다고 해놓고 어떻게 충신 때문에 죄를 얻을 수 있었는가?"

소진이 말했다.

"그렇지 않습니다. 신은 이런 이야기를 들었습니다.

어떤 사람이 먼 곳으로 관리가 되어 나갔는데, 아내가 다른 사람과 사통했다고 합니다. 남편이 돌아올 때가 되어 사통한 자가 걱정을 하자 아내는 '걱정하지 마십시오. 나는 이미 독약 탄 술을 빚어놓고 그를 기다리고 있습니다'라고 말했습니다. 사흘 뒤에 남편이 과연 돌아오자, 아내는 첩을 시켜 독약 탄 술을 가져다가 그에게 올리게 했습니다. 첩은 술에 독약이 들었다고 말하고 싶었지만 그렇게 되면 남편이 아내를 쫓아낼까 걱정되었고, 말을 안 하자니 주인을 죽이게 될까 걱정 되었습니다. 이에 일부러[詳=佯] 넘어져[僵]2) 술을 엎질러버렸으니, 주인이 크게 화가 나서 첩에게 50대나 매질을 했습니다. 그러므로 첩은 한 번 넘어져 술을 엎지름으로써 위로는 주인을 살리고 아래로는 주인 아내도 쫓겨나지 않게 했지만, 매질을 면치 못했습니다.

그러니 어찌 충의를 지킨다고 해서 죄가 없다고 할 수 있겠습니까? 대개 신의 허물이란 불행하게도 이와 비슷합니다[類=似]."

연나라 왕이 말했다.

"선생은 다시 예전 관직으로 나아가라."

더욱 두텁게 예우해주었다.

1) 연나라를 위한 일을 도모하는 것을 말한다.
2) 【색은(索隱)】 강(僵)은 '넘어지다[仆]'라는 뜻으로, 발음은 강(畺)이다.

(연나라) 역왕(易王)의 어머니는 문후(文侯)의 부인으로 소진과 사통했으나 연나라 왕은 이를 알고서도 소진을 더욱 두텁게 대우했다. 소진은 주살될까 두려워서 마침내 연왕에게 유세해 말했다.

"신이 연나라에 머물러 있으면 연나라를 중하게 만들 수 없지만, 제나라에 있으면 연나라를 반드시 중하게 만들 수 있습니다."

연나라 왕이 말했다.

"선생이 원하는 대로 맘껏 하라."

이에 소진은 연나라에서 죄를 얻은 것처럼 거짓으로 꾸며 제나라로 도망 갔고, 제나라 선왕은 그를 객경(客卿)으로 삼았다[1].

1) 【집해(集解)】 서광(徐廣)이 말했다. "연나라 역왕 10년이다."

제나라 선왕이 졸하고 민왕(湣王)이 자리에 나아가자 (소진은) 민왕에게 유세해 후장(厚葬)함으로써 효도를 밝히며 궁실을 높게 짓고 원유(園囿-동산)를 크게 넓힘으로써 스스로 원하는 뜻을 얻었음을 밝히라고 했는데, 이는 제나라를 파괴하고 피폐하게 해 연나라를 위하고자 함이었다.

연나라 역왕이 졸하자[1] 쾌(噲)가 세워져 왕이 되었다. 그 후에 제나라 대부 중에 소진과 총애를 다투는 자가 많아지자, 그중 누군가가 사람을 시켜 소진을 찔렀으나 죽이지는 못하고 깊은 부상을 입힌 채[殊][2] 달아났다. 제나라 왕이 사람을 시켜 소진을 찌른 자객을 찾게 했으나 찾아내지 못했는데, 소진이 장차 죽음을 앞두고 마침내 제나라 왕에게 일러 말했다.

"신이 죽으면 신을 거열형(車裂刑)에 처해 저잣거리에서 조리를 돌리시고, '소진이 연나라를 위해 제나라에서 난을 일으켰다'라고 말씀하십시오. 이렇게 하면 신을 죽이려던 자를 반드시 잡을 수 있을 것입니다."

이에 그 말대로 했더니 소진을 죽이려던 자가 과연 자수했고[自出], 제나라 왕은 그자를 잡아 가두었다가 주살했다. 연나라에서는 이 소식을 듣고 말했다.

"지나치구나, 제나라가 소 선생[蘇生]의 원수를 갚는 방법이!"

1) 【집해(集解)】 서광(徐廣)이 말했다. "연나라 역왕 12년이다."

2) 【집해(集解)】 『풍속통의(風俗通義)』에서 말했다. "만이융적(蠻夷戎狄)에서는 죄가 있으면 수(殊)에 해당한다." 수(殊)는 죽이는 것이니, 주(誅)와 같은 뜻이다. 여기서 "죽이지 못하고 깊은 부상을 입히고서 달아났다"라고 한 것은 소진이 이때 비록 즉사하지는 않았지만 거의 죽게 되었음을 말한 것이다. 그래서 수(殊)라고 했다.

소진이 죽고 난 뒤 (소진이 은밀하게 제나라를 피폐하게 하려고 했던) 일의 진상이 크게 드러났다. 제나라가 뒤에 이를 듣고는 마침내 연나라에 한을 품고 노여워하니, 연나라가 매우 두려워했다.

소진 동생은 대(代)이고 대의 동생은 려(厲)인데, 두 사람은 모두 형이 하는 것을 보고 배웠다. 소진이 죽자, 소대는 마침내 연왕을 만나 소진이 하던 일을 이어서 하고 싶다며 말했다.

"신은 동주(東周)의 비천한 사람입니다. 남몰래 대왕께서 의리를 중하게 여김이 매우 높다는 말을 듣고서, 이 비천한 자가 비록 불민하지만, 호미와 괭이[鉏耨]를 내버리고 대왕을 찾아왔습니다. 한단(邯鄲)에 이르렀을 때 제가 본 것은 (대왕에 대한 평가가) 동주에서 듣던 것보다 훨씬 못해서 신은 남 몰래 실망스러웠습니다만, 연나라 조정에 와서 왕의 여러 신하와 하급 관리를 보니 왕께서는 천하의 눈 밝은 왕[明王]이십니다.”

연나라 왕이 말했다.

“그대가 말하는 눈 밝은 왕이란 어떤 사람인가?”

대답해 말했다.

“신이 듣건대, 눈 밝은 왕은 자기 허물을 듣는 데 힘쓰고 자기의 좋은 점에 관한 칭찬은 들으려 하지 않는다고 했습니다. 신은 왕의 허물을 아뢸 것을 청하옵니다.

무릇 제나라와 조나라는 연나라의 원수이고 초나라와 위나라는 연나라를 구원하는 나라입니다. (그런데) 지금 왕께서는 원수를 받들어 구원하는 나라를 치려고 하시니, 연나라를 이롭게 하는 것이 아닙니다. 왕께서 스스로 생각해보십시오. 이는 잘못된 계책입니다. 그런데도 이를 말하지 않는 자는 충신이 아닙니다.”

왕이 말했다.

“저 제나라는 참으로 과인의 원수이니 (당장이라도) 치고 싶지만, 단지 [直] 나라가 피폐해 힘이 모자람을 걱정할 뿐이다. 그대가 능히 연나라를 갖고서 제나라를 칠 수만 있다면 과인은 나라를 통째로 들어[擧國] 그대에게 맡길 것이다.”

대답해 말했다.

“온 천하에서 전쟁할 수 있는 나라가 일곱인데, 연나라는 가장 약한 처지입니다. 혼자 전쟁하는 것은 불가능하고, 만일 기댈 곳이 있다면 그 나라는 강한 나라가 아니면 안 됩니다. 남으로 초나라에 기대면 초나라가 강해지고, 서쪽으로 진나라에 기대면 진나라가 강해지며, 중원의 한나라와 위나라에 기대면 한나라와 위나라가 강해집니다. 또 만약에 기대는 나라가 강해지면 이는 반드시 왕도 강하게 만들어줄 것입니다[1].

지금 저 제나라는 임금이 장주(長主)[2]라 모든 일을 자기 혼자서 결정합니다[自用]. 남쪽으로 초나라를 5년 동안 공격해 비축해둔 식량과 재물을 고갈시켰고, 서쪽으로 진나라를 3년 동안 괴롭히느라 병사들이 피폐(罷敝)해졌으며, 북쪽으로 연나라와 싸워 삼군을 쓰러뜨리고 (연나라) 장군 2명을 사로잡았습니다. 그런데도 남은 병력으로 남쪽을 향해 전차 5,000승을 가진 큰 송나라를 공격해[3] 열두 제후를 품어 안았습니다. 이는 군주가 욕망을 채우고자 민력(民力)을 고갈시키는 것이니, 어찌 제대로 될 수 있겠습니까? 신이 듣건대, 자주 싸우면 백성이 피로해지고 오래 싸우면 병사들이 지친다고 했습니다.”

연나라 왕이 말했다.

“내가 듣건대 제나라에는 맑은 제수(濟水)와 흐린 황하(黃河)가 있어서 견고하고 장성(長城)과 거방(鉅防)[4]은 요새로 삼을 수 있다던데, 정말 그러한가?”

대답해 말했다.

“천시(天時)가 도와주지 않는다면 비록 맑은 제수와 흐린 황하가 있다 한들 어찌 족히 견고할 수 있겠으며, 민력이 피폐하면 비록 장성과 거방이 있다 한들 어찌 족히 요새로 삼을 수 있겠습니까? 게다가 지난날 제나라가 제수(濟水) 서쪽 지역에서 군사를 모으지 않았던 것[不師]은 조나라에 대비하기 위함이었고, 하북(河北-황하 북쪽)[5]에서 군사를 모으지 않았던 것은 연나라에 대비하기 위함이었습니다. (그런데) 지금 제수 서쪽 지역과 하북에서 군사를 죄다 모으는 바람에 나라 안[封內]이 피폐해졌습니다.

무릇 교만한 군주는 반드시 이익을 좋아하고 나라를 망하게 하는 신하는 반드시 재물을 탐합니다. 왕께서 진실로 능히 아들과 친동생을 제나라에 인질[質]로 보내고 보배와 비단으로 제나라 왕의 좌우를 섬기는 것을 부끄러워하지 않을 수 있다면 저 제나라는 장차 연나라에 은덕을 입었다고 여겨서 가볍게 송나라를 멸망시키려 할 것이니, 그렇게 되면 제나라도 얼마든지 멸망시킬 수 있습니다."

연나라 왕이 말했다.

"내가 마침내 그대로 인해 하늘로부터 명을 받는구나!"

연나라 왕은 마침내 아들 1명을 제나라에 인질로 보냈다. 소려(蘇厲)는 연나라에서 간 인질[質子]을 통해 제나라 왕을 뵙고자 시도했으나, 제나라 왕은 소진에 대해 원망을 품고 있었기 때문에 소려를 가두려 했다. 이에 연나라에서 간 인질이 소려를 대신해 사죄했고, 소려는 드디어 예물을 바치고[委質＝委贄][6] 난 뒤에 제나라 신하가 되었다.

1) 【정의(正義)】 여러 나라들에 기대면 그 나라들이 연나라를 중하게 여겨 연나라가 존중을 받게 된다는 말이다.

2) 【색은(索隱)】 제나라 왕의 나이가 가장 많다[長]는 뜻이다. 혹은 제나라가 강하기 때문에 장주라고 불렀다고 한다.

3) 【정의(正義)】 「제표(齊表)」에서 말했다. "제나라 민왕 38년에 송나라를 멸망시켰다."

4) 【집해(集解)】 서광(徐廣)이 말했다. "제북(濟北) 노현(盧縣)에 방문(防門)이 있다. 또 장성은 동쪽으로 바다에까지 이어진다."

5) 【정의(正義)】 창주(滄州), 박주(博州) 등으로, 탑하(漯河) 북쪽 지역이다.

6) 이는 당시 신하가 되는 예법이었다.

연나라 재상 자지(子之)는 소대와 인척 관계를 맺고서 연나라 권력을 쥐고자 하여 마침내 소대를 제나라에 보내, 질자(質子)를 모시게 했다. 제나라가 소대를 시켜 연나라에 보고하게 하니, 연나라 왕 쾌가 물었다.

"제나라 왕이 혹시 패주(霸主)가 되겠는가?"

말했다.

"될 수 없습니다."

말했다.

"어째서인가?"

말했다.

"자기 신하를 믿지 않습니다."

이에 연나라 왕이 정사를 자지에게 전적으로 맡기고 얼마 후에 그에게 양위(讓位)하니 연나라는 크게 어지러워졌고, (결국) 제나라가 연나라를 쳐서 왕 쾌와 자지를 죽였다[1]. 연나라가 소왕(昭王)을 세우자, 소대와 소려는 감히 연나라에 들어가지 못하고 모두 제나라에 귀의했으니, 제나라는 그들을 잘 대우해주었다.

1) 【집해(集解)】 서광(徐廣)이 말했다. "주나라 난왕(赧王) 원년의 일이다."

소대가 위(魏)나라를 지나갈 때 위나라가 연나라를 위해 소대를 붙잡자, 제나라에서는 사자를 보내 위나라 왕에게 말했다.

"제나라가 송나라 땅을 갖고서 경양군(涇陽君)[1]을 봉해줄 것을 청해도 진나라는 반드시 받지 않을 것입니다. 진나라가 제나라와 가깝게 지내며 송나라 땅을 얻는 것을 이익으로 여기지 않아서가 아니라 제나라 왕과 소대를 믿지 않기 때문입니다. (그런데) 지금 제나라와 위나라가 이처럼 심하게 불화하게 되면 제나라는 진나라를 속이지 않을 것입니다. (그러면) 진나라는 제나라를 믿어서 제나라와 진나라가 합치게 되고 경양군은 송나라 땅을 얻게 될 것이니, 이는 위나라에 이롭지 않습니다. 그러므로 왕께서는 소대를 동쪽 제나라로 돌려보내 진나라가 반드시 제나라를 의심하고 소대를 믿지 않게 하는 것이 더 낫습니다. 제나라와 진나라가 연합하지 않으면 천하의 형세에는 별다른 변화가 없어서 제나라를 칠 수 있는 형세가 만들어질 것입니다."

이에 소대를 풀어주었다. 소대는 송나라로 갔고, 송나라는 그를 잘 대우해주었다.

1) 【정의(正義)】 경양군은 진왕의 동생으로, 이름은 회(悝)다. 경양은 옹주현(雍州縣)
이다.

제나라가 송나라를 쳐서 송나라가 다급해지자 소대는 마침내 연나라 소왕에게 편지를 보내 말했다[1).

1) 【정의(正義)】 이 편지는 송나라를 위해 연나라를 설득해서 제나라와 위나라를
돕지 말라고 한 것이다.

"무릇 만승(萬乘)의 반열에 있으면서 제나라에 인질을 보냄으로써[1) 이름은 떨어뜨리고 권력은 가벼워졌고, 만승의 나라로서 제나라를 도와 송나라를 치면 백성은 지치고 재력은 허비될 것이며, 무릇 송나라를 깨뜨리고 초나라 회수 북쪽을 쳐서 약하게 하여 제나라를 비대하게 하면 원수는 강해지고 자기 나라는 해악을 당하게 됩니다. 이 세 가지는 모두 연나라로서는 큰 실패인데, 그런데도 왕께서 장차 이렇게 하시려는 것은 제나라에 신임을 얻으려는 것입니다. 그러나 제나라는 왕을 더 불신하고 연나라를 꺼리는 것이 더욱 심해질 것이니, 이는 왕의 계책이 잘못된 것입니다.

저 송나라를 (초나라) 회수 북쪽 지역과 합친다면 그것만으로도 강한 만승의 나라가 될 것인데, 제나라가 이를 삼키게 되면 이는 또 하나의 제나라가 생겨나는 꼴입니다. 북이(北夷)는 사방 700리[2)인데 여기에 노(魯)나라와 위(衛)나라를 더하면 강한 만승의 나라가 될 것인데, 제나라가 이를 삼키게 되면 제나라가 2개 생겨나는 꼴입니다. 무릇 강한 제나라 하나만 있어도 연나라는 오히려 두려움에 뒤돌아보면서[狼顧][3) 제대로 버티기 어렵건만, 지금은 제나라 3개가 연나라 앞에 나타날 판이니 재앙은 반드시 클 것입니다.

1) 【정의(正義)】 연나라는 전에 아들 1명을 제나라에 인질로 보냈다.

2) 【색은(索隱)】 산융(山戎)과 북적(北狄)이 제나라에 붙었다.

3) 이리는 뒤를 잘 돌아본다는 뜻으로, 무서워서 자꾸 뒤를 돌아보는 것을 말한다.

그럼에도 불구하고 지혜로운 사람은 일을 할 때 화를 복으로 바꾸고 실패를 바꿔 성공을 이뤄냅니다. 제나라의 자주색 비단은 질 나쁜 흰 비단[敗素]을 물들인 것이지만1) 값은 10배이고, 월왕 구천은 회계산으로 내쫓겼지만, 다시 강한 오나라를 멸망시키고 천하를 제패했습니다. 이는 모두 화를 복으로 바꾸고 실패를 바꿔서 성공을 이뤄낸 것입니다.

1) 【집해(集解)】 서광(徐廣)이 말했다. "질 나쁜 비단에 물을 들여 자주색으로 만든 것이다." 【정의(正義)】 제나라 임금이 자주색을 좋아하자, 제나라 풍속도 자주색을 숭상하니 (사람들이) 나쁜 흰 비단에 물을 들여 자주색 비단을 만들었는데, 값이 다른 나머지 비단들보다 10배나 비쌌다. 이는 제나라가 비록 큰 명성을 얻었지만, 도성 안이 그로 인해 피곤하고 황폐해진 것을 말한다.

지금이라도 왕께서 만약에 화를 복으로 바꾸고 실패를 바꿔 성공을 이뤄내시려면 제나라를 패주로 밀어주어[挑]1) 높이는 것보다 좋은 것은 없습니다. 그렇게 해서 주나라 왕실에 사신을 보내 제나라를 맹주로 받들기로 맹세하게 하고, 진나라와의 서약서[符]는 불태워버리고 이렇게 말하게 하십시오.

'가장 좋은 계책은 진나라를 깨뜨리는 것이고, 그다음 계책은 반드시 진나라를 오래도록 배척하는 것이다[賓=擯]2).'

진나라가 배척을 당해 파멸을 기다리게 되면 진나라 왕은 반드시 이를 걱정할 것입니다. 진나라는 5대에 이르도록 제후들을 쳐왔지만, 지금은 제나라 밑에 있으니, 진나라 왕의 속뜻은 정말로 제나라를 궁지로 몰아넣을 수만 있다면 나라의 모든 것을 쏟아붓는 것도 꺼리지 않고 공을 이루려 할 것입니다. 그런데도 어찌 왕께서는 변사(辯士)를 보내 이런 말로 진왕에게 유세하지 않으십니까?

'연나라와 조나라가 송나라를 깨뜨려 제나라를 살찌우고 제나라를 받들어 그 밑으로 들어가려는 것은 연나라와 조나라가 자기 나라에 이롭다고 여겨서가 아닙니다. 연나라와 조나라가 자기에게 이롭지 않은데도 형세가 이렇게 된 것은 진왕을 믿지 못하기 때문입니다. 그런데도 왕께서는 어째서 믿을 만한 사람을 보내 연나라와 조나라를 같은 편으로 끌어들이지 않으십니까?

먼저 경양군과 고릉군(高陵君)3)을 연나라와 조나라에 보내십시오. 진나라에 변화가 있어 이들을 인질로 보낸다면 연나라와 조나라는 진나라를 믿게 될 것입니다. 그러면 진나라는 서제(西帝)가 되고 연나라는 북제(北帝), 조나라는 중제(中帝)가 되어 삼제가 세워져서 천하를 호령하게 될 것입니다. 한나라와 위나라가 호령을 따르지 않으면 진나라가 그들을 치고, 제나라가 호령을 따르지 않으면 연나라와 조나라가 그를 칠 것이니, 천하에서 누가 감히 호령을 따르지 않겠습니까? 천하가 복종해 따르면 한나라와 위나라를 몰아서 제나라를 치게 하면서 "반드시 송나라 땅을 돌려주고 초나라 회수 북쪽 지역을 돌려달라"고 하십시오. 제나라가 송나라 땅을 돌려주고 초나라 회수 북쪽 지역을 돌려주면 연나라와 조나라에는 이롭습니다. 또 삼제가 서는 것은 연나라나 조나라가 바라는 바입니다. 무릇 실리로는 이로운 바를 얻고 존귀함으로는 바라는 바를 얻는다면 연나라와 조나라는 헌 신발 내버리듯[如脫躧] 제나라를 버릴 것입니다.

지금 연나라와 조나라를 한편으로 거둬들이지 않으면 반드시 제나라의 패권이 이뤄질 것입니다. 제후들이 제나라 편을 들고 왕께서 이를 따르지 않는다면 제후들은 진나라를 공격할 것이고, 제후들이 제나라 편을 들고 왕께서 이를 따른다면 스스로 명성을 떨어뜨리게 될 것입니다. 그러므로 연나라와 조나라를 한편으로 거둬들이면 나라는 편안하고 명성은 높아질 것이지만, 연나라와 조나라를 한편으로 거둬들이지 않으면 나라는 위태로워지고 명성은 떨어질 것입니다. 무릇 존귀함과 편안함[尊安]을 버리고 위태로움와 비천함[危卑]을 취하는 것은 지혜로운 사람이라면 하지 않는 바입니다.'

진왕이 만약에 이런 말을 듣는다면 분명 심장을 찔린 듯한 충격[刺心]을 받을 것입니다.

그런데도 왕께서는 어찌 변사(辯士)를 보내 이런 말로써 진왕에게 유세하지 않으십니까? 진왕은 반드시 이 말을 취할 것이고 제나라는 반드시 정벌 당하게 될 것입니다.

1) 【정의(正義)】 挑의 발음은 (도가 아니라) 전(田)과 조(鳥)의 반절음이다. '붙잡아 지킨다[執持]'는 말이다.

2) 【정의(正義)】 오래도록 배척하며 관(關) 서쪽에 내버려두는 것이다.

3) 【색은(索隱)】 두 사람 모두 진왕의 친동생이다. 고릉군은 이름이 현(顯)이다.

무릇 진나라를 잡는 것이야말로 중대한 외교[厚交]이고, 제나라를 치는 것은 정당한 이익[正利]입니다. 중대한 외교를 높이고 정당한 이익에 힘쓰는 것이야말로 빼어난 왕[聖王]께서 하실 일입니다."

연나라 소왕은 그 편지를 좋게 여기고 이렇게 말했다.

"선왕께서 일찍이 소씨(蘇氏)에게 은덕을 베푸셨으나 자지의 난으로 소씨는 연나라를 떠났다. 연나라가 제나라에 원수를 갚으려면 소씨가 아니고서는 안 되겠구나."

마침내 소대를 불러 다시 잘 대우하면서 함께 제나라 토벌을 모의했다. 결국 제나라를 깨뜨렸고, 민왕은 나라 밖으로 달아났다.

한참 시간이 흘러, 진나라에서 연나라 왕을 부르자 연나라 왕이 가려고 했으나 소대가 연나라 왕을 말리면서[約=止] 말했다.

"초나라는 지(枳)[1] 땅을 얻었으나 나라가 망했고[2], 제나라는 송나라를 얻었으나 나라가 망했습니다[3]. 제나라와 초나라가 지와 송을 얻고서도 진나라를 섬기지 않은 것은 어째서이겠습니까? 전쟁에서 공로를 세운 나라는 곧 진나라의 큰 원수가 되기 때문이었습니다. 진나라가 천하를 차지한 방도는 의로움을 행해서가 아니라 폭력이었으니, 진나라는 폭력을 행하면서 천하에 노골적으로 고했습니다[正告][4].

1) 【집해(集解)】 서광(徐廣)이 말했다. "파군(巴郡)에 지현(枳縣)이 있다."
2) 【집해(集解)】 서광(徐廣)이 말했다. "연나라 소왕 33년에 진나라가 초나라 언(鄢)과 서릉(西陵)을 뽑아버렸다."
3) 【정의(正義)】 「연표(年表)」에 이르기를 "제나라 민왕(湣王) 38년에 송나라를 멸망시켰고, 40년에 오국이 함께 민왕을 공격하니 왕은 거(莒)나라로 달아났다"라고 했다.
4) 【색은(索隱)】 정고(正告)란 훤히 드러내[顯然] 천하에 고하는 것이다.

(먼저) 초나라에 고해 말했습니다.

'촉 땅의 군대가 배를 타고 민강(汶江)[1]에 떠서 여름에 물이 불었을 때를 틈타 장강으로 내려오면 닷새 만에 영(郢)에 이를 수 있고, 한중(漢中)의 군대가 배를 타고 파강(巴江)[2]을 나와서 여름에 물이 불었을 때를 틈타 물길로 한수(漢水)를 내려오면 나흘 만에 오저(五渚)[3]에 이를 수 있소. 과인이 원(宛) 동쪽에서 군대를 모아 수(隨)를 향해 내려가면[4] 아무리 지혜로운 자라 해도 계책을 제대로 세우지 못할 것이고 아무리 용감한 병사라 하더라도 미처 성내며 맞서 싸울 겨를이 없을 것이니, 과인은 새매를 쏘듯이[射隼=射鶉][5] 할 것이기 때문이오. 왕은 그런데도 천하의 군대가 함곡관을 공격

하는 것을 기다리려 하니, 실로 아득한 일이 아니겠소!'

초왕은 이 때문에 17년 동안 진을 섬겼습니다.

1) 【집해(集解)】 발음은 (문이 아니라) 미(眉)와 빈(貧)의 반절음이니, 발음은 민(旻)이다. 이 강은 민산(岷山)에서 발원한다.

2) 【색은(索隱)】 한수(漢水)와 가깝다.

3) 【집해(集解)】 『전국책(戰國策)』에서 말하기를 "진나라가 형(荊)나라와 싸워서 형나라를 크게 깨뜨리고 영(郢)을 습격해 동정(洞庭)과 오저를 차지했다"라고 했으니, 그렇다면 오저는 동정에 있다.

4) 【색은(索隱)】 원현(宛縣)의 동쪽으로 흘러 수읍(隨邑)으로 내려간다는 말이다.

5) 【색은(索隱)】 『주역(周易)』(해괘(解卦, ䷧) 맨 위의 음효)에 이르기를 "높은 담 위의 새매를 쏘아서 잡았으니, 이롭지 않음이 없다"라고 했다. 진왕은 내가 지금 초나라를 치면 반드시 민첩하게 붙잡을 것이라는 말이다.

(또) 진나라는 한나라에 노골적으로 고해 말했습니다.

'우리가 소곡(少曲)[1]에서 일어나면 하루 만에 태항산(大行山)[2]을 끊을 수 있고, 우리가 의양(宜陽)에서 일어나 평양(平陽)에 닿으면 이틀 안에 온 나라가 흔들리지 않는 곳이 없을 것이오. 우리가 서주와 동주를 지나[離=역歷] 정주(鄭州)에 닿으면 닷새 안에 나라가 점령될 것이오[擧=발拔].'

한왕은 그렇다고 여겨 진나라를 섬겼습니다.

1) 【색은(索隱)】 땅 이름으로, 의양(宜陽)에서 가깝다.

2) 【정의(正義)】 태항산 양장(羊腸) 비탈길은 북쪽으로 한나라 상당을 지나간다.

(또) 진나라는 위나라에 노골적으로 고해 말했습니다.

'우리가 안읍(安邑)을 뽑아버리고 여극(女戟)을 막으면 한씨의 태원(太

原)과 끊어질 것이며[卷=斷絶], 우리가 지(軹)를 내려가 남양(南陽)·봉릉(封陵)·기읍(冀邑)를 지나서 서주와 동주를 포위했다가[包] 여름에 물이 불어난 틈을 타고 가벼운 배를 띄워 강한 쇠뇌를 앞세우고 날카로운 창을 뒤따르게 해서 형구(滎口)를 터버리면 위나라 대량(大梁)은 없어질 것이오[1]. 또 백마(白馬)의 물목을 터버리면 위나라 외황(外黃)과 제양(濟陽)이 없어지고, 숙서(宿胥)의 물목을 터버리면 위나라 허(虛)와 돈구(頓丘)가 없어질 것이오. 육지로 공격하면 하내(河內)를 격파하고, 물길로 공격하면 대량을 멸망시킬 것이오.'

위왕은 그렇다고 여겨 진나라를 섬겼습니다.

1) **【색은(索隱)】** 형택(滎澤)은 수심이 깊어 대량에 물을 가득 채울 수 있다. 그래서 대량은 없어질 것이라고 말한 것이다.

(또) 진나라는 안읍(安邑)을 공격하고 싶었지만, 제나라가 구원할까 두려워 송나라를 제나라에 맡긴다면서 이렇게 말했습니다.

'송왕이 무도해 과인을 닮은 나무 인형을 만들어놓고는 그 얼굴에 화살을 쏘았다고 하는데, 과인의 땅은 길도 끊어지고 군사를 보내도 멀어서 직접 공격할 수가 없소. 그러니 왕이 송나라를 깨뜨리고 그 땅을 소유한다면 과인이 스스로 가진 것이나 매한가지일 것이오.'

그 뒤 이미 안읍을 차지하고 여극을 막고 나자, 도리어 송나라를 깨뜨린 죄를 제나라에 돌렸습니다.

(또) 진나라는 한나라를 공격하고 싶었지만, 천하가 한나라를 구원할까 두려워서, 제나라를 천하에 맡긴다면서 이렇게 말했습니다.

'제왕은 과인과 네 번이나 약속해놓고 네 번 모두 과인을 속였고, 반드시 천하를 이끌고 과인을 공격하겠다고 한 것이 세 번입니다. 제나라가 있으면

진나라가 없고 진나라가 있으면 제나라가 없으니, 반드시 제나라를 쳐서 반드시 멸망시켜야 할 것입니다.'

이미 의양과 소곡을 얻고 인(藺)과 이석(離石)을 차지하고 나자, 그 참에 제나라를 깨뜨린 죄를 천하에 돌렸습니다.

(또) 진나라는 위나라를 공격하려 할 때 초나라를 높이며[重=尊] (한나라 옛 땅인) 남양(南陽)을 초나라에 맡긴다면서 이렇게 말했습니다.

'과인은 정말로 장차 한나라와 단절하려고 했소. 만일 초나라가 균릉(均陵)을 무너뜨리고 맹액(鄳阨)을 막음으로써 그것이 초나라에 유리하게 된다면, 과인이 스스로 가진 것이나 매한가지일 것이오.'

그러나 뒤에 위나라가 동맹을 버리고 진나라와 연합하게 되자 진나라는, 맹액을 막은 일을 초나라의 죄로 돌렸습니다.

진나라 군대가 임중(林中)[1]에서 곤경에 처했을 때는 연나라와 조나라를 높여 교동(膠東)을 연나라에 맡기고 제수 서쪽 지역을 조나라에 맡겼습니다. 그 뒤에 위나라와 강화하고 공자 연(延)을 인질로 잡게 되자 곧바로 (위나라 장수) 서수(犀首)로 하여금 군대를 이끌고 조나라를 공격하게 했습니다.

1) **【집해(集解)】** 서광(徐廣)이 말했다. "하남(河南) 원릉(苑陵)에 임향(林鄉)이 있다."

진나라 군대가 조나라와 싸우다가 초석(譙石)에서 피해를 입고 양마(陽馬)[1]에서 패배를 당했을 때는 위나라를 높여 섭(葉)과 채(蔡)를 위나라에 맡겼습니다. 그 뒤에 조나라와 강화하고 나자, 위나라를 겁박해 위나라에 섭과 채를 떼어주지 않았습니다.

곤경에 처하면 태후의 동생 양후(穰侯)를 시켜 강화하게 했다가는 싸움에서 이기면[영(嬴)] 외삼촌과 어머니를 속였습니다[2].

1) 【색은(索隱)】 초석과 양마는 둘 다 조나라 땅 이름이고, 현읍(縣邑)은 아니다.
2) 【색은(索隱)】 영(嬴)은 '이긴다[승(勝)]'는 뜻이다. 외삼촌은 양후 위염(魏冉)이고, 어머니는 태후다.

연나라를 꾸짖을[택(適)=책(責)][1] 때는 '교동(膠東) 때문'이라고 했고, 조나라를 꾸짖을 때는 '제수 서쪽 때문'이라고 했으며, 위나라를 꾸짖을 때는 '섭과 채 때문'이라고 했고, 초나라를 꾸짖을 때는 '맹액을 막은 때문'이라고 했으며, 제나라를 꾸짖을 때는 '송나라 때문'이라고 했습니다. 이처럼 진나라 왕이 남을 꾸짖을 때 했던 그럴듯한 말은 둥근 고리처럼 빙글빙글 돌았고 군사를 부리는 것은 수를 놓듯이 날래니[자비(刺蜚)=자비수(刺蜚繡)], 어머니도 제어하지 못하고 외삼촌도 말릴 수 없었습니다.

1) 【색은(索隱)】 適의 발음은 (적이 아니라) 택(宅)으로, 택(適)이란 꾸짖다[책(責)]는 뜻이다. 이하에서도 같다.

용고(龍賈)와의 전투[1], 안문(雁門) 전투[2], 봉릉(封陵) 전투[3], 고상(高商) 전투[4], 조장(趙莊)과의 전투[5] 등에서 진나라가 죽인 삼진(三晉)의 백성은 수백만이나 되고, 지금 살아 있는 사람들도 진나라에 죽은 사람들의 고아들입니다. 서하(西河) 외에도 상락(上雒)의 땅, 삼천(三川)의 진(晉)나라가 당한 피해가 삼진의 절반에 이를 정도니, 진나라로 인한 피해가 이처럼 큽니다.

그런데도 진나라에 갔던 연나라와 조나라 사람들은[6] 모두 다퉈 자기 군주에게 진나라를 섬겨야 한다고 유세하고 있으니, 이것이 바로 신이 가장 걱정하는 바입니다."

1) 【집해(集解)】 위나라 양왕(襄王) 5년에 진나라가 위나라 용고의 군대를 패배시
  켰다.

2) 【집해(集解)】 한나라 선혜왕(宣惠王) 19년에 (진나라가) 한나라 군대를 한나라 안
  문에서 크게 깨뜨렸다.

3) 【집해(集解)】 위나라 애왕(哀王) 16년에 진나라가 위나라 군대를 위나라 봉릉에
  서 패배시켰다.

4) 【집해(集解)】 이 전투의 일은 보이지 않는다.

5) 【집해(集解)】 조나라 숙후(肅侯) 22년에 조장이 진나라와 싸워 패했는데, 진나라
  는 조장을 하서(河西)에서 죽였다.

6) 【색은(索隱)】 이들은 곧 유세(游說)하는 자들을 말한다.

(결국) 연나라 소왕은 (진나라에) 가지 않았고, 소대는 다시 연나라에서
중용되었다.

연나라는 소진 때처럼 제후들과 합종의 약속을 맺게 했다. 제후 중에는
이에 따르는 자도 있고 그렇지 않은 자도 있었으나, 천하는 이로 말미암아
소씨(蘇氏)의 합종 약속[從約]을 으뜸으로 쳤다[宗]. 소대와 소려는 모두 천
수를 누리면서[壽死] 제후 사이에 이름을 드러냈다.

태사공(太史公)이 말한다.
"소진 형제 세 사람은 모두 제후들에게 유세해 이름을 드러냈는데[1], 합
종술은 권모와 시변[權變]에서 장점이 있었다. 그런데 소진은 반간(反間)의
혐의를 받고 죽었으니, 천하가 모두 그를 비웃으면서 그의 학술을 배우기 꺼
려 했다. 그러나 소진에 대해 세상 사람들이 하는 말은 서로 다른 것이 많은
데, 이는 서로 다른 시대의 일들까지도 소진과 비슷한 일들은 모두 소진에
게 갖다 붙인 탓이다. 무릇 소진이 여염집에서 일어나 여섯 나라를 연결해

서 합종을 맺게 한 것은 그의 지혜가 남보다 뛰어났음을 보여준다. 나는 그래서 그가 행한 일들을 시간 순서에 따라 기록해둠으로써 혼자 악명[惡聲=惡名=惡評]을 덮어쓰지 않도록 했다.”[2]

1) 【색은(索隱)】 초윤남(譙允南)은 소씨 형제가 5명이라고 보면서 소벽(蘇辟)·소곡(蘇鵠)이 더 있었다고 했다. 소씨 족보에도 5명이라고 했다.

2) 【색은술찬(索隱述贊)】 계자는 주나라 사람으로[季子周人]/귀곡자를 스승으로 섬겼다네[師事鬼谷]/췌마술을 다 익히자[揣摩旣就]/음부를 엎드려 다 읽었지[陰符伏讀]/합종을 주창하고 연횡을 멀리해[合從離衡]/재상 인장을 찬 것이 여섯 차례였도다[佩印者六]/천왕이 길을 청소하고[天王除道]/집안사람들도 떠받들며 복종했네[家人扶服]/뛰어나도다, 대와 려![賢哉代厲]/영광이 온 가족에게 이어졌도다[繼榮黨族]!

권70 │ 장의열전(張儀列傳) 제10

권70 장의열전(張儀列傳) 제10

장의(張儀)는 위(魏)나라 사람[1]이다. 애초에 일찍이 소진(蘇秦)과 함께 귀곡(鬼谷)선생을 섬기면서 술(術-종횡술)을 배웠는데, 소진은 스스로 장의에 미치지 못한다[不及]고 여겼다.

1) 【집해(集解)】『여씨춘추(呂氏春秋)』에서 말했다. "의(儀)는 위씨의 서자[餘子]다." 【색은(索隱)】 진(晉)나라에 대부 장로(張老)가 있었고 하동(河東)에 장성(張城)이 있었으니, 장씨는 위나라 사람이 분명하다. 여씨(呂氏)를 위씨(魏氏)의 여자(餘子)로 보았으니, 그렇다면 대체로 위씨의 서자일 것이다.

장의는 이미 학업을 마치고 나자, 제후들에게 유세했다. 일찍이 초(楚)나라 재상을 따라서 술을 마시다가 얼마 후에 초나라 재상이 벽옥(璧玉)을 잃어버린 일이 있었는데, 재상 문하에서는 장의를 의심해 말했다.

"의(儀)는 가난하고 이렇다 할 행실이 없으니, 분명 이 사람이 재상의 벽옥을 훔쳤을 것입니다."

함께 장의를 붙잡아 매질을 수백 대 가했으나 자복하지 않자 그를 풀어주었다[醳=釋][1]. 아내가 말했다.

"아이고! 당신이 책 읽어 유세하지 않았더라면 어찌 이런 욕을 당했겠소?"

장의가 아내에게 말했다.

"내 혀가 아직 그대로 있는지 없는지 봐주시오!"

아내가 웃으며 말했다.

"혀는 그대로 있네요."

의(儀)가 말했다.

"그럼 되었소."

1) 【집해(集解)】 釋은 발음이 (역이 아니라) 석(釋)이다. 【색은(索隱)】 옛날의 석(釋)자다.

소진은 이미 조나라 왕에게 유세해 서로 합종 하겠다는 약속을 받았지만, 그러나 진나라가 제후들을 공격하면 약속이 깨져서 뒤에 서로 등을 돌리게 될 것이 두려웠고 아무리 생각해도 진나라에서 기용될 만한 사람이 떠오르지 않자, 마침내 사람을 시켜 장의에게 슬쩍 떠보며[微感] 말했다.

"그대는 처음에 소진과 잘 지냈는데 지금 소진은 이미 요직을 맡고 있소[當路]. 그대는 어째서 그를 찾아가 원하는 것을 부탁하지 않는 것이오?"

장의가 이에 조나라로 가서 명함을 올려[上謁] 소진을 만날 것을 청했다. 소진은 마침내 문지기에게 일러서 그를 들여보내지 말고 또 떠나가지도 못하게 하면서 며칠을 보냈다.

얼마 후에 소진을 만나볼 수 있었는데, 소진은 장의를 당(堂) 아래에 앉게 하고 하인이나 첩들이 먹는 음식을 내려주면서 꼬치꼬치 짚어가며[數] 그를 꾸짖어[讓=責] 말했다.

"자네같이 재능 있는 자가 스스로를 이렇게 곤경과 치욕스러운 지경에 이르게 하다니! 내 어찌 임금에게 말하여 그대를 부귀하게 할 수 없겠는가마는, 그대는 거둬 쓰기에 부족한 사람인 것 같네!"

장의의 부탁을 거절하고는 떠나보냈다. 장의가 이곳에 올 때는 스스로 옛 친구의 도움을 받으리라 여겼건만 도리어 모욕을 당하자[見辱] 화가 나서 생각하기를, 섬길 만한 제후국은 없지만 오직 진나라라면 조나라를 힘들게 할 수 있으리라 여겨서 마침내 진나라로 들어갔다.

소진이 얼마 뒤[已而]에 그의 사인(舍人)에게 고해 말했다.

"장의는 천하의 뛰어난 인재[賢士]이고 아마 나는 그만 못하다. (다만) 지금은 내가 운이 좋아 먼저 등용된 것일 뿐이고 진나라 실권[柄-權柄]을 잡을 수 있는 사람은 오로지 장의뿐이다. 그러나 가난해 누군가를 매개로 해서[囚] 벼슬길에 나아갈 수가 없다.

나는 그가 작은 이익에 안주해 큰 뜻을 이루지 못할까 걱정되어 그를 불러서 모욕을 줌으로써 그의 뜻을 격발시킨 것이다. 자네가 나를 대신해 은밀하게 그를 받들도록 하라!"

마침내 조나라 왕에게 말해서 돈과 폐백과 수레와 말을 제공받은 뒤 사람을 시켜 몰래 장의를 뒤따르게 하고서 그러고는 그와 함께 먹고 자면서 차츰 그와 가까워지면 수레와 말과 돈 등 장의가 쓰려는 것은 바로바로 제공할 수 있게 하되, 소진이 시켰다는 말은 하지 못하게 했다.

장의는 드디어 진나라 혜왕(惠王)을 알현할 수 있었다. 혜왕이 그를 객경(客卿)으로 삼고 함께 제후를 치는 일을 모의했다.

소진의 사인이 마침내 작별 인사를 하고 떠나려 했다. 장의가 말했다.

"그대 덕에 좋은 자리를 얻게 되었으니, 이제 막 그 은덕을 갚으려는데 무엇 때문에 떠나려 하는 건가?"

사인이 말했다.

"신은 선생을 알지 못하고, 선생을 알아주는 분은 곧 소군(蘇君)이십니다. 소군께서는 진나라가 조나라를 칠 경우 합종의 맹약이 깨질까 걱정하시면서 선생이 아니고서는 누구도 능히 진나라 실권을 잡을 사람이 없다고 여기시어, 일부러 선생을 화나게 자극한 다음에 신으로 하여금 몰래 선생께서 필요로 하는 것들을 대주도록 하신 것입니다. 이 모든 것은 소군의 계모(計謀)입니다. 그런데 지금 선생께서 이미 기용되셨으니, 저는 돌아가서 이를 알리고자 합니다."

장의가 말했다.

"아! 이는 나의 유세술에 있는 것인데도 내가 미처 깨닫지 못했으니, 내가 소군에 미치지 못하는 것이 분명하다. 내가 또 이제 막 기용되었으나 어찌 조나라를 도모할 수 있겠는가? 나를 대신해 소군에게 감사하다고 전해달라. 소군이 살아 있는 한 이 장의가 감히 무슨 말을 할 것인가? 또 소군이 있는 한 이 장의가 감히 무엇을[渠=詎] 할 수 있겠는가!"

(훗날) 장의는 진나라 재상이 되고 나자, 초나라 재상에게 격문[檄][1]을 지어 알렸다.

"애초에 내가 너[若][2]와 술을 마셨을 때, 나는 벽옥을 훔치지 않았는데 너는 나를 매질했다. 너는 네 나라를 잘 지켜라, 내가 반대로[顧=反] 장차 네 성을 훔칠 것이다!"

1) 【색은(索隱)】 허신(許愼)이 말했다. "격(檄)은 길이 2척짜리 글이다."
2) 【색은(索隱)】 약(若)은 너[汝]라는 뜻이다.

파(苴)와 촉(蜀)이 서로 공격하면서[1] 각각 진나라에 와서 위급함을 알렸다. 진나라 혜왕은 군대를 일으켜 촉을 치려고 했으나, 길이 험하고 좁아서 그곳까지 행군하기 어렵다고 생각했고 한나라가 진나라를 침공하는 판국이어서 진나라 혜왕은 먼저 한나라를 친 다음에 촉을 치고자 했지만, 형세가 불리해 걱정이었고 먼저 촉을 치자니 한나라가 진나라의 허점을 보고 기습할까 걱정이었다. 그래서 머뭇거리며 결정을 내리지 못하고 있었는데, 사마조(司馬錯-사마착으로도 읽음)[2]가 혜왕 앞에서 장의와 쟁론을 벌였고 사마조가 촉을 치자고 하자 장의가 말했다.

"한나라를 치는 편이 낫습니다."

왕이 말했다.

"그 이야기를 들어보자."

1) 【집해(集解)】 서광(徐廣)이 말했다. "초주(譙周)가 말하기를, '익주(益州) 天苴의 苴는 (저가 아니라) 포(苞)로 읽어야 하는데 포는 파(巴)와 음이 서로 비슷하다. 그래서 지금의 파군(巴郡)으로 봐야 한다'라고 했다." 【색은(索隱)】 苴의 발음은 파(巴)다. 즉 파와 촉의 오랑캐들이 서로 공격한 것이다.

2) 【색은(索隱)】 錯의 발음은 칠(七)과 각(各)의 반절음이다. 또 칠(七)과 고(故)의 반절음이다.

의(儀)가 말했다.

"위나라와 친하고 초나라와 잘 지내면서 병사를 삼천(三川)으로 내려보내 십곡(什谷)[1] 어귀를 막고 둔류(屯留)의 길을 지키게 하고서[2] 위나라는 남양(南陽)으로 가는 길을 끊게 하고[3], 초나라는 남정(南鄭)을 압박한 다음에[4] 진나라는 신성(新城)과 의양(宜陽)을 쳐서 서주와 동주의 교외로 밀고 들어가서는 주나라 왕의 죄를 주토(誅討)하고 다시 초나라와 위나라 땅으로 침입합니다. 주나라는 외부로부터 도움을 받을 수 없다는 것을 스스로 깨닫고서 구정(九鼎)의 보물을 반드시 내놓을 것입니다. 구정의 권위에 기대 지도와 호적[圖籍]을 조사한 다음에 천자를 끼고 천하에 호령하면 천하는 감히 명을 듣지 않을 수 없을 것입니다. 이것이 바로 왕업(王業)입니다.

지금 저 촉은 서쪽의 궁벽한 나라이자 융적(戎翟) 같은 무리일 뿐이니, 군대를 지치게 하고 백성만 힘들게 할 뿐 명분을 이루기에 부족하며 설사 땅을 얻더라도 아무런 이익이 못 됩니다. 신이 듣건대, 조정에서는 명분을 다투고 시장에서는 이익을 다툰다고 했습니다. 지금 삼천(三川)과 주나라 왕실은 천하의 조정이자 시장인데, 왕께서 이곳을 다투지 않고 도리어 융적과 다투신다면 이는 왕업과는 거리가 멉니다."

1) 【색은(索隱)】 판본에 따라 심곡(尋谷)으로 되어 있는데, 심(尋)과 십(什)의 발음이 비슷해 이름을 헷갈린 것이다.

2) 【정의(正義)】 둔류는 노주(潞州)의 현이다. 길이란 곧 태항산 양장(羊腸) 비탈길
이다.

3) 【정의(正義)】 남양은 회주(懷州)다. 이것이 둔류의 길을 지키는 것이니, 위나라로
하여금 양장과 한나라 상당(上黨)의 길을 끊어 무너뜨리게 하는 것이다.

4) 【정의(正義)】 이것이 십곡 어귀를 막는 것이다. 초나라 군사로 하여금 남정으로
가서 환원(轘轅)과 심구(鄩口)를 막아, 한나라 남양의 군대를 끊게 하는 것
이다.

사마조가 말했다.

"그렇지 않습니다. 신이 듣건대, 나라를 부유하게 하고자 하는 사람은
그 땅을 넓히는 데 힘쓰고, 군대를 강하게 하고자 하는 사람은 그 백성을 부
유하게 하는 데 힘쓰며, 임금다운 임금[王=王者]이 되고자 하는 사람은 그
임금다움[德]을 펼치는 데 힘쓴다고 했고 이 세 가지 밑천[資]이 갖춰지면
왕업은 저절로 따라옵니다.

(그런데) 지금 왕의 땅은 작고 백성은 가난합니다. 그러니 신이 바라건대
먼저 쉬운 쪽에서 일을 시작하십시오. 저 촉은 서쪽의 궁벽한 나라이자 융
적(戎翟)의 우두머리로 (하나라) 걸왕(桀王)이나 (은나라) 주왕(紂王) 때와 같
이 혼란스럽습니다. 진나라가 촉을 공격하는 것은 비유하자면 이리나 승냥
이가 양 떼를 쫓는 것과 같습니다. 그 땅을 얻으면 족히 나라를 넓힐 수 있
고, 그 재물을 차지하면 족히 백성을 부유하게 해서 병사들을 잘 먹일 수 있
으며[繕兵]1), 또 많은 사람을 다치게 하지 않고서도 저들을 쉽게 굴복시킬
수 있습니다. 한 나라를 뽑아버려도[拔] 천하는 포악하다고 여기지 않을 것
이며 서해(西海)의 이익을 다 차지해도2) 천하는 탐욕스럽다고 하지 않을 것
이니, 이는 우리가 일거에 명분과 실속을 갖추는 것이자3) 나아가 포악과 혼
란을 막아냈다는 명분을 얻는 것입니다.

(그러나) 지금 한나라를 공격하고 천자를 겁박하는 것은 악명(惡名)을 덮

어쓰는 것일 뿐이고, 반드시 이익이 되는 것도 아니며, 게다가 의롭지 못하다는 오명까지 덮어쓰게 됩니다.

그리고 천하가 하고 싶어 하지 않는 일, 즉 주나라를 공격하는 것은 위험합니다. 신이 까닭[故]을 논해보겠습니다[論]4). 주나라는 천하의 종실(宗室)이고, 제나라는 한나라의 동맹[與國]입니다. 주나라가 구정(九鼎)을 잃게 되리라는 것을 스스로 알고 한나라가 삼천(三川)을 잃게 되리라는 것을 스스로 알게 되면, 장차 두 나라는 힘을 모으고 계책을 합쳐서 제나라와 조나라를 통해 초나라와 위나라에 구원을 청할 것입니다. 그리하여 주나라가 구정을 초나라에 넘겨주고 땅을 위나라에 넘겨주게 된다 해도 왕께서는 막을 수가 없습니다. 이것이 신이 말씀드린 위험입니다. 촉을 완전히 정벌하는 것보다 나은 것은 없습니다.”

1) 【정의(正義)】 繕은 발음이 선(膳)이니 선(饍)과 같다. ‘잘 갖춰 먹이다[具食]’라는 뜻이다.

2) 【색은(索隱)】 서해란 촉천(蜀川)을 가리킨다. 해(海)란 진귀한 물산이 모이고 나는 곳을 말하니, 이는 마치 진중(秦中)을 육해(陸海)라고 부르는 것과 같다. 【정의(正義)】 서쪽 강융(羌戎)의 이익을 다 차지한다는 말이다.

3) 【색은(索隱)】 명분이란 임금다움을 전하는 것이고, 실속이란 땅과 재물을 차지하는 것이다.

4) 【색은(索隱)】 논(論)은 ‘고하다[告]’, ‘진술하다[陳]’라는 뜻이다. 까닭이란 마땅히 쳐서는 안 되는 연유를 말한다.

혜왕이 말했다.

“좋다. 과인은 그대의 말을 따르고자 한다.”

결국 군사를 일으켜 촉을 쳐서 10월에 그곳을 차지했다1). 드디어 촉을 평정하고서2) 촉왕(蜀王)의 지위를 낮춰 후(侯)로 고쳐 부르는 한편, 진장(陳

莊)을 촉나라 재상으로 삼았다. 촉나라가 이미 진나라에 예속되자 진나라는 더욱 강해지고 부유해져서 제후들을 더욱 가볍게 여겼다.

1) **[색은(索隱)]** 「육국연표(六國年表)」에 따르면 혜왕 22년 10월이다.
2) **[정의(正義)]** 「표(表)」에 따르면 진나라 혜왕 후 원년 10월에 격멸시켰다.

진나라 혜왕 10년에 공자 화(華)[1]와 장의를 시켜 포양(蒲陽)[2]을 에워싸서 항복시켰는데, 장의는 그 참에 진왕에게 (포양을) 다시 위나라에 주고 공자 요(繇)를 위나라에 인질로 보내라고 말했다. 그러고 나서 장의는 위나라 왕에게 유세해 말했다.

"진나라 왕이 위나라를 대우하는 것이 심히 두터우니, 위나라도 무례를 범해서는 안 될 것입니다."

위나라가 이에 상군(上郡)과 소량(少梁)을 바쳐 진나라 혜왕에게 감사를 표했고, 혜왕은 마침내 장의를 재상으로 삼고 소량을 하양(夏陽)[3]이라고 고쳐 불렀다.

1) **[집해(集解)]** 서광(徐廣)이 말했다. "판본에 따라 혁(革)으로 되어 있기도 하다."
2) **[색은(索隱)]** 위나라 읍 이름이다.
3) **[집해(集解)]** 서광(徐廣)이 말했다. "하양은 양산(梁山) 용문(龍門)에 있다." **[색은(索隱)]** 대하(大夏)라고도 하는데, 촉이 도읍한 곳이다.

장의는 진나라 재상이 된 지 4년 만에 혜왕을 세워 왕으로 삼았다[1]. 1년 뒤에 진나라 장수가 되어 섬(陝) 땅을 차지했다. 상군(上郡)에 요새를 쌓았다.

1) **[정의(正義)]** 「표(表)」에 따르면, 혜왕 13년이고 주나라 현왕(顯王) 34년이다.

2년 뒤에 사신이 되어 제나라, 초나라 재상과 설상(齧桑)에서 만났다. 동쪽에서 돌아와서는 (진나라) 재상에서 물러나 위(魏)나라 재상이 되어, 진나라를 위한 일을 도모했는데 장의는 위나라로 하여금 먼저 진나라를 섬기게 함으로써 제후들이 이를 본받게 하고자 했다.

위나라 왕은 장의의 말을 기꺼이 들으려 하지 않았다. 진나라 왕은 화가 나서 위나라의 곡옥(曲沃)과 평주(平周)를 쳐서 차지한 뒤에 다시 은밀하게 장의를 대우하는 것을 더욱 두텁게 했다. 장의는 돌아가 보고할 만한 성과가 없어 부끄러워했다.

위나라에 머문 지 4년이 되던 해에 위나라 양왕(襄王)이 졸하고 애왕(哀王)이 세워졌다. 장의가 다시 애왕에게 유세했으나 애왕은 듣지 않았다. 이에 장의는 몰래 진나라에 위나라를 치라고 했고, 위나라는 진나라와 싸워서 졌다.

이듬해 제나라가 또 와서 관진(觀津)에서 위나라를 패배시켰다. 진나라는 다시 위나라를 공격하고자 하면서 먼저 한나라 신차(申差)가 거느린 군대를 물리쳐 8만 명을 목 베니, 제후들이 공포에 떨었다. 이에 장의는 다시 위나라 왕에게 유세해 말했다.

"위나라는 땅이 사방 1,000리가 못 되고 병졸도 30만에 지나지 않습니다. 땅은 사방으로 평탄해 제후들이 사방에서 바퀏살이 통으로 모이듯
[輻湊] 쳐들어올 수 있고, 명산이나 대천 같은 장애물도 없습니다. 정(鄭)에서 대량(大梁)까지는 200여 리밖에 안 되어, 말로 달리거나 사람이 뛰어도 힘들이지 않고 이를 수 있습니다. 그런데 위나라는 남쪽으로 초나라와 국경을 맞대고 있고 서쪽으로 한나라와 맞대고 있으며 북쪽으로 조나라와 맞대고 있고 동쪽으로 제나라와 국경을 맞대고 있으니, 사방을 지키는 병사와 변방 보루[亭鄣], 변방을 지키는 부대가 10만 아래가 되어서는 안 됩니다. 위나라 땅의 형세는 본래가 전쟁터입니다. 위나라가 남쪽으로 초나라와

함께하면서 제나라와 함께하지 않을 경우 제나라는 위나라 동쪽을 공격할 것이고, 동쪽으로 제나라와 함께하면서 조나라와 함께하지 않을 경우 조나라는 위나라 북쪽을 공격할 것입니다. 한나라와 화합하지 못하면 한나라가 위나라 서쪽을 공격할 것이고, 초나라와 화친하지 못하면 초나라가 위나라 남쪽을 공격할 것입니다. 이것이 사분오열(四分五裂)하는 형세[道]입니다.

또 저 제후들이 합종을 하려는 것은 장차 그렇게 함으로써 사직을 안정시키고 임금을 높이며 군대를 강하게 해 이름을 드러내기 위함입니다. 그래서 지금 합종 하는 자들은 천하를 하나로 통일해 형제가 되기로 약속하고, 환수(洹水)1) 가에서 백마를 잡아 (삽혈 하고) 맹세해 서로 굳게 결속하기로 했습니다. 그러나 같은 부모에게서 난 친형제끼리도 오히려 돈과 재물을 다투는 일이 있는데, 거짓과 속임수를 일삼으며 이랬다저랬다 하는 소진의 교묘한 술책을 믿으려고 하니 그것이 성공할 수 없음은 실로 분명합니다.

1) 【집해(集解)】 洹은 발음이 (원이 아니라) 환(桓)이다.

대왕께서 진나라를 섬기지 않으시면 진나라는 병사를 내려보내 하외(河外)1)를 공격해서 권(卷)·연(衍)·산조(酸棗)를 거점으로 삼아 위나라를 협박할 것입니다. 그리하여 양진(陽晉)을 차지하게 되면 조나라는 (위나라를 도우러) 남쪽으로 내려오지 못하게 되고, 조나라가 남쪽으로 내려오지 못하면 위나라도 북쪽으로 가지 못합니다. 위나라가 (조나라를 도우러) 북쪽으로 가지 못하면 합종의 길은 끊어지게 되니, 이렇게 되면 대왕의 나라는 위태로워지지 않으려고 해야 않을 수 없습니다. 진나라가 한나라를 꺾고[折]2) 위나라를 공격하면 한나라는 진나라에 겁을 먹어 진나라와 한나라가 한편이 될 것이니, 위나라가 망하는 것은 그냥 서서 기다려야 할 판입니다. 이것이 신이 대왕을 위해 걱정하는 바입니다.

1) 【색은(索隱)】 황하의 서쪽, 즉 곡옥(曲沃) 평주(平周) 등의 읍이다. 【정의(正義)】 하외
   란 권(卷)·연(衍)·산조(酸棗)다.

2) 【색은(索隱)】 『전국책(戰國策)』에는 절(折)이 '끼고서[挾]'로 되어 있다.

대왕을 위한 계책으로는 진나라를 섬기는 것만 한 바가 없습니다. 진나
라를 섬기게 되면 초나라와 한나라는 분명 감히 움직이지 못할 것입니다.
초나라와 한나라로 인한 근심이 없다면 대왕께서는 베개를 높여 편히 주무
실 수 있고, 나라에도 틀림없이 아무런 근심이 없을 것입니다.

또 무릇 진나라가 약하게 하고자 하는 나라로는 초나라만 한 나라가 없
고, 능히 초나라를 약하게 할 수 있는 나라로는 위나라만 한 나라가 없습니
다. 초나라가 비록 부유하고 크다는 명성이 있지만 실은 텅 비어 있고, 비록
병졸이 많기는 하지만 쉽게 달아나 가볍게 패배시킬 수 있습니다. 굳세게 지
켜 싸울 줄 모르니, 위나라의 군대를 모두 동원해 남쪽으로 초나라를 친다
면 반드시 이길 것입니다. 초나라 땅을 쪼개 양(위)나라에 더하고 초나라 땅
을 갈라서 진나라에 준다면 재앙을 다른 나라에 떠넘겨[嫁] 위나라는 편안
해질 것이니, 이것이 좋은 일입니다. 대왕께서 신의 말을 듣지 않으신다면
진나라는 무장한 병사를 내려보내 동쪽으로 위나라를 칠 것이니, 그때 가
서는 진나라를 섬기려고 해도 섬길 수 없습니다.

또 저 합종 하는 자들[從人]은 말만 요란하지 믿을 만한 것이 적고 제후
한 사람에게 유세해 성공하면 후(侯)에 봉해지다 보니, 이 때문에 천하의 유
세객들은 밤낮 없이 팔을 걷어붙이고 눈을 부릅뜬 채 이빨을 부딪쳐가면서
[切齒] 합종의 이로움을 말함으로써 임금들에게 유세합니다. 임금들이 그
변론을 뛰어나다고 여겨서 그 설에 끌려다니니, 어찌 현혹되지 않을 수 있
겠습니까?

신이 듣건대, 깃털도 많이 쌓으면 배를 가라앉히고 가벼운 물건도 많이 실으면 수레 축이 부러진다고 했습니다. 여러 사람의 입은 쇠도 녹이고 비방이 쌓이면 뼈도 녹이게 되니, 그래서 바라건대 대왕께서는 계책과 의견을 잘 살펴서 결정하십시오. 그리고 신을 면직시켜 위나라를 떠날 수 있게 해 주십시오."

애왕은 이에 마침내 합종의 맹약을 저버리고 장의를 통해 진나라와의 화친[成]을 청했다. 장의는 돌아가서 다시 진나라 재상이 되었다. 3년 뒤에 위나라가 다시 진나라를 배신하고 합종에 참여했다. 진나라는 위나라를 공격해 곡옥(曲沃)을 차지했다. 이듬해 위나라는 다시 진나라를 섬겼다.

진나라가 제나라를 치려 하자 제나라와 초나라가 합종을 통해 화친하니, 이에 장의는 초나라에 가서 상황을 살피려 했다. 초나라 회왕(懷王)은 장의가 온다는 말을 듣고서 최상급 객사를 비워놓고 몸소 그를 안내하고서 말했다.

"이곳은 외지고 누추한 나라인데, 그대는 무엇으로 가르침을 주려 하는가?"

장의가 초왕에게 유세해 말했다.

"대왕께서 진심으로 신의 말씀을 듣고서 관문을 닫고 제나라와 맺은 맹약을 끊으신다면, 신은 상(商)과 오(於) 땅 600리를 초나라에 바치고 진나라 여자를 대왕을 위해 청소나 하는[箕箒] 첩이 되게 할 것이며 진나라와 초나라가 서로 며느리를 맞이하고 딸을 시집보내는 사이가 되어 영원히 형제의 나라가 되도록 하겠습니다. 북쪽으로 제나라를 약화하고 서쪽으로 진나라를 이롭게 하는 계책 중에 이보다 좋은 것은 없습니다."

초나라 왕이 크게 기뻐하며 이를 받아들였다. 여러 신하가 모두 축하했으나, 진진(陳軫)만이 홀로 조의를 표했다. 초나라 왕이 화를 내며 말했다.

"과인이 군대를 일으키지 않고서도 600리 땅을 얻게 되어 여러 신하가 모두 축하를 올리는데, 그대 홀로 조의를 표하니 어째서인가?”

진진이 말했다.

“그렇지 않습니다. 신이 살펴보건대, 상 땅과 오 땅은 얻을 수 없습니다. 제나라와 진나라는 연합하게 될 것인데, 제나라와 진나라가 연합하면 반드시 근심이 닥칠 것입니다.”

초나라 왕이 말했다.

“무슨 근거가 있는가?”

진진이 대답해 말했다.

“저 진나라가 초나라를 중시하는 까닭은 제나라와 사이가 좋기 때문입니다. 지금 관문을 닫고 제나라와 맹약을 끊으면 초나라는 고립됩니다. 진나라가 무엇 때문에 고립된 나라를 탐내 상과 오 땅 600리를 준다는 말입니까? 장의는 진나라로 돌아가면 반드시 왕을 배반할 것이니, 이는 북쪽으로 제나라와 친교를 끊고 서쪽으로 진나라로부터 걱정거리를 불러오는 일이므로 진나라와 제나라가 반드시 함께 쳐들어올 것입니다. 왕을 위해 가장 좋은 계책은 몰래 제나라와 함께하면서도 겉으로는 제나라와의 관계를 끊는 척하고 장의에게 사람을 딸려 보내는 것입니다. 정말로 우리에게 땅을 주면, 그때 가서 제나라와 관계를 끊어도 늦지 않고, 또 땅을 주지 않으면 은밀히 제나라와 연합해 계책을 짜면 됩니다.”

초나라 왕이 말했다.

“바라건대 진자(陳子)는 입을 닫고[閉口] 더는 아무 말도 하지 말라. 그저 과인이 땅을 얻는 것이나 기다려라!”

마침내 재상의 인장을 장의에게 주고 두터운 선물도 주었다. 이에 드디어 관문을 닫고 제나라와 맹약을 깨고서 장군 1명을 장의에게 딸려 보냈다.

장의는 진나라에 이르자 수레에 오를 때 일부러 잡는 줄을 놓치고 떨어지더니, 석 달 동안 조정에 나아가지 않았다. 초나라 왕이 그 소식을 듣고 말했다.

"장의는 과인이 제나라와 분명하게 교류를 끊지 않았다고 여기는 것인가?"

마침내 용사를 송(宋)나라에 보내 송나라 통행증을 빌려서 사신으로 하여금 북쪽으로 가서 제나라 왕을 꾸짖게 하니[罵], 제나라 왕이 크게 화를 내며 초나라와 맹약할 때의 부절을 꺾어버리고 진나라에 몸을 낮췄다. 진나라와 제나라의 관계가 회복되자 장의는 마침내 조정에 나아가서 초나라 사신에게 말했다.

"신에게 봉읍(奉邑) 6리가 있는데, 대왕의 좌우 신하들에게 바치고자 합니다."

초나라 사자가 말했다.

"신은 우리 왕으로부터 상과 오 땅 600리를 받아오라는 명을 받았지, 6리에 대해서는 들은 바가 없습니다."

돌아가서 초나라 왕에게 보고하니, 초나라 왕은 크게 화가 나서 군대를 일으켜, 진나라를 공격하려 했다.

진진이 말했다.

"제가 입을 열어[發口] 말씀을 올려도 되겠습니까? 진나라를 공격하는 것보다는 땅을 떼어 진나라에 뇌물로 준 뒤 진나라와 군대를 합쳐 제나라를 공격하는 것이 낫습니다. 이렇게 하면 우리는 진나라에 땅을 내주고 제나라에서 보상을 받는 셈이니, 왕의 나라를 계속 보존할 수 있습니다."

초나라 왕이 이를 듣지 않고 끝내 군대를 일으켜서 장군 굴개(屈丏)로 하여금 진나라를 치게 했다. 진나라는 제나라와 함께 초나라를 공격해 8만 명의 목을 베고 굴개를 죽인 뒤 드디어 단양(丹陽)[1]과 한중(漢中)[2] 땅을 차지했다. 초나라가 또다시 군사를 일으켜, 진나라를 습격해서 남전(藍田)에 이르러 큰 전투를 벌였으나 (다시) 초나라가 대패했고 이에 초나라는 성 2개를 떼어 진나라에 주고 화친을 맺었다.

1) 【집해(集解)】 서광(徐廣)이 말했다. "지강(枝江) 변에 있다."

2) 【정의(正義)】 지금의 양주(梁州)이며, 한수(漢水) 북쪽에 있다.

　진나라는 초나라를 압박해[要=迫] 초나라 검중(黔中) 땅을 얻고 싶어 했는데, 장차 그 땅을 무관(武關) 밖의 땅1)과 바꾸고자 했기 때문이다. 초나라 왕이 말했다.

　"땅은 바꾸고 싶지 않고, 장의를 보내준다면 검중 땅을 바치겠다."

　진나라 왕은 장의를 보내고 싶었지만 차마 입으로 말할 수가 없었다. 장의가 마침내 자기가 가겠다고 청하자, 혜왕이 말했다.

　"저 초나라 왕은 그대가 상과 오 땅을 주겠다고 했던 약속을 저버린 것에 화가 나 있을 터이니, 지금 그대를 얻고자 하는 것은 장차 그대에게 분풀이하려는 것이다[甘心]."

　장의가 말했다.

　"진나라는 강하고 초나라는 약하며, 신은 근상(靳尙)과 사이가 좋습니다. 근상은 초왕의 부인 정수(鄭袖)를 섬기고 있는데, 초왕은 정수의 말이라면 다 따릅니다. 또 신이 왕의 부절을 받들어 초나라에 사신으로 가는데, 초나라가 어찌 감히 저를 죽이겠습니까? 설령 신을 죽인다 해도 진나라는 검중 땅을 얻게 될 것이니, 이는 신이 가장 바라는바[上願]입니다."

　드디어 초나라에 사신으로 갔다. 초나라 회왕은 장의가 오자마자 곧바로 가두고 장차 죽이려고 했다. 근상이 정수에게 말했다.

　"부인께서는 왕의 총애가 식어 버림받게 되리라는 것을 알고 계십니까?"

　정수가 말했다.

　"무슨 말인가?"

　근상이 말했다.

　"진나라 왕은 장의를 몹시 아끼므로 반드시2) 그를 빼내려 할 것입니다.

그래서 지금 진나라는 장차 상용(上庸)의 6현을 초나라에 뇌물로 주는 한편, 미인을 초왕에게 보내고 궁중에서 춤과 노래에 뛰어난 사람을 잉첩으로 보내려고 합니다. 초왕께서는 땅을 중시하고 진나라를 존중하므로 진나라 여자는 반드시 귀하게 될 것인데, 그렇게 되면 부인께서는 반드시 배척당할 것입니다. 부인께서 말씀하시어 장의를 내보내는 것이 낫습니다."

이에 정수가 밤낮으로 회왕에게 말했다.

"남의 신하 된 자는 각자 자기 주인을 위해 온 힘을 다합니다. 지금 약속한 검중 땅을 아직 진나라에 떼어주지 않았는데도 진나라가 장의를 사신으로 보내온 것은 왕을 지극히 중시하기 때문입니다. (그런데) 왕께서 예도 갖추지 않은 채 장의를 죽이신다면 진나라는 반드시 크게 화가 나서 초나라를 공격할 것입니다. 첩이 청컨대, 아들과 어미가 함께 강남으로 유배되어 진나라에 어육(魚肉)이 되는 일이 없도록 해주소서."

회왕이 뒤늦게 뉘우치고서 장의를 용서하고는 예전처럼 두텁게 예우했다.

1) 【정의(正義)】 곧 상과 오 땅이다.

2) 원문은 불(不)로 되어 있는데, 【색은(索隱)】에서는 불(不)이 '마땅히 필(必)'이 되어야 한다고 했다. 이때 장의는 초나라에 갇혀 있어 반드시 그를 빼내고자 했다는 말이다. 그러나 【정의(正義)】에서는 불(不)을 그대로 두고 다음과 같이 풀이했다. '진왕은 장의를 내보내 초나라에 사자로 나가게 하지 않으려고[不欲] 했는데 그가 스스로 가겠다고 했고, 지금은 진나라가 상용 땅과 미인을 갖고서 장의를 구하려 했다.' 이 또한 가능한 번역이다.

장의가 이미 옥에서 나왔으나 아직 초나라를 떠나기 전에 소진이 죽었다는 소식을 듣고는[1], 마침내 초나라 왕에게 유세해 말했다.

"진나라 땅은 천하의 절반을 차지하고 있고 군대는 사방의 나라와 대적할 수 있으며, 험한 산으로 둘러싸인 데다 황하가 띠처럼 두르고 있어 사방이 요새와 같이 견고합니다. 호랑이처럼 용맹스러운 병사가 100만이 넘고 전차가 1,000승이나 되며 기마가 1만 필에 식량은 산더미처럼 쌓여 있습니다. 법령이 이미 명백하고 병졸들은 어려움을 잘 받아들여서 기꺼이 죽으려 합니다. 임금은 눈 밝고 엄정하며 장수는 지혜롭고 용맹스러워서 설사 무장한 군대를 내지 않더라도 상산(常山)의 험한 요새들을 석권해 반드시 천하의 척추를 꺾을 수 있으니[2], 천하 제후 중에 남보다 늦게 복종하는 자는 먼저 망하게 될 것입니다. 또 저 합종에 참여하는 나라들은 양 떼를 몰아 사나운 호랑이를 공격하는 것과 다를 바가 없는데, 호랑이와 양이 서로 적수가 될 수 없음은 분명합니다. 지금 왕께서는 사나운 호랑이 편이 되지 않고 양 떼 편이 되려고 하시니, 신은 남몰래 대왕의 계책이 잘못이라고 생각합니다.

1) 【색은(索隱)】 이때는 진나라 혜왕 후원(後元) 14년에 해당한다.
2) 【색은(索隱)】 상산은 천하의 북쪽에 있으니, 사람의 몸에 척추가 있는 것과 같다.

무릇 천하에서 강국이라 하면 진나라 아니면 초나라요 초나라 아니면 진나라인데, 두 나라가 서로 다투면 형세상 양립할 수 없습니다. 대왕께서 진나라와 편이 되지 않으면 진나라는 군사를 내려보내 의양(宜陽)을 점거할 것이니, 이렇게 되면 한나라 상지(上地-상군)와는 길이 통하지 않게 됩니다. (이어 진나라 군대가) 하동으로 내려와 성고(成皐)를 차지하면 한나라는 틀림없이 (진나라) 신하로 편입될 것이고, 위나라 또한 그 바람을 따라 진나라 쪽으로 움직일 것입니다. 진나라가 초나라 서쪽을 공격하고 한나라와 위나라가 초나라 북쪽을 공격한다면 사직이 어찌 위태롭지 않을 수 있겠습니까?

또 저 합종론자들은 약한 제후들을 모아 지극히 강한 제후를 공격하려

하면서 적을 제대로 헤아리지 않고 섣불리 싸우려 합니다. 나라는 가난한데 수시로 군대를 일으키니, 이는 망하는 길입니다. 신이 듣건대, 병력이 못 미치면 싸움을 걸지 말고 식량이 모자라면 오래 싸우지 말라고 했습니다. (그런데도) 저 합종론자들은 허황한 말로 임금의 절의를 치켜세우면서 이로운 점만 말하고 해악은 말하지 않으니, 이러다가는 결국 진나라의 재앙이 닥쳐도 어쩔 수가 없을 뿐입니다. 이 때문에, 대왕께서 숙고하시기를 바라는 것입니다.

진나라는 서쪽으로 파(巴)와 촉(蜀)을 갖고 있는데, 큰 배에 식량을 싣고 민산(汶山)에서 출발해 강을 타고 내려오면 초나라까지 3,000여 리입니다. 배를 2척씩 묶어[舫船]^{방선}[1] 배 1쌍에 사졸 50명과 석 달 치 식량을 싣고서 물을 따라 내려오면 하루에 300여 리를 가니, 거리는 비록 멀지만 소나 말의 힘을 쓰지 않고서도 열흘이 안 되어 간관(扞關)[2]에 이를 수 있습니다. 간관이 놀라 흔들리게 되면 국경 동쪽이 에워싸여 모두 성을 지키는 형세가 되며, 검중과 무군(巫郡)은 (더는) 왕의 땅이 아닙니다. 진나라가 군대를 움직여 무관(武關)을 나와 남쪽으로 향한다면 북쪽 땅은 끊어져 고립될 것입니다[3]. 진나라 군대가 초나라를 공격한다면 석 달도 안 되어 위난(危難)이 닥치지만, 초나라가 제후들의 구원을 기다리려면 반년 이상이 걸리니, 이렇게 되면 형세상 이미 늦습니다. 무릇 약한 나라들의 구원을 기다리면서 강한 진나라의 재앙은 잊고 있는 것, 이것이 신이 대왕을 위해 걱정하는 바입니다.

1) 【색은(索隱)】 배 2척을 나란히 하는 것을 말한다.

2) 【색은(索隱)】 간관은 초나라 서쪽 경계에 있다.

3) 【정의(正義)】 초나라 북쪽 국경이 단절된다는 말이다.

대왕께서는 일찍이 오(吳)나라와 전쟁을 하여 다섯 번 싸워서 세 번 이겼지만 싸움에 나간 병사들을 모두 잃었고, 새로운 성[新城]¹⁾을 한쪽 구석에서 지키느라 백성도 고통스럽습니다. 신이 듣건대, 공이 크면 위험에 빠지기 쉽고 백성이 고달프면 윗사람을 원망한다고 했습니다. 위험에 빠지기 쉬운 공을 지키느라 강한 진나라의 마음을 거스르는 것은 신이 가만히 생각건대 대왕께 위험한 일입니다.

1) 【색은(索隱)】 마땅히 오나라와 초나라 사이에 있다. 【정의(正義)】 새로 공격해 얻은 성들인데, 소재지는 알 수 없다.

또 저 진나라가 15년 동안이나 함곡관을 (지키기만 할 뿐) 출병해 제나라와 조나라를 공격하지 않은 것은 은밀하게 천하를 합병하려는[合]¹⁾ 마음이 있었기 때문입니다. 초나라는 일찍이 진나라와 부딪쳐[構難] 한중(漢中)²⁾에서 싸웠으나 초나라가 이기지 못해 열후(列侯)나 집규(執圭)의 작위를 가진 자 중에 죽은 자가 70명이 넘었고 드디어 한중을 잃었으며, 초나라 왕이 크게 화가 나 군대를 일으켜서 진나라를 습격해 남전(藍田)에서 싸웠습니다. 이것이 호랑이 2마리가 서로 싸운다[兩虎相搏]는 것이니, 저 진나라와 초나라는 서로 피폐해지고 한나라와 위나라는 온전하게 후방을 통제할 수 있었습니다. 계책 중에 이보다 더 위험한 것은 없으니, 바라건대 대왕께서는 숙고하셔야 할 것입니다.

1) 【집해(集解)】 서광(徐廣)이 말했다. "판본에 따라 탄(呑-삼키다)으로 되어 있다."
2) 【색은(索隱)】 이 땅은 진나라 남산(南山) 남쪽에 있으니, 초나라 서북쪽이고 한수(漢水) 북쪽이다. 그래서 이름을 한중(漢中)이라고 했다.

진나라가 군대를 내려보내 위(衛)나라 양진(陽晉)을 공격하면 이는 명백하게 천하의 가슴을 크게 짓누르는 것[大關]]과 같은 꼴입니다¹⁾. 대왕께서 모든 군사를 동원해 송나라를 공격하면 몇 달 되지 않아 송나라를 차지할 수 있습니다. 이 송나라를 거느리고 동쪽으로 나아가서 친다면 사수(泗水) 변의 열두 제후2)는 모두 왕의 차지가 될 것입니다.

1) 【집해(集解)】 서광(徐廣)이 말했다. "관(關)은 판본에 따라 개(開)로 되어 있다." 【색은(索隱)】 위나라 양진을 공격하는 것은 천하의 가슴을 크게 짓누르는 것이다. 무릇 상산이 천하의 척추라면 위나라의 양진은 천하의 가슴에 해당한다. 대개 이 땅은 진나라와 진(晉)·제·초가 서로 지나가는 길이다. 그래서 진나라 군대가 양진을 점거한다면 이는 천하의 가슴을 크게 짓누르는 것과 같아서 다른 나라들이 움직일 수 없다는 말이다.

2) 【색은(索隱)】 전국시대 송(宋)·노(魯)·주(邾)·거(莒) 등이다.

무릇 천하 제후들이 믿음을 갖고서 합종 하기로 약속해 서로를 견고하게 하자고 한 자는 소진입니다. 그는 무안군(武安君)에 봉해지고 연(燕)나라 재상이 되자 몰래 연나라 왕과 짜고 제나라를 쳐서 깨뜨려 그 땅을 나눠 갖기로 모의했습니다. 이에 거짓으로 연나라에 죄를 지은 것처럼 꾸며 제나라로 달아났는데, 제나라 왕은 그를 받아들여 재상으로 삼았습니다. 2년이 지나 음모가 발각되니, 제나라 왕은 크게 화가 나서 소진을 저잣거리에서 거열형에 처했습니다. 무릇 이렇듯 한낱 거짓과 사기를 일삼는 소진이 천하를 경영하다가 제후들을 혼란에 빠뜨렸으니, 그 일이 성사될 수 없었음은 실로 분명합니다.

지금 진나라는 초나라와 국경을 접하고 있으니 진실로 형세상 친하게 지내야 할 나라입니다. 대왕께서 진심으로 신의 말씀을 들어주시겠다면, 신은 진나라 태자를 초나라에 인질로 보내오고 초나라 태자를 진나라에 인질로 보낼 것을 청합니다. 또 진나라 여자를 대왕의 시첩[箕帚之妾]으로 삼게 하고 성 1만 호를 바쳐 탕목읍으로 삼게 함으로써 오래도록 형제의 나라가 되어 영원히 서로를 공격하지 않도록 할 것입니다. 신이 볼 때 이보다 더 좋은 계책은 없습니다."

이에 초나라 왕이 장의를 이미 얻은 데다가 검중 땅을 진나라에 내어주기를 꺼렸으므로[重] 장의의 말을 받아들이려 했는데, 굴원(屈原)[1]이 말했다.

"전에 대왕께서는 장의에게 속은 바 있었으니, 장의가 오면 신은 대왕께서 그를 삶아 죽이리라 여겼습니다. 그런데 지금 비록[縱=雖] 차마 죽이지는 못한다 하더라도 또다시 그의 간사한 말을 따라서는 안 될 것입니다."

회왕이 말했다.

"장의의 말을 들어서 검중을 얻는 것은 큰 이익이다. 일단 약속을 한 이상 어길 수는 없다."

그래서 결국 장의 말을 따라 진나라와 화친했다.

1) 초나라의 왕족으로 태어나 처음에는 회왕(懷王)의 신임을 받았지만, 제(齊)나라와 동맹해 강국인 진(秦)나라에 대항해야 한다는 합종책(合縱策)을 주장했다가 진나라와 친교(親交) 해야 한다는 연횡책(連橫策)을 주장하는 상관대부(上官大夫)의 참언(讒言)에 의해 면직되었다. 나중에 회왕이 진나라에 갔다가 사로잡혀 죽은 뒤 아들 경양왕(頃襄王) 때 다시 쫓겨나서 멱라수(汨羅水)에 빠져 죽었다. 당시 초나라 국운을 탄식하면서 『이소(離騷)』와 「구가(九歌)」·「천문(天問)」·「어부(漁夫)」 등의 시를 지었는데, 이것이 『초사(楚辭)』에 실려 있다.

장의는 초나라를 떠나 내친김에 한나라로 가서 한나라 왕에게 유세해 말했다.

"한나라 땅은 험악하고 산에 있어 오곡이 난다고 해봐야 콩 아니면 보리이고 백성이 먹는 것은 대개 콩밥에 명아줏국이며 한 해만 흉년이 들어도 백성은 술지게미와 쌀겨조차 배불리 먹지 못합니다[不饜]. 땅은 사방 900리에 지나지 않고, 두 해를 견뎌낼 식량도 없습니다. 대왕의 병사들을 헤아려보니 다 모아도 30만이 안 되는데, 그중에는 잡역부[廝徒]와 짐꾼들[負養]1)까지 포함되어 있습니다. 변방 역참과 관문 요새를 지키는 병사를 제외하면 병력은 결국 20만이 채 못 될 뿐입니다.

진나라는 무장 병사만 100만이 넘고 전차가 1,000승에 기마가 1만 필인데다가 호랑이처럼 용맹스러운 병사[虎賁之士], 맨발에 투구도 쓰지 않은 채 적진으로 달려가는 병사[跿跔科頭], 화살이 턱을 꿰뚫어도 창을 휘두르며 적진을 향해 달려가는 병사[貫頤奮戟]가 이루 다 헤아릴 수 없을 지경입니다. 진나라 말은 훌륭하고 기병은 많아서 앞발을 쳐들고 뒷발로 땅을 차면 단번에 세 길을 내닫는 말만 해도 이루 다 셀 수 없습니다.

산동(山東-효산 동쪽) 병사들은 갑옷을 입고 투구를 쓰고 싸우지만, 진나라 사람들은 갑옷을 벗어 던지고 맨발에 어깨를 드러낸 채 적진에 달려들어 왼손으로는 적군의 머리채를 잡아끌고 오른쪽 옆구리에는 포로를 산 채로 끼고 다닙니다. 저 진나라 병졸과 산동 병졸의 차이는 마치 맹분(孟賁)이 겁쟁이를 다루는 것과 같고, 힘으로 누르는 것은 마치 오획(烏獲)이 어린 아이를 다루는 것과 같습니다. 무릇 맹분이나 오획 같은 용사들을 전쟁터로 보내 복종하지 않는 약한 나라를 공격하는 것은 마치 1,000균(鈞)이 나가는 무거운 것으로 새알을 누르는 것과 같아서 결단코 요행은 있을 수 없습니다.

1) 【색은(索隱)】 시도(廝徒)는 잡역을 하는 천한 자들이다. 부양(負養)은 공가(公家)에 필요한 물건들을 운반하는 자들인데, 역시 천한 자들이다.

저 신하들과 제후들은 자신들의 좁은 땅을 헤아리지 않고서 합종을 말하는 유세객의 달콤하고 그럴싸한 말만 듣고는 서로 패거리를 지어 말을 꾸며가면서, 모두 말하기를 '나의 계책을 따르면 강해져서 천하 패권을 차지할 수 있다'라고 합니다. 무릇 사직의 장구한 이익은 돌아보지 않고 한순간의 달콤한 말을 듣는다면 임금을 그르치고 오도하는 것[詿誤] 중에 이보다 더한 것은 없습니다.

대왕께서 진나라를 섬기지 않으시면 진나라는 군대를 내려보내 의양(宜陽)을 점거해 한나라의 상지(上地-상군)를 끊고 동쪽으로 성고(成皐)와 형양(滎陽)을 빼앗을 것이니, 그렇게 되면 홍대(鴻臺)의 궁전과 상림(桑林)의 동산은 더는 왕의 소유가 아니게 됩니다. 저 성고를 막고 상지를 끊어버리면 왕의 나라는 나눠질 것입니다. 남들보다 먼저 진나라를 섬기면 편안할 것이고, 섬기지 않으면 위태롭게 될 것입니다. 무릇 화를 빚어놓고 복이 돌아오기를 구한다면 이런 계책은 얕아서 원한만 깊어질 것이니, 진나라를 거스르고 초나라를 따른다면 나라가 멸망하지 않으려 해도 그럴 수가 없습니다.

그러니 왕을 위한 계책으로는 진나라를 위하는 것이 가장 좋습니다. 진나라가 바라는 것으로는 초나라를 약하게 하는 것만 한 바가 없고, 능히 초나라를 약하게 할 수 있는 나라로는 한나라만 한 나라가 없습니다. 이는 한나라가 초나라보다 강해서가 아니라 그 땅의 형세가 그러하기 때문입니다. 지금 왕께서 서쪽으로 진나라를 섬기면서 초나라를 공격한다면 진나라 왕은 반드시 기뻐할 것입니다. 무릇 초나라를 공격해서 그 땅을 얻고 재앙을 돌려[轉=嫁] 진나라를 기쁘게 한다면, 계책 중에 이보다 좋은 것은 없을 것입니다."

한나라 왕이 장의의 계책을 따랐다. 장의가 돌아가서 보고하자 진나라 혜왕은 5개 읍으로 장의를 봉해주고 칭호를 무신군(武信君)이라 했다.

(혜왕이) 장의를 동쪽으로 보내 제나라 민왕(湣王)에게 유세하게 했다. (장의가 민왕에게 말했다.)

"천하 강국 중에 제나라를 넘어설 나라는 없으며 대신과 부형(父兄-왕족)들도 그 수가 많고, 부유하며 안락한 삶을 누리고 있는데, 대왕을 위해 계책을 내는 자들은 하나같이 한때의 유세[一時之世]일 뿐 백세의 이익[百世之利]은 돌아보지 않습니다. 합종을 갖고서 대왕에게 유세하는 자들은 틀림없이 '제나라 서쪽에는 강한 조나라가 있고 남쪽에는 한나라와 위나라가 있지만, 제나라는 바다를 등지고 있는 나라로 땅은 넓고 백성은 많으며 군대는 강하고 병사들은 용감합니다. 설사 진나라가 100개가 있다 한들 장차 제나라를 어찌할 수가 없습니다'라고 할 것입니다. 대왕께서는 유세 내용이 뛰어나다고 여겨서 실상을 따져보지 않으시며, 저 합종론자들은 붕당(朋黨)을 지어 서로 편을 들다 보니 합종이 좋다고 여기지 않는 자들이 없습니다.

신이 듣건대, 제나라와 노나라의 세 차례 싸움에서 노나라가 세 번 모두 이겼으나 (정작) 나라가 위태로워지더니 뒤이어 멸망했다고 했습니다. 비록 전쟁에서 이겼다는 명성은 있었지만 나라가 망하는 실상이 있었던 것입니다. 이는 어째서이겠습니까? 제나라는 크고 노나라는 작았기 때문입니다. 지금 진나라와 제나라 관계가 마치 제나라와 노나라 관계와 같습니다. 진나라와 조나라는 황하와 장하(漳河) 변에서 싸웠는데, 두 번 싸워서 조나라가 두 번 다 진나라에 이겼습니다. 또 파오(番吾) 아래에서 싸웠는데, 두 번 싸워서 다시 진나라를 이겼습니다. (그러나) 네 번 싸운 뒤에 조나라는 병사 수십만을 잃고 한단(邯鄲)만 겨우 보존할 수 있었으니, 비록 전쟁에서 이겼다는 명성은 있었지만 나라는 이미 깨진 뒤였습니다. 이는 어째서이겠습니까? 진나라는 강하고 조나라는 약했기 때문입니다.

지금 진나라와 초나라는 딸을 시집보내고 며느리를 맞이해 형제 같은 나라가 되었습니다. 한나라는 의양을 진나라에 바쳤고, 위나라는 하외(河外)를 진나라에 바쳤습니다. 조나라는 민지(澠池)에 입조해 하간(河間) 땅을 떼어서 진나라를 섬기고 있습니다. 대왕께서 진나라를 섬기지 않는다면 진나라는 한나라와 위나라를 몰아 제나라 남쪽 땅을 공격할 것이며, 조나라 군대를 모두 동원해 청하(淸河)를 건너 박관(博關)으로 쳐들어올 것이니, 그렇게 되면 임치(臨菑)와 즉묵(卽墨)은 더는 왕의 땅이 아닙니다. 나라가 하루아침에 공격을 당하고 나서는 진나라를 섬기고 싶어도 그럴 수 없습니다. 이 때문에 대왕께서 숙고하시기를 바라는 것입니다.”

제나라 왕이 말했다.

“제나라는 외지고 보잘것없는 나라로서 동해 가에 숨은 듯이 있으므로 일찍이 사직의 장구한 이익에 관해 들어본 바가 없었다.”

마침내 장의를 따르기로 했다.

장의가 제나라를 떠나 서쪽으로 가서 조나라 왕에게 유세했다.

“폐읍(敝邑-자기 나라를 낮춰 부르는 겸칭) 진나라 왕께서 신을 사신으로 보내 대왕께 어리석은 계책을 바치게 했습니다. 대왕께서 천하 제후들을 거둬 진나라를 배척해서[賓=擯] 진나라 군대가 감히 함곡관 밖으로 나오지 못한 지 15년입니다. 대왕의 위세가 산동에 떨치니, 폐읍은 두려움에 움츠린 채 무기를 정비하고 군사를 훈련하며[厲] 전차를 가다듬고[飾=敕] 말타기와 활쏘기를 익히면서 농사에 힘써 양식을 비축하고 사방 국경을 지킬 뿐이었습니다. 그러면서 근심과 두려움에 감히 움직이지 못했으니, 이는 오직 대왕께서 진나라의 잘못을 꾸짖는[督] 데 마음을 두고 있기 때문이었습니다.

지금 대왕의 힘 덕분에 (진나라는) 파와 촉을 점거하고 한중을 병탄하며 양주(兩周)를 손에 넣었으며 구정(九鼎)을 옮기고 백마(白馬) 나루를 지키게 되었습니다. 진나라가 비록 궁벽지고 멀기는 하지만, 마음에 분노와 원한을 품어온 지 오래입니다. 이제 진나라는 해진 갑옷을 걸치고 초라한 군대를 갖고서 민지(澠池)에 주둔해, 황하와 장수(漳水)를 건너 파오(番吾)를 점거하고 한단성(邯鄲城) 아래에서 (조나라 군대와) 만나 갑자일에 전투를 벌이고자 합니다. 그래서 (무왕이) 은(殷)나라 주왕(紂王)을 정벌했던 것처럼 잘못을 바로잡기 바라고 있기에, 삼가 신을 사신으로 보내 미리 저간의 사정[左右]을 알려드리는 것입니다.

무릇 대왕께서 합종을 신뢰하신 것은 소진을 믿었기 때문입니다. 소진은 제후들을 홀려[熒惑] 옳은 것을 그르다 하고 그른 것을 옳다고 하면서 제나라를 등지려다가 자신은 저잣거리에서 거열형을 당했습니다. (그렇게 해서는) 천하가 하나로 될 수 없음은 실로 명백합니다. 지금 초나라와 진나라는 형제의 나라가 되었고 한나라와 위나라는 (진나라에) 동쪽 울타리와 같은 신하로 자처하고 있으며 제나라는 물고기와 소금이 나는 땅을 바쳤으니, 이는 조나라의 오른팔을 자른 셈입니다. 무릇 오른팔이 잘린 채 다른 사람과 싸우고자 하지만 함께할 지원 세력을 잃고 외톨이 신세가 되었으니, 이러고도 위태롭지 않길 바란다고 한들 어찌 그것이 가능하겠습니까?

이제 진나라는 장군 3명을 보낼 것입니다. 한 부대는 오도(午道)¹⁾를 막고 제나라에 통고해서 군대를 일으켜 청하(淸河)를 건너 한단 동쪽에 주둔하게 하고, 또 한 부대는 성고(成皐)에 군진을 치고 한나라와 위나라 군대를 몰아 하외(河外)²⁾에 주둔하게 하며, 나머지 한 부대는 민지에 주둔하게 할 것입니다. 네 나라가 하나가 되기로 약속하고 조나라를 공격해, 조나라를 깨뜨리고 나면 반드시 네 나라는 조나라 땅을 나눠 가질 것입니다. 이 때문에 감히 이런 뜻과 실상을 숨기지 않고 먼저 저간의 사정을 말씀드리는 것입니다.

신이 가만히 생각건대, 대왕을 위한 계책으로는 진나라 왕과 민지에서 만나 서로 얼굴을 맞대고 말로 약속함으로써 군대를 거둬 공격하는 일이 없도록 하는 것이 가장 좋습니다. 부디 대왕께서는 계책을 잘 정하십시오."

1) 【색은(索隱)】 이 오도는 마땅히 조나라 동쪽, 제나라 서쪽에 있어야 한다. 정현(鄭玄)이 말하기를 "종과 횡으로 만나는 것을 오(午)라고 한다"라고 했으니, 교차하는 길[交道]이다.

2) 【정의(正義)】 하외는 정주(鄭州)와 활주(滑州)를 가리키는데, 북쪽으로 황하와 접해 있다.

조나라 왕이 말했다.

"선왕 때는 봉양군(奉陽君)이 전권을 휘두르고 권세를 제 마음대로 해서 선왕을 가리고 속이며[蔽欺] 나랏일을 멋대로 처리했고, 과인은 세자로서 스승의 가르침을 받고 있을 뿐이었기에 나라의 모책에 참여할 수 없었다. 선왕께서 신하들을 버리셨을 때[1] 과인은 어린 나이로 종묘를 받들게 된 초기에 마음속에 실로 의심이 들었다. 오로지 합종만 내세워 진나라를 섬기지 않으려는 것은 나라의 장구한 이익이 아니라는 생각이 들었던 것이다. 그래서 마침내 마음을 바꾸고 생각을 고쳐서 땅을 떼어 지난날의 잘못을 사죄하고 진나라를 섬기려고 했다. 지금 바야흐로 수레를 준비해서 서둘러[趨=趣] 떠나려던 참에 사자의 밝은 일깨움[明詔]을 듣게 된 것이다."

조나라 왕이 장의의 말을 받아들이자, 장의는 마침내 떠났다.

1) 세상을 떠났다는 말이다.

북쪽으로 연나라에 간 장의는 연나라 소왕에게 유세했다.

"대왕께서 친하게 지내는 나라로는 조(趙)나라만 한 나라가 없습니다. (그러나) 지난날 조양자(趙襄子)는 일찍이 누나를 대왕(代王)의 아내로 삼게 한 뒤, 대(代)나라를 삼키고자 대나라 왕과 구주(句注)[1] 요새에서 만나기로 약속했습니다. 그러고는 장인에게 쇠 국자를 만들게 했는데 손잡이를 길게 하여 사람을 때릴 수 있게 하고는, 대왕과 술을 마실 때 은밀히 요리사에게 명해 '술자리가 무르익거든 뜨거운 탕[熱啜]을 내오면서 국자를 거꾸로 잡고 그를 치라'고 했습니다. 이에 술자리가 무르익자 뜨거운 탕이 나왔고, 요리사가 술을 올리는 척하면서 국자를 거꾸로 잡고 대왕을 내리쳐 죽이니 대왕의 뇌가 땅바닥에 쏟아졌습니다. 누나가 이 소식을 듣고는 비녀[笄][2]를 날카롭게 갈아 스스로 목을 찔러 죽으니, 이 때문에 지금까지 마계산(摩笄山)이라는 이름이 전해지고 있습니다. 이런 대왕의 죽음에 대해 천하 사람 중에 모르는 이가 없습니다.

1) 【정의(正義)】 구주산은 대주(代州)에 있다.
2) 【집해(集解)】 계(笄)는 부인들의 머리 장식이다. 【정의(正義)】 계(笄)는 오늘날의 잠(簪-비녀)이다.

저 조나라 왕의 이리 같은 무자비함은 대왕께서도 잘 아실 것인데, 그럼에도 조나라 왕을 가까이할 만하다고 여기십니까? 조나라가 군사를 일으켜 연나라를 공격해서 두 차례 연나라 도성을 에워싼 채 대왕(大王)을 겁박하니, 대왕께서는 성 열 곳을 떼어주고 사죄했습니다. (그런데) 지금 조나라 왕은 이미 민지(澠池)에서 입조해 하간(河間) 땅을 바치고[效-獻] 진나라를 섬기고 있습니다. 지금 대왕께서 진나라를 섬기지 않으시면 진나라는 운중(雲中)·구원(九原)으로 군대를 내려보내 조나라로 하여금 연나라를 공격하게 할 것입니다. 그렇게 되면 역수(易水)와 장성(長城)[1]은 더는 대왕의 소유가 아닙니다.

1) 【정의(正義)】 아울러 역주(易州) 경계에 있다.

또 지금 조나라는 진나라의 군현(郡縣)이나 마찬가지여서 감히 함부로 군사를 일으켜 공벌(攻伐)할 수도 없습니다. 이제 왕께서 진나라를 섬기면 진나라 왕은 반드시 기뻐할 것이고 조나라는 감히 함부로 움직이지 못하니, 서쪽으로 강한 진나라의 원조가 있고 남쪽으로 제나라와 조나라로 인한 걱정거리가 없어집니다. 이 때문에 바라건대 대왕께서는 이 점을 깊이 생각하셔야 할 것입니다.”

연나라 왕이 말했다.

“과인이 오랑캐처럼 구석진 곳에 살고 있다 보니 비록 몸은 다 큰 남자이지만 어린애와 같아서, 좋은 말이 있어도 그중 바른 계책을 받아들이기에 부족했다. 지금 다행히 상객이 가르침을 주니, 서쪽으로 진나라를 섬기며 항산(恒山) 동쪽 성 5개를 바칠 것을 청한다.”

연나라 왕이 장의의 계책을 따랐다.

장의가 이를 보고하기 위해 진나라로 돌아가는데, 아직 함양에 이르기도 전에 진나라에서는 혜왕이 졸하고 무왕(武王)이 세워졌다. 무왕은 태자로 있을 때부터 장의를 좋아하지 않았기에, 자리에 나아가자 많은 신하가 장의를 참소해 말했다.

“신의가 없고 여기저기에 나라를 팔면서 자기의 주장이 받아들여지기만을 구하는 자입니다. 진나라가 꼭 그를 다시 쓴다면 천하의 웃음거리가 될까 두렵습니다.”

제후들이 장의와 무왕 사이에 틈이 생겼다는 소식을 듣고는 모두 연횡에 등을 돌리고 다시 합종 했다.

진나라 무왕 원년에 신하들이 낮밤으로 장의에 대한 악담을 그치지 않았는데, 제나라에서도 사람을 보내 장의를 나무랐다. 장의는 주살될까 두려워 마침내 진나라 무왕에게 말했다.

"저에게 어리석은 계책이 있는데, 이를 말씀드리고자 합니다."

왕이 말했다.

"뭔가?"

대답해 말했다.

"진나라 사직을 위한 계책입니다. 동방에 큰 변화가 있은 다음이라야 왕께서는 (제후들의) 많은 땅을 떼어 받을 수 있습니다. 지금 듣건대 제나라 왕이 이 장의를 몹시 미워한다고 하니, 제가 있는 곳이라면 반드시 군사를 일으켜 저를 칠 것입니다. 그래서 바라건대, 저로 하여금 불초한 몸을 이끌고 양(梁-위)나라로 가게 해주십시오. 그러면 제나라는 반드시 군사를 일으켜 위나라를 칠 것입니다. 양나라와 제나라의 군대가 성 아래에서 서로 맞붙어 싸우느라 둘 다 그곳을 떠날 수 없을 때 왕께서 그 틈을 타고 한나라를 쳐서 삼천(三川)으로 들어가시고, 군대를 함곡관 밖으로 내되 공격하지 않으면서 주나라를 압박하시면 주나라는 반드시 제기(祭器)[1]를 내놓을 것입니다. 그리하여 천자를 끼고서 천하의 지도와 호적을 장악하는 것, 이것이 왕업(王業)입니다."

진나라 왕이 그렇다고 여겨 마침내 가죽 전차 30승을 갖춰 장의를 양나라로 들여보냈다. 제나라가 과연 군대를 일으켜 양나라를 치니, 양나라 애왕(哀王)이 두려움에 떨었다.

장의가 말했다.

"왕께서는 걱정하지 마십시오. 제나라 군대를 철수시켜보겠습니다."

이에 자기 사인(舍人) 풍희(馮喜)를 초나라로 보내 초나라 사신의 명의를 빌려 제나라로 가게 해서, 제나라 왕에게 이렇게 말했다.

"왕께서는 장의를 몹시 미워하십니다. 그럼에도 왕께서는 진나라보다 장의에게 더 의지하는 바가 실로 심합니다."

제나라 왕이 말했다.

"과인은 장의를 몹시 미워해 장의가 있는 곳이라면 반드시 군사를 일으켜 치는데, 어째서 장의에게 의지한다는 것인가?"

대답해 말했다.

"그 점이 바로 장의에게 의지하는 것입니다. 저 장의는 진나라를 떠나올 때 본래 진나라 왕과 이렇게 약속했다고 합니다.

'진나라 사직을 위한 계책입니다. 동방에 큰 변화가 있은 다음이라야 왕께서는 (제후들의) 많은 땅을 떼어 받을 수 있습니다. 지금 듣건대 제나라 왕이 이 장의를 몹시 미워한다고 하니, 제가 있는 곳이라면 반드시 군사를 일으켜 저를 칠 것입니다. 그래서 바라건대, 저로 하여금 불초한 몸을 이끌고 양(梁-위)나라로 가게 해주십시오. 그러면 제나라는 반드시 군사를 일으켜 위나라를 칠 것입니다. 양나라와 제나라의 군대가 성 아래에서 서로 맞붙어 싸우느라 둘 다 그곳을 떠날 수 없을 때 왕께서 그 틈을 타고 한나라를 쳐서 삼천(三川)으로 들어가시고, 군대를 함곡관 밖으로 내되 공격하지 않으면서 주나라를 압박하면 주나라는 반드시 제기(祭器)를 내놓을 것입니다. 그리하여 천자를 끼고서 천하의 지도와 호적을 장악하는 것, 이것이 왕업(王業)입니다.'

진나라 왕은 그렇다고 여겨 가죽 전차 30승을 갖춰 장의를 양나라로 들여보냈는데, 지금 장의가 양나라에 들어오자, 왕께서는 과연 양나라를 치셨습니다. 이는 왕께서 안으로는 나라를 피폐하게 하고 밖으로는 동맹국[與國]을 침으로써[2] 이웃하고 있는 적대국의 땅을 넓혀주고자 스스로 몸을 던지는 격이니, 진나라 왕으로 하여금 장의를 더 믿게 하는 것입니다. 이것이 신이 말씀드린 장의에게 의지한다는 것입니다."

제나라 왕이 말했다.

"좋은 말이다."

마침내 군사를 해산하게 했다.

1) **【색은(索隱)】** 무릇 왕자(王者)가 큰 제사를 지낼 때는 반드시 문물(文物)·헌거(軒
車)·이기(彝器) 등을 진설하는데, 여기서는 이를 제기라고 말했다.

2) **【색은(索隱)】** 제나라가 양나라를 치는 것을 말한다. 양나라는 예전에 제나라와
서로 합종을 하기로 약속했으므로 동맹국이라고 말한 것이다.

장의는 위나라 재상으로 있은 지 1년 만에 위나라에서 졸했다[1].

1) **【색은(索隱)】** 「연표(年表)」는 장의가 안희왕(安僖王) 10년에, 『기년(紀年)』은 안희
왕 9년 5월에 졸했다고 했다.

진진(陳軫)이란 사람은 유세객(游說客)이다. 장의와 함께 진(秦)나라 혜
왕(惠王)을 섬겼는데, 둘 다 귀중한 사람으로 여겨져 총애를 다투었다. 장의
는 진나라 왕에게 진진에 대해 이렇게 악담했다.

"진진이 많은 예물을 가지고 행장이 가벼운 사신[輕使]이 되어 진나라와
초나라 사이를 오가는 것은 나라의 외교를 위해서입니다. (그런데) 지금 초
나라가 진나라에는 잘하지 않으면서 진진에게 잘해주는 것은 진진이 자기
를 위해서는 두텁게 하면서 왕을 위해서는 엷게 하기 때문입니다. 또 진진
은 진나라를 떠나서 초나라로 가려고 하는데, 왕께서는 어째서 그 이유를
들어보지 않으십니까?"

진나라 왕이 진진에게 일러 말했다.

"내가 듣건대, 그대가 진나라를 떠나 초나라로 가고자 한다는데 그것이
정말인가?"

진진이 말했다.

"그렇습니다."

왕이 말했다.

"장의 말이 과연 맞구나!"

진진이 말했다.

"그것은 장의만 아는 것이 아니라 길 가는 사람들 모두가 다 압니다. 옛날에 오자서(伍子胥)가 자기 임금에게 충성했기에 천하 제후들이 다퉈 그를 자기 신하로 삼고자 했고, 증삼(曾參)이 자기 부모에게 효도했기에 천하 부모들이 그를 자기 아들로 삼고자 했습니다. 그러므로 노비[僕妾]가 그 마을을 벗어나기 전에 팔리면 좋은 노복이고, 버림받은 부녀자가 자기 고향에서 재가할 수 있으면 좋은 부녀자입니다. 지금 제가 자기 군주에게 충성스럽지 않다면 초나라가 어찌 저를 충성스럽다고 여기겠습니까? 충성스러운데도 버림을 받으니, 이 진진이 초나라로 가지 않는다면 어디로 가겠습니까?"

왕은 그 말이 옳다고 여겨서 드디어 그를 잘 대해주었다.

진나라에 머문 지 1년 만에 진나라 혜왕이 결국 장의를 재상으로 삼자 진진은 초나라로 달아났다. 초나라는 아직 그를 중용하지는 않았지만, 진진을 진나라에 사신으로 보냈다. 양나라를 지날 때 서수(犀首)를 만나려 했으나 서수가 사절하고 만나주지 않으니, 진진이 말했다.

"내가 일 때문에 왔는데, 공이 나를 만나려 하지 않으니 이 진진은 장차 떠나겠소. 더는 기다릴 수가 없소."

며칠 지나 서수가 진진을 만나주었다. 진진이 말했다.

"공은 어째서 술 마시기만 좋아하시오?"

서수가 말했다.

"할 일이 없기 때문이오."

"내가 공으로 하여금 일에 물리도록[饜事]1) 해드려도 되겠소?"

"어떻게요?"

"전수(田需)2)가 제후들과 합종을 약속했으나 초나라 왕은 그를 의심해 믿지 않고 있소. 공이 위나라 왕에게 말하기를 '신은 연나라, 조나라 왕과 오랜 친분이 있는데, 여러 차례 사람을 보내 일도 없는데 어째서 만나러 오지 않느냐고 합니다. 바라건대 그 왕들에게 다녀올까 합니다'라고 하시오. 왕이 설사 공의 말을 받아들이더라도 공은 수레를 너무 많이 청하지 말고, 수레 30승을 뜰에 늘어놓고 공공연하게 연나라와 조나라에 간다고 말하시오."

(위나라에 와 있던) 연나라와 조나라의 유세객들이 이 소식을 듣고는 수레를 몰아 (돌아가서) 자기 왕에게 보고하니, 두 나라는 사람을 시켜 서수를 맞아들이게 했다. 초나라 왕이 이를 듣고는 크게 화를 내며 말했다.

"전수가 과인과 약속했으니, 서수가 연나라와 조나라에 간다면 나를 속이는 것이다."

왕은 화가 나서 합종설을 따르지 않았다. 제나라는 서수가 북으로 간다는 소식을 듣고는 사람을 시켜 제나라 일을 서수에게 맡겼다. 서수가 드디어 그 일을 하게 되니, 제·연·조 세 나라의 재상 일이 모두 서수에 의해 결정되었다. 진진은 드디어 진나라에 도착했다.

1) 【색은(索隱)】 염(饜)은 포(飽-물리다)다. 일을 많이 만들어주겠다는 말이다.
2) 【색은(索隱)】 전수는 이때 위나라 재상이었다.

한나라와 위나라가 서로 공격한 지 1년이 지나도록 해결을 보지 못하자, 진나라 혜왕이 이를 구원해주고 싶어 좌우의 신하들에게 물었다. 어떤 신하들은 구원해주는 것이 좋겠다고 했고 어떤 신하들은 구원해주지 않는 것이 좋겠다고 해서, 혜왕은 아직 제대로 결정을 내리지 못하고 있었다. 진진이 마침 진나라에 이르니, 혜왕이 말했다.

"그대가 과인을 떠나 초나라에 갔는데, 그래도 과인을 생각했는가, 하지 않았는가?"

진진이 말했다.

"왕께서는 저 월나라 사람 장석(莊舃)에 관해 들어보셨습니까?"

왕이 말했다.

"듣지 못했다."

말했다.

"월나라 사람 장석이 초나라에서 벼슬살이에 나아가 집규(執珪)가 되었는데, 얼마 뒤에 병이 났습니다. 초나라 왕이 주위에 말했습니다.

'장석은 본래 월나라의 보잘것없는 사람[鄙細人]으로, 지금 초나라에서 벼슬에 나아가 집규(執珪)가 되어 부귀해졌다. 그래도 월나라를 생각할까, 하지 않을까?'

(이에) 중사(中謝)[1]가 대답했습니다.

'무릇 사람이 고향을 생각하는 것은 병이 났을 때입니다. 그가 월나라를 생각한다면 월나라 말을 할 것이고, 월나라를 생각하지 않는다면 초나라 말을 할 것입니다.'

(이에) 사람을 시켜 가서 그 말을 들어보게 했더니 여전히 월나라 말을 했다고 합니다. 지금 신이 버림을 받고 쫓겨나서 초나라로 갔지만, 어찌 진나라 말을 하지 않을 수 있겠습니까?"

혜왕이 말했다.

"좋다. 한나라와 위나라가 서로 공격한 지 1년이 지나도록 해결을 못 보고 있다. 어떤 신하들은 구원해주는 것이 좋겠다고 하고 어떤 신하들은 구원해주지 않는 것이 좋겠다[2]고 해서, 과인이 아직 제대로 결정을 내리지 못하고 있다. 바라건대 그대는 그대의 군주[3]를 위한 계책을 내는 여가에 과인을 위한 계책도 내달라!"

진진이 대답해 말했다.

"혹시 저 변장자(辨莊子)[4]가 호랑이를 찌른 이야기를 왕께 말씀드린 사람이 일찍이 있었습니까? 변장자가 호랑이를 찌르려 하자 객관의 심부름하는 더벅머리 아이가 말리면서 말했습니다.

'호랑이 2마리가 지금 막 소를 잡아먹으려 합니다. 먹어봐서 맛이 좋으면 반드시 서로 (먹이를) 다툴 것이고, 다투면 반드시 싸울 것이며, 싸우게 되면 큰놈은 상처를 입고 작은놈은 죽을 것입니다. 상처 입은 놈을 골라서 찌르면 분명히 한 번에 호랑이 2마리를 잡았다는 이름을 얻게 될 것입니다.'

변장자가 그렇다고 여기고서 서서 기다렸습니다. 얼마 후에 호랑이 2마리가 과연 싸우더니, 큰놈은 상처를 입었고 작은놈은 죽었습니다. 변장자가 상처 입은 놈을 찔러 죽이니, 과연 한 번에 호랑이 2마리를 잡는 공을 세웠다고 합니다.

지금 한나라와 위나라가 서로를 공격한 지 1년이 지나도록 해결이 나지 않았으니, 반드시 큰 나라는 상처를 입고 작은 나라는 망할 것입니다. (그때 가서) 상처 입은 쪽을 치면 반드시 한 번에 둘을 얻을 수 있습니다. 이는 마치 변장자가 호랑이를 찌른 것과 같은 경우니, 신의 주군[臣主]과 왕을 위한 계책5)이 뭐가 다르겠습니까?"

혜왕이 말했다.

"좋다."

결국 구원하지 않았다. 과연 대국은 상처 입었고 소국은 망했으니, 진나라가 군사를 일으켜 쳐서 대승을 거두었다. 이는 진진의 계책이었다.

1) 【색은(索隱)】 임금을 곁에서 모시는 관리다.

2) 【색은(索隱)】 이는 대체로 장의 등의 계책이다.

3) 【색은(索隱)】 그대는 진진이고, 그대의 군주란 초나라 왕이다.

4) 【색은(索隱)】 『전국책(戰國策)』에는 관장자(館莊子)로 되어 있다. 관(館)이란 나그네를 맞이하는 숙소[逆旅舍]이고, 그곳을 관리하는 사람의 자(字)가 장자(莊子)다. 판본에 따라 혹 변장자(卞莊子)로 되어 있다.

5) 【색은(索隱)】 신의 주군은 초나라 왕이고, 왕은 진나라 혜왕이다. 우리 주군과 왕이 함께 마땅히 한나라와 위나라가 피폐해지기를 기다렸다가 치게 되면 실

로 아무런 차이가 없다는 말이다.

서수(犀首)는 위(魏)나라 음진(陰晉) 사람[1]으로, 이름은 연(衍)이고 성은 공손씨(公孫氏)[2]다. 장의와 사이가 좋지 않았다.

1) 【집해(集解)】 사마표(司馬彪)가 말했다. "서수는 위나라 관직 이름으로, 지금의 호아장군(虎牙將軍)과 같다.

2) 종횡가(縱橫家)를 대표하는 인물이다. 처음에 진(秦)나라의 대량조(大良造)가 되어 제(齊)나라와 위(魏)나라를 설득해서 조(趙)나라를 공격하도록 함으로써 소진(蘇秦)의 종약(縱約)을 깨뜨리고, 나중에는 위나라로 들어가 상(相)이 되어 위(魏) 양왕(襄王) 원년에 각국이 진(秦)나라에 대항해 연합하자는 합종책(合縱策)을 올림으로써 장의(張儀)의 연횡책에 맞서는 한편 진나라의 후방을 습격해 승리를 거두었다. 5국에서 유세해 초(楚)·한(韓)·월(越)·연(燕)·위 등의 승상(丞相)에 임명되었다.

장의가 진나라를 위해 위나라로 가자 위나라 왕이 장의를 재상으로 삼으니, 서수는 자기에게 불리하다고 여겨서 사람을 시켜 한나라 공숙(公叔)에게 말했다.

"장의는 이미 진나라와 위나라를 연합시키면서 말하기를 '위나라는 (한나라의) 남양(南陽)을, 진나라는 삼천(三川)을 공격할 것'이라고 했습니다. 위나라 왕이 장의를 귀하게 여기는 까닭은 한나라 땅을 얻고 싶어서입니다. 또 한나라 남양은 이미 빼앗길 판인데, 그대는 어째서 이 공손연에게 일을 맡겨 한나라에 공을 세우게 하지 않으십니까? 그렇게 하면 진나라와 위나라의 친밀한 관계를 끊을 수 있습니다. 게다가 위나라는 반드시 진나라를 도모하려고 장의를 버릴 것이고, 한나라를 거둬들여 이 공손연을 재상으로 삼을 것입니다."

공숙은 그것이 좋겠다고 여겨서 서수에게 일을 맡겨 공을 세우게 하니,

과연 서수는 위나라 재상이 되었고 장의는 위나라를 떠났다[1].

1) 【집해(集解)】 서광(徐廣)이 말했다. "다시 진나라 재상이 되었다."

의거(義渠)의 군주가 위나라에 입조 했는데, 서수는 장의가 다시 진나라 재상이 되었다는 소식을 듣고는 그것이 자기에게 해롭다고 여겼다. 서수가 마침내 의거의 군주에게 말했다.

"길이 멀어서 다시 이 나라에 올 수는 없을 테니[1] 사정을 말씀드리겠습니다. 중국(中國)에 아무 일이 없으면[2] 진나라는 당신의 나라를 불태우고 짓밟을 것이며, 중국에 그런 일이 있으면 진나라는 장차 행장이 가벼운 사신들[輕使] 편에 두터운 예물을 보내 당신의 나라를 섬길 것입니다[3]."

그 후에 다섯 나라가 진나라를 치자[4], 마침 진진이 진나라 왕에게 말했다.

"의거의 군주는 오랑캐 나라 중에 (그나마) 뛰어난 군주이니, 그에게 뇌물을 보내 마음을 달래놓는 것이 좋습니다."

진나라 왕이 말했다.

"좋다."

마침내 채색 비단 1,000준(純)[5]과 여인 100명을 의거의 군주에게 보내니, 의거의 군주가 신하들을 모아놓고 말했다.

"이것이 공손연이 말하던 것인가?"

마침내 군사를 일으켜, 진나라를 습격해서 이백(李伯) 아래에서 진나라를 크게 이겼다[6].

1) 【색은(索隱)】 의거는 길이 멀어서 오늘 이후로 또다시 와서 만나볼 수 없다는 말이다.

2) 【색은(索隱)】 중국이란 산동의 제나라나 위나라 같은 큰 제후국을 말한다. 【정의(正義)】

중국이란 관동(關東)의 육국을 말하고, 일이 없다는 것은 공동으로 진(秦)나라를 치는 일이 없다는 말이다.

3) 【정의(正義)】 서수의 이 말은 곧 의거의 군주로 하여금 진나라를 구원하지 못하게 하려는 것이다.

4) 【색은(索隱)】 「표(表)」를 살펴보건대, 진나라 혜왕 허원(後元) 7년에 초·위·제·한·조 다섯 나라가 함께 진나라를 쳤다고 했다.

5) 【색은(索隱)】 실이나 비단·베 등의 1단(段)을 1준(純)이라고 한다. 純의 발음은 (순이 아니라) 준(屯)이다.

6) 【색은(索隱)】 이백(李伯)은 사람 이름이거나 읍 이름이다. 『전국책(戰國策)』에는 백(伯)이 백(帛)으로 되어 있다.

장의가 이미 졸한 다음에 서수는 들어가서 진나라의 재상이 되었다. 일찍이 다섯 나라의 재상 인장을 찼고 5국 맹약의 우두머리가 되었다[1].

1) 【색은(索隱)】 서수는 뒤에 다섯 나라 재상이 되어 혹 합종 하고 혹 연횡 했는데, 늘 맹약의 우두머리였다.

태사공(太史公)이 말한다[曰].

"삼진(三晉)에는 권모술수와 임기응변[權變]에 정통한 유세객들이 많았다. 무릇 합종과 연횡을 말해 진나라를 강하게 만든 자들은 대체로 다 삼진 사람들이다.

저 장의가 일을 행한 것이 소진보다 더 심했는데도 세상 사람들이 소진을 더 미워하는 것은 그가 먼저 죽었기 때문에 장의가 그의 단점을 부풀리고 들춰내 자기주장을 떠받침으로써[扶][1] 연횡의 도를 이루었기 때문이다. 요컨대 이 두 사람은 참으로 나라를 기울게 하고 위험하게 한 사내들[傾危之士]이었도다!"[2]

1) 【색은(索隱)】 부(扶)란 상대의 잘못을 말해 자기주장을 옳다고 여기게 하는 것이다.

2) 【색은술찬(索隱述贊)】 장의가 아직 때를 만나지 못했을 때[儀未遭時]/자주 곤욕을 당했다네[頻被困辱]/진나라 혜왕의 재상이 되자[及相秦惠]/한나라를 먼저 하고 촉을 뒤로했지[先韓後蜀]/제나라, 위나라와 연횡을 맺어[連衡齊魏]/기울게 하고 위태롭게 하며 기만하고 유혹했네[傾危詃惑]/진진이 권세를 끼자[陳軫挾權]/서수는 욕심을 마구 풀어놓았도다[犀首騁欲]/어쨌거나 삼진이여[如何三晉]/계속 안 좋은 전통을 이었구나[繼有斯德]!

열전(列傳)

권71 저리자감무열전(樗里子甘茂列傳) 제11

권71 저리자감무열전(樗里子甘茂列傳) 제11

저리자(樗里子)는 이름이 질(疾)이고 진(秦)나라 혜왕(惠王)의 동생[1]으로, 혜왕과는 어머니가 다르다. 어머니는 한(韓)나라 여자다. 저리자는 말재간이 뛰어나고[滑稽][2] 꾀[智]가 많아서 진나라 사람들이 그를 꾀주머니[智囊]라고 불렀다.

1) 【색은(索隱)】 저(樗-가죽나무)는 나무 이름으로, 발음은 터(攄)다. 고유(高誘)는 말하기를 "그가 살던 고을에 큰 가죽나무가 있어 저리(樗里)라고 불렀다"라고 했으나, 질(疾)이 위남(渭南) 음향(陰鄕)의 저리(樗里)에 살아 저리자라고 부른 것이다. 『기년(紀年)』에는 저리질(楮里疾)이라고 되어 있다.

2) 【색은(索隱)】 滑은 발음이 (활이 아니라) 골(骨)이다. 稽는 발음이 계(雞)다. 추탄(鄒誕)이 풀이하기를 "골(滑)은 어지럽히는[亂] 것이고 계(稽)는 같은[同] 것이다. 말재간이 뛰어나 틀린 것도 맞는 것처럼 말하고 맞는 것도 틀린 것처럼 말함으로써 같고 다름을 어지럽힌다"라고 했다.

진나라 혜왕 8년에 저리자에게 우경(右更)[1] 벼슬을 주고 장군으로 삼아서 곡옥(曲沃)을 쳤으며, 그곳 사람들을 모두 내쫓고 그 성을 차지해 땅을 진나라에 편입시켰다.

진나라 혜왕 25년에 저리자를 장수로 삼아 조(趙)나라를 쳐서 조나라 장수 장표(莊豹)를 사로잡고, 인(藺)[2]을 뽑아버렸다. 이듬해 위장(魏章)을 도와 초(楚)나라를 공격해서 초나라 장수 굴개(屈丐)를 깨뜨리고 한중(漢中)

땅을 차지했으며, 진나라는 저리자를 봉해 칭호를 엄군(嚴君)이라고 했다[3].

1) 【색은(索隱)】 진나라 제14작위 이름이다.
2) 【정의(正義)】 인현(藺縣)은 석주(石州)에 있다.
3) 【색은(索隱)】 살펴보건대, 엄군은 작읍(爵邑)의 칭호이니 마땅히 엄도(嚴道)에 봉해진 것이다.

진나라 혜왕이 졸하고 태자 무왕(武王)이 세워지자, 장의(張儀)와 위장(魏章)을 내쫓고 저리자와 감무(甘茂)를 좌우 승상(丞相)으로 삼았다. 진나라는 감무로 하여금 한나라를 치게 해서 의양(宜陽)을 뽑아버렸고, 저리자에게는 전차 100승을 이끌고 주(周)나라에 들어가게 했다. 주나라는 병사들을 보내 맞이했는데 매우 정중했으니, 초나라 왕이 노해 주나라를 꾸짖었다. 이유는 주나라가 진나라 빈객을 중하게 여겼기 때문이다. (이에) 유등(游騰)[1]이 주나라를 위해 초나라 왕에게 유세해 말했다.

"(옛날에 진(晉)나라) 지백(智伯)이 구유(仇猶)[2]를 칠 때 넓은 수레[廣車^{광거}]를 보내고 그 뒤를 병사들이 뒤따르게 했는데, 구유는 결국 멸망했습니다[3]. 어째서이겠습니까? 구유가 대비를 하지 않았기 때문입니다. 제나라 환공(桓公)이 채(蔡)나라를 칠 때도 초나라를 주벌하기 위함이라고 핑계[號=名]를 댔지만 실제로는[實] 채나라를 기습한 것이었습니다.

지금 진나라는 호랑이나 이리 같은 나라로 저리자에게 전차 100승을 이끌고 주나라에 들어가게 했는데, 주나라는 구유와 채나라를 거울로 삼았을 것입니다. 그래서 긴 창을 든 군사들을 앞세우고 강한 쇠뇌로 무장한 군사들을 뒤에 두었으니, 명목상으로는 저리자를 호위한다고 했지만 실제로는 그를 가둔 것이나 마찬가지입니다. 또 저 주나라라고 해서 어찌 그 사직을 걱정하지 않겠습니까? 하루아침에 나라를 잃어 대왕까지 걱정하게 할까 봐 두렵습니다."

초나라 왕이 마침내 기뻐했다.

1) 【색은(索隱)】 유가 성이고, 등이 이름이다.

2) 【집해(集解)】 허신(許愼)이 말했다. "구유(仇猶)는 이적(夷狄-오랑캐)의 나라다."

3) 【정의(正義)】 『한자(韓子)』에서 말했다. "지백이 구유국(仇猶國)을 치려고 했는데, 길이 험난해 통할 수가 없자 마침내 큰 종을 주조해서 넓은 수레에 실어 보냈다. 구유는 크게 기뻐하며 길을 닦아 종을 받아들이려 하니, 적장만지(赤章蔓支)가 간언해 말했다. '안 됩니다. 작은 나라가 큰 나라를 섬기는 것이 이치인데, 지금은 큰 나라가 작은 나라에 선물을 보냈으니 반드시 군사가 뒤따르게 될 것입니다. 안 됩니다.' 구유의 임금이 듣지 않고 큰 종을 들였으니, 큰 종이 들어온 지 19일 만에 구유는 멸망했다."

진나라 무왕이 졸하자 소왕(昭王)이 세워지니 저리자는 더욱더 존중을 받았다.

소왕 원년에 저리자가 장차 포(蒲) 땅을 치려고 하니[1], 포 땅 수령이 두려워서 호연(胡衍)에게 구원을 청했다. 호연이 포 땅을 위해 저리자에게 말했다.

"공이 포를 공격하려는 것은 진나라를 위해서입니까, 위(魏)나라를 위해서입니까? 위나라를 위해서라면 좋습니다만, 진나라를 위해서라면 이로울 것[賴=利]이 없습니다. 무릇 위(衛)나라가 위나라일 수 있는 것은 포 땅이 있어서입니다[2]. (그런데) 지금 포를 쳐서 위(魏)나라에 편입되면 위(衛)나라는 반드시 몸을 굽혀 위(魏)나라를 따를 것입니다[3]. (예전에) 위(魏)나라가 서하(西河) 바깥 땅을 (진나라에) 잃은 뒤로 아직도 다시 차지하지 못하고 있는 것은 군사력이 약해서입니다. (그런데) 지금 위(衛)나라가 위(魏)나라에 병합되면 위(魏)나라는 반드시 강해질 터인데, 위(魏)나라가 강해지는 날에

는 서하 바깥 땅이 반드시 위태로워질 것입니다. 또한 진나라 왕이 이번에 한 공의 군사 행동이 진나라에 해악을 끼치고 위(魏)나라를 이롭게 하는 것임을 알게 된다면 반드시 공에게 죄줄 것입니다.”

저리자가 말했다.

“어떻게 하면 되겠는가?”

호연이 말했다.

“공께서는 포 땅을 그냥 내버려두고 공격하지 마십시오. 신이 공을 위해 위(衛)나라에 들어가서 이번에 공이 위(衛)나라 임금에게 베푼 공덕에 대해 말하겠습니다.”

저리자가 말했다.

“좋소.”

호연은 포 땅에 들어가 수령에게 말했다.

“저리자는 포 땅의 약점을 알고서 반드시 포 땅을 뽑아버리겠다고 말하고 있습니다. 내가 포 땅을 그냥 내버려두고 공격하지 않도록 하겠습니다.”

포 땅 수령이 두려워하더니 두 번 절하며 말했다.

“부디 그렇게 해주시오.”

그러면서 금300근을 바치며 말했다.

“진나라 군대가 정말로 물러간다면, 반드시 위(衛)나라 임금께 그대 이야기를 해서 그대가 높은 지위를 얻도록 하겠소.”

이렇게 해서 호연은 포 땅에서 금을 받고 자연스럽게 위(衛)나라에서 귀한 몸이 되었고, 잠시 후 저리자는 드디어 포 땅에 대한 포위를 풀고 떠났다. 저리자는 군대를 돌려 (위(魏)나라) 피지(皮氏)⁴⁾를 공격했다가 피지가 항복하지 않자 다시 철군했다.

---

1) 【색은(索隱)】『기년(紀年)』에서는 “저리질이 포 땅을 에워쌌으나 이기지 못했고, 진나라 혜왕이 훙(薨)했다”라고 했으니, 이것과 사실이 부합한다.

2) 【정의(正義)】 포 땅은 위나라의 장벽 역할을 한다.

3) 【색은(索隱)】『전국책(戰國策)』에서는 "그런데 지금 포가 진(秦)나라에 편입되면 위(衛)나라는 반드시 몸을 굽혀 위(魏)나라로 들어갈 것입니다"라고 했으니, 이 글과 상반된다.

4) 【정의(正義)】 옛 피지성은 강주(絳州) 용문현(龍門縣) 서쪽으로 140보에 있는데, 위(魏)나라 읍이다.

소왕 7년에 저리자가 졸하자 위남(渭南) 장대(章臺) 동쪽[1]에 안장했다. 저리자는 이런 말을 한 적이 있다.

"100년 뒤[2]에 천자의 궁궐이 내 무덤을 끼고 들어설 것이다."

저리자 질은 집이 소왕(昭王)의 사당 서쪽인 위남(渭南) 음향(陰鄕) 저리(樗里)에 있었기에 세상 사람들은 그를 저리자라고 불렀는데, 한나라가 일어나자, 장락궁(長樂宮)이 무덤의 동쪽에, 미앙궁(未央宮)이 무덤의 서쪽[3]에, 무기고가 무덤 바로 앞에 들어섰다.

진(秦)나라 사람들 속담에 "힘은 임비(任鄙)요, 꾀는 저리(樗里)"라는 것이 있었다.

1) 【색은(索隱)】『황도(黃圖)』를 살펴보건대, 한나라의 장안고성(長安故城) 서쪽이다.

2) '자기가 죽고 나면'이라는 뜻이다.

3) 【정의(正義)】 한나라 장락궁은 장안현 서북쪽 15리에, 미앙궁은 서북쪽 14리에 있었으니, 모두 장안고성 안에 있었다.

감무(甘茂)는 하채(下蔡)[1] 사람으로, 하채의 사거(史擧)선생을 섬기며[2] 백가(百家)의 학술을 배웠다. 장의(張儀)와 저리자(樗里子)를 통해[因] 진나라 혜왕(惠王)을 만나기 구했다. 왕이 그를 만나보고 기뻐하며 장수로 삼고 위장(魏章)을 도와서 한중(漢中) 땅을 공략해 평정하게 했다[略定].

1) 【색은(索隱)】「지리지(地理志)」에 따르면, 하채현(下蔡縣)은 여남군(汝南郡)에 속
   한다.

2) 【색은(索隱)】『전국책(戰國策)』과 『한자(韓子)』 모두 사거는 상채(上蔡)의 감문(監
   門)이라고 했다.[아래 본문에서도 하채 감문이라고 한 것을 볼 때, 여기서 상채라고 한 것은
   착오인 듯하다.]

혜왕이 졸하고 무왕(武王)이 세워지자, 장의와 위장은 진나라를 떠나 동
쪽의 위(魏)나라로 갔다. 촉후(蜀侯) 휘(輝)와 재상 장(壯)[1]이 반란을 일으
키자, 진나라는 감무를 시켜 촉나라를 평정하게 했고, (감무가 평정하고) 돌
아오자, 감무를 좌승상, 저리자를 우승상으로 삼았다.

1) 【색은(索隱)】 휘는 진나라 공자로, 촉에 봉해졌다. 『화양국지(華陽國志)』에는 휘
   (暉)로 되어 있다. 성(姓)은 진(陳)이다.

진나라 무왕 3년에 (무왕이) 감무에게 일러 말했다.
"과인은 장식을 꾸민 수레[容車]를 타고 삼천(三川)을 통과해 가서 주나
라 왕실을 엿보고 싶다. 그렇게만 된다면 과인은 죽어도 썩지 않을 것이다
[不朽]."
감무가 말했다.
"청컨대 제가 위(魏)나라에 가서 한(韓)나라를 치겠다는 약속을 받아올
터이니, 상수(向壽)[1]로 하여금 저를 돕게 해주십시오."
감무는 위나라에 도착하자 상수에게 일러 말했다.
"그대는 돌아가서 왕에게 '위나라가 신의 말을 들어주었습니다. 그러나
왕께서는 한나라를 치지 말기 바랍니다'라고 말씀드리시오. 일이 성사되면
모두 그대의 공으로 돌릴 것이오."
상수는 돌아와서 감무의 말을 왕에게 보고했고, 왕은 식양(息壤)[2]에서

감무를 맞이했다. 감무가 도착하자 왕이 한나라를 치면 안 되는 까닭을 물으니, 대답해 말했다.

"(한나라) 의양(宜陽)은 큰 현이고 상당(上黨)과 남양(南陽)은 재물과 식량을 비축해온 지 오래이니, (모두) 이름만 현(縣)이지 실제로는 군(郡)입니다. 지금 왕께서 여러 험준한 곳3)을 지나서 1,000리 길을 가 공격하는 것은 어렵습니다.

옛날에 증삼(曾參)이 비읍(費邑)에 있을 때, 증삼과 이름이 같은 노나라 사람이 사람을 죽이자, 누군가가 증삼의 어머니에게 와서 '증삼이 사람을 죽였습니다'라고 말했습니다. 그러나 증삼의 어머니는 태연하게[自若] 베를 짰습니다. 얼마 뒤에 또 한 사람이 와서 '증삼이 사람을 죽였습니다'라고 말했으나, 여전히 증삼의 어머니는 태연하게[自若] 베를 짰습니다. 얼마 뒤에 또다시 한 사람이 와서 '증삼이 사람을 죽였습니다'라고 말하자, 증삼의 어머니는 베 짜는 북[杼]을 내던지고 베틀[機]에서 내려와 담을 넘어 달아났습니다. 저 증삼은 뛰어났고 어머니는 자식을 믿었지만, 세 사람이나 의심하니 어머니도 겁을 먹은 것입니다. (그런데) 지금 신은 증삼만큼 뛰어나지도 못하고, 왕께서 신을 믿어주는 것 또한 증삼의 어머니가 증삼을 믿어주는 것만 못하며, 신을 의심하는 자들이 단지 세 사람뿐이겠습니까? 신은 대왕께서 북을 내던지지 않을까 두렵습니다.

애초에 장의가 서쪽으로 파(巴)와 촉(蜀) 땅을 병탄하고 북쪽으로 서하(西河) 바깥 땅을 개척하며 남쪽으로 상용(上庸)을 차지했지만, 천하 사람들은 장의를 많이 칭찬하기보다는 선왕을 뛰어나다고 했습니다. 위(魏)나라 문후(文侯)가 악양(樂羊)을 장수로 삼아 중산(中山)을 공격해 3년 만에 뽑아버렸는데, 악양이 돌아와서 논공행상할 때 문후가 악양에게 그를 비방하는 글을 담은 상자를 보여주자, 악양은 두 번 절한 뒤 머리를 조아리며 말하기를 '이는 신의 공이 아니라 주군 덕분입니다'라고 했습니다.

(그런데) 지금 신은 떠돌이 신하[羈旅之臣]일 뿐입니다. 저리자와 공손석

(公孫奭)4) 두 사람이 한(韓)나라를 끼고서 저를 비방하는 의견을 내면 왕께서는 반드시 그들의 말을 들을 터인데, 이렇게 되면 왕께서는 위나라 왕을 속이는 것이 되고 신은 (한나라 재상) 공중치(公仲侈)5)의 원망을 사게 될 것입니다."

왕이 말했다.

"과인이 그들의 말을 듣지 않겠다고 그대와 맹세하겠다."

결국 승상 감무를 시켜 병사를 거느리고 의양을 치게 했다. 다섯 달이 지나도 뽑아버리지 못하자 저리자와 공손석이 과연 감무를 비난했다. 무왕이 감무를 불러들여 군대를 해산하려 했는데, 감무가 말했다.

"식양(息壤)이 저기에 그대로 있습니다."

왕이 말했다.

"그런 맹약을 한 적이 있었지."

그리하여 감무로 하여금 병사를 모두 일으켜 공격하게 하니, 6만 명을 목 베고 드디어 의양을 뽑아버렸다. 한나라 양왕(襄王)이 공중치를 사자로 보내 사과하고 진나라와 화평을 맺었다.

---

1) 【정의(正義)】 발음은 향수(餉受)다.[본문에서는 관행에 따라 向을 '성씨 상'으로 읽었다.]

2) 【정의(正義)】 진나라 읍이다.

3) 【정의(正義)】 함곡(函谷)과 삼효(三崤-산 3개)와 오곡(五谷-계곡 5개)을 가리킨다.

4) 【색은(索隱)】 『전국책(戰國策)』에는 공손연(公孫衍)으로 되어 있다.

5) 【집해(集解)】 서광(徐廣)이 말했다. "판본에 따라 치(侈)는 풍(馮)으로 되어 있다."

무왕은 끝내 주나라에 이를 수 있었지만, 주나라에서 졸했고 동생이 세워지니 이 사람이 소왕(昭王)1)이다. 왕의 어머니는 선태후(宣太后)로, 초나라 여자다.

초나라 회왕(懷王)은 전에 초나라가 단양(丹陽)에서 진나라에 패했을 때 한나라가 구원해주지 않은 것을 원망해, 마침내 군대를 동원해 한나라 옹지(雍氏)를 에워쌌다. 한나라는 공중치를 시켜 진나라에 위급함을 알렸는데, 진나라는 소왕이 새로 세워졌고 태후가 초나라 사람이라 기꺼이 구원해주려 하지 않았다. 공중치가 감무에게 매달리니[困], 감무가 한나라를 위해 진나라 소왕에게 말했다.

"공중치는 지금 진나라의 구원을 받을 수 있다고 생각하기 때문에 감히 초나라에 맞서려는 것입니다. (그런데) 지금 옹지가 포위당했는데도 진나라가 군대를 내어 효(殽)로 내려가지 않는다면, 장차 공중치는 머리를 쳐들고서 (더는) 진나라에 조회하지 않을 것이고 공숙(公叔) 또한 나라를 갖고서[以國] 남쪽으로 초나라와 합칠 것입니다. 초나라와 한나라가 하나가 되면 위나라는 감히 그들의 말을 듣지 않을 수 없고, 그렇게 되면 (제후들이) 진나라를 치는 형세가 만들어집니다. 아무것도 모르고 앉은 채로 상대가 공격해 오기를 기다리는 것과 먼저 남을 치는 것 중에 어느 쪽이 유리하겠습니까?"

진나라 왕이 말했다.

"좋다."

마침내 군대를 효로 내려보내서 한나라를 구원하니 초나라 군대가 물러갔다.

---

1) 【색은(索隱)】 「조세가(趙世家)」에 따르면, 소왕 이름은 직(稷)이다. 『계본(系本)』에서는 이름이 측(側)이라고 했다.

진나라는 상수(向壽)를 시켜 의양(宜陽)을 평정하게 하고 저리자와 감무에게는 위(魏)나라 피지(皮氏)를 치게 했다. 상수란 자는 선태후의 외가 사람[外族=外便]으로, 소왕과 어려서 함께 자라 임용되었다. 상수가 초나라로 갔을 때 초나라는 진나라에서 상수를 귀하게 여긴다는 말을 듣고 그를 두텁게 대우했다. 상수는 진나라를 위해 의양을 지키면서 장차 한나라를 치려고 했는데, 한나라 공중치가 소대(蘇代)를 사자로 보내니 (소대가) 상수에게 말했다.

"짐승도 궁지에 몰리면 수레를 뒤엎습니다[1]. 공은 한나라를 공격해 공중치를 욕보이려 하는데, 지금 공중치는 나라를 갖고서 다시 진나라를 섬겨 스스로 분명히 봉토를 받을 수 있을 것이라고 생각하고 있습니다. (그런데) 지금 공은 초나라에 해구(解口) 땅을 주고[2] (초나라) 소영윤(小令尹)을 두양(杜陽)에 봉하려 합니다[3]. 진나라와 초나라가 연합해 다시 한나라를 공격한다면 한나라는 반드시 멸망할 것이고, 한나라가 망하면 공중치는 장차 자기 사병을 이끌고서라도 몸소 진나라를 막아설 것입니다[關=防][4]. 바라건대 공께서는 이 점을 깊이 생각하십시오."

상수가 말했다.

"내가 진나라와 초나라를 합치려는 것은 한나라를 치기 위함이 아니니, 그대가 상수를 대신해서 공중치에게 '진나라와 한나라는 얼마든지 화합할 수 있다'라고 말해주시오."

소대가 대답했다.

"바라건대 공께 아뢸 말씀이 있습니다. 사람들이 말하기를 '귀하게 된 까닭을 소중하게 여기는 사람은 영원히 존귀해질 수 있다'라고 합니다. 왕께서는 공에 대해 생각하기를, 아끼고 가깝게 여기는 바는 공손석만 못하고 지혜와 능력은 감무만 못하다고 여기십니다. (그런데도) 지금 그 두 사람 모두 진나라 정사에 직접 관여하지 못하고 공이 홀로 왕과 함께 나랏일을 주도하고 결단하는 것은 어째서이겠습니까? 저들에게는 신임을 잃을 만한 까닭이 있기 때문입니다[5]. 공손석은 한나라 편을 들고 감무는 위나라 편을 들기 때문에 왕께서 저들을 믿지 않는 것입니다.

지금 진나라와 초나라가 한창 힘겨루기를 하고 있는데, 공이 초나라 편을 든다면 이는 공손석이나 감무와 같은 길을 걷는 것입니다. 그렇다면 공

이 그들과 뭐가 다르겠습니까? 사람들이 모두 초나라는 쉽게 변할 것[善變]

이라고 말하는데도 공은 한사코 그렇지 않다고 하시니, 이는 공 스스로 책

임을 져야 할 것입니다[6]. 공께서는 (진나라) 왕과 모의해 초나라의 변덕에

대한 대비책을 잘 세우시고, 한나라와 잘 지냄으로써 초나라에 대비하는

것이 좋습니다[7]. 이렇게 하면 근심이 없을 것입니다. 한나라는 분명히 처음

에는 나라를 갖고서 공손석을 따랐고 뒤에는 감무에게 나라를 맡겼으니,

이것만으로도 한나라는 공의 원수입니다. (그런데도) 지금 공이 한나라와

잘 지냄으로써 초나라에 대비하는 것을 말씀하신다면, 이것이 바로 외부에

서 사람을 천거할 때는 자기의 원수라도 쓸 만하다면 피하지 않는다는 것입

니다.”

상수가 말했다.

“그렇소, 나는 정말로 진나라와 한나라가 연합하기를 바라오!”

대답해 말했다.

“감무는 공중치에게 (진나라가 빼앗은) 무수(武遂)를 돌려주고[8] 의양의

백성을 돌려보내겠다고 약속했습니다[9]. (그런데) 지금 공께서는 공짜로 그

것을 거두려 하니, 심히 어려울 것입니다.”

상수가 말했다.

“그렇다면 어찌하면 좋겠소? 무수는 끝내 얻을 수 없는 것이오?”

대답해 말했다.

“공께서는 어째서 진나라 위세를 내세워 한나라를 위해 초나라에 영천

(潁川)을 요구하지 않는 것입니까?[10] 영천은 한나라에 속하는 땅이었습니

다. 공이 요구해서 (한나라가) 그 땅을 얻게 된다면, 진나라의 명령이 초나라

에서 행해지는 것이요 그 땅으로써 한나라에 은덕을 베푸는 셈입니다. 공

이 요구했으나 얻지 못하게 되면, 한나라와 초나라의 원한이 풀리지 않아서

두 나라 모두 서로 진나라의 환심을 얻기 위해 달려갈 것입니다. 진나라와

초나라가 힘겨루기할 때 공이 천천히[徐=漸] 초나라의 잘못을 따짐으로써

한나라를 거둬들인다면, 이는 진나라에 유리할 것입니다.”

상수가 말했다.

“어찌하면 좋겠소?”

대답해 말했다.

“이렇게 하는 것이 좋은 방책입니다. 감무는 위나라의 마음을 얻어 제나라를 차지하려 하고, 공손석은 한나라의 마음을 얻어 제나라를 차지하려 합니다. 지금 공께서 의양을 차지해 공을 세웠으니, 초나라와 한나라의 마음을 안심시키고 그다음에 제나라와 위나라의 죄를 꾸짖으십시오. 이렇게 되면 공손석과 감무는 할 일이 없어질 것입니다.”

1) 【집해(集解)】 짐승도 곤경이나 위급한 상황에 놓이면 오히려 사람이 탄 수레를 들이받아 엎어지게 할 수 있다는 비유를 든 것이다.

2) 【색은(索隱)】 해구는 진나라 땅 이름이다. 한나라와 가까워 지금 장차 초나라에 주려고 한 것이다.

3) 【색은(索隱)】 두양도 진나라 땅이다. 지금 초나라 소영윤에게 봉하려는 것은 진나라와 초나라가 연합한다는 뜻이다.

4) 【정의(正義)】 자기 사병을 이끌고 의양으로 가서 상수를 막으려 할 것이라는 말이다.

5) 【정의(正義)】 진나라 왕이 비록 공손석과 감무를 아끼고 가깝게 여기지만 진나라의 국정을 위임하지 않는 것은 저들이 (각각) 한나라와 위나라를 편들기 때문이다.

6) 【정의(正義)】 쉽게 변한다는 것은 곧 믿을 수 없다는 말이다. 만약에 초나라가 변심하게 되면 상수는 반드시 패망할 것이니, 이것이 바로 스스로 책임지는 것이다.

7) 【정의(正義)】 진나라가 한나라와 화친하면서 초나라 변덕에 잘 대비하면 상수는 아무런 근심이 없다.

8) 【집해(集解)】 서광(徐廣)이 말했다. "진나라 소왕(昭王) 원년에 한나라에 무수를 돌려주었다."

9) 【정의(正義)】 무수와 의양은 본래 한나라 읍이었으나 진나라가 쳐서 차지했는데, 지금 한나라에 돌려주려 하면서 그곳 백성도 원래대로 돌아가서 살 수 있게 하려는 것이다.

10) 【정의(正義)】 영천은 허주(許州)에 있다. 초나라가 한나라 영천을 침략하니, 소대는 상수로 하여금 진나라의 위세를 갖고서 한나라를 위해 초나라에 나아가 영천을 구해달라고 한 것이다.

감무는 결국 진나라 소왕에게 말해 무수를 다시 한나라에 돌려주었다. 상수와 공손석이 간쟁했지만 소용없었고, 두 사람은 이 때문에 감무에게 원망을 품고서 그를 헐뜯었다. 감무가 두려워서 위나라 포판(蒲阪-피지)을 치는 일을 그만두고 진나라를 떠나 도망치자[1], 저리자는 위나라와 강화를 맺고[講=媾和] 군대를 철수시켰다.

1) 【집해(集解)】 서광(徐廣)이 말했다. "소왕(昭王) 원년에 위나라 피지를 쳤으나 뽑아버리지 못하고 철수했다."

감무는 진나라에서 도망쳐 제나라로 달아나던 중에 소대를 만났다. 소대는 제나라를 위해 진나라에 사신으로 가던 중이었다.

감무가 말했다.

"신은 진나라에서 죄를 짓고 도피 중인데, 몸을 맡길 만한 곳이 없습니다. 신이 듣건대, 가난한 집 여자와 부잣집 여자가 함께 길쌈을 하는데 가난한 집 여자가 이렇게 말했다고 합니다. '나는 초를 살 돈이 없지만 당신의 촛불에는 다행히 남는 빛이 있으니, 남는 빛을 내게 나눠준다면 당신의 빛을 덜지 않고도 나 한 사람이 그 빛을 얻을 수 있습니다.' 지금 신은 곤경에 처했고, 그대는 바야흐로 진나라에 사신으로 갈 정도로 힘이 있습니다[當路]. 제 아내와 자식이, 진나라에 있으니 바라건대 그대의 남는 빚으로 그들을 구해주십시오[振=賑恤]."

소대가 허락했다.

드디어 진나라에 사신으로 갔는데, 사신 일을 마치자 틈을 타서 진나라 왕에게 유세해 말했다.

"감무는 보통 인물이 아닙니다. 그는 진나라에 있을 때 여러 대에 걸쳐 중용되면서 효산 요새부터 귀곡(鬼谷)까지 지형의 험준함이나 평탄함 등을 훤하게 알고 있습니다. 그가 제나라로 하여금 한나라, 위나라와 맹약을 맺게 하고서 도리어 진나라를 도모한다면, 그것은 진나라의 이로움이 아닙니다."

진나라 왕이 말했다.

"그렇다면 어찌해야겠는가?"

소대가 말했다.

"왕께서 예물을 무겁게 하고 녹봉을 두텁게 하여 그를 맞아들인 다음에 그가 오거든 귀곡(鬼谷)[1]에 두고서 죽을 때까지 나오지 못하게 하는 것이 좋을 것입니다."

진나라 왕이 말했다.

"좋다."

곧바로 상경(上卿) 벼슬을 주고 재상의 인장을 갖고서 제나라로부터 그를 맞아들이려 했으나, 감무는 가지 않았다. 소대가 제나라 민왕(湣王)에게 말했다.

"저 감무는 뛰어난 사람[賢人]입니다. 지금 진나라가 상경 벼슬을 주고 재상의 인장으로 그를 맞이하려 했으나, 감무는 왕께서 내려주신 은덕에 감사하며 기꺼이 왕의 신하가 되고자 해서 제안을 사양하고 가지 않은 것입니다. (그런데) 지금 왕께서는 어찌 그를 예우하지 않으십니까?"

제나라 왕이 말했다.

"좋다."

곧바로 그에게 상경 자리를 주어 제나라에 머물게 하니[處=留], 진나라 또한 감무의 집에 대해 세금을 면제하는[復] 등으로 (그를 데려오려고) 제나라와 경쟁했다[市].

1) 【정의(正義)】 유백장(劉伯莊)이 말했다. "이 귀곡은 함곡관 내 운양(雲陽)이지, 양성(陽城)이 아니다."

제나라가 감무를 초나라에 사신으로 보냈는데, 초나라 회왕(懷王)은 최근에 진나라와 혼인해 관계가 좋았다[驩=好][1]. 진나라는 감무가 초나라에 있다는 말을 듣고는 사람을 시켜 초나라 왕에게 말했다.

"바라건대, 감무를 진나라로 보내주십시오."

초나라 왕이 범현(范蜎)[2]에게 말했다.

"과인이 진나라에 재상을 추천하려는데, 누가 좋겠는가?"

대답해 말했다.

"신이 재상을 천거하기에는 식견이 부족합니다."

초나라 왕이 말했다.

"과인은 감무를 재상으로 추천하고자 하는데, 괜찮겠는가?"

"안 됩니다. (그의 스승) 사거(史擧)는 하채(下蔡)의 감문(監門-문지기)으로, 크게는 왕을 섬기지 않았고 작게는 집안을 돌보지 않았으며 비천하고 청렴하지 못한 것으로 세상에 알려 있습니다. 그런데도 감무는 그를 섬기면서 순종했습니다. 그랬기 때문에 눈 밝은 혜왕(惠王)[明], 깊이 살필 줄 아는 무왕(武王)[察], 언변이 뛰어난 장의(張儀)[辯]까지도 감무는 잘 섬겼으니, 열 번이나 벼슬을 하면서도 아무런 죄를 짓지 않았습니다. 감무는 정말로 뛰어난 사람입니다. 그렇지만 진나라 재상이 되어서는 안 됩니다. 저 진나라가 뛰어난 재상을 갖게 되는 것은 초나라의 이로움이 아닙니다.

또 왕께서는 예전에 일찍이 월(越)나라로 하여금 소활(召滑)[3]을 기용하게 하신 적이 있습니다. 그때 소활이 안에서 장의(章義)의 난이 일어나게 해 월나라를 어지럽게 했으니, 이 때문에 초나라는 남쪽으로 여문(厲門)[4]을 막고 (월나라) 강동(江東)을 (초나라) 군(郡)으로 삼을 수 있었습니다[5]. 왕께서 그런 공을 세울 수 있었던 것은 따지고 보면 월나라는 어지러웠고 초나라는 잘 다스려지고 있었기 때문입니다. 지금 왕께서는 월나라에는 이런 계책을 써놓고 진나라에 쓴다는 것은 잊고 계시니, 신으로서는 왕께서 큰 잘못[鉅過=大過]을 하시는 것이라고 생각합니다.

왕께서 만약 진나라에 재상을 추천하고자 하신다면 상수만 한 사람이 없습니다. 저 상수는 진나라 왕과 가깝습니다. 어릴 때는 옷을 함께 입었고, 커서는 수레를 함께 타고 다니면서 일을 상의했습니다. 왕께서 상수를 진나라 재상으로 추천하신다면 반드시 초나라에 이익이 될 것입니다.”

이에 진나라에 사신을 보내 상수를 진나라 재상으로 삼을 것을 청했다. 진나라는 결국 상수를 재상으로 삼았고, 감무는 끝내 다시 진나라에 들어가지 못한 채 위나라에서 졸했다.

1) 【집해(集解)】 서광(徐廣)이 말했다. “소왕(昭王) 2년에 초나라에서 부인을 맞아들였다.”

2) 【색은(索隱)】 蜎의 발음은 (연이 아니라) 휴(休)와 연(緣)의 반절음이다. 『전국책(戰國策)』에는 현(蠉)으로 되어 있다.

3) 【집해(集解)】 서광(徐廣)이 말했다. “활(滑)은 판본에 따라 연(湄)으로 되어 있다.”

4) 【집해(集解)】 서광(徐廣)이 말했다. “판본에 따라 뇌호(瀨湖)로 되어 있다.”

5) 【정의(正義)】 오나라와 월나라의 성은 모두 초나라 읍이 되었다.

감무에게는 감라(甘羅)라는 후손이 있었다.

감라는 감무의 손자다. 감무가 이미 죽고 나서, 감라는 12세 나이로 진나라 승상 문신후(文信侯) 여불위(呂不韋)를 섬겼다[1].

1) **[색은(索隱)]** 『전국책(戰國策)』에 이르기를, 감라는 여불위를 섬겨 서자(庶子)가 되었다고 했다.

진시황제(秦始皇帝)가 강성군(剛成君)[1] 채택(蔡澤)을 연나라에 사신으로 보내자, 3년 뒤에 연나라 왕 희(喜)는 태자 단(丹)을 진나라에 인질로 들여보냈다. 진나라는 장당(張唐)을 연나라에 보내 재상이 되게 해서, 연나라와 함께 공동으로 조나라를 쳐서 하간(河間) 땅을 넓히려고 했다. 장당이 문신후(文信侯)에게 말했다.

"신이 일찍이 진나라 소왕(昭王)을 위해 조나라를 친 적이 있는데, 조나라는 신을 원망하며 말하기를 '장당을 잡는 사람에게 사방 100리 땅을 주겠다'라고 했습니다. 지금 연나라로 가려면 반드시 조나라를 거쳐야 하므로 신은 갈 수가 없습니다."

문신후는 불쾌했지만 억지로 가라고 할 수는 없었다.

감라가 말했다.

"군후(君侯)께서는 어째서 심히 불쾌해하십니까?"

문신후가 말했다.

"내가 강성군 채택에게 연나라를 섬기게 한 지 3년 만에 연나라도 태자 단을 진나라에 인질로 보내왔다. 이에 내가 직접 장경(張卿)[2]에게 연나라로 가서 재상이 되라고 했지만 가지 않으려 한다."

감라가 말했다.

"신이 그를 가도록 만들어보겠습니다."

문신후가 소리치며[叱] 말했다.

"그만두어라! 내가 직접 나서서 요청해도 듣지 않는데, 네가 무슨 수로 가게 할 수 있다는 말인가?"

감라가 말했다.

"저 항탁(項槖)은 7세 때 공자(孔子)의 스승이 되었는데 지금 신은 그보다 많은 12세입니다. 어르신께서 신을 시험해보면 될 일이지, 어째서 느닷없이 야단만 치십니까?"

잠시 뒤 감라가 장경(張卿)을 만나서 말했다.

"경과 무안군(武安君) 중에 누가 더 공로가 많습니까?"

장경이 말했다.

"무안군은 남쪽으로 강한 초나라를 꺾고 북쪽으로 연나라, 조나라를 위협하고 있으니, 싸우면 이기고 공격하면 차지하면서 성과 읍을 깨뜨리고 함락한 것이 그 수를 알 수가 없지. 내 공로는 그만 못하지."

감라가 말했다.

"그러면 응후(應侯)[3]가 진나라에서 용사(用事) 하는 것과 문신후가 전권을 행하는 것 중에 어느 쪽이 대단합니까?"

장경이 말했다.

"응후가 문신후만큼 전권을 행사하지는 못하지."

감라가 말했다.

"그대께서는 응후가 문신후만큼 전권을 행사하지 못한다는 것을 잘 알고 있지요?"

말했다.

"잘 알고 있다."

감라가 말했다.

"응후가 조나라를 공격하려고 하자 무안군이 이를 비난했다가 함양(咸陽)에서 7리 떨어진 두우(杜郵)에서 살해당했습니다. 지금 문신후가 직접 경에게 연나라 재상이 될 것을 청했는데도 기꺼이 가려 하지 않으니, 신은 경이 어디서 죽음을 맞게 될지 알지 못하겠습니다."

장당이 말했다.

"젊은이 말대로 가겠다."

(그러면서) 행장을 꾸리게 했다.

1) 「채택열전(蔡澤列傳)」에서는 강성군(綱成君)이라 했다.

2) 【색은(索隱)】 곧 장당이니, 경(卿)은 그의 자(字)다.

3) 【색은(索隱)】 응후는 범수(范雎)다.

떠날 날이 며칠 남지 않았을 때, 감라가 문신후에게 말했다.

"신에게 수레 5승만 빌려주시면 장당을 위해 먼저 조나라에 가서 알릴까 합니다."

문신후가 마침내 들어가서 시황에게 말했다.

"옛사람 감무의 손자 감라는 나이는 어리지만, 명문가 자손으로 제후들도 모두 그 이름을 알고 있습니다. 이번에 장당이 병을 핑계로 연나라에 가지 않으려 하자 감라가 설득해 가게 했습니다. 지금 먼저 가서 조나라에 이를 알리려고 하니, 그를 보내줄 것을 청하옵니다."

시황이 불러서 만나보고는 감라를 조나라에 사자로 보내니, 조나라 양왕(襄王)은 교외에 나와 감라를 맞이했다.

감라가 조나라 왕에게 말했다.

"왕께서는 연나라 태자 단이 진나라에 들어와 인질로 있다는 것을 혹시 들으셨습니까?"

"들었다."

"장당이 연나라 재상이 된다는 말도 혹시 들으셨습니까?"

"들었다."

"연나라 태자 단이 진나라에 인질로 가 있다는 것은 연나라가 진나라를 속이지 않겠다는 것이요, 장당이 연나라 재상이 된다는 것은 진나라가 연나라를 속이지 않겠다는 것입니다. 연나라와 진나라가 서로 속이지 않게 되면 조나라를 칠 것이니, 조나라는 위험에 빠집니다. 연나라와 진나라가 서로 속이지 않는 것은 다른 까닭이 있어서가 아니라 조나라를 공격해 하간 (河間)을 넓히고자 함입니다. 왕께서는 신을 통해[齎＝因＝依] (진나라에) 성 5개를 넘겨주어 하간을 넓히게 하는 것이 가장 좋을 것입니다. 그러면 신은 (진나라로 하여금) 연나라 태자를 돌려보내게 하고[1] 진나라가 강한 조나라 [彊趙]와 함께 약한 연나라[弱燕]를 치도록 만들겠습니다."

조나라 왕이 그 자리에서[立] 직접 성 5개를 (진나라에) 떼어주어 하간을 넓히게 해주자, 진나라는 연나라 태자를 돌려보냈다. 조나라는 연나라를 공격해 상곡(上谷)의 성 30개를 빼앗았고[2], (그중) 11개를 진나라에 주었다. 감라가 진나라에 돌아와 보고하자 마침내 감라를 봉해 상경(上卿)으로 삼았으며, 원래 감무가 가지고 있던 땅과 집을 회복시켜 그에게 내려주었다.

1) 연나라와 국교를 끊는다는 말이다.

2) 【색은(索隱)】『전국책(戰國策)』에는 36개 성이라고 했다. 【정의(正義)】 상곡은 지금의 규주(嬀州)인데, 유주(幽州) 서북쪽에 있다.

태사공(太史公)이 말한다[曰].

"저리자(樗里子)는 (진나라 혜왕의) 골육으로 중용되었는데, 세상 이치상 충분히 그럴 수 있었다. 진나라 사람들이 그의 지혜를 칭찬했기 때문에 (그 쪽 행적을) 많이 채택했다.

감무(甘茂)는 하채의 평범한 집안[閭閻] 출신으로, 제후 사이에 이름을 떨쳤고 강한 제나라와 초나라에서 중용되었다[1].

감라(甘羅)는 나이가 어렸지만 기이한 계책을 한 가지 내어 후세에까지 이름을 떨쳤다.

이들은 비록 행실이 독실한 군자는 아니었지만 실로 전국시대의 책사(策

士)들이었다. 바야흐로 진나라가 강성해졌을 때 천하는 더욱더 권모와 기만술[謀詐] 쪽으로 치달려갔도다!"2)

1) 【집해(集解)】 서광(徐廣)이 말했다. "아마도 이 글은 마땅히 '강한 제나라에서 중용되었다'라고 해야 한다." 【정의(正義)】 감무가 강한 제나라와 초나라에서 중용되었다는 말이다.

2) 【색은술찬(索隱述贊)】 엄군(嚴君)의 이름은 질이고[嚴君名疾]/그 칭호는 꾀주머니였지[厥號智囊]/이미 혈친인 데다가 중용되어[旣親且重]/군사를 거느리고 외적과 맞섰도다[稱兵外攘]/감무는 여러 차례 재상이 되었는데[甘茂並相]/처음에는 위장을 보좌했네[初佐魏章]/비로소 상수를 추천하고서[始推向壽]/마침내 의양을 공격했도다[乃攻宜陽]/감라는 어린 나이에도[甘羅妙歲]/끝내 장당을 일으켜 세웠다네[卒起張唐]!

권72 ─ 양후열전(穰侯列傳) 제12

권72 양후열전(穰侯列傳) 제12

양후(穰侯) 위염(魏冉)은 진(秦)나라 소왕(昭王)의 어머니 선태후(宣太后)의 동생[1]이다. 선조는 초(楚)나라 사람이며 성은 미씨(羋氏)다.

1) 【색은(索隱)】 선태후와는 아버지가 다른 큰동생으로, 성은 위(魏)이고 이름은 염(冉)이다. 양(穰) 땅에 봉해졌다. 「지리지(地理志)」에 따르면 양현(穰縣)은 남양군(南陽郡)에 있다. 선태후는 혜왕(惠王)의 비로 성은 미씨(羋氏)니, 미팔자(羋八子)가 이 사람이다.

진나라 무왕(武王)이 졸했을 때 아들이 없어 동생을 세웠으니, 이 사람이 소왕(昭王)이다. 소왕의 어머니는 예전에는 미팔자(羋八子)[1]로 불렸으나 소왕이 자리에 나아가게 되자 칭호를 높여 선태후라고 불렀다. 선태후는 무왕의 친모가 아니다. 무왕의 어머니는 칭호가 혜문후(惠文后)라 했는데, 무왕보다 먼저 죽었다[2]. 선태후에게는 동생이 둘 있었다. 아버지가 다른 큰동생 양후(穰侯)는 성이 위씨(魏氏)이고 이름은 염(冉)이며, 아버지가 같은 (작은)동생 미융(羋戎)은 화양군(華陽君)[3]이다. 소왕에게는 어머니가 같은 동생 고릉군(高陵君)[4]과 경양군(涇陽君)[5]이 있었다. 위염은 이들 가운데 가장 뛰어나[最賢] 혜왕과 무왕 때부터 요직에 임용되어 전적으로 권력을 행사했고[用事], 무왕이 졸하고 여러 동생이 자리를 다툴 때 오직 위염만이 힘을 다해 능히 소왕(昭王)을 세울 수 있었다.

소왕은 자리에 나아가자, 위염을 장군으로 삼아 함양(咸陽)을 지키게 했는데, (위염은) 계군(季君)의 난[6]을 주토(誅討)했고 무왕의 후(后)를 내쫓아 위(魏)나라로 내보냈으며 소왕의 여러 형제 중에서 (난에 가담했던) 좋지 못한 자들을 모두 없앴다. 그리하여 위세가 진나라를 뒤흔들었으니, 소왕의 나이가 어려서 선태후가 몸소 정사를 다스리면서[自治] 위염에게 정치를 (전적으로) 맡겼다.

1) 팔자는 첩여, 미인 같은 후궁의 명칭 중 하나다.

2) 【색은(索隱)】 『기년(紀年)』을 살펴보건대, "진나라에 내란이 일어나서 태후와 공자 옹(雍)과 장(壯)을 죽였다"라고 한 것이 이것이다.

3) 【색은(索隱)】 화양은 한나라 땅인데, 뒤에 진나라에 속하게 되었다. 미융은 뒤에 또 신성군(新城君)으로 불리게 된다.

4) 【색은(索隱)】 이름은 현(顯)이다.

5) 【색은(索隱)】 이름은 회(悝)이다.

6) 【색은(索隱)】 계군은 공자 장(壯)이다.

소왕 7년에 저리자(樗里子)가 죽자, 경양군을 제(齊)나라에 인질로 보냈다. 조(趙)나라 사람 누완(樓緩)이 와서 진(秦)나라 재상이 되었는데, 조나라는 그것이 자기에게 불리하다고 여겨 마침내 구액(仇液)[1]을 진나라에 보내 위염을 진나라 재상으로 삼을 것을 요청하려고 했다. 구액이 장차 길을 떠나려 할 때, 그의 문객 송공(宋公)[2]이 구액에게 말했다.

"진나라가 공의 말을 들어주지 않더라도 누완은 반드시 공을 원망할 것입니다. 그러니 공께서는 누완에게 먼저 '공을 위해서 진나라 왕에게 서두를 것 없다고 부탁하겠습니다'라고 하시는 게 가장 좋습니다. 위염을 재상으로 삼아달라는 조나라 요청이 그리 급하지 않다는 것을 진나라 왕이 안다면 장차 공의 말을 들어주지 않게 될 것입니다. 공께서 말해 일이 이뤄지면 누완에게 은덕을 베푸는 것이 되고, 일이 이뤄지지 않으면 위염이 그 때문에 공에게 감사하게 될 것입니다.”

이에 구액이 그의 말을 따르니, 진나라는 과연 누완을 자르고 위염을 진나라 재상으로 삼았다.

1) 【색은(索隱)】『전국책(戰國策)』에는 구역(仇郝)이라고 되어 있는데, 같은 사람을 달리 표기한 것으로 보인다. 【정의(正義)】 郝은 발음이 (학이 아니라) 역(亦)이다.

2) 【색은(索隱)】『전국책(戰國策)』에는 송교(宋交)로 되어 있다.

(진나라에서 위염의 재상 임명을 반대했던) 여례(呂禮)를 주살하려 하자 여례는 제나라로 달아났다.

소왕 14년에 위염의 추천으로 백기(白起)가 상수(向壽)를 대신해서 장수가 되어 한(韓)나라와 위(魏)나라를 공격했으니, 이궐(伊闕)에서 두 나라를 물리쳐 24만 명을 목 베고 위나라 장수 공손희(公孫喜)를 사로잡았다.

이듬해에는 또 초나라의 원(宛)과 섭(葉)을 차지했고, 위염이 병으로 재상을 사직하자 객경 수촉(壽燭)을 재상으로 삼았다.

이듬해에 수촉이 면직되자 다시 위염을 재상으로 삼았고, 마침내 위염을 양(穰) 땅에 봉한 뒤 다시 도(陶)[1] 땅을 더 봉해주고 칭호를 양후(穰侯)라고 했다.

1) 【색은(索隱)】 도는 곧 정도(定陶)다. 서광은 음(陰)이라고 했는데, 잘못이다.

양후는 봉해진 지 4년째 되던 해에 진나라 장수가 되어 위나라를 공격하니, 위나라는 하동(河東) 땅 사방 400리를 바쳤다. 위나라 하내(河內)를 뽑아버리고 크고 작은 성 60여 개를 차지했다.

소왕 19년에 진나라가 서제(西帝)를, 제나라가 동제(東帝)를 칭했다. 한 달쯤 지나 여례가 돌아왔고, 제나라와 진나라는 각각 제라는 칭호를 버리고[歸] 다시 왕이라고 칭했다. 위염은 다시 진나라 재상이 된 지 6년 만에 면직되었다가, 면직된 지 2년 후에 다시 진나라 재상이 되었다.

4년 후에 백기를 시켜 초나라 영(郢)을 뽑아버렸고, 진나라는 남군(南郡)을 두었다. 이에 백기를 봉해 무안군(武安君)으로 삼았다. 백기는 위염이 추천한 사람이었기에 서로 사이가 좋았다. 이 무렵 양후는 왕실보다 더 부유했다.

소왕 32년에 양후가 상국(相國)이 되어 군대를 이끌고 위(魏)나라를 공격하니 망묘(芒卯)는 달아났고, 북택(北宅)에까지 들어가[1] 드디어 대량(大梁)을 에워쌌다. 양나라 대부 수고(須賈)가 양후에게 유세해 말했다.

"신이 듣건대, 위나라 고위 관리들[長吏]이 위나라 왕에게 이런 말을 했다고 합니다.

'옛날에 양나라 혜왕(惠王)께서 조나라를 쳐서 삼량(三梁)에서 이기고[2] 한단(邯鄲)을 뽑아버렸지만, 조씨(趙氏-조나라)는 땅을 떼어주지 않았고 한단도 되찾았습니다. 제나라가 위(衛)나라를 쳐서 고국(故國)을 뽑아버리고 자량(子良)을 죽였지만[3], 위나라는 땅을 떼어주지 않았고 옛 땅[故地]도 되찾을 수 있었습니다. 위(衛)나라와 조나라가 나라를 보전하고 군대를 강하게 유지하면서 다른 제후들에게 자기 땅을 빼앗기지 않을 수 있었던 것은 어려움을 잘 견뎌내었으며 땅을 내주는 것을 무겁게 여긴 때문입니다. (반면에) 송나라와 중산(中山)은 침략을 받을 때마다 땅을 떼어주다가 나라도 그에 따라 멸망하고 말았습니다. 신들이 볼 때, 위나라와 조나라는 본받아야 하고 송나라와 중산은 경계로 삼아야 할 것입니다.

진나라는 탐욕스럽고 사나운[貪戾] 나라이니 가까이하지 마십시오. 위씨(魏氏-위나라)를 야금야금 먹었고[蠶食] 진(晉)나라를 다 빼앗았는데, 포자(暴子)를 이겨 8개 현을 떼어 받았을 때는 땅을 진나라에 다 들이기도 전에 다시 군대를 출동시켰습니다. 저 진나라에 어찌 만족함이 있었겠습니까? (그런데) 지금 다시 망묘를 패주시키고 북택에까지 들어갔으니, 이는 감히 양나라를 공격하기 위함이 아니라 왕을 협박해 땅을 많이 떼어가려는 의도입니다. 왕께서는 결코 들어주어서는 안 됩니다.

지금 왕께서 초나라와 조나라를 등지고 진나라와 강화하신다면[講=和] 초나라와 조나라는 화가 나서 왕을 버리고 왕과 앞을 다퉈 진나라를 섬기려 할 것입니다. (이렇게 되면) 진나라는 반드시 초나라와 조나라를 받아들일 것이며, 진나라가 초나라와 조나라의 군대를 끼고 다시 양나라를 공격한다면 양나라는 망하지 않으려 해도 망하지 않을 수가 없습니다. 바라건대 왕께서는 결단코 진나라와 강화해서는 안 됩니다.

왕께서 만약에 강화하시겠다면 땅을 조금만 떼어주면서 진나라로부터 인질을 잡으십시오. 그렇게 하지 않으면 반드시 기만당할 것입니다.'

이것이 신이 위나라에서 들은 말입니다. 부디 군왕(君王-양후)께서는 이를 깊이 생각하시어 일을 처리하십시오.

(『서경(書經)』) 「주서(周書)」에 이르기를 '천명에는 일정함이 없다[惟命不于常]'라고 했는데, 이는 요행이란 자주 있을 수 없다는 말입니다. 무릇 포자와 싸워 이겨 8개 현을 떼어 받은 것은 정예 병력 때문도 아니고 공교한 계책 때문도 아니라 천행(天幸)이 컸기 때문입니다. 지금 다시 망묘를 패주시키고 북택에까지 들어가 대량을 공격하고 있으니, 이 때문에 천행이 늘 자기와 함께한다고 생각할 수도 있습니다. 그러나 일의 이치를 아는 사람[智者]이라면 그렇게 생각하지 않을 것입니다.

신이 듣건대, 위씨는 100개 현에서 뽑은 무장 병사들을 모두 동원해서 올라와[上] 대량을 지키게 한다고 했습니다. 신이 볼 때 저들 병력은 30만을 밑돌지 않습니다. 30만 병력으로 높이 7길[仞]⁴⁾이나 되는 대량을 지키고 있으니, 신이 보건대 탕왕과 무왕이 다시 살아난다 해도 공략하기가 쉽지 않을 것입니다. 그런데도 경솔하게 초나라와 조나라의 군대를 등 뒤에 둔 채 7길의 성을 기어올라 30만 군대와 싸워서 반드시 함락시키려고 하니, 이는 신이 보건대 하늘과 땅이 처음 나뉜 이래로 지금까지 일찍이 없었던 일입니다. 공격해놓고도 뽑아버리지 못할 경우, 진나라 군사들은 반드시 지칠 수밖에 없고 (장군은 봉지인) 도읍(陶邑)도 반드시 잃게 될 것이며 앞서 세운 공로도 분명 없어질 것입니다.

지금 위씨는 바야흐로 망설이고 있으니, 땅을 조금 얻고서 사태를 수습할 수 있습니다. 바라건대 군께서는 초나라와 조나라의 군대가 대량에 이르기 전에 빨리 땅을 조금이라도 얻고서 위나라와의 관계를 수습하십시오. 위나라는 지금 망설이고 있습니다. 그러므로 땅을 조금 떼어주는 것이 자기들에게 이롭다고 판단되면 반드시 그렇게 하고자 할 것이니, 그렇게 되면 군께서도 바라던 땅을 얻을 수 있습니다. 초나라와 조나라는 위나라가 자기들보다 먼저 진나라와 강화한 일에 화를 내며 반드시 다퉈 진나라를 섬기려 할 것이니, 이로써 합종은 흩어질 것입니다[5]. 군께서는 그런 다음에 하고 싶은 일을 고르시면 됩니다.

또 군께서는 땅을 얻으려 하시면서 어찌 반드시 병력을 쓰십니까! 진(晉)나라를 얻고 싶으면 진나라 군대가 공격하지 않더라도 위나라는 분명히 강(絳)과 안(安)읍을 바칠 것이며, 또 도(陶)로 통하는 두 길을 열어[6] 예전의 송(宋)나라[7] 땅을 거의 다 차지하면 위나라는 반드시 선보(單父)를 바칠 것입니다. (이렇게 되면) 진나라 군대를 온전하게 보존하면서 군께서는 천하를 제어할 수 있으니, 무엇을 구한들 얻지 못할 것이며 무슨 일을 한들 이루지 못하겠습니까? 바라건대 군께서는 이를 깊이 헤아리시어 위험한 일은 하지 마십시오[8]."

양후가 말했다.

"좋소."

마침내 대량의 포위를 풀었다[9].

1) 【집해(集解)】 서광(徐廣)이 말했다. "위나라 혜왕 5년에 한나라와 택양(宅陽)에서

회동했다." 【정의(正義)】 『죽서(竹書)』에서 말했다. "택양은 일명 북택이다."

2) 【집해(集解)】 서광(徐廣)이 말했다. "「전완세가(田完世家)」에 이르기를, '위나라가 조나라를 쳤다. 조나라가 불리했는데, 남량(南梁)에서 싸움이 있었기 때문'이라고 했다." 【색은(索隱)】 삼량은 곧 남량이다.

3) 【색은(索隱)】 위나라의 고국이란 대개 초구(楚丘)다. 바로 뒤에서 옛 땅이라고 한 것도 초구를 가리킨다.

4) 【집해(集解)】 『이아(爾雅)』에서 말했다. "4척을 일러 1인(仞)이라고 한다."

5) 【색은(索隱)】 위나라가 진나라와 강화를 맺은 것에 초나라와 조나라가 화가 나서 둘 다 다퉈 진나라를 섬기려 할 것이니, 동방의 합종 한 국가들이 이로써 해산하게 된다는 말이다. 그래서 "이로써 합종은 흩어집니다"라고 말한 것이다.

6) 【색은(索隱)】 양후가 도에 봉해지고 위나라가 강과 안읍을 바친다면 이는 하동(河東) 땅을 얻는 것이다. 진나라에서 도(陶)로 가는 길에 하서(河西)와 하동(河東)의 두 길이 열린다는 말이다.

7) 【색은(索隱)】 이때 송나라는 이미 멸망했다.

8) 【색은(索隱)】 대량을 포위하는 위험한 일은 하지 말라는 뜻이다.

9) 【정의(正義)】 「표(表)」에 이르기를, 위나라 안희왕 2년에 진나라가 대량성에 군대를 주둔하자 한나라가 와서 구원하니 진나라에 온(溫) 땅을 주고서 화친했다고 했다.

이듬해 위나라가 진나라를 배반하고 제나라와 합종을 맺었다. 진나라는 양후로 하여금 위나라를 치게 해서 4만 명을 목 베니 위나라 장수 포연(暴鳶)은 달아나고 위나라 현 3개를 얻었다. 양후는 추가로 봉지를 받았다[益封].

이듬해 양후는 백기(白起), 객경 호양(胡陽)과 함께 다시 조·한·위를 공

격해서 화양(華陽) 성 아래에서 망묘를 깨뜨리고 10만 명을 목 베었고, 위나라의 권(卷)·채양(蔡陽)·장사(長社)·조씨(趙氏-조나라)의 관진(觀津)을 차지했다. 그 뒤에 조나라에 관진을 돌려주고는 군대를 지원해주면서 제나라를 치게 하니[1], 제나라 양왕(襄王)이 두려워서 소대(蘇代)로 하여금 제나라를 위해 몰래 양후에게 이런 편지를 보내게 했다.

"신은 길거리를 오가는 사람들이 '진나라가 장차 조나라에 군대 4만을 더해주어 제나라를 치려고 한다'라고 말하는 것을 듣고는, 이에 남몰래 폐읍(弊邑-제나라)의 왕에게 단호하게 말했습니다. '진나라 왕은 현명하고 계책에 익숙하며 양후는 지혜롭고 일에 익숙하므로 결코 조나라에 군사 4만을 더해주어 제나라를 칠 리가 없습니다.' 이는 어째서이겠습니까?

저 삼진(三晉-한·위·조)이 서로 힘을 합치는 것은 진나라로서는 큰 위협이 되지만, 저들은 서로 100번 배반하고 100번 서로 속이고서도 스스로 신의가 없다고 여기지 않고 행실이 잘못되었다[無行]고 생각지도 않습니다. (그런데) 지금 (진나라가) 제나라를 깨뜨리고자 조나라를 살찌운다면, 조나라는 진나라의 큰 원수가 되어 진나라에 이롭지 않습니다. 이것이 첫째 이유입니다.

진나라 모사(謀士)들은 반드시 '제나라를 깨뜨리고 진(晉)나라와 초나라를 피폐하게 해서 제압하고 나면 진나라와 초나라를 이길 수 있을 것[2]'이라고 말할 것입니다. 저 제나라는 (이미) 피폐해진 나라이니 천하 제후들이 힘을 합쳐 제나라를 공격하는 것은 쇠뇌 1,000균(鈞)으로 곪아 터지려는 종기[潰癰]를 터뜨리는 것과 같아서 반드시 깨뜨릴 수 있겠지만, 어떻게 능히 진나라와 초나라를 피폐하게 할 수 있겠습니까? 이것이 둘째 이유입니다.

진나라가 군사를 적게 보내면 진(晉)나라와 초나라는 믿지 않을 것이고, 군사를 많이 보내면 진(晉)나라와 초나라는 진나라에 제압당하겠지만 제나라는 겁을 먹고 진나라 쪽으로 오지 않고 분명히 진(晉)나라와 초나라 쪽으로 달려갈 것입니다. 이것이 셋째 이유입니다.

진나라가 제나라 땅을 떼어 진(晉)나라와 초나라에 먹인다면[啖] 진나라와 초나라는 그곳에 군대를 두어 지킬 것이니, 그렇게 되면 진나라는 도리어 그들을 적으로 만들어놓은 것입니다. 이것이 넷째 이유입니다.

진나라가 진(晉)나라와 초나라를 도와서 제나라를 도모하는 것은, 진(晉)나라와 초나라가 진나라를 이용해 진나라를 도모하는 것이니, 그렇다면 진(晉)나라와 초나라는 얼마나 지혜로운 것이며 진나라와 제나라는 얼마나 어리석은 것입니까? 이것이 다섯째 이유입니다.

그러므로 진나라로서는 안읍을 얻어 일을 잘 처리하면 실로 반드시 아무런 걱정이 없을 것이니, 진나라가 안읍을 얻으면 한씨(韓氏-한나라)는 반드시 상당(上黨)을 제대로 지키지 못할 것입니다. 천하의 위장(胃腸)에 해당하는 상당을 차지하는 것과 군대를 출병시켜놓고 돌아오지 못할 것을 걱정하는 것 중에서 어느 쪽이 더 이롭겠습니까? 신은 이 때문에 '진나라 왕은 현명하고 계책에 익숙하며 양후는 지혜롭고 일에 익숙하므로 결코 조나라에 군사 4만을 더해주어 제나라를 칠 리가 없습니다'라고 말씀드렸던 것입니다."

이에 양후는 (제나라로) 가지 않고 군대를 이끌고 돌아갔다.

---

1) 【색은(索隱)】 이미 관진을 얻고 나서, 이에 조나라로 하여금 제나라를 치게 하고서 진나라는 다시 병사들을 더해주어 조나라를 도왔다.

2) 【정의(正義)】 지금 진나라와 초나라가 제나라를 치면 진나라와 초나라도 피폐해질 것이라는 말이다.

소왕 36년에 상국(相國) 양후는 객경 조(竈)와 상의해 제나라를 쳐서 강(剛)과 수(壽)[1]를 차지함으로써 자기의 도읍(陶邑)을 넓히고자 했다. 이에 위(魏)나라 사람 범수(范睢)가 스스로를 장록(張祿) 선생이라 칭하면서 양후가 제나라를 칠 때 마침내 삼진(三晉)을 넘어 제나라를 치려고 한다고 비판했고, 이런 때를 틈타[奸=間] 진나라 소왕에게 유세했다. 소왕이 이에 범수를 쓰니, 범수는 선태후가 나라의 명을 제 마음대로 하는 일[專制], 양후가 제후들 사이에서 권력을 마음대로 휘두르는 일[擅權], 경양군(涇陽君)과 고릉군(高陵君) 등이 지나치게 사치하고 왕실보다 더 부유한 일 등을 말했다. 이에 진나라 소왕이 깨닫는 바가 있어 마침내 양후를 상국에서 면직시키고 경양군 등을 모두 함곡관에서 내보내 자기들 봉읍으로 나아가게 했는데, 양후가 함곡관을 나올 때 짐수레[輜車]가 1,000승을 넘고도 남았다[有餘].

1) 【집해(集解)】 서광(徐廣)이 말했다. "제북(濟北)에 강현(剛縣)이 있다." 【정의(正義)】 옛 강성(剛城)은 연주(兗州) 공구현(龔丘縣) 경계에 있다. 수장(壽張)은 운주현(鄆州縣)이다.

양후는 도읍(陶邑)에서 졸해 그곳에 묻혔다. 진나라는 다시 도읍을 거둬 군(郡)으로 삼았다.

태사공(太史公)이 말한다.

"양후는 (진(秦)나라) 소왕(素王)의 친외삼촌[親舅]이다. 진나라가 동쪽으로 땅을 넓히고 제후들의 힘을 약화하면서 일찍이 천하에서 제(帝)라 칭하고[1] 천하로 하여금 모두 다 서쪽으로 머리를 조아리게 한 것은 양후의 공로였다. (그러나) 그의 귀한 벼슬이 극에 이르고 부유함이 도를 넘치게 되자[溢=濫], 일개 사내(-범수)의 유세로 인해 신분이 꺾이고 권세를 빼앗겨 근심 속에 살다가 죽었다. (왕족도 이러할진대) 하물며 떠돌이로 와서 신하가 된 자[羈旅之臣][2]야 어떻겠는가?"[3]

1) 기원전 288년 진나라 소왕과 제나라 민왕이 다퉈 서로 제(帝)라 칭했는데, 진나라는 서제(西

帝), 제나라는 동제(東帝)라 했다. 그러나 얼마 안 가서 제나라가 제라는 호칭을 버리자, 진나라도 거둬들였다.

2) 객경(客卿)을 말한다. 이사가 대표적인 인물이다.

3) 【색은술찬(索隱述贊)】 양후는 지혜와 학식이 뛰어나[穰侯智識]/임기응변이 무궁무진했다네[應變無方]/안으로 태후에게 의지하고[內倚太后]/밖으로 소왕을 보필했도다[外輔昭王]/네 차례 상국 자리에 오르고[四登相位]/두 번이나 반열에 올라 봉토를 받았지[再列封疆]/제나라를 누르고 초나라를 꺾었으며[摧齊撓楚]/위나라를 깨뜨리고 양나라를 포위했건만[破魏圍梁] 한 장부가 유세하자[一夫開說]/울분 속에 죽어갔도다[憂憤而亡]!

권73

백기왕전열전(白起王翦列傳) 제13

권73 백기왕전열전(白起王翦列傳) 제13

백기(白起)는 미(郿) 땅 사람[1]이다. 용병(用兵)에 능했고 진(秦)나라 소왕(昭王)을 섬겼다.

소왕 13년에 백기는 좌서장(左庶長)이 되어 군대를 거느리고 한(韓)나라 신성(新城)[2]을 공격했다.

이해에 양후(穰侯)가 진(秦)나라 재상이 되자 임비(任鄙)를 천거해 한중(漢中) 태수로 삼았다.

그 이듬해에 백기는 좌경(左更)이 되어 이궐(伊闕)[3]에서 한나라와 위(魏)나라를 공격해 24만 명을 목 베었고, 또 그 나라 장수 공손희(公孫喜)를 사로잡고 성 5개를 뽑아버렸다. 백기는 승진해 국위(國尉)[4]가 되었다. 황하를 건너 한나라 안읍(安邑) 동쪽 땅을 차지하고 간하(乾河)에 이르렀다[5].

이듬해 백기는 대량조(大良造)가 되었다. 위나라를 공격해 뽑아버리고 크고 작은 성 61개를 차지했다.

이듬해 객경(客卿) 조(錯)와 함께 원성(垣城)[6]을 공격해 뽑아버렸다.

5년 후에 백기는 조(趙)나라를 공격해 광랑성(光狼城)[7]을 뽑아버렸다.

7년 후에 백기는 초(楚)나라를 공격해 언(鄢)·등(鄧) 등 5개 성을 뽑아버렸다[8].

그 이듬해에는 초나라를 공격해 영(郢)을 뽑아버리고 이릉(夷陵)[9]을 불태웠으며, 드디어 동쪽으로 경릉(竟陵)에 이르렀다. 초나라 왕이 (수도) 영을 버리고 달아나 동쪽으로 가서 진(陳)을 수도로 삼으니, 진나라는 영을 남군(南郡)으로 삼았다. 백기는 승진해 무안군(武安君)이 되었는데, 그 참에 초나라를 차지하고 무군(巫郡)과 검중군(黔中郡)을 평정했다.

소왕 34년에 백기는 위(魏)나라를 공격해 화양(華陽)을 뽑아버렸다. (적장) 망묘(芒卯)를 패주시키고 삼진(三晉)의 장수들을 사로잡았으며 13만 명을 목 베었다. 조나라 장수 가언(賈偃)과 싸워 그의 병사 2만 명을 황하에 수장시켰다[沉=沈].

소왕 43년에 백기는 한나라 형성(陘城)을 공격해 5개 성을 뽑아버리고 5만 명을 목 베었다.

44년에 백기는 남양(南陽) 태항산(太行山)을 공격해 길을 끊었다[10].

1) 【정의(正義)】 미 땅은 기주현(岐州縣)이다.

2) 【색은(索隱)】 하남(河南)에 있다. 【정의(正義)】 지금의 낙주(洛州) 이궐(伊闕)이다.

3) 【정의(正義)】 지금의 낙주 남쪽으로 19리에 이궐산이 있는데, 용문(龍門)이라고 불렀다.

4) 【정의(正義)】 태위(太尉)를 말한다.

5) 【집해(集解)】 서광(徐廣)이 말했다. "乾의 발음은 (건이 아니라) 간(干)이다."

6) 【집해(集解)】 서광(徐廣)이 말했다. "하동(河東) 원현(垣縣)이다."

7) 【색은(索隱)】 「지리지(地理志)」에는 광랑성이 실려 있지 않은데, 아마도 조나라에 속할 것이다.

8) 【집해(集解)】 서광(徐廣)이 말했다. "소왕(昭王) 28년이다." 【정의(正義)】 언과 등 두 읍은 양주(襄州)에 있다.

9) 【정의(正義)】 지금의 협주(峽州) 곽하현(郭下縣)이다.

10) 【정의(正義)】 살펴보건대, 남양은 한나라에 속하는데 진나라가 그곳을 공격한 것이다. 그렇다면 이는 한나라 태항산 양장(羊腸) 길을 끊은 것이다.

45년 한나라 야왕(野王)[11]을 쳤다. 야왕이 진나라에 항복하니, 상당(上黨)으로 가는 길이 끊어졌다. 상당 군수 풍정(馮亭)이 백성과 모의해 말했다.

"정(鄭)으로 가는 길이 끊어졌으니, 한나라는 분명 백성을 위해 할 수 있는 게 없다. 진(秦)나라 군대가 하루하루 진군하고 있어 한나라는 당해낼 수 없으니, 상당을 바쳐 조나라에 귀의하는 쪽이 낫다. 조나라가 만일 우리를 받아들이면 진나라는 화가 나서 반드시 조나라를 공격할 것이다. 조나라는 공격을 당하면[被兵] 반드시 한나라와 친해지고자 할 것이다. 한나라와 조나라가 하나가 되면 진나라에 맞설 수 있다."

그리하여 사람을 보내 조나라에 알렸다. 조나라 효성왕(孝成王)이 평양군(平陽君), 평원군(平原君)과 계책을 이야기했다.

평양군이 말했다.

"받지 않는 쪽이 좋습니다. 받아들이면 화가 이득보다 클 것입니다."

평원군이 말했다.

"아무 조건 없이 군 하나를 얻는 것이니, 받는 쪽이 좋습니다."

조나라는 상당을 받아들였고, 그 참에 풍정을 화양군(華陽君)으로 삼았다[2].

1) 【색은(索隱)】 「지리지(地理志)」에 따르면, 야왕현은 하내(河內)에 속하는데, 태항산 동남쪽이다. 맹강(孟康)이 말했다. "옛날 형국(邢國)이다."

2) 【정의(正義)】 상산(常山)을 일명 화양이라고 하는데. 풀이는 「조세가(趙世家)」에 있다.

46년에 진나라가 한나라의 구지(緱氏)와 인(藺)을 공격해 뽑아버렸다.

47년에 진나라가 좌서장(左庶長) 왕흘(王齕)에게 한나라를 공격하게 하여 상당을 차지했다. 상당의 백성이 조나라로 달아나니, 조나라 군대가 장평(長平)에 주둔하면서 상당 백성을 보호하고 안정시켰다.

4월에 왕흘이 그 일로 조나라를 공격했는데, 조나라는 염파(廉頗)를 장수로 삼았다. 조나라 병사들이 진나라 척후병(斥候兵)에게 싸움을 걸었으나, 진나라 척후병이 조나라 비장(裨將) 가(茄)를 목 베었다.

6월에 조나라 군대를 함락시킨 뒤 보루[障] 2개를 차지하고 위(尉) 4명을 사로잡았다[1].

7월에 조나라 군대가 누벽을 쌓고서 지켰다. 진나라가 다시 그 누벽을 공격해 도위 2명을 사로잡고 진지를 깨뜨렸으며 서쪽 누벽을 빼앗았다. (이에) 염파는 보루를 견고히 쌓고서 진나라 공격에 대비했는데 진나라가 여러 차례 싸움을 걸었으나 조나라 군대는 누벽에서 나오지 않으니, 조왕이 그 일로 염파를 여러 차례 나무랐다. 한편으로 진나라 재상 응후(應侯)는 또 사람을 보내 천금을 가지고 조나라에 가서 반간계(反間計)를 써 이런 말을 퍼뜨렸다.

"진나라가 싫어하는 것은 오로지 마복군(馬服君-조사(趙奢))의 아들 조괄(趙括)이 장수가 되는 것일 뿐이다. 염파는 상대하기 쉽고[易與], 또 (진나라에) 항복할 것이다."

조나라 왕은 이미 염파의 부대에 전사자나 도망병이 많은 데다가 군대가 여러 차례 패했는데도 도리어 누벽을 지키며 감히 싸우지 않는 것에 화가 나 있던 차에, 설상가상으로 진나라 첩자들이 퍼뜨린 말을 듣자, 염파를 대신해 조괄로 하여금 군대를 이끌어 진나라를 치게 했다. 진나라는 마복군의 아들이 군대를 이끄는 장수가 되었다는 소식을 듣고는 마침내 은밀하게 무안군(武安君) 백기(白起)를 상장군(上將軍), 왕흘을 비장(裨將-부장)으로 삼고서, 군중에 영을 내려 무안군이 상장군이 되었다는 사실을 입 밖에 내는 자는 목을 자르겠다고 했다. 조괄이 누벽에 이르러 곧바로 군대를 내어 진나라 군대를 공격하니, 진나라 군대는 짐짓[詳=佯] 패한 척 도망가면서 두 갈래로 기병을 숨겨두었다가 조나라 퇴로를 끊고자 했다. 조나라 군대가 승기를 타고 진벽(秦壁)[2]까지 다다랐다. (그러나) 누벽을 견고히 하고서 맞섰기에 들어갈 수가 없었는데, 이때 진나라 특수병 2만 5,000명이 조나라 군대의 후미를 끊고 또 기병 5,000명이 조나라 군대와 보루 사이를 끊으니 조나라 군대는 둘로 나눠지고 식량 보급로가 끊겼다. 이어서 진나라는 가볍게 무장한 병사들을 내어 조나라 군대를 공격했다. 조나라는 전세가 불리해지자 누벽을 쌓고 굳게 방어하면서 구원을 기다렸다[3]. 진나라 왕은 조나라의 식량 보급로가 끊어졌다는 보고를 받고는 몸소 하내(河內)[4]로 가서 백성에게 각각 작위 한 계급씩을 내려주었고, 15살 이상인 사람을 뽑아서 모두 장평(長平)으로 보내 조나라의 구원병과 식량[粮食=糧食]이 들어오지 못하도록 했다[遮絶=遮斷].

1) 【색은(索隱)】 장(障)은 보성(堡城)이고, 위(尉)는 관직이다.

2) 【정의(正義)】 진벽은 일명 진루(秦壘)이니, 지금도 이름은 진장루(秦長壘)다.

3) 【정의(正義)】 조벽(趙壁)의 지금 이름은 조동루(趙東壘)인데, 조동장루(趙東長壘)라고도 한다.

4) 【정의(正義)】 이때는 이미 진나라에 속해 병사들을 징발할 수 있었다.

9월이 되자 46일 동안 밥을 먹지 못한 조나라 병사들은 모두 안에서 몰래 서로를 죽여 잡아먹었다. 진나라 보루를 공격해 탈출하고자 했다. 네 부대를 만들어서 네댓 차례 공격했지만, 탈출할 수 없었다. 조나라 장군 조괄이 정예병을 뽑아 몸소 육박전을 벌였지만, 진나라 군대는 활을 쏘아 조괄을 죽였다. 조괄의 군대는 패배해 병사 40만 명이 무안군에게 항복했다. 무안군은 이렇게 생각했다.

'전에 진나라가 상당을 뽑아버리자, 상당 사람들은 진나라 백성이 되는 것을 달갑지 않게 여겨서 조나라로 귀순했다. 조나라 병사들은 이랬다저랬다 잘한다. 다 죽이지 않으면 난을 일으킬까 두렵다.'

마침내 속임수를 써서 그들을 모두 구덩이에 파묻어 죽이고, 나이 어린

240명만 남겨 조나라로 돌려보냈다. 이때를 전후해 목을 베거나 사로잡은 인원이 45만 명이었다. 조나라 사람들은 공포에 벌벌 떨었다[大震].

48년 10월에 진나라는 다시 상당군(上黨郡)을 평정했다[1]. 진나라는 군사를 둘로 나눠, 왕흘은 피뢰(皮牢)를 공격해 뽑아버렸고 사마경(司馬梗)은 태원(太原)을 평정했다. 한나라와 조나라는 두려움에 떨다가, 소대(蘇代)를 시켜 두터운 예물을 가지고 진나라 재상 응후(應侯)에게 유세하게 했다. (소대가 말했다.)

"무안군(武安君)께서는 마복군의 아들을 사로잡았습니까?"

"그렇소."

"곧장 한단(邯鄲)을 에워쌀 것입니까?"

"그렇소."

"조나라가 망하면 진나라 왕은 천하의 제왕이 되고 무안군은 삼공(三公)이 될 것입니다. 무안군께서 진나라를 위해 싸워서 승리해 차지한 성만 해도 70여 개나 됩니다. 남쪽으로 언(鄢)·영(郢)·한중(漢中)[2]을 평정했고 북쪽으로 조괄의 군대를 잡았으니, 주공(周公)·소공(召公)·여망(呂望)의 공적도 이보다 더하지 않습니다. 지금 조나라가 망하고 진나라 왕이 천하의 제왕이 되면 무안군은 반드시 삼공이 될 터인데, 재상께서는 그 아래로 들어가실 수 있습니까? 설사 그 아래로 들어가고 싶지 않아도 실로 어쩔 수 없을 것입니다.

진나라가 일찍이 한나라를 공격해 형구(邢丘)[3]를 에워싸고 상당(上黨)을 곤경에 빠뜨리자, 상당 백성은 모두 진나라에 등을 돌리고 조나라 백성이 되었습니다. (이처럼) 천하 사람들이 진나라 백성 되기를 좋아하지 않은 지가 이미 오래되었습니다. 지금 조나라를 멸망시키면 북쪽 땅은 연나라에, 동쪽 땅은 제나라에, 남쪽 땅은 한나라와 위(魏)나라에 편입될 것이니 그렇게 되면 재상께서 얻을 수 있는 백성은 얼마 되지 않을[亡=無] 것입니다.

그러므로 이참에 한나라와 조나라로부터 땅을 떼어 받고 무안군이 공로를 세우지 못하게 하는 쪽이 낫습니다."

이에 응후가 진왕에게 말했다.

"(우리) 진나라 병사들이 지쳐 있으니, 한나라와 조나라로부터 땅을 받고서 화친을 맺어 일단 사졸들을 쉬게 하십시오."

진나라 왕이 이 말을 듣고 한나라 원옹(垣雍)[4]과 조나라 6개 성을 받는 것을 조건으로 화친을 맺고, 정월에 군대를 모두 철수시켰다. 무안군이 이 이야기를 들었고, 이 때문에 응후와의 사이에 틈이 생겨났다[有隙].

1) 【색은(索隱)】 진나라는 전에 조나라를 공격해 이미 상당을 깨뜨렸는데, 지금 군사를 돌려 다시 상당군을 평정했다는 것은 나머지 성들이 여전히 조나라에 속해 있었기 때문이다.

2) 【정의(正義)】 언은 양주(襄州) 솔도현(率道縣) 남쪽 9리에, 영은 형주(荊州) 강릉현(江陵縣) 동쪽 6리에 있다. 한중은 지금의 양주(梁州) 땅이다.

3) 【집해(集解)】 서광(徐廣)이 말했다. "평고(平皐)에 평구가 있다."

4) 【집해(集解)】 서광(徐廣)이 말했다. "권현(卷縣)에 원옹성이 있다."

그해 9월에 진나라가 다시 군대를 일으켜 오대부(五大夫) 왕릉(王陵)에게 조나라 한단을 공격하게 했다. 이때 무안군은 병이 나서 임무를 감당할[任=堪] 수 없었다.

49년 정월에 왕릉이 한단을 공격했으나 크게 유리하지 못했는데, 진나라는 더 많은 군사를 뽑아서 보내 왕릉을 지원했다. 왕릉이 장교[校] 다섯을 잃었다. 무안군의 병이 낫자 진나라 왕은 왕릉을 대신해서 무안군을 장수로 삼으려 했다.

이에 무안군이 말했다.

“한단은 실로 공격하기 쉬운 곳이 아닙니다. 게다가 제후들의 구원병이 곧 도착할 터인데, 저 제후들이 진나라를 원망해온 지가 오래되었습니다. 지금 진나라가 비록 장평을 깨뜨리긴 했지만, 진나라 병사들도 절반이 넘게 죽어서 나라 안이 텅 비어 있습니다. 그런데도 멀리 강과 산을 넘어 다른 나라 도읍을 치려고 하니, 조나라 군대가 안에서 호응하고 제후들이 밖에서 공격한다면 진나라 군대가 깨지는 것은 분명합니다. (한단을 쳐서는) 안 됩니다.”

진나라 왕이 직접 명했으나 (무안군은) 가지 않았다. 마침내 응후(應侯)를 시켜 무안군에게 청해보았지만 무안군은 끝내 사양하며 기꺼이 가려 하지 않았고, 드디어 병을 핑계 삼아 집에 머물렀다.

진나라 왕은 왕릉 대신 왕흘을 장수로 삼아 8월과 9월에 한단을 에워쌌으나 뽑아버릴 수 없었다. 초나라가 춘신군(春申君)과 위공자(魏公子)를 시켜 수십만 군사를 이끌고 진나라 군대를 공격하게 하니, 진나라 군대는 큰 피해를 입었다.

무안군이 말했다.

“진나라 왕께서 내 계책을 듣지 않더니, 지금 어찌 되었는가?”

진나라 왕이 이 말을 듣고는 화가 나서 무안군을 강제로 출전시키려 했으나, 무안군은 끝내 병이 위독하다는 핑계를 댔다. 응후가 청해보았지만, 병상에서 일어나지 않았다. 이에 무안군을 면직시켜 사오(土伍-병사)로 삼고 음밀(陰密)로 옮겨 살게 했다[遷]^천[1]. 무안군은 병이 들어 아직 떠나지 못하고 있었다. 석 달이 지나 제후들의 군대가 진나라를 거세게 공격하자 진나라 군대는 여러 차례 퇴각했고, (급보를 알리는) 사자들이 연일 함양에 잇달았다. 진나라 왕이 마침내 사람을 백기에게 보내니, 함양에 더는 머물 수가 없었다.

무안군이 이미 길을 나서서 서문 10리 밖의 두우(杜郵)[2]에 이르렀을 무렵, 진나라 소왕이 응후와 여러 신하와 상의하며 말했다.

"백기를 옮겼을 때, 속내가 여전히 앙앙불락하면서 복종하지 않고 뼈 있는 말을 했다."

진나라 왕은 마침내 사자를 보내 칼을 내려 자결하게 하니[自裁], 무안군이 칼을 받아 들고 장차 자기 목을 찌르려 하면서[自剄] 말했다.

"내가 하늘에 무슨 죄를 지었길래 이 지경에 이르렀단 말인가?"

한참을[良久] 생각하다가 이렇게 말했다.

"나는 죽어 마땅하다. 장평 전투에서 항복한 조나라 병사 수십만 명을 속여서 모두 산 채로 파묻었으니, 이것만으로도 충분히 죽어 마땅하다."

드디어 자살했다.

무안군의 죽음은 진나라 소왕 50년 11월의 일이다. 죽기는 했지만 죄가 있는 것이 아니었으므로 진나라 사람들은 그를 불쌍히 여겨 향읍 사람들 모두가 제사를 지내주었다.

1) 사실상 유배를 보낸 것이다.
2) 【색은(索隱)】 두우는 지금의 함양성 안에 있다.

왕전(王翦)은 빈양(頻陽)1) 동향(東鄕) 사람이다. 젊어서부터 병사(兵事)를 좋아했고 진시황(秦始皇)을 섬겼다.

시황 11년에 왕전은 장수가 되어 조나라 연여(閼與)를 공격해서 깨뜨리고 성 9개를 뽑아버렸다.

18년에 왕전은 장수가 되어 조나라를 공격했다. 1년여가 지나 드디어 조나라를 뽑아버리니, 조나라 왕이 항복했다. 조나라 땅을 모두 평정하고서 군(郡)으로 삼았다.

이듬해 연나라가 형가(荊軻, ?~기원전 227년)2)를 시켜 진나라 왕을 찌르려 했고, (이에 분노한) 진나라 왕이 왕전에게 연나라를 공격하게 했다. 연나라 왕 희(喜)는 요동(遼東)으로 달아났고, 왕전은 드디어 연나라 (도성) 계(薊)를 평정하고 돌아왔다.

진나라는 왕전의 아들 왕분(王賁)에게 형(荊)[3]나라를 공격하게 해서 형나라 군대를 물리쳤다. 돌아오는 길에 위(魏)나라를 공격해 위나라 왕을 항복시켰고, 드디어 위나라 땅을 평정했다.

1) 【색은(索隱)】「지리지(地理志)」에 따르면, 빈양현(頻陽縣)은 좌풍익(左馮翊)에 속한다. 응소(應劭)가 말했다. "빈수(頻水) 북쪽[陽]이다."

2) 전국시대 말기 위(衛)나라 사람이다. 협사(俠士)로, 원래 선조는 제(齊)나라 귀족이었는데 위나라로 옮겨가서 살았다. 위나라 사람들은 그를 경경(慶卿)이라 불렀다. 독서와 칼 쓰기를 좋아했다. 진(秦)나라가 위나라를 멸망시키자 연(燕)나라로 왔는데, 연나라 사람들은 그를 형경(荊卿) 또는 형숙(荊叔)이라 불렀다. 당시 진나라가 이미 한(韓)나라와 조(趙)나라를 멸망시켰으니 연나라 태자 단(丹)이 진왕 정(政-진시황)을 죽이려고 모의해 형가의 친구 전광(田光)과 사귀었고, 전광이 그를 추천해 상경(上卿)으로 존대를 받았다. 연왕 희(喜) 28년 진나라에서 망명한 장군 번오기(樊於期)의 목과, 안에 비수를 넣은 연나라 독항(督亢)의 지도를 가지고 진나라에 사신으로 가서 기회를 노려 죽이려고 했다. 진나라 왕 정에게 지도를 바치는데, 지도를 펼치자, 비수가 드러났다. 칼을 뽑아 찔러 죽이려고 했지만 실패하고, 그 자리에서 피살되었다.

3) 【집해(集解)】서광(徐廣)이 말했다. "진나라는 초(楚)라는 글자를 피했기 때문에 형이라고 했다."

진시황은 이미 삼진(三晉)을 멸망시키고 연나라 왕을 도망치게 했으며 여러 차례 형나라 군대를 깨뜨렸다. 진나라 장수 이신(李信)은 나이는 어렸지만 건장하고 용감해서, 일찍이 수천 군사로 연나라 태자 단을 연수(衍水)까지 뒤쫓아 가서 끝내 단을 깨뜨리고 붙잡은 바 있었다. 진시황은 그가 뛰어나고 용감하다[賢勇]고 보아서, 이에 이신에게 물었다.

"내가 형나라를 공격해 차지하고 싶은데, 장군이 보기에 몇 사람이면 충분하겠는가?"

이신이 말했다.

"20만을 넘지 않아도 됩니다."

진시황이 왕전에게 물으니 왕전이 말했다.

"60만이 아니면 안 됩니다."

진시황이 말했다.

"왕장군도 늙었구려, 어찌 그리 겁을 내는가! 이 장군이 기세가 강건하고 용감하다더니, 과연 그 말이 맞도다!"

드디어 이신과 몽염(蒙恬)에게 20만 병사를 거느리고 남쪽으로 형나라를 치게 했다. 왕전은 자기 말이 쓰이지 않자, 병을 핑계로 빈양으로 은퇴했다[歸老].

이신은 평여(平輿)를 공격하고 몽염은 침(寢)[1]을 공격해 형나라 군대를 크게 무찔렀다. 이신은 또 언(鄢)과 영(郢)을 공격해 깨뜨리고, 이에 병사들을 이끌고 서쪽으로 가서 성보(城父)에서 몽염과 합류하려고 했다. 형나라 사람들이 그 틈에 사흘 낮밤을 쉬지 않고 뒤쫓아 왔다. (형나라 사람들이) 이신의 군대를 크게 깨뜨리고 누벽 2개에 침입해 도위(都尉) 7명을 죽이니, 진나라 군대는 달아났다.

1) 【집해(集解)】 서광(徐廣)이 말했다. "지금의 고시(固始) 침구(寢丘)다." 【색은(索隱)】 고시는 현(縣)으로, 회양(淮陽)에 속한다. 침구는 지명이다.

시황이 이 소식을 듣고 크게 화가 나서, 몸소 말을 달려 빈양으로 가서 왕전을 만나 사과하며 말했다.

"과인이 장군의 계책을 쓰지 않아, 이신이 과연 진나라 군대를 욕되게 했다. 지금 듣건대 형나라 군대가 날마다 진군해 서쪽으로 오고 있다고 하니, 장군이 비록 병중이긴 하지만 어찌 차마 과인을 버릴 수 있겠는가?"

왕전이 사양하며 말했다.

"노신은 지치고 병들어서 정신이 오락가락하니[悖亂], 부디 대왕께서는 다른 뛰어난 장군을 고르십시오."

진시황이 사과하며 말했다.

"그만두라! 장군은 더는 아무 말도 말라!"

왕전이 말했다.

"대왕께서 반드시 어쩔 수 없이 신을 쓰시겠다면 60만이 아니면 안 됩니다."

진시황이 말했다.

"장군의 계책을 따를 뿐이다."

이에 왕전이 장수로서 60만을 이끌었는데, 시황이 몸소 파수(灞水) 변까지 나와 전송했다. 왕전은 행군에 앞서 좋은 땅과 집, 정원과 연못 등 요구하는 것이 심히 많았다.

진시황이 말했다.

"장군은 행군하면서 어찌 가난을 걱정하는가?"

왕전이 말했다.

"대왕을 위해 장수가 되어 공을 세우고도 결국 후(侯)에 봉해진 자가 없습니다. 그래서 대왕의 관심이 신에게 향해 있을 때를 틈타 신은 정원이며 연못 따위를 청하는 것이니, 이는 자손의 생업을 위한 것일 뿐입니다."

시황이 크게 웃었다.

왕전이 이미 함곡관에 이르고 나서도 사신을 다섯 번이나 보내 좋은 땅을 청하자, 누군가가 말했다.

"장군의 요구가 실로 너무 심한 것 같습니다."

왕전이 말했다.

"그렇지 않다. 저 진왕(秦王)은 거칠고[怚][1] 다른 사람을 믿지 않는데, 지금 진나라 군대를 모두 내어 나에게 전적으로 맡겼다. 내가 자손의 생업을 위해 땅과 집을 잔뜩 요구함으로써 내가 다른 뜻이 없음을 분명히 하지 않는다면, 진나라 왕은 가만히 앉아서 나를 의심할 것이다."

왕전이 과연 이신(李信)을 대신해 형나라를 공격하자, 형나라는 왕전이 군사를 늘려서 온다는 소식을 듣고는 마침내 나라 안의 병사를 모두 동원해 진나라에 맞섰다. 왕전은 도착한 뒤로 보루를 굳게 지킬 뿐 기꺼이 싸우려 하지 않았다. 형나라 군대가 여러 차례 나와서 싸움을 걸었으나 끝내 나오지 않았다. 날마다 병사들을 쉬게 하고 목욕을 시키면서 잘 먹이고 다독거렸으며 몸소 병사들과 함께 음식을 먹었다.

한참이 지나, 왕전은 사람을 시켜 군중에서 무엇을 가지고 놀고 있는지를 물었다.

"바야흐로 돌 던지기와 멀리뛰기[超距=跳躍] 시합하고 있습니다."

이에 왕전이 말했다.

"이제는 병사들을 쓸 수 있겠다."

형나라는 여러 차례 싸움을 걸어도 진나라 병사들이 나오지 않자 마침내 병사를 이끌고 동쪽으로 갔다. 왕전이 그 틈에 군사를 동원해 추격하는 한편 건장한 병사들로 하여금 공격하게 해서 형나라 군대를 크게 깨뜨렸다. 기남(蘄南)[2]에 이르러 형나라 장군 항연(項燕)을 죽이니, 형나라 군사들이 드디어 패해 달아났다. 진나라는 그 참에 승세를 타고서 형 땅의 성읍들을 평정했다. 1년 남짓 동안에 형나라 왕 부추(負芻)를 사로잡고 형나라 땅을 평정해 군현(郡縣)으로 삼았다. 그 참에 남쪽으로 백월(百越)의 군주를 정벌했다. 또 왕전의 아들 왕분(王賁)은 이신과 함께 연나라와 제나라 땅까지 평정했다.

백기왕전열전(白起王翦列傳) 제13

---

1) 【집해(集解)】 怚는 발음이 (저가 아니라) 추(麤)다. 서광(徐廣)이 말했다. "추(怚)는 판본에 따라 조(粗)로 되어 있다."

2) 【정의(正義)】 서주(徐州)의 현(縣)이다.

진시황 26년에 천하를 모두 집어삼켰는데[拜=倂呑], 왕씨(王氏)와 몽씨(蒙氏)의 공로가 많아 그들의 이름이 후세에까지 전해졌다[施=垂].

진나라 2세 때 왕전과 아들 왕분은 이미 죽었고 몽씨의 집안도 멸족되었다. 진승(陳勝)이 진나라에 반기를 들었다. 진나라에서는 왕전의 손자 왕리(王離)에게 조(趙)나라를 치게 하니, (왕리가) 조나라 왕과 장이(張耳)를 거록성(巨鹿城)에서 에워쌌다.

누군가가 말했다.

"왕리는 진나라의 명장인 데다 지금 강한 진나라의 군대를 이끌고 새로 일어난 조나라를 공격하니, 반드시 승리할 것이다."

객이 말했다.

"그렇지 않소. 무릇 3대에 걸쳐 장군이 된 자는 반드시 패하게 마련이오. 어째서 반드시 패하는 것이겠소? 그들이 정벌해 죽인 사람이 많으므로 반드시 후손들에게 상서롭지 못함[不祥]이 찾아올 것이기 때문이오. 지금 왕리는 이미 3대째 장수가 되었소."

얼마 안 가서[居無何] 과연 항우(項羽)가 조나라를 구원해 진나라 군대를 격파하고 왕리를 사로잡으니, 왕리의 군대는 결국 제후들에게 항복했다.

태사공(太史公)이 말한다[曰].

"속담에 '자[尺]에도 짧은 데가 있고 치[寸]에도 긴 데가 있다'[1]라고 했다.

백기는 적의 전력을 이미 헤아려서[料=量] 기민하게 대응했고 기이한 계책을 끊임없이 내놓음으로써 명성을 천하에 떨쳤건만, 응후(應侯)와의 사이에 생겨난 우환은 제대로 없애지 못했다.

왕전은 진(秦)나라 장군이 되어 여섯 나라를 평정했다[夷=平]. 이때 전(翦)은 노련한 장수[宿將]가 되어 시황(始皇)도 그를 스승으로 받들었지만, 진나라가 다움을 세워[建德] 근본2)을 튼튼하게 하는 일을 제대로 보필하지 못한 채 그냥저냥 아첨해 편하게 있을 곳만 구하다가 늙어서 죽음에 이르렀다. 그러니 손자 왕리가 항우에게 사로잡힌 것은 실로 마땅하지 않은가?

두 사람에게는 각각 단점[所短]이 있었다."3)

1) 이 말은 굴원(屈原)의 『초사(楚辭)』 「복거(卜居)」에 나온다. 그가 점을 쳐보니 이런 점괘가 나온 것인데, 무슨 일에든 어떤 사람에게든 모두 장단점이 있다는 말이다.

2) 천하에 어짊과 마땅함[仁義]을 베푸는 정사를 말한다.

3) 【색은술찬(索隱述贊)】 백기와 왕전[白起王翦]/두 사람 모두 용병을 잘했다네[俱善用兵]/번갈아 진나라 장군이 되어[遞爲秦將]/제나라를 뽑아버리고 형나라를 깨뜨렸도다[拔齊破荊]/조나라는 마복군에 맡겼으나[趙任馬服]/장평에서 결국 구덩이에 파묻혔구나[長平遂坑]/초나라가 이신을 함락하니[楚陷李信]/패상에서 병사들이 행군에 나섰도다[霸上卒行]/왕분, 왕리가 이어 나왔으나[賁離繼出]/삼대가 이름을 남기지는 못했네[三代無名]!

권74

맹자순경열전(孟子荀卿列傳) 제14

권74 맹자순경열전(孟子荀卿列傳) 제14

태사공(太史公)**이 말한다.**

나는 『맹자(孟子)』라는 책을 읽다가 양(梁-위)나라 혜왕(惠王)이 던진 "어떻게 하면 우리나라를 이롭게 할 수 있겠는가[利]?"라는 질문에 이르러 일찍이 책 읽기를 멈추고 탄식하지 않을 수 없었다.

"아아! 이익이야말로 진실로 어지러움[亂]의 시작이로구나!"

부자(夫子-공자)가 이익에 대해서 드물게만 언급했던 것[罕言][1]은 언제나 그 어지러움의 원천을 막기 위함이었던 것이다. 그래서 공자는 말하기를 "이익에 따라 마구 행동하면[放於利] 원망을 많이 사게 된다"[2]라고 했다. 천자부터 일반 백성까지 이익을 좋아해서 생긴 폐단이 어찌 다르겠는가?

1) 이는 『논어(論語)』「자한(子罕)」편 첫 장에 나오는 공자 제자의 다음과 같은 유명한 말에서 따온 것이다. "공자께서는 이익[利]과 천명[命], 어짊[仁]에 대해서는 아주 드물게만 언급하셨다." 이 세 가지를 통해 우리는 이상적인 군자상(君子像)을 구성할 수 있다. 이익을 멀리하고 천명을 따르며 어짊을 가까이해야 군자가 될 수 있다는 말이다.

2) 이는 『논어(論語)』「이인(里仁)」편에 나오는 말이다.

맹가(孟軻)는 추(鄒) 땅 사람[1]이다. 자사(子思)의 문인들에게 수업했다. 도리가 이미 통하고 나자 제(齊)나라 선왕(宣王)을 유세하며 섬겼지만, 선왕은 능히 그를 쓰지 못했다. 양(梁)나라로 갔는데, 양나라 혜왕(惠王)도 결국

맹자 말을 받아들이지 않았다. 그의 주장이 현실과 너무 동떨어져서[迂遠]
일의 실상에 들어맞지 않는다[闊=迂闊][2]고 여겼기 때문이다.

이런 때를 맞아 진(秦)나라는 상군(商君-상앙)을 써서 부국강병(富國彊
兵)을 이뤄냈고, 초(楚)나라와 위(魏)나라는 오기(吳起)를 써서 싸움에서
이겨 적국을 약화했으며, 제(齊)나라는 위왕(威王)과 선왕(宣王)이 손빈(孫
臏)과 전기(田忌)의 무리를 쓰자 제후들이 동쪽을 받들어[東面] 제나라에
조회했다. (그리하여) 천하는 바야흐로 합종과 연횡에 힘 쏟으면서 공격하
고 정벌하는 것을 뛰어나다[賢]고 여기고 있었건만, 맹가는 마침내 요임금
·순임금[唐虞]과 하·은·주(夏殷周) 삼대(三代)의 다움[德]만을 조술(祖
述)했으므로 가는 데마다 받아주지 않았다[不合].

(이에 맹자는) 물러나 만장(萬章)의 무리와 함께[3]『시경(詩經)』과『서경(書
經)』을 차례대로 연마하고[序] 중니(仲尼-공자)의 뜻을 풀어내[述=祖述]『맹
자(孟子)』7편[4]을 지었다. 그 후에 추자(騶子)의 무리가 나타났다.

1) 【색은(索隱)】 추(鄒)는 노(魯)나라 땅 이름이다. 또 주(邾)라고도 하는데, 이는 주
　　땅 사람들이 추 땅으로 옮겼기 때문이다.

2) 조선시대 때도 신하들의 주장이 지나치게 원칙론이거나 명분론에 사로잡혀 있으면 임금들은
　　비판하며 우활(迂闊)하다는 말을 많이 사용했다. 迂闊은 오활로도 읽는다.

3) 【색은(索隱)】 맹자에게는 만장, 공명고(公明高) 등의 제자들이 있었다. 만은 성이
　　고, 장은 이름이다.

4) 그래서 그냥 7편(篇)이라고 하면『맹자(孟子)』를 가리킨다.

제나라에는 추자(騶子)가 3명 있었다. 가장 앞선 인물로 추기(騶忌, 생몰
년 미상)[1]가 있는데, 그는 거문고를 타서 (제나라) 위왕(威王)을 만나 벼슬을
구했다[干=求]. 그로 인해 국정에 참여하게 되어 성후(成侯)에 봉해지고 재
상의 인수(印綬-도장)를 받았는데 시기적으로 맹자(孟子)보다 앞선다.

1) 추기(鄒忌)라고도 한다. 전국시대 제(齊)나라 사람으로, 위왕에게 뛰어난 사람을 등용하고 간
   언(諫言)을 받아들이며 정치를 혁신할 것을 충고했다. 또 만민(萬民)을 가깝게 여기고 법률을
   정비하며 간신배를 멀리하라고도 건의했다. 아울러 군기(軍紀)를 바로 세우고 정치적 원칙을
   고수할 것도 강조했다. 이때부터 제나라는 차츰 동방(東方)의 강국으로 자리하게 되었다.

그다음으로 추연(騶衍)[1]인데, 맹자보다 후대 사람이다.

추연이 볼 때, 나라를 소유한 자들(-제후들)은 점점 음란하고 사치스러
워져서 더는 다움을 받들[尙德] 수 없게 되었으니 (『시경(詩經)』의) 「대아(大
雅)」처럼 (임금이) 자신의 몸부터 가지런히 한다면 그것이 아래 백성[黎庶]
에게까지 미치게 될 것이었다.

마침내 음(陰)과 양(陽)이 생겨나고 사라지는 현상[陰陽消息]과 황당하
고 기이한 변화[怪迂之變]가 일어나는 이치를 깊이 관찰해 「종시(終始)」와
「대성(大聖)」편 등 10여만 자를 지었다. 그의 학설은 넓고 커서 큰 줄기가 없
었으며[不經], 반드시 먼저 (주변의) 작은 일[小物]을 살핀 다음에 그것을 미
뤄 헤아림[推]으로써 확대해 무한[無垠=無限]에까지 이르렀다. (시간적으로
는) 먼저 지금부터 시작해 황제(黃帝)까지 배우는 자들이 공통으로 다루는
것[所共術]을 통해 크게 세상의 흥성과 쇠퇴를 논했으며[2], 이를 바탕으로
그것의 재앙 됨이나 상서로움, 법도와 제도를 기재한 뒤에 미뤄 헤아려서 먼
곳에까지 이르게 한 것이었으니, 하늘과 땅이 생기기 전의 그윽하고 신비
로운 어둠을 생각해 원천의 결코 도달할 수 없는 경지에까지 이르는 것이었
다. (지리적으로는) 먼저 중국의 이름난 산과 큰 하천, 깊은 계곡[通谷=深谷]
에 살고 있는 새와 짐승들, 물과 뭍에서 번식하는 생물들과 온갖 진기한 것
을 묘사한 다음에 그것들을 바탕으로 미뤄 헤아려감으로써 나라 밖에 있
어 사람들이 눈으로 볼 수 없는 것들에까지 미치게 했다.

그리하여 하늘의 명과 사람의 일을 하늘과 땅이 쪼개지고 나뉜 이래로
다섯 가지 다움[五德-목·화·토·금·수의 오행]이 차례대로 움직여서 다스림

이 각 시대에 마땅하게 됨으로써 저마다 이 오행에 상응하는 것으로 끌어당겨 설명했다.

그의 주장 요체는 다음과 같다[以爲].

'유자(儒者)들이 말하는 중국(中國)이란 천하를 마침내 81개로 나눴을 때 그중 1개만을 차지할 뿐이다[3]. 그들을 중국을 적현신주(赤縣神州)라고 이름 지었다. 적현신주 안에는 아홉 주[九州]가 있는데, (하나라) 우왕(禹王)이 정리한 구주(九州)가 바로 이것이다[4]. 그러나 이러한 주는 (추연이 생각한) 주라고 셀 만한 것이 못 된다. 중국 외에도 적현신주와 같은 것이 9개나 있으니, 이것이 곧 구주라는 것이다. 여기에 작은 바다[裨海]가 있어 구주 하나하나를 둘러싸고 있는데, (각 주의) 백성과 짐승들은 서로 통할 수 없다. 하나의 구역 안에 있는 것이 곧 하나의 주이며, 이와 같은 주가 9개 있다. 여기에는 끝없이 넓은 바다[大瀛海]가 그 밖을 둘러싸고 있는데, 하늘과 땅이 서로 만나는 끝[天地之際]이다.'

그의 학설이란 것은 모두 이런 식[類]이다. 그러나 귀착점의 요체는 반드시 어짊과 마땅함[仁義], 절약과 검소함[節儉]에 있으며 군신(君臣)과 상하(上下)와 육친(六親)[5] 사이에 그것을 베푸는 것으로 귀결된다. (다만) 그 시작만[始] 거창해 흘러넘칠 뿐[濫]이어서[6] 왕이나 공, 대인(大人-높은 지위에 있는 사람)들은 처음에 그의 학설을 접하면 놀라서 마음에 새기며 감화되지만[顧化] 그 후에는 그것을 (현실에서) 실행할 수가 없었다.

---

1) 추연(鄒衍)이라고도 한다. 전국시대 제(齊)나라 사람으로, 직하(稷下)에 살면서 위(魏)·연(燕)·조(趙) 등을 다니며 제후(諸侯)들의 존경을 받았다. 연(燕)나라 소왕(昭王)이 석궁(石宮)을 짓고 맞아들여 그를 스승으로 섬겼다. 천문(天文)에 대해 논하기를 좋아해 담천연(談天衍)으로 불렸으며, 맹자보다 약간 늦게 등장해 음양오행설(陰陽五行說)을 제창했다. 세상의 모든 사상(事象)은 토목금화수(土木金火水)의 오행상승(五行相勝) 원리에 의해 일어나는 것이라 하면서 이로써 역사의 추이나 미래에 관한 예견을 했는데, 이는 오행상생설(五行相生說)과 함께 중국

의 전통적 사상의 기초가 되었다. 『회남자(淮南子)』에서는 "추연이 연(燕)나라 혜왕(惠王)에게 벼슬하면서 충성을 바쳤음에도 불구하고 혜왕은 주변의 참소하는 말을 듣고 그를 옥에 가두었다. 그러자 추연이 하늘을 우러러보면서 크게 통곡하니, 여름 5월이었는데도 서리가 내렸다"라고 했다. 『추자(鄒子)』 49편과 『추자시종(鄒子始終)』 56편 등의 저서가 있었다고 하는데, 전하지 않는다.

2) 【색은(索隱)】 먼저 대체(大體)가 시대에 따라 성대해지고 쇠퇴함을 논하고, 이어 때를 살펴 일을 이야기했다.

3) 【색은(索隱)】 전한의 환관(桓寬)이나 후한의 왕충(王充)은 추연의 주장을 허황하고 황당하다고 여기면서, 그가 육국의 제후들을 혹하게 해서 자리를 구하고 기이한 학설들을 받아들이게 했다고 보았다. "필부이면서 제후들을 영혹(營惑-현혹)했다"라는 말이 그것이다.

4) 이런 내용은 『서경(書經)』에 나온다.

5) 가장 가까운 여섯 친족(親族), 즉 곧 부모(父母)·형제(兄弟)·처자(妻子)를 가리킨다. 『관자(管子)』「목민(牧民)」편의 주(注)에 나온다.

6) 【색은(索隱)】에서는 남(濫)을 남상(濫觴)으로 풀이했는데, 남상이란 강의 기원으로 시작을 말한다. 그러면 "시작은 시작이다"로 옮기거나 억지로 "비로소[始] 시작이 되었다[濫]"라고 옮겨야 하는데, 문맥에 맞지 않아 따르지 않는다.

이 때문에 추자는 (우선) 제나라에서는 존중을 받았다. (그리고) 양(梁)나라로 갔을 때 혜왕(惠王)은 교외까지 나와서 영접하며 주인과 손님의 예를 행했다¹⁾. 조(趙)나라로 갔을 때[適=如=之] 평원군(平原君)은 옆에서 걷다가 그의 자리를 옷자락으로 털어주었다[撇席]. 연(燕)나라로 갔을 때는 소왕(昭王)이 비를 들고 쓸면서 길잡이를 하면서 여러 제자의 자리에 섞여 앉아서 가르침을 받을 수 있도록 해달라고 청했으며, 갈석궁(碣石宮)을 지어 (그곳에 머물게 하면서) 몸소 찾아가 그를 스승으로 모셨다. 이때 「주운(主運-운기를 주관하다)」편을 지었다.

그가 제후들 사이에서 유세하며 받은 존경과 예우가 이와 같았으니, 어찌 중니(仲尼)가 진(陳)나라와 채(蔡)나라에서 얼굴에 굶주린 빛[菜色]이 났던 것이나 맹자가 제(齊)나라와 양(梁)나라에서 곤경을 겪었던 것과 같을 수가 있겠는가? 그러므로 주(周)나라 무왕(武王)이 어짊과 마땅함[仁義]으로 (은(殷)나라) 주(紂)를 쳐서 왕(王-천자)이 되자 백이(伯夷)는 굶어 죽으면서도 주나라 곡식을 먹지 않았고, 위(衛)나라 영공(靈公)이 진법(陣法)을 물었을 때 공자는 대답하지 않았으며[2], 양(梁)나라 혜왕(惠王)이 조(趙)나라를 치려고 계책을 세울 때 맹가는 (옛날에) 주나라 태왕(太王)이 빈(邠) 땅을 버리고 떠난 일[3]을 칭송하는 것으로써 대답을 대신했는데, 이런 일들이 어찌 세속에 아첨해 구차스럽게 영합하려 함이었겠는가? 네모진 각목(角木)을 둥근 구멍에 아무리 넣으려고 한들 그것이 들어갈 리 있겠는가?

어떤 사람이 말했다.

"이윤(伊尹)은 (노비로서) 솥을 짊어진 요리사 신분으로 탕왕(湯王)에게 등용되어 제왕의 일을 이루게 했고, 백리해(百里奚)는 수레 밑에서 쇠꼴을 먹이다가 (진나라) 목공(繆公)에게 등용되어 그를 천하의 패자(霸者)로 만들었으니, (이 두 사람은) 처음에는 영합했다가[先合] 뒤에 큰길[大道]로 나아가도록 이끌었다. 추연(騶衍)의 말이 일반적인 법도에서 벗어나기는 했지만[不軌], 어쩌면[儻] 그 또한 소치는 백리해나 솥을 짊어진 이윤과 같은 뜻[牛鼎之意]을 갖고 있었던 것이 아닐까?"

1) 그만큼 큰 예우를 받았다는 말이다.

2) 『논어(論語)』 「위령공(衛靈公)」편 첫머리에 나오는 일화다.

위나라 영공이 공자에게 진법에 관해 묻자, 공자는 이렇게 말했다. "제사 지내는 일에 관해서는 일찍이 들어본 적이 있지만 군사를 다루는 일은 배우지 못했습니다." 다음 날 위나라를 떠났다.

진나라로 가서 머물렀는데, 그때 먹을거리가 떨어지는 바람에 그를 따르던 제자들이 병이 들어 제대로 일어설 기력도 없었다. 자로가 불만이 가득한 얼굴로 말했다. "군자도 궁할 때가 있습니까?" 이에 공자는 말했다. "군자는 진실로 궁하니, 소인은 궁하면 넘친다."

3) **【색은(索隱)】** 관련된 이야기가 『맹자(孟子)』「양혜왕하(梁惠王下)」에 나오는데, 태왕은 고공단보(古公亶父)를 가리킨다. 그런데 맹자가 태왕이 빈 땅을 떠난 이야기를 하는 것은 등나라 문공의 질문을 받고서이니, 이 글과는 다르다.

추연(騶衍) 이래로 제나라 직하(稷下)[1]의 학사들[先生], 예를 들면 순우곤(淳于髡)·신도(愼到)·환연(環淵)·접자(接子)·전변(田駢)·추석(騶奭)의 무리는 저마다 글을 지어 다스림과 어지러워짐의 문제[治亂之事]를 말함으로써 당시의 군주들에게 쓰이기를 바랐는데, 어찌 이것들을 이루 다 말할 수 있겠는가?

1) 직하학, 직하학파라는 말이 있다. 전국시대를 마감하는 120여 년 동안에 제(齊)나라에서 일어났던 제자(諸子)의 기풍 있는 학설을 직하학(稷下學)이라 한다. 직하(稷下)란 직문 밑이라는 뜻이다. 직문은 제나라 수도 임치의 성문 가운데 하나인데, 구설에는 성의 서쪽 문이라고 한다. 전국시대에는 각국의 유력한 왕후(王侯)들이 많은 학자와 유세가(遊說家)를 고용해 문운(文運)이 크게 일었기에 제자백가의 장관을 볼 수 있었다. 특히 전국칠웅(戰國七雄)의 하나인 제나라에서는 위왕(威王)과 선왕(宣王) 때부터 양왕(襄王) 때에 걸쳐서(기원전 4세기 중엽~3세기 중엽) 때로는 수백 명에 이르는 제자(諸子)가 모여들어 논진을 폄으로써 당시 문화의 중심을 이루었는데, 그들이 토론하던 곳이 직문 옆의 학궁(學宮)이었으므로 직하지학이라는 명칭이 생겼다. 이곳에는 맹자(孟子)를 비롯해 추연(騶衍)·순우곤(淳于髡)·신도(愼到)·전변(田駢)·추석(騶奭) 등 각국의 선비들이 출입했으며 모두 상대부(上大夫)의 녹을 받았다고 한다. 순경(荀卿) 또한 직하지학의 장로가 되었다 한다.

순우곤(淳于髡, 기원전 385~305년)[1]은 제나라 사람이다. 널리 배우고 기억력이 뛰어났으며[博文彊記], 어느 한 학설에 얽매이지 않고 배웠다. 그의 간언과 유세[諫說]를 보면 안영(晏嬰)의 사람됨을 흠모했으나, (실상을 보면) 상

대의 뜻에 따르고 그의 얼굴빛을 살피는[承意] 데만 힘썼다. 어떤 빈객이 순우곤에게 양나라 혜왕을 알현할 수 있게 해준 일이 있었는데, 혜왕이 좌우를 물리치고[屛] 독대해[獨坐=獨對] 그를 두 번이나 만났지만 (순우곤은) 끝내 말이 없었다.

혜왕이 이를 괴이하게 여겨 빈객을 꾸짖어[讓] 말했다.

"그대가 순우 선생은 관중이나 안영[管晏]도 미칠 수 없는 인물이라고 칭송하며 과인(寡人)을 만나보게 했으나, 과인은 아직 얻은 바가 없다. 어찌 더불어 말하기에 과인이 부족하다고 여기는 것인가? 어째서인가?"

빈객이 이를 곤에게 말했다.

곤이 말했다.

"그렇소. 내가 처음에 왕을 만나보았을 때 왕의 마음은 말을 쫓아가는 데[驅逐] 급급했고, 그다음에 만나보았을 때 왕의 마음은 음악에 정신이 팔려 있었소. 나는 이 때문에 침묵했던 것이오."

빈객이 이 말을 갖춰 왕에게 보고하자, 왕이 크게 놀라며 말했다.

"아! 순우(淳于) 선생은 진실로 빼어난 사람[聖人]이다. 처음에 순우 선생이 왔을 때는 어떤 사람이 좋은 말[馬]을 바쳤는데, 과인이 미처 그것을 살펴보기도 전에 마침 선생이 도착했다. 그다음에 선생이 왔을 때는 어떤 사람이 노래를 잘하는 사람[謳者]을 바쳤는데, 과인이 미처 그의 노래를 들어보기도 전에 역시 마침 선생이 도착했다. 과인이 비록 사람들을 물리치기는 했지만 내 속마음이 그쪽에 있었기에 그랬던 것이다[2]."

그 후에 순우곤이 혜왕을 알현했는데, 한번 말을 시작하면 사흘 밤낮 동안 이어졌는데도 혜왕은 조금도 피곤한 줄 몰랐다. 혜왕이 그에게 경이나 재상의 자리를 주어 대우하려고 했으나 곤은 끝내 사양하고 물러갔다. 이에 혜왕은 말 4마리가 끄는 편안한 수레[安車]에 그를 태우고서 환송했고, 비단에 벽옥을 더하고 황금 100일(鎰)을 내려주었다. (순우곤은) 죽을 때까지 벼슬하지 않았다[不仕].

1) 전국시대 때 제(齊)나라 직하(稷下) 출신의 변사다. 학문이 깊었지만 익살과 다변(多辯)으로 더 유명했다. 천한 신분 출신으로 몸도 작고 학문도 잡학(雜學)에 지나지 않았지만, 기지 넘치는 변설로 제후를 섬겨 사명을 다했고 군주를 풍간(諷諫)하기도 했다. 대부(大夫)가 되었고, 초(楚)나라가 제나라로 쳐들어왔을 때 조(趙)나라의 병사를 이끌고 이를 구했다고도 한다. 그의 변론은 『전국책(戰國策)』과 『사기(史記)』의 「골계열전(滑稽列傳)」에 기록되어 있으며, 『맹자(孟子)』 「이루상(離婁上)」에도 맹자와의 논전이 수록되어 있다. 따오기를 초나라에 전해주라는 제나라 왕의 명을 받았는데, 성문을 나서자 따오기를 날려 보낸 채 빈 새장만 가지고 초나라 왕에게 갔고, 말을 잘해서 온전하게 가져다주었을 때보다 더 많은 선물을 받고서 나왔다고 한다. 또 제(齊)나라 선왕(宣王)이 밤낮으로 술독에 빠져 국정을 돌보지 않자, 은어(隱語)로 설득해서 바로잡기도 했다. 나중에 위(魏)나라로 갔는데, 위나라(魏) 혜왕(惠王)이 경상(卿相)에 임용하려 했지만 사양해 받지 않고 떠났다.

2) **【색은(索隱)】** 속마음[私心]은 사실상 저쪽 말과 가수에게 가 있었다.

신도(愼到, 기원전 395~315년)[1]는 조(趙)나라 사람이다. 전변(田駢)과 접자(接子)는 제(齊)나라 사람이다. 환연(環淵)[2]은 초(楚)나라 사람이다. 모두 황제(黃帝)와 노자(老子)의 도리와 다움[道德]에 관한 학술을 배워 그것으로 자신들의 견해를 만들어서 (도가(道家) 사상을) 체계화했다. 그리하여 신도는 논(論)을 12편 썼고, 환연은 상편과 하편을 저술했으며, 전변과 접자도 모두 논저가 있었다.

1) 전국시대 조(趙)나라의 처사(處士)로, 황로술(黃老術)을 배워 법치를 주장했으며 옳고 그름을 다투는 의론을 모두 상대적인 것으로 보고 함께 하나로 돌아가야 한다고 주장했다. 기원전 4세기 무렵 제나라(齊) 선왕(宣王)과 혼왕(湣王) 때 직하(稷下)의 학사가 되었는데, 추연·순우곤·접여·환연 등과 함께 상대부(上大夫)가 되었다. 사상은 도가적 색채도 있지만 법가(法家)에 치우쳤으니, 법은 물론 세(勢), 즉 세력을 중시한 점에 특색이 있다. 이는 공손룡(孔孫龍)이 조나라 왕과의 대화에서 펼친 상대주의적 시점의 논리와 일맥상통하기 때문이다. 저서에 『신자(愼子)』

1권(~7편)이 전한다.

2) 전국시대 초(楚)나라 사람으로 노자(老子)의 제자라 전한다. 황로지학(黃老之學)을 익혔다.
   『도덕경(道德經)』의 속뜻을 드러내 논했다.

추석(騶奭)이란 자는 제나라의 여러 추자(騶子) 중 한 사람으로, 그 또한
자못 많은 부분에서 추연의 학설을 받아들여 글을 지었다[紀文].

이에 제나라 임금은 그들을 아름답게 여겨 순우곤과 이하 모두를 열대
부(列大夫)[1]에 명하고, 그들을 위해서 사통팔달의 큰 거리[康莊之衢][2]에 저
택을 만들어 높은 문이 있는 커다란 집에 살게 하면서 이들을 존경하고 총
애했다. 제나라 임금은 천하 제후들의 빈객들을 바라보고는 제나라가 능히
천하의 뛰어난 선비들을 다 오게 했다고 말했다.[3]

1) 오늘날로 말하면 일종의 국정자문위원 같은 것이다.

2) 【색은(索隱)】 사달(四達)을 구(衢-네거리), 오달(五達)을 강(康-오거리), 육달(六達)
   을 장(莊)이라고 한다.

3) 자랑했다는 말이다.

순경(荀卿)은 조(趙)나라 사람[1]이다. 나이 50세가 되어서야 비로소 제나
라에 와서 배웠는데, 추연(騶衍)의 학술은 지나치게 황당하고 거창하며 너
무 웅변적이었고 석(奭-추석)은 이론[文]을 갖추기는 했지만, 현실에 적용
하는데 어려웠으며, 순우곤(淳于髡)과는 오랫동안 함께 지내면서 늘 좋은
말[善言]을 들을 수 있었다. 그러므로 제나라 사람들은 이들을 칭송해 이렇
게 말했던 것이다.

"하늘을 논하는 추연,

(문장이) 용을 아로새긴 듯한 석(奭),

기름처럼 지혜가 계속 흘러나오는[轂科] 곤이여!"

1) 【색은(索隱)】 이름은 황(況)이다. 당시 사람들이 서로를 높여서 칭호를 경(卿)이라고 했다. 제나라에서 벼슬해 좨주(祭酒)가, 초나라에서 벼슬해 난릉령(蘭陵令)이 되었다. 뒤에 손경(孫卿)이라고 한 것은 한나라 선제(宣帝)를 피휘한 것이다.

전변(田駢)의 무리가 이미 제나라 양왕(襄王) 때 다 죽어 순경(荀卿)은 가장 나이가 많은 스승이었다. 제나라에서는 열대부(列大夫)의 자리가 비면 바로바로 채워 넣었는데, 순경은 세 차례나 좨주(祭酒)가 되었다. 제나라 사람 중에서 어떤 이가 순경(荀卿)을 참소하자 순경은 마침내 초나라로 갔는데, 춘신군(春申君)은 그를 난릉(蘭陵) 현령(縣令)으로 삼았다. 춘신군이 죽자, 순경은 (자리에서) 쫓겨났고, 그로 인해 난릉(蘭陵)에서 집안을 이루고 살았다. 이사(李斯)는 일찍이 (순경의) 제자였는데, 얼마 후에 진(秦)나라의 재상이 되었다.

순경은 세상의 정치가 혼탁해지는 것, 나라를 망치는 어지러운 임금[亂君]이 잇달아 나와서 큰 도리를 따르지 않고 무당의 기도에 휘둘리거나[營] 길흉의 징조를 믿는 것, 비루한 유자들[鄙儒]이 하찮은 일에 구애되는 것, 장주(莊周-장자)와 같은 이들이 매끈한 말재주[滑稽]로 풍속을 어지럽히는 것 등을 싫어했다. 이에 유가(儒家)와 묵가(墨家)의 도리와 다움[道德]1)이 실제 행해졌을 때의 성공과 실패를 미뤄 헤아려서[推] 이를 체계적으로 정리한 수만 자를 남겼고, 그러고는 졸해 난릉(蘭陵)에 묻혔다.

1) '유묵도덕(儒墨道德)'을 옮길 때 일반적으로는 "유가와 묵가와 도가의 장점" 운운하는데, 그보다는 유가와 묵가의 도덕, 즉 도리와 다움으로 풀어내는 것이 바로 앞의 장자에 대한 비판적 의

견과도 합치된다.

　조나라에는 또 공손룡(公孫龍)[1]이 있어 견백동이(堅白同異)라는 궤변[2]을 주장했고, 극자(劇子)의 학설이 있었다. 위(魏)나라에는 이회(李悝)[3]가 있었는데, 그는 땅의 힘[地力]을 다 써야 한다고 가르쳤다. 초(楚)나라에는 시자(尸子)와 장로(長盧)가 있었고, 아읍(阿邑)에는 우자(吁子)가 있었다.

1) 추연(鄒衍)과 동시대 사람이다. 행적은 『장자(莊子)』와 『여씨춘추(呂氏春秋)』, 『회남자(淮南子)』, 『유향별록(劉向別錄)』, 『양자법언(揚子法言)』 등에서 볼 수 있다. 저서는 『한서』 「예문지(藝文誌)」에 『공손룡자(公孫龍子)』 14권으로 기록되어 있지만, 「적부(跡府)」편과 「백마론(白馬論)」·「지물론(指物論)」·「통변론(通變論)」·「견백론(堅白論)」·「명실론(名實論)」 6편만 현전한다. 명가(名家)의 한 사람으로 손꼽히는데, 논술이 궤변이라고는 하지만 단순한 궤변이 아니라 그 속에서 당시의 혼란한 사회를 질서 있는 사회로 돌이키려는 의욕을 찾아볼 수 있다. '이견백(離堅白)'이나 '백마비마(白馬非馬)' 등이 그런 예다.

2) 줄여서 견백(堅白)이라고도 한다. 공손룡이 제창한 궤변(詭辯)으로, 단단하고 흰 돌은 눈으로 보았을 때 흰 것을 알 수 있으나 단단할지는 모르며, 손으로 만져보았을 때 단단한 것인 줄은 알 수 있으나 빛깔이 흰지는 모른다는 변론이다. 곧 단단하고 흰 돌의 존재는 동시에 존재할 수 없다는 개념으로, 시(是)와 비(非), 동(同)과 이(異)를 뒤바꾸어 억지로 설명하는 것을 이른다.

3) 법가의 대표적인 인물이다. 위(魏)나라 문후(文侯) 때 재상이 되어 여러 정책으로 국가를 부흥시켰고, 법전인 『법경(法經)』을 완성했다.

　맹자에서 우자까지 세상에는 그들에 관한 책들이 많이 있으므로 그들의 전(傳-저술)에 대해서는 논하지 않았다.

　대개 묵적(墨翟)은 송(宋)나라 대부로, 방어와 수성을 잘했고 절용(節用)을 강조했다. 어떤 사람은 그를 공자와 같은 때라고 하고, 어떤 사람은 그보

다 뒤라고도 한다.[1]

1) 육국 시대 말기에[六國之末] 전쟁에서 승리하며 서로 영웅이 되고자 했도다[戰勝相雄]/맹가는 제나라, 위나라에서 유세했으나[軻遊齊魏]/그의 유세는 받아들여지지 않았다네[其說不通]/물러나 저술 활동에 전념해[退而著述]/우리 도리가 궁해졌다는 평을 들었도다[稱吾道窮]/난릉은 초나라 섬겼고[蘭陵事楚]/추연은 공리공담 일삼았네[騶衍談空]/그럴듯하고, 장엄해 반열에 오르기는 했지만[康莊雖列]/아무런 성과를 보이지는 못했도다[莫見收功]!

권75 ── 맹상군열전(孟嘗君列傳) 제15

권75 맹상군열전(孟嘗君列傳) 제15

맹상군(孟嘗君)은 이름이 문(文)이고 성은 전씨(田氏)다. 문의 아버지는 정곽군(靖郭君) 전영(田嬰)이다. 전영은 제(齊)나라 위왕(威王)의 막내아들이자 제나라 선왕(宣王)의 이복동생[1]이다. 전영은 위왕 때부터 관직을 맡아 정사에 주도적으로 관여했고, 성후(成侯) 추기(鄒忌), 전기(田忌)와 함께 군대를 거느리고 한(韓)나라를 구원하기 위해 위(魏)나라를 쳤다.

성후는 전기와 총애를 다투었는데, 성후가 전기를 모함했다[賣]. 전기는 두려워서 제나라 변방 고을을 습격했다가 이기지 못하자 도망쳤다.

마침, 위왕이 졸하고 선왕(宣王)이 세워졌는데, 선왕은 성후가 전기를 모함한 사실을 알고는 마침내 전기를 다시 불러 장군으로 삼았다.

선왕 2년에 전기는 손빈(孫臏), 전영과 함께 위(魏)나라를 쳐서 마릉(馬陵)에서 깨뜨렸으며 위나라 태자 신(申)을 사로잡고 위나라 장수 방연(龐涓)을 죽였다.

선왕 7년에 전영이 한나라와 위나라에 사신으로 가서 한나라와 위나라를 제나라에 복종시켰다. 영(嬰)은 한나라 소후(昭侯), 위나라 혜왕(惠王)으로 하여금 함께 동아(東阿)[2] 남쪽에서 제나라 선왕을 만나 맹약을 맺고 돌아가게 했다[3].

이듬해 다시 양나라 혜왕과 견(甄)에서 회동했다. 이해에 양 혜왕이 졸했다.

선왕 9년에 전영은 제나라 재상이 되었다. 제나라 선왕과 위나라 양왕(襄王)이 서주(徐州)에서 회동해[4] 서로 왕이라고 부르기로 하니, 초(楚)나라 위왕(威王)이 이 소식을 듣고 전영에게 화를 냈다.

이듬해 초나라가 서주에서 제나라 군대를 꺾고 사자를 보내 전영을 내쫓으려 했는데, 전영이 장축(張丑)을 시켜 초나라 위왕에게 유세하자 위왕이 마침내 그쳤다. 전영이 제나라에서 재상으로 있은 지 11년 만에 선왕이 졸하고 민왕(湣王)이 자리에 나아갔다.

자리에 나아간 지 3년에 전영을 설(薛) 땅에 봉했다[5].

1) 【색은(索隱)】『전국책(戰國策)』과 여러 다른 책에는 모두 이런 말이 없는 것으로 보아 다른 전씨의 서자인 듯하니, 전영은 선왕의 동생이 아님이 분명하다.

2) 【정의(正義)】 동아는 제주현(濟州縣)이다.

3) 【색은(索隱)】『기년(紀年)』에 따르면, 양나라 혜왕(惠王) 후원(後元) 11년에 해당한다.

4) 【정의(正義)】『기년(紀年)』에서는 양 혜왕 30년에 하비(下邳)를 설(薛)로 옮기고 이름을 서주(徐州)라고 했다고 했다.

5) 【색은(索隱)】『기년(紀年)』에서는 양혜왕 후원 13년 4월에 제나라 위왕이 전영을 설 땅에 봉했다고 했다. 10월에 제나라는 설 땅에 성을 쌓았다. 14년에 설자(薛子) 영이 내조했다. 15년에 제나라 위왕이 훙했고, 전영이 처음으로 팽성(彭城)에 봉해졌다. 이 글과 전부 다르다.

애초에 전영에게는 아들이 40여 명 있었다. 그중 천한 첩이 낳은 문(文)이라는 아들이 있었는데, 문은 5월 5일에 태어났다. 영이 어미에게 말했다.

"거두지 말라[勿擧]."

어미가 몰래 그 아이를 거둬 길렀다[擧生]. 장성하자 어미가 형제들을 통해[囚] 아들 문을 전영에게 보이니, 전영이 어미에게 화를 내며 말했다.

"내가 네게 이 아이를 버리라고 했는데 감히 기르다니[生=長養], 어째서 그랬는가?"

문이 머리를 조아리며 틈을 보아 말했다.

"아버님께서 5월에 태어난 아들을 거두지 못하게[不擧] 한 까닭은 무엇입니까?"

영이 말했다.

"5월에 태어난 아들은 키가 지게문[戶] 높이만큼 자라면 장차 부모에게 이롭지 못하기 때문[1]이다."

문이 말했다.

"사람이 태어날 때, 그 명을 하늘에서 받습니까? 아니면[將=抑] 지게문에서 받습니까?"

영이 아무 말도 하지 못했다. 문이 말했다.

"반드시 하늘에서 받는 것이라면 아버님께서는 무엇을 걱정하십니까? 지게문에서 받는 것이라면, 그 지게문을 계속 높이면 될 뿐이니 누가 그 높이에 이를 수 있겠습니까?"

영이 말했다.

"너는 가만히 있으라[休矣]!"

1) **[색은(索隱)]** 『풍속통(風俗通)』에서 말했다. "속설에 따르면, 5월 5일에 태어난 남자아이는 아버지를 해치고 여자아이는 어머니를 해친다고 한다."

한참 뒤에 문이 틈을 타서 아버지 영에게 말했다.

"아들의 아들을 뭐라 합니까?"

"손자라고 한다."

"손자의 손자를 뭐라 합니까?"

"현손(玄孫)이라고 한다."

"현손의 손자는 무엇이라 합니까?"[1]

"모른다."

문이 말했다.

"아버님께서는 정권을 맡아 제나라 재상이 되시어 지금까지 (위왕·선왕
·민왕) 세 분의 왕을 섬기셨지만, 그동안에 제나라는 땅을 넓히지 못했고
아버님 집에는 수만 금의 부가 쌓여 있지만 문하에는 뛰어난 이가 한 명도
보이지 않습니다. 문이 듣건대 장수 집안에는 반드시 장수감이 있고 재상
집안에는 반드시 재상감이 있다고 했습니다.

(그런데) 지금 아버님 후궁들은 아름다운 비단옷을 땅에 질질 끌고 다니
지만, 장부와 선비들은 짧은 바지[短褐]²⁾도 제대로 얻어 입지 못하고 있습
니다. 하인과 첩들은 쌀밥에 고기를 실컷 먹지만 장부와 선비들은 쌀겨나
술지게미조차 배불리 먹지 못하고 있습니다.

지금 아버님께서는 또 재물을 잔뜩 쌓아둔 것이 남아돌고 알지도 못하
는 사람들에게는 주려고 하시면서 정작 나라의 일이 날로 어려워지는 것은
잊고 계시니 문은 남몰래 이상하게 여깁니다."

이에 영이 마침내 문을 예우해서 집안일을 주관하고 빈객을 접대하는 일
을 맡겼다. 빈객들이 날마다 늘어났고 명성이 제후들에게도 알려졌다. 제
후들이 모두 사람을 보내 설공(薛公) 전영에게 문을 태자로 삼으라고 청하
니, 영이 이를 허락했다.

영이 졸하자 시호를 정곽군(靖郭君)³⁾이라고 했고, 문은 과연 설 땅에서
아버지를 이어 세워졌으니 이 사람이 바로 맹상군(孟嘗君)이다.

1) 【색은(索隱)】『이아(爾雅)』에서 말했다. "현손의 아들은 내손(來孫)이고, 내손의
아들은 곤손(昆孫)이고, 곤손의 아들은 잉손(仍孫)이고, 잉손의 아들은 운손
(雲孫)이다."

2) 【색은(索隱)】短의 발음은 (단이 아니라) 수(豎)다. 수갈(豎褐)이란 짧게 재단해 일
하기 편하게 만든 옷이다.

3) 【색은(索隱)】시호를 정곽군이라고 했다지만 사후에 별칭으로 정곽이라고 한 것

일 뿐이니, 그렇다면 정곽은 봉읍 이름일 것이다. 한나라 때 제왕(齊王)의 외숙부 사균(駟鈞)이 정곽후에 봉해진 것도 같다.

맹상군이 설 땅에 있으면서 제후들의 빈객을 불러 도망쳤던 자나 죄를 지은 자들까지 모두 맹상군에게 몰려들었다. 맹상군이 사재를 털어[舍業=捨業]^{사업}[1] 이들을 두텁게 대우하니 천하의 재사들이 그에게로 기울었다. 식객이 수천 명이나 되었는데, 귀천을 가리지 않고 한결같이 자신과 똑같이 대우했다.

맹상군은 빈객을 맞이해 앉아서 대화할 때면 늘 병풍 뒤에 시사(侍史)를 두고 자신과 빈객이 나누는 대화를 기록하게 했는데, 빈객을 만날 때마다 친척이 사는 곳을 물었다. 빈객이 떠나고 나면 사람을 시켜 그 친척을 방문해서 안부를 묻고 예물을 바쳤다.

맹상군이 일찍이 빈객을 접대하며 밤참[夜食]^{야식}을 내었는데 누군가가 불빛을 가렸다. 빈객은 화가 났다. 자기 음식이 맹상군 음식과 다른 것을 숨기려고 그랬다고 여긴 것이다. 그래서 식사를 중단하고 인사한 다음에 떠나려 하니, 맹상군이 일어나서 직접 자기 밥그릇을 들고 빈객의 것과 비교해주었다. 빈객은 부끄러워서 스스로 목숨을 끊었다.

이 일로 인해 더 많은 장부와 선비[士]^사가 맹상군에게 모여들었다. 맹상군이 빈객을 가리지 않고[無所擇]^{무 소택} 모두 잘 대우해주자, 사람들은 저마다 자기가 맹상군과 가장 친하다고 생각했다.

1) 【색은(索隱)】 사업(舍業)이란 가산을 다 내놓아 빈객들을 두텁게 섬긴다는 뜻이다. 유씨(劉氏)가 말했다. "객사(客舍)를 지어 일을 일으키는 것이다."

진(秦)나라 소왕(昭王)은 맹상군이 뛰어나다는 말을 듣고는, 마침내 먼저 (동생) 경양군(涇陽君)을 제나라에 인질로 보내 맹상군을 만나보려 했다.

맹상군이 (초빙을 받아들여) 장차 진나라에 들어가려고 했는데, 빈객 중에 그가 가기를 바라는 사람은 아무도 없어 (가서는 안 된다고) 간언했으나 (맹상군은) 들어주지 않았다. 소대(蘇代)가 맹상군에게 일러 말했다.

"오늘 아침 제가 밖에서 이곳으로 오는 길에 나무 인형[木偶]과 흙 인형[土偶]이 서로 이야기하는 것을 보았습니다. 나무 인형이 '하늘에서 비가 내리면 너는 장차 허물어질 거야'라고 말하자, 흙 인형이 '나는 흙에서 태어났으니 허물어지면 흙으로 돌아가겠지. (그런데) 지금 하늘에서 비가 내리면 너는 쓸려 내려가서 어디로 떠내려갈지도 모르겠지'라고 했습니다[1]. 지금 진나라는 호랑이나 이리 같은 나라인데 군께서 가려고 하시니, 혹시라도 돌아오지 못하신다면 군께서는 흙 인형에게 비웃음을 당하지 않겠습니까?"

맹상군이 마침내 (진나라로 가려던 계획을) 그만두었다.

1) 【색은(索隱)】 흙이나 나무로 인형을 만든 것이 사람의 모양이었다는 말이다. 소대는 흙 인형을 경양군에, 나무 인형을 맹상군에 비유한 것이다.

제(齊)나라 민왕(湣王) 25년에 왕이 결국 맹상군을 진나라로 들여보내니, 소왕은 곧바로 맹상군을 진나라 재상으로 삼으려 했다. 어떤 사람이 진나라 소왕에게 유세해 말했다.

"맹상군은 뛰어나고 또 제나라 일족이니, 지금 진나라 재상이 되면 반드시 제나라를 앞세우고 진나라는 뒤로 미룰 것입니다. 이렇게 되면 진나라는 이에[其=於是] 위태로워질 것입니다."

이에 진나라 소왕은 바로 맹상군을 재상으로 삼으려던 생각을 그만두었고, 맹상군을 가둔 뒤 그를 죽이려고 모의했다. 맹상군이 사람을 보내 소왕이 총애하는 희(姬)에게 접근해[抵=抵觸] 풀어줄 것을 청하자, 총희가 말했다.

"첩은 맹상군의 흰여우 가죽옷[狐白裘]^{호백구}1)을 갖고 싶습니다."

이때 맹상군은 흰여우 가죽옷 한 벌을 갖고 있었는데, 값이 천금이나 되고 천하에 둘도 없는 것이었다.

그런데 진나라에 들어와 소왕에게 바쳐 다른 가죽옷은 없었다. 맹상군은 걱정이 되어 빈객들에게 두루 물었으나 아무도 대답할 수 없었는데, 맨 아래쪽에 앉아 있던 사람 중에 개 흉내를 잘 내는 사람이 자신이 훔쳐 오겠다며 말했다.

"신이 흰여우 가죽옷을 구해 올 수 있습니다."

마침내 밤에 개 흉내를 내면서 진나라 궁궐 창고에 들어가서는 맹상군이 바친 흰여우 가죽옷을 훔쳐서 돌아왔다. 그것을 진왕의 총희에게 바치자, 총희는 맹상군을 위해 소왕에게 말했고, 소왕은 맹상군을 풀어주었다.

맹상군은 풀려나게 되자 곧바로 말을 달려 도망쳤다. 역 통행증[封傳=^{봉전}驛券^{역권}]을 위조하고 이름과 성을 바꿔 국경 관문을 빠져나갔다. 한밤중에 함곡관에 이르렀다. 진나라 소왕은 맹상군을 풀어준 것을 후회하며 그를 찾았으나 이미 떠나고 없어, 곧바로 사람을 시켜 말을 내달려 뒤쫓게 했다. 맹상군은 함곡관에 이르렀으나 관문의 법령에 따르면 닭이 울어야 객을 내보내도록 되어 있어 추격자들이 들이닥칠까 두려워하고 있었는데, 빈객 중에 맨 아래쪽에 앉아 있던 사람 중에 닭 울음소리를 잘 내는 자가 있었다. 그가 닭 울음소리를 내자 다른 닭들이 (깨어나) 죄다 울었고, 드디어 통행증을 보이고 함곡관을 벗어날 수 있었다. 밥 한 끼 먹을 시간이 지날 무렵 진나라 추격자들이 과연 관문에 이르렀으나 맹상군은 이미 빠져나간 뒤여서 마침내 되돌아갔다.

애초에 맹상군이 이 두 사람을 빈객 대열에 넣자 다른 빈객들은 모두 이들과 같이 앉는 것을 부끄러워했건만, 맹상군이 진나라에서 어려움을 겪게 되자 결국 두 사람이 해결해낸[拔=^발救^구] 것이다. 이때부터 빈객들은 이 두 사람에게 복종했다.

1) 【집해(集解)】위소(韋昭)가 말했다. "여우의 흰털로 만든 가죽옷이다. 여우 겨드
랑이털을 모아서 만든 것인데, 아름다웠고 구하기가 어려웠다."

맹상군이 조(趙)나라를 지날 때 조나라 평원군(平原君)은 그를 빈객의
예로 대우했다. 조나라 사람들은 맹상군이 뛰어나다는 소문을 들은 터라
나와서 그를 구경했는데, 모두 웃으며 말했다.
"처음에는 설공(薛公)이 늠름한 대장부일 것이라 여겼건만, 지금 보니 보
잘것없는[眇] 소장부일 뿐이구나."
맹상군이 이를 듣고서 화를 내자 그와 함께 간 빈객들이 모두 마차에서
내려 닥치는 대로 수백 명을 때려죽였고, 결국 현(縣) 하나를 다 없애버리고
서 떠났다.

제나라 민왕은 맹상군을 보내놓고는 마음이 편치 않았다[不自得]^{부자득}[1]. 그
래서 맹상군이 돌아오자 곧바로 제나라 재상으로 삼고 정사를 맡겼다.

1) 【색은(索隱)】판본에 따라 득(得)이 덕(德)으로 되어 있는데, 이는 민왕이 맹상군
을 보내놓고서 스스로 자기에게는 임금다운 덕이 없음을 말한 것이다.

맹상군은 진나라에 원망을 품고서 장차 제나라가 한나라와 위나라를
위해 초나라를 공격하게 된 것을 이용해 한나라, 위나라와 함께 진나라를
공격하고자 했고[1], (이 때문에) 서주(西周)에서 군사와 양식을 빌리려고 했
다. 소대가 서주를 위해 (맹상군에게) 말했다[2].
"군께서는 제나라를 갖고서 한나라와 위나라를 위해 초나라를 공격한
것이 9년인데, 그동안 원(宛)과 섭(葉) 북쪽 땅을 빼앗아 한나라와 위나라
를 강하게 했습니다[3]. (그런데) 지금 다시 진나라를 공격해 한나라와 위나
라를 더욱더 이롭게 하려고 하십니다. 한나라와 위나라가 남쪽으로 초나라

를 걱정하지 않고 서쪽으로 진나라를 근심하지 않게 되면 제나라가 위험해집니다. 한나라와 위나라는 반드시 제나라를 가볍게 여기고 진나라를 두려워할 것이니, 제가 보건대 이는 군을 위태롭게 할 것입니다. 군께서는 우리 서주를 진나라와 긴밀하게 화합시키는 것이 가장 좋습니다. 또 진나라를 공격하지 말고 우리에게 군사와 양식도 빌리지 마십시오. 군께서 함곡관에 나아가더라도 공격하지 말고, 우리 서주로 하여금 군의 생각이라 하면서 진나라 소왕에게 다음과 같이 전하게 하십시오.

'설공은 진나라를 공격해 한나라와 위나라를 강하게 만들지 않을 것입니다. 그가 진나라를 공격하려는 것은, 왕께서 초나라 회왕으로 하여금 초나라 동쪽 땅을 떼어 제나라에 주게 하고, 또 진나라가 초나라 회왕을 풀어주어 화친하기를 바라기 때문입니다.'

군께서 이렇게 저희 서주로 하여금 진나라에 은택을 베풀게 하신다면, 진나라는 초나라 동쪽 땅을 떼어주게 한 대가로 자기 나라 군대를 손상하지 않고 제나라의 공격을 면할 수 있으니, 진나라는 반드시 그렇게 하려고 할 것입니다. 초나라 왕 또한 풀려나면 반드시 제나라에 은덕을 입었다고 여길 것이요, 제나라가 초나라 동쪽 땅을 얻어 더욱 강해지면 설공의 집안은 대대로 걱정이 없을 것입니다. 진나라가 크게 약해지지 않은 채로 삼진(三晉-한·위·조)의 서쪽에 그대로 있게 되면 삼진은 반드시 제나라를 중시할 것입니다."

설공이 말했다.

"좋소!"

그리하여 한나라와 위나라로 하여금 진나라에 하례하게 하고, 세 나라가 진나라를 공격하지 않게 했으며, 서주에서 군사와 양식을 빌리지 않기로 했다. 이 무렵 초나라 회왕은 진나라에 들어갔다가 진나라가 그를 억류하고 있었는데, 제나라에서는 회왕을 꼭 풀려나게 하고 싶었다. 진나라는 끝내 초나라 회왕을 풀어주지 않았다.

1) 【집해(集解)】 서광(徐廣)이 말했다. "「연표(年表)」에 이르기를, 한나라와 위나라와 제나라가 공동으로 함곡관에서 진나라를 쳤다고 했다."

2) 【색은(索隱)】 『전국책(戰國策)』에는 "한경(韓慶)이 서주를 위해 설공에게 말했다" 라고 되어 있다.

3) 【정의(正義)】 완은 등주(鄧州)에, 섭은 허주(許州)에 있는데 두 현의 북쪽 땅은 초나라에 속한다.

맹상군이 제나라 재상으로 있을 때 사인(舍人) 위자(魏子)[1]가 맹상군을 위해 봉읍에서 세금을 거두었는데, 봉읍을 세 차례나 오갔지만 한 차례도 그해의 세금을 갖고 오지 않았다. 맹상군이 이유를 묻자, 위자가 대답했다.

"뛰어난 사람이 있어서 몰래 그에게 빌려주었기 때문에 한 푼도 갖고 오지 못했습니다."

맹상군은 화가 나서 위자를 사인에서 물러나게 했다. 몇 년 뒤에 어떤 사람이 제나라 민왕에게 맹상군을 헐뜯어 말했다.

"맹상군이 장차 반란을 일으키려 합니다."

(마침) 전갑(田甲)이 민왕을 겁박하자 민왕이 속으로 맹상군을 의심하니, 맹상군이 이에 달아났다. 위자가 곡식을 내주었던 뛰어난 사람이 이 소식을 듣고는 마침내 글을 올려 맹상군이 반란을 꾀하지 않았다는 것을 자기 몸을 걸고서 맹세한다고 했고, 드디어 궁문에서 스스로 목을 찔러 맹상군의 억울함을 밝혔다. 민왕이 이에 깜짝 놀라 행적을 조사해보니 과연 맹상군은 반란을 꾀한 일이 없었기에 마침내 다시 맹상군을 불렀다. 맹상군은 병을 핑계로 사양하며 설 땅에서 노년을 보내기를 청했고, 민왕이 이를 허락했다.

1) 【색은(索隱)】 사인은 한미한 관직이라, 성만 기록하고 이름을 생략해 위자라고 했다.

그 뒤에 진나라에서 망명한 장수 여례(呂禮)가 제나라 재상이 되어 소대를 곤경에 빠뜨리려 했다.

소대는 마침내 맹상군에게 일러 말했다.

"(주나라 공자) 주최(周最)가 제나라에 있을 때 두터운 신임을 받았는데, 제나라 왕이 그를 내쫓고 친불(親弗)[1]의 말에 따라 여례를 재상으로 삼은 것은 진나라로부터 환심을 사기 위한 것입니다. 제나라와 진나라가 화합하면 친불과 여례가 중용될 것이고, 그들이 기용되면 제나라와 진나라는 분명 군(君)을 가벼이 여길 것입니다. 그러니 군께서는 서둘러 제나라 군사를 이끌고 북쪽으로 가서 조나라를 재촉해 진나라, 위나라와 화친하게 하고, 주최를 거둬 두텁게 대우하면서 제나라 왕의 신임을 되찾게 함으로써 천하 제후들이 바뀌지 않게 하는 것이 좋습니다[2]. 제나라가 진나라와 화친하지 않으면 천하 제후들이 제나라로 모여들고 친불은 반드시 달아날 것이니, 그렇게 되면 제나라 왕은 누구와 더불어 나라를 다스리겠습니까?"

이에 맹상군이 그 계책을 따르자, 여례는 맹상군을 질시하며 해치려 했다.

1) 【집해(集解)】 친불은 사람의 성명이다. 【색은(索隱)】 『전국책(戰國策)』에는 축불(祝弗)로 되어 있는데, 축불이 맞는 듯하다.

2) 【색은(索隱)】 천하 제후들이 바뀐다는 것은, 제나라와 진나라가 화합할 경우 친불과 여례가 중용될 것이고 두 사람이 중용되면 진나라와 제나라가 맹상군을 가벼이 여기게 됨을 말한다.

맹상군은 두려워서 마침내 진나라 재상 양후(穰侯) 위염(魏冉)에게 편지를 보내 말했다.

"제가 듣건대, 진나라가 여례를 통해 제나라와 잘 지내려 한다고 했는데 제나라는 천하의 강국이니, 그렇게 되면 그대는 반드시 진나라에서 경시당할 것입니다. 제나라와 진나라가 합심해 삼진(三晉)에 맞선다면 여례는 분명히 제와 진 두 나라 재상을 겸하게 될 것이니, 이는 그대가 제나라를 통해 여례를 중용되게 만드는 것입니다. 만약에 제나라가 (진나라와 손을 잡아) 천하의 공격을 면할 수 있게 되면 그대에 대한 제나라의 원한은 반드시 깊어질 것입니다. 그러니 그대로서는 진나라 왕에게 제나라를 치라고 권하는 쪽이 최선입니다. 제나라를 깨뜨리고 나면 저는 진나라가 제나라로부터 얻은 땅을 그대에게 봉지로 주라고 청하겠습니다.

제나라가 격파되고 나면 진나라는 진(晉)나라가 강해지는 것을 두려워해 반드시 그대를 중용해 진(晉)나라와 관계를 맺으려 할 것입니다. 진(晉)나라가 제나라와 싸워 지치게 되면 진(秦)나라를 두려워해, 진(晉)나라는 반드시 그대를 중용해 진(秦)나라와 화친하려 할 것입니다. 그러면 그대는 제나라를 깨뜨린 공로를 세우고, 진(晉)나라를 끼고서 중용될 것입니다. 이는 그대가 제나라를 깨뜨려 봉읍을 얻고 진(秦)나라와 진(晉)나라가 모두 그대를 중시하게 하는 것입니다. 만약 제나라가 격파되지 못해 여례가 다시 기용되면 그대는 반드시 큰 곤경에 빠질 것입니다.”

이에 양후가 진나라 소왕에게 말해 제나라를 치자 여례는 달아났다.

뒤에 제나라 민왕은 송(宋)나라를 멸망시키고 나자 더욱 교만해져서 맹상군을 제거하려고 했다. 맹상군은 두려워 마침내 위(魏)나라로 갔다. 위나라 소왕(昭王)은 그를 재상으로 삼고 서쪽으로 진(秦)나라, 조나라와 연합해 연나라와 함께 제나라를 쳐서 깨뜨렸다. 제나라 민왕은 도망쳐서 거(莒)나라 땅에 머무르다가 결국 거기서 죽었다.

제나라 양왕(襄王)이 세워지자, 맹상군은 제후들 사이에서 중립을 지키며 어디에도 속하지 않았다. 제나라 양왕은 막 세워진[新立] 때라 맹상군을 두려워했는데, 서로 연화(連和)를 맺고 나서야 설공(薛公-맹상군)을 가까이 대했다.

문(文)이 졸했는데, 시호를 맹상군(孟嘗君)[1]이라 했다. 여러 아들이 자리를 다투는 사이에 제나라와 위나라가 함께 설 땅을 멸망시켰고, 맹상군은 후사가 끊어져서 뒤를 잇지 못했다.

1) 【색은(索隱)】 맹상군은 아버지를 이어 설 땅에 봉해졌고 칭호를 맹상군이라고 했다. 이를 시호라고 했는데, 틀렸다. 맹(孟)은 자(字)이고 상(嘗)은 읍이름이다. 정전(鄭箋)이 말했다. "상(常)은 혹 상(嘗)으로도 썼다. 상읍(嘗邑)은 설 근처에 있다."

애초에 풍환(馮驩)은 맹상군이 빈객을 좋아한다는 말을 듣고는 짚신을 신고[躡屫][1] 가서 만나보았다.

맹상군이 말했다.

"선생은 먼 길을 오셨는데[遠辱][2], 이 문(文)에게 무슨 가르침을 주시렵니까?"

풍환이 말했다.

"듣건대 군께서 장부와 선비를 좋아하신다니, 이 보잘것없는 몸[貧身]을 군께 맡깁니다."

맹상군은 그를 전사(傳舍)[3]에 머물게 한 뒤 열흘이 지나서 전사 책임자에게 물었다.

"손님은 무엇을 하고 계신가?"

"풍 선생은 너무 가난해 칼 한 자루를 갖고 있을 뿐인데, 그나마 누런 띠풀로 칼자루를 감은 것[蒯緱][4]입니다. 그 칼을 두드리며 '큰 칼아, 돌아가자! 식사에 생선이 없구나'라고 노래를 부르고 있습니다."

맹상군이 그를 행사(幸舍)로 옮겨주었는데, 그곳 식사에는 생선 반찬이 나왔다. 닷새 뒤에 다시 숙소 책임자에게 묻자, 그가 답했다.

"손님은 다시 칼을 두드리며 '큰 칼아, 돌아가자! 밖에 나가려 해도 수레가 없구나'라고 노래를 부르고 있습니다."

맹상군이 그를 대사(代舍)로 옮겨주면서 출입할 때마다 수레를 탈 수 있게 해주었다. 닷새 뒤에 맹상군이 다시 숙소 책임자에게 묻자, 그가 답했다.

"선생은 또다시 칼을 두드리며 '큰 칼아, 돌아가자! 집이 없구나'라고 노래를 부르고 있습니다."

맹상군은 기분이 좋지 않았다[不悅].

1) 【색은(索隱)】 屩의 발음은 (교가 아니라) 각(脚)이다. 판본에 따라 교(蹻)로 되어 있기도 하고 교(僑)로 되어 있기도 하다.
2) 원욕(遠辱)이란 다른 사람이 먼 곳에서 왔을 때 높여서 하는 말이다.
3) 【색은(索隱)】 전사(傳舍)·행사(幸舍)·대사(代舍)는 상중하 3등의 객이 머무는 곳의 명칭일 뿐이다.
4) 【집해(集解)】 괴(蒯)는 띠풀의 한 종류로, 끈을 만들 때 쓴다. 이는 칼을 쥐는 곳에 아무런 장식을 하지 않고 그냥 끈으로 둘둘 감았다는 말이다. 緱는 발음이 (구가 아니라) 후(侯)이고, 아예 후(候)로 된 판본도 있다.

1년이 지나도록 풍환은 아무런 말이 없었다. 맹상군은 그때 제나라 재상으로 있으면서 설 땅의 1만 호를 봉읍으로 받았다. 식객이 3,000명에 달하니 읍에서 들어오는 조세 수입만으로는 빈객들을 받들기에 부족했다. 그래서 사람을 보내 설 땅 사람들을 대상으로 돈놀이를 했는데[出錢], 1년이 지나도록 수입이 없었다. 돈을 빌려 간 사람들 대부분이 이자[息=利]조차 낼 수 없는 형편이기 때문이다. 빈객을 보살필 밑천[客奉]이 장차 떨어질 판인지라, 맹상군이 걱정하며 주위 사람들에게 물었다.

"누구를 시켜야 설 땅에 빌려준 돈을 거둬 올 수 있겠는가?"

숙소 책임자가 말했다.

"대사(代舍)의 빈객 풍공이 용모가 출중하고 말도 잘합니다. 덕망 있는 장자(長者)이긴 하나 별다른 재능이 없으니, 그에게 가서 빚을 받아오게 하면 좋겠습니다.”

맹상군은 마침내 풍환을 찾아가서 이 일을 청하며 말했다.

“빈객들께서 이 문(文)의 불초함을 모르시고 다행히 제게 의탁해 오셨는데, 그런 분이 3,000명이 넘습니다. 그래서 봉읍의 조세 수입으로는 빈객을 받들기 부족해 설 땅에 이자를 놓고 돈을 빌려주었습니다. 그러나 설 땅에서는 해마다 조세가 들어오지 않고, 백성은 대부분 이자도 내지 못하고 있습니다. 이제 빈객들에게 식사조차 제공하지 못하게 될까 걱정이니, 바라건대 선생께서 이 일을 맡아주십시오.”

풍환이 말했다.

“알겠습니다.”

하직 인사를 하고 길을 떠나 설 땅에 이르렀다. 맹상군에게서 돈을 빌린 사람들을 모두 불러 모아 이자 10만 전을 거두더니, 마침내 이 돈으로 많은 술을 빚고 살진 소를 사들였다. 그러더니 돈을 빌려 간[取錢] 사람들을 불러 모았는데, 이자를 낼 수 있는 사람이든 낼 수 없는 사람이든 모두 오게 했다. 모두 차용증을 가져오게 해서 이쪽 것과 맞춰보고는 함께 모일 날을 정했고, 그날이 되자 소를 잡고 술자리를 마련했다. 술자리가 무르익자 마침내 가지고 온 차용증을 전처럼 맞춰본 뒤, 이자를 낼 수 있는 사람에게는 기한을 정해주었고 가난해서 이자를 낼 수 없는 사람은 차용증을 불태워 버렸다.

그러고는 말했다.

“맹상군께서 여러분에게 돈을 빌려준 까닭은 생계가 어려운 백성으로 하여금 본업에 종사하게 하기 위해서였고, 이자를 받은 까닭은 빈객들을 받들 돈이 없었기 때문입니다. 지금 여유가 있는 사람에게는 기한을 정해주었고, 빈궁한 사람들에게는 차용증을 불태워 없앴습니다. 여러분은 마음껏 먹고 마십시오. 이런 주군이 있는데 어찌 그를 저버릴 수 있겠습니까!”

그 자리에 앉아 있던 사람들이 모두 일어나 두 번 절했다.

맹상군은 풍환이 차용증을 불태워버렸다는 소식을 듣고는 화가 나서 사람을 보내 풍환을 불렀다.

풍환이 오자 맹상군이 말했다.

"이 문의 빈객이 3,000명이나 되므로 설 땅 사람들에게 돈을 빌려준 것이오. 내 봉읍은 작아서 수입이 적은데 백성 대부분이 때가 되어도 이자를 내지 않으니, 빈객들 식사도 제대로 공급하지 못할까 걱정되어 선생에게 빚을 받아오라고 청했던 것이오. 듣건대 선생은 돈을 받아서 곧바로 많은 소와 술을 갖춰 대접하고 차용증은 불태웠다고 하는데, 어째서 그런 것이오?"

풍환이 말했다.

"그렇습니다. 소와 술을 많이 마련하지 않으면 다 모을 수가 없고, 그렇게 되면 돈의 여유가 있는 사람과 부족한 사람을 알 수가 없습니다. 여유가 있는 사람에게는 기한을 정해주었습니다만, 부족한 사람은 10년 기한을 주어도 이자만 더 늘 뿐입니다. (그들은) 급하게 독촉하면 곧장 도망쳐 증서를 버릴 것입니다. 만일 급하게 독촉해 돌려받지 못한다면 위로는 군께서 이익만 밝히고 선비와 백성을 사랑하지 않는 꼴이 되고, 아래로는 백성이 빚을 갚지 않으려고 군을 떠난다는 오명을 덮어쓰게 될 것입니다. 이는 선비와 백성을 격려하고 군의 명성을 드러내는 길이 아닙니다. 쓸모없는 차용증을 불태우고 받을 수 없는 헛된 빚을 없앰으로써 설 땅 백성이 군을 가까이하고 군의 아름다운 명성을 드러낸 것인데, 군께서는 어찌 의심하십니까?"

맹상군이 마침내 손뼉을 치며 감사해했다.

제나라 왕은 진(秦)나라와 초나라의 비방에 현혹되어 맹상군의 명성이 자기보다 높고 제나라 권력을 자기 마음대로 하고 있다[擅權]고 여겨서, 결국 맹상군을 벼슬에서 물러나게 했다. 여러 빈객은 맹상군이 벼슬에서 물러나는 것을 보고 모두 떠나갔다.

풍환이 말했다.

"신에게 진나라에 들어갈 수 있게 수레 1대를 빌려주시면 반드시 제나라가 군을 중용하고 봉지를 더 주도록 할 터인데, 괜찮겠습니까?"

맹상군이 마침내 수레와 예물을 갖춰 그를 보내니, 풍환이 드디어 서쪽으로 가서 진나라 왕에게 유세해 말했다.

"천하의 유세객 중에 수레를 몰고 말을 달려 서쪽 진나라로 들어오는 사람치고, 진나라를 강하게 하고 제나라를 약하게 하려고 하지 않는 자가 없습니다. 또 수레를 몰고 말을 달려 동쪽 제나라로 들어가는 사람치고, 제나라를 강하게 하고 진나라를 약하게 하려고 하지 않는 자가 없습니다. 이 두 나라는 자웅(雌雄)을 겨루는 나라이므로 형세상 양립해 둘 다 수컷[雄-승자]이 될 수는 없으니, 수컷이 되는 나라가 천하를 얻을 것입니다."

진나라 왕이 몸을 앞으로 굽히면서[跽] 그에게 물었다.

"어떻게 하면 진나라가 암컷이 되지 않을 수 있겠는가?"

풍환이 말했다.

"왕께서도 제나라가 맹상군을 벼슬에서 물러나게 한 사실을 알고 계십니까?"

진나라 왕이 말했다.

"들었다."

풍환이 말했다.

"제나라를 천하에서 중요한 나라로 만든 이가 맹상군인데, 지금 제나라 왕이 헐뜯는 말만 듣고 그를 내쳤으니, 마음속으로 원망하며 반드시 제나라를 배반할 것입니다. 제나라를 등지고 진나라에 들어오면 제나라 사정과 사람들의 실상도 진나라에 털어놓을 것이니, 그러면 제나라 땅을 얻을 수 있습니다. 어찌 단지 수컷이 되는 정도이겠습니까? 임금께서는 서둘러 사자를 시켜서 예물을 실어 보내 비밀리에 맹상군을 맞아들이시되, 때를 놓치지 마십시오. 만일 제나라가 뒤늦게라도 잘못을 깨닫고 다시 맹상군을 쓰게 되면 진나라와 제나라가 암수 가운데 어느 쪽이 될지 알 수가 없습니다."

진나라 왕이 크게 기뻐하며, 마침내 수레 10승과 황금 100일(鎰)을 보내 맹상군을 맞이하게 했다. 풍환은 진나라 왕에게 인사하고 먼저 길을 떠나서 제나라에 이르러 제나라 왕에게 유세해 말했다.

"천하에 유세하는 선비로서 수레를 몰고 말을 달려 동쪽 제나라로 들어오는 사람치고, 제나라를 강하게 하고 진나라를 약하게 하려 하지 않는 이가 없습니다. 또 수레를 몰고 말을 달려 서쪽 진나라로 들어가는 사람치고, 진나라를 강하게 하고 제나라를 약하게 하려 하지 않는 이가 없습니다. 저 진나라와 제나라는 자웅을 다투는 나라로 진나라가 강하면 제나라는 약해지니, 형세상 두 나라가 모두 수컷이 될 수는 없습니다.

지금 신이 가만히 듣건대, 진나라는 사신에게 마차 10승과 황금 100일을 보내 맹상군을 맞이하려 한다고 합니다. 맹상군이 서쪽으로 가지 않으면 그만이지만, 혹시라도 서쪽으로 들어가서 진나라 재상이 되면 천하 사람들이 거기로 붙어서 진나라는 수컷이 되고 제나라는 암컷이 될 것입니다. 암컷이 되면 수도 임치(臨菑)와 즉묵(卽墨)이 위태로워집니다. 왕께서는 어째서 진나라 사자가 이르기 전에 먼저 맹상군을 다시 기용하고 봉읍을 넓혀 줌으로써 그에게 사과하지 않습니까? 그러면 맹상군은 틀림없이 기뻐하며 받아들일 것입니다. 진나라가 설사 강한 나라이긴 하지만, 어찌 남의 나라 사람을 재상으로 맞아들이겠다고 청하겠습니까? 이것은 진나라의 음모를 꺾고 패자가 되려는 책략을 끊어버리는 것입니다."

제나라 왕이 말했다.

"좋다."

마침내 사람을 시켜 국경에 가서 진나라 사신을 살피게 했다. 진나라 사신이 탄 마차가 제나라 국경으로 들어오자, 그 사람은 말을 달려 이를 보고

했다. 왕은 맹상군을 불러 재상의 지위를 회복시켜주고 옛 봉읍의 땅 말고도 다시 1,000호를 더해주었다. 진나라 사신은 맹상군이 다시 제나라 재상이 되었다는 소식을 듣고는 수레를 돌려 돌아갔다.

제나라 왕이 다른 나라의 비방 때문에 맹상군을 벼슬에서 내쫓자, 빈객들이 모두 떠났다. 뒤에 다시 불러 재상 자리에 앉히자, 풍환이 그들을 맞이하려 했다. 빈객들이 도착하기 전에 맹상군이 크게 탄식하며 말했다.

“이 문(文)이 늘 빈객을 좋아해 그들을 대우하는 데 감히 소홀함이 없도록 힘썼기에 식객이 3,000명이 넘었던 것은 선생도 아는 바요. 그러나 빈객들은 이 문이 어느 날 쫓겨나는 것을 보고는 모두 이 문을 배반하고 떠나서는 뒤돌아보지 않았소. 지금 선생 덕분에 자리를 회복했는데, 다른 빈객들은 또 무슨 면목으로 이 문을 다시 볼 수 있겠소? 만약에 다시 이 문을 보려는 자가 있다면 반드시 그 얼굴에 침을 뱉어 크게 욕을 보일 것이오!”

풍환이 말고삐를 매고 수레에서 내려 절을 했다. 맹상군도 수레에서 내려 마주 절하면서 말했다.

“선생이 빈객들을 대신해서 사과하시는 것이오?”

풍환이 말했다.

“빈객들을 대신해서 사과하는 것이 아니라 군의 말씀이 잘못되었기 때문입니다. 무릇 모든 일에는 ‘반드시 그렇게 되는 것[必至]’이 있고 ‘원래 그런 것[固然]’이 있다는 것을 군께서는 아십니까?”

맹상군이 말했다.

“내가 어리석어 무슨 말인지 모르겠소.”

“살아 있는 것이 언젠가 죽게 되는 것은 만물이 반드시 그렇기 되기 때문입니다. 부귀하면 인재가 많이 모이고 빈천하면 친구가 적어지는 것은 만물의 이치가 원래 그런 것입니다. 군께서는 혹시 아침 일찍 시장으로 몰려드는 사람들을 보신 적이 없습니까? 새벽에는 어깨를 부딪치며 다퉈 문으로 들어가지만, 날이 저물고 나면 시장을 지나가는 사람들은 어깨를 늘어뜨린 채 돌아보지 않습니다. 이는 그들이 아침을 좋아하고 저녁을 싫어해서가 아닙니다. 날이 저물면 바라는 물건이 시장에 없기 때문입니다. 지금 군께서 자리를 잃자, 빈객들이 다 떠났다고 해서, 그들을 원망해 일부러 빈객들이 찾아오는 길을 끊어서는 안 됩니다. 바라건대 군께서는 빈객들을 예전처럼 대우하십시오.”

맹상군이 두 번 절하고 말했다.

“삼가 그 명을 따르겠소. 선생 말씀을 들은 이상 감히 가르침을 받들지 않을 수 있겠소?”

태사공(太史公)이 말한다[曰].

“내가 일찍이 설(薛) 땅을 지난 적이 있는데, 그 동네 풍속은 마을에 난폭하고 사나운[暴桀] 젊은이들이 많아서 (맹자의) 추(鄒)나라나 (공자의) 노(魯)나라와는 달랐다[殊=異]. 까닭을 물으니 ‘맹상군이 천하의 협객들[任俠]과 간사한 자들을 불러 모으니, 설 땅으로 들어온 자가 6만여 가구나 되기 때문이오’라고 했다.

세상에 전해지기를 맹상군이 빈객을 좋아하는 것을 자기의 즐거움으로 삼았다고 하더니, 그 소문이 헛된 것만은 아니로다[名不虛=名不虛傳]!”1)

1) 【색은술찬(索隱述贊)】 정곽군의 아들[靖郭之子]/위왕의 손자로다[威王之孫]/이미 자기 나라 강하게 하고[旣彊其國]/실로 그 집안 높였다네[實高其門]/빈객·장부·선비 좋아해[好客喜士]/평원에서 중함을 받았지[見重平原]/닭 울음소리 개 짖는 소리로 도적질하니[雞鳴狗盜]/위자가 있었고 풍환이 있었지[魏子馮驩]/어찌 잠깐 사이에[如何承睫]/설 땅이 부질없이 보존될 수 있었으랴[薛縣徒存]!

권76

평원군우경열전(平原君虞卿列傳) 제16

권76 평원군우경열전(平原君虞卿列傳) 제16

평원군(平原君) 조승(趙勝)은 조(趙)나라 여러 공자 중 한 사람[1]이다. 여러 아들 중에서 승(勝)이 가장 뛰어나고 빈객들을 좋아하니, 그를 찾아온 빈객이 대략 수천 명에 이르렀다. 평원군은 조나라 혜문왕(惠文王)과 효성왕(孝成王)의 재상을 지냈는데, 세 번 재상 자리를 떠났다가 세 번 다시 재상 자리에 올랐고 동무성(東武城)[2]에 봉해졌다.

1) 【집해(集解)】 서광(徐廣)이 말했다. "『위공자전(魏公子傳)』에 이르기를, 조나라 혜문왕(惠文王)의 동생이라고 했다."
2) 【집해(集解)】 서광(徐廣)이 말했다. "청하군(清河郡)에 속한다." 【정의(正義)】 지금의 패주(貝州) 무성현(武城縣)이다.

평원군의 집 누각은 민가를 내려다볼 수 있었다[臨]. 민가에 어떤 절름발이[躄=跛]가 절뚝거리며 물을 긷고 있었다. 평원군의 미인(美人-첩)이 누각 위에서 내려다보다가 크게 웃었다. 다음 날 절름발이가 평원군의 집 문 앞에 와서 뵙기를 청하며 말했다.

"신이 듣건대, 군께서 장부와 선비를 좋아하시어 선비들이 1,000리를 멀다 않고 몰려오는 것은 군께서 능히 선비를 귀하게 여기고 첩은 천하게 여기기 때문이라고 했습니다. 신이 불행하게도 다리를 절뚝거리고 등이 굽은 병이 있는데, 군의 후궁이 신을 내려다보며 비웃었으니, 신이 바라건대 신을 비웃은 자의 머리를 원합니다."

평원군이 웃으며 말했다.

"알겠다."

절름발이가 떠나가자, 평원군이 웃으면서 말했다.

"저 녀석 좀 보게나. 마침내 한번 웃었다고 해서 내 미인을 죽이라고 하다니, 실로 심하지 않은가?"

끝내 첩을 죽이지 않았다. 빈객과 문하의 사인(舍人)들이 점차 떠나더니 1년여가 지나자 떠난 자가 절반이 넘었다. 평원군이 이를 이상하게 여겨 말했다.

"이 승(勝)이 여러분을 대우하면서 일찍이 감히 실례한 적이 없는데, 어째서 떠나는 사람이 이렇게 많은가?"

문하의 한 사람이 앞으로 나와 말했다.

"군께서 절름발이를 비웃은 자를 죽이지 않아 장부와 선비들은 군께서 여색을 밝히는 반면 장부와 선비를 천시한다고 여겨 떠나는 것일 뿐입니다."

이에 평원군이 마침내 절름발이를 비웃은 미인의 머리를 베어 직접 절름발이의 집 문 앞까지 가서 사과했다. 그 뒤로 문하에는 마침내 다시 장부와 선비들이 점차[稍稍] 찾아왔다. 이 무렵 제(齊)나라에는 맹상군(孟嘗君)이, 위(魏)나라에는 신릉군(信陵君)이, 초(楚)나라에는 춘신군(春申君)이 있었으니, 그 때문에 다퉈 서로 마음을 쏟아서[傾] 장부와 선비들을 대우했다[待][1].

1) 【집해(集解)】 서광(徐廣)이 말했다. "판본에 따라 대(待)가 득(得)으로 되어 있다."

진(秦)나라가 (조나라 도읍) 한단(邯鄲)을 에워싸자[1] 조나라에서는 평원군(平原君)을 시켜 초나라에 구원을 청하며[求救] 합종을 맺으려 하니 평원군은 빈객[食客]과 문하 중에서 용기와 힘이 있고 학식과 무예[文武]를 두루 갖춘 자들 20명과 함께 가기로 약속했다.

평원군이 말했다.

"말로 해서[文] 맹약을 맺을 수만 있다면 좋은 일입니다. (그러나) 말로 해서 맹약을 맺을 수 없다면 초나라 궁전[華屋] 밑에서 맹약을 위한 희생의 피를 마셔[歃血] 반드시 맹약을 맺고 돌아올 것입니다. (함께할) 장부와 선비들은 다른 데서 구할 것 없이 제 빈객과 문하에서 뽑아도 충분할 것입니다."

(이리하여) 19명을 뽑아놓고는 나머지 1명을 뽑지 못해 20명을 채우지 못하고 있었다. 문하에 모수(毛遂)라는 자가 앞으로 나와 자기 자신을 추천하면서 평원군에게 말했다.

"수(遂)가 듣건대, 군(君)께서는 장차 초나라와 합종(合從)하기 위해 빈객과 문하의 20명과 함께 가기로 약속해놓고서 밖에서는 찾지 않는다고 했습니다. 지금 한 사람이 적으니[少], 바라건대 군께서는 이 수를 일행에 집어넣어 떠나십시오."

평원군이 말했다.

"선생은 이 승(勝)의 빈객으로 있은 지 올해로 몇 년이나 되었소?"

모수가 말했다.

"이제 3년이 되었습니다."

평원군이 말했다.

"무릇 뛰어난 선비[賢士]가 처세하는 법은 비유하자면 송곳이 주머니 속에 있는 것과 같아서[錐之處囊中]²⁾ 끝이 드러나게 되어 있소. (그런데) 지금 선생은 승의 문하에서 이제까지 3년이나 있었는데도 내 주위 사람들이 선생을 칭송한 적이 없으며 이 승도 들어본 적이 없소. 이는 선생에게 이렇다 할 재능이 없다는 뜻이오. 선생은 능력이 없으니 남도록 하시오."

모수가 말했다.

"신은 마침내 오늘에야 당신의 주머니 속에 넣어달라고 부탁드리는 것일 뿐입니다. 만일 좀 더 일찍 주머니 속에 있게 해주셨더라면 마침내 끝만 드러나 보이는 것이 아니라 송곳의 자루[穎=環=柄]까지 밖으로 삐져나왔을 것입니다."

평원군은 결국 모수도 함께 데려가기로 했다. 19명은 모수를 (업신여겨) 서로 눈짓하며 비웃으면서도 입 밖으로는 표현하지 않았다[發]3).

1) 【정의(正義)】 조나라 혜문왕(惠文王) 9년, 진나라 소왕 15년이다.

2) 낭중지추(囊中之錐)라는 사자성어가 여기서 나왔다.

3) 【색은(索隱)】 판본에 따라 발(發)이 폐(廢)로 되어 있다. 정현(鄭玄)이 말했다. "모두 눈짓을 하며 그를 경시한 것은 능력이 없다는 것이 드러나면 곧바로 폐기(廢棄)할 생각이었다."

모수가 함께 나란히 초나라에 가는 동안 19명과 논쟁하고 토론하자[論議] 19명 모두 감복했다. 평원군이 초나라와 합종을 논하면서 이로운 점과 해로운 점을 이야기했는데, 해 뜰 무렵에 시작해 해가 중천에 이르도록 결정을 내리지 못하고 있었다.

19명이 모수에게 말했다.

"선생이 (당(堂) 위로) 올라가시죠!"

모수가 칼을 쥔 채 계단을 통해 올라가서 평원군에게 말했다.

"합종의 이로운 점과 해로운 점이라지만 두 가지 중에서 하나를 결정하면 그만입니다. (그런데) 지금 해 뜰 무렵에 시작해 해가 중천에 이르도록 결정을 내리지 못하는 까닭은 무엇입니까?"

초나라 왕이 평원군에게 말했다.

"저 손님은 뭐 하는 사람[何爲者]인가?"

평원군이 말했다.

"이 사람은 승의 사인(舍人-심부름하는 사람)입니다."

초나라 왕이 꾸짖어[叱] 말했다.

"어찌 (당장) 내려가지 않는가? 내가 지금 네 주군[而君=爾君]과 이야기 하는 중인데, 너는 무슨 짓인가?"

모수는 칼을 어루만지며 앞으로 나아가 말했다.

"왕께서 이 수를 꾸짖는 것은 초나라 군사가 많다고 여겨서입니다. (하지만) 지금 열 걸음 안에서는 왕께서도 초나라 군사가 많다는 것에 기댈 수 없어 왕의 목숨이 수의 손에 달렸습니다. (그리고) 제 주군이 앞에 계신데, 저를 꾸짖는 것은 무슨 경우입니까?

또 수가 듣건대, (은나라) 탕왕(湯王)은 사방 70리 땅으로 천하의 왕 노릇을 했고 (주나라) 문왕(文王)은 사방 100리 땅으로 제후들을 신하로 거느렸다[1]라고 했습니다. 어찌 그것이 군사가 많기 때문이었겠습니까? 진실로 형세[勢]에 의지해 위용을 떨쳤기 때문입니다. 지금 초나라 땅은 사방 5,000리이고 창을 든 병사가 100만 명이나 되니, 이는 천하의 패왕(霸王)이 될 수 있는 자산입니다. 초나라는 강대하므로 천하의 어느 나라도 맞설 수가 없습니다. (그러나 진나라 장군) 백기(白起)는 어린 풋내기[豎子]일 뿐인데도 병사 수만 명을 이끌고 군대를 일으켜[興師] 초나라와 싸웠는데, 한 번 싸워서 언(鄢)과 영(郢)을 점거했고 두 번 싸워서 이릉(夷陵)을 불태웠으며 세 번 싸워서 왕의 조상들을 욕보였습니다. 이는 100세대가 지나도 잊을 수 없는 원통함입니다. (우리 같은 작은) 조나라도 그것을 수치로 여기고 있건만, 왕께서는 이런 것을 미워할 줄도 모르십니다. 합종은 초나라를 위한 것이지 조나라를 위한 것이 아닙니다. (그런데도) 제 주군이 앞에 계신데, 저를 꾸짖는 것은 무슨 경우입니까?"

초나라 왕이 말했다.

"알겠다, 알겠다[唯唯].[2] 참으로 선생 말대로다. 삼가 사직을 받들어 합종 하겠다."

모수가 말했다.

"합종이 결정된 것입니까?"

초나라 왕이 대답했다.

"결정되었다."

모수는 초나라 왕의 좌우 신하들에게 말했다.

"닭과 개와 말의 피를 가져오시오."[3]

모수는 구리 쟁반을 받쳐 들고 무릎을 꿇은 채 초나라 왕에게 올리며 말했다.

"왕께서 마땅히 (먼저) 삽혈 하시어 합종을 확정하십시오. 다음 차례는 제 주군이시고, 그다음은 수의 차례입니다."

드디어 전(殿) 위에서 합종을 맺었다[定從]. 모수는 왼손에 구리 쟁반의 피를 든 채 오른손으로 19명을 불러 이렇게 말했다.

"그대들은 당 아래에서 이 피를 마시구려. 그대들은 그저 맹목적으로 따르며[錄錄][4] 남이 해놓은 일을 뒤처리나 하는 자들이오."

1) 제후들을 신하로 거느렸다는 것은 곧 제후들의 패자가 되었다는 말이다.

2) 뜻이 여러 가지인데, 여기서는 네, 네 하면서 공손하게 대답(對答)하는 말이다. 그 밖에 다소 부정적으로 남의 뜻을 거스르지 않는 모양(模樣)이나 지당한 말씀이라고 그저 굽실거리는 모양(模樣)을 나타낼 때도 있다. 유유낙낙(唯唯諾諾)이 그런 뜻이다. 물고기가 줄지어 따라가는 모양(模樣)을 나타낼 때도 쓰는 표현이다.

3) 【색은(索隱)】 회맹에 쓰이는 희생은 귀천이 있어, 같지가 않다. 천자는 소와 말을 쓰고, 제후는 개와 돼지를 쓰고, 대부 이하는 닭을 쓴다. 지금 여기서는 모두 총괄해서 말한 것일 뿐이다.

4) 【색은(索隱)】 『설문(說文)』에서 말했다. "녹록(錄錄)이란 남을 따르는[隨從] 모양이다."

평원군이 이미 합종을 확정하고 돌아왔는데, 조나라에 이르러 이렇게 말했다.

“승(勝)은 앞으로 감히 장부와 선비를 살펴서 고르지[相士]¹⁾ 않겠다. 승이 지금까지 장부와 선비를 살펴 고른 수가 많게는 1,000명이요 적어도 수백 명은 될 것이다. 나는 스스로 천하의 장부와 선비를 잃은 적이 없다고 자부해왔건만, 이번에 마침내 모 선생에 대해서는 잘못을 했다. 모 선생은 한 번 초나라에 가서는 조나라를 구정(九鼎)²⁾이나 대려(大呂)³⁾보다도 무겁게 했으니, 모 선생의 세 치 혀는 군사 100만보다 더 강했다.

승(勝)은 앞으로 감히 장부와 선비를 살펴서 고르지 않겠다⁴⁾.”

드디어 모수를 상객(上客)으로 삼았다.

1) 이때 상(相)이란 자세히 들여다보고[觀人] 밀어준다는 뜻이다.

2) 발이 3개 달린 솥 9개로, 주(周)나라의 매우 귀중한 보물이었다.

3) 주(周)나라 종묘(宗廟)에 설치한 큰 종(鐘)의 이름으로, 구정(九鼎)과 함께 주나라의 보기(寶器)로 전해왔다. 뒤에는 크고 귀중하다는 뜻으로 쓰였다.

4) 두 번 반복함으로써 강한 의지를 드러낸 것이다.

평원군이 이미 조나라로 돌아가고 나자, 초나라는 춘신군에게 군사를 거느리고 가서 조나라를 구원하게 했고, 위나라 신릉군도 명을 날조해[矯] (위나라 장수) 진비(晉鄙)의 군대를 빼앗아 조나라를 구원하러 갔다. 구원병이 다 이르지 못했을 때 진나라는 서둘러 한단을 에워쌌고, 한단은 위급해져서 장차 항복해야 할 지경에 이르렀다. 평원군이 심히 걱정했는데, 한단의 전사(傳舍-관청 소유 여관)를 관리하는 자의 아들 이동(李同)¹⁾이 평원군에게 유세해 말했다.

“군께서는 조나라가 망하는 것을 걱정하지 않습니까?”

평원군이 말했다.

“조나라가 망하면 나도 포로가 될 터이니, 어찌 걱정하지 않겠는가?”

이동이 말했다.

"한단 백성은 뼈를 땔감으로 삼아 밥을 하고 자식을 서로 바꿔 먹고 있으니[炊骨易子而食] 위급하다고 할 수 있건만, 군의 후궁은 100명이 넘고 비첩들은 화려한 비단옷에 쌀밥과 고기반찬을 남깁니다. 그러나 백성은 거친 베옷도 제대로 입지 못하고 쌀겨나 술지게미[糟糠]조차 배불리 먹지 못합니다. 백성은 곤궁하고 무기도 떨어져 어떤 경우에는 나무를 깎아 창과 화살을 만듭니다. 그러나 군의 기물과 종과 경쇠는 멀쩡히 그대로입니다[自若]. 만약 진나라가 조나라를 깨뜨린다면 군께서는 어떻게 이런 것들을 소유할 수 있겠습니까? 만약 조나라가 안전할 수만 있다면 군께서는 어찌 이런 것들이 없다고 걱정하겠습니까? 이제라도 군께서는 정말로 부인 이하 아랫사람들을 병사들 사이에 함께 들어가서[編] 같이 일하게 하시고, 집 안에 있는 것들을 모두 내어 병사들에게 베푸십시오. 그렇게 하면 바야흐로 위기와 고난에 처한 사졸들은 더 쉽게 주군의 은덕에 감사할 것입니다[2]."

이에 평원군이 그 말을 따르니, 감히 목숨을 걸고 싸울 결사대 3,000명을 얻을 수 있었다. 이동이 드디어 이들 3,000명과 함께 진나라 군대로 달려가자, 진나라 군대는 그 때문에[爲之] 30리를 물러났다. 또 때마침 초나라와 위나라의 구원군이 이르니, 진나라는 드디어 물러갔고 한단은 다시 보존되었다. 이동이 싸우다가 죽었기에 아버지를 봉해 이후(李侯)로 삼았다[3].

1) 【정의(正義)】 이름은 담(談)인데, 태사공이 아버지의 이름을 피휘한 것이다.

2) 【정의(正義)】 사졸들이 바야흐로 위기와 고난에 처해 있을 때라 쉽게 은덕을 베풀 수 있다는 말이다.

3) 【정의(正義)】 회주(懷州) 온현(溫縣)은 본래 이성(李城)이니, 이동의 아버지가 봉해진 곳이다.

우경(虞卿)은 신릉군이 한단을 구원해 한단을 보존해준 일을 가지고 (그것이 평원군의 공이라며) 평원군을 위해 봉읍을 더 달라고 청하려고 했다. 공손룡(公孫龍)이 이를 듣고서 밤에 수레를 몰아 평원군을 만나서 말했다.

"룡(龍)이 듣건대 신릉군이 한단을 보존케 한 공로를 가지고 군을 위해 봉읍을 더 달라고 청하려 한다던데, 그런 일이 있습니까?"

평원군이 말했다.

"그렇소."

룡이 말했다.

"이는 단연코 안 될 일입니다. 왕께서 군을 들어 조나라 재상으로 삼은 것은 군만 한 지혜와 재능을 가진 사람이 조나라에 없어서가 아니며, 동무성(東武城)을 떼어 그곳에 군을 봉한 것도 군만 공이 있고 나라 사람들은 공이 없어서가 아닙니다. 그것은 마침내 군이 왕의 친척이기 때문입니다. 군께서 재상 인장을 받을 때 능력이 없다면서 사양하지 않았고 땅을 봉해 받을 때도 공로가 없다면서 사양하지 않은 것 또한 군 역시도 스스로 왕과 친척이라고 여겼기 때문입니다. (그런데) 지금 신릉군이 한단을 보존해준 일로 봉읍을 청하는 것은 (전에는) 친척이라 하여 성(城)을 받았다가 (지금은) 나라 사람으로서 공을 헤아리는 것이니, 이는 단연코 안 될 일입니다.

그리고 우경은 양다리[兩權]를 걸치고 있으니, 일이 이뤄지면 우권(右券-채권 증서)을 쥐고서 보상을 요구할 것이고 일이 이뤄지지 못하더라도 봉읍을 청했다는 허명으로 군에게 생색을 낼 것입니다. 군께서는 결코 우경의 말을 듣지 마십시오."

평원군은 드디어 우경의 말을 듣지 않았다.

평원군은 조나라 효성왕(孝成王) 15년에 졸했다[1]. 자손이 뒤를 이었으나, 훗날 결국 조나라와 함께 멸망했다.

1) 【색은(索隱)】「육국연표(六國年表)」와 「세가(世家)」는 14년에 졸했다고 되어 있어

이와는 다르다.

    평원군은 공손룡을 두텁게 대우했다. 공손룡은 견백(堅白) 변론[1]을 잘했는데, 추연(鄒衍)이 조나라를 지나갈 때, 대화를 하던 중 지극한 도리[至道]에 대해 말하자 마침내 (평원군은) 공손룡을 멀리했다[絀=黜].

1) 흔히 견백동이(堅白同異)라고 한다. 명가(名家)에 속하는 궤변론자 공손룡은 단단하고 흰 돌은 눈으로 보면 흰 줄은 알지만 단단한 줄 모르고 손으로 만지면 단단한 줄 알지만 흰 줄은 모른다면서, 단단한 돌과 흰 돌은 같은 물건이 아니라 다른 물건이라는 궤변을 펼쳤다.

    우경(虞卿)이란 사람은 유세객이다. 짚신을 신고 챙이 어깨까지 내려오는 삿갓[蹻][1]을 쓰고서 조나라 효성왕에게 와서 유세했다. (왕이) 한 번 보고 황금 100일(鎰)과 흰 옥 1쌍을 내려주었고, 두 번째 보고는 (우 땅에 봉해주고) 조나라 상경(上卿)으로 삼았다. 이 때문에 우경(虞卿)이라고 불렀다[2].

1) 【집해(集解)】 서광(徐廣)이 말했다. "삿갓에 손잡이가 있는 것을 등(蹻)이라고 한다."
2) 【집해(集解)】 초주(譙周)가 말했다. "우(虞) 땅을 식읍으로 삼았다." 【색은(索隱)】 조나라 우 땅은 하동(河東) 대양현(大陽縣)에 있는데, 지금의 우향(虞鄉)이 이곳이다.

    진나라와 조나라가 장평(長平)에서 싸웠는데, 조나라는 이기지 못하고 도위(都尉) 1명을 잃었다.

    조나라 왕이 누창(樓昌)과 우경을 불러 말했다.

    "우리 군대가 싸워서 이기지 못하고 도위도 죽었으니, 과인이 군사를 정비해서[束甲] 진나라로 쳐들어가는 것이 어떻겠는가?"

누창이 말했다.

"아무런 도움이 되지 않을 것이니 비중 있는 사신[重使]을 보내 강화하는 것[媾=講=求和]이 낫습니다."

우경이 말했다.

"누창이 강화하자고 말하는 것은 강화하지 않으면 우리 군대가 반드시 깨질 것이라고 생각하기 때문입니다. 그러나 강화를 하느냐 하지 않느냐는 진나라 손에 달렸습니다. 또한 왕께서 진나라를 보시기에, 저들이 조나라 군대를 깨뜨리려 한다고 보십니까, 그렇지 않다고 보십니까?"

왕이 말했다.

"진나라는 온 힘을 다해서 장차 반드시 조나라 군대를 깨뜨리려 할 것이다."

우경이 말했다.

"왕께서는 신의 의견을 들으시어, 사신을 보내 귀중한 보물을 갖고 가서 초나라와 위나라에 붙으십시오. 초나라와 위나라는 왕의 귀중한 보물을 얻고자 하여 반드시 우리 사신을 받아들일 것입니다. 조나라 사신이 초나라와 위나라에 들어가면 진나라는 분명 천하가 합종 하려 한다고 의심하고, 또 반드시 두려워할 것입니다. 이렇게 되면 (진나라와의) 강화는 마침내 가능할 것입니다."

조나라 왕은 듣지 않고 평양군(平陽君)을 보내 강화하기로 하고, (먼저) 정주(鄭朱)를 출발시켜 진나라로 들여보냈다. 진나라가 그를 받아들이니, 조나라 왕이 우경을 불러 말했다.

"과인이 평양군을 시켜 진나라에 가서 강화하게 했으니, 이미 진나라는 정주를 받아들였다. 경은 어찌 생각하는가?"

우경이 대답해 말했다.

"왕께서는 강화할 수 없고, 우리 군대는 반드시 깨질 것입니다. 전승을 축하하는 천하 제후들의 사절들이 모두 진나라에 가 있습니다. 정주는 조나라의 귀한 사람[貴人]으로서 진나라에 들어갔으니, 진나라 왕은 응후(應侯)와 함께 분명히 그 귀함을 드러내 천하에 보여줄 것입니다. 그러면 초나라와 위나라는 조나라가 진나라와 강화한다고 여겨서 결코 왕을 돕지 않을 것이며, 천하가 왕을 돕지 않는다는 것을 진나라가 알게 되면 강화는 이뤄질 수 없습니다.”

응후는 과연 정주를 귀하게 대우해 전승을 축하하러 온 천하 사절들에게 보여주기만 했을 뿐 끝내 강화를 기꺼이 받아들이지 않았다. (조나라는) 장평에서 크게 패하고 드디어 한단까지 포위당해 천하의 웃음거리가 되었다.

진나라는 이미 한단의 포위를 풀고 나서 조나라 왕이 진나라에 입조 하게 했는데, (조나라 왕은) 조석(趙郝)[1]을 시켜 진나라를 섬기겠노라 약속하면서 6개 현을 떼어주고 강화를 맺게 하려고 했다. 우경이 조나라 왕에게 말했다.

“진나라는 왕을 공격하다가 지쳐서 돌아간 것입니까? 왕께서는 저들이 전진할 힘이 남아 있는데도 왕을 아껴서 공격을 멈추었다고 생각하십니까?”

왕이 말했다.

“진나라는 우리를 공격하면서 온 힘을 다 쏟았으니, 분명 지쳐서 돌아간 것이다.”

우경이 말했다.

“진나라는 온 힘을 다해 차지할 수 없는 것을 공격하다가 지쳐서 돌아갔건만 왕께서는 심지어 바로 그들이 온 힘을 다하고도 차지할 수 없었던 6개 현을 진나라에 내주려 하시니, 이는 진나라를 돕고 스스로를 공격하는 것입니다. 내년에 진나라가 다시 왕을 공격할 경우 왕께서는 아무런 구원을 받을 수 없을 것입니다.”

왕은 우경이 한 말을 조석에게 전했다.

조석이 말했다.

"우경이 실로 진나라 힘이 어디까지 미칠 수 있는지를 다 알 수 있겠습니까? 정말로 진나라가 능히 진격할 힘이 없다는 것을 안다면 우리는 탄환(彈丸)만 한 작은 땅도 내어줄 수 없습니다만, 만약 진나라가 내년에 다시 왕을 공격해 온다면 왕께서는 나라 안의 땅을 떼어주고 강화할 수밖에 없지 않겠습니까?"

왕이 말했다.

"그대 말을 들어 땅을 떼어준다면 그대는 반드시 내년에 진나라가 다시 우리를 공격하지 않게끔 할 수 있겠는가?"

조석이 대답해 말했다.

"그것에 대해서는 신이 감히 자임할 수 없습니다. 예전에 삼진(三晉)과 진나라는 관계가 서로 좋았습니다. (그런데) 지금 진나라가 (삼진의 두 나라인) 위나라, 한나라와는 잘 지내면서 (유독) 왕을 공격하는 이유는 왕께서 진나라를 섬기는 것이 분명 한나라나 위나라만 못하기 때문입니다. 지금 신이 족하(足下)를 위해 동맹국을 배반해서 당하게 된 공격을 풀고 관문을 열어 예물을 통하게 함으로써 한나라나 위나라와 똑같게 했는데도 내년에 왕 홀로 진나라로부터 공격을 받게 된다면, 그것은 왕께서 진나라를 섬기는 것이 한나라나 위나라만 못하기 때문입니다. (그렇기 때문에) 그것에 대해서는 신이 감히 자임할 수 없습니다."

1) 【집해(集解)】 郝의 발음은 (학이 아니라) 석(釋)이다. 서광(徐廣)이 말했다. "판본에 따라 사(赦)로 되어 있다."

왕이 조석이 한 말을 우경에게 전했다.

우경이 대답해 말했다.

"조석의 말은 '강화하지 않으면 내년에 진나라가 다시 왕을 공격할 것인데, 그렇게 되면 왕께서 나라 안을 떼어주고 강화하지 않을 수 있겠는가?'라는 것인데, (또) 조석은 지금 강화한다 해도 진나라가 또다시 공격하지 않을 것이라고는 장담할 수 없다고 했습니다. (그렇다면) 지금 성 6개를 떼어준다고 해서 무슨 이익이 있겠습니까? 내년에 (진나라가) 다시 공격해 오면 또다시 진나라의 힘으로도 차지할 수 없는 땅을 (스스로) 떼어주고 강화해야 할 것입니다. 이는 스스로 멸망하는 방법이니, 강화하지 않는 것만 못합니다.

진나라가 제아무리 공격을 잘한다 해도 6현을 빼앗아갈 수는 없으며, 조나라가 아무리 방어를 못 한다 해도 끝내 6성을 다 잃지는 않을 것입니다. 진나라는 지쳐서 돌아갔으니, 병사들은 반드시 피폐해졌을 것입니다. 따라서 우리가 성 6개로 천하 제후들의 마음을 거둬들여 피폐해진 진나라를 공격한다면, 이는 우리의 성 6개를 천하 제후들에게 주고서 진나라로부터 보상을 받게 되는 셈입니다. 우리나라가 오히려 유리한데도 가만히 앉아서 땅을 떼어줌으로써 스스로를 약화하고 진나라를 강하게 하는 것과 비교할 때 어느 쪽이 더 낫습니까?

(그런데) 지금 조석은 '진나라가 한나라, 위나라와 잘 지내면서 조나라를 공격하는 것은 왕께서 진나라를 섬기는 것이 한나라나 위나라만 못하기 때문입니다'라고 했습니다. 이는 왕으로 하여금 해마다 성 6개를 떼어주면서 진나라를 섬기게 하는 것이니, 그러면 가만히 앉아서 조나라 성을 다 잃게 됩니다. 내년에 진나라가 또다시 땅을 떼어달라고 요구하면 왕께서는 장차 내어주시겠습니까? 주시지 않는다면 지금까지 땅을 떼어준 공효는 없어지고 진나라가 쳐들어오는 화(禍)만 초래할 것입니다. 이렇게 되면 설사 땅을 준다고 해도 끝에 가서는 더 줄 땅이 없게 될 것입니다. '강자는 공격을 잘하고 약자는 방어를 제대로 못 한다'라는 말이 있습니다. 지금 앉아서 진나라 요구를 들어주면 진나라는 군대를 쓰지 않고도 많은 땅을 얻게 되니, 이

는 진나라를 강하게 하고 조나라를 약하게 하는 것입니다. 점점 더 강해지는 진나라가 점점 더 약해지는 조나라 땅을 떼어 받는 일이니, 진나라 쪽 요구는 그치지 않을 것입니다. 또 왕의 땅은 유한한데 진나라 요구는 끝이 없을 것이니, 유한한 땅을 갖고서 끝없는 요구를 들어주다 보면 형세상 조나라는 반드시 없어질 것입니다."

조나라 왕이 계책을 정하지 못하고 있는데, 누완(樓緩)이 진나라에서 돌아왔다.

조나라 왕이 누완과 계책을 상의하며 말했다.

"진나라에 땅을 주는 것은 어떻겠는가? 주지 않는 것과는 어느 쪽이 낫겠는가?"

누완이 대답을 사양하며 말했다.

"이는 신이 알 수 있는 바가 아닙니다."

왕이 말했다.

"그럼에도 불구하고 공의 속내[私=私心]를 말해보라!"

누완이 대답해 말했다.

"왕께서도 저 공보문백(公甫文伯)의 어머니[1]에 대해 들어보셨습니까? 공보문백이 노(魯)나라에서 벼슬하다가 병으로 죽었는데, 여자 중에서 규방에서 자살한 사람이 2명이었으나 어머니는 소식을 듣고도 곡하지 않았습니다. 문백의 유모[相室][2]가 '어찌 아들이 죽었는데도 울지 않으십니까'라고 하자 어머니는, '공자(孔子)는 뛰어난 사람인데, 그가 노나라에서 쫓겨났을 때 내 자식은 공자를 따르지 않았다. 지금 아들이 죽었는데 부인 중에 그를 위해 죽은 자가 둘이라는 것은 곧 반드시 덕망 있는 장자(長者)에게는 엷게 하고 부인들에게는 두텁게 했기 때문일 것이다'라고 말했습니다. 따라서 어머니로서 이런 말을 하면 뛰어난 어머니[賢母]라 하겠지만, 아내로서 이런 말을 하면 반드시 질투가 심한 아내라는 비난을 면치 못할 것입니다. 그러니 그 말은 같지만, 말하는 사람이 누구냐에 따라 듣는 사람 마음도 달라집니다. 지금 신은 진나라에서 돌아온 지 얼마 안 되었습니다. 그러니 '주지 마십시오'라고 말씀드린다면 왕께서는 좋은 계책이 아니라고 여기실 것이고, '주십시오'라고 말씀드린다면 왕께서는 신이 진나라를 위한다고 여기실 것입니다. 그래서 감히 대답하지 못하는 것입니다. 그렇지만 신으로 하여금 대왕을 위해 계책을 내라고 하신다면 땅을 주는 것만 한 바가 없습니다."

왕이 말했다.

"알겠다."

1) 【정의(正義)】 (노나라) 계강자(季康子)의 종조모(從祖母)이다. 문백은 이름이 촉(歜)이다.

2) 【정의(正義)】 보모나 유모 같은 부류를 가리킨다.

우경이 이를 듣고서 왕에게 들어가서 알현하고 말했다.

"이는 꾸민 말[飾說]이니 왕께서는 부디[愼] 땅을 주어서는 안 됩니다."

누완이 이를 듣고서 왕에게 가서 알현했다. 왕이 또 우경의 말을 전하니, 누완이 대답해 말했다.

"그렇지 않습니다. 우경은 하나만 알고 둘은 모릅니다[得其一 不得其二]. 무릇 진나라와 조나라가 적대하며 충돌하자 천하가 모두 기뻐한 것은 어째서이겠습니까? 제후들은 강자에게는 기대고 약자는 올라타려 하기 때문입니다. 지금 조나라 군대가 진나라에 곤경을 겪고 있으므로, 전승을 축하하는 천하의 사절들은 모두 반드시 진나라에 가 있을 것입니다. 따라서 서둘러 땅을 떼어주고 강화함으로써 천하 제후들을 당혹하게 하고 진나라 마음을 달래는 쪽이 낫습니다. 그렇지 않으면 천하 제후들은 장차 진나라의 강함에 기대어 분노를 드러내면서 조나라가 지친 틈을 타고 참외를 쪼개듯 조나라를 쪼개 먹으려 들 것입니다. (이렇게 되면) 조나라는 얼마 안 가서 망할 텐데 어떻게 진나라를 도모하겠습니까? 그러므로 우경을 가리켜 하나만 알고 둘은 모른다고 말씀드린 것입니다. 바라건대 왕께서는 이것으로 결정하시고, 더는 계책을 생각지 마십시오."

우경이 이를 듣고서 왕에게 가서 알현해 말했다.

"위험하기 짝이 없습니다. 누완이 진나라를 위해서 세운 계책은 천하 제후들로 하여금 더욱더 조나라를 의심하게 하는 것이지, 어찌 진나라 마음을 달래는 것이겠습니까? 그것이 단지 천하에 조나라가 허약하다는 것을 드러내는 것이라고 말하지 않을 수 있겠습니까?

신이 진나라에 땅을 주지 말라고 한 것이 마냥 주지 말라는 뜻만은 아닙니다. 진나라가 왕께 6성을 요구하니[索=求], 왕께서는 차라리 6성을 제나라에 뇌물로 주십시오. 제나라와 진나라는 서로 불구대천의 원수지간이므로 제나라가 왕의 6성을 얻으면 조나라와 힘을 합쳐 서쪽으로 진나라를 공격할 것입니다. 제나라는 제나라 사자의 말이 미처 끝나기도 전에 왕의 말씀을 따를 것이니, 왕께서는 제나라에 6성을 잃지만, 진나라로부터 보상을 받을 수 있습니다. 그렇게 되면 조나라와 제나라는 진나라에 대한 깊은 원한을 갚고 천하에 우리 조나라가 유능하다는 것을 보여줄 수 있습니다. 왕께서 이를 발표하시면 조나라와 제나라의 군대가 진나라 국경을 넘보기도 전에 신이 보건대 진나라의 두터운 예물이 조나라에 이르러 도리어 진나라 쪽에서 왕께 강화를 청할 것입니다. 진나라에서 강화를 청해오면 한나라와 위나라는 이를 듣고서 반드시 왕을 최대한[盡] 중시하게 될 것이고, 왕을 중시하게 되면 반드시 귀중한 예물을 내어 앞다퉈 왕께 찾아올 것입니다. 이렇게 되면[則是=是則] 왕께서는 일거에 제·한·위 세 나라와 화친을 맺게 되어 진나라와 자리를 바꾸게 될 것입니다."

조나라 왕이 말했다.

"좋도다"

곧바로 우경으로 하여금, 동쪽으로 가서 제나라 왕을 만나 함께 진나라를 도모하게 했는데, 우경이 아직 돌아오기도 전에 진나라 사신이 이미 조나라에 와 있었다. 누완이 이를 듣고는 달아났고, 조나라는 이에 성 1개를 갖고서 우경을 봉해주었다.

얼마 뒤에 위나라가 합종을 청했다. 조나라 효성왕은 우경을 불러 모의하려고 했다. 우경이 대궐로 가던 길에 평원군에게 들르니[過], 평원군이 말했다.

"바라건대 경이 합종을 말해주시오."

우경이 들어가서 왕을 알현했다.

왕이 말했다.

"위나라가 합종을 청해왔다."

우경이 말했다.

"위나라는 잘못하고 있습니다."

왕이 말했다.

"과인은 아직 허락하지 않았다."

우경이 말했다.

"왕께서도 잘못하고 계십니다."

왕이 말했다.

"위나라가 합종을 청했다고 하니 경은 위나라가 잘못한 것이라고 했고 과인이 아직 허락하지 않았다고 하니 또 과인이 잘못한 것이라 했는데, 그렇다면 결국 합종을 해서는 안 된다는 말인가?"

대답해 말했다.

"신이 듣건대, 작은 나라와 큰 나라가 함께 일하면 이로움이 있을 때는 큰 나라가 복을 받고 일이 잘못되었을 때는 작은 나라가 화를 입는다고 했습니다. (그런데) 지금 위나라는 작은 나라이면서 화를 부르고 왕께서는 큰 나라이면서 복을 사양하시니, 그래서 신은 왕께서 잘못하고 있고 위나라도 잘못하고 있다고 말한 것입니다. 가만히 보건대, 합종 하는 쪽이 낫겠습니다."

왕이 말했다.

"좋다."

마침내 위나라와 합종 했다.

(그 뒤에) 우경은 이미 (위나라 재상) 위제(魏齊)와의 관계 때문에 만호후(萬戶侯)와 재상의 인장을 가벼이 여기며[不重=輕視] 위제와 함께 사람 눈을 피해서 달아났고[間行], 결국 조나라를 떠나 양(梁-위나라 수도)에서 어렵게 지냈다. 위제가 이미 죽고 나자, 우경은 뜻을 이루지 못해 마침내 책을 썼는데[1], 위로는 『춘추(春秋)』에서 가져오고 아래로는 근세를 살펴 「절의(節義)」・「칭호(稱號)」・「췌마(揣摩)」・「정모(政謀)」 등 모두 8편을 지었다. 나라의 득실을 풍자하고 비판한[刺譏] 내용이었는데, 세상에서는 이를 전해 『우씨춘추(虞氏春秋)』[2]라고 불렀다.

1) 【색은(索隱)】 우경이 위나라에 들어가서 신릉군(信陵君)에게 의탁했는데, 신릉군이 의심하고서 결단을 내리지 못하자 위제는 자살했고 우경은 재상 지위를 잃고 끝없는 시름에 시달리다가[窮愁] 책을 쓴 것이다.

2) 【정의(正義)】 「예문지(藝文志)」에 이르기를 15편이라고 했다.

태사공(太史公)이 말한다.

"(조나라의) 평원군은 새가 높이 날듯[翩翩] 혼탁한 세상에서 보기 드문 멋진[佳] 공자(公子)였으나 세상의 큰 이치[大體]는 제대로 알지 못했다. 속담에 이르기를 '이익에 사로잡히면 지혜가 흐려진다'라고 했으니, 평원군은 풍정(馮亭)의 간사스러운 말[邪說]에 빠져[1] 조(趙)나라로 하여금 장평(長

平)에서 40여만 병사를 생매장되게 했고 한단(邯鄲)을 거의 망하게 할 뻔했다[2].

우경이 일을 헤아리고[料事] 상황을 정확히 헤아려[揣情] 조나라를 위해 꾀한 계책들은 얼마나 정교했던가[工=巧]? 하지만 위(魏)나라와 제(齊)나라의 위급함을 차마 보지 못해 결국 대량(大梁)에서 큰 곤경에 처했다. 평범한 사내[庸夫] 정도만 되어도 얼마든지 그것이 불가능한 것임을 아는데, 하물며 이 뛰어난 사람[賢人]이 어째서 그랬을까?

그러나 우경에게 끝없는 시름[窮愁]이 없었다면 진실로 책을 지어 스스로를 후세에 드러낼 수 없었을 것이다."[3]

1) 기원전 262년 상당 군수 풍정이 상당(上黨)을 조나라에 귀속시키려다가 장평 싸움이 일어나게 될 것을 빗댄 말이다.

2) 【집해(集解)】 초주(譙周)가 말했다. "장평의 대패는 마침내 조나라 임금[趙王]이 (진나라) 간자(間者)의 말을 쉽게 믿어 장수를 바꾼 잘못 때문인데, 어찌 평원군이 풍정의 말을 받아들인 것을 탓하겠는가?"

3) 【색은술찬(索隱述贊)】 풍채 좋은 공자[翩翩公子]/천하의 기이한 그릇이라네[天下奇器]/식객 보고 비웃은 첩 목을 베자[笑姬從戮]/의로운 선비들 구름떼처럼 모여들었지[義士增氣]/진나라 군대 해산시킨 이 이동이요[兵解李同]/동맹 잘 맺어 나라 안정시킨 이 모수라네[盟定毛遂]/우경은 짚신 신고 찾아와[虞卿躡蹻]/큰 상 받고 일을 잘 헤아렸지[受賞料事]/위제로 인해 곤경에 처하자[及困魏齊]/책을 써서 뜻을 밝혔도다[著書見意]!

권77

신릉군열전(信陵君列傳) 제17

권77 신릉군열전(信陵君列傳) 제17

위(魏)나라 공자(公子) 무기(無忌)는 위나라 소왕(昭王) 막내아들로, 위나라 안희왕(安釐王)의 배다른 동생이다. 소왕이 훙(薨)하자, 안희왕이 자리에 나아가니, 공자를 봉해 신릉군(信陵君)[1]으로 삼았다.

이때 범수(范睢)가 위나라에서 달아나 진(秦)나라 재상이 되었는데, (위나라 재상) 위제(魏齊)와 원한이 있어, 진나라 군대가 (위나라 수도) 대량(大梁)을 에워싸고서 화양(華陽)에 주둔하고 있던 위나라 군대를 깨뜨리고 (위나라 장수) 망묘(芒卯)를 달아나게 했다. 위나라 왕과 공자가 이를 걱정했다.

1) 【색은(索隱)】 「지리지(地理志)」에는 신릉(현)이 없다. 아마도 향읍 이름인 듯하다.

공자는 사람됨이 어질고 장부와 선비들에게 자신을 낮춰[仁而下士 인 이 하사] 장부와 선비를 보면 뛰어나든 불초하든 상관없이 모두에게 겸손했고, 예로써 사귀었으며, 감히 자기가 부귀하다고 해서 그들을 교만하게 대하지 않았다. 장부와 선비들이 이 때문에 사방 수천 리 길에도 다퉈 찾아와서 귀의하니, 식객이 3,000명에 이르렀다. 당시 공자가 뛰어나고 식객이 많아 제후들이 감히 군사를 동원해 위나라를 도모하지 않은 것이 10여 년이나 되었다.

공자가 위나라 왕과 바둑을 두고 있는데, 북쪽 변경에 봉화가 올랐다는 보고가 들어왔다[1].

"조나라가 쳐들어와 장차 국경에 들어오려고 합니다."

위나라 왕이 바둑을 중단하고 대신들을 불러 모의하려 했는데, 공자가 왕을 말리며 말했다.

"조나라 왕은 사냥하려는 것일 뿐 쳐들어오는 것이 아닙니다."

다시 원래대로 바둑을 두었으나 왕은 두려워서 바둑에 마음을 두지 못했다.

얼마 후에 다시 북방에서 전갈이 왔다.

"조나라 왕은 사냥을 나온 것일 뿐 쳐들어오는 것이 아니었습니다."

위나라 왕이 크게 놀라며 말했다.

"공자는 어떻게 그것을 알았는가?"

공자가 말했다.

"신의 식객 중에 조나라 왕의 은밀한 일까지 잘 정탐할 수 있는 자가 있어, 조나라 왕의 일거수일투족을 신에게 곧장 보고해줍니다. 신이 그래서 이번 일도 알게 된 것입니다."

그 뒤로 위나라 왕은 공자의 현능(賢能)함을 두려워해 감히 공자에게 국정을 맡기지 않았다.

1) 【집해(集解)】 문영(文穎)이 말했다. "높은 나무 망루[櫓=望樓]를 짓고 망루 위에 두레박틀과 두레박[桔槹]을 만든 뒤 두레박 안에 섶을 넣어두었다가 봉화를 올렸다."

위나라에 후영(侯嬴)이라는 숨어 지내는 선비[隱士]가 있었는데 나이 70세에 집은 가난했고 대량성 이문(夷門)을 지키는 문지기였다. 공자가 그에 관한 이야기를 듣고 찾아가 두터운 예물을 주려고 하니, 후영이 기꺼이 받으려 하지 않으면서 말했다.

"신이 몸을 닦고 행실을 깨끗이 하며 수십 년을 지내왔는데, 지금에 와서 새삼[終] 성문이나 지키며 어렵게 산다는 이유로 공자의 재물을 받을 수는 없습니다."

공자는 이에 마침내 술자리를 베풀어 빈객들을 많이 모이게 했다. 자리가 정해지자, 공자는 수레와 기마를 거느리고 수레 왼쪽 자리를 비워둔 채 직접 이문을 지키는 후생(侯生-후영)을 맞이하러 갔는데, 후생은 다 해진 의관을 가다듬은 후 곧바로 공자보다 상석에 앉아서 조금도 사양하지 않았다. 공자가 어떻게 하는지 살펴볼 속셈이었다. 공자가 말고삐를 잡은 채 더욱더 공손하게 대하니, 후생이 다시 공자에게 일러 말했다.

"신의 친구 하나가 시장 푸줏간에 있으니, 바라건대 수레와 기마를 돌려 그곳에 들렀으면 합니다."

공자가 수레를 몰아 시장으로 들어서자, 후생은 수레에서 내려 친구 주해(朱亥)를 만났다. 일부러 오랫동안 서서 그와 이야기를 나누면서 아무도 모르게 공자를 살폈는데, 공자의 낯빛은 더욱 온화했다. 이때 (공자의 집에서는) 위나라의 장군, 재상, 종실, 빈객들이 당(堂)을 가득 채운 채 공자가 돌아와 술잔을 들기만 기다리고 있었다. 시장 사람들은 말고삐를 쥐고 있는 공자를 보았고, 마차를 따르는 시종들은 모두 속으로 후생을 욕했다. 후생은 공자의 낯빛이 끝까지 변하지 않는 것을 보고는 마침내 친구와 헤어져 수레에 올랐다. 집에 도착하자 공자가 후생을 이끌어 윗자리에 앉게 한 뒤 빈객들에게 두루 소개하니[徧贊=遍告], 빈객들은 모두 놀랐다. 술자리가 한창 무르익자, 공자가 일어나 후생 앞으로 가서 만수무강을 빌었다. 후생은 그 기회에 공자에게 일러 말했다.

"오늘 저는 공자를 위해 충분히 할 일을 했습니다. 이 영은 기껏해야 이문 문지기에 지나지 않는데 공자께서 몸소 수레를 몰고 오셔서 많은 사람이 모인 자리로 맞아주셨고, 지나다 들르지 않아도 되는데 공자께서는 일부러[故] 제 친구의 집에 들러주셨습니다. 그러나 이 영은 공자의 이름을 드높이고자[就=顯] 일부러 오랫동안 공자의 수레를 시장 한가운데 세워놓고 친구를 만나는 척하면서 공자를 살폈는데, 공자께서는 더욱더 공손하셨습니다.

시장 사람들은 모두 이 영을 소인이라 여긴 반면, 공자는 덕망 있는 장자(長者)라서 능히 장부와 선비들에게 몸을 낮춘다[下士]고 여겼습니다."

이에 술자리가 끝나자, 후생은 드디어 상객(上客)이 되었다.

1) 대량성 동문의 이름이다.

후생이 공자에게 일러 말했다.

"신이 들렀던 푸줏간의 백정 주해, 이 사람은 뛰어난 자[賢者]인데, 세상 사람들은 전혀 모릅니다. 그래서 푸줏간에 숨어 살아갈 뿐입니다."

공자가 가서 여러 차례 청했지만, 주해는 일부러 답례조차 하지 않았고, 공자는 기이하게 여겼다.

위(魏)나라 안희왕(安釐王) 20년에 진(秦)나라 소왕(昭王)은 이미 조(趙)나라 군대를 장평(長平)에서 깨뜨리고 다시 군대를 진군케 하여 한단(邯鄲)을 에워쌌다. 공자(公子)의 누이는 조나라 혜문왕(惠文王)의 동생 평원군(平原君)의 부인이었는데, 평원군은 여러 차례 위(魏)나라 임금과 공자에게 편지를 보내 위나라에 구원을 청했다. 위나라 임금은 장군 진비(晉鄙)[1]로 하여금 군사 10만을 이끌고 가서 조나라를 구원하게 했는데, 진나라 왕이 사자를 보내 위나라 임금에게 이렇게 말했다.

"나는 조나라를 쳐서 멀지 않아 항복을 받을 것이다. 제후 중에서 감히 조나라를 돕는 자가 있으면, 조나라를 뽑아버린 뒤에 반드시 군대를 옮겨 가장 먼저 그곳을 칠 것이다."

위나라 임금은 겁을 먹고 사람을 보내 진비를 멈추게 하고서 군대를 머물게 한 뒤 업(鄴) 땅에 보루를 쌓게 했는데, 명목상으로는 조나라를 구원한다고 하면서 실제로는 양다리를 걸치고[持兩端] 관망하려는 것이었다. 평원군은 위나라에 수레 덮개가 서로 잇닿을 정도로 사자를 계속 보내면서 위나라 공자를 꾸짖어[讓=責] 말했다.

"저 승(勝)이 스스로 공자와 인척 관계를 맺은 까닭은 공자가 의로움을 높이 여겨 남의 위급한 상황을 보면 능히 구해주리라 여겼던 때문입니다. (그런데) 지금 한단이 하루아침에 진나라에 함락되기 직전인데도 위나라 구원병은 오지 않고 있으니, 이렇게 하고도 어찌 공자를 남의 위급한 상황을 보면 능히 구해줄 인물이라고 하겠습니까? 또 공자께서는 이 승을 업신여겨 진나라에 항복하도록 내버려두고 있는데, 공자 홀로[獨] 공자의 누이가 가엾지도 않습니까?"

공자가 이를 걱정해 위나라 왕에게 여러 차례 간청하고 빈객과 변사(辯士)를 동원해 온갖 수단[萬端]으로 설득했지만, 위나라 임금은 진나라를 두려워해서 끝내 공자의 말을 들어주지 않았다. 공자가 스스로 헤아리기를 도저히 임금에게 허락을 받을 수 없고 자기만 살자고 조나라를 망하게 내버려둘 수도 없다고 생각해, 마침내 빈객들에게 청해 거기(車騎) 100여 대를 마련한 다음 빈객들을 이끌고 진나라 군대와 부딪쳐 조나라와 함께 죽기로 했다.

1) 【색은(索隱)】 위나라 장군의 성과 이름이다.

공자는 동문[夷門]을 지나다가 후생(侯生)을 만나 진나라 군대와 싸워서 죽고자 하는 까닭을 갖춰 아뢰었다. 작별 인사를 하고 헤어져 가려는데, 후생이 이렇게 말했다.

"공자께서는 부디 힘껏 해보십시오! 이 늙은이는 따르지 못하겠습니다."

공자가 몇 리를 가다가 마음이 불쾌해 이렇게 말했다.

"내가 후생을 잘 대우한 것은 천하에 모르는 사람이 없다. 그런데 지금 내가 죽으러 길을 떠나는데도 후생은 나를 보내는 인사 한마디[一言半辭=一言半句]조차 하지 않았다. 내게 무슨 잘못이 있는가?"

공자가 다시 수레를 돌려 후생을 찾아가서 묻자, 후생이 웃으면서 말했다.

"저는 진실로 공자께서 되돌아오실 줄 알고 있었습니다."

그러고는 말했다.

"공자께서는 장부와 선비를 아끼시어 명성이 천하에 자자합니다. (그런데) 지금 어려운 일이 있자 이렇다 할 계책도 없이 진나라 군대를 향해 뛰어들려고 하십니다. 이는 비유컨대 굶주린 호랑이[餒虎]에게 고기를 던져주는 격이니, 무슨 공효가 있겠습니까? 그렇다면 어찌 (평소에) 빈객을 기를 필요가 있겠습니까?

공자께서는 저를 두텁게 대우해주셨지만, 저는 공자께서 죽을 길을 떠나는데도 제대로 보내드리지 못했습니다. 이 때문에 공자께서는 원망하는 마음을 품고서 되돌아오실 줄 알았습니다."

공자가 두 번 절하고 (방법을) 물었다. 후생은 마침내 주위 사람들을 물리치고서는 낮은 소리[間語=靜語]로 말했다.

"영(贏-후생)이 듣건대, 진비의 병부(兵符)는 언제나 왕의 침실 안에 있다고 했습니다. 여희(如姬)는 임금에게 가장 큰 총애를 받아 왕의 침실에 마음대로 드나들 수 있다고 하니, 여희의 힘이라면 병부를 훔쳐낼 수 있을 것입니다. 영이 듣건대, 여희의 아버지가 다른 사람에게 피살되자 여희는 3년 동안 절치부심하며 원수[仇=讐]를 찾았고 임금 이하 여러 사람도 여희의 원수를 갚으려고 했으나 찾을 수 없었고 여희가 공자께 울면서 부탁하니 공자께서 빈객들에게 부탁해서 그 원수의 목을 베어 여희에게 바쳤다고 했습니다. (그러니) 여희는 공자를 위해서라면 죽음도 마다하지 않을 것입니다. 지금껏 그럴 기회가 없었던 것은 그러한 것을 챙기지 않았기 때문일 뿐이며, 공자께서 진실로 한 번 입을 열어 여희에게 부탁하면 여희는 반드시 허락할 것입니다. 그렇게 해서 호부(虎符-병부)를 손에 넣어 진비의 군대를 빼앗은 뒤 북쪽으로 조나라를 구하고 서쪽으로 진나라를 물리친다면[却], 이는 오패(五霸)와 견줄 만한 공로입니다.”

공자가 그의 계책을 좇아 여희에게 청했다. 여희는 과연 진비의 병부(兵符)를 훔쳐내 공자에게 건네주었다.

공자가 길을 떠나려고 하는데 후생이 말했다.

“장수가 전쟁터[外]에 있을 때는 군주의 명령이라도 듣지 않는 경우가 있으니, 이는 그렇게 하는 것이 나라를 이롭게 하기 때문입니다. 공자께서 병부를 맞춰 보이시더라도 진비가 군대를 넘겨주지 않고 다시 임금에게 요청하게 되면 일은 반드시 위태로워질 것입니다. 신의 손님인 백정[屠者] 주해(朱亥)를 함께 데리고 가십시오. 이 사람은 힘이 센 장사이니, 진비가 이쪽의 말을 들어주면 크게 좋은 일이지만 들어주지 않으면 주해를 시켜 그를 쳐서 죽이십시오.”

이에 공자가 눈물을 흘리자, 후생이 말했다.

“공자께서는 죽는 것이 두렵습니까? 어찌하여 눈물을 흘리십니까?”

공자가 말했다.

“진비는 용맹스러운[嚄唶] 노장[宿將]이라 내 말을 듣지 않을까 두려우니, 반드시 그를 죽여야 하니 우는 것이지 어찌 죽음을 두려워하겠는가?”

잠시 후 공자가 주해에게 함께 갈 것을 청하니, 주해가 웃으면서 말했다.

“신은 그저[乃] 시장에서 칼을 휘둘러 짐승을 잡는 백정일 뿐인데도 공자께서는 몸소 자주 찾아주셨습니다. 일일이 답례하지 않은 것은 하찮은 예의[小禮]는 쓸모가 없다고 여겨서입니다. 이제 공자께서 위급한 처지에 있으니, 지금이야말로 신이 목숨을 바쳐야 할 때입니다.”

드디어 (주해는) 공자와 함께 가기로 했다. 공자가 후생의 집을 지나다가 인사를 하자, 후생이 말했다.

“신도 마땅히 따라가야 하겠지만 늙어서 갈 수가 없습니다. 청컨대, 공자의 일정을 헤아려서 공자께서 진비의 군진에 도착하는 날에 맞춰 저는 북쪽을 향해 스스로 목숨을 끊겠습니다[自剄=自刎].”

이로써 공자를 송별하니, 공자는 드디어 길을 떠났다.

업(鄴) 땅에 이르자 위나라 임금의 명이라고 속여서[矯] 진비와 교대하려고 했는데, 진비는 부절을 맞춰보고도 의심하면서 손을 들어 공자를 노려보며 말했다.

“지금 나는 대군 10만을 거느리고[擁=率] 국경에 주둔해 나라의 막중한 임무를 맡고 있습니다. 그런데 겨우 수레 1대로 와서 나를 대신하겠다니, 어찌 된 일입니까?”

공자의 말을 들으려 하지 않으니, 주해가 소매 속에 숨겼던 40근짜리 철퇴를 꺼내서 진비를 쳐 죽였다[椎殺=鎚殺]. 공자가 드디어 진비의 군대를 거느리고 군사들을 각각 부서에 배치한[勒兵] 뒤 군중(軍中)에 영을 내려 말했다.

“아버지와 아들이 함께 군에 있는 자는 아버지가 집으로 돌아가고, 형과 동생이 함께 군에 있는 자는 형이 돌아가도록 하라. 또한 외아들로서 형제가 없는 자는 돌아가서 부모를 봉양하라.”

이렇게 하여 선발한 병사 8만 명을 진격시켜 진나라 군대를 공격하니 진나라 군대는 뿔뿔이 흩어져 후퇴했고, 마침내 한단을 구해 조나라를 지켜냈다. 조나라 왕과 평원군(平原君)이 친히 국경에서 공자를 맞이했는데, 평원군은 몸소 동개(-활과 화살을 넣는 통)를 메고 공자를 위해 앞장서서 길을 인도했다.

조나라 왕이 두 번 절하고 말했다.

“예로부터 뛰어난 이들이 많았지만, 공자에 미칠 자는 없을 것이다.”

이때부터 평원군은 스스로를 감히 신릉군과 비교하지 않았다. 공자가 후생과 헤어지고 군영에 이르렀을 때, 후생은 과연 북쪽을 향해 스스로 목을 찔러 죽었다.

위나라 왕은 공자가 병부(兵符)를 훔쳐서 왕명이라 속이고 진비를 죽인 것에 대해 화가 나 있었고, 공자 역시 이를 잘 알고 있었다. 그래서 공자는 진나라를 물리치고 조나라를 존속시킨 뒤에는 부하 장수들로 하여금 군사를 이끌고 위나라로 돌아가게 하고는 홀로 빈객들과 함께 조나라에 머물렀다.

조나라 효성왕은 공자가 거짓 명령으로 진비를 속이고 군대를 빼앗아서 조나라를 보존시켜준 일을 고마워해서, 마침내 평원군과 상의해 성 5개를 공자에게 봉해주려고 했다.

공자는 이를 듣고는 속으로 교만하고 과시하려는 마음[驕矜]이 생겨서 자기 공로를 자랑하려는 기색이 겉으로도 드러났다. 빈객 중에 누군가가 공자에게 유세해 말했다.

"세상일에는 잊어서 안 되는 것이 있고, 또 잊어야만 하는 것이 있습니다. 무릇 남이 공자에게 베푼 은덕은 잊어서는 안 되고, 공자께서 남에게 베푼 은덕은 바라건대 공자께서 잊어야만 합니다. 또 위나라 왕의 명령이라 속이고 진비의 군대를 빼앗아서 조나라를 구한 일은 조나라에는 공을 세운 것이지만 위나라에는 충신이 아닙니다. (그런데도) 공자께서는 마침내 스스로 교만해져서 공로로 여기려 하시니, 가만히 생각건대 공자께서 취하실 태도가 아닙니다."

이에 공자는 곧바로[立=卽] 스스로 책망하기를 마치 자신이 더는 용납받지 못할 듯이 했다. 조나라 왕이 길을 청소하고 직접 (공자를) 맞이해 주인의 예로써 공자를 이끌어 서쪽 계단으로 오르게 했는데, 공자는 몸을 돌려 걸으면서 사양해 동쪽 계단으로 올랐다. 그러고는 스스로 죄를 말하면서, 위나라를 저버렸고 조나라에는 아무런 공을 세운 것이 없다고 했다. 조나라 왕이 날이 저물 때까지 술 시중을 들었지만 차마 성 5개를 주는 문제를 언급하지 못했으니, 공자가 물러나며 사양했기[退讓] 때문이다. 공자가 결국 조나라에 머무르게 되자 조나라 왕은 곽(鄗)[1] 땅을 공자의 탕목읍(湯沐邑)으로 주었다. 위나라 또한 다시 신릉을 갖고서 공자를 봉해주었으나 공자는 조나라를 떠나지 않았다.

1) 【색은(索隱)】 鄗의 발음은 (호가 아니라) 곽(霍)이다. 조나라 읍 이름인데, 상산(常山)에 속한다.

공자는 조나라에 처사(處士) (2명)이 있어 모공(毛公)은 도박꾼 무리에 숨어 지내고[藏(장)=隱(은)] 설공(薛公)은 술 파는 사람 집에 숨어 지낸다는 소식을 듣고는 이 두 사람을 만나고자 했으나, 두 사람은 몸을 숨기고 공자를 기꺼이 만나려 하지 않았다. 공자는 그들이 있는 곳을 듣고서 마침내 남몰래 가서 두 사람과 사귀게 되었고, 이를 매우 기뻐했다. 평원군이 이를 듣고는 자기 부인에게 일러 말했다.

"애초에 내가 듣건대 부인의 동생 위공자가 천하에 둘도 없는 사람이라고 했는데 지금 내가 듣건대 마침내 망령되게도 도박꾼을 따라다니고 술 파는 자와 사귄다고 하니, 공자는 망령된 사람[妄人(망인)]일 뿐이오."

부인이 이 말을 공자에게 전하자, 공자는 마침내 떠나고자 한다면서 부인에게 작별을 고하며 말했다.

"애초에 나는 평원군이 뛰어나다고 들었기에 위나라 왕을 등지면서까지 조나라를 구원해 평원군의 마음을 만족시켰지요. 평원군이 사람들 사귀는 것을 보니 그저 호탕함만 있을 뿐 제대로 된 장부나 선비를 구하지 않더군요. 이 무기는 대량에 있을 때부터 늘 두 사람이 뛰어나다고 들었기에, 조나라에 와서는 그들을 만나지 못하면 어쩌나만 걱정했습니다. 이 무기는 사람을 사귀면서 늘 그들이 날 원치 않으면 어쩌나 걱정했는데 지금 평원군은 그들을 부끄럽게 여기니, 그는 사귈 만한 인물이 아닌 듯합니다."

마침내 행장을 꾸려서 떠나려고 했다. 부인이 이를 평원군에 갖춰 이야기하니, 평원군은 곧바로 관을 벗어 용서를 빌면서 진심으로 공자를 붙잡으려 했다. 평원군 문하의 사람들이 이를 듣고는 절반 가까이가 평원군을 떠나 공자에게로 왔고, 천하의 장부와 선비들도 다시 공자에게로 왔다. 공자는 평원군 식객들의 마음까지도 자기 쪽으로 기울게 한 것이다.

공자는 조나라에 10년을 머무르며 (위나라로) 돌아가지 않았다. 진나라는 공자가 조나라에 있다는 소식을 듣고는 낮밤으로 군대를 내어 동쪽으로 위나라를 치니, 위나라 왕은 걱정되어 사신을 보내 공자에게 돌아올 것을 청했다. 공자는 위나라 왕이 자신에게 화가 나 있는 것에 겁을 먹고, 마침내 문하 사람들에게 경계시켜 말했다.

"누구든지 감히 위나라 왕의 사신을 내게 데려오는 사람이 있으면 죽여 버릴 것이다."

빈객들도 모두 위나라를 저버리고 조나라에 온 자들이라 아무도 감히 공자에게 돌아가자고 권하지 못하니, 모공과 설공[1] 두 사람이 공자에게 가서 그를 만나 말했다.

"공자께서 조나라로부터 중함을 받고 명성이 제후에게 알려진 것은 단지[徒] 위나라가 있기 때문일 뿐입니다. 지금 진나라가 위나라를 공격해 위나라가 위급한데도 공자께서는 걱정하지 않고 있습니다. 만약에 진나라가 대량을 깨뜨리고 선왕의 종묘를 파헤친다면 공자께서는 앞으로 무슨 낯으로 천하에 설 수 있겠습니까?"

이 말이 미처 끝나기도 전에 공자의 낯빛이 곧바로[立] 바뀌더니, 서둘러 수레를 준비시켜 위나라를 구원하기 위해 돌아갔다.

1) 【색은(索隱)】 역사 기록에는 두 사람의 이름이 전하지 않는다.

위나라 왕은 공자를 보자 서로 울었고, 상장군 인장을 주니 공자는 드디어 장군이 되었다.

위나라 안희왕 30년에 공자는 사신을 시켜 자신이 위나라 장군이 되었음을 제후들에게 두루 알렸다. 제후들은 공자가 장군이 되었다는 소식을 듣고 각자 장수와 병사를 보내 위나라를 구원했고, 공자가 다섯 나라 군대를 이끌고 진나라 군대를 하외(河外)에서 깨뜨려서 몽오(蒙驁)를 도주하게 했다. 드디어 이 승세를 타고 진나라 군대를 뒤쫓아서 함곡관에 이르도록 진나라 군대를 압박했고, 진나라 군대는 감히 함곡관에서 나오지 못했다. 이런 때를 맞아 공자는 천하에 위세를 떨쳤다. 제후의 빈객들이 공자에게 병법을 올리자, 공자가 그 모두에 이름을 붙여주었으니, 세상에서는 그것을 『위공자병법(魏公子兵法)』[1]이라고 불렀다.

1) 【집해(集解)】 유흠(劉歆)의 『칠략(七略)』에는 『위공자병법』 21편과 도(圖) 7권이 들어 있다.

진나라 왕이 이를 걱정해 마침내 금 1만 근을 위나라에 뿌려서 진비(晉鄙)의 식객들을 찾아낸 뒤 위나라 왕에게 공자를 비방하게 했다.

"공자는 위나라에서 달아나 10년 동안 나라 밖에 있었으나 지금은 위나라 장수가 되었으니, 제후들의 장수들은 모두 그에게 소속되었고 제후들은 오직 위공자만 알 뿐 위나라 왕은 모릅니다. 공자 또한 이를 이용해 남면(南面)하여 왕이 되고자 하고, 제후들도 공자의 위세를 두려워해 바야흐로 그를 함께 (왕으로) 세우려고 합니다."

진나라는 자주 반간계(反間計)를 써서 공자가 위나라 왕으로 옹립되지 않았냐며 거짓으로 축하를 보냈다. 위나라 왕은 날마다 공자를 헐뜯는 비방을 듣자 믿지 않을 수 없게 되어, 얼마 뒤에 과연 공자 대신 다른 사람을 장수로 삼았다. 공자는 자신이 다시 비방으로 쫓겨났다는 것을 알고는 마침내 병을 핑계로 조정에 나가지 않고 빈객들과 어울려서 밤새 술만 마셔댔다. 독한 술[醇酒]을 마시고 많은 여자를 가까이했다. 낮밤으로 쾌락과 술에 빠져 지내길 4년 만에, 끝내 술병을 얻어 졸했다. 그해에 위나라 안희왕 또한 흥했다.

진나라는 공자가 죽었다는 소식을 듣자 몽오를 보내 위나라를 공격해서 20개 성을 뽑아버렸고, 처음으로 동군(東郡)을 두었다. 그 뒤로도 진나라는 위나라를 야금야금 잠식하더니, 18년 만에 위나라 왕[1]을 사로잡고 대량을 도륙했다[屠=屠毅].

1) 【색은(索隱)】 위나라 왕의 이름은 가(假)다.

(한나라) 고조(高祖)는 미천하고 아직 어렸을 때 공자가 뛰어나다[賢]는 말을 자주 들었기 때문에 천자 자리에 나아가자 매번 대량을 지날 때면 공자에게 제사를 지냈고, 고조 12년에는 경포(黥布)를 치고 돌아오다가 공자를 위해 묘지기 다섯 집을 두어 대대로 해마다 사계절에 공자의 제사를 받들게 했다.

태사공(太史公)이 말한다.

"내가 대량 옛터를 지나면서 이문(夷門)에 관해 물어보았다. 이문이란 대량성 동쪽 문이라고 했다. 천하의 여러 공자가 실로 장부와 선비들을 좋아했지만, 신릉군은 깊은 산속의 바위나 동굴에 숨어 지내는 장부와 선비들을 찾아서 낮은 사람들과 사귀는 것을 부끄러워하지 않았는데, 그만한 이유가 있었다.

그 명성이 제후들 사이에서 으뜸이었던 것은 결코 헛말이 아니었도다. 고조도 매번 그곳을 지날 때마다 그곳 백성에게 제사를 지내게 했고 그 제사가 끊어지지 않게 했다."[1]

1) 【색은술찬(索隱述贊)】 신릉군이 선비들에게 자기를 낮추니[信陵下士]/주변 제후들

도 서로 몸을 기울였네[鄰國相傾]/공자가 그러하니[以公子故]/감히 공격할 엄두를 내지 못했지[不敢加兵]/자못 주해를 알아보고[頗知朱亥]/후영에게 예를 다했도다[盡禮侯嬴]/드디어 진비 축출하고[遂却晉鄙]/끝내 조나라에서 주는 성 사양했네[終辭趙城]/모공, 설공 중용되어[毛薛見重]/만고에 드문 명성 누렸도다[萬古希聲]!

권78 ─ 춘신군열전(春申君列傳) 제18

권78 춘신군열전(春申君列傳) 제18

춘신군(春申君)은 초(楚)나라 사람으로 이름은 헐(歇)이며 성은 황씨(黃氏)다. 두루 다니며 배워서 보고 들은 것이 넓었고, 초나라 경양왕(頃襄王)[1]을 섬겼다. 경양왕은 헐이 말을 잘한다[辯]고 여겨 진(秦)나라에 사신으로 보냈다.

(이에 앞서) 진나라 소왕(昭王)이 백기(白起)에게 한(韓)나라와 위(魏)나라를 공격하게 해서 화양(華陽)에서 두 나라 군대를 무찌르고 위나라 장수 망묘(芒卯)를 사로잡으니, 한나라와 위나라는 항복해 진나라를 섬기고 있었다. 진나라 소왕은 바야흐로 백기에게 명해 한나라, 위나라와 함께 초나라를 치게 했는데, 아직 행군을 떠나기에 앞서 초나라 사신 황헐이 마침 진나라에 이르렀다가 진나라 계책을 듣게 되었다. 이 당시 진나라는 그에 앞서 백기에게 초나라를 공격하게 해서 무군(巫郡)과 검중군(黔中郡)을 차지하고 언(鄢)과 영(郢)을 뽑아버린 후 동쪽으로 경릉(竟陵)[2]까지 이르렀고, 초나라 경양왕은 동쪽으로 천도해 진현(陳縣)[3]을 도읍으로 삼고 있었다.

황헐은 초나라 회왕(懷王)이 진나라 유인책에 빠져 진나라에 들어갔다가 결국 거짓에 속아 진나라에 억류당한 채로 죽는 것을 본 적이 있었다. 경양왕은 회왕의 아들이라 진나라는 그를 업신여겼고 진나라가 일거에 군대를 일으켜 초나라를 멸망시킬까 봐 두려워하고 있었다. 헐이 마침내 글을 올려 진나라 소왕에게 유세해 말했다.

---

1) 【색은(索隱)】 이름은 횡(橫)이고, 고열왕(考烈王) 완(完)의 아버지다.

2) 【정의(正義)】 경릉은 강하군(江夏郡)에 속한다.

3) 【정의(正義)】 지금의 진주(陳州)다.

"천하에 진나라와 초나라보다 더 강한 나라는 없습니다. (그런데) 지금 듣건대 대왕께서 초나라를 치려 하신다니 이는 마치 호랑이 2마리가 서로 싸우는 것과 같습니다. 호랑이 2마리가 서로 싸우면 이에 놀란 개가 혜택을 차지할 것이니, 차라리 초나라와 잘 지내는 것만 못합니다. 신이 그 까닭을 말씀드리고자 합니다.

신이 듣건대 일이란 한쪽 끝에 이르면[至]1) 처음으로 되돌아간다고 했으니, 여름과 겨울이 바로 그것입니다. 또 너무 높이 쌓으면 위태로워지니, 바둑돌을 쌓는 것이 바로 그것입니다.

지금 대국의 땅은 천하에 두루 펴져 있어 서쪽 끝에서 동쪽 끝에 이르니 천하에 사람이 생긴 이래로 (진나라와 같은) 이런 만승의 나라는 일찍이 없었습니다. 선제(先帝)이신 문왕(文王-혜문왕), 장왕(莊王)에 이어 대왕까지 3대에 걸쳐서 진나라는 땅을 제(齊)나라와 연결하고자 하는 합종의 허리[要=腰]2)를 끊으려는 구상을 잊은 적이 없습니다[不忘]3).

지금 왕께서 성교(盛橋)를 한나라에 보내 일을 맡게 하시니4), 성교는 한나라 땅을 진나라에 편입시켰고, 이는 왕께서 군사를 쓰지 않고 위력을 행하지 않고서도 사방 100리 땅을 손에 넣으신 것입니다.

왕께서는 참으로 유능하다고 말할 수 있습니다.

왕께서 다시 군사를 일으켜 위나라를 공격해서 대량(大梁)의 문을 막고 하내(河內)를 공략했으며 연(燕)·산조(酸棗)·허(虛)·도(桃)5) 땅을 뽑아버리고 형(邢)6)으로 들어가시니 위나라 군사는 구름처럼 흩어져서 감히 구원하지[捄=救] 못했습니다.

왕의 공로 또한 많습니다.

왕께서 군사와 백성을 쉬게 하고서 2년 뒤에 다시 군사를 일으켜서 (위

나라) 포(蒲)·연(衍)·수(首)·원(垣) 땅을 합병한 뒤 인(仁)·평구(平丘)·황
(黃)과 제양영성(濟陽嬰城)[7]으로 나아가니 위씨(魏氏)는 항복했으며, 왕께
서 다시 복수(濮水)와 마(磨)[8] 땅 북쪽을 떼어내 제나라와 진나라 사이의
허리를 얻어서 초나라와 조나라 사이의 척추를 끊어버리자[9] 천하 제후들
이 다섯 차례 연합하고 여섯 차례 모였음에도 감히 구원하지 못했습니다.
왕의 위력이 참으로 극에 이르렀습니다[單=殫=盡].

1) 【정의(正義)】 지(至)란 '한쪽 끝에 이르다[極]'라는 뜻이니, 한쪽 끝에 이르면 원
  래대로 되돌아간다. 동지(冬至)는 음(陰)이 극에 이른 것이고, 하지(夏至)는
  양(陽)이 극에 이른 것이다.

2) 【색은(索隱)】 한나라와 위나라가 허리에 해당한다.

3) 불망(不忘)의 잘못인 듯하다.

4) 【색은(索隱)】 진나라가 성교를 한나라에 보내 일을 맡게 한 것은 초나라가 소활
  (召滑)을 보내 조나라 재상이 되게 한 것과 같다.

5) 【집해(集解)】 연현(燕縣)은 도성(桃城)에 있다.

6) 【집해(集解)】 서광(徐廣)이 말했다. "평고(平皋)에 형구(邢丘)가 있다."

7) 【정의(正義)】 영성(嬰城)이 무엇인지는 알 수가 없다.[위에 영성(嬰城)이라는 표현이 또
  나오는데, 성을 둘러싼다는 말이다. 그렇다면 제양의 성을 에워싼다고 풀이할 수 있다.]

8) 【집해(集解)】 서광(徐廣)이 말했다. "복수는 북쪽으로 거야(鉅野)로 흐르다가 제
  수(濟水)로 들어간다." 【색은(索隱)】 마는 땅 이름으로, 복수와 가까운 곳이다.

9) 【정의(正義)】 유백장(劉伯莊)이 말했다. "진나라가 위나라 땅을 얻고 초나라와 조
  나라 사이의 합종을 끊어버린 것을 말한다."

왕께서 만약에 이 같은 공로와 위력을 지키면서 공격해 빼앗으려는 마음
을 버리고 어짊과 마땅함의 입장[仁義之地]을 살찌워서 훗날의 근심을 없애
신다면 삼왕(三王)으로 부족하고 사왕(四王)이 될 것이며 오패(五伯)로는

부족하고 육패(六伯)가 될 것입니다. (그런데) 왕께서 만약에 백성 수가 많다는 것을 믿고 강한 병력에 기대어 위나라를 물리친 위세를 타고 힘으로 천하의 제후들을 신하로 삼으려 하신다면, 신은 훗날의 근심이 있지 않을까 두렵습니다. 『시경(詩經)』에 이르기를 '시작이야 없을 수 없지만 능히 잘 마치는 경우는 드물다[1]'라고 했고, 『역(易)』에 이르기를 '여우가 물을 건너지만 꼬리를 적시게 된다[2]'라고 했습니다. 이 말들은, 시작은 쉽지만 끝맺음은 어렵다는 뜻입니다. 이러하다는 것을 (제가) 어떻게 알 수 있겠습니까?

옛날에 지씨(智氏-지백)는 조나라를 치는 이점만 볼 뿐 유차(楡次)에서 겪을 화는 알아차리지 못했고[3], 오나라는 제나라를 치는 편리함만 볼 뿐 간수(干隧)[4]에서의 패배는 알아차리지 못했습니다. 지씨와 오나라는 큰 공로를 세우지 않은 것은 아니지만 눈앞의 이익에 몰두하다가 뒤에 올 우환을 가벼이 여겼습니다. 오나라는 월나라를 믿고 함께 제나라를 쳤다가, 애릉(艾陵)에서 제나라에 승리를 거두고 나자 돌아오다가 삼저(三渚) 물가에서 월나라에 붙잡혔습니다. 지씨는 한나라와 위나라를 믿고 함께 조나라를 쳐서 진양성(晉陽城)을 공격했다가, 승리의 날이 다가오자, 한나라와 위나라가 배반해 지백요(智伯瑤)를 착대(鑿臺)[5] 아래에서 죽였습니다. (그런데도) 지금 왕께서는 초나라가 망하지 않는 것에만 불만스러워하실 뿐 초나라가 망하면 한나라와 위나라가 강해진다는 것은 잊고 계시니 신은 왕을 위해 우려하여 그 방법에 동의할 수 없습니다.

1) 「대아(大雅)」탕(蕩) 편에 나오는 구절이다.

2) 【정의(正義)】 여우는 꼬리를 아껴서 매번 물을 건널 때마다 꼬리를 들어 물에 젖지 않으려고 하지만, 결국은 곤경에 처하게 되어 꼬리를 적시게 된다는 말이다. 이는 힘으로 제후들을 신하로 삼아서는 안 된다는 말이다.

3) 【색은(索隱)】 지백은 유차에서 패배했다.

4) 【색은(索隱)】 간수는 오나라가 패배한 곳이다. 간(干)은 물가이고, 수(隨)는 도

로다.

5) **【집해(集解)】** 서광(徐廣)이 말했다. "착대는 유차(楡次)에 있다."

『시(詩)』에 이르기를 '대군을 잘 다스리는 자는 멀리까지 가서 정벌하지 않는다[大武遠宅而不涉]¹⁾'라고 했습니다. 이로써 살펴보자면, 초나라는 구원해야 할 세력이고 이웃 나라(-한·위)가 적대해야 할 세력입니다. 『시경』에 이르기를 '약삭빠른 토끼가 제아무리 빨라도 사냥개를 만나면 잡힌다. 다른 사람이 어떤 생각을 하든 나는 얼마든지 헤아릴 수 있도다²⁾'라고 했습니다. 지금 왕께서 한나라와 위나라를 쳤더니 한나라와 위나라가 왕께 잘한다고 믿는 것, 이는 바로 오나라가 월나라를 믿었던 것과 똑같습니다.

신이 듣건대, 적에게는 여유를 주어서는 안 되고 때는 놓치면 안 된다고 했습니다. 신은 한나라와 위나라가 공손한 말로써 진나라의 근심을 없애주려는 듯한 것이 실은 대국³⁾을 속이려는 것이 아닌가 걱정됩니다. 어째서 이겠습니까? 왕께서는 대대로[重世=再世] 한나라와 위나라에 아무런 덕도 베푼 것이 없고, 오히려 대대로 원한을 사왔기 때문입니다. 무릇 한나라와 위나라 부모 형제들이 지금까지 계속 진나라에 죽임을 당해온 지가 10대에 이릅니다. 자기 나라는 망하고 사직은 파괴되었으며 종묘는 허물어졌습니다. 배가 갈리고 창자가 끊어지고 목은 잘리고 턱이 부서지고[搚]⁴⁾ 머리와 몸이 나뉘어, 해골이 풀밭이나 연못 근처에 나뒹굴고 머리통은 엎어져 국경에서 서로 바라보고 있습니다. 아버지와 아들, 늙은이와 어린이가 목을 매이고 손이 묶인 채로 진나라의 포로가 되었으니, 그런 사람들이 길에서 서로 이어져 끊어질 줄 모릅니다. 죽은 자의 귀신은 홀로 슬퍼할 뿐 제사음식도 받아먹지 못합니다. 백성은 일상을 즐길[聊生] 수가 없고, 일가 친족들이 뿔뿔이 흩어져 떠돌고 있으며, 노예나 첩이 된 자들이 천하를 가득 채우고 있습니다. 그러므로 한나라와 위나라가 망하지 않은 것은 진나라 사직의 근심거리일 뿐인데, 그런데도 지금 왕께서는 그들을 지원하여 함께 초나라를 공격하려 하시니 이는 실로 잘못이 아니겠습니까?

1) 『시경(詩經)』에 있는 시가 아니다.

2) 「소아(小雅)·교언(巧言)」편에 나오는 구절이다.

3) 【색은(索隱)】 대국은 진나라를 가리킨다.

4) 【색은(索隱)】 摺은 발음이 (접이 아니라) 납(拉)이다.

또 왕께서 초나라를 공격하신다면 어디에서[惡] 출병하시겠습니까? 왕께서는 원수인 한나라와 위나라에 길을 빌리시겠습니까? (그럴 경우) 왕께서는 출병하는 그날부터 그 군대가 돌아오지 못할까 걱정하게 될 것이고 이는 왕께서 군대를 주어 원수인 한나라와 위나라를 지원하는 것입니다. 만일 왕께서 원수인 한나라와 위나라에 길을 빌리지 않는다면 반드시 수수(隨水)의 오른쪽 땅을 공격해야 하는데, 그곳은 넓고 큰 하천과 산림, 계곡으로 이뤄져 있어 곡식을 생산할 수 없는 땅이라 왕께서 설사 차지하신다 해도 땅을 얻었다고 할 수는 없을 것입니다. 이렇게 되면 왕께서는 초나라를 허물어뜨렸다는 이름은 얻어도 땅을 얻는 실속은 없을 것입니다.

또 왕께서 초나라를 공격하는 날에는 네 나라(-제·한·위·조)가 반드시 모두 군대를 일으켜서 왕에게 대응할 것입니다. 진나라와 초나라 군대가 얽혀서 떨어지지 않고 오래 싸우게 되면, 그 틈에 위나라가 군대를 보내 유(留)·방여(方與)·질(銍)·호릉(湖陵)·탕(碭)·소(蕭)·상(相) 땅을 공격해 옛 송나라 땅을 모두 차지할 것입니다. 제나라는 남쪽으로 초나라를 공격할 것이니, 사수(泗水) 일대를 제나라가 차지할 것입니다. 이곳들은 모두 사통팔달의 평원으로 기름진 땅인데, 저들로 하여금 혼자서 공략하게 하는 것입니다1).

왕께서 초나라를 깨뜨리는 것은 중원의 한나라와 위나라를 살찌게 하고 제나라를 강하게 하는 것인데, 한나라와 위나라가 강해지면 얼마든지 진나라에 맞설[校] 수 있습니다[2]. (또 그렇게 되면) 제나라는 남쪽으로 사수를 경계로 삼고 동쪽으로 바다를 등지며 북쪽으로 황하에 의지하게 되어 훗날의 걱정거리가 없어지니, 천하의 나라 중에 제나라와 위나라보다 강한 나라는 없게 됩니다. 제나라와 위나라가 땅을 얻어 이익을 누리면서도 겉으로는 진나라의 하급 관리까지 섬기는 것이 1년 정도가 되면, 자기들이 스스로 제(帝)를 칭하지는 못하더라도 이에[其於] 왕께서 제(帝)가 되는 것은 충분히 막고도 남는 힘을 갖게 될 것입니다.

1) 【색은(索隱)】 진나라와 초나라가 맞서 싸우느라 쉬지도 못하면 위나라는 옛 송나라 땅을 모두 차지하게 되고 제나라는 사수 일대를 차지하게 되니, 이는 제나라와 위나라로 하여금 마음껏 공격하게 해서 이로움을 얻게 만드는 것이다.

2) 【색은(索隱)】 얼마든지 진나라 적수가 될 수 있다는 말이다. 판본에 따라 교(校)가 보(報)로 되어 있는데, 이는 힘으로 얼마든지 진나라에 보복할 수 있다는 뜻이다.

무릇 왕께서 넓은 땅과 많은 백성과 강력한 군대를 갖고서 한 차례 일을 일으킴[擧事]으로써 초나라와는 원수가 되고 도리어[遲][1] 한나라와 위나라로 하여금 제(帝)의 칭호를 제나라에 바치게 만든다면, 이는 왕의 잘못된 계책[失計]입니다.

신이 왕을 위해 생각해보건대, 초나라와 잘 지내는 것만 한 바가 없습니다. 진나라와 초나라가 하나로 합쳐 한나라와 맞서게 될 경우, 한나라는 반드시 하던 일에서 손을 뗄[斂手] 것이니, 왕께서 험준한 동산(東山)에 기대어 굽이굽이 흐르는 황하의 유리함을 차지하시면 한나라는 반드시 왕의 관내후(關內侯)가 될 것입니다. 이렇게 하고서[若是而=若是則] 왕께서 10만

병력을 (한나라 도읍) 정(鄭)에 주둔시키면 양씨(梁氏-위나라)는 간담이 서늘해져서[寒心] 허(許)와 언릉(鄢陵)에서는 성문을 닫아걸고 방어할 것이고 상채(上蔡)와 소릉(召陵)은 서로 왕래하지 않게 될 것이니, 이렇게 되면[如此而=如此則] 위나라 역시 왕의 관내후가 될 것입니다. 왕께서 일단 초나라와 잘 지내시게 되면 만승의 나라 두 군주를 관내후로 만들고 제나라와 국경을 맞대게 되어[注]2) 제나라의 서쪽 땅은 손을 쓰지 않고도 차지할 수 있으니, 왕의 땅이 서해부터 동해까지 걸치게 되어 천하를 장악할 수 있을 것입니다. (이렇게 되면) 연나라와 조나라는 제나라와 초나라의 구원을 받지 못하게 되고, 제나라와 초나라는 연나라와 조나라의 구원을 받지 못하게 됩니다. 그러한 때에 연나라와 조나라를 겁박해서 곧바로 제나라와 초나라를 흔들면 이 네 나라는 큰 힘 들이지 않고서도 굴복시킬 수 있습니다."

1) 【집해(集解)】 서광(徐廣)이 말했다. "지(遲)는 판본에 따라 환(還)으로 되어 있다."
2) 【색은(索隱)】 주(注)는 군사력으로 제어한다는 말이다.

소왕이 말했다.

"좋다."

이에 마침내 백기의 출전을 멈추게 하고 한나라와 위나라의 구원 요청을 사절했다. 초나라에 사신을 보내 예물을 주면서 동맹국[與國]이 될 것을 약속했다.

황헐이 약속을 받고 초나라로 돌아오자, 초나라는 헐과 태자 완(完)을 진나라에 인질로 들여보냈고 진나라는 그들을 여러 해 동안 붙잡아 두었다. 초나라 경양왕이 병들었으나 태자는 돌아올 수 없었다. 그런데 초나라 태자는 진나라 재상 응후(應侯)와 사이가 좋았기에 이에 황헐은 마침내 응후에게 유세해 말했다.

"상국께서는 정말로[誠] 초나라 태자와 사이가 좋습니까?"

응후가 말했다.

"그렇소."

헐이 말했다.

"지금 초나라 왕이 아마도 병에서 회복하지 못할 듯하니, 진나라로서는 초나라 태자를 돌려보내는 것이 좋을 것입니다. 태자가 세워질 수 있다면 그는 반드시 진나라를 정중하게 섬기면서 상국(相國)의 은덕에 끝없이 감사할 것이니 이것이야말로 동맹국과 친하게 지내고 만승의 나라에 은덕을 베푸는 것입니다. 만약에 돌려보내지 않으면 태자는 이곳 함양(咸陽)의 일개 평민일 뿐입니다. 그리고 초나라가 다른 사람을 태자로 세우면 진나라를 섬기지 않을 것이 틀림없습니다. 무릇 동맹국을 잃고 만승의 나라와 화친을 끊는 것은 제대로 된 계책이 아닙니다. 바라건대 상국께서는 숙려하십시오."

응후가 이를 진나라 왕에게 보고하자 진왕이 말했다.

"초나라 태자의 사부를 먼저 보내 초나라 왕의 병세를 살피게 하고, 그가 돌아온 다음에 도모하도록 하자."

(이에) 황헐이 초나라 태자를 위해서 계책을 세워 말했다.

"진나라가 태자를 붙잡아 두는 것은 이익을 얻으려 하기 때문입니다. (그런데) 지금 태자께는 진나라를 이롭게 해줄 힘이 없으니, 저는 그 점을 몹시 걱정하고 있습니다. 초나라에는 양문군(陽文君)의 아들이 둘 있습니다. 왕께서 만약에 돌아가시면[卒大命] 태자께서 나라 안에 안 계시기 때문에 반드시 양문군의 아들이 세워져서 후사가 되고, 태자께서는 종묘를 받들 수 없게 될 것입니다. 진나라에서 도망쳐 사신들과 함께 진나라를 빠져나가는 방법밖에 없습니다. 신이 남아서 죽음으로 뒷일을 감당할 것을 청합니다."

그리하여 초나라 태자는 옷을 갈아입고 초나라 사신의 마부로 변장한 채 관문을 빠져나갔고, 황헐은 숙소에 머무르면서 늘 병을 핑계로 사람 만나기를 사절했다. 태자가 이미 멀리 가서 진나라 군사가 뒤쫓을 수 없게 되었다고 생각되자 헐은 마침내 직접 진나라 소왕에게 말했다.

"태자는 이미 귀국길에 올라 함곡관을 나가 멀리까지 가셨습니다. 헐의 죄는 사형에 해당하니, 바라건대 죽음을 내려주소서."

소왕이 크게 화가 나서 자살하겠다는 헐의 청을 받아들이려 했다. 응후가 말했다.

"헐은 남의 신하 된 자로서 자기 몸을 던져 자기 군주를 위해 죽으려 했으니, 태자가 세워지면 반드시 헐을 중용할 것입니다. 죄를 묻지 않고 돌려보내 초나라와 화친하는 것이 좋겠습니다."

진나라는 그래서 황헐을 돌려보냈다.

황헐이 초나라에 온 지 석 달이 지나서 초 경양왕이 졸하자[1] 태자 완(完)이 세워지니, 이 사람이 고열왕(考烈王)이다. 고열왕 원년에 왕은 황헐을 재상으로 삼은 뒤 그를 봉해 춘신군(春申君)으로 삼고 회수(淮水) 북쪽 땅 12개 현을 내려주었다.

그로부터 15년이 지나서, 황헐이 초나라 왕에게 말했다.

"회수 북쪽 땅은 변경으로 제나라와 붙어 있어서 일 처리가 급한 경우가 많으니, 군(郡)으로 삼는 것[2]이 편리할 것입니다."

그러고는 회수 북쪽 12개 현을 아울러 바치면서 자신은 강동(江東)에 봉해줄 것을 청하니 고열왕이 허락했다. 춘신군이 이에 옛 오나라 터에 성을 쌓고 자기 도읍(都邑)으로 삼았다.

1) 【집해(集解)】 서광(徐廣)이 말했다. "36년이다."

2) 자기 봉읍을 바쳐 중앙 조정의 땅으로 삼는다는 말이다.

춘신군이 초나라 재상이 되었을 때, 제나라에는 맹상군(孟嘗君)이, 조나라에는 평원군(平原君)이, 위나라에는 신릉군(信陵君)이 있었는데 이들은 바야흐로 장부와 선비들에게 자기를 낮춰 빈객들을 불러들이기 경쟁하면서 각기 국정을 보필하고 권력을 거머쥐었다.

춘신군이 초나라 재상이 된 지 4년에 진나라가 장평(長平)에서 조나라 40여만 군대를 깨뜨렸다.

5년에 (진나라가) 한단(邯鄲)을 에워쌌다. 한단이 초나라에 위급함을 알려오니 초나라는 춘신군에게 군대를 거느리고 가서 구원하게 했는데, 진나라 군대가 이미 떠나고 없어 춘신군도 돌아왔다.

춘신군이 초나라 재상이 된 지 8년에 초나라를 위해 그는 북쪽으로 노(魯)나라를 쳐서 멸망시켰고[1] 순경(荀卿-순자)을 난릉령(蘭陵令)으로 삼았다. 이런 때를 맞아 초나라는 다시 강대해졌다.

1) 【색은(索隱)】 「연표(年表)」에 이르기를, 8년에 노나라를 차지하고 노나라 임금을 거(莒) 땅에 봉해주었다가 14년에 멸망시켰다.

조나라 평원군이 춘신군에게 사자를 보내오니, 춘신군이 그들을 상사(上舍-상급 관사)에 머무르게 했다. 조나라 사자들은 초나라에 자신들을 과시하려고 머리에 대모잠(玳瑁簪)을 꽂고 구슬과 옥 등으로 장식한 칼집을 차고는 춘신군의 빈객들과 만날 것을 청했다.

춘신군의 빈객은 3,000명이 넘었는데, 그중의 상객(上客)들이 모두 구슬로 장식한 신발만 신고서 조나라 사자들을 만나니 조나라 사자들이 크게 부끄러워했다.

춘신군이 초나라 재상이 된 지 14년에 진나라 장양왕(莊襄王)이 세워져 여불위(呂不韋)를 재상으로 삼고 문신후(文信侯)에 봉했다. (진나라는) 동주

(東周)를 차지했다.

　춘신군이 초나라 재상이 된 지 22년에 제후들은 진나라의 공격이 끝날 날이 없음을 걱정해 마침내 서로 합종해 서쪽으로 진나라를 쳤다[1]. 초나라 왕이 합종의 우두머리가 되니 춘신군이 정권을 맡아 처리했는데[用事]^{용사} 함곡관에 이르렀을 때, 진나라가 군대를 내어 공격하자 제후들의 군사는 모두 패해 달아났다. 초나라 고열왕은 춘신군에게 책임을 물었고[咎]^구, 춘신군은 이로 인해 고열왕과 사이가 점점 멀어졌다.

1) 【집해(集解)】 서광(徐廣)이 말했다. "시황 6년이다."

　빈객 중에 관진(觀津) 사람 주영(朱英)이라는 자가 있었는데, 춘신군에게 이렇게 말했다.

　"사람들은 모두 초나라는 강했지만 주군께서 용사(用事)하면서 약해졌다고 여기는데, 저 주영은 그렇게 생각하지 않습니다.

　선군(先君-돌아가신 임금) 때 진나라는 20년 동안 사이가 좋았고 진나라는 초나라를 공격하지 않았는데, 어째서이겠습니까? 진나라는 맹애(黽隘)[1]라는 요새를 넘어 초나라를 공격하는 것이 불편했고, 동주와 서주로부터 길을 빌려서 한나라와 위나라를 등진 채로 초나라를 공격하는 것이 불가능했기 때문입니다.

　(그런데) 지금은 그렇지 않습니다. 위나라는 오늘내일이면 멸망하려 하기에 허(許)와 언릉(鄢陵)을 아까워할 겨를도 없이 허 땅을 떼어 진나라에 줄 것입니다. 그렇게 되면 진나라 군대와 (초나라 도읍) 진(陳)[2]과는 서로 거리가 160리밖에 안 되니, 신의 소견으로 진나라와 초나라는 날마다 싸울 것입니다."

　초나라는 이에 진(陳)을 떠나서 수춘(壽春)으로 도읍을 옮겼고, 진나라는 위(衛)나라를 야왕(野王)으로 옮겨 그곳에 동군(東郡)을 두었다. 춘신군은 이로 말미암아 오(吳) 땅으로 가서 그곳에 봉해져 재상 일을 보았다.

1) 【정의(正義)】 맹애의 요새는 신주(申州)에 있다.
2) 【집해(集解)】 서광(徐廣)이 말했다. "허(許) 동남쪽에 있다."

초나라 고열왕은 아들이 없었기에 춘신군이 이를 걱정해 여인 중에서 아들을 잘 낳을 여자들을 심히 많이 구해서 왕에게 바쳤으나 끝내 아들을 보지 못했다. 조나라 사람 이원(李園)이 여동생을 데리고 와서 왕에게 바치려 했으나 왕이 아들을 낳지 못한다는 얘기를 듣고는 시간이 오래 지난 뒤에 왕의 총애를 잃게 되지는 않을까 걱정되었다. 이에 이원은 춘신군을 섬기고자 시도해 사인(舍人-심부름꾼)이 되었다. 얼마 후, 한 번은 휴가를 청해 고향에 갔다가 일부러 귀환 날짜를 놓쳤다. 돌아와 인사를 올리자, 춘신군이 늦은 이유를 물으니, 이원이 대답해 말했다.

"제나라 왕이 사신을 보내와서 신의 누이를 데려가려고 했는데, 그 사신과 술을 마시느라 늦었습니다."

춘신군이 물었다.

"폐백[娉]이 들어왔는가?"

대답했다.

"아직 받지 않았습니다."

춘신군이 말했다.

"내가 만나볼 수 있겠는가?"

말했다.

"좋습니다."

이에 이원이 마침내 여동생을 춘신군에게 바쳤다. 이내 춘신군의 총애를 받게 되어 누이가 임신하니, 이를 알게 된 이원이 마침내 누이와 일을 꾸몄다. 이원의 누이는 틈을 타서 춘신군에게 유세해 말했다.

"초나라 왕께서 당신을 귀하게 여겨 총애하는 것은 비록 친형제라도 그렇게 하지 못할 것입니다. (그런데) 지금 당신께서는 초나라 재상을 20년 넘게 지내고 계십니다. 왕께는 아들이 없으니, 왕께서 돌아가시면 장차 다른 형제가 즉위해 초나라의 왕이 바뀌게 될 것입니다. 새 임금은 예전부터 자신과 친했던 사람들을 귀하게 여길 것인데, 그러면 당신께서 어찌 오래도록 총애를 유지할 수 있겠습니까? 단지 그뿐만이 아니라 당신께서는 오랫동안 귀하신 몸으로 일을 주도해왔기 때문에 왕의 형제들에게 예를 어긴 일들도 많았을 것입니다. 왕의 형제가 정말로 세워지고 나면 그 화가 당신에게 장차 미칠 것인데, 무슨 수로 재상 인장과 강동(江東)의 봉토를 지킬 수 있겠습니까?

지금 첩 혼자서만 임신한 것을 알 뿐 다른 사람들은 아무도 알지 못합니다. 첩이 당신의 사랑을 받은 지 얼마 되지 않았지만, 참으로 당신의 귀한 지위를 이용해서 첩을 초나라 왕께 바치신다면 왕께서는 반드시 첩을 총애하실 것입니다. 첩이 하늘의 도움을 받아 아들을 낳게 되면 당신 아들이 왕이 되는 것이니, 초나라를 전부 얻게 되는 것입니다. 당신이 예측할 수 없는 화를 당하는 것과 어느 쪽이 더 낫겠습니까?"

춘신군은 크게 맞는 말이라고 여겨서, 마침내 이원의 누이를 내보내 따로 관사에 머물게 한 다음 초나라 왕에게 그녀를 추천했다. 초나라 왕이 불러들여 총애하더니 드디어 아들을 낳았고, 그 아이를 세워 태자로 삼으니, 이원의 누이는 왕후가 되었다. 초나라 왕은 이원을 귀하게 해주었고, 그리하여 이원은 정치에 관여하게 되었다[用事].

이원은 자기 누이를 들여보내고 나서 세워져 왕후가 되고 아들이 태자가 되자, 춘신군이 이 일을 발설하거나 더욱 교만해질 것이 두려워서 몰래 결사대를 길러 춘신군을 죽여서 입을 막으려고 했다[滅口]. 그러나 나라 사람

중 자못 많은 사람이 이를 알고 있었다.

춘신군이 초나라 재상이 된 지 25년에 초나라 고열왕이 병이 났다. 주영이 춘신군에게 일러 말했다.

"세상에는 바라지 않던 복[毋望之福]이 있을 수 있고[1], 또 바라지 않던 화[毋望之禍]가 있을 수도 있습니다. 지금 주군께서는 바라지 않던 세상에 처해서 바라지 않던 군주를 섬기고 계신데, 어찌 생각지도 못한 사람[毋望之人]을 구해두지 않는 것입니까?"

춘신군이 말했다.

"바라지 않던 복이란 무엇인가?"

주영이 말했다.

"주군께서 초나라 재상으로 20년 넘게 계셨는데, 이름은 비록 재상이지만 실은 초나라 왕이나 마찬가지입니다. 지금 초나라 왕이 병이 나서 장차 얼마 지나지 않아 졸하려 합니다. 그럴 경우 주군께서는 재상으로서 어린 군주를 도와 국정을 담당하실 텐데, 이는 이윤(伊尹)이나 주공(周公)과 같습니다. 그러다가 왕이 장성하면 정권을 돌려주게 되거나, 그렇지 않고 드디어 남면해 스스로 고(孤)라고 칭하면서 초나라를 차지하게 되겠지요. 이것이 바라지 않던 복입니다."

춘신군이 말했다.

"바라지 않던 화란 무엇인가?"

말했다.

"이원은 나라를 다스리지 않지만, 군의 맞수이니, 군대는 없지만 결사대를 기른 지 오래입니다. 초나라 왕이 졸하면 이원은 반드시 먼저 들어가서 권력을 차지한 뒤 주군을 죽여서 입을 막을 것입니다. 이것이 바라지 않던 화입니다."

춘신군이 말했다.

"생각지도 못한 사람이란 누구인가?"

말했다.

"주군께서는 신을 낭중(郎中)으로 임명해주십시오. 초나라 왕이 졸하면 이원은 반드시 먼저 궁궐로 들어갈 것이니, 신이 주군을 위해 이원을 죽이겠습니다. 이것이 생각지도 못한 사람입니다."

춘신군이 말했다.

"족하는 가만있으라[置之]. 이원은 나약한 사람이고 내가 잘 대해주고 있는데, 장차 어찌 그렇게까지 하겠는가?"

주영은 자기 말이 쓰이지 않을 것임을 알자 장차 화가 자신에게 미칠 것을 두려워해 마침내 달아났다.

1) 【정의(正義)】 바라지 않았다는 것은, 바라지 않았는데도 홀연히 찾아왔다는 말이다.

17일 뒤에 초나라 고열왕이 졸했다. 이원이 과연 먼저 궁궐에 들어와 결사대를 극문(棘門) 안에 매복시켰다. 춘신군이 극문을 들어서자, 이원의 결사대는 춘신군을 붙잡아서 칼로 찌른 뒤 머리를 베어 극문 밖으로 던졌다. 이에 드디어 관리를 시켜 춘신군의 집안사람들을 모조리 없앴다. 그런 뒤 이원의 누이가 애초에 춘신군의 총애를 받아 임신한 뒤 왕궁에 들어가서 낳았던 아들이 즉위하니, 이 사람이 초나라 유왕(幽王)이다.

이해는 진시황제(秦始皇帝)가 세워진 지 9년이 되는 해였다. 노애(嫪毐) 또한 진나라에서 난을 일으켰으나 발각되어 삼족이 몰살되고 여불위(呂不韋)는 벼슬에서 쫓겨났다.

태사공(太史公)이 말한다.

"내가 초나라에 가서 춘신군의 옛 성과 궁실을 구경했는데, 성대했도다! 애초에 춘신군이 진나라 소왕에게 유세해서 자기 몸을 던져 초나라 태자를 돌아가게 한 것은 그 지혜가 얼마나 밝았던가? 뒤에 이원에게 제어당한 일은 늙었기[旄=耄] 때문이다. 사람들이 하는 말 중에 '마땅히 결단해야 할 때에 하지 않으면 도리어 그 난을 당하게 된다[當斷不斷 反受其亂]'라는 것이 있다. 춘신군이 주영의 말을 받아들이지 않은 일을 두고서 한 말이리라!"[1]

1) 【색은술찬(索隱述贊)】 황헐은 변론과 지략이 뛰어나[黃歇辯智]/권모로써 진나라, 초나라를 쥐락펴락했도다[權略秦楚]/태자를 귀국할 수 있게 했고[太子獲歸]/자신은 재상이 되었네[身作宰輔]/조나라 빈객 더 화려함으로 부끄럽게 하고[珠炫趙客]/읍을 열어 오 땅을 봉읍으로 삼았구나[邑開吳土]/고열왕 후사가 없어[烈王寡胤]/이원이 여동생 바쳤지[李園獻女]/바라지 않던 복이 끝내 재앙이 되었고[無妄成災]/주영의 말은 한갓 말에 그쳤도다[朱英徒語]!

권79 ── 범수채택열전(范雎蔡澤列傳) 제19

권79 범수채택열전(范睢蔡澤列傳) 제19

범수(范睢)는 위(魏)나라 사람으로 자(字)는 숙(叔)이다. 제후들에게 유세해 위나라 왕을 섬기려 했으나, 집이 가난해 스스로 활동 밑천을 마련할 수 없어서 마침내 먼저 위나라 중대부(中大夫) 수고(須賈)[1]를 섬겼다.

1) 【색은(索隱)】 『한서(漢書)』 「백관표(百官表)」에 따르면 중대부는 진나라 관직인데 여기서는 위나라에도 중대부가 있으니, 이는 오래된 관직이라 하겠다. 성은 수이고 이름은 고인데, 대개 밀수씨(密須氏) 후손이다.

수고가 위나라 소왕(昭王)[1]의 사신으로 제나라에 갈 때 범수도 따라갔다. 몇 달을 머물렀으나 아무런 회답도 얻지 못했다. 제나라 양왕(襄王)[2]이 수(睢)의 언변이 뛰어나다[辯口=辯舌]는 말을 듣고는 마침내 사람을 시켜 금 10근과 소고기와 술을 보냈으나 수는 사양하고 감히 받지 않았다. 그러나 수고는 이를 알고 크게 노했는데, 범수가 위나라의 은밀한 일[陰事]을 제나라에 알려주고서 이런 선물을 받게 된 것이라고 여겼기 때문이다. 그래서 수로 하여금 소고기와 술만 받고 금은 돌려주게 했다.

이미 위나라로 돌아온 뒤, 수고는 마음속으로 범수에게 화가 나서 위나라 재상에게 보고했다. 위나라 재상은 위나라 공자 중 한 사람인 위제(魏齊)였다. 위제는 크게 화를 내며 사인(舍人)을 시켜 범수에게 매질을 가해 갈비뼈와 이빨을 부러뜨렸다. 범수가 죽은 척하자 곧장 갈대발[簀]로 말아서 변소에다 내다 버린 후 빈객 중에 술에 취한 자들로 하여금 범수에게 돌아가면서 오줌을 누게 했다[溺=尿]. 이는 일부러 그를 모욕함으로써 뒷사람들에게 함부로 기밀을 누설하지 못하도록 경계시키려는 것이었다. 범수가 갈대발에 싸인 채 자기를 지키는 사람에게 말했다.

"그대가 나를 빼내준다면 내 반드시 그대에게 크게 갚겠소."

지키는 사람이 마침내 바로 갈대발 안에 있는 시신을 내버려야겠다고 청했고, 위제는 술에 취해 말했다.

"그렇게 하라!"

범수는 (이렇게 해서) 벗어날 수가 있었다. 뒤에 위제가 후회가 들어 다시 사람들을 불러 범수를 찾아오게 했으나 위나라 사람 정안평(鄭安平)3)이 이를 듣고는 마침내 범수를 이끌어서[操] 도망쳐 숨어 살게 하니 성과 이름을 바꿔 장록(張祿)이라고 했다.

1) 【색은(索隱)】『세본(世本)』에 따르면, 소왕은 이름이 속(遫)으로 양왕(襄王)의 아들이다.

2) 【색은(索隱)】 양왕의 이름은 법장(法章)이다.

3) 위(魏)나라 사람인데, 범수(范睢)를 도와 진(秦)나라에 들어왔다. 진나라 소왕(昭王)이 범수를 임용하자 그도 장군(將軍)에 임명되었고, 소왕 48년 조(趙)나라를 공격해서 곤경에 빠뜨려 항복시켰다. 무양군(武陽君)에 봉해졌고, 조나라에서 죽었다.

이 무렵 진(秦)나라 소왕(昭王)이 알자(謁者) 왕계(王稽)를 위나라에 사신으로 보냈다. 정안평이 포졸로 위장해 왕계를 모시고 있었는데, 왕계가 물었다.

"위나라에 나와 함께 서쪽 진나라로 유세하러 갈 만한 뛰어난 사람이 있는가?"

정안평이 말했다.

"신이 사는 마을에 장록 선생이 있는데, 군을 만나뵙고 천하의 일을 말쓸드리고 싶어 합니다. 그런데 그 사람에게는 원수가 있어 낮에는 함부로 만나볼 수가 없습니다."

왕계가 말했다.

"밤에 함께 오라!"

정안평이 그날 밤 장록과 함께 왕계를 만났다. 이야기를 마치기도 전에 [未究=未盡] 왕계는 범수가 뛰어나다는 것을 알아차리고는 일러 말했다.

"선생은 삼정(三亭)[1] 남쪽에서 나를 기다리시오!"

서로 은밀히 약속하고 헤어졌다.

1) 【색은(索隱)】 삼정은 정(亭) 이름으로 위나라 변경에 있었는데, 지금은 아무것도 없다. 일설에 따르면 위나라 변경에는 정이 3개 있었다고 한다.

왕계는 하직 인사를 하고 위나라를 떠났고, (삼정 남쪽을) 지나가면서 범수를 수레에 태운 뒤 진나라에 들어갔다. 호관(湖關)[1]에 이르자 멀리 서쪽에서 수레와 기병이 오는 것이 보였다. 범수가 말했다.

"저기 오는 사람은 누구입니까?"

왕계가 말했다.

"진나라 재상 양후(穰侯, ?~기원전 265년)[2]가 동쪽의 현과 읍들을 순찰하는 것이다."

범수가 말했다.

"제가 듣건대, 양후는 진나라 권력을 제 마음대로 휘두르고 있어 제후의 빈객들이 들어오는 것[內=入]을 싫어한다고 했습니다. 이에 저 사람이 나를 욕보일까 두려우니, 나는 차라리[寧] 잠시 수레에 숨어 있겠습니다."

얼마 후에 양후가 과연 다가와 왕계를 위로하고, 그 참에 수레를 세우게 하고는 말했다.

"관동(關東)에 무슨 변화가 있던가?"

왕계가 말했다.

"없습니다."

또 왕계에게 일러 말했다.

"알군(謁君)3) 그대도 제후의 유세객 따위를 데리고 함께 온 것은 아니겠지? 백해무익하고 한갓 백성과 나라를 어지럽힐 뿐인 자들이다."

왕계가 말했다.

"감히 그럴 리가 있겠습니까?"

곧바로 헤어져 자리를 떠났다. 범수가 말했다.

"제가 듣건대 양후는 지혜로운 선비[智士]라고 하더니, 일 처리가 엉성하군요[遲=虛疏]. 방금 수레 안에 사람이 있는지 의심해놓고는 수색하는 것을 잊었으니 말입니다."

잠시 후 범수는 수레에서 내려 달아나며 말했다.

"저 사람은 반드시 후회하고 있을 겁니다."

10여 리쯤 갔을 때, 과연 기마병을 시켜 돌아와 다시 수레를 뒤지게 했다가 유세객이 없자 마침내 그만두었다. 왕계는 드디어 범수와 함께 함양에 들어갔다.

---

1) **[색은(索隱)]** 「지리지(地理志)」에 따르면, 경조(京兆)에 호현(湖縣)이 있는데 본래 이름은 호(胡)이고 한나라 무제 때 호(湖)로 바꾸었다. 곧 지금의 호성현(湖城縣)이다.

2) 진(秦)나라 소왕(昭王)의 외삼촌으로, 양(穰) 땅에 봉해졌다. 네 번이나 정승에 올라 진나라를 강성하게 키웠다. 어린 소왕을 대신해 정치를 맡아 잘 처리했다고 한다.

3) 알자를 높여 말한 것이다.

왕계는 (왕에게) 이미 사신 업무 보고를 마치고 틈을 타서 말했다.

"위나라에 장록 선생이란 분이 있는데, 천하의 변사(辯士-유세객)입니다. 그가 말하기를 '진나라 왕의 나라는 달걀을 쌓아놓은 듯 위태롭지만 신을 얻으면 편안해질 것입니다. 그러나 글로는 전할 수 없습니다'라고 하길래, 신이 수레에 태워서 데리고 왔습니다."

진나라 왕은 믿지 않았고 객사를 내려주기는 했지만, 보잘것없는 음식으로 대접했다. 왕명을 기다리다가 1년 넘는 세월이 흘러갔다.

당시 소왕은 이미 세워진 지 36년이나 되었다. 남쪽으로 초나라의 언(鄢)과 영(郢)을 뽑아버리니 초나라 회왕은 진나라에 유폐되어 있다가 죽었고, (또) 진나라는 동쪽으로 제나라를 깨뜨렸으니 제나라 민왕(湣王)은 늘 제(帝)로 자칭하다가 (깨진) 뒤에 칭호를 버렸으며, 여러 차례 삼진(三晉-한·조·위)을 곤경에 빠뜨렸다. (소왕은) 천하의 변사를 싫어해[猒=厭] 믿지 않았다.

양후(穰侯)와 화양군(華陽君)[1]은 소왕의 어머니 선태후(宣太后)의 동생이고, 경양군(涇陽君)과 고릉군(高陵君)은 둘 다 소왕과 같은 어머니에게서 난 친동생이었다. 양후가 재상이 되고 (나머지) 세 사람은 돌아가며 장군이 되었으며, 봉읍을 소유했고 태후와의 관계로 인해 각각의 집안 재산이 왕실보다 더했다. (그런데도) 양후는 진나라 장수가 되자 장차 한나라와 위나라를 넘어 제나라 강수(綱壽)를 쳐서 자기 봉읍인 도읍(陶邑)을 넓히고자 했다. 범수가 마침내 글을 올려 말했다.

"신이 듣건대, 뛰어난 군주가 정사를 바로 세우면[立政]^{입정}[2] 공을 세운 자가 상을 받지 못하는 일이 없고 능력 있는 자가 (그에 어울리는) 관직을 얻지 못하는 일이 없으니, 노고가 큰 자는 봉록도 두텁고 공이 많은 자는 작위도 높으며 백성을 능히 잘 다스리는 자는 관직이 크다고 했습니다. 그래서 무능한 자는 감히 직무를 맡지 못하고, 유능한 자는 진실로 재능을 숨길 수 없습니다. 신의 말이 옳다고 생각하신다면 부디 이를 시행하시어 나라를 다스리는 데 이로움을 더하고, 신의 말이 옳지 않다고 생각하신다면 신을 (한 거한 곳에) 오랫동안 머무르게 한들 할 일이 없습니다. 옛말에 이르기를 '그 저 그런 군주[庸主]는 사사로이 아끼는 자[所愛]에게 상을 주고 싫어하는 자[所惡]에게 벌을 주지만, 뛰어난 군주는 그렇지 않아서 상은 반드시 공 이 있는 자에게 주고 형벌은 반드시 죄가 있는 자에게 내린다'라고 했습니 다. 지금 신의 가슴은 과녁[椹質]이 될 만한 가치도 없고 허리는 도끼[斧鉞] 의 형벌을 받아도 부족할 터인데 어찌 감히 확실치 못한 일[疑事]로써 왕을 시험할 수 있겠습니까! 비록 신을 천한 자로 여기시어 무시하고 모욕하셔도 좋으나, 신을 추천한 자는 왕을 배신할 인물이 아니란 것만은 믿으시겠는 지요?

1) 【집해(集解)】 서광(徐廣)이 말했다. "화(華)는 판본에 따라 섭(葉)으로 되어 있 다." 【색은(索隱)】 양후는 위염(魏冉)을 가리키는데, 선태후의 아버지가 다른 동 생이다. 양(穰)은 현으로, 남양군(南陽郡)에 있다.

2) 【색은(索隱)】 『전국책(戰國策)』에는 입(立)이 이(苙-다스리다)로 되어 있다.

또 신이 듣건대, 주(周)나라에는 지액(砥砨), 송(宋)나라에는 결록(結綠), 위(魏)나라에는 현려(縣藜), 초(楚)나라에는 화박(和樸)이 있는데, 이 네 보 물은 흙에서 생겨난 것으로 훌륭한 장인[良工]도 그 가치를 몰랐지만, 천하 의 이름난 보물이 되었다고 합니다. 그렇다면 빼어난 임금[聖王]께서 버린 자가 단지 나라를 두텁게 하기[厚國家]에 부족했기 때문이라고 할 수 있겠 습니까?

신이 듣건대, 집안을 두텁게 하기를 잘하는 자[善厚家者]는 나라에서 얻 고 나라를 두텁게 하기를 잘하는 자는 천하에서 얻는다고 했습니다. 천하 에 뛰어난 천자가 있으면 제후들이 마음대로 인재를 얻을 수 없는 것은 무엇 때문이겠습니까? 뛰어난 군주는 그런 인재들을 제후들에게서 빼앗아 오기 때문입니다. 훌륭한 의사가 환자의 생사를 알고 있듯이 빼어난 군주는 일의 성패에 밝으므로 이로우면 행하고 해로우면 버리며 의심스러우면 작게 시험하니, 비록 순임금이나 우왕이 다시 살아나도 능히 바꿀 수 없는 일입니다. 이보다 더 중요한 문제는 신이 감히 글로 적을 수가 없고 하찮은 말은 들려드리기에 부족합니다.

신의 뜻이 전해지지 않은 것은 신이 어리석어 왕의 마음에 들지 않았기 때문입니까? 신을 추천한 자의 지위가 낮아서 들어볼 필요조차 없다고 생각하셨기 때문입니까? 그렇지 않다면 신이 바라건대, 유람 다니시는 틈을 조금만 내어 얼굴을 뵙게 해주십시오. 만일 한마디도 도움이 되지 않는다면 도끼의 형벌[斧質]이라도 자청해 받겠습니다."

이에 진나라 소왕(昭王)은 크게 기뻐하며 마침내 왕계에게 사과한 뒤 수레[傳車=使持車]를 보내 범수를 불러오게 했다.

이에 범수는 마침내 이궁(離宮-임시 궁전)[1]에서 소왕을 만나보게 되었는데, 거짓으로[詳=佯] 길을 모르는 척하면서 (궁중 감옥) 영항(永巷)으로 들어갔다. 임금이 오자 환관들이 화를 내면서 범수를 내쫓으며 말했다.

"왕께서 납시셨다!"

범수는 모른 척하며[繆] 말했다.

"진나라에 어찌 임금이 있을 수 있단 말인가? 진나라에는 태후(太后)와 양후(穰侯)만이 있을 뿐이다."

소왕을 격동시켜 화나게 하려는 심산이었다. 소왕이 다가와 범수가 환관과 말다툼하는 것을 듣고는, 드디어 불러들여[延] 맞이하고는 사과하며 말했다.

"과인이 마땅히 선생의 가르침을 오래전에 받았어야 했으나 (흉노의 일족인) 의거(義渠)의 일이 급해 과인이 밤낮으로 태후의 명을 자청했다. 지금은 의거의 일도 끝났으니, 과인이 마침내 선생의 가르침을 받을 수 있게 되었구나. 남몰래 과인의 어리석음을 탓하고 있으니, 삼가 손님과 주인의 예로 받들겠다."

범수는 사양했다. 이날 범수가 임금을 만나는 것을 본 여러 신하 중에서 화들짝[洒然=灑然] 얼굴빛을 바꾸고 자세를 바로 하지 않는 자가 없었다.

1) **[색은(索隱)]** 장안고성(長安故城)은 본래 진나라 이궁인데, 옹주(雍州) 장안에서 북쪽으로 13리에 있다.

진나라 임금은 좌우를 물리고[屛] 궁중에 사람이 없이 텅 비게 했다. 진나라 임금이 몸을 앞으로 굽히며[跽] 청해 말했다.

"선생은 과인에게 어떤 가르침을 주겠는가?"

범수가 말했다.

"아! 네, 네[唯唯]."

조금 뒤에 진나라 임금이 다시 몸을 앞으로 굽히며 청해 말했다.

"선생은 과인에게 어떤 가르침을 주겠는가?"

범수가 말했다.

"아! 네, 네."

이렇게 하기를 세 번이나 했다. 진나라 임금이 몸을 앞으로 굽히며 말했다.

"선생은 끝내 과인에게 가르침을 주지 않으려는 것인가?"

범수가 말했다.

"감히 그럴 수는 없습니다. 신이 듣건대 옛날 여상(呂尙)이 (주(周)나라) 문왕(文王)을 만났을 때 몸은 어부였고 위수(渭水) 근처에서 낚시하고 있을 뿐이었습니다. 이때 두 사람 사이는 소원했습니다. (그러나) 여상이 이미 유세를 마치자 그를 세워 태사(太師)로 삼아 수레를 함께 타고 돌아왔는데, 그것은 여상의 말이 깊었기 때문입니다. 그래서 문왕은 드디어 여상 덕분에 공업을 이루고 결국 천하에 왕 노릇을 할 수 있었습니다. 만약에[鄕使] 문왕이 여상과 소원해 더불어 깊은 이야기를 나누지 못했다면 주나라는 천자 다움을 갖출 수 없었을 것이고, 문왕과 무왕(武王)도 그와 더불어 왕업을 이룰 수 없었을 것입니다. 지금 신은 나그네와 같은 신하[羈旅之臣]로서 왕과 소원한데, 신이 말씀드리고자 하는 바는 모두 왕(의 잘못)을 바로잡으려는 일이며 골육 간의 일이기도 합니다. 어리석은 충성을 바치고자 해도 왕의 마음을 아직 알지 못하니, 이것이 왕께서 세 번이나 물었음에도 감히 대답하지 못한 까닭입니다.

신은 두려워서 감히 말씀을 드리지 못한 것이 아닙니다. 신이 오늘 앞에서 말씀드리고 내일 뒤에서 형벌을 받아 죽게 될 수도 있다는 것을 알고 있으나, 신은 감히 피하지 않겠습니다. 대왕(大王)께서 신의 말씀을 믿고 행하신다면 죽더라도 신은 걱정하지 않을 것이고, 떠도는 신세가 되어도 신은 근심하지 않을 것이며, 몸에 옻칠한 문둥병 환자처럼 되고 머리를 풀어 헤친 미치광이처럼 되어도 신은 부끄럽게 여기지 않을 것입니다. 또 오제(五帝) 같은 빼어난 이들[聖]도 죽었고 삼왕(三王) 같은 어진 이들[仁]도 죽었으며 오패(五覇=五伯) 같은 뛰어난 이들[賢]도 죽었고, 오획(烏獲)이나 임비(任鄙) 같은 역사[力]도 죽었고 성형(成荊)[1], 맹분(孟賁)[2], 왕경기(王慶忌), 하육(夏育) 같은 용맹한 자[勇]도 죽었습니다. 죽음은 사람이라면 결코 피할 수 없는 것입니다. 언젠가는 필연적으로 이런 처지가 될 터인데, 진나라에 조금이라도 도움이 될 수 있다면 이는 신의 큰 바람이니 신이 또 무엇을 근심하겠습니까? 오자서(伍子胥)는 자루에 숨어 소관(昭關)을 탈출해 밤에는 길을 가고 낮에는 숨으면서 능수(陵水)[3]에 이르렀으나 입에 풀칠할 것이 없자, 무릎으로 기어다니면서 머리를 조아리고 웃통을 벗은 채로 배를 두드리고 피리를 불면서 오나라 시장에서 음식을 구걸했습니다만, 마침내 오나라를 일으켜 세워 합려(闔閭)를 패자[伯]로 만들었습니다. 신으로 하여금 오자서처럼 계책을 다 말할 수 있도록 해주신다면 옥에 갇혀 죽을 때까지 다시는 왕을 뵐 수 없다고 하더라도 이는 신의 말이 실행될 수도 있으니, 신이 또 무엇을 근심하겠습니까? 기자(箕子)와 접여(接輿)는 몸에 옻을 칠해 문둥병 환자처럼 위장했고 머리를 풀어 헤쳐서 미치광이처럼 보이게 했으나 자기 군주에게 아무런 도움을 주지 못했습니다만, 만약[假使] 신이 기자와 똑같은 짓을 해서라도 뛰어난 군주를 도울 수만 있다면 이는 신의 큰 영광인데 신이 무엇을 수치스러워하겠습니까?

신이 두려워하는 것은 오직, 신이 죽은 후에 천하가 신이 충성을 다하다가 죽는 것을 보고는 입을 다물고 발길을 멈춰, 진나라를 향해 오는 것을 달가워하지 않게 될까 하는 것일 뿐입니다. 족하(足下)께서는 위로는 태후의 위엄을 두려워하고 아래로는 간신의 꾀[態]⁴⁾에 미혹되어 깊은 궁궐에 살면서 시종의 손아귀에서 벗어나지 못한 채로 평생토록 미혹되어 밝은 자[昭=明]와 간사한 자[姦]를 분별하지 못하고 있습니다. (계속 이렇게 가면) 크게는 종묘가 뒤집혀서 망하고 작게는 몸이 고립되어 위태로워지니, 이것만이 신이 두려워하는 바일 뿐입니다. 몸이 곤궁해지거나 욕을 당하거나 죽지나 않을까 하는 것에 대해서는 신이 감히 두렵지 않습니다. 신이 죽고 진나라가 잘 다스려진다면 신의 죽음은 사는 것보다도 낫습니다[賢=愈].”

진나라 임금이 몸을 앞으로 굽히며 말했다.

“선생은 이 무슨 말인가! 무릇 진나라가 궁벽하고 멀리 떨어진 곳에 있으며 과인이 어리석고 불초한데도 선생은 마침내 다행스럽게도 어려움을 무릅쓰고[幸辱] 이곳에 이르렀으니, 이는 하늘이 과인으로 하여금 선생을 힘들게 하여[愍]⁵⁾ 선왕의 종묘를 보존하도록 한 것이다. 과인이 선생에게 가르침을 받을[受命] 수 있는 것은 하늘이 선왕을 총애하시어 고아[孤-진나라 임금 자신]를 버리지 않았기 때문이다. 선생은 어찌하여 이런 말을 하는가! 일이 크든 작든 가리지 말고 위로는 태후로부터 아래로는 대신에 관한 일까지 바라건대 선생은 과인을 남김없이 가르쳐주고 과인을 의심하지 말라."

범수가 절을 하자, 진나라 임금도 절을 했다.

1) 【집해(集解)】 서광(徐廣)이 말했다. "판본에 따라 형(荊)이 강(羌)으로 되어 있다."

2) 【집해(集解)】 허신(許愼)이 말했다. "성형은 옛 역사(力士)다. 맹분은 위(衛)나라 사람이다."

3) 【색은(索隱)】 유씨(劉氏)가 말했다. "능수는 곧 율수(栗水)다." 살펴보건대, 능(陵)과 율(栗)은 서로 발음이 비슷해 헷갈린 듯하다.

4) 【색은(索隱)】 태(態)란 간신들이 모함하고 속이려는 속내를 가리킨다.

5) 【집해(集解)】 서광(徐廣)이 말했다. "선생을 어지럽게 했다[亂先生]는 말이다." 【색은(索隱)】 혼(溷)은 '어지럽히다[溷]'라는 뜻이다.[처음에 선생을 어렵게 해 결과적으로 이런 좋은 말을 들을 수 있게 되었다는 뜻이다.]

범수가 말했다.

"대왕의 나라는 사방이 요새라 견고하니, 북쪽에는 감천(甘泉)과 곡구(谷口)1)가 있고 남쪽에는 경수(涇水)와 위수(渭水)가 띠를 이루고 흐르며 오른쪽에는 농(隴)과 촉(蜀) 땅이 있고 왼쪽에는 함곡관(函谷關)과 상판(商阪)이 있습니다. 용맹스러운 군사가 100만이고 전차가 1,000대인 데다 (전세가) 이로우면 나가서 공격하고 불리하면 들어와서 지키면 되니, 이야말로 왕업을 이룰 수 있는 땅[王者之地]입니다.

(이 나라) 백성은 사사로운 싸움에는 겁을 내지만 나라를 위한 싸움에는 용감하니, 이야말로 왕업을 이룰 수 있는 백성[王者之民]입니다.

왕께서는 이 두 가지를 아울러 소유하고 계십니다. 무릇 진나라의 용맹스러운 병사와 많은 전차와 기마로써 제후를 다스릴 수 있으니, 비유하자면 한로(韓盧)2)를 몰아 절름발이 토끼를 사냥하는 것과 같이 패왕의 업을 이룰 수 있습니다. 그러나 여러 신하 중에 그 자리를 감당할 자가 없습니다. 지금까지 15년 동안 관문을 닫아걸고 감히 산동(山東)으로 병사를 내어 엿보지 못하고 있으니, 이는 양후가 진나라를 위한 계략을 충실히 하지 못했기 때문이며 대왕의 계략에도 잘못이 있었기 때문입니다."

진나라 임금이 몸을 앞으로 굽히며 말했다.

"과인은 바라건대 잘못된 계략에 대해 듣고 싶다."

1) 【정의(正義)】『괄지지(括地志)』에서 말했다. "감천산은 일명 고원(鼓原)이며 속칭 마석령(磨石嶺)인데, 옹주(雍州) 운양현(雲陽縣) 서북쪽 90리에 있다."

2) 전국시대(戰國時代) 한(韓)나라에서 난 검은 사냥개로, 명견(名犬)의 이름이다.

그러나 좌우에 몰래 듣는 자들이 많아서 범수는 두려워하며 감히 나라 안의 문제를 말하지 못했고, 먼저 나라 밖의 일을 말하면서 진나라 임금의 마음이 어느 쪽을 향하는지[俯仰=俛仰]를 살폈다. 이어 범수가 나아가 말했다.

"무릇 양후가 한(韓)나라와 위(魏)나라를 넘어서 제(齊)나라의 강(綱)과 수(壽) 땅을 공격하는 것은 좋은 계략이 아닙니다. 군사를 적게 보내면 제나라를 해롭게 하기에 부족하고, 군사를 많이 보내면 진(秦)나라에 해롭게 됩니다. 신이 왕의 계략을 헤아려보건대 병사를 적게 보내면서 (나머지는) 한나라와 위나라의 군사로 채우려고[悉=充] 하시는데, 이는 마땅하지 않습니다[不義=不宜]. 지금 동맹인 제나라와 친하지 않다고 해서 (한나라와 위나라 같은) 남의 나라를 넘어가면서까지 공격하려 하시니, 이것이 될 일입니까? 계략에 허점이 많습니다.

또 옛날에 제(齊)나라 민왕(湣王)은 남쪽으로 초나라를 공격해 군대를 깨뜨리고 장수를 죽임으로써 다시 1,000리 땅을 개척했으나[辟=拓] (끝내) 제나라는 한 치 한 자의 땅도 얻을 수 없었는데, 그것이 어찌 땅을 얻고 싶지 않아서였겠습니까? 형세상 차지할 수 없었기 때문입니다. 제후들은 제나라가 피폐해지고 임금과 신하가 화목하지 못한 것을 보자 군사를 일으켜 제나라를 쳐서 크게 깨뜨렸습니다. 병사가 치욕을 당하고 군대가 꺾이자 모두 임금에게 책임을 물으며 말하기를 '누가 이런 계략을 세웠습니까?'라고 했는데, 왕이 말하기를 '문자(文子)가 세웠다[1]'라고 답했습니다. 대신들이 난을 일으키자, 전문(田文)은 나라 밖으로 달아났습니다. (제후들이) 제나라를 공격해 크게 무찌를 수 있었던 이유는 그들이 초나라를 정벌한다면서 결국 한나라와 위나라를 살찌웠기 때문입니다. 이것이 도적에게 무기를 빌려주고 도적에게 식량을 보내주는 것입니다. 왕께서 먼 나라와 교류하고 가까운 나라를 공격하는 것[遠交而近攻]만 못하니, (먼 나라와 교류하고 가까운 나라를 공격하면) 한 치의 땅을 얻어도 곧 왕의 것이며 한 자의 땅을 얻어도 역시 왕의 것입니다. 지금 이를 내버려두고 먼 나라를 공격하는 것은 참으로 잘못된 것이 아니겠습니까!

또 옛날에 중산국(中山國)은 땅이 사방 500리임에도 조(趙)나라가 혼자서 집어삼켰는데, 공을 이루고 이름을 세워 이익을 얻었는데도 천하의 그 누구도 방해할 수 없었습니다. 지금 한나라와 위나라는 중원에 자리해 천하의 중추[樞]를 차지하고 있는데, 왕께서 패자가 되기를 원하신다면 반드시 중원과 가까워지고 천하의 중추가 되어 초나라와 조나라를 위세로 눌러야 합니다. 초나라가 강성하면 (왕께서는) 조나라에 붙고 조나라가 강성하면 (왕께서는) 초나라에 붙어, 초나라와 조나라가 모두 내 편이 되면 제나라는 반드시 두려워할 것입니다. 제나라가 두려워하면 반드시 겸손한 말과 무거운 예물로 진나라를 섬길 것이니, 제나라가 우리에게 붙으면 한나라와 위나라는 그 참에 얼마든지 손에 넣을 수 있습니다."

소왕이 말했다.

"내가 위나라와 친하게 지내려고 한 지가 오래였으나, 위나라는 매우 변덕스러운 나라여서 과인은 친해질 수 없었다. 위나라와 친하게 지내려면 어찌해야 하겠는가?"

(범수가) 대답했다.

"왕께서 겸손한 말과 무거운 예물로 그들을 섬기시고, 그래도 안 된다면 땅을 나눠 뇌물로 주시고, 그래도 안 된다면 병사를 일으켜 위나라를 치십시오."

왕이 말했다.

"과인은 삼가 그대의 명을 따르겠다[聞命]."

마침내 범수를 제배해 객경(客卿)으로 삼고서 군사의 일을 모의했다. 드디어 범수의 모책을 듣고 오대부(五大夫) 관(綰)으로 하여금 위나라를 치도록 해서 회(懷) 땅을 뽑아버렸고[2], 2년 뒤에 형구(邢丘)를 뽑아버렸다.

1) 【색은(索隱)】 전문(田文), 즉 맹상군(孟嘗君)을 말한다.
2) 【집해(集解)】 서광(徐廣)이 말했다. "소왕 39년이다."

객경 범수가 다시 소왕에게 유세해 말했다.

"진나라와 한나라가 국경을 맞대고 있는 곳은 지형이 마치 수를 놓은 듯 서로 어지러이 맞물려 있습니다[相錯]. 진나라에 한나라가 있는 것은 비유하자면 나무에 좀이 있고 사람의 내장에 병이 있는 것과 같습니다. 천하에 아무런 변고가 없으면 그만이지만, 천하에 변고가 있게 되면 아마도 진나라의 근심거리로 한나라만큼 큰 나라가 있겠습니까? 왕께서는 한나라를 우리 편으로 거두는 것이 가장 좋습니다."

소왕이 말했다.

"과인도 진실로 한나라를 우리 편으로 거두고 싶었지만, 한나라가 듣지를 않으니 어찌해야 하겠는가?"

대답해 말했다.

"한나라가 어찌 듣지 않을 수 있겠습니까? 왕께서 군사를 내려보내 형양(滎陽)을 공격하면 공(鞏)과 성고(成皐)의 도로는 막히게 되고[1], 북쪽으로 태항산(太行山)의 길을 끊으면 상당(上黨)의 군대는 내려오지 못할 것입니다[2]. 왕께서 한 번 군사를 일으켜 형양을 공격하시면 한나라는 셋으로 쪼개집니다. (그렇게 되면) 저 한나라는 반드시 망할 텐데, 어찌 진나라의 말을 듣지 않을 수 있겠습니까? 만약에 한나라가 진나라 말을 듣는다면 마침내 왕께서는 패업(霸業)을 이루기 위한 계책을 세워볼 만합니다."

소왕이 말했다.

"좋다."

그러고는 바로 한나라에 사신을 보내려고 했다.

1) 【정의(正義)】 의양(宜陽)·섬(陝)·괵(虢)의 군사들이 서로 내려와서 구원할 수 없음을 말한 것이다.

2) 【정의(正義)】 택(澤)과 노(潞)의 군사들이 서로 내려와서 구원할 수 없음을 말한 것이다.

범수는 날이 갈수록 소왕과 가까워져서 거듭 유세해 쓰인 지 여러 해가 지났는데, 기회를 틈타 이렇게 유세해 말했다.

"신이 산동(山東)에 있을 때, 제나라에 전문(田文)이 있다는 말은 들었어도 제나라 왕이 있다는 말은 듣지 못했습니다. 또 진나라에 태후(太后)·양후(穰侯)·화양군(華陽君)·고릉군(高陵君)·경양군(涇陽君)이 있다는 말은 들었어도 진나라 왕이 있다는 말은 듣지 못했습니다. 무릇 국정을 마음대로 할 수 있는 사람을 일러 왕이라 하고, 남에게 이익과 손해를 줄 수 있는 권한을 가진 사람을 일러 왕이라 하며, 사람을 살리고 죽이는 위세를 가진 사람을 일러 왕이라 합니다.

(그런데) 지금 태후께서는 모든 일을 마음대로 하면서 왕은 아랑곳하지 않으시고, 양후는 다른 나라에 사신을 보내면서 왕께 아뢰지도 않으며, 화양군과 경양군은 마음대로 백성에게 벌을 주고 죽이면서 왕을 꺼리지 않

고, 고릉군은 관리를 쓰고 버리는 문제를 왕께 청하지도 않습니다. 이런 네 부류 귀척(貴戚)이 골고루 있는데도 나라가 위태롭지 않은 적은 없습니다. 이런 네 부류 밑에 계시게 되면 마침내 왕은 없는 것이나 마찬가지입니다. 이렇게 되면 어찌 왕의 권력이 기울지 않을 수 있을 것이며, 명령이 어찌 왕에게서 나올 수 있겠습니까?

신이 듣건대, 나라를 잘 다스리는 자는 안으로는 위엄을 단단히 하고 밖으로는 권력을 무겁게 한다고 했습니다. (그런데) 양후는 왕의 중대한 권한을 잡아 쥐고서 마음대로 사신을 보내 제후들을 다루고 천하의 땅을 나눠 사람을 봉하며 적을 무찌르고 다른 나라를 치는 등의 진나라 국사를 오로지 혼자 청단(聽斷)하고 있습니다. 전쟁에서 이겨 땅을 빼앗으면 이익을 봉읍인 도(陶)의 차지로 만들고 손해는 제후에게로 돌립니다. 전쟁에서 지면 백성을 원망하고 화(禍)는 사직(社稷-나라) 탓으로 돌립니다.

『시(詩)』에 이르기를 '나무에 열매가 너무 많으면 가지가 부러지고, 가지가 부러지면 나무 속[心]을 해친다네. 신하의 수도가 너무 크면 나라가 위태롭고, 신하가 높아지면 임금은 낮아진다네'라고 했습니다. 최저(崔杼)와 요치(淖齒)가 제나라 정사를 맡았을[管=典]1) 때, 최저는 왕의 넓적다리를 쏘았고 요치는 왕의 힘줄을 뽑은 채2)로 왕을 종묘의 대들보에 밤새도록 매달아서 죽였습니다. 이태(李兌)가 조나라 정사를 맡자 주보(主父)를 사구(沙丘)에 가둬 100일 동안 굶겨서 죽였습니다.

(그런데) 지금 신이 듣건대, 진나라에서는 태후와 양후가 용사(用事)하고 있고 고릉군과 화양군과 경양군이 두 사람을 도우면서 종국에는 진나라 왕을 업신여기고 있으니, 이들은 실로 요치나 이태와 같은 무리라 할 것입니다. 하·은·주 삼대가 망한 까닭은 군주가 신하에게 정권을 전부 주고서 술과 사냥에 빠져 정사를 돌보지 않았기 때문입니다. 그렇게 군주들이 내주었던 정권을 받은 자들은 뛰어난 이를 질투하고 유능한 자를 시기하며 [妬賢嫉能] 아랫사람을 눌러 임금의 눈과 귀를 막고서는 사사로운 이익만

꾀할 뿐 군주를 위한 계책은 내지 않았습니다. 그런데도 군주는 그것을 알아차리지 못했기에 나라를 잃어버린 것입니다.

지금 진나라에는 작질이 높은 지방관을 비롯해 많은 조정 대신부터 왕의 좌우에 있는 신하까지 상국(相國-양후)의 사람이 아닌 자가 없습니다. 제가 보건대 왕께서는 조정에서 고립되어 있으니, 신은 만세 뒤[3)에 진나라를 소유할 자가 왕의 자손이 아닌 자가 될까 남몰래 왕을 위해 걱정하고 있습니다.”

소왕은 이를 듣고 크게 두려워하며 말했다.

“좋은 말이다.”

이에 태후를 폐위하고 양후·고릉군·화양군·경양군을 함곡관 밖으로 내쫓았으며, 진나라 왕은 마침내 범수를 제배해 재상으로 삼았다. 양후의 재상 인장을 거두고 도읍(陶邑)으로 돌아가게 했을 때 현의 관리에게 짐을 실을 수레와 소를 제공토록 했는데, 수레가 1,000대를 넘었다. 함곡관에 도착하자, 관문 관리가 귀중품을 조사했는데[閱] 보물과 진귀한 물건들이 왕실보다 많았다.

1) 【색은(索隱)】 두 사람은 제나라 권력을 맡고서 시역(弑逆)을 저질렀다. 【정의(正義)】 요치는 초나라 사람으로, 제나라 민왕(湣王)의 신하다.

2) 【색은(索隱)】 최저는 장공의 넓적다리를 쏘았고, 요치는 민왕의 힘줄을 뽑았다.

3) ‘임금이 죽은 뒤’를 에둘러 표현한 것이다.

진나라는 응읍(應邑) 땅을 갖고서 범수를 봉해주고 칭호를 응후(應侯)[1)라고 했다. 이때가 진나라 소왕 41년이었다.

1) 【색은(索隱)】 유씨(劉氏)가 말하기를 “하동군(河東郡) 임진현(臨津縣)에 응정(應亭)이 있다”라고 했으니, 그렇다면 진나라 땅에 응(應)읍이 있다는 말이다.

범수가 진나라 재상이 되었으나 진나라에서 그를 장록(張祿)이라 불러 위나라는 이를 모르고 범수가 죽은 지 오래되었다고 여겼다. 위나라는 진나라가 장차 동쪽으로 한나라와 위나라를 치려 한다는 말을 듣고는 수고(須賈)를 진나라에 사신으로 보냈다. 범수가 이를 듣더니 신분을 감춘 채 해진 옷으로 변장하고는 샛길을 통해 가서 수고의 숙소[邸][1]로 찾았다. 가서 수고를 만났는데, 수고가 그를 보고는 놀라서 말했다.

"범숙(范叔)은 그동안 무탈했는가[無恙]?"

범수가 말했다.

"그렇습니다."

수고가 웃으면서 말했다.

"범숙은 (아직도) 진나라에서 유세하고 있는가?"

범수가 말했다.

"아닙니다. 저는 예전에 위나라 재상에게 잘못을 범하고서 이곳으로 도망쳐 왔는데, 어찌 감히 유세하겠습니까?"

수고가 말했다.

"지금 숙은 무슨 일을 하는가?"

범수가 말했다.

"신은 남의 품팔이[傭賃]를 하고 있습니다."

수고가 마음속으로 안 된 마음이 들어 자리에 앉힌 다음 함께 음식을 먹으면서 말했다.

"범숙이 이렇게 딱한 지경에 이르렀단 말인가!"

마침내 두터운 솜옷 한 벌을 가져다가 그에게 주었다. 그 참에 수고가 물었다.

"진나라 재상 장군(張君)에 대해 그대는 아는가? 내가 듣건대, 진나라 왕의 총애를 받아 천하의 모든 일이 그 재상 손에서 결정된다고 하더군. 지금 내 일의 성공 여부[留去=成敗]도 모두 장군(張君)에게 달렸다네. 자네는 혹시 재상과 가까운 사람을 알고 있는가?"

범수가 말했다.

"제 주인이 그분을 잘 압니다. 저 또한 재상을 뵌 적이 있습니다. 당신을 위해 주인께 말씀드려 재상을 만날 수 있게 해보겠습니다."

수고가 말했다.

"내 말이 병들고 수레의 차축도 부러지는 통에 말 4필이 끄는 큰 수레 [大車駟馬]가 없어서 나는 밖으로 나갈 수가 없다네."

범수가 말했다.

"제가 당신을 위해 주인에게 말 4필이 끄는 수레를 빌려 오겠습니다."

1) 【정의(正義)】 저(邸)는 객관(客館)이다.

범수가 돌아가 말 4필이 끄는 수레를 끌고 와서는 몸소 수고를 위해 수레를 몰고서 진나라 재상의 관부(官府)로 들어갔다. 관부 사람 중에 멀리서 바라고서는 범수를 알아본 자들이 모두 몸을 피해 숨었는데, 수고는 이를 이상하게 여겼다. 재상의 관부 문 앞에 도착하자 범수가 수고에게 말했다.

"기다려주시면 제가 당신을 위해 먼저 들어가 재상에게 알리겠습니다."

수고가 문 앞에서 기다리는데, 한참 기다려도 소식이 없자 문지기에게 물었다.

"범숙이 나오지 않는데, 무슨 일이오?"

문지기가 말했다.

"범숙이란 사람은 없습니다."

수고가 말했다.

"조금 전에 나와 함께 수레를 타고 와서 안으로 들어간 그 사람 말이오."

문지기가 말했다.

"아! 그분은 우리 재상 장군(張君)입니다."

수고는 크게 놀라며 자기가 속았다는 것을 알고는 마침내 웃옷을 벗어 몸을 드러내고 무릎으로 걸어서 나아가 문지기를 통해 죄를 청했다. 그러자 범수가 화려한 장막을 치고 수많은 시종을 거느린 채 나와서 수고를 만나보았다. 수고는 머리를 조아리고 죽을죄를 지었다면서 말했다.

"신은 당신께서 스스로의 힘으로 푸른 구름 위에 오르시리라고는 미처 생각도 못 했습니다. 제가 이렇게 사람 보는 눈이 없으니, 다시는 감히 천하의 책을 읽지 않을 것이며 감히 천하의 일에 관여하지도 않겠습니다. 제 죄는 쇠솥에 삶아 죽여 마땅하지만, 청컨대 스스로 북쪽 오랑캐 땅에 가서 숨어 지낼 테니 목숨만은 살려주십시오."

범수가 말했다.

"네 죄가 얼마나 되는가?"

수고가 말했다.

"제 머리카락을 다 뽑아 속죄한다 해도 오히려 모자랄 것입니다."

범수가 말했다.

"네 죄는 세 가지일 뿐이다. 옛날 초나라 소왕(昭王) 때 신포서(申包胥)가 초나라를 위해 오나라 군대를 물리치자, 초나라 왕이 형(荊) 땅의 5,000호를 갖고서 그에게 봉해주려 했는데, 포서는 사양하고 받지 않았다. 그것은 조상의 무덤이 형 땅에 있었기 때문이다. 지금 내 조상의 무덤은 위나라에 있기에 나는 위나라를 배반할 생각이 없었다. 그런데 그대는 예전에 내가 제나라와 내통해 위나라를 팔아넘기려 한다고 여겨서 위제(魏齊)에게 나를 모함했으니, 이것이 그대의 첫 번째 죄다.

위제가 나를 욕보이려고 변소에 두었을 때 그대는 말리지 않았으니, 이것이 두 번째 죄다.

위제의 빈객들이 술에 취해 번갈아 가며 내게 오줌을 누었을 때 그대는 모르는 척했으니, 이것이 그대의 세 번째 죄다.

그러나 그대가 죽임을 당하지 않는 이유는 두터운 솜옷을 주며 옛정을 생각하는 마음이 있었기 때문이다. 그래서 그대를 풀어준다.”

마침내 이렇게 말을 마쳤다. 범수는 궁궐에 들어가 소왕에게 보고하고 수고를 숙소로 돌아가게 했다.

수고가 범수에게 작별 인사를 하러 갔는데, 범수는 크게 잔치를 열어 제후들의 사신을 모두 불러 대청 위에 앉히고는 풍성한 술과 안주를 접대했다. 그런데 수고를 대청 아래에 앉힌 뒤 그 앞에 소죽과 말죽[莝豆좌두]을 가져다 놓고는 경형(黥刑)을 받은 두 사람으로 하여금 수고를 양옆에서 끼고 소죽과 말죽을 (소나 말처럼) 먹이게 했다.

범수가 꾸짖어 말했다.

“나를 대신해 위나라 왕에게 고하라! 당장 위제의 머리를 갖고 오지 않는다면 나는 장차 대량(大梁)을 도륙할 것이다.”

수고가 돌아가서 이 일들을 위제에게 고했다. 위제가 두려워하더니 조나라로 달아나 평원군(平原君) 집에 숨었다.

범수가 재상이 되고 나자, 왕계(王稽)가 범수에게 말했다.

“일에는 미리 알 수 없는 것 세 가지와 어찌 해볼 도리가 없는 것 세 가지가 있습니다.

궁거(宮車)가 하루아침에 천천히 떠나가는 것[晏駕안가][1]이 첫 번째 미리 알 수 없는 일입니다. 재상께서 갑자기 관저를 버리시는 것이 두 번째 미리 알 수 없는 일입니다. 제가 갑자기 구렁텅이에 빠져 죽는 것이 세 번째 미리 알 수 없는 일입니다.

궁거(宮車)가 하루아침에 천천히 떠나가면 당신께서 비록 저를 왕께 추천하지 못한 것을 한스러워해도 어찌 해볼 도리가 없습니다. 당신께서 갑자기 관저를 버리시게 되면 비록 저를 쓰지 않은 것을 한스러워해도 이 또한 어찌 해볼 도리가 없습니다. 제가 갑자기 구렁텅이에 빠져 죽으면 당신께서 신을 도와주지 않은 것을 한스러워해도 이 또한 어찌 해볼 도리가 없습니다."

범수는 불쾌했지만, 마침내 대궐에 들어가 왕에게 그를 천거하며[言] 말했다.

"왕계의 충성심이 없었다면 신을 함곡관 안으로 데리고 들어올 수 없었을 것이고, 왕의 뛰어나고 빼어남이 없었다면 신을 존귀하게 해줄 수 없었을 것입니다.

지금 신은 관직이 재상에 이르고 작위는 열후의 반열에 있는데 왕계의 관직은 아직도 알자(謁者)에 머물러 있으니, 이는 신을 진나라로 데리고 온 왕계의 뜻이 아닐 것입니다."

소왕이 왕계를 불러 제배해 하동 군수(河東郡守)로 삼자, 왕계는 부임한 지 3년이 지나도록 치적을 보고하지[上計] 않았다[2]. 범수가 또 정안평(鄭安平)을 추천하자 소왕은 그를 장군으로 삼았고, 이에 범수는 자기 집 재물을 풀어 자신이 고생할 때 신세 진 사람들에게 남김없이 보답했다. 단 한 끼의 식사라도 은혜를 베푼 자에게는 반드시 보답했고, 슬쩍 째려본[睚眦] 정도의 사소한 원한이 있는 자에게도 반드시 보복했다.

---

1) 【색은(索隱)】 위소(韋昭)가 말했다. "무릇 옛날에 천자가 붕(崩)하는 것을 안가(晏駕)라고 한 것은 신하나 자식 된 마음에서는 오히려 천자의 시신을 실은 궁거가 마땅히 천천히 늦게 나가기를 바랐기 때문이다."

2) 해마다 해야 하는 치적 보고를 하지 않았다는 것은 그만큼 소왕이 범수를 신임했다는 뜻이다.

범수가 진나라 재상이 된 지 2년, 진나라 소왕 42년에 동쪽으로 한나라 소곡(少曲)[1]과 고평(高平)을 쳐서 뽑아버렸다.

---

1) 【색은(索隱)】 살펴보건대, 유씨(劉氏)는 대략 태항산(太行山) 서남쪽이라고 했다.

진나라 소왕은 위제가 평원군 집에 있다는 말을 듣고 범수를 위해 원수를 갚아주고자 하여 마침내 거짓으로 평원군에게 서로 우호를 맺자는 편지를 보냈다.

"과인이 듣건대 군은 높은 의로움[高義]을 지녔다고 하니, 바라건대 군과 포의(布衣) 같은 우호를 맺고 싶소. 군이 혹시라도 과인에게 들러주면, 과인은 바라건대 군과 함께 열흘이라도 술을 마시고자 하오."

평원군은 진나라가 두려웠고 편지 내용이 그럴듯하다고 여겨서 진나라로 들어가 소왕을 만났다. 소왕은 평원군과 며칠간 술을 마시고는 그에게 일러 말했다.

"옛날에 주나라 문왕은 여상(呂尙)을 얻어 태공(太公-조부)으로 삼았고, 제나라 환공은 관이오(管夷吾-관중)를 얻어 중보(仲父-큰아버지)로 삼았소. 지금 범 선생도 과인의 숙부(叔父) 같은 사람이오. (그런데) 범 선생의 원수가 군의 댁에 있다고 하니, 바라건대 사람을 시켜 그 사람의 목을 가져오시오. 아니면 나는 군이 함곡관을 나가지 못하게 할 것이오."

평원군이 말했다.

"높은 자리에 있으면서 누군가와 사귀는 것은 천한 몸이 되었을 때 도움을 받고자 해서일 것이요, 부유할 때 누군가와 사귀는 것은 가난해졌을 때 도움을 받고자 해서일 것입니다. 무릇 위제는 제 벗입니다. 그가 제 집에 있다고 해도 내줄 수 없지만, 지금은 또한 제 집에 없습니다."

소왕은 마침내 조나라 왕에게 글을 보내 말했다.

"지금 왕의 동생은 진나라에 있고, 범 선생의 원수 위제는 평원군 집에 있습니다. 왕께서 서둘러 사람을 시켜 위제의 목을 보내주십시오. 그렇지 않으면 내가 군대를 동원해 조나라를 치고 왕의 동생도 함곡관 밖으로 내보내지 않을 것입니다."

조나라 효성왕(孝成王)은 마침내 병사를 보내 평원군 집을 포위했다. 사태가 급박해지자 위제는 밤중에 도망쳐 조나라 재상 우경(虞卿)을 만났는데, 우경은 조나라 왕이 끝내 진나라를 설득하지 못하리라는 것을 헤아리고서는 마침내 재상의 인장을 풀어버린 뒤 위제와 함께 몰래 도망쳤다. 우경이 몸을 맡길 만한 제후를 떠올려보았으나 당장 찾아갈 만한 곳이 없어, 마침내 다시 대량(大梁)으로 달려가서 신릉군(信陵君)의 도움을 얻어 초나라로 달아나려고 했다. 신릉군은 두 사람이 온다는 소식을 들었으나 진나라가 두려워 주저하면서[猶豫] 기꺼이 만나주려 하지 않으면서 말했다.

"우경은 어떤 사람인가?"

이때 후영(侯嬴)이 곁에 있다가 말했다.

"사람이란 본래 자신을 알기도 쉽지 않지만, 남을 아는 것 또한 쉽지 않습니다. 저 우경은 짚신을 신고 챙이 긴 관을 쓴 남루한 행색이었지만, 조나라 왕을 한번 만나자 (왕이) 백옥 1쌍과 황금 2,000냥을 내려주었고 두 번 만나자 제배해 상경(上卿)으로 삼았으며 세 번 만나고는 드디어 재상의 인장을 내리고 1만 호 후에 봉했습니다. 이런 때를 맞아 천하 사람들이 다퉈 그를 알고자 했습니다. 저 위제가 곤궁해지자 우경을 찾아갔는데, 우경은 감히 높은 자리와 많은 녹봉을 중시하지 않아서 재상의 인장과 만호후의 작위를 버린 채 위제와 함께 몰래 이곳을 찾았습니다. 그는 남의 곤궁함을 위급하게 여겨 공자에게 의지하려는 것이었습니다만, 공자께서는 '우경은 어떤 사람인가'라고 물으셨습니다. 사람이란 본래 자신을 알기도 쉽지 않지만, 남을 아는 것 또한 쉽지 않습니다."

신릉군은 크게 부끄러워하며 마차를 몰고 그들을 맞이하러 들판으로 나갔다. 위제는 신릉군이 처음에 자기를 만나는 것을 어렵게 여긴다는 말을 듣고는 화가 나서 스스로 목숨을 끊어버렸다. 조나라 왕이 이를 듣고는 결국 위제의 목을 진나라에 가져다주었다. 진나라 소왕은 마침내 평원군을 내보내 조나라로 돌아가게 해주었다.

(진나라) 소왕 43년에 진나라는 한나라 분(汾)과 형(陘)[1]을 공격해 뽑아

버린 뒤 황하 근처 광무(廣武)에 성을 쌓았다.

1) 【색은(索隱)】 형은 대개 한나라 서쪽 경계인데, 분수(汾水) 지역과 서로 가깝다.

그로부터 5년 뒤에 소왕은 응후의 모책을 써서 반간계로 조나라를 속였다. 조나라가 이 모책에 넘어가서 염파(廉頗)를 대신해 마복군(馬服君-조사)의 아들(-조괄)을 장군으로 삼으니, 진나라 군대는 장평(長平)에서 조나라 군대를 크게 깨뜨리고 드디어 한단(邯鄲)을 에워쌌다.

얼마 뒤에 (응후는) 무안군(武安君) 백기(白起)와 틈이 생기자 그를 모함해 죽였다. 응후는 정안평을 추천해서 그를 장수로 삼아 조나라를 치게 했는데, 정안평은 조나라 군대에 포위당해 상황이 급박해지자 2만 병사를 이끌고 조나라에 항복했다. 응후는 멍석을 깔고 앉아 죄를 기다렸다[席藁 請罪]. 진나라 법에 따르면 사람을 추천했다면 추천받은 사람이 죄를 지으면 추천한 사람도 같은 벌을 받게 되어 있었다. 이에 응후의 죄는 마땅히 삼족을 멸하는 죄에 해당했지만, 진나라 소왕은 응후의 마음을 상하게 할까 두려워서 마침내 나라 안에 영을 내렸다.

"감히 정안평의 일을 말하는 자는 정안평과 같은 죄로 다스리겠다."

그러고는 상국 응후에게 평소보다 더 많은 음식을 내려줌으로써 그의 마음을 달랬다. (그러나) 2년 뒤 왕계가 하동 군수로 있으면서 제후들과 내통하다가 법에 걸려 주살되니[1], 응후는 날이 갈수록 불안해졌다[不懌].

1) 【집해(集解)】 서광(徐廣)이 말했다. "52년이다."

(어느 날) 소왕이 조정에 나와 탄식을 하자 응후가 나아가 말했다.

"신이 듣건대, 군주가 근심하면 신하가 치욕을 당하고 군주가 치욕을 당하면 신하는 죽는다고 했습니다. 지금 대왕께서 조정에서 걱정하셨으니, 신이 감히 죄를 청합니다."

소왕이 말했다.

"과인이 듣건대, 초나라 철검은 대단히 예리하지만 (임금을 즐겁게 하는) 광대들은 별것 아니라고 했다. 무릇 철검이 예리하다면 병사들이 용감할 것이고 광대가 별것 아니라면 생각이 깊을 것이니[1], 초왕이 깊은 사려함으로써 용감한 병사들을 이끌고 진나라를 도모할까 두렵다. 무릇 일이란 평소에 준비하지 않으면 갑작스러운 사태에 제대로 대응하지 못하는 법인데, 지금 우리를 보면 무안군이 이미 죽고 정안평 무리가 배반하는 바람에 나라 안에는 좋은 장수가 없고 나라밖에는 많은 적이 있다. 나는 이 때문에 근심했던 것이다."

소왕은 이런 말로써 응후를 격려하려 한 것인데, 응후는 두려워 어찌할 바를 몰랐다. 채택(蔡澤)은 이를 듣고서 진나라로 들어갔다.

1) 오락에 뜻을 두지 않고 정사에 집중한다는 말이다.

채택(蔡澤)은 연(燕)나라 사람이다. 배운 바를 유세해 자리를 얻으려고 [干] 찾아간 크고 작은 여러 나라 제후가 심히 많았으나, 자기를 알아주는 제후를 만나지 못했다[不遇]. 이에 그는 당거(唐擧)[1]를 찾아가 관상을 보아 달라면서 말했다.

"제가 듣건대 선생께서 이태(李兌)의 관상을 봐주면서 '100일 안에 나라 정권을 잡는다'라고 했다는데, 그런 일이 있었습니까?"

당거가 말했다.

"그런 적이 있습니다."

채택이 말했다.

"나 같은 사람은 어떻습니까?"

당거는 찬찬히 뜯어보더니[孰視=熟視] 웃으면서 말했다.

"선생은 매부리코[曷鼻]^{갈비}²⁾에 어깨가 크고[巨肩] 이마는 툭 튀어나왔으며 [魋]^퇴 다리는 활처럼 휘었고 두 무릎은 굽었습니다. 내가 듣건대 빼어난 이는 관상은 보지 않아도 된다고 했는데, 아마도 선생을 두고 한 말인 것 같습니다."

채택은 당거가 자신을 놀리고 있다는 것을 알아차리고 마침내 말했다.

"부귀는 내가 본래 갖고 태어난 것이고 내가 모르는 것은 수명이니, 그거나 듣고 싶소."

당거가 말했다.

"선생의 수명은 지금부터 43년을 더 살 겁니다."

채택이 웃으며 인사를 하고 떠나면서, 자기 마부에게 일러 말했다.

"내가 만약에 쌀밥과 고기반찬을 먹고 준마를 타고 다니면서 황금 인장을 가슴에 품고 허리에 자줏빛 인수(印綬)를 차고서 임금 앞에서 읍양(揖讓 -예를 갖춘 절) 하며 풍부한 녹봉을 받아 부귀하게 살 수만 있다면 43년으로도 충분하다."

조나라로 갔지만 쫓겨났고, 한나라와 위나라로 들어가다가는 길에서 강도를 만나 가마솥과, 다리 굽은 솥을 빼앗겼다.

채택은 응후가 정안평(鄭安平)과 왕계(王稽)를 천거했다가 모두 진나라를 배신하고 중죄를 짓는 바람에 응후가 내심 부끄러워한다[內慚]^{내참}는 말을 듣고서 마침내 서쪽으로 가서 진나라로 들어갔다.

1) 【집해(集解)】 순경(荀卿)은 "양나라에 당거가 있다"라고 했다. 【색은(索隱)】 순경의 책에서는 당거(唐莒)라고 했다.

2) 【집해(集解)】 서광(徐廣)이 말했다. "갈(曷)은 판본에 따라 게(偈-굳센 모양)나 앙(仰)으로 되어 있다."

(채택은) 장차 (진나라) 소왕(昭王)과 만나기 위해 사람을 보내 널리 말하

게 했는데, 응후를 화나게 하기 위함이었다.

"연(燕)나라 빈객 채택은 천하의 호걸로, 말재주가 뛰어난 지혜로운 선비입니다. 그가 진나라 임금을 일단 만나기만 하면 진나라 임금은 반드시 당신을 곤경에 빠지게 하고 당신의 지위를 빼앗을 것입니다."

응후가 이를 듣고서 말했다.

"오제(五帝)와 삼대(三代)의 일과 백가(百家)의 학설을 내가 이미 알아서 많은 무리의 변론을 모두 물리쳤거늘[摧], 어떻게 나를 곤경에 빠지게 하고 내 지위를 빼앗겠다는 말인가?"

(응후가) 사람을 시켜 채택을 부르니, 채택이 들어와서 응후에게 읍했다. 응후는 본래부터 그를 안 좋게 여겼으나 그를 만나보니 더더욱 거만하기에[倨] 채택을 꾸짖으며 말했다.

"그대가 일찍이 나를 대신해 진나라 재상이 된다고 큰소리쳤다던데, 정녕 그런 일이 있었는가?"

채택이 답했다.

"그렇습니다."

응후가 말했다.

"그 말이나 들어보자."

채택이 말했다.

"아아, 당신은 어찌 일을 헤아리는 것이 이리도 늦습니까! 무릇 사계절의 차례는 일을 이루고 나면 떠나갑니다. 무릇 사람이 살면서 신체가 건강하고 팔다리가 자유로우며 귀와 눈이 밝고 마음이 빼어나고 지혜로운 것이 어찌 장부와 선비들의 바람이 아니겠습니까?"

응후가 말했다.

"그렇다."

채택이 말했다.

"어짊을 바탕으로 삼고 의로움을 잡아 쥐고서[質仁秉義] 도리를 행하고 다움을 베풀어[行道施德] 천하에 뜻을 이루며 천하가 좋아하고 따르며 경애해서 존경하고 흠모한다면 모두가 군왕(君王)으로 삼고자 할 것이니, 어찌 변론과 지혜를 갖춘 장부와 선비가 바라는바[期=待]가 아니겠습니까?”

응후가 말했다.

“그렇다.”

채택이 또 말했다.

“부귀와 영화를 한껏 누리고 만물을 이치로 잘 다스려서 각기 제자리를 찾게 하며, 본성과 수명[性命]을 오래도록 다해 끝내 천수를 누려 요절하지 않고, 천하가 전통을 이어받아 그 사업을 지켜 끝없이 전해지게 함으로써, 이름과 실상이 티 없이 순수하고 은혜가 1,000리까지 흘러서 대대로 칭송함이 끊이지 않으며 하늘땅의 끝과 시작[終始]과 함께하는 것, 이것이 바로 도리와 다움에 딱 맞아떨어지는 것[道德之符]이요 빼어난 이들이 말하는 상서롭고 좋은 일일 것입니다.”

응후가 말했다.

“그렇다.”

채택이 말했다.

“그렇다면 혹시 저 진나라의 상군(商君)이나 초(楚)나라의 오기(吳起)[1], 월나라의 대부 문종(文種, ?~기원전 472년?)[2] 같은 사람들은 그 끝이 장부와 선비들이 바라는 인물이 될 만하다고 여기십니까?”

응후는 채택이 자신을 궁지로 몰아넣어 설득하려는 것임을 알아차리고는 되받아치는 거짓말로 이렇게 말했다.

“어찌 바라지 않겠는가? 무릇 공손앙(公孫鞅-상군)은 진나라 효공(孝公)을 섬기며 온몸을 다하느라 두 마음을 품은 적이 없었고, 나랏일에 모든 힘을 다하느라 사사로운 일을 돌아보지 않았으며, 법령을 베풀어 간사한 행위를 금지하고 상벌을 성실하게 행해 훌륭하게 다스렸으며, 마음속을 털어놓고 진실을 보여서 원망을 받는 것도 무릅쓰고 옛 친구마저 속여서 위나라 공자 앙(卬)을 사로잡음으로써 진나라의 사직을 편안케 하고 백성을 이롭게 했으며, 마침내 진나라를 위해 장수를 사로잡고 적을 무찔러 땅을 1,000리나 얻었네. 오기는 초나라 도왕(悼王)을 섬기며 사익이 공익을 해치지 못하게 하고 헐뜯음이 충성을 가리지 못하게 했고, 말을 억지로 꾸미지 않고 도리에 어긋난 행동을 하지 않았으며, 위험하다고 해서 행동을 바꾸지 않았고 의로움을 행할 때는 어려움을 피하지 않았으며, 주군을 패자(覇者)로 만들고 나라를 강하게 하기 위해서라면 재앙과 불길함도 마다치 않았네. 대부 문종은 월(越)나라 임금 구천(勾踐)을 섬기면서, 주인이 비록 곤욕을 치러도 충성을 다해 게을리하지 않았고, 주군이 비록 죽거나 망할 처지가 되어도 능력을 다해 떠나지 않았으며, 공로를 이뤄도 자랑하지 않았고 부귀하게 되었어도 교만하거나 게으르지 않았네. 이 세 사람이야말로 진실로 의로움이 지극하고 충성의 절의를 다했다고 할 수 있네.

그러므로 군자는 의로움을 위해서라면 어려움을 당해 죽는 것도 마다치 않아서 죽는 것을 고향에 돌아가는 것처럼 여기고 (또) 살아서 욕을 보는 것보다 차라리 죽어서 영화를 누리는 게 낫다고 여기지. 장부와 선비는 본래 자신을 죽여서 이름을 남기는 법이니, 오직 의로움이 있는 곳이라면 죽음도 원통하게 여기지 않을 것이네. 어찌 이 세 사람이 장부와 선비가 바라는 표상이 될 수 없겠는가?"

1) 위(衛)나라 사람으로, 노나라에 가서 증자(曾子-공자의 제자)에게 배웠는데 용병에 능했다. 제(齊)나라 군사가 노나라에 쳐들어왔을 때 제나라 여자인 아내를 죽이고 노나라 장수가 되었다. 싸움에는 이겼지만, 오히려 아내를 죽인 것 때문에, 비난을 받게 되자 위(衛)나라로 달아났다. 장군이 되어 여러 차례 전공을 세웠고, 서하수(西河守)가 되어 진(秦)나라와 한(韓)나라에 대항했다. 위나라 문후(文侯)가 죽은 뒤 대신들의 모함을 받자, 초(楚)나라로 달아났다. 초나라 도왕(悼王)이 평소 그의 재주를 아껴 오자마자 재상에 임명했다. 초나라 재상으로 있으면서 법령을

분명하게 하고 쓸데없는 관리를 감원했을 뿐 아니라 소원한 공족(公族)을 없애면서 전투병을 양성해 강병으로 키웠다. 남쪽으로 백월(百越)을 평정했고 북쪽으로 진(陳)나라와 채(蔡)나라를 병합하고 삼진(三晉)을 물리쳤으며 서쪽으로 진(秦)나라를 정벌했으니, 국세가 날로 강성해졌다. 장수가 되어서도 하급 병졸들과 의식을 똑같이 하고 행군할 때도 수레를 타지 않으며 자기가 먹을 양식은 늘 자신이 지고 다니는 등 병사들과 고락을 같이했다. 병졸 가운데 종기를 앓는 사람이 생기자 고름을 입으로 빨아낸 것은 유명한 일화로, 이것을 연저지인(吮疽之仁)이라고 한다. 도왕이 죽자, 종실(宗室)과 대신들에게 살해당했다. 병법(兵法)으로써 손무(孫武)·손빈(孫臏)과 이름을 나란히 했다.

2) 초(楚)나라 영(郢) 사람으로, 문중(文仲)이라고도 한다. 자는 회(會)·소금(少禽)·자금(子禽)이다. 춘추시대 말기 월(越)나라의 대신이자 지략가다. 범려와 함께 최종적으로 오왕(吳王) 부차(夫差)를 멸망시키는 데 혁혁한 공을 세웠다. 오나라가 멸망한 후에 범려가 그에게 공이 너무 높으면 도리어 위험하게 될 것이니 함께 은거하자고 권유했지만 듣지 않았다가, 결국 범려의 말대로 구천에게 죽임을 당했다.

채택이 말했다.

"임금이 빼어나고 신하가 뛰어난 것[主聖臣賢]은 천하의 성대한 복이고, 임금이 밝고 신하가 곧은 것[君明臣直]은 나라의 복이며, 아버지가 자애롭고 아들이 효성스러우며 지아비가 믿음이 있고 지어미가 지조가 있는 것은 집안의 복입니다. 그런데 비간(比干)은 충성스러웠으나 은(殷)나라를 보존하지 못했고, 오자서(伍子胥)는 지혜로웠으나 오(吳)나라를 온전히 하지 못했으며, 신생(申生)은 효성스러웠으나 진(晉)나라는 어지러웠습니다. 이들이 다 충신 효자였으나 나라와 집안이 멸망하거나 어지러웠던 것은 어째서이겠습니까? 밝은 임금과 뛰어난 아버지가 없어 그들의 말을 듣지 않아서입니다. 그래서 천하는 그 임금과 아버지를 하찮게 여겼고 그 신하와 자식들을 가엾게 여겼습니다.

지금 상군·오기·대부 문종 같은 신하들은 훌륭했으나 그들의 임금은 그렇지 않았습니다. 그래서 세상 사람들은 이 세 사람이 공을 이루고도 자랑하지 않은 점을 칭찬하지만, 어찌 좋은 임금을 만나지 못해[不遇] 죽은 것을 부러워하겠습니까? 무릇 죽은 후에야 충성스럽다는 이름을 이룰 수 있다면, 미자(微子)는 어질다[仁]고 할 수 없고 공자(孔子)는 빼어나다[聖]고 할 수 없으며 관중(管仲)도 위대하다[大]고 할 수 없습니다. 무릇 사람이 공을 세우면서 어찌 온전하기를 기대하지 않겠습니까? 몸과 이름이 함께 온전한 것이 제일이며, 이름은 모범이 되었으나 몸이 죽는 것은 그다음이며, 이름은 욕되지만, 몸이 온전한 것은 가장 아래입니다.”

이에 응후는 좋은 말이라며 칭찬했다.

채택이 잠시 틈을 두었다가[得閒] 이어서 말했다.

“무릇 상군·오기·대부 문종이 신하로서 충성을 다해 공을 이룬 것은 누구나 바라는 바지만, 굉요(閎夭)[1]가 주(周)나라 문왕을 섬기고 주공이 주나라 성왕(成王)을 보좌한 것 또한 어찌 충성스럽고 빼어난 일이 아니겠습니까? 임금과 신하의 관계로서 논하자면 상군·오기·대부 문종과 굉요·주공 중에 어느 쪽을 본받고 싶습니까?”

응후가 말했다.

“상군·오기·대부 문종이 그들만 못 하겠지.”

채택이 말했다.

“그렇다면 당신의 임금이 자애롭고 어질어서 충성스러운 신하를 신임하고 옛 친구들을 두텁게 대우하며, 뛰어나고 지혜로워서[賢智] 도리를 행하는 장부나 선비와 굳게 사귀며[膠漆], 의로워서 공신을 저버리지 않는다는 점에서 보자면, (당신의 임금을) 진나라 효공이나 초나라 도왕이나 월나라 임금 구천과 비교할 때 누가 낫습니까?”

응후가 말했다.

“누가 나은지는 모르겠소.”

채택이 말했다.

"지금 임금께서는 충성스러운 신하를 내 몸과 같이 여기는 것[親]이 진나라 효공이나 초나라 도왕이나 월나라 임금 구천보다 낫지 못합니다. 그러나 당신은 지혜를 발휘해서 임금을 위해 위태로움을 안정시키고 정치를 닦으며 어지러움을 다스리고 병사를 강하게 함으로써 근심을 물리치고 어지러움을 막았습니다. 땅을 넓히고 곡식을 불려서 나라를 부유하게 하고 백성을 풍족하게 했으며 임금을 강하게 하고 사직과 종묘를 높이고 빛냈으니, 천하에 감히 임금을 속이고 범하는 자가 없으며 임금의 위엄이 천하를 뒤덮어 진동시킵니다. 그 공적이 1만 리 밖까지 밝아서 빛나는 명성이 천대까지 전해질 것이니, 그대와 상군·오기·대부 문종 중에 누가 낫습니까?"

응후가 말했다.

"그들만 못하다."

채택이 말했다.

"지금 임금께서 충성스러운 신하를 제 몸과 같이 여기는 것이 진나라 효공이나 초나라 도왕, 월나라 임금 구천만 못하고 그대의 공적이나 신뢰와 총애를 받는 것 또한 상군·오기·대부 문종만 못한데도, 당신의 봉록과 지위가 더 높고 많으며 개인의 재산 또한 세 사람보다 많습니다. 그럼에도 물러나지 않고 머무르고 있으면 당신에게 올 두려움과 재앙은 세 사람보다 심할 것이니, 당신은 위태로운 상황이라고 생각합니다.

옛말에 이르기를 '해가 중천에 뜨면 옮겨가고 달이 차면 기운다'라고 했습니다. 만물이 흥성하면 쇠하는 것이 하늘과 땅의 변하지 않는 이치이며, 나아감과 물러남, 남음과 모자람이 때와 함께 변하는 것이 빼어난 이의 변하지 않는 도리입니다.

그러므로 '나라에 도리가 있으면 벼슬하고, 나라에 도리가 없으면 숨는다'[2]라고 했습니다. 빼어난 이들이 말씀하기를 '날아오르는 용이 하늘에 있으니, 대인(大人)을 만나보면 이롭다[3]', '의롭지 않은 부귀는 나에게 뜬구름과 같다[4]'라고 했습니다. 지금 당신은 원수에게는 원한을 갚고 은인에게는 은덕을 갚았으니 원했던 바를 이루었습니다만, 변화에 대한 계략이 없으니 그래서는 안 된다고 생각합니다.

또한 저 물총새·고니·코뿔소·코끼리는 그들이 사는 곳이 죽음의 위험과 그리 멀지 벗어나 있지 않지만, 그런대로 하늘이 준 수명을 누릴 수 있었습니다. 그러나 붙잡혀 (제명보다 일찍) 죽는 이유는 미끼에 미혹되기 때문입니다. 소진(蘇秦)[5]과 지백(智伯)[6]이 지혜가 치욕을 피하고 죽음을 멀리하기에 부족하지 않았음에도 (제명보다 일찍) 죽은 이유 또한 이익을 탐내며 그칠 줄 몰라서입니다. 이에 빼어난 이는 예법을 만들어 욕심을 눌렀으니, 백성에게 징수할 때도 한도를 두었고 백성을 부릴 때도 때를 고려했으며 백성을 쓸 때도 멈춤이 있었습니다. 그랬기 때문에 생각이 지나치지 않고 행동이 교만하지 않으며 언제나 도리와 함께하여 실수가 없었으니, 그래서 천하가 이를 계승해 끊어지지 않게 했던 것입니다.

옛날에 제나라 환공은 제후들과 아홉 번 회맹해 천하를 하나로 바로잡았으나, 규구(葵丘)의 만남에 이르러 교만함과 자부하는 뜻을 보이자, 아홉 나라가 등을 돌렸습니다. 오나라 임금 부차(夫差)의 병사는 천하에 적이 없었으나 용맹함과 강함에 의지해 제후들을 가볍게 보고 제나라와 진(晉)나라를 업신여기다가 마침내 자신은 죽고 나라는 망했습니다. 하육(夏育)[7]과 태사교(太史嶔)[8]는 고함만 질러도 삼군을 놀라게 했으나 평범한 사내에게 죽임을 당했습니다. 이는 모두 극에 이르렀을 때 본연의 도리로 돌아오지 않고 자신을 낮춰 물러날 줄 모르며 검소하게 자신을 다잡을[儉約] 줄 몰라서 생긴 재앙입니다.

무릇 상군은 진나라 효공을 위해 법령을 밝히고 간사한 근원을 금지했으니, 공이 있으면 지위를 높여 반드시 상을 주었고 죄를 지으면 반드시 벌을 주었으며 저울을 고르게 하고 도량을 바르게 하여 경중을 조절했습니다. 밭 사이의 길을 찢어서 백성의 생활을 안정시키고 풍속을 하나로 통일했습니다. 백성에게 농사일을 권해 땅을 이롭게 하고 한 집에서 두 일을 할 수 없게 했으며 농업에 힘써서 양식을 비축하고 군사 훈련을 익히게 했습니다. 이에 병사가 움직이면 땅이 넓어지고 병사가 쉴 때도 나라가 부유해져서 진나라는 천하에 대적할 상대가 없었으니, 제후들에게 위엄을 세우고 진나라의 패업을 이루었습니다. 그러나 공적이 이뤄지자마자 마침내 거열형(車裂刑)을 받았습니다.

초나라 땅은 사방 수천 리에 병사가 백만인데 백기(白起)는 수만의 병사를 거느리고 초나라와 싸웠습니다. 한 번 싸워 언(鄢) 땅과 영(郢) 땅을 점거하고 이릉(夷陵) 땅을 불태웠으며, 두 번 싸워 남쪽으로 촉(蜀) 땅과 한중(漢中) 땅을 병합했습니다. 또 한(韓)나라와 위(魏)나라를 넘어서 강성한 조나라를 공격해 북쪽으로 마복군 조괄을 죽이고 장평 땅 아래에서 병사 40여 만을 모두 도륙해 묻어버렸으니, 흐르는 피가 강물을 이루고 들끓는 소리가 우레 같았으며 마침내 한단(邯鄲) 땅을 포위해 진나라의 제업(帝業)을 이루었습니다. 초나라와 조나라는 천하의 강국으로 진나라의 원수와도 같은 적국이었으나 그 이후로 초나라와 조나라 모두 두려워하며 엎드려 감히 진나라를 공격하지 못했으니, 이는 다 백기의 기세 때문입니다. 그는 몸소 70여 개 성을 복종시켰으나 공적이 이뤄지자마자 검을 하사받고 두우(杜郵) 땅에서 죽었습니다.

오기는 초나라 도왕을 위해 법을 세우고 대신들의 무거운 권위를 낮추었습니다. 무능한 자를 파면하고 쓸모없는 자리를 폐기하며 필요하지 않은 관직을 줄이고 사사로운 청탁을 막았습니다. 초나라의 풍속을 하나로 통일하고 백성이 유랑하는 것을 금지하며 농부와 병사를 훈련시킴으로로써 남쪽으로 양월(楊越)족을 거두고 북쪽으로 진(陳)나라와 채(蔡)나라를 병합했으며, 연횡을 깨뜨리고 합종을 흩트러서 유세를 일삼는 선비들이 입을 열지 못하게 했습니다. 붕당을 금지하고 백성을 격려해 초나라의 정치를 안정시켰으니, 병사는 천하를 떨게 했고 위세는 제후들을 복종시켰습니다. 그러나 공적이 이뤄지자마자 마침내 사지가 찢겨 죽었습니다.

대부 문종은 월나라 임금 구천을 위해 깊은 꾀와 원대한 계획으로 회계(會稽) 땅의 위기에서 벗어나게 함으로써 망해가는 나라를 일으키고 치욕을 영예로 돌렸습니다. 황야를 개간해 고을로 만들고 땅을 다스려 곡식을 키웠으며 사방의 선비를 거느리고 위아래의 힘을 합쳐서 구천의 뛰어남을 보좌함으로써 부차에게 원수를 갚았습니다. 마침내 강력한 오나라를 사로잡고 월나라의 패업을 이루었으니, 그 공적이 선명해 믿음을 얻었으나 구천은 끝내 그를 저버리고 죽였습니다.

이 네 사람은 공을 이루고도 물러나지 않았기에, 이 같은 재앙을 입었으니, 이는 펼 줄만 알고 굽힐 줄을 모르며 나아갈 줄만 알고 돌아갈 줄을 몰라서입니다. 범려(范蠡)[9]는 이를 알고 초연하게 세상을 벗어나서 도주공(陶朱公)이 되어 몸을 길이 보전할 수 있었습니다.

당신은 노름꾼을 보지 못했습니까? 어떤 사람은 크게 걸고 어떤 사람은 작게 거는데, 이는 모두 당신도 명확히 알고 있는 일입니다. 지금 당신은 진나라 재상으로서 아랫자리에 앉을 걱정도 없고 낭묘(廊廟)[10]를 나올 필요도 없이 계획을 세워, 앉아서 제후를 제압하고 삼천(三川)의 이익을 베풂으로써 의양(宜陽) 땅을 튼튼하게 했습니다. 양의 창자 같은 험지를 끊어 태항산의 길을 막고 범씨(范氏)와 중항씨(中行氏)로 통하는 길을 끊어 여섯 나라의 합종을 막았으며 잔도(棧道)를 1,000리 놓아 촉 땅과 한중 땅을 통하게 함으로써 천하가 모두 진나라를 두려워하게 했습니다. 이렇게 해서 진나라가 원하는 바가 이뤄졌으니, 당신의 공적은 극에 달했습니다. 이 역시 진나라가 공을 나눌 때인데, 이 같은 상황에서도 물러나지 않는다면 곧 상군·백공(白公)·오기·대부 문종과 같이 될 것입니다.

제가 듣건대 '물을 거울로 삼으면 얼굴을 볼 수 있고, 사람을 거울로 삼으면 길흉을 알 수 있다'라고 했습니다. 옛글에 이르기를 '성공한 곳에는 오래 머물지 말라[成功之下 不可久處]'라고 했으니, 네 사람이 화를 입었는데 당신은 어찌 머물고 계십니까? 당신은 어찌 이 기회에 재상의 인수(印綬)를 돌려주어 뛰어난 사람[賢者]에게 가게 한 뒤 물러나 바위 밑에 살며 냇가나 구경하시지 않으시는지요. (이렇게만 한다면) 반드시 백이(伯夷)의 청렴함(과 같은 명성)을 얻고 오래도록 응후라 불릴 것입니다. 대대로 고(孤)를 칭할 수 있으며 허유(許由)나 언릉계자(延陵季子)의 겸양을 얻고 왕자 교(喬)나 적송자(赤松子)[11]처럼 장수할 수 있는데, 화를 얻어 인생을 끝내는 것과 비교해 어느 쪽이 낫습니까? 당신은 어디에 살려고 하십니까? 차마 스스로 떠나지 못하고 의심해 스스로 결단하지 못하면 반드시 네 사람처럼 재앙을 입게 될 것입니다. 『주역(周易)』에 이르기를 '하늘에 오른 용은 뉘우침이 있다[亢龍有悔][12]'라고 했으니, 이 말은 오르기만 하고 내려올 줄을 모르며 펼 줄만 알고 굽힐 줄을 모르며 나아갈 줄만 알고 돌아올 줄을 모른다는 말입니다. 바라건대, 당신은 이를 잘 헤아려주십시오!"

응후가 말했다.

"좋은 말이오. 내가 듣건대, '욕심이 만족을 모르면 바라던 것을 잃고, 가지고 있으면서 그칠 줄을 모르면 가지고 있던 것을 잃는다'라고 했소. 선생께서 다행히 가르침을 주셨으니, 내가 삼가 가르침을 받아들이겠소."

이에 마침내 채택을 안으로 이끌어 들어와 앉게 하고서 상객(上客)으로 삼았다.

1) 주(周)나라 문왕(文王)과 무왕(武王) 때 명신이다. 은(殷)나라의 주(紂)가 문왕을 가두었을 때 유신씨(有莘氏)의 미녀와 여융(驪戎)의 명마, 다른 귀중한 물품들을 구해 주에게 헌납함으로써 문왕을 구해냈고, 나중에 무왕을 따라 주를 멸하는 데 큰 공을 세웠다.

2) 『논어(論語)』에 나오는 말이다.

3) 『주역(周易)』 건괘(乾卦)에 나오는 말이다.

4) 『논어(論語)』에 나오는 말이다.

5) 전국시대 중엽 동주(東周) 낙양(洛陽) 사람으로, 자는 계자(季子)다. 장의(張儀)와 함께 귀곡

자(鬼谷子)에게 가르침을 받았다. 처음에 진(秦)나라의 혜왕(惠王)을 비롯해 제후 밑에서 유세했지만 채용되지 않다가 강국인 진나라와 한(韓)나라가 서로 교전하고 산동(山東) 지방의 제후국들은 진나라의 침략을 두려워하고 있는 상황을 이용해서 연(燕)나라 문후(文侯)에게 6국 합종(合縱)의 이익을 유세함으로써 채택되었다. 다시 조(趙)나라와 한(韓)·위(魏)·제(齊)·초(楚)의 여러 나라를 설득하는 데도 성공함으로써 기원전 333년 6국의 합종에 성공, 혼자 6국의 상인(相印-재상의 인장)을 가지게 되었고, 스스로 무안군(武安君)이라 칭했다. 그러나 합종책은 장의 등이 내세운 연횡책(連衡策-連橫策)에 밀려 실패했다. 그 후 연나라에 있다가 다시 제나라에 출사(出仕)했지만, 제나라 대부(大夫)의 미움을 사서 살해당했다.

6) 춘추시대 말에서 전국시대 초기 진(晉)나라 사람으로 지백(知伯)이라고도 하는데, 지앵(知罃)의 현손이다. 출공(出公) 17년 조(趙)·한(韓)·위(魏)와 함께 범씨(范氏)와 중항씨(中行氏)의 땅을 나눠 읍(邑)으로 삼았다. 나중에 한·위와 함께 조양자(趙襄子)를 공격해 진양(晉陽)을 포위하고 물을 부어 넣었으나 조양자가 밤에 맹담(孟談)을 시켜 한·위와 합세해서 물을 끌어들여 지백의 군대에 부어 넣고 군중(軍中)에서 살해한 뒤 지씨(知氏)를 멸족시켰다.

7) 위(衛)나라 출신의 전설상의 역사다. 1,000균(鈞) 즉, 10톤 무게를 들 수 있다고 한다. 후에 노나라 대부 신수(申繻)에게 살해되었다고 하는데, 전박(田搏)에게 살해되었다고도 한다.

8) 전설상의 역사다.

9) 춘추시대 초(楚)나라 원(宛) 사람으로, 월(越)나라 대부(大夫)다. 친구 문종(文種)을 따라 월나라로 가서 월나라 임금 윤상(允常)을 섬겼고, 구천(句踐)이 이어 등극하자 모신(謀臣)이 되었다. 월나라가 오나라에 패배하자 문종은 나라를 지키고 그는 오나라에 화해를 요청해서 구천을 따라 3년 동안 오나라에서 신복(臣僕)으로 있었다. 귀국해서는 문종과 함께 부국강병에 최선을 다했다. 구천 15년에 오나라의 도성(都城)을 격파하고 22년 오나라를 포위한 뒤 3년 뒤에 멸망시키자 상장군(上將軍)에 올랐다. 높은 명성을 얻은 뒤 구천과 오래 함께하기 어렵다는 사실을 깨닫고는 벼슬을 내어놓고 미인 서시(西施)와 더불어 오호(五湖)에 배를 띄우고 놀았다고 한다. 나중에 스스로 치이자피(鴟夷子皮)라 일컫고 재물을 모았다가 그 재물을 모두 흩어 백성에게 나눠준 다음 다시 도(陶) 땅에 가서 호를 도주공(陶朱公)이라 일컬으며 수만 금(金)을 모아 대부호가 되었다. 왕이 공인(工人)에게 명해 금으로 그의 형상을 새기게 해서 조정에서 예를 올렸다

고 한다.

10) 재상들이 조정의 정사를 의논하는 곳으로, 조선의 의정부가 이에 해당한다.

11) 신선(神仙)의 이름으로, 적송자(赤誦子)라고도 부른다. 『열선전(列仙傳)』을 보면, 적송자는

신농씨(神農氏) 시대의 우사(雨師)로서 수정(水晶)을 복용하는 법에 대해 신농씨에게 가르

쳐주었고 불 속에 들어가 스스로를 태울 수도 있었다고 한다. 때로 곤륜산 위에 내려와 서왕

모(西王母)의 석실 안에 머물렀는데, 바람과 비를 따라 오르내릴 수도 있었으며 염제(炎帝)의

어린 딸이 그것을 보고는 그를 따라 신선이 되어 떠났다고 한다. 한영(韓嬰)이 지은 『한시외전

(韓詩外傳)』에서는 오제(五帝) 중 하나인 제곡(帝嚳)의 스승이었다고도 했다.

12) 건괘(乾卦, ☰)의 가장 위에 붙은 효[上九]에 대한 풀이다. 오직 빼어난 이만이 진퇴와 존망의

때를 알아 지나침이 없으니 뉘우침에 이르지 않을 수 있다는 뜻이다.

며칠 뒤에 응후는 조정에 들어가서 진나라 소왕에게 채택을 천거하며
[言] 말했다.

"빈객 중에 산동에서 새로 온 채택이라는 빈객이 있는데, 그 사람은 변
론에 뛰어난 인사입니다. 삼왕의 일과 오패의 공업, 세속의 변화에 밝아서
진나라 정사를 맡기기에 충분합니다. 신이 (지금까지) 많은 사람을 만나보았
지만, 그만한 사람을 보지 못했고 신 또한 그에 미치지 못하니, 신이 감히 보
고드립니다."

진나라 소왕이 채택을 불러 만나서 함께 이야기를 나눠본 뒤에 크게 기
뻐하며 그를 제배해 객경(客卿)으로 삼으니, 응후가 그 참에 병을 핑계로 재
상 인장을 돌려주고 싶다고 청했다. 소왕은 억지로라도 응후를 그 자리에
머물게 하려 했으나, 응후는 드디어 병이 심하다고 사양했다. 범수는 재상
에서 물러났고, 소왕은 새롭게 채택의 계획을 듣고서는 기뻐하며 드디어 그
를 제배해 진나라 재상으로 삼고 동쪽으로 주나라 왕실을 거둬들였다.

채택이 진나라 재상이 된 지 몇 달 후에 어떤 사람이 그를 헐뜯으니, 채택

은 주살될까 두려워서 마침내 병을 핑계로 재상 인장을 돌려주면서 강성군 (綱成君)이라는 칭호를 받았다. (채택은) 진나라에서 10여 년을 머물며 소왕 ·효문왕·장양왕을 섬겼고, 끝내 시황제를 섬기면서 진나라를 위해 (고국인) 연나라에 사신으로 갔다가 3년 후에 태자 단(丹)을 진나라에 볼모로 들어오게 했다.

태사공(太史公)이 말한다[曰].

"한자(韓子-한비자)가 말하기를 '옷소매가 길어야 춤을 잘 출 수 있고, 돈이 많아야 장사를 잘할 수 있다'라고 했는데, 참으로 믿을 만한 말이다. 범수와 채택은 사람들이 말하는 최고의 변사들이었지만 여러 제후에게 유세하고도 백발이 되도록 제대로 자기를 알아주는 군주를 만나지 못했는데, 이는 계책이 서툴러서가 아니라 유세한 나라들의 힘이 약했기 때문이다. 두 사람이 오랜 나그네 신세 끝에 진나라에 들어가자마자 잇달아 경상(卿相)을 차지해 천하에 공로를 드리울 수 있었던 것은 진실로 강한 나라에 들어가느냐 약한 나라에 들어가느냐의 형세 차이 때문이었다.

장부와 선비 가운데 실로 우연히 때를 만나는 경우도 있겠지만, 이 두 사람 못지않은 뛰어난 재능을 갖고서도 그 뜻을 이루지 못한 경우를 어찌 이루 다 헤아릴 수 있겠는가?

그러나 이 두 사람[二子][1] 또한 곤궁함을 겪지 않았더라면 어찌 능히 떨쳐 일어날 수 있었겠는가?"[2]

1) 【색은(索隱)】 두 사람이란 범수와 채택이다. 범수는 위제에게 곤란을 당해 갈비뼈와 이빨이 부러졌고, 채택은 조나라에서 곤경을 겪어 쫓겨났다.

2) 【색은술찬(索隱述贊)】 응후는 처음에 곤란을 겪어[應侯始困]/수레에 실려 서쪽으로 갔다네[託載而西]/유세를 하고 계책을 세워[說行計立]/평정을 귀하게 여기고 헤아림을 중시했도다[貴平寵稽]/진나라에 귀의하고 조나라와 거래하며

[倚秦市趙]/드디어 위제에게 보복했구나[卒報魏齊]/강성군 지혜를 말해[綱成辯智]/범수는 물러나기를 구했다네[范睢招攜]/형세가 이로울 때 몸 기울여 떠나니[勢利傾奪]/한마디 말로 지름길을 만들어냈도다[一言成蹊]!

KI신서 16200

이한우의 사기 7
열전(列傳) 권61-권79

1판 1쇄 인쇄 2026년 3월 13일
1판 1쇄 발행 2026년 4월 1일

지은이 사마천
옮긴이 이한우
펴낸이 김영곤
펴낸곳 ㈜북이십일 21세기북스

서가명강팀 팀장 양으녕 **책임편집** 서진교 **마케팅** 김주현
디자인 푸른나무디자인
마케팅영업부문 정지은
영업팀 김지윤 강경남 김도연
e-커머스팀 장철용 명인수 황성진
제작팀 이영민 권경민

출판등록 2000년 5월 6일 제406-2003-061호
주소 (10881) 경기도 파주시 회동길 201(문발동)
대표전화 031-955-2100 **팩스** 031-955-2151 **이메일** book21@book21.co.kr

(주)북이십일 경계를 허무는 콘텐츠 리더

21세기북스 채널에서 도서 정보와 다양한 영상자료, 이벤트를 만나세요!
페이스북 facebook.com/jiinpill21 **포스트** post.naver.com/21c_editors
유튜브 youtube.com/book21pub **인스타그램** instagram.com/jiinpill21
홈페이지 www.book21.com

당신의 일상을 빛내줄 탐나는 탐구 생활 〈탐탐〉
21세기북스 채널에서 취미생활자들을 위한 유익한 정보를 만나보세요!

© 이한우, 2026
ISBN 979-11-7357-900-4 (04910)
　　　 979-11-7357-893-9 (04910) (세트)

이한우의
사기
8

이한우의 사기

『사기집해』『사기색은』『사기정의』
삼가주 완역 해설판

8

열전(列傳) 권80 – 권98

● ● ● ● ● ● ● ● ● ● ○ ○

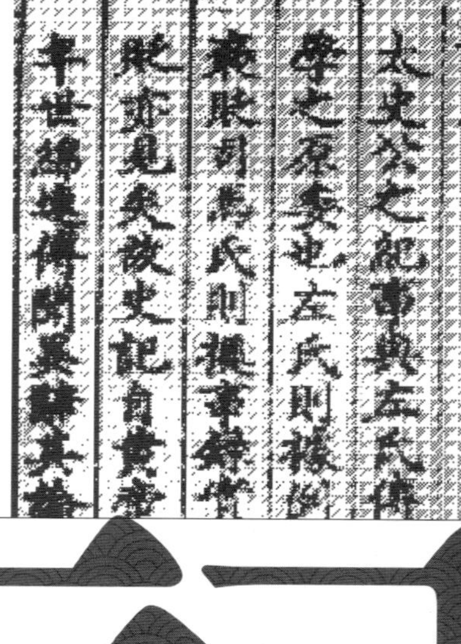

21세기북스

일러두기

1. 삼가주(三家注)는 원칙적으로 모두 번역하되 발음을 풀이한 것이 기존 발음과 같은 경우에는 대부분 생략했다. 또 중복되거나 지금 상황과 동떨어진 주는 생략했다.

2. 삼가주란 배인(裴駰)의 『사기집해(史記集解)』, 사마정(司馬貞)의 『사기색은(史記索隱)』, 장수절(張守節)의 『사기정의(史記正義)』를 뜻하며, 삼가주의 번역은 각주 앞에 각각【집해(集解)】,【색은(索隱)】,【정의(正義)】로 표시해 구분했다.

3. 【 】 표시로 시작하지 않는 주석은 옮긴이의 주이며, 삼가주와 다른 서체로 표기했다. 삼가주에 옮긴이의 주를 단 경우에도 마찬가지이다.

4. 발음 풀이 중에 간단한 것은 주(注)로 처리하지 않고 대부분 본문에 포함해 [○-○]이라는 식으로 표현했다. 또 역자가 뜻을 분명히 하기 위해 [○=○]이라는 표현을 쓰기도 했다.

5. 지나치게 미세해 지금의 독자에게 불필요한 주는 생략했고, 번역문에 녹였을 때는 따로 주(注) 표시를 하지 않았다.

6. 번역 원전은 인터넷사이트 '한천초려(漢川草廬)'를 기본으로 삼았다.

차례

열전(列傳)

권80 ─ 악의열전(樂毅列傳) 제20

권80 악의열전(樂毅列傳) 제20

악의(樂毅)라는 사람의 선조 중에 악양(樂羊)이 있었다. 악양이 위(魏)나라 문후(文侯)의 장군이 되어 중산(中山-중산국)[1]을 쳐서 차지하니 (이에) 위 문후는 영수(靈壽)[2] 땅을 갖고서 악양을 봉해주었다. 악양이 죽자, 영수에 안장하고 그 후에 자손들은 그곳에 집안을 이루고 살았다. 중산은 나라를 되찾았는데, 조(趙)나라 무령왕(武靈王) 때 이르러 다시 중산을 멸망시켰고[3] 악씨의 후손 중에 악의라는 사람이 있었다.

1) 【정의(正義)】 지금의 정주(定州)다.

2) 【집해(集解)】 서광(徐廣)이 말했다. "상산(常山)에 속한다." 【색은(索隱)】 「지리지(地理志)」에 따르면, 상산에는 영수현(靈壽縣)이 있는데 중산환공(中山桓公)이 도읍한 곳이다. 【정의(正義)】 지금의 진주(鎭州) 영수(靈壽)다.

3) 【색은(索隱)】 중산은 비록 위나라에 의해 없어지기는 했지만, 여전히 제사는 끊어지지 않고 있다가 뒤에 나라를 되찾았는데, 조나라 무령왕에 이르러 또다시 멸망시킨 것이다.

악의는 뛰어나고[賢] 군사의 일을 좋아해 조나라 사람이 그를 천거했다. 무령왕 때, 사구(沙丘)의 난이 터지자[1] 마침내 조나라를 떠나 위(魏)나라로 갔다. 그는 연(燕)나라가 자지(子之)의 난을 당해 제(齊)나라에 크게 패했기 때문에 연나라 소왕(昭王)이 제나라에 원한을 품고서 일찍이 단 하루도 제나라에 대한 보복을 잊은 적이 없다는 소문을 들었다. 연나라는 작고 (중원

중심에서) 멀리 떨어진 구석진 곳에 있어 힘으로는 (제나라를) 제압할 수 없어 이에 몸을 낮추고 장부와 선비들에게 겸손히 하여[屈身下士] 먼저 곽외(郭隗)를 예우함으로써 뛰어난 이들을 초빙했다[2]. 악의가 이때 위나라 소왕(昭王)의 사신이 되어 연나라로 가니 연나라 왕은 손님의 예[客禮]로써 그를 대우했다. 악의가 (처음에는) 사양하다가 드디어 예물을 바치고[委質] 신하가 되겠다고 하자 연나라 소왕은 그를 아경(亞卿)으로 삼았고, (악의는) 그 자리에 오랫동안 있었다.

1) 【집해(集解)】 서광(徐廣)이 말했다. "조나라에는 사구궁(沙丘宮)이 있었는데, 거록(鉅鹿)과 가까웠다."

2) 【정의(正義)】 『설원(說苑)』에서 이렇게 말했다. "연나라 소왕이 외(隗)에게 물었다. '과인(寡人)의 땅은 좁고 백성은 적어, 제나라 사람들이 계(薊) 땅의 8성(城)을 차지했고 흉노는 누번(樓煩)의 아래에까지 치달려 왔다. 고(孤-임금의 자칭)의 불초함 때문에 이어받은 종묘와 사직이 위태로울까 두려우니, 나라를 존속하려면 어떤 방법이 있겠는가?' 외가 말했다. '제왕다운 제왕[帝者]의 신하는 명칭이 신하이지만 실은 스승[師]이고, 임금다운 임금[王者]의 신하는 명칭이 신하이지만 실은 벗[友]이며, 패권을 쥔 임금[霸者]의 신하는 명칭이 신하이지만 실은 종[僕]이고, 나라를 위험과 곤란에 빠뜨리는 신하는 명칭이 신하이지만 실은 오랑캐[虜]입니다. 만일 지금 왕께서 장차 스스로 동면(東面)하고서 눈짓이나 손짓만으로 사람을 부려 신하를 구하신다면 (그 신하는) 총역(冢役)의 재주가 지극해야 하고, 남면(南面)하고서 조정의 일을 들으며 덜어내고 양보하는 이치[損讓之理]를 잃지 않음으로써 신하를 구하신다면 (그 신하는) 남의 신하 된 자의 재주가 지극해야 하며, 북면(北面)하고서 예를 나란히 하여[等禮] 세력에 올라타지 않음으로써 신하를 구하신다면 (그 신하는) 붕우(朋友)의 재주가 지극해야 하고, 서면(西面)하고서 뒤로 물러남으로써 신하를 구하신다면 (그 신하는) 사부(師傅)의 재주가 지극해야 합

니다. 진실로 왕자나 패자가 도리를 같게 하려고 하신다면, 외(隗)가 청하건대 천하의 선비들을 위해 길을 열어주셔야 할 것입니다." 이에 외를 늘 가까이에 두고서 상객(上客)으로 삼았다.

이런 때를 당해 제(齊)나라 민왕(湣王)이 강대해져서 남쪽으로는 중구(重丘)에서 초나라 재상 당말(唐眛)을 패퇴시켰고[1], 서쪽으로는 관진(觀津)[2]에서 삼진(三晉)을 꺾었으며[摧] 드디어 삼진과 함께 진(秦)나라를 깨뜨렸으며 조나라를 도와 중산국을 멸망시킨 뒤에 송(宋)나라를 깨트림으로써 땅을 1,000리 넘게 넓혔다. 그리하여 진(秦)나라 소왕(昭王)과 더불어 '제(帝)'의 호칭을 두고 심하게 다투었으나 얼마 후에 다시 '왕'이란 칭호로 돌아갔다. 제후들이 모두 진나라를 배반하고 제나라에 복종하려고 했다. 민왕은 자만했고[自矜], 백성은 견뎌내지 못했다. 이에 연나라 소왕이 제나라를 정벌하는 일을 물으니, 악의가 이렇게 답했다.

"제나라는 (환공 때) 패국(覇國)을 운영했을 때의 남은 업적[餘業]이 있어, 땅이 크고 사람이 많아서 혼자 공격하기에는 쉽지 않습니다. (그런데도) 왕께서 기어이 제나라를 치시겠다면 조·초·위 나라와 더불어 하는 것이 가장 낫습니다."

이에 악의에게 조나라 혜문왕(惠文王)과 맹약을 맺게 하고 별도로 사자를 보내 초나라, 위나라와 연합한 다음에 조나라를 통해서 진나라에 제나라를 치는 것이 유리하다고 유인해 설득하게 했다[했다[囑說=啗說][3]. 제후들은 제나라 민왕의 교만함과 포악함을 미워했기에 모두 다퉈 합종(合從)해서 연나라와 함께 제나라를 치고자 했다.

---

1) 【색은(索隱)】 眛의 발음은 (매가 아니라) 막(莫)과 갈(葛)의 반절음이다. 「지리지(地理志)」에 따르면, 중구는 현의 이름인데 평원군(平原郡)에 속한다. 【정의(正義)】 기주(冀州) 성무현(城武縣) 경계에 있다.

2) 【색은(索隱)】 「지리지(地理志)」에 따르면, 관진은 현의 이름인데 신도군(信都郡)에 속하며 한나라 초에는 청하군(淸河郡)에 소속되었다. 【정의(正義)】 기주(冀州) 무읍현(武邑縣) 동남쪽으로 25리에 있다.

3) 【집해(集解)】 서광(徐廣)이 말했다. "잠(囋)은 나아가도록 설득한다[進說]는 뜻이다." 【색은(索隱)】 囋의 발음은 (담이 아니라) 전(田)과 남(濫)의 반절음인데, 글자는 담(啗-속이다)자와 같다.

악의가 돌아와서 보고하자 연나라 소왕은 군대를 총동원하고서 악의를 상장군으로 삼았고, 조나라 혜문왕은 상국(相國-재상)의 인장을 악의에게 주었다. 악의가 이에 조·초·한·위·연 나라의 군대를 아울러 통솔해서[幷護]1) 제나라를 쳤고, 제수(濟水) 서쪽에서 제나라를 깨트렸다. 제후들의 군대는 철수해 돌아갔으나 연나라 군대와 악의는 홀로 뒤쫓아서 (제나라 도성) 임치(臨菑)에 이르렀다.

제나라 민왕은 제수 서쪽에서 패한 뒤 도망쳐 달아나 거(莒)에서 지키고 있었다. 악의가 홀로 남아 제나라를 공략하자[徇=略] 제나라는 모두 성에서 수비 태세에 들어갔다. 악의는 임치를 공격해 들어가서[攻入] 제나라의 보물·재물·제기 등을 모두 차지해 연나라로 보냈다. 연나라 소왕이 크게 기뻐해 몸소 제수(濟水) 가로 가서 군대를 위로하고 상을 내리면서 군사들에게 잔치를 베풀었으며, 악의를 창국(昌國)2)에 봉해 칭호를 창국군(昌國君)이라고 했다. 이에 연나라 소왕은 제나라에서 노획한 것[鹵獲]들을 거둬 돌아오면서 악의에게는 다시 군대를 이끌어 제나라 성 가운데 아직 떨어지지 않은[不下] 성들을 평정하게 했다.

1) 【색은(索隱)】 호(護)란 총령(總領)한다는 뜻이다.

2) 【집해(集解)】 서광(徐廣)이 말했다. "제(齊)나라에 속한다." 【색은(索隱)】 「지리지(地理志)」에 따르면, 현의 이름인데 제군(齊郡)에 속한다. 【정의(正義)】 옛 창성(昌城)은

치주(淄州) 치천현(淄川縣) 동북쪽으로 40리에 있다.

악의가 제나라에 남아 공략한 지 5년 동안 제나라의 70여 성을 떨어뜨려 [下] 모두 군현(郡縣)으로 삼아 연나라에 속하게 했으나, 오직 거(莒)와 즉묵(卽墨)[1]만은 굴복시키지 못하고 있었다. 마침, 연나라 소왕이 죽고 아들이 세워져 연나라 혜왕(惠王)이 되었다. 혜왕은 태자로 있을 때부터 일찍이 악의를 달가워하지 않았는데 자리에 나아가자, 제나라 전단(田單)이 이를 듣고는 마침내 연나라에 첩자[反間]를 풀어[縱] 이렇게 말했다.

"제나라 성 중에 떨어지지 않은 것은 2개뿐이다. 그런데 일찌감치 이 두 성을 뽑아버리지 못한 것은 듣건대 악의가 연나라의 새 왕과 틈이 있어 몰래 군대와 연결을 맺고서 군대를 제나라에 머물게 하고는 남면(南面)해 제나라의 왕이 되려고 하기 때문이라고 한다. 제나라의 근심은 오로지 다른 장수가 오면 어쩌나 두려워하고 있다[唯恐]."

이에 연나라 혜왕은 실로 이미 악의를 의심하고 있던 참에 마침 제나라의 반간책을 듣고는 마침내 기겁(騎劫)[2]으로 장수를 교체하고 악의는 불러들였다. 악의는 연나라 혜왕과 사이가 좋지 않아 교체되었다는 것을 알고는 주살될까 두려워 드디어 서쪽으로 가서 조나라에 투항했다. 조나라는 악의를 관진(觀津)에 봉하고 칭호를 망제군(望諸君)[3]이라고 했다. 악의를 높이고 총애함으로써 연나라와 제나라에 경고해 흔들려고 한 것이다[警動].

1) 【정의(正義)】 즉묵은 지금의 내주(萊州)다.

2) 【색은(索隱)】 연나라 장수의 성과 이름이다.

3) 【색은(索隱)】 망제(望諸)는 늪지 이름인데, 제(齊)나라에 있다. 대개 이때는 조나라가 소유하고 있었기 때문에, 그래서 그렇게 (봉해주고) 칭호를 내린 것이다. 『전국책(戰國策)』에는 망(望)이 남(藍)으로 되어 있다.

　　제나라 전단(田單)은 그 뒤에 기겁(騎劫)과 싸우면서 과연 연나라 군대에 기만전술[詐誑]을 베풀어서 드디어 즉묵 아래에서 기겁을 깨뜨렸으며, 다시 잇달아 싸워서 연나라를 내몰아 북쪽으로 황하[1] 변에까지 이르게 함으로써 제나라 성들을 모두 되찾고 거(莒)에서 양왕(襄王)을 맞아들여 임치(臨菑)로 들어왔다.

1) 【정의(正義)】 창주(滄州)와 덕주(德州) 두 주의 북쪽 황하[北河]다.

　　연나라 혜왕은 기겁으로 악의를 교체함으로써 그 때문에 군대가 패하고 장수가 죽었으며 제나라 땅을 잃게 된 것을 후회했고, 또 악의가 조나라에 투항한 것을 원망하는 한편 조나라가 악의를 써서 연나라가 피폐해진 틈을 타고 연나라를 치게 될 것이 두려웠다. 연나라 혜왕은 마침내 사람을 보내 악의를 꾸짖는[讓=責] 한편 또 그에게 사과하며 말했다.

　　"선왕께서는 나라를 들어 장군에게 맡기셨고 장군은 연나라를 위해 제나라를 깨뜨림으로써 선왕의 원한을 갚고 천하를 떨게 하지 않음이 없었으니, 과인이 어찌 감히 단 하루라도 장군의 공을 잊을 수 있겠는가? 마침 선왕께서 여러 신하를 버리시어[棄][1] 과인이 막[新] 자리에 나아갔으나, 좌우에 있는 자들이 과인을 잘못 이끌었다[誤]. 과인이 기겁으로 장군을 교체한 것은 장군이 밖에서 오랫동안 들판에서 고생했기에 그래서 장군을 불러 쉬게 하면서 앞으로의 계책을 상의하려 했던 것이다. (그런데) 장군이 이를 잘못 알아듣고[過聽] 과인과 틈이 생겨서[有隙] 드디어 연을 버리고 조나라에 귀순했다. 장군이 스스로를 위해서라면 무엇을 하든 괜찮겠지만, 실로[亦] 선왕께서 장군을 예우한 뜻은 무엇으로 갚으려 하는가?"

　　악의가 연나라 혜왕에게 답신을 보내[報遺] 이렇게 말했다.

　　"신(臣)이 재주가 없어[不佞=不才=不敏] 왕명을 잘 받들어 모심으로써 좌우 신하들의 마음을 고분고분 따르게 하지를 못했으니, 선왕(先王)의 밝

음을 해치고 족하(足下)의 의로움에 해로움이 있을까 두려워해서 그래서 연나라를 피해 조(趙)나라로 도망쳐 왔습니다. (그런데) 지금 족하께서 사람을 보내시어 여러 차례 죄를 물으시니, 신은 지금 임금을 모시는 신하들이 선왕께서 신에게 총애를 모아주신[畜幸] 까닭을 살피지 못하고 또 신이 선왕을 섬긴 마음을 밝힐 수 없을까 두렵습니다. 그래서 감히 글로써 답합니다.

1) 세상을 떠났다는 말이다.

신이 듣건대, 뛰어나거나 빼어난[賢聖] 임금들은 사사로이 가까운 자들 [私親]에게 봉록을 주지 않았으니, 공적이 많은 자에게 상을 주고 능력이 있는 자에게 그에 맞는 일을 준다고 했습니다. 그래서 능력을 살펴 관직을 주는 자는 공적을 이루는 임금이고, 행실을 잘 따져 교유를 맺는 자는 이름을 세우는 선비입니다. 신이 남몰래 선왕의 행하고 움직이심[擧]을 살펴보았을 때 이 세상 군주들의 마음보다 높은 바가 있다는 것을 알 수 있었으니[1], 그래서 위나라 사신이라는 신분을 빌려 연나라에 가 몸소 연나라에서 (사정을) 살필 수 있었습니다. 그러자 선왕께서는 과분하게도 신을 뽑아 빈객 중에 들게 하고 뭇 신하들의 위에 서게 했으며, 종실의 부형(父兄)[2]들과 상의하지도 않은 채 신을 아경(亞卿)으로 삼았습니다. 신은 남몰래 그 직임을 감당할 수 있을지 스스로 알 수가 없었지만, 명에 따라 가르침을 받는다면 다행히 큰 허물은 없을 것이라고 스스로 생각해 그래서 명을 받아들이고 사양하지 않았습니다[3].

1) 【정의(正義)】 악의는 스스로 연나라 소왕이 세상 군주들의 마음보다 높고 고귀한 것을 보고서는 위나라 사신이라는 신분을 빌려 연나라로 갔다는 말이다.

2) 【정의(正義)】 두예(杜預)가 말했다. "부형이란 동성(同姓)의 여러 신하를 말한다."

3) 이는 스스로 선왕의 명 때문인 것으로 서술하고 있는 것이다.

선왕께서는 신에게 명을 내려 '나는 제나라에 원한이 쌓여 심히 분노하고 있다. 그래서 우리가 비록 힘이 가볍고 약하지만, 그것을 무시하고[不量] 제나라를 치고자 한다'라고 하셨습니다. 이에 신은 '저 제나라는 패권국가가 남긴 업적을 여럿 갖고 있고 가장 막강했던 전통이 있습니다. 군대와 무기가 잘 훈련되어 있고 싸움에도 익숙합니다. 만약에 임금께서 제나라를 치고자 하신다면 반드시 천하(제후들)와 함께 도모하셔야 합니다. 그리고 천하와 함께 도모하시려면 조나라와 동맹을 맺는 것만 한 계책이 없습니다. 또 회수(淮水) 북쪽과 송(宋)나라 땅은 초(楚)나라와 위(魏)나라가 욕심내는 곳이니, 조나라가 만약에 동맹을 허락하고 (이렇게 해서) 네 나라가 함께 공격한다면 제나라를 크게 깨뜨릴 수 있을 것입니다'라고 말씀드렸습니다. 선왕께서는 그렇다고 여기시어 부절(符節)을 갖춰서 신을 남쪽으로 조나라에 사신으로 보내셨습니다. (신은) 돌아와 보고를 마치고 군대를 발동해 제나라를 쳤습니다.

하늘의 도리와 선왕의 영험함 덕분에 황하 북쪽의 땅들은 선왕에게 복종했고, 그래서 그곳 병사들을 모두 제상(濟上)[1]에 집결시켰습니다. 제수가의 군사들이 명을 받고 제나라를 크게 패배시켰습니다. 날랜 병졸과 정예 군대가 멀리까지 뒤쫓아 제나라에 이르렀습니다. 제나라 임금은 거(莒) 땅으로 달아나 겨우[僅] 몸만 피할 수 있었습니다. (제나라의) 주옥과 재물 보화와 전차와 무기, 온갖 진귀한 기물 등을 다 거둬 연나라로 가져왔습니다. 제나라의 기물들을 영대(寧臺)에, 대려(大呂-악기의 일종)는 원영궁(元英宮)에 진열 했으며[2] 옛날에 (제나라에 빼앗겼던) 쇠솥[鼎]은 역실(曆室)[3]에 다시 가져다 놓았고[4] 계구(薊丘-연나라 수도)에는 (제나라의) 문수(汶水) 가에서 나는 대나무[篁]를 옮겨 심어[5]. 다섯 패자[五伯=五覇] 이래로 그 공업이 선왕에게 미치는 임금은 없었으니, 선왕께서는 저의 뜻에 흡족해 하시며

[慊]⁶⁾ 땅을 떼어[裂地] 신을 봉하시고서 작은 나라의 제후에 비견될 만한 권세를 주셨습니다. 신이 남몰래 그 직임을 감당할 수 있을지 스스로 알 수가 없었지만, 명을 받들고 가르침을 이어받는다면 다행히 큰 허물은 없을 것이라 생각해 이 때문에 명을 받아들이고, 사양하지 않았습니다.

1) 【정의(正義)】 제상이란 제수(濟水) 가다.

2) 【색은(索隱)】 대려는 제나라 종의 이름이다. 원영은 연나라 궁전의 이름이다.

3) 【색은(索隱)】 (영대는) 연나라의 대(臺)다. 【정의(正義)】 『괄지지(括地志)』에서 말했다. "연나라의 원영(元英)과 역실(歷室)은 둘 다 궁궐로, 모두 연나라 궁이며 유주(幽州) 계현(薊縣) 서쪽으로 4리 떨어진 영대(寧臺) 아래에 있다."

4) 【집해(集解)】 서광(徐廣)이 말했다. "역(曆)은 역(歷)이다." 【색은(索隱)】 연나라 쇠솥이 이전에 제나라로 옮겨져 있던 것을 지금 다시 가져와서 역실에 둔 것이다. 역실 또한 궁의 이름인데, 『전국책(戰國策)』에는 역실(歷室)로 되어 있다. 【정의(正義)】 『괄지지(括地志)』에서 말했다. "역실(歷室)은 연나라 궁의 이름이다." 고유(高誘)가 말했다. "연나라 쾌(噲)가 난을 일으키자, 제나라가 연나라를 쳐서 쾌를 죽이고 쇠솥을 얻었는데, 지금 연나라의 옛 쇠솥이 되돌아온 것이다."

5) 【집해(集解)】 서광(徐廣)이 말했다. "대나무밭[竹田]을 황(篁-대나무 숲)이라고 한다. 이는 연나라의 경계가 제나라 문수 쪽으로 옮겨졌음을 말한다." 【색은(索隱)】 계구란 연나라가 도읍한 땅이다. 연나라의 계구에 심었다는 것은 제나라 왕의 문수 가에 있던 대나무들을 옮겨 심었다는 말이다. 서(徐-서광)의 주(注)는 틀렸다. 【정의(正義)】 유주(幽州)의 계(薊) 땅 서북쪽 구석에 계구가 있다. 또 문수는 연주(兗州) 박성현(博城縣) 동북쪽 원산(原山)에서 발원해서 서남쪽으로 흘러 제수(沛水)로 들어간다.

6) 【색은(索隱)】 慊의 발음은, 고(苦)와 점(簟-거적)의 반절음이다. 겸(嗛)으로 되어 있기도 한데, 겸(嗛)이란 늘 겸손해 그 뜻에 만족하지 못한다[不慊]는 뜻

이다.

신이 듣건대, 뛰어나거나 빼어난[賢聖] 임금이 공을 세우면[功立] 그것이 사라지지 않기 때문에 『춘추(-역사)』에 이름이 두드러지고, 앞을 볼 줄 아는 선비가 이름을 이루면[名成] 그것이 훼손당하지 않으므로 후세에도 칭송을 받는다고 했습니다. 이와 마찬가지로 선왕께서는 원한을 갚고 치욕을 씻어 만승의 강대한 나라(-제나라)를 평정해서[夷=平] 800년 동안 쌓아 두었던 보물과 기물들을 되찾아오셨고, 세상을 떠나시던 날까지도 많은 신하에게는 그 가르침이 조금도 시들지 않았으며 정권을 쥐고 일을 맡은 신하들은 법령을 닦고 (적자와) 서얼의 구별을 신중히 지켜서 이를 어린 노비들[萌隸]들에게까지 미치게 하셨으니 모두 다 후세의 신하들에게도 가르침이 될 만합니다.

신이 듣건대, 일을 잘 꾸미는 자[善作者]가 반드시 일을 잘 이루는 것[善成]은 아니고 일을 잘 시작하는 자[善始者]가 반드시 일을 잘 마치는 것[善終]은 아니라고 했습니다. 옛날에 오자서(伍子胥)의 의견을 (오나라 임금) 합려(闔閭)가 들어서 멀리 (초나라 수도) 영(郢)까지 쳐들어갔지만, (아들) 부차(夫差)는 자서의 의견이 잘못되었다 하여 그에게 치이(鴟夷)를 내려 죽게 하고 시신을 양자강에 띄웠습니다. 오나라 임금이 된 부차는 선왕의 정책을 그래도 이으면 공을 이룬다는 것을 깨닫지 못해 자서의 시신을 양자강에 가라앉히고서도 후회할 줄 몰랐습니다. 자서도 두 임금이 같지 않다는 것을 일찍 보지 못해 양자강에 내던져질 때까지도 자기 의견을 바꾸려 하지 않았습니다[1].

1) 【색은(索隱)】 자서는 회한이 있어 강물에 던져졌으나 귀신이 되지 못하고 파도의 신이 되었다.

무릇 재앙으로부터 몸을 지키고 공을 세워[免身立功] 선왕께서 남기신 업적을 밝히는 것이 신으로서는 가장 좋은 계책[上計]입니다. 치욕스러운 비방(誹謗)으로 선왕의 명성이 떨어지는 것[墮][1]은, 신이 가장 두려워하는 바입니다. (신은 이미 연나라를 버리고 조나라로 가는) 너무나도 큰 죄를 지었는데, 다시 자신의 이익을 위해 요행으로 (조나라를 위해 연나라를 쳐서) 죄를 면해보려는 것은 의리상 감히 할 수 없는 짓[2]입니다.

1) 【색은(索隱)】 墮의 발음은 (타가 아니라) 허(許)와 규(規)의 반절음이다.

2) 【색은(索隱)】 이미 큰 죄[不測之罪]를 지었는데 다시 요행으로 면해보려는 것을 자신의 이익으로 삼는다면, 이는 선왕의 은혜를 거듭 생각해볼 때 비록 지금 자신의 몸을 외국에 의탁하고는 있다 하더라도 마음속으로는 감히 할 수 없는 짓이라는 말이다.

신이 듣건대, 옛날의 군자는 교제를 끊더라도 그 사람의 단점[惡聲=惡評]을 입 밖에 내지 않고[1] 충신은 그 나라를 떠나더라도 자신의 결백을 위해 옛 군주에게 허물을 돌리지 않는다고 했습니다[2]. 신이 비록 재주는 없지만[不佞] 자주[數] 군자에게 가르침을 받았습니다[3]. (다만) 임금을 가까이에서 모시는 자들이 좌우 사람들의 말만 가까이해 멀리 내쳐진 신의 행위를 제대로 살피지 못할까 두려워서 감히 글을 올려 말씀드리는 것이니, 부디[唯] 군왕께서는 이를 마음으로 헤아려주시기 바랍니다."[4]

이에 연나라 임금은 다시 악의의 아들 악간(樂閒)[5]을 창국군(昌國君)으로 삼았고, 악의는 조나라와 연나라를 오가면서 다시 연나라와 통하게 되었으며, 연나라와 조나라는 그를 객경(客卿)으로 삼았다. 악의는 조나라에서 졸했다[卒][6].

1) 【정의(正義)】 군자다운 사람[君子之人]은 관계를 끊더라도 자신의 장점이나 상대

의 단점을 말하지 않는다는 뜻이다.

2) 【색은(索隱)】 충신은 자기 나라를 떠날 때도 스스로 자기 이름을 깨끗하게 하려는 목적에서 자기가 무죄라고 말하지 않는다는 것이다. 그래서 『예기(禮記)』(「곡례(曲禮)」편)에 이르기를 "대부는 자기 나라를 떠날 때 사람들에게 자신은 죄가 없다고 말하지 않는다"라고 한 것이다. 【정의(正義)】 자기 이름과 행실을 높이려고 임금에게 허물을 돌리지 않는다는 말이니, 기자(箕子)가 차마 은나라(-주왕)의 악행을 말하지 않는 것이 여기에 해당한다.

3) 【색은(索隱)】 앞에 있는 數의 발음은 삭(朔)이다. 이는 내가 이미 자주 군자에게 교령을 받들어 배웠다는 말이다. 군자란 곧 사리를 아는[識禮=知禮] 사람을 가리킨다. 따라서 이는 자기에게 죄가 없더라도 오히려 자기 죄라고만 말하고 왕의 잘못은 입에 올리지 않는다는 말이다. 그래서 아래에서 "멀리 내쳐진 신의 행위를 제대로 살피지 못할까"라고 한 것이니, 이는 진실로 충성스러운 신하의 절개라고 할 수 있다.

4) 【집해(集解)】 하후현(夏侯玄, 209~254년)[삼국시대 위나라 패국(沛國) 초현(譙縣) 사람으로, 하후상(夏侯尙)의 아들이자 조상(曹爽) 고모의 아들이다. 젊어서부터 명성을 얻어 약관의 나이로 산기황문시랑(散騎黃門侍郞)이 되었다. 제왕(齊王) 조방(曹芳) 때 조상이 정치를 보좌하던 무렵에 산기상시(散騎常侍)와 중호군(中護軍)을 지냈다. 정서장군(征西將軍)이 되어 부절(符節)을 지니고 옹주(雍州)와 양주(凉州)의 군사(軍事)들을 총괄했다. 조상이 사마의(司馬懿)에게 살해당한 뒤에 대홍려(大鴻臚)와 태상(太常)으로 옮겼는데, 중서령(中書令) 이풍(李豊)이 광록대부(光祿大夫) 장집(張緝)과 함께 사마사(司馬師)를 제거하고 그에게 정치를 보좌하도록 하면서 사마씨의 정권을 탈취하려고 했으나 일이 누설되어 살해당했다. 명리(名理)를 잘 말했고, 정시(正始) 때의 명사가 되어 하안(何晏)·왕필(王弼) 등과 함께 현학(玄學-도교)을 창도해 초기 현학(玄學)의 영수로서 한 시대를 풍미했다. 작품에 「시사의(時事議)」와 「낙의론(樂毅論)」, 「황윤부(皇胤賦)」 등이 『삼국지』 본전(本傳)과 『예문유취(藝文類聚)』 등에 실려 있다.]이 말했다.

"악생(樂生-악의)이 연나라 혜왕에게 보낸 글을 살펴보건대, 거의 기미를 알

고[知幾] 도리에 합치해서 예(禮-일의 이치)로 시종일관하고 있다고 할 수 있을 것이다! 또 그가 소왕을 비유해 말하기를 '이윤(伊尹)은 태갑(太甲)을 추방하고도 의심을 품지 않았고[不疑] 태갑은 추방을 받아들이고도 원망하지 않았으니[不怨], 이것이야말로 대업이 지극한 공정함[至公]에 이르렀고 (사사로운 욕심이 아니라) 천하를 자기 마음으로 삼은 때문입니다'라고 했는데, 무릇 도리와 다움의 도량[道德之量]을 극대화하고자 하여 천하를 자기 마음으로 삼고자 힘쓰는 자는 반드시 자신의 임금을 성대하고 융성한 데로 이르게 하고자 하고 선왕(先王-옛날의 뛰어난 임금들)의 도리에 부합하게 하고자 하니, 만일 임금과 신하가 이렇게 한마음이 된다면[同符] 대업이 정해질 것이다. 이런 때에 악생의 뜻은 천재일우(千載一遇)였다. 무릇 천년에 한 번 만날까 말까 하는 기회가 찾아온 세상에서 진실로 장차 천재일융(千載一隆)의 도리를 행한다면, 어찌 그 국량이 당시에만 해당할 것이며 또 다른 제후들을 겸병(兼幷)하는 데만 그칠 뿐이리오!

무릇 겸병이란 악생이 달갑게 여긴 것[所屑]이 아니요, 연나라를 강하게 하느라 도리를 폐기하는 것 또한 악생이 추구하는 바가 아니었다. 구차한 이익[苟利]을 달갑게 여기지 않고 마음에 사사로운 일을 염두에 두지 않으며 작은 성공[小成]을 추구하지 않는 것, 이것이야말로 천하를 겸병하려는 뜻이다. 제나라를 들어서[擧] 했던 일은 그때의 기미에 맞춰 사해(四海)를 움직이려 한 조치다. 무릇 제나라를 토벌해 연나라 임금의 의로움을 밝힌 것, 이는 군대가 이익을 위해 일어난 것이 아니었다는 뜻이다. 성을 에워싸고도 백성에게 해악을 가하지 않았던 것, 이는 어진 마음을 멀고 가까운 곳에 다 드러낸 것이다. 거국적으로 그 공로를 도모하지 않고 사나움을 제거하되 위력으로 하지 않은 것, 이는 지극한 다움[至德]으로 천하를 온전하게 해준 것이다. 온전한 다움[全德]에 힘써 여러 제후국을 이끈 것은 거의 탕왕이나 무왕의 일에 가까운 것이다.

악생은 바야흐로 큰 도리[大綱]를 널리 펴서 두 성을 남겨두어 그곳 백성에

게 신의를 밝게 보여줌으로써 스스로 무너지기[斃]를 기다려준 것이니, 장
차 즉묵이나 거 땅 사람들이 돌이켜보아 자신의 윗사람들을 원망하고서[仇
=怨] 무기를 내버리고 자기에게 의탁하기를 바란 것이다. 이는 오히려 친선
으로 그들을 지켜준 것이고, 더 할 수 없는 지혜를 베푼 것이다. 그렇다면 어
짊을 구해서 어짊을 얻은 것[求仁得仁]은 즉묵 대부들의 의로움이요, 벼슬에
나아가는 것이 막히자 떠나간 것은 미자(微子)가 주나라를 떠나간 도리다.
점점 길을 넓혀준 것은 그렇게 함으로써 전단(田單)의 무리를 기다려준 것이
고, 좋은 것을 용납하는[容善] 풍토를 조장한 것은 그렇게 함으로써 제나라
선비들의 뜻을 펴주려 한 것이다. (이렇게 해서) 저 충성스러운 자들이 끝내
절의를 지키고 용맹스러운 자들이 끝까지 의로움을 드러내 그것이 동해까지
밝히고 중화의 후예[華裔]들에까지 영향을 미쳐서, 나의 은택이 봄과 같고
백성이 그에 응함이 불과 같아서 도리가 우주를 비추고 뛰어난 지혜가 마
음속에서 우러나옴으로써 주변 나라들이 마음을 기울여서 사모하고 온 세
상의 나라가 머리를 잇대어 연왕을 사모하고 추대하며 풍화와 명성[風聲]을
우러러보게 된다면 두 성은 반드시 복종할 것이고, 그리되면 임금다운 대업
[王業]이 융성해졌을 것이다. 비록 두 읍에 막혀 지체되기는 했지만[淹留] (그
렇게만 되었더라면) 마침내 천하에 크게 영향을 미쳤을 것이다.

불행한 변고란 원래 세상이 도모하지 않았던 바이니, 수성(垂成)에서의 패
배는 시운이 진실로 그러했기 때문이다. 만약에 마침내 (악생이) 위력으로 핍
박하고 군사로 겁을 주어 공격해서 빼앗음으로써 서둘러 공로를 이루려는
목적으로, 연나라와 제나라 병사들로 하여금 두 성 아래에서 피를 흘려 엄
청난[夥] 살상의 잔혹함을 세상 사람들에게 보여주게 했다면, 이는 사나움
을 마구 풀어 어지러움을 바꿈으로써[縱暴易亂] 자신의 사사로운 욕심을 달
성하는 것이 될 것이니, 주변 나라들에서 바라보기를 마치 승냥이나 호랑이
[豺虎]를 보듯이 했을 것이다. 이미 군사를 동원하는 마땅함을 크게 잃고 물
에 빠진 사람을 구제해주는 어짊[濟溺之仁]의 명문을 잃으며 또 제나라 선비

들의 절개를 허물고 청렴하며 좋은 풍속[廉善之風]을 내팽개친 채로 두루 넓게 통하는 도리를 막고 임금다움[王德-왕도를 지키는 임금의 다움]의 성대함을 버렸으니, 두 성을 뽑아버리는 게 가능하다 하더라도 이렇게 되면 패왕(霸王)의 일은 멀리 가버리는 것이다. 그렇게 될 경우 연나라가 설사 제나라를 삼켰다[兼] 한들 세속의 다른 임금들과 무엇이 다르겠는가[殊=異]? 주변 나라들이 서로 마음을 쏟아 사모하겠는가? 악생이 어찌 두 성을 빨리 뽑아버릴 줄 몰라서 그랬겠는가? 돌이켜볼 때 성을 뽑으면 대업이 멀어질 뿐이기 때문이다. 어찌 서둘러 뽑아서 변란을 그치게 하려고 생각지 않았겠는가? 돌이켜볼 때 대업이 멀어지면 변란은 그대로일 뿐이기 때문이다. 이로 말미암아 보건대 악생이 두 성을 도륙하지 않은 것[不屠]은 국량을 미처 다 헤아릴 수가 없을 정도다[未可量]."

5) 【색은(索隱)】 鬭의 발음은 (한이 아니라) 기(紀)와 한(閑)의 반절음이다.

6) 【집해(集解)】 망제군의 무덤은 한단(邯鄲)에서 서쪽으로 몇 리 떨어져 있다.

악간이 연나라에서 산 지 30년이 되었을 때, 연나라 임금 희(喜)가 재상 율복(栗腹)¹⁾의 계책을 써서 조나라를 침공하고자 하여 창국군 악간에게 물었다.

악간이 말했다.

"조나라는 사방의 적국과 자주 싸워온 나라[四戰之國]이므로²⁾ 백성이 전쟁에 익숙하니[習兵] 조나라를 치는 것은 안 됩니다."

연나라 임금은 듣지 않고 드디어 조나라를 쳤다. 조나라는 염파(廉頗)로 하여금 연나라 군대를 치게 하여 율복의 군사를 호(鄗) 땅에서 크게 깨뜨리고 율복과 악승(樂乘)을 사로잡았다. 악승은 악간의 집안사람[宗=宗族]이었다. 이에 악간은 조나라로 달아났고, 조나라는 드디어 연나라를 에워쌌다. 연나라가 거듭해서[重] 땅을 떼어주고 조나라와 화친을 맺으니 조나라는 마침내 포위를 풀고 돌아갔다.

1) 【색은(索隱)】 율은 성이고 복은 이름이다. 한나라 때 (경제의 후궁인) 율희(栗姬)가 있었다.

2) 【색은(索隱)】 조나라는 여러 차례 사방의 적들과 싸워왔다는 말이다. 그래서 사전지국(四戰之國)이라고 했다. 【정의(正義)】 동쪽으로는 연·제 나라와 이웃하고, 서쪽 변경에는 진(秦)나라와 누번(樓煩)이 있으며 남쪽 경계에는 한(韓)·위(魏)가 있고 북쪽으로는 흉노의 압박을 받았다.

연나라 임금은 악간의 말을 쓰지 않은 것을 한스러워했지만, 악간은 이미 조나라에 가 있었고 마침내 악간에게 편지를 보내 말했다.

"주왕(紂王) 때 기자(箕子)는 쓰이지 못하면서도 낯빛을 범해가며 간언하기를 게을리하지 않음으로써[犯諫不怠] 주왕이 자신의 말을 들어주길 바랐고, 상용(商容)1) 또한 말을 제대로 전하지도 못한 채[不達] 몸까지 치욕을 당하면서도 주왕이 달라지기를 바랐다. 두 사람은 백성의 뜻이 더는 들어오지 않고[民志不入] 죄수들이 스스로 감옥에서 뛰쳐나오고서야2) 마침내 물러나 몸을 숨겼다. 그래서 주왕은 걸왕처럼 포악하다는 죄를 얻게 되었고 두 사람은 충성스럽고 빼어나다[忠聖]는 명성을 잃지 않았던 것이다. 왜 그랬겠는가? 그들이 (나라와 백성을) 근심하고 걱정하는 것이 끝이 없었기 때문이다. 지금 과인이 비록 어리석긴 해도 주왕처럼 포악하지는 않고, 연나라 백성이 비록 어지럽기는 하지만 은나라 백성만큼 심하지는 않다. 자기 집에 할 말이 있는데도 서로 털어놓지 않은 채 이웃에다 일러바치다니3)! 이 두 가지 때문에 과인은 그대의 그런 행동을 옳지 않다고 여기는 바다4)."

1) 중국 은(殷)나라 주왕(紂王) 때의 대부(大夫)로, 주왕에게 직간하다가 쫓겨났다. 주(周)나라 무왕(武王)이 은나라를 이긴 뒤 그의 집 앞을 지나며 경의를 표했다고 한다.

2) 【색은(索隱)】 "백성의 뜻이 더는 들어오지 않고[民志不入]"라는 것은, 나라가 어지러워 사람들의 마음이 뿔뿔이 흩어져 밖으로 향하기 때문에 "들어오지

않고"라고 한 것이다. 또 "죄수들이 스스로 감옥에서 뛰쳐나오고"라고 했는데, 이는 정치가 어지러워지자, 감옥을 지키는 관리[士師]들이 법을 지키지 않았다는 말이다.

3) **【정의(正義)】** 집안에 분쟁이 있어 해결되지 않는다고 해서 이를 꼭 이웃 마을에 알리는 것을 말하니, 바로 지금 이 글이 그처럼 알리는 것과 비슷하다는 뜻이다.

4) **【정의(正義)】** 이 두 가지란 연나라 임금이 주왕과 같지 않고 연나라 백성이 은나라 백성과는 같지 않다는 것으로, (그런데도) 다시 그대가 연나라에 반기를 들어 임금과 백성의 잘못을 의심했으니, 과인은 그대가 그렇게 해서는 안 된다고 여긴다는 말이다.

[송나라 학자이자 정치가 진덕수(眞德秀)의 책『문장정종(文章正宗)』에는 이 편지의 전문이 실려 있다. 전문은 다음과 같다.

"과인이 재주가 없어 그대의 뜻을 잘 받들지 못했소. 그리하여 그대가 나라를 버리고 떠나고 말았으니, 과인이 똑똑하지 못하다는 것은 명백하오. 감히 나의 원하는 바를 알렸으나 그대는 이를 듣지 않았소. 그래서 사신을 보내 그대에게 나의 어리석은 뜻을 전하니, 그대가 시험 삼아 이를 잘 따져보길 바라오.

속담에 이르기를 '어진 이는 사귐을 가볍게 끊지 않고 지혜로운 자는 쉽게 원망 살 일을 저지르지 않는다'라고 했소. 그대가 과인의 선왕과 깊은 관계였음은 세상이 훤히 아는 일이오. 과인의 바람이란 내 잘못에 대해 그대가 덮어주고 감싸주는 것이었소. 그러나 생각지 않게도 그대는 내 죄를 드러내고야 말았소. 또 만약 내게 과오가 있으면 이를 잘 가르쳐주기를 원했더니, 생각지 않게도 그대는 과인의 과오를 드러내고야 말았소. 또한 과인의 죄는 나라 사람들이 모르는 바가 아니고 천하에 그 누구도 듣지 못한 자가 없소. 이에 그대가 나를 버리고 몰래 도망해 내 죄를 밝히지 않았다고 해도 과인에게 잘못이 있음은 틀림이 없소. 비록 그렇다 할지라도, 그대가 아직 그것으로 끝나지 않았다고 여길까 걱정되오. 속담에 이르기를 '다움이 두터운[厚德] 이는 남을 훼방하는 것으로 자기 이익을 삼지는 아니하며, 어진 이는 남을 위기에 처하도록 하는 방법으로 자신의 명예를 세우려 들지는 않는다'라고 했소. 이런 까닭으로 남의 잘못을 덮어주는 것은

다움이 두터운 이의 행실이며, 남을 과실에서 구제해주는 일은 어진 이가 취할 도리라 할 수 있소. 세상에서 과인의 잘못을 덮어주고 과인의 과실을 구제해줄 사람이 있기를 바라는 것은 그대 마음속의 바람이 또한 이와 같지 않겠소? 지금 그대는 선왕으로부터 후한 지위를 받아 높은 이름을 성취해놓고는 지금에 와서 과인을 쉽게 버리는 것을 가벼이 즐긴다면, 그대로부터는 더는 잘못을 덮어 과실을 용서받기를 기대하기가 어려울 것 같소. 또 세상에는 자신은 비록 다움이 엷으나[薄德] 그 까닭으로 남에게 두텁게 베풀며, 자신의 행동에 과실이 있음으로 하서 남을 은혜롭게 등용하는 경우가 있소. 지금 과인에게는 똑똑하지 못함으로 인한 죄를 짓도록 해놓고 그대는 또한 두터운 다움을 잃는 누명(累名)을 쓰게 되었으니, 그대가 스스로 선택하려고 해도 더는 취할 것이 없을 줄 아오.

나라에 봉토와 강역이 있는 것은 마치 집에 울타리와 담장이 있는 것과 같소. 그래서 그 안에서 일어나는 잘못을 서로 엄호해주기를 좋아하는 것이오. 집안에서 서로 화목하지 못할 때 밖으로 나가 이웃에게 떠들고 다니는 것은 결코 널리 통용되는 계책[通計]이 될 수가 없소. (그런데 그대는 우리 사이에) 원망과 안 좋음이 아직 드러나지도 않았는데도 이를 밝히고 이를 버리니, 이는 그 두터움을 다했다고 보기 어렵소.

과인이 아무리 똑똑하지 못하다고 해도 저 은(殷)나라의 주(紂)와 같이 난폭하지는 않으며, 그대가 비록 뜻을 얻지 못했다고 할지라도 저 상용(商容)이나 기자(箕子)[본명은 서여(胥余)로, 문정(文丁)의 아들이자 제을(帝乙)의 아우이며 주왕(紂王)의 숙부(叔父)다. 기(箕) 지방의 땅을 봉(封) 받고 작위가 자(子)여서 기자(箕子)라고 일컬어졌다. 벼슬은 태사(太師)를 지냈으며, 은나라의 운이 다하자, 조선(朝鮮)으로 가서 동방군자국(東方君子國)을 건립했다. 기자는 미자(微子)·비간(比幹)과 더불어 '은말삼인(殷末三仁)'으로 불린다.]만큼 불우하다고 할 수는 없을 것이오. 그런데도 안으로 과인의 잘못을 덮어주지 않은 채 밖에 나가 과인의 분풀이를 하고 있으니, 아마도 그 과실은 족히 그대의 고매했던 인품에 상처를 내고 그대의 옳았던 행동이 천박하게 된 것을 증명하는 것밖에 다른 것이 아니지 않겠소? 진실로 그대의 의로운 행동을 밝혀 보이고 그대의 고매함을 성취시키려, 비록 아무리 어려운 악역을 맡길지라도 자신 있게 이를 맡았어야 하오. (그런데) 본래부터 나의 다움이 박함을 드러내도 그대는 두터움을 얻지 못하고, 나의 치욕을 드날려 보여도 그대는 영광을 얻지 못하니, 이는 한 가지 잘못을 범해 두 가지를 잃

는 셈이 되오. 의로운 자는 남에게 손해를 끼치는 것으로써, 자신의 이익을 삼지 않는다고 했는데, 하물며 남을 상하게 하면서 자신조차 손해 보는 일이야 할 수 있겠소?

바라건대 그대는 과인의 똑똑하지 못함을 빌미로 하여 이미 이룩한 아름다움조차 때를 묻히는 일이 없도록 해주시오. 옛날에 유하혜(柳下惠)가 노(魯)나라 관리를 지내면서 세 번이나 축출을 당했지만, 그 나라를 떠나지 않으니, 어떤 이가 그에게 말하기를 '이 정도이면 떠날 만하오?'라고 했소. 이에 유하혜가 대답하기를 '진실로 내가 다른 사람이 이상하다고 여기는 한 어느 나라에 간들 축출당하지 않으리오? 또 어차피 축출당한다면 차라리 내 고국에 있는 것이 낫소'라고 했다고 하오. 이처럼 유하혜는 세 번이나 축출을 당하면서도 자신에게 때를 묻히지 않아 전날의 업적을 사람들은 잊지 않았던 것이며, 또 나라를 버리고 떠나려는 마음을 갖지 않아 멀고 가까운 어디에서나 그를 비방하는 논의가 없었던 것이오.

그런데 지금 과인의 죄에 대해 나라 사람들이 아직 잘 알지 못하고 있는 터에 도리어 과인을 두고 이러쿵저러쿵 의론하는 말이 천하에 널리 퍼져 있소. 속담에 이르기를 '의론하는 자는 의론할 때 남의 속마음을 넘겨짚지 않고 사물의 근본을 해치지 않으며, 어진 이는 남과의 사귐을 가볍게 끊지 않고 남의 공로를 짧게 줄여 말하지 않는다'라고 했소. 남의 공로를 마구 버리는 것은 일을 그만두겠다는 뜻이며, 사귐을 가볍게 끊고서 큰 이익을 구하는 것은 원망을 사는 것이오. 중간에서 일을 못 하게 해 포기시키고 원망을 사면서 스스로를 더럽히는 것은 고국을 버리고 멀리 있는 그대로서도 결코 바라는 일이 아닐 것이오.

지금 과인에게 죄도 없는데, 그대가 어찌 원망하는 것이오? 바라건대 그대는 원망을 버리고 선왕께 입은 은혜를 생각해서라도 다시 돌아와 과인을 이끌어주시오. 그대는 스스로 생각하기를 '나의 마음을 감추면서 그대 연왕의 잘못을 드러내 밝힐 것이며, 선왕의 은혜에 아랑곳없이 그대의 죄악을 밝히리라'라고 결심했는지는 모르겠소. 이는 과인으로 하여금 나아가서는 더는 공을 세우지 못하게 하고 물러서서는 더는 허물을 고칠 기회가 없게 하는 것이오. 오직 그대는 이 점을 깊이 생각해주길 바라오. 이상이 과인의 어리석은 뜻을 삼가 글로써 펴 보이는 것이오."]

악간과 악승은 (이 편지를 보고도) 연나라 임금이 자신들의 계책을 들어주지 않은 것에 대한 원망을 품어 결국 그대로 조나라에 머물렀다. 조나라는

악승을 봉해 무양군(武襄君)[1]으로 삼았다.

1) 【색은(索隱)】 악승은 악의의 집안사람[宗人]이다.

그 이듬해에 악승과 염파(廉頗)는 조나라를 위해 연나라를 에워쌌고, 연나라가 두터운 예물로 화의를 청하자 마침내 포위를 풀었다.

5년 뒤에 조나라 효성왕(孝成王)이 졸했다. 양왕(襄王)이 악승으로 하여금 염파를 대신하게 했다. 염파는 (이를 따르지 않고) 악승을 공격하니 악승은 패주했고, 염파는 달아나서 위(魏)나라로 들어갔다.

그로부터 16년이 지나 진(秦)나라가 조나라를 멸망시켰다.

그로부터 20여 년이 지난 후에 (한나라를 세운) 고제(高帝)가 조나라를 지나다가 물었다.

"악의에게 후손[後世]이 있는가?"

누가 대답했다.

"악숙(樂叔)이 있습니다."

고조가 그를 악향(樂鄉)에 봉해주고[1] 칭호를 화성군(華成君)이라고 했으니, 화성군은 악의의 손자다. 또한 악씨의 친족으로 악하공(樂瑕公)과 악신공(樂臣公)[2]이 있었는데, 조나라가 뒤에 진나라에 멸망당하자 제나라 고밀(高密)로 망명했다. 악신공은 황제(黃帝)와 노자(老子)의 학설을 잘 닦아[善脩] 제나라에서 이름을 날림으로써[顯聞=顯名] 뛰어난 스승[賢師]으로 칭송받았다.

1) 【집해(集解)】 서광(徐廣)이 말했다. "북신성(北新城)에 있다." 【정의(正義)】 「지리지(地理志)」에 이르기를, 신도(信都)에 악향현(樂鄉縣)이 있다고 했다.

2) 【색은(索隱)】 판본에 따라 거공(巨公)으로 되어 있기도 하다.

태사공(太史公)이 말한다.

"애초에 제나라 괴통(蒯通)[1]과 주보언(主父偃)[2]은 악의(樂毅)가 연나라 왕에 보낸 답글을 읽고서는 일찍이 책을 덮고 눈물을 흘리지 않은 적이 없었다.

악신공(樂臣公)은 황제와 노자를 배웠는데, 원래 스승은 하상 장인(河上丈人)이라 불렸고 그가 어디 출신인지는 알 수 없다. 하상 장인은 안기생(安期生)[3]을, 안기생은 모흡공(毛翕公)을, 모흡공은 악하공(樂瑕公)을, 악하공은 악신공(樂臣公)을, 악신공은 갑공(蓋公)[4]을 가르쳤다. 갑공은 제나라의 고밀(高密)과 교서(膠西)에서 가르치면서 조상국(曹相國-조참)의 스승[國師]국사이 되었다."[5]

1) 본명은 철(徹)이다. 진승(陳勝)이 반란을 일으키면서 무신(武臣)을 보내, 조지(趙地)를 차지하자 그가 창양령(蒼陽令)을 설득해 항복하게 하는 한편 무신을 설득해 맞이하게 하니, 무신이 그 계책을 받아들여 싸우지 않고도 연(燕)·조(趙)의 성 30여 개를 차지할 수 있었다. 나중에 한신(韓信)에게 모반하고 자립할 것을 권했으나 듣지 않자, 미친 사람처럼 행세하며 숨어 지냈다고 한다. 한신이 죽임을 당한 뒤에 반란을 사주했다고 해서 체포당했지만 풀려났다. 조참(曹參)이 제상(齊相-제나라 상국)이 되었을 때 객(客)으로 불려 갔다.

2) 종횡술(縱橫術)을 배우다가 나중에 『역(易)』과 『춘추(春秋)』 등 백가(百家)의 사상을 배웠다. 무제(武帝) 원광(元光) 때 장안(長安)에 와서 글을 올려 일에 대해 논했는데, 제후왕(諸侯王)의 세력을 깎아 약화하고 추은(推恩)을 명분으로 자제들에게 분봉(分封)해 후(侯)로 삼으라고 주장했으며 삭방군(朔方郡)을 두어 흉노(匈奴)에 대항하라고 건의했다. 모두 무제가 받아들여 낭중(郎中)에 올랐다가 한 해 동안 네 번 승진해 중대부(中大夫)가 되었다. 원삭(元朔) 2년(기원전 128년), 외직으로 나가 제왕(齊王)의 상(相)이 되었는데, 나중에 제왕과 누이의 간사한 일을 알려 제왕이 자살하게 했고 그 역시 족주(族誅) 당했다.

3) 한나라 때 술사 혹은 방사다.

4) 【색은(索隱)】 蓋의 발음은 (개가 아니라) 고(古)와 합(闔)의 반절음이다. 갑공은 역

사 기록에 이름이 나와 있지 않다.

5) **【색은술찬(索隱述贊)】** 창국군 충성스럽고 곧아[昌國忠讜]/남의 신하 된 자도 견줄 자가 없었네[人臣所無]/다섯 나라 군대를 합쳐서[連兵五國]/제수 서쪽 공략했도다[濟西爲墟]/연나라 임금이 장차 그를 받아들여[燕王將受]/헛소문 돌자 답하는 글 올렸지[空聞報書]/의로운 선비들 비분강개했고[義士慷慨]/눈 밝은 임금 그를 예우했구나[明君軾閭]/악간·악승이 장군의 뒤를 이으니[間乘繼將]/아름다운 이름 조금도 변하지 않았도다[芳規不渝]!

권81

염파인상여열전(廉頗藺相如列傳) 제21

권81 염파인상여열전(廉頗藺相如列傳) 제21

염파(廉頗)는 조(趙)나라의 훌륭한 장수[良將]다. 조나라 혜문왕(惠文王) 16년에 염파는 조나라 장수가 되어 제(齊)나라를 쳐서[伐] 크게 깨뜨리고 양진(陽晉)을 차지함으로써1) (그 공로로) 제배되어 상경(上卿)이 되니, 그 용맹스러운 기백이 제후들 사이에 알려졌다.

인상여(藺相如)는 조나라 사람으로, 조나라 환자령(宦者令-환관 책임자) 무현(繆賢)의 사인(舍人-비서실장)이었다.

1) 【색은(索隱)】 살펴보건대, 양진은 위(衛)나라 땅인데 뒤에 제나라에 속했고 지금은 조나라가 차지한 것이다. 사마표(司馬彪)의 「군국지(郡國志)」에 이르기를 지금의 위국(衛國) 양진성이 이것으로 본래는 진양(晉陽)으로 되어 있었다고 했는데, 그렇지 않다. 진양은 태원(太原)에 있는데, 비록 조나라 땅이기는 하지만 제나라에서 빼앗긴 땅은 아니다. 【정의(正義)】 고성(故城)은 지금의 조주(曹州) 승지현(乘氏縣) 서북쪽으로 47리에 있다.

조나라 혜문왕 때 초(楚)나라의 화씨 벽(和氏璧)1)을 얻었다. 진(秦)나라 소왕(昭王)이 그 소식을 듣고는 사람을 시켜 조왕에게 편지를 보내 15개 성으로 그 벽옥과 바꾸고 싶다고 했다. 조나라 왕이 대장군 염파, 여러 대신과 모의했는데, 진나라에 주자니 진나라 성은 얻지 못한 채 그냥[徒] 속을 것만 같고[見欺]2) 주지 않자니 곧바로 진나라 군대가 쳐들어올 것이 걱정되었다. 계책을 아직 정하지 못한 채 진나라에 (그 벽을) 보낼 만한 자를 구했으나

사람을 찾지 못했다.

환자령 무현이 말했다.

"신의 사인 인상여라면 사자로 보낼 만합니다."

왕이 물었다.

"어찌[何以] 그것을 아는가?"

(무현이) 대답했다.

"신이 일찍이 (왕께) 죄를 지어 몰래 연(燕)나라로 도망칠 계획을 세운 적이 있었는데, 신의 사인(舍人) 상여가 신을 말리며[止] '군께서는 어떻게 연나라 왕을 알게 되었습니까?'라고 물었습니다. 신이 말하기를 '전에 일찍이 대왕을 수행해 연나라 왕과 변경에서 만난 적이 있는데, 연나라 왕이 몰래 내 손을 쥐면서 친구를 맺고 싶다고 한 적이 있다. 그렇게 알게 되어, 그 때문에 가려고 하는 것이다'라고 하자 상여가 신에게 이렇게 말했습니다.

'무릇 조나라는 강하고 연나라는 약한 데다 군께서는 조나라 왕의 총애를 받고 계십니다. 그렇기에 연나라 왕이 군과 사귀려고 한 것입니다. (그런데) 지금 군께서 마침내 조나라에서 도망쳐 연나라로 가신다면, 연나라는 조나라를 두려워해 형세상[其勢] 반드시 군을 감히 머물러 있게 하지 못하고 군을 묶어 조나라로 돌려보낼 것입니다. 군께서 웃통을 벗고 형틀에 엎드려 (왕께) 죄를 청하는 것만 못합니다[不如]. 그러면 요행히 죄를 면할지 모릅니다.'

신이 그 계책을 따랐고, 대왕께서도 다행스럽게 신을 용서해주셨습니다. 신이 가만히 생각해보건대, 그 사람이 용사(勇士)이고 지모(智謀)도 있으니 마땅히 보낼 만합니다."

이에 왕이 불러서 만나서는 인상여에게 물었다.

"진왕이 성 15개로 과인의 벽옥과 바꾸기를 청해왔는데, 주는 게 좋은가 주지 않는 게 좋은가?"

상여가 말했다.

"진나라는 강하고 조나라는 약하니 허락하지 않을 수 없습니다."

왕이 말했다.

"내 벽옥만 가져가고 내게 성을 주지 않으면 어쩔 것인가?"

상여가 말했다.

"진나라가 성을 주겠다며 벽옥을 얻으려는데 조나라가 주지 않으면 잘못[曲]은 조나라에 있습니다. (반대로) 조나라가 벽옥을 주었는데 진나라가 조나라에 성을 주지 않는다면 잘못은 진나라에 있습니다. 두 계책을 견줘 보건대[均之], 차라리[寧] 청을 받아들여 잘못의 책임을 진나라가 지도록 하는 것이 낫습니다."

왕이 말했다.

"누구를 사신으로 보낼 수 있겠는가?"

상여가 말했다.

"왕께 확실히 사람이 없다면 신이 벽옥을 받들고 사신으로 가겠습니다. 성이 조나라 손에 들어오면 벽옥을 진나라에 두고 오지만, 성이 조나라에 들어오지 않으면 신은 벽옥을 온전하게 해서[完璧]3) 조나라로 다시 가지고 오겠습니다."

조왕은 이에 드디어 상여를 보내 벽옥을 받들고 서쪽으로 가서 진나라에 들어가게 했다.

---

1) '화씨의 벽(璧)'이라는 뜻으로, '벽'이란 옥(玉)의 원석을 둥글넓적한 고리 모양으로 가공한 것을 말한다. 변화(卞和)가 초(楚)나라 문왕(文王)에게 바친 옥 원석을 다듬은 것인데, 수후지주(隋侯之珠)와 함께 중국 고대의 진귀한 보물로 손꼽힌다. 여기서 의미가 확장되어 화씨지벽은 뛰어난 인재를 비유하는 말로도 쓰인다. 또는 온갖 고난과 어려움 속에서도 뜻을 끝까지 밀고 나아가서 기어이 목적을 이루는 것을 나타낸다.

2) 이때의 견(見)은 수동태를 만드는 조동사다.

3) 완벽(完璧)이라는 말의 어원이다.

진나라 왕이 장대(章臺)에 앉아 상여를 만나보았는데, 상여가 벽옥을 받들어 진나라 왕에게 올렸다[奏=上]. 진나라 왕이 크게 기뻐해 미인(美人-후궁)과 좌우 신하들에게 넘기며 돌아가면서 보게 했고, 좌우에서는 모두 만세(萬歲)를 불렀다. (그런데) 상여가 살펴보니 진나라 왕은 대가[償]인 성을 조나라에 내어줄 생각이 없어 보이기에[無意] 마침내 앞으로 나아가 말했다.

"벽옥에 하자(瑕疵-흠결)가 있어 왕께 가리켜 보여드리기를 청합니다."

왕이 벽옥을 건네자, 상여는 곧바로 벽옥을 꽉 잡은 채 물러나서 기둥에 기대어 섰는데, 화가 나서 머리카락이 일어서는 바람에 관(冠)이 들썩거릴 정도였다.

(상여가) 진나라 왕에게 말했다.

"대왕께서 벽옥을 얻고자 하시어 사신을 통해 조나라 왕께 서신을 보내자, 조나라 왕께서는 여러 신하를 모두 불러 모아 상의했습니다. 모두 말하기를 '진나라는 욕심이 많고 힘만 믿고서 빈말로 벽옥을 구하는 것이니, 보상으로 주겠다는 성은 아마도[恐=疑] 얻을 수 없을 것'이라며 진나라에 벽옥을 주지 말자고 했습니다. (하지만) 신은 '포의(布衣-벼슬 않는 사람)의 사귐에서도 오히려[尙] 서로를 속이지 않거늘, 하물며 큰 나라임에랴!'라며 '벽옥 하나 때문에 강한 진나라의 기쁨[驩=歡]을 거스를 수 없다'라고 하여 안 된다고 했습니다. 이에 조나라 왕께서는 마침내 닷새 동안 재계(齋戒)하시고 신에게 벽옥을 받들게 해서 삼가 절한 다음에 국서를 진나라 조정으로 보내신 것입니다. 어째서이겠습니까? 큰 나라의 위엄을 존중해 경의를 나타낸 것입니다.

(그런데) 지금 신이 이르자 대왕께서 신을 궁전 한편에서[列觀] 접견하셨는데 예절이 아주 거만했고[甚倨], 또 벽옥을 받자마자 미인(美人-후궁)들에게 넘겨 돌려보게 하심으로써 신을 희롱하셨습니다.

신이 보건대 대왕께서는 조나라 왕께 성읍을 보상으로 넘길 뜻이 없으

시기에, 그래서 신이 다시 벽옥을 돌려받은 것입니다. 대왕께서 기어코 신을 핍박하시겠다면, 신은 제 머리통과 벽옥을 함께 기둥에 들이박아 둘 다[俱] 박살 낼 것입니다!"

상여가 벽옥을 쥐고 기둥을 노려보다가[睨] 기둥에 부딪히려 했다. 진나라 왕은 벽옥이 부서질까 두려워 마침내 사과하며 화를 풀라고 굳게 청하고 담당 관리[有司]를 불러 지도를 가지고 오게 해서는 지도를 가리키면서 여기부터 저기까지 15개 성을 조나라에 주겠노라고 했다. 상여는 진나라 왕이 그저[特=但] 거짓으로 속여서 조나라에 성을 주겠다는 것이지 실제로는 얻을 수 없다는 것을 헤아리고는 마침내 진나라 왕에게 말했다.

"화씨 벽은 천하가 함께 전해온[共傳] 보물이지만 조나라 왕께서는 두려웠기에 감히 드리지 않을 수 없었던 것입니다. 조나라 왕께서 벽을 보내시면서 닷새 동안 재계 하셨으니, 지금 대왕께서도 마땅히 닷새 동안 재계 하신 뒤 조정에 구빈(九賓)을 세워놓으셔야만[1] 신이 마침내 감히 벽을 올릴 것입니다."

진왕이 헤아려보건대 끝내 강제로는 빼앗을 수 없었기에, 드디어 닷새 동안 재계를 하겠노라고 하면서 상여를 광성 전사(廣成傳舍)[2]에 묵게 했다[舍]. 상여는 진나라 왕이 설사 재계를 하더라도 결국은 약속을 어기고 성을 주지 않을 것이라고 판단해 마침내 수행원에게 거친 갈옷을 입힌 뒤 벽을 품고 샛길을 통해 도망쳐서 벽을 도로 조나라에 가져가게 했다.

---

1) 【집해(集解)】 위소(韋昭)가 말했다. "구빈이란 『주례(周禮)』에 나오는 구의(九儀)다." 【색은(索隱)】 『주례(周禮)』에 따르면, "대행인(大行人)은 구빈(九賓)을 시행해 특별대우를 하는데, 구복(九服)의 빈객(賓客)"이라고 했다. 『열사전(列士傳)』에 이르기를, 구뢰(九牢)를 두었다고 했다. 【정의(正義)】 유백장(劉伯莊)이 말했다. "구빈이란 주나라 천자가 갖추던 예로서 천자가 임헌(臨軒)하면 구복이 함께 모였는데, 진과 조는 어떻게 구빈을 얻었겠는가? 다만 수레와 몇 가지

문물을 진설했을 뿐이다.”

2) **[색은(索隱)]** 광성(廣成)이란 전사(傳舍)의 이름이다.

진왕이 닷새 동안 재계한 다음에 마침내 조정에 구빈(九賓)의 예를 베풀고는 조나라 사신 인상여를 안내하게 하자, 상여가 와서 진나라 왕에게 말했다.

“진나라는 목공(繆公) 이래 20여 군주들이 일찍이 약속을 확고하고 분명하게[堅明] 지킨 적이 없습니다. 신은 진실로 왕에게 속아 조나라를 저버릴 것이 두려워서 사람을 시켜 벽옥을 돌려보냈으니, 지금쯤 조나라에 도착했을 것입니다. 또 진나라는 강하고 조나라는 약하니 대왕께서 보잘것없는 사신 한 사람[一介之使]만 조나라에 보내도 조나라는 벽옥을 받들고 올 터인데, 지금 진나라의 강함으로 먼저 성 15개를 떼어 조나라에 준다면 조나라가 어찌 감히 벽옥을 내놓지 않아서 대왕께 죄를 짓겠습니까? 신이 대왕을 속인 죄는 죽어 마땅한 줄을 알고 있으니 감히 끓는 솥[湯鑊]에 들어갈 것을 청하옵니다만, 부디 대왕께서는 여러 신하와 계책을 깊이 생각하고 토의하시길 바랍니다.”

진나라 왕과 신하들이 서로 바라보며 탄식했다[嘻][1]. 좌우에서 어떤 이가 상여를 끌어내고자 하니, 진나라 왕이 말했다.

“지금 상여를 죽여도 벽을 끝내 얻지 못한 채 진과 조의 좋은 관계[秦趙之驩]만 끊어질 뿐이니, 이참에 그를 두텁게 대접해 조나라로 돌려보내는 것만 못할 것이다.

또 조나라 왕이 어찌 벽 하나 때문에 진나라를 속이랴.”

결국 (진나라) 조정에서는 상여를 (예로써) 접견했고, 예를 마치자[畢禮] 그를 돌려보냈다.

1) **[색은(索隱)]** 희(嘻)란 곧 ‘놀라고 화가 났다’라는 말이다.

상여가 돌아오자, 조나라 왕은 뛰어난 대부가 현명하게 제후들 사이에서 모욕을 당하지 않게 했다고 여겨서 상여를 제배해[拜] 상대부로 삼았다. 진나라는 역시 성을 조나라에 주지 않았고, 조나라 또한 끝내 벽옥을 진나라에 주지 않았다.

그 뒤에 진나라는 조나라를 쳐서 석성(石城)을 뽑아버렸고[1], 이듬해에 또다시 조나라를 공격해 2만 명을 죽였다.

1) 【집해(集解)】 서광(徐廣)이 말했다. "혜문왕 18년이다." 【색은(索隱)】 유씨(劉氏)가 말하기를, 아마도 석읍(石邑)일 것이라고 했다. 【정의(正義)】 옛 석성(石城)은 상주(相州) 임려현(林慮縣) 남쪽으로 90리에 있다.

진나라 왕이 조나라 왕에게 사자를 보내 조나라 왕과 서하(西河) 바깥[外] 민지(澠池)에서 우호를 위해 만나고[好會] 싶다고 알렸다[1]. 조왕은 진나라가 두려워서 가지 않으려 했다.

염파와 인상여가 계책을 내어 말했다.

"왕께서 가지 않으시면 이는 조나라가 약하고 겁쟁이라는 것[弱且怯]을 보여주는 것입니다."

조나라 왕이 드디어 떠났고 상여가 뒤를 따랐다. 염파가 국경까지 전송하고서는 왕과 헤어지며[訣] 말했다.

"왕께서 행차하는 거리[道里=里程]와 만나서 회담을 끝내고 돌아오시기까지를 헤아려보면 30일을 넘지 않습니다. 30일이 지나도 돌아오지 않으시면 태자를 세워 왕으로 삼음으로써 진나라의 기대를 끊어버리도록 해주실 것을 청합니다."

왕이 이를 허락하고는 드디어 진나라 왕과 민지에서 만났다[2]. 진왕이 술을 마시다가 술자리가 무르익자[酣] 말했다.

"과인이 가만히 듣건대 조나라 왕께서 음악을 잘하신다[好音] 하니, 거문고 연주를 청합니다."

조왕이 거문고를 탔다. 진나라 어사(御史)가 앞으로 나아와 이렇게 적었다.

'아무개[某] 연월일에 진왕께서 조왕과 함께 술을 마시며 조왕에게 거문고를 연주하라고 시키셨다[令]."

인상여가 앞으로 나아가 말했다.

"조나라 왕께서 가만히 듣건대 진나라 왕께서 진나라 음악[秦聲]을 잘하신다[善爲] 하니, 진나라 왕께 분부(盆瓿-질장구)3)를 드려서 함께 즐길 것을 청하셨습니다."

진나라 왕이 성을 내며 허락하지 않았다. 이에 상여가 앞으로 나아가 질장구를 바치며, 그 참에[因] 무릎을 꿇고 진왕에게 청했다. 진나라 왕은 질장구를 기꺼이 두드리려 하지 않았다. 상여가 말했다.

"다섯 걸음 안에 상여가 목덜미의 피[頸血]로 대왕에게 흩뿌릴[濺]4) 수 있기를 청합니다."

좌우에서 칼로 상여를 죽이려 했으나 상여가 눈을 크게 부릅뜨고[張目] 고함을 지르자, 좌우가 모두 뒤로 물러났다[靡]. 이에 진나라 왕이 마지못해[不懌] 질장구를 한 번 두드렸다. 상여는 고개를 돌려 조나라 어사를 불러서 "아무개[某] 연월일에 진왕이 조왕을 위해 질장구를 두드렸다"라고 쓰게 했다. 진나라의 여러 신하가 말했다.

"조나라의 성 15개로 진왕의 장수(長壽)를 빌었으면 합니다."

인상여 역시 말했다.

"진나라의 함양으로 조왕의 장수를 빌었으면 합니다."

---

1) 【색은(索隱)】 서하의 남쪽에 있으므로 '바깥'이라고 한 것이다. 「표(表)」에 따르면, 조나라 혜문왕 20년의 일이다.

2) 【집해(集解)】 서광(徐廣)이 말했다. "(혜문왕) 20년이다."

3) 【집해(集解)】 (후한 때의 학자 응소(應劭)가 편찬한)『풍속통의(風俗通義)』에서 이렇게 말했다. "부(缶)란 질그릇[瓦器]으로, 술이나 장류를 채우는 것이다. 진나라 사람들은 그것을 두르려 노래의 마디를 냈다[節歌]." 【색은(索隱)】 瓿의 발음은 부(缶)다. 【정의(正義)】 瓿의 발음은 병(缾-두레박 물장군)이다.

4) 【정의(正義)】 澉의 발음은 (천이 아니라) 찬(贊)이다.

진나라 왕은 술자리를 마칠 때까지 끝내 조나라를 제압할 수 없었다. 조나라 역시 병사를 가득 배치해[盛設] 진나라에 대비하니, 진나라는 감히 움직이지 못했다.

이미 일을 마치고 조나라로 돌아왔는데, 상여의 공로가 가장 컸으므로 제배해 상경(上卿)으로 삼으니, 자리가 염파보다 위[右]1)였다. 염파가 말했다.

"나는 조나라 장수로서 성을 공격하고 들판에서 싸워 큰 공을 세웠는데 인상여는 한갓[徒] 입과 혀만 놀렸으나 자리가 나보다 위에 있고, 상여는 본래[素=本] 천한 사람이었으니 내가 부끄러워 차마 그의 아래에 있을 수 없다."

선언해 말했다.

"내가 상여를 만나게 된다면 반드시 욕을 보일 것이다."

상여가 이 말을 듣고는 가능한 한 부딪치지 않으려 했다. 상여는 입조 할 때마다 늘 병을 핑계 대며 염파와 서열을 다투려 하지 않았다. 얼마 뒤에 상여가 외출했다가 멀리서 염파를 보자 마차를 끌고 피해 숨었다. 이에 그의 사인(舍人)들이 서로 간언해 말했다.

"신들이 친척을 떠나 군을 모시는 것은 오로지[徒] 군(君)의 높은 의리를 흠모하기 때문입니다. (그런데) 지금 군께서는 염파와 같은 반열인데, 염군

(廉君)이 대놓고[宣] 나쁜 말을 하는데도 군께서는 그를 두려워하며 숨으시고 두려워하시는 것이 너무 심하시니, 이런 것은 보통 사람도 오히려 부끄러워하거늘 하물며 장상(將相)이야 어떻겠습니까? 신들은 못났으니[不肖] 물러갈 것을 청합니다."

인상여가 그들을 굳게 말리며[固止] 말했다.

"그대들이 볼 때 염 장군과 진나라 왕 중 누가 더 대단하다고 보는가?"

"(염 장군이 진왕만) 못하지요."

"무릇 진나라 왕의 위세 앞에서 이 상여는 그 조정에서 호통을 쳤고 그 신하들을 욕보였으니, 상여가 아무리 못났어도[駑] 홀로 염 장군을 겁내겠는가? 도리어[顧] 내가 생각건대, 강한 진나라가 감히 조나라에 대해 군대를 움직이지 못하는 까닭은 오로지[徒] 우리 두 사람이 있기 때문이네. (그런데) 지금 호랑이 2마리가 한데 어울려 싸우면 형세상 둘 다 살아남을 수 없네. 내가 그렇게 한 까닭은 나라의 급한 일을 먼저하고 사사로운 원한은 뒤로했기 때문이라네."

염파가 이를 듣고는 웃통을 벗고 가시나무 회초리를 등에 진 채[肉袒負荊]2) 빈객을 통해 인상여의 집 문에 이르러 사죄해 말했다.

"이 비루하고 천박한 자는 장군께서 이렇게까지 지극히 너그러우신 줄 몰랐소이다."

결국 두 사람은 서로를 좋아하게 되어 목을 내놓아도 아깝지 않을 교분[刎頸之交]3)을 나누었다.

1) 【색은(索隱)】 왕소(王劭)가 살펴보건대, 동훈(董勛)의 『답례(答禮)』에서 이렇게 말했다. "직위가 높아 명록이 위에 있을 때 이를 남들보다 위[右]에 있다고 하고, 직위가 낮아 명록이 아래에 있을 때 이를 남들보다 아래[左]에 있다고 한다. 이 때문에 아래로 내려가는 것[下遷]을 좌(左-좌천)라고 한다." 【정의(正義)】 진한(秦漢) 이전까지는 우(右)란 곧 위[上]였다.[후에 와사 좌(左)가

위로, 우(右)가 아래로 되었다. 좌의정이 우의정보다 윗자리인 것은 그 때문이다.]

2) 【색은(索隱)】 육단(肉祖)이란 상의를 벗어[袒衣] 맨살을 드러낸다는 말이다. 부형
(負荊)의 형(荊)이란 곧 초(楚-가시나무 회초리)이니, 회초리를 지고 왔다는 말
이다.

3) 【색은(索隱)】 최호(崔浩)가 말했다. "생사를 함께하기로 약속해[要齊生死] 목을
내놓아도 조금도 후회하지 않음을 말한다."

**이해에 염파는 동쪽으로 제나라를 공격해 군(軍) 하나를 깨뜨렸다. 2년
뒤에 염파는 다시 제나라의 기(幾)¹⁾를 쳐서 뽑아버렸다. 3년 뒤에 염파는
위(魏)나라의 방릉(防陵)²⁾과 안양(安陽)을 공격해 뽑아버렸다. 4년 뒤에는
인상여가 군대를 이끌고 제나라를 공격해 평읍(平邑)에 이르렀다가 철수했
다³⁾. 그 이듬해에 조사(趙奢)가 연여(閼與) 아래에서 진나라 군대를 깨뜨
렸다.**

1) 【집해(集解)】 서광(徐廣)이 말했다. "기(幾)는 읍 이름이다." 살펴보건대, 「조세가
(趙世家)」 혜문왕(惠文王) 23년에 파(頗) 장군이 위(魏)나라의 기읍을 쳐서
차지했다고 했고 「제세가(齊世家)」와 「연표」에는 "제나라의 기(幾)를 쳐서
뽑아버렸다"라는 일이 없으니, 아마도 기(幾)가 읍 이름이기는 한데 어떤 때
는 제나라에 속하고 어떤 때는 위나라에 속했을 뿐이어서 전단(田單)이 제
나라에 있을 때는 이처럼 뽑아버릴 수 없었을 것이다. 【색은(索隱)】 「세가(世家)」
에 이르기를 혜문왕 23년에 파 장군이 위나라의 기읍을 쳐서 차지했다고 했
으니, 이 「열전」과 합치한다. 『전국책(戰國策)』에 이르기를 진(秦)이 연여(閼
與)를 꺾고서 위나라 기읍을 쳤다고 했는데, 기 역시 위나라에 속한다. 그런
데 배인(裴駰)은 「제세가(齊世家)」와 「연표」에 "제나라의 기(幾)를 쳐서 뽑
아버렸다"라는 일이 없다는 것을 끌어들여, 그 기라는 것이 옛날의 읍이긴
한데 어떤 때는 제나라에 속하고 어떤 때는 위나라에 속했을 뿐이라고 했

다. 【정의(正義)】 상(相-상수)과 노(潞-노수) 사이에 있다.

2) 【집해(集解)】 서광(徐廣)이 말했다. "판본에 따라 방자(房子)로 되어 있다." 【색은(索隱)】 살펴보건대, 방릉은 초(楚)나라 서쪽에 있으며 한중군(漢中郡)에 속한다. 위(魏)나라에 방자(房子)가 있으니, 아마도 릉(陵)은 (자(子)의) 잘못인 듯하다. 【정의(正義)】 성(城)은 상주(相州) 안양현(安陽縣) 남쪽으로 20리에 있는데, 그것을 갖고서 방수(防水)의 이름으로 삼은 것이다.

3) 【정의(正義)】 고성(故城)은 위주(魏州) 창락현(昌樂縣) 동북쪽으로 30리에 있다.

조사(趙奢)는 조(趙)나라의 (밭에 대한 세금을 징수하는 관리인) 전부리(田部吏)였다. 조세를 거둘 때 평원군(平原君, ?~기원전 251년)[1] 집안에서 세금을 기꺼이 내려 하지 않자, 조사는 법대로 다스려서 평원군 집에서 일을 주도하는 자[用事者] 9명을 죽였다. 평원군이 노해 장차 사(奢)를 죽이려 했다. 이에 사가 유세해 말했다.

"군(君)께서는 조나라의 귀한 공자[貴公子]이십니다. 그런데 지금 군의 집안이 공적인 일을 받들지[奉公] 않으면 법이 깎이고, 법이 깎이면 나라가 약해지며, 나라가 약해지면 제후들이 군대를 동원해 공격하게 되고, 제후들이 군대를 동원해 공격하면 이에 조나라는 없어질 것이니 그러면 군께서는 이 부(富)를 어떻게 유지하려 합니까? 군의 귀함으로 공적인 일을 법대로 받들면 위아래가 평안해지고, 위아래가 평안해지면 나라가 강해지며, 나라가 강해지면 조나라는 튼튼해질 터인데, 군께서는 귀한 친척이 되어 어찌 천하를 가벼이 여기십니까?"

평원군은 그가 뛰어나다[賢]고 여겨 왕에게 천거했다[言之=擧之]. 왕이 그를 써서 나라의 세금[國賦]을 다스리게 하자 나라의 세금이 크게 공평해져서[大平] 백성이 넉넉해지고 부고(府庫)가 꽉 채워졌다[實=塞].

1) 중국 전국시대 말기에 살았던 조(趙)나라의 공자(公子)다. 맹상군·춘신군·신릉군 등과 함께

사군(四君)의 한 사람이다. 세 차례에 걸쳐 재상이 되었으며, 뛰어나고 붙임성이 있어 식객 3,000명을 먹였다고 한다. 진(秦)나라 군대가 조나라의 서울 한단(邯鄲)을 포위·공격할 때 초(楚)나라 춘신군, 위(魏)나라 신릉군 등의 원조를 받아 진나라 군대를 물리쳤다.

진(秦)나라가 한(韓)나라를 치고 연여(閼與)에 주둔했다[軍=屯]. 왕이 염파를 불러 물었다.

"구원할 수 있는가, 없는가?"

(염파가) 대답해 말했다.

"길이 멀고 험하며 좁아서 구원하기 어렵습니다."

또 악승(樂乘)을 불러 물으니, 악승의 대답도 염파의 말과 같았다. 또다시 조사를 불러 물으니, 사가 대답해 말했다.

"그 길은 멀고 험하며 좁은 곳이라 비유하자면 마치 쥐 2마리가 구멍 안에서 싸우는 것과 같으므로 장차 용감한 쪽이 이길 것입니다."

왕은 마침내 조사를 장수로 삼아 연여를 구원하게 했다.

군대가 한단(邯鄲)을 떠나 30리쯤 갔을 때 (조사가) 군중에 영을 내려 말했다.

"군대의 일에 대해 간언하는 자는 죽인다."

진나라 군대는 무안(武安)[1] 서쪽에 진을 치고 있었는데, 북을 치고 고함을 지르면서 병사들을 다그치니[勒兵] 무안 집들의 기와가 모두 흔들릴 정도였다. 군중의 척후병 하나가 무안을 서둘러 구원하자고 말하자 조사는 그 자리에서[立=卽] 그의 목을 베었다. 벽을 단단하게 하고 28일 동안 머물며 나가지 않았고 다시 보루를 더 쌓게 했다. 진나라 첩자[間=間者]가 들어오자, 조사는 잘 먹여서 그를 보내주었다. 첩자가 이를 진나라 장수에게 보고하자 진나라 장수가 크게 기뻐하며 말했다.

"무릇 저들이 국성[國][2]과의 거리가 30리에 불과한데 군대를 행군하지

않고 마침내 보루만 증강하고 있다니 연여는 (이제) 조나라의 땅이 아니다."

조사는 진나라 첩자를 보내주고 나서야 마침내 군사들에게 갑옷을 벗고 [卷甲] 그를 뒤쫓게 하니 1박 2일 만에 도착했고, 이어 활을 잘 쏘는 병사들을 연여에서 50리 떨어진 곳에 주둔하도록 했다.

군의 보루를 완성하자 진나라 사람들이 그 소식을 듣고 중무장을 한 채 [悉甲] 진군해 왔다. 군사 허력(許歷)이 군대의 일에 대해 간언하길 청하니 조사가 말했다.

"들이라[內之=納之]!"

허력이 말했다.

"진나라 사람들은 조나라 군대가 왔을 것이라고는 생각하지 못하고 있어 달려오는 기세가 왕성할 것이니, 장군께서는 반드시 진지를 두텁게 하여 단단히 지키면서 기다려야 할 것입니다. 그렇지 않으면 반드시 패할 것입니다."

조사가 말했다.

"청을 받아들이겠다."

허력이 말했다.

"부질형(鈇質刑-도끼형)을 내려주십시오."

조사가 말했다.

"뒤에[後] 한단에서 영(令)을 기다리라[胥]3)."

허력은 다시 간언할 것을 청해 말했다.

"먼저 북산(北山)4)의 정상을 차지하면 이기고, 뒤에 도착하던 패합니다."

조사가 이를 받아들여서 곧바로 1만 명을 내어 달려가게 했다. 진나라의 군대가 뒤늦게 와서 산을 놓고 다퉜으나 정상에 오를 수 없었고, (이에) 조사는 군사들을 풀어[縱兵] 그들을 쳐서 진나라 군대를 크게 깨트렸다. 진나라 군대는 포위를 풀고 달아났고, 드디어 연여의 포위가 풀리자 돌아왔다.

1) 【집해(集解)】 서광(徐廣)이 말했다. "위군(魏郡)에 속하며, 한단 서쪽에 있다."

2) 【정의(正義)】 국(國)이란 한단(邯鄲)으로, 조나라의 도읍[都=國都]이다.

3) 【색은(索隱)】 살펴보건대 서(胥)와 수(須-기다리다)는 옛사람들이 통용했다. 지금 "서후령(胥後令)"이라고 했는데, 서(胥)란 수(須)이고 수(須)란 기다린다[待]는 뜻이니 뒤의 영을 기다린다[待後令]는 말이다. 이는 곧 허력의 말은 주살에 해당하지 않으므로 뒤의 영을 기다리라고 한 것이다. 【정의(正義)】 서(胥)는 수(須)와 같다. 군대가 도성과 30리밖에 떨어져 있지 않은데도 아직 험하고 좁은 길을 지나갈 계책을 세우지 못하고 있어, 사람들이 급히 무안을 구원하자고 간언할까 걱정해서 마침내 이런 영을 내렸던 것이다. (그런데) 지금 싸움을 앞두고 모책을 얻기를 기다리고 있어서 전에 내린 영을 쓰지 않아서 "뒤의 영을 기다리라[須後令]"라고 한 것이다.

4) 【정의(正義)】 연여산(閼與山)은 명주(洺州) 무안현(武安縣) 서남쪽으로 50리 떨어진 곳에 있는데, 조사가 연여에서 진나라 군대와 맞섰다고 한 곳이 곧 이 산이다. 살펴보건대 『괄지지(括地志)』에서 말하기를 "진나라 군대와 맞선 곳이 이 산이라는 말"이라고 했으니, 이는 그것이 명주와 아주 가깝다는 것을 의심한 것이다. 이미 한단에서 30리 되는 곳에 진을 쳤고 또 쫓아가기를 1박 2일 동안 했다고 했으며 연여에서 50리 떨어진 곳에 이르러 군대의 보루를 쌓았다고 했으니, 지금의 명주가 노주(潞州)와 300리 떨어져 있고 상주(相州)와도 멀다는 것을 감안할 때 아마도[恐] 노주 연여취성(閼與聚城-읍성)이 바로 맞서는 근거지로 삼았던 곳인 듯하다.

조나라 혜문왕(惠文王)이 사(奢)에게 칭호를 내려 마복군(馬服君)으로 삼고 허력을 국위(國尉)로 삼았다. 조사는 이에 염파, 인상여와 지위가 같아졌다.

4년 뒤에 조 혜문왕이 졸(卒)하고 아들 효성왕(孝成王)이 세워졌다. (효성

왕) 7년에 진나라와 조나라 군대가 장평(長平)에서 서로 맞서게 되었는데, 이때 조사는 이미 죽었고[1] 인상여는 위독했기에 조나라는 염파를 장수로 삼아 진나라를 공격하게 했는데 진나라가 몇 차례 조나라 군대를 깨뜨렸지만, 조나라 군대는 성벽을 단단히 한 채 싸우지 않았다. 진나라가 여러 차례 싸움을 걸어왔지만[挑戰] 염파는 기꺼이 응하지 않았다[不肯]. (그런데) 조나라 왕이 진나라 첩자의 말을 믿었으니, 진나라 첩자가 말했다.

"진나라는 오로지 마복군 조사의 아들 조괄(趙括)이 장수가 되는 것을 가장 우려하고 있습니다."

조나라 왕은 그 참에 조괄을 장수로 삼아 염파를 대신하게 하고자 했다. 인상여가 말했다.

"왕께서 명성만으로 괄을 쓰려고 하시는데, 이는 마치 아교로 기러기발을 붙여놓고 거문고를 타는 것[膠柱而鼓瑟][2]과 같을 뿐입니다. 괄은 그저 아버지가 전해준 책만 읽었을 뿐 임기응변[合變]을 모릅니다."

조나라 왕은 듣지 않고 드디어 그를 장수로 삼았다.

---

1) 【집해(集解)】 조사의 무덤은 한단의 경계에 소재한 서산(西山) 꼭대기에 있는데, 이 산을 마복산(馬服山)이라고 부른다.

2) 각주구검(刻舟求劍)과 뜻이 같다. 직역하면 기러기발을 붙여놓고 거문고를 두드린다는 것으로, 거문고 줄을 고르기 위해 줄 밑에 괴어야 할 나무 기러기발을 아교로 단단히 붙여놓은 채로 거문고를 타기 때문에 음조를 조절할 수 없다는 뜻이다. 융통성이 없다는 말이다.

조괄은 어려서부터 병법을 배워 군대의 일[兵事]을 말하면 천하에 누구도 당할 자가 없었다. 일찍이 아버지 조사와 병법을 이야기한 적이 있는데 사도 쩔쩔맹지만, 잘한다고는 말하지 않았다. 괄의 어머니가 사에게 까닭을 묻자, 사가 말했다.

"전쟁이란 사람이 죽어 나가는 곳[死地]이건만 괄은 그것을 너무 쉽게

말하오. 조나라에서 괄을 장수로 삼지 않으면 그걸로 그만이겠지만[已], 만약에 기어이 그를 장수로 삼겠다면 조나라 군대를 무너지게 할 자는 틀림없이 괄일 것이오.”

괄이 장차 출정하려 하자 어머니가 왕에게 글을 올려 “괄을 장수로 삼아서는 안 됩니다”라고 했고, 왕이 “어째서인가?”라고 묻자 이렇게 답했다.

“애초에 첩이 그 아비를 모실 때 그이는 장군이었는데, 그가 직접 먹이고 마시는 일을 받들며[奉]1) 대접하는 사람이 수십 명이었고 친구처럼 대한 이[所友者]가 수백 명이었습니다. 대왕과 종실에서 상으로 내려주시는 것은 모두 군리(軍吏-장교)와 사대부에게 나눠주었으며, 명을 받은 날에는 집안일을 물어보지도 않았습니다. (그런데) 지금 괄은 하루아침에 장군이 되어 동쪽을 향해 서서 조회를 받는데, 군리들이 감히 그를 올려다보지[仰視] 못합니다. 왕께서 내리신 돈이며 비단을 집에 가져다 쌓아놓고는 날마다 사들일 만한 싸고 좋은 땅과 집이 없는지를 보고 다니면서 사들입니다. 왕께서는 그 아비에 대해 어떻다고 생각하십니까? 아비와 아들의 마음이 이렇게 다르니, 바라건대 왕께서는 제발 보내지 마십시오!”

왕이 말했다.

“어미는 그만두라. 내가 이미 결정했다.”

그 참에 괄의 어머니가 말했다.

“왕께서 끝내 그 애를 보내시겠다면, 그 애가 일을 제대로 해내지 못하더라도[不稱] 첩을 연좌시키지[隨坐=連坐] 말아주십시오.”

왕이 그러겠노라고, 허락했다[許諾].

---

1) 【정의(正義)】 奉의 발음은 봉(捧-받들다)이다.

조괄이 이미 염파를 대신하고 나자, 약속을 깡그리 바꿔 군리들까지 교체했다[易置]. 진나라 장수 백기(白起)가 이를 보고받고는 기병(奇兵-기습

병)을 풀어 겉으로[佯=陽] 패해 달아나는 척하다가는 조나라 군대의 식량 보급로[粮道=糧道]를 끊음으로써 조나라 군대를 둘로 나눠 사졸들의 마음이 (조괄로부터) 떠나게 했다. 40여 일이 지나자, 군사들은 굶주렸고, 조괄이 정예 병사들을 내세워 직접 전투에 나섰으나[博戰=搏戰] 진나라 군대가 조괄을 쏘아 죽였다. 괄의 군대는 패해 수십만 무리가 드디어 진나라에 항복했고, 진나라 군대는 그들을 모두 구덩이에 파묻었다[阬之]. 조나라가 전후의 전투에서 잃어버린 군사는 모두 45만이었다.

이듬해 진나라 군대가 드디어 한단(邯鄲)을 에워싸는 바람에 1년 남짓이 지나도록 거의 위험에서 벗어날 수 없었다. 초나라와 위(魏)나라 제후들이 와서 구원해준 것에 힘입어[賴] 마침내 한단의 포위를 풀 수 있었다. 조나라 왕은 또한 괄의 어머니가 전에 했던 말이 있어 결국 그녀를 주살하지는 않았다.

한단의 포위가 풀린 때로부터 5년이 지나자, 연(燕)나라가 "조나라의 장정들은 장평에서 다 사라졌고 그들의 고아들은 아직 자라지 않았다"라는 율복(栗腹)의 모의를 써서 군대를 일으켜 조나라를 쳤다. 조나라가 염파를 장군으로 삼아 그들을 치게 하니, (염파는) 연나라 군대를 호(鄗)에서 크게 깨뜨리고 율복을 죽인 다음에 드디어 연나라를 에워쌌다. 연나라가 성 5개를 떼어주며 화친을 청하자 (조왕은) 마침내 이를 받아들였다. 조나라는 위문(尉文)[1]이라는 곳에 염파를 봉해 신평군(信平君)[2]으로 삼고 임시[假] 상국(相國-재상)이 되게 했다.

1) 【집해(集解)】 서광(徐廣)이 말했다. "읍 이름이다."

2) 【색은(索隱)】 신평은 호(號)다. 서광(徐廣)이 말하기를 "위문은 읍 이름"이라고 했다. 살펴보건대, 『한서(漢書)』「표(表)」에 '위문절후(尉文節侯)'가 나오는데 (위문은) 남군(南郡)에 있다고 했다. 대개 위(尉)란 벼슬이고 문(文)은 이름이다.

위문을 식읍으로 해서 다시 염파를 봉해주었고 이후에 칭호를 (별도로) 신평
군이라고 한 것이다.

염파가 장평(長平)에서 면직되어 고향으로 돌아와 권세를 잃게 되었을
때 그로 인해 객들이 모조리 떠났다. 다시 쓰여 장군이 되자 객들이 또다시
찾아왔다.

염파가 말했다.

"객들은 모두 꺼지라."

한 객이 말했다.

"어허! 군(君)께서는 어찌 그리 둔하십니까[晩]? 무릇 지금 천하는 시장
에서 물건을 사고팔 듯 교제하는 것이니 장군께 권세가 있으면 우리는 장
군을 따르고 권세가 없으면 떠나는 것, 이는 진실로 당연한 이치인데 어찌
원망하십니까?"

6년이 지나 조나라가 염파에게 위나라의 번양(繁陽)[1]을 치게 하니 (염파
는) 그곳을 뽑아버렸다.

조나라 효성왕이 세상을 졸(卒)하고 아들 도양왕(悼襄王)이 세워지자,
악승(樂乘)으로 하여금 염파를 대신하게 했다. 염파가 노해 악승을 공격하
자 악승은 달아났다. 염파는 드디어 위나라의 대량(大梁)으로 달아났다.

그 이듬해에 조나라는 마침내 이목(李牧)을 장군으로 삼아 연나라를 공
격하게 해서 무수(武遂)와 방성(方城)[2]을 뽑아버렸다.

---

1) 【집해(集解)】 서광(徐廣)이 말했다. "위군(魏郡)에 속한다." 【정의(正義)】 상주(相州)
내황현(內黃縣)에 있다.

2) 【색은(索隱)】 「지리지(地理志)」에 따르면, 무수는 하간국(河閒國)에 속하고 방성
은 광양(廣陽)에 속한다. 【정의(正義)】 무수는 역주(易州) 수성(遂城)이다. 방성은
유주(幽州) 고안현(固安縣) 남쪽으로 10리에 있다.

염파가 양(梁-위나라)에 머문 지도 오래되었으나 위나라는 그를 믿고 쓰려[信用] 하지 않았다. 조나라가 진나라의 군대 때문에 여러 차례 곤욕을 치르고 있었기에 조나라 왕은 다시 염파를 쓸 생각을 했고, 염파 또한 조나라에 다시 쓰이고 싶다는 생각을 하고 있었다. 조나라 왕이 사신을 보내 염파가 아직도 쓸모가 있는지를 살피게 했다. 염파와 원수 사이인 곽개(郭開)는 사신에게 돈을 많이 줘서 염파를 헐뜯게 했다. 조나라 사신이 이미 가서 염파를 만나니 염파는 밥 1말과 고기 10근을 먹고는 갑옷을 입고 말에 뛰어올라 아직도 자신이 쓸모 있다는 것을 보여주었다. (그러나) 조나라 사신이 돌아와 왕에게 말했다.

"염 장군이 비록 늙었지만, 밥은 잘 먹었습니다. 그런데 신과 같이 앉아 있는 짧은 순간에도 세 번이나 측간을 갔습니다[遺矢]1)."

조왕은 그가 늙었다고 여겨 드디어 부르지 않았다.

1) 【색은(索隱)】 자주 일어나 화장실에 갔다는 말이다. 시(矢)는 다른 판본에 시(屎-똥)로 되어 있다.

초나라는 염파가 위나라에 있다는 소식을 듣고는 몰래 사신을 보내 그를 맞아들였다. 염파는 단번에 초나라 장수가 되었으나 아무 공도 세우지 못하고 있다가 (문득) 이렇게 말했다.

"나는 조나라 병사들을 지휘하던 때가 그립다."

염파는 결국 (초나라) 수춘(壽春)에서 죽었다1).

1) 【정의(正義)】 염파의 무덤은 수주(壽州) 수춘현(壽春縣) 북쪽으로 4리에 있다. 인상여의 무덤은 한단 서남쪽으로 6리에 있다.

이목(李牧)은 조나라 북쪽 국경을 지키는 훌륭한 장수[良將]다. 늘 대(代

-봉국)의 안문(雁門)1)에 머물며 흉노(匈奴)에 대비했다. 그는 형편에 맞춰 관리들을 배치했고, 시장의 세금을 모두 막부(莫府)2)로 들이게 해서 병사들을 위한 비용에 충당했다. 날마다 소를 여러 마리 잡아 병사들에게 먹이며 활쏘기와 말타기 훈련을 시켰고 봉화를 신중하게 썼으며 첩자[間諜]를 많이 풀었고 전사들을 두텁게 대우했다.

그는 다짐해[約] 말했다.

"흉노가 들어와서 도둑질한다면 재빨리 들어와 수비를 하라. 만일 감히 적을 사로잡으려는 자가 있다면 목을 벨 것이다."

(그리하여) 흉노가 침입할 때마다 봉화를 신중하게 사용했고, 그 신호에 따라 재빨리 성안으로 들어와 수비를 하며 감히 싸우려고 하지 않았다. 이렇게 몇 해가 지나자 실로 아무런 피해를 보지 않았다. 그러나 흉노는 이목을 겁쟁이라고 생각했고, 심지어 조나라 변경의 군사들 역시 자신들의 장수를 겁쟁이로 여겼다. 조나라 왕이 이목을 꾸짖었지만, 이목은 그대로였다[如故]. 조나라 왕이 화가 나서 그를 불러들인 뒤에 그를 대신해 다른 사람을 장군으로 삼았다.

1) 【정의(正義)】 지금 안문은 대(代) 땅에 있다. 그래서 "대의 안문"이라고 한 것이다.

2) 【집해(集解)】 여순(如淳)이 말했다. "장군이 정벌 행군에 나설 경우 일정한 거처가 없이 있는 그곳에서 지휘를 해야 했다. 그래서 막부(莫府-관부가 따로 없음)라고 한 것이다. 막(莫)은 '크다[大]'는 뜻이다." 【색은(索隱)】 여순은 막(莫)을 크다고 풀이했는데, 틀렸다. 최호(崔浩)가 말했다. "옛날에 출정을 나가면 장수가 되었고 군대가 돌아오면 그 즉시 파했으니, 이치상으로 애당초 일정한 거처란 없다. 막역(幕帟-군막)이란 곧 부서인, 그래서 막부(莫府)라고 한 것이다. 막(莫)은 마땅히 막(幕)이 되어야 하고, 글자가 와전된 것일 뿐이다."

(그로부터) 1년여 동안 흉노가 쳐들어올 때마다 조나라는 나가서 싸웠다.

수적으로 불리해서 피해를 많이 입었고, (결국) 변경에서는 농사와 목축[畜 =慉]¹⁾이 불가능해졌다. (이에) 다시 이목(李牧)을 불렀으나 목(牧)은 문을 닫아걸고 나오지 않으면서[杜門不出] 병을 구실로 굳게 사양했다. 조나라 왕이 마침내 다시 억지로 그를 일으켜서[彊起] 병사들을 이끌게 했다. 목이 말했다.

"왕께서 반드시 신을 쓰시겠다면 신이 예전처럼 하도록 해주십시오. 그러면 마침내 감히 명을 받들겠습니다."

왕이 허락했다.

1) 【정의(正義)】 허(許)와 육(六)의 반절음이다.

이목은 변방에 이르자 전과 같이 다짐했다. 흉노는 몇 년간 아무런 이득을 얻지 못했다. 결국 (흉노는) 전과 같이 그를 겁쟁이라고 여겼으며, 변방의 장병들은 (이목으로부터) 상을 받고 두터운 대우를 받으면서도 실제 전쟁에 쓰이지 못하자 모두 한바탕 싸워보길[一戰] 바랐다. 이에 마침내 튼튼한 수레 1,300대, 말 1만 3,000마리를 준비하고 100금을 상으로 탄 용사¹⁾ 5만과 강한 활을 잘 쏘는 병사[彀者]²⁾ 10만을 뽑아서 하나의 부대로 조직해 모두에게 많은 훈련을 시켰으며, 가축들을 크게 풀어놓아 먹이게 하고 들판을 백성으로 가득 채웠다. (그런 뒤에) 흉노가 작은 군대로 침입하자 일부러 이기지 못해서 달아나는 척하면서 병사 몇천 명을 그들에게 버려두었다[버려두었다[委之=棄之]³⁾.

(흉노의 우두머리인) 선우(單于)가 이 소식을 듣고는 대군을 이끌고 쳐들어왔는데, 이목은 적들이 예상하지 못한 진용을 대대적으로 편성해서 부대를 좌우 양쪽으로 펼쳐 흉노를 공격함으로써 흉노 기병 10만여 명을 깨트리고 죽이는 대승을 거두었다. 담람(襜襤)⁴⁾을 없애버리고[滅] 동호(東胡)를 깨뜨리며[破] 임호(林胡)를 항복시키니[降] 선우는 달아났다. 그 뒤로 10년 넘게

흉노는 감히 조나라 변경 성들[邊城]에는 얼씬거리지 못했다.

1) 【집해(集解)】『관자(管子)』에서 말했다. "능히 적을 깨뜨리고 장수를 사로잡은 자에게는 상 100금을 내렸다.

2) 【색은(索隱)】 구(彀)란 활을 잘 쏜다는 뜻이다.

3) 【색은(索隱)】 위(委)란 '내맡겨버리다[棄之]'라는 뜻으로, 마음대로 죽이고 노략질할 수 있게 내버려두었다는 말이다.

4) 【집해(集解)】 襜은 (첨이 아니라) 도(都)와 감(甘)의 반절음이다. 襤은 로(路)와 담(談)의 반절음이다. 서광(徐廣)이 말했다. "판본에 따라 림(臨)으로 되어 있다." 배인(裴駰)이 다시 살펴보건대, 여순(如淳)이 말하기를 "오랑캐 땅의 이름으로, 대(代)의 북쪽에 있다"라고 했다.

조나라 도양왕(悼襄王) 원년에 염파는 이미 망명해 위나라에 들어가 있었고, 조나라는 이목을 시켜 연나라를 공격하게 해서 무수(武遂)와 방성(方城)을 뽑아버렸다.

2년이 지나 (조나라 장수) 방훤(龐煖)이 연나라 군대를 깨뜨리고 극신(劇辛)[1]을 죽였다.

7년 뒤에 진나라가 무수성(武遂城)에서 조나라 장수 호첩(扈輒)을 깨뜨려 죽이고[2] 10만 명을 목 베었다.

조나라는 마침내 이목을 대장군으로 삼아 의안(宜安)[3]에서 진나라 군대를 쳐서 진군을 크게 깨뜨렸고 진나라 장군 환의(桓齮)[4]를 달아나게 했다. 이목을 봉해 무안군(武安君)으로 삼았다.

3년 뒤에 진나라가 파오(番吾-반오)[5]를 공격해 왔으나 이목이 진나라 군대를 쳐서 깨뜨렸고 남쪽으로 한(韓)나라와 위(魏)나라를 막았다.

1) 【색은(索隱)】 훤(煖)은 곧 마훤(馬煖)이다. 龐의 발음은 피(皮)와 강(江)의 반절음

이다. 煖의 발음은 황(況)과 원(遠)의 반절음이다. 또 발음은 훤(喧-의젓하다)
이다. 극신은 본래 조나라 사람인데, 연나라에서 벼슬했다.

2) **[색은(索隱)]** 호(扈)는 씨(氏)이고 첩(輒)은 이름이다. 한(漢)나라 때 장이(張耳) 시
절에 따로 호첩이 있었다. 유씨(劉氏)가 말하기를 "무수는 본래 한(韓) 땅으
로 조나라 서쪽에 있었으니, 아마도 「지리지(地理志)」에 나오는 하간 무수는
아닌 것 같다"라고 했다.

3) **[정의(正義)]** 환주(桓州) 고성현(槁城縣) 서남쪽으로 20리에 있다.

4) **[색은(索隱)]** 齮의 발음은 의(蟻-개미)다.

5) **[색은(索隱)]** 현(縣) 이름이다. 「지리지(地理志)」에 따르면 상산(常山)에 있다. 발음
은 파(婆)이고, 반(盤)으로도 읽는다. **[정의(正義)]** 상주(相州) 방산현(房山縣) 동
쪽으로 20리에 있다.

조왕 천(遷) 7년에 진나라가 왕전(王翦)을 보내 조나라를 공격하자 조나
라는 이목과 사마상(司馬尙)을 시켜 그들을 막게 했다[禦之]. 진나라는 조
나라 왕이 총애하는 신하 곽개(郭開)에게 많은 금을 주고 반간계[反間]를
써서 이목과 사마상이 반란을 꾀하고 있다는 말을 퍼트렸다.

조나라 왕은 마침내 조총(趙蔥)과 제나라 장군 안취(顔聚)로 하여금 이
목을 대신하게 했다. 이목이 그 명을 받아들이지 않자 조나라는 사람을 보
내 몰래 이목을 체포한 뒤에 목을 베었다. 사마상을 해임했다.

석 달 뒤에 왕전이 신속하게 조나라를 쳐서 크게 깨뜨리고 조총을 죽였
으며 조왕 천(遷)과 그의 장군 안취(安聚)를 사로잡으니, 드디어 조나라는
멸망하고 말았다.

태사공(太史公)이 말한다.

"죽을 것을 알면 반드시 용기가 솟아나게 되는 것은, 죽는 것[死者]이 어
려워서가 아니라 죽음에 대처하는 것[處死]이 어렵기 때문이다. 바야흐로

인상여(藺相如)가 벽(璧-옥)을 끌어안고 기둥을 노려보며 진왕의 좌우를 꾸짖었을 때는 형세상[勢] 주살을 피할 수 없었다. 그러나 장부와 선비 중에는 겁이 많고 나약해[怯懦]1) 감히 행동하지 못하는 사람들이 있다. 상여는 그 용기를 떨쳐 적국에 위신(威信)을 보였고 물러나 고국으로 돌아와서는 염파(廉頗)에게 양보했으니, 그 이름이 태산보다 무거웠다. 그가 처신한 것을 보면 지혜와 용기[智勇]를 모두 갖춘 인물이라고 할 수 있을 것이다!"2)

1) 【집해(集解)】 서광(徐廣)이 말했다. "판본에 따라 굴나(掘懦)로 되어 있기도 하다."

2) 【색은술찬(索隱述贊)】 맑고 거센 바람 의젓하고 당당하여라[淸飈凜凜]/장대한 기운 웅혼 또 웅혼했네[壯氣熊熊]/각자가 열렬함과 마땅함을 남김없이 다하니[各竭誠義]/나아가 자웅을 겨뤘다네[遞爲雌雄]/화씨 벽옥 맞아서 돌아오니[和璧]/민지에서 화친 맺었도다[澠池好通]/가시나무 회초리 등에 지고 두려워할 줄 알게 된 것은[負荊知懼]/(인상여가 먼저) 절의를 굽혀 (염파를 위해) 공로 받들었기 때문이라네[屈節推工]/변경 안정시키고 계책을 바로 정할 수 있었던 것은[安邊定策]/염파와 이목의 공이라오[頗牧之功]!

열전(列傳)

권82 — 전단열전(田單列傳) 제22

권82 전단열전(田單列傳) 제22

　전단(田單)[1]이란 사람은 제(齊)나라 전씨(田氏)의 먼 친족[疏屬]이다. (제나라) 민왕(湣王) 때 단(單)은 임치(臨菑)의 시연(市掾-시장의 하급 관리)이 되었지만 알려지지는[見知] 않았다. 연(燕)나라가 악의(樂毅)를 시켜 제나라를 쳐서 깨뜨리자[伐破] 제나라 민왕은 도성 밖으로 달아났다가 얼마 후에 거성(莒城)을 지켰다. 연나라 군사들이 멀리까지 쳐들어와 제나라를 평정하자 전단은 안평(安平)[2]으로 달아났는데, 이때 집안사람[宗人]들에게 수레바퀴 축의 양 끝을 모조리 자르고[斷] 그 위에 쇠로 된 굴대[鐵籠]를 씌우게 했다[傅][3]. 이윽고[已而=俄而=尋] 연나라 군대가 안평을 공격해 성이 무너지자, 제나라 사람들은 길을 다투며 달아났는데, 굴대[轊][4]가 부러져 수레가 넘어지는 바람에 연나라 사람들에게 붙잡히게 되었다. 오로지 전단 집안의 사람들만 쇠를 씌운 수레바퀴 굴대 덕분에 탈출할 수 있었고, 동쪽으로 가서 즉묵(卽墨)을 지키게 되었다. 연나라는 이미 제나라의 거의 모든 성을 항복시켰지만 유독 거(莒)와 즉묵만 떨어트리지 못했다[不下=不拔].

　연나라 군대는 제왕이 거 땅에 있다는 소식을 듣고는 병사들을 모아 그곳을 공격했다. (그러나 초나라 장수) 요치(淖齒)[5]가 이미 민왕을 거 땅에서 살해하고는 그곳을 굳게 지키며 연나라 군대에 맞서니, 여러 해가 지나도록 떨어트리지 못했다[不下]. 연나라가 군대를 이끌고 동쪽으로 가서 즉묵을 에워싸자, 즉묵의 대부가 나가서 싸우다가 패해 죽었다. (그러자) 성안에서는 서로 전단을 추대하며 말했다.

　"안평 전투에서 전단 집안의 사람들은 쇠로 바퀴 축을 싸서 온전할 수

있었는데, 이는 군사 일에 익숙하다[習兵]는 뜻이다.”

그를 세워 장군으로 삼고서 즉묵을 갖고서 연나라에 맞서게 했다.

1) 【색은(索隱)】 單의 발음은 (선이 아니라) 단(丹)이다.

2) 【집해(集解)】 서광(徐廣)이 말했다. “지금의 동안평(東安平)인데, 청주(靑州) 임치현(臨菑縣) 동쪽으로 19리에 있다. 『고기(古紀)』의 휴읍(酅邑)으로, 제나라가 고쳐서 안평이라고 했고 진나라가 제나라를 멸한 뒤 동안평이라 고치고 제군(齊郡)에 속하게 했다. 정주(定州)에도 안평이 있어 ‘동’자를 추가한 것이다.” 【색은(索隱)】 「지리지(地理志)」에 따르면, 동안평은 치천국(淄川國)에 속했다.

3) 【집해(集解)】 서광(徐廣)이 말했다. “傅의 발음은 부(附)다.” 【색은(索隱)】 斷의 발음은 도(都)와 완(緩)의 반절음이다. 바퀴 축을 자른다는 것은 아마도 양쪽으로 더 넓게 하려는 목적일 것이다. 쇠로 바퀴 축의 굴대를 감싸면[裹] 견고하면서도 쉽게 달릴 수 있기 때문이다. 부(傅)란 그 축을 잘라내 바퀴[轂]와 가지런히 한 뒤 쇠첩을 바퀴 축의 양 끝에 덧붙여서 쇠를 통해 바퀴를 제어하는 것이다. 또 방언에 이르기를 “수레바퀴의 굴대를 제나라에서는 농(籠-굴대)이라고 한다”라고 했다. 곽박(郭璞)은 “수레의 축”이라고 했다.

4) 【집해(集解)】 서광(徐廣)이 말했다. “轊는 수레 축의 머리 부분이다. 발음은 (세가 아니라) 위(衛)다.”

5) 【집해(集解)】 서광(徐廣)이 말했다. “여러 판본에 도치(悼齒)로 되어 있다.”

얼마 뒤에[頃之] 연나라 소왕(昭王)이 졸(卒)하고 혜왕(惠王)이 세워졌으나 악의(樂毅)와 틈이 있었다.

전단이 이 소식을 듣고 마침내 연나라에 첩자[反間]를 풀어[縱] 이렇게 선전했다.

“제나라 왕은 이미 죽었고, 성 중에 아직 뽑히지 않은 것은 둘뿐이다. 악의가 주살당할까 두려워 감히 돌아가지 못하고 있는데, 제나라를 토벌한

다는 명분을 내세우고 있지만 실상은 (제나라의) 군대와 연합함으로써 남면(南面)해 제나라 왕이 되고 싶은 것이다. 제나라 사람들이 따르지 않기 때문에 그래서 즉묵에 대한 공격을 늦춘 채 때만 기다리고 있다. 제나라 사람들이 두려워하는 바는 오로지 다른 장수가 와서 즉묵을 무너뜨리는 것뿐이다.”

연나라 왕은 그렇다고 여겨 기겁(騎劫)으로 하여금 악의를 대신하게 했다.

악의가 그 참에 조나라로 돌아가게 되자 연나라 사람과 병사들은 분노했다.

이때 단이 마침내 성안의 사람들에게 식사 때마다 뜰에서 꼭 선조에게 제사를 올리라고 하자, 새들이 모두 빙빙 돌며 날아다니다가[翔舞] 성안으로 내려와 음식을 먹었다.

연나라 사람들이 이를 기이하게 여겼는데, 전단이 그 참에 이렇게 선언해 말했다.

“신께서 내려와 내게 가르침을 주신 것이다.”

그러고는 곧바로 성안의 사람들에게 말했다.

“마땅히 신인(神人)이 오시면 나의 스승으로 삼을 것이다.”

병졸 하나가 말했다.

“신(臣)도 스승이 될 수 있습니까?”

그러고는 몸을 돌려 달아났다. 전단이 자리에서 바로 일어나 그를 돌아오게 하고는 동쪽을 향해 앉히고 스승으로 모셨다.

병졸이 말했다.

“신(臣)이 군(君)을 속였습니다. 저는 정말이지 아무런 능력이 없습니다.”

전단이 말했다.

“너는 아무 말도 말라.”

그러고는 스승으로 모셨다. 출전을 앞두고 다짐할 때마다 반드시 신령스러운 스승을 거론하더니, 마침내 선언해 말했다.

"우리는 오직 연나라 군대가 제나라 병졸들 코를 벤 다음에 앞장세워[前行]^[전강][1)] 우리와 싸우게 해서 즉묵이 패하게 되는 것만 걱정할 뿐이다."

연나라 사람들이 이 말을 듣고는 그 말대로 했다. 성안의 사람들은 제나라의 항복한 군사들이 죄다 코가 잘리는 것을 보고는 모두 분노해 성을 굳게 지키면서, 오로지 붙잡힐까[見得]^[견득]만을 두려워했다. 단이 다시 첩자를 풀어 말했다.

"나는 연나라 사람들이 우리 성 밖의 무덤들을 파헤쳐 선조들을 욕보이면 어떡할까 두렵다. 정말 심장이 떨린다[寒心]^[한심]."

(이 말을 듣고는) 연나라 군대가 무덤을 모조리 파헤쳐 시신을 불태웠다. 즉묵 사람들은 성 위에서 그 모습을 내려다보면서 모두 눈물을 흘리며 나가 싸우고자 하니, 분노가 저절로 10배나 되었다.

1) 【정의(正義)】 (行은) 고(故)와 랑(郎)의 반절음이다.

전단은 (이제야) 병사들을 쓸 수 있음을 알고는 마침내 몸소 널빤지와 삽[版揷]^[판삽][1)]을 들고 병사들과 일을 분담했고, 처첩들을 대오에 편입시켜 음식을 모두 나눠 병사들에게 먹였다. 정예병들은 모두 숨게 하고 노약자와 여자들은 성에 올려 보낸 뒤에 사신을 보내 연나라에 항복하겠다고 약속하자[約降]^[약항] 연나라 군대는 모두 만세를 불렀다.

전단은 또 백성에게서 돈을 거둬 1,000일(溢)을 만든 뒤에 즉묵의 부호들로 하여금 연나라 장수에게 가지고 가서 "즉묵이 항복하면 우리 가족과 처첩들은 포로로 잡지 말고 안전하게 해주십시오"라고 말하게 했다. 연나라 장수는 크게 기뻐하며 이를 허락했다. 연나라 군대는 이로 말미암아 더욱 해이해졌다[益懈]^[익해].

1) 【색은(索隱)】 挿의 발음은 초(初)와 흡(洽)의 반절음이다[츕이라는 말인데, 관례대로 읽었다.]. 【정의(正義)】 옛날 군대는 행군할 때 늘 널빤지와 삽을 등에 졌다.

전단은 마침내 성안의 소 1,000여 마리를 거둬 붉은 비단을 입히고 거기에 오색 용무늬를 그려 넣은 뒤 그 뿔에 군사용 칼날을 매고 꼬리에는 기름에 적신 갈대 다발을 매달아 놓고는 끝에 불을 붙였다. 이어 성에 구멍을 수십 개 낸 다음 밤중에 그곳으로 소들을 풀어놓고 장사 5,000명으로 하여금 그 뒤를 따르게 했다. 소들은 꼬리가 뜨거워지자, 성을 내며 연나라 군대를 향해 내달으니 연나라 군대는 한밤중이라 크게 놀랐다. 소꼬리에 붙은 횃불이 환하게 빛이 났는데 연나라 군사들이 보니 모두 용무늬였고, 부딪치는 자들은 모두 죽지 않으면 부상을 입었다. 5,000명이 하무[銜枚[1]]를 물고 돌격하자 성안에서는 북을 치며 함성을 질렀고 노약자들도 구리그릇을 두드리며 소리를 질러대니 그 소리가 천지를 진동시켰다.

연나라 군대는 크게 놀라서 패해 도망갔다. 제나라 사람들이 드디어 장수 기겁을 족멸했다[夷殺=夷滅]. 연나라 군대가 혼란에 빠져 달아나자, 제나라 사람들은 도망가는 적을 뒤쫓아 패배시켰으니, 지나는 성읍들은 모두 연나라를 배반하고 전단에게 투항했고 이에 전단의 군대는 갈수록 늘어나면서 승기를 탔으며[乘勝] 연나라는 날마다 패배해 도망쳐서 끝내는 황하 변[河上][2]까지 이르렀다.

이윽고 제나라의 성 70여 개가 모두 다시 제나라로 돌아왔다. 마침내 양왕(襄王)을 거(莒) 땅에서 맞아들여 임치(臨菑)로 들어와서 국정을 맡게 했다[聽政].

1) '함매' 또는 '하무'란 행군할 때 소리를 내지 않도록 군졸 입에 물리는 나무막대기를 말한다.

2) 【색은(索隱)】 제(齊)나라 북쪽 경계로 황하 동쪽과 가까운데, 대개 제나라의 옛 땅을 말한다.

양왕은 전단을 봉해 칭호를 안평군(安平君)이라고 했다[1].

1) 【색은(索隱)】 단(單)은 애초에 안평에서 일어났기 때문에 그것을 칭호로 삼은 것
   이다.

태사공(太史公)이 말한다.

**"싸움이란 정면으로 겨루되[正合] 기발한 책략으로 이기는 것[1]이다. (전
투를) 잘하는 사람이 기발한 책략을 쓸 경우 무궁무진하다[2]. 정공법과 기
발한 책략이 서로 맞물려 돌아가는 것[還相生][3]이 마치 둥근 고리에 끝이
없는 것[環之無端]과 같다[4]. 무릇 처음에는 처녀처럼 보여 적[適人]으로 하
여금 문을 활짝 열게 하고[5], 뒤에는 도망치는 토끼 같아서 적이 막을 겨를
조차 없다[不及距][6]. 전단을 두고 하는 말이 아니겠는가?"**

1) 【집해(集解)】 위(魏) 무제(武帝-조조)가 말했다. "먼저 출전해 정면으로 싸우는 것
   이 정(正)이고, 뒤에 출전해 기발함을 쓰는 것이 기(奇)다. 정면이란 적을 당
   당하게 맞서 싸우는 것이고, 기발함이란 적이 준비되지 않았을 때 치는 것이
   다." 【색은(索隱)】 기(奇)란 권모술수로 속이는 것[權詐]이다. 주석에서 위나라 무
   제를 인용한 것은 대개 (그의) 군령(軍令)이 그러했다는 것이다.

2) 【색은(索隱)】 병법은 속임수를 꺼리지 않는다. 그래서 "잘한다"라고 한 것이다. 기
   발한 책략을 쓰는 것이 무궁무진하다는 것은 권모술수[權變]가 많다는 뜻
   이다.

3) 【정의(正義)】 이는 오히려 서로 맞아떨어진다[罟合]고 해야 한다. 즉 정병(正兵)이
   진을 치되 좌우 날개를 펴서 허술함을 숨긴다면, 이것이 바로 정공법과 기발
   한 책략을 함께 써서 적을 꺾는 것이다.

4) 【색은(索隱)】 용병술에서 때로는 정공법을 쓰고 때로는 기계(奇計)를 써서 앞에
   있는 적으로 하여금 도저히 헤아릴 수 없게 하는 것이니, 이것이 마치 반지

안에서 시작과 끝을 알 수 없는 것과 같다는 말이다.

5) 【색은(索隱)】 싸움을 시작할 때는 마치 처녀의 연약함과 같아 보이게 함으로써 적들이 가벼이 여기고 깔보아 문을 열어두고서 방비하지 않게 만든다는 뜻이다. 【정의(正義)】 적인(敵人)이란 연나라 군대다. 연나라 군대가 전단의 반간계에 넘어가서[被] 장수를 바꾸고 제나라 병졸들의 코를 베어 앞장세우며 무덤들을 불태움으로써 제나라 병졸들을 더욱 화나게 했음을 말하는 것으로, 이것이 바로 적들이 전단을 위해 문을 활짝 열었다는 말이다.

6) 【집해(集解)】 위(魏) 무제(武帝)가 말했다. "여인네처럼 약하게 보이다가 도망치는 토끼처럼 내달리는 것이다." 【색은(索隱)】 적을 꺾은 후에는 갑옷을 벗어 던지고 치달리는 것이 마치 토끼가 우리를 탈출해 달아나는 것과 같다는 말이다. 적이 막을 겨를조차 없다는 것은 마치 달아나는 토끼처럼 순식간에 확 지나가서 적들은 대적하고 있다는 사실조차 잊어버린다는 말이다.

애초에 요치(悼齒)가 민왕(湣王)을 죽였을 때 거(莒) 땅 사람들은 민왕의 아들 법장(法章)을 찾다가 태사(太史) 교(嬓)[1] 집에서 정원에 물을 주고 있던 그를 찾았다. (평소에) 교(嬓)의 딸이 그를 가엾게 여겨 잘 대해주었는데, 그 뒤에 법장이 자신의 사정을 그녀에게 말하자 그녀는 마침내 그와 통했다. 거 땅 사람들이 함께 법장을 세워 제왕(齊王)으로 삼은 뒤 거 땅을 거점으로 연나라에 맞서게 되자 태사씨의 딸은 드디어 후(后)가 되었으니, 이른바 '군왕후(君王后)'이다.

1) 【정의(正義)】 嬓의 발음은 교(皎-달빛)다.

연나라가 처음에 제나라에 쳐들어왔을 때, 획읍(畵邑) 사람 왕촉(王蠋)[1]이 뛰어나다[賢]는 말을 듣고는 (연나라의 장수가) 군중에 일러 말했다.

"획읍 둘레 30리 안으로는 아무도 들어가지 말라."

그것은 왕촉 때문이다.

이윽고[已而=尋] 사람을 보내 촉에 말했다.

"많은 제나라 사람이 그대의 의로움을 높이 보고 있으니, 내가 그대를 장수로 삼고 만호에 봉하려 하오."

촉은 굳게 사양했다.

연나라 사람들이 말했다.

"그대가 말을 듣지 않겠다면 우리는 삼군을 이끌고 획읍을 도륙할 것이오."

왕촉이 말했다.

"충성스러운 신하[忠臣]는 두 군주를 섬기지 않으며, 정숙한 여자[貞女]는 두 번 지아비를 바꾸지 않습니다. 제나라 왕이 나의 말을 듣지 않았기에 물러나 밭을 갈고 있었는데, 나라는 이미 망했고 나는 나라를 지키지 못했습니다. 그런데 지금 또 군대로 겁박해 당신을 위해 장수가 되라 하시니, 이는 걸(桀)을 도와 포악한 짓을 하는 것입니다. 살아서 의리를 지키지 못한다면 진실로 삶겨 죽는 것[烹]이 낫습니다!"

드디어 나뭇가지에 목을 매고는[經] 스스로 목을 졸라 죽었다[絕脰而死][2]. 도망쳤던 제나라 대부들이 이 소식을 듣고는 이렇게 말했다.

"왕촉은 평민[布衣]이면서도 의리 때문에 연나라를 신하로서 섬기고자 하지 않았는데[不北面], 하물며 자리를 차지하고 녹을 먹은 (우리 같은) 자들이야!"

마침내 서로 거 땅으로 달려가서 (민왕의) 아들을 찾아내 양왕(襄王)으로 세웠다.[3]

1) **[집해(集解)]** 유희(劉熙)가 말했다. "제나라 서남쪽 가까이에 있는 읍이다. 畫의 발음은 획(獲)이다." **[색은(索隱)]** 畫은 한편으로는 획(獲)으로 발음하기도 하고, 또 발음은 호(胡)와 괘(卦)의 반절음이기도 하다. 유희(劉熙)는 "제나라 서남

쪽 가까이에 있는 읍"이라고 했다. 蜀의 발음은 촉(觸)이고, 발음은 촉(歜-화내다)이다. 【정의(正義)】『괄지지(括地志)』에서 말했다. "극리성(戟里城)은 임치(臨淄) 서북쪽으로 30리에 있는데, 춘추시대 때의 극읍(棘邑)이며 왜읍(濰邑)이라고도 한다." 촉이 살았던 읍이 곧 이 읍이다. 그런 인연으로 왜수(濰水)[앞서 畫은 왜라고도 읽는다고 했다.]라는 이름이 생겨난 것이다.

2) 【색은(索隱)】 경(經)은 '매달다[繫]'라는 뜻이다. 하휴(何休)가 말했다. "두(脰)는 경(頸-목덜미)의 제나라 말이다. 발음은 두(豆)다."

3) 【색은술찬(索隱述贊)】 군법은 정도를 따랐고[軍法以正]/실전에서는 기발한 병법을 높였다네[實尙奇兵]/수레바퀴 축 끊어 스스로 위험 면했는데[斷軸自免]/반간계 먼저 행해졌구나[反間先行]/여러 새 군중을 현혹하고[群鳥惑衆]/다섯 소 꼬리에 깃발 장식 화려하도다[五牛揚旌]/마침내 기겁을 깨뜨렸고[卒破騎劫]/제나라 성 모두 회복했으니[皆復齊城]/양왕께서 지위 이어받으시고[襄王嗣位]/마침내 안평에 봉해주었다네[乃封安平]!

권83

노중련추양열전(魯仲連鄒陽列傳) 제23

권83 노중련추양열전(魯仲連鄒陽列傳) 제23

노중련(魯仲連)[1]은 제(齊)나라 사람이다. 기발하고 남다른 계책[奇偉俶儻之畫策]을 잘 내었다[2]. 벼슬길에 나아가 직위를 맡는 것을 기꺼워하지 않고[不肯] 고매한 절개를 잘 지켰다. 조나라를 떠돌았다[游].

1) 노련(魯連)으로도 불리고, 존칭으로 노중련자(魯仲連子) 혹은 노련자(魯連子)로 불린다.

2) **【색은(索隱)】**『광아(廣雅)』[위(魏)나라 학자 장읍(張揖)이 『삼창(三蒼)』과 『설문해자(說文解字)』 등을 참고로 『이아(爾雅)』를 증보해서 3권으로 편찬한 훈고서다. 장읍은 위나라 태화(太和, 227~232년) 연간에 『이아』에는 없는 경전의 주석을 보충하고 새로 생겨난 의미를 첨가해 『광아(廣雅)』를 완성했다. 수(隋)나라의 조헌(曹憲)이 『광아』를 10권으로 나눠 펴냈는데, 수나라 양제(煬帝, 569~618년) 시호가 광(廣)이어서 '광'자를 책명에 쓸 수 없게 되자 『박아(博雅)』로 바꾸었다. 『광아』는 『이아』와 같은 형식을 취했으며, 1만 8,150자를 수록하고 있다. 장읍은 『광아』에서 중국 고서의 한자와 한자 어구를 해석하고 경서를 고증해 주석을 붙였으니, 『이아』에서 찾아볼 수 없는 고훈과 나중에 새로 생겨난 의미를 첨가했다. 그래서 『광아』는 『이아』의 형식을 따르면서도 『이아』와는 다른 독자적인 내용이 담겨 있다고 한다. 청(淸)나라 훈고학자 왕염손(王念孫, 1744~1832년)은 『광아』를 증보한 『광아소증(廣雅疏證)』과 『석대(釋大)』를 지었는데, 그는 한자음으로써 한자의 뜻, 즉 어원을 밝히려고 노력함으로써 훈고학을 어원학으로 발전시켰다는 평가를 받는다.]에 이르기를 "척당(俶儻)이란 탁월하다[卓異]는 뜻"이라고 했다. **【정의(正義)】** 俶의 발음은 (숙이 아니라) 천(天)과 역(歷)의 반절음이다. 노중련자(魯仲連子)에 대해서는 다음과 같은 말이 있다. "제(齊)나라의 변사 전파(田巴)는 저구(狙丘)를 복종케 하여 직하(稷下)에서 토

의할 때 오제(五帝)를 헐뜯고 삼왕에게 죄를 물었으며 오패(五伯=五霸)를 발 아래 두었고, 견백(堅白)을 흩뜨려 놓고, 같고 다름[同異]을 딱 맞춰놓음으로써 하루에 1,000명을 굴복시켰다. 서겁(徐劫)이란 자가 있었는데, 그의 제자는 이름이 노중련으로 나이가 12세이며 천리구(千里駒-천리마)라고 불렸다. (노중련이) 전파에게 가서 청해 말했다. '신이 듣건대 당상을 청소할 여가가 없으면[不奮] 교외의 풀을 김맬 수 없고 하얀 칼날이 눈앞에서 오가면 날아다니는 화살을 돌아볼 여유가 없다고 했으니, 정작 급하면 늦추거나 할 여유가 없는 법입니다. 이제 초(楚)나라 군사가 남양(南陽)에 있고 조(趙)나라가 고당(高唐)을 정벌했으며 연(燕)나라 군사 10만이 성 앞에서 물러나지 않아서 나라가 망하는 것이 아침저녁에 달려 있거늘, 선생께서는 어찌하시겠습니까? 만일 아무것도 할 수 없다면 선생의 말씀은 부엉이 소리처럼 성을 나선 이들이 싫어할 것이니, 선생께서는 더는 말씀을 말아주십시오.' 전파가 말했다. '삼가 명을 들은 대로 하겠습니다.' 전파가 서겁에게 말했다. '(노중련) 선생은 참으로 훨훨 날아다니는 토끼[飛兎]입니다. 어찌 단지 천리구이겠습니까!' 파는 죽을 때까지 더는 말을 하지 않았다[不談]."

조(趙)나라 효성왕(孝成王) 때 진(秦)나라 왕이 백기(白起)[1]로 하여금 장평(長平)에서 조나라 군대와 싸우게 하여 전후로 40만 명을 무찔렀고, 진나라 군대는 드디어 동쪽으로 한단(邯鄲)을 에워쌌다. 조나라 왕이 두려워했고 제후들의 구원병은 누구도 감히 진나라 군대를 치지 못했다.

위(魏)나라 안희왕(安釐王)[2]은 장수 진비(晉鄙)로 하여금 조나라를 구원토록 했는데, (진비는) 진나라가 두려워서 탕음(蕩陰)에서 멈춘 채 더는 나아가지 못했다[3]. 이에 안희왕은 객장군(客將軍-다른 나라 출신으로 위나라 장군이 된 경우다) 신원연(新垣衍)[4]으로 하여금 지름길로 한단에 들어가서 평원군(平原君, ?~기원전 251년)[5]을 통해 조나라 임금에게 이렇게 말해줄 것을 청했다.

"진나라가 이처럼 다급하게 조나라를 에워싼 것은 전에 (진나라 임금이) 제나라 민왕(湣王)과 힘을 겨루면서 제(帝)라고 칭했다가 그만둔 적이 있었는데 다시 제를 쓰려고 하기 때문입니다. 지금 제나라 민왕이 이미 더욱 약해진 반면에 바야흐로 지금 저 진나라는 천하제일이 되었으니, 이번에 진나라가 출병한 것은 한단을 탐내서가 아니라 그 뜻은 다시 제가 되고자 하는 데 있습니다. 조나라가 진심으로 사신을 보내, 진나라 소왕(昭王)을 제(帝)로 대우하겠다고 하면 진나라는 반드시 기뻐하며 군대를 거둬 돌아갈 것입니다."

평원군이 머뭇거리며[猶預=猶豫] 결정하지 못하고 있었다.

1) 공손기(公孫起)를 가리킨다. 전국시대 말기 진(秦)나라 사람으로, 용병술에 뛰어난 재능을 보였다. 진나라 소왕(昭王)에게 등용되어 13년에 좌서장(左庶長)으로서 군대를 이끌고 한(韓)나라를 공격했다. 다음 해 좌경(左更)이 되어 한나라와 위(魏)나라의 연합군을 이궐(伊闕)에서 격파하고 24만여 명을 죽였으며, 이 공으로 국위(國尉)로 승진했다. 15년 대량조(大良造)에 올랐다. 위나라, 조(趙)나라 등과 싸울 때마다 대승을 거두었으며, 한·위·조·초(楚) 등의 70여 개 성을 탈취했다. 29년 초나라의 수도 영(郢)을 공격해 함락시키고 무안군(武安君)에 봉해졌다. 장평(長平) 전투에서 조나라 군대에 대승을 거둔 다음 항복한 조나라 군사 40여만 명을 하룻밤 새 구덩이에 묻어 죽임으로써 천하를 경악시키니, 상국(相國) 범수(范睢)도 그를 꺼리게 되었다. 50년 진나라가 한단(邯鄲)을 포위했다가 실패했는데, 원래 이 전투에 찬성하지 않았기에 병을 핑계로 참전하지 않았다. 이로 인해 사오(士伍)로 강등되고 재상 범수와 틈이 벌어져서 자결하고 말았다.

2) 이(釐)는 희(僖)로도 읽는다. 전국시대 위나라의 국군(國君)으로, 이름은 어(圉)이고 소왕(昭王)의 아들이다. 여러 차례 진(秦)나라에 패했다. 제(齊)나라와 초(楚)나라가 위나라를 공격하기로 약속하자 당저(唐睢)가 진나라에 구해줄 것을 설득함으로써 다시 안정을 얻을 수 있었고, 왕이 진나라와 가까이하면서 한(韓)나라를 공격하려고 하자 (이복동생인) 신릉군(信陵君)이 이를 만류했다. 나중에 진나라가 조(趙)나라의 한단(邯鄲)을 포위하자 신릉군이 다섯 나라의

군대를 이끌고 진나라를 공격해 하내(河內)에서 격퇴하고 몽오(蒙驁)까지 쫓아냈다. 34년 동안 재위했다.

3) 【집해(集解)】「지리지(地理志)」에 이르기를, 하내(河內)에 창음현(蕩陰縣)이 있다고 했다. 【정의(正義)】蕩의 발음은 (탕이 아니라) 천(天)과 랑(郞)의 반절음이며, 상주현(相州縣)이다.

4) 【색은(索隱)】신원(新垣)은 성(姓)이고 연(衍)은 이름으로, 양나라 장수였다. 그러므로 한나라에 신원평(新垣平)이 있었다.

5) 중국 전국시대(戰國時代) 조(趙)나라의 공자(公子)이자 정치가다. 무령왕(武靈王) 아들이며, 혜문왕(惠文王) 동생이다. 휘하의 식객(食客)을 모아 형인 혜문왕과 조카 효성왕(孝成王)을 보좌했다. 전국시대의 사군자[戰國四君]의 한 사람으로 꼽힌다. 선비들을 좋아해서 식객을 수천 명이나 모아 거느렸는데, 그중에는 공손룡(公孫龍)이나 추연(鄒衍) 등도 있었다.

이때 노중련은 조나라를 떠돌고 있었는데, 때마침 진나라가 조나라를 포위했고 위나라 장수가 조나라에 진나라를 높여 제(帝)로 대우할 것을 청했다는 말을 듣고는 마침내 평원군을 만나서 말했다.

"이 일은 장차 어떻게 되는 것입니까?"

평원군이 말했다.

"내[勝]가 어찌 그 일에 관해 감히 말할 수 있겠소? 예전에 밖으로 군사 40만을 잃었고 지금은 또 안으로 한단이 포위되었는데도 저들을 물리칠 수 없소. 위나라 왕이 객장군 신원연을 보내 조나라로 하여금 진나라를 제라고 부르도록 했고[1] 그 사람이 지금 이곳에 와 있소. (그런데) 내가 어찌 감히 그 일에 관해 말할 수 있겠소?"

노중련이 말했다.

"나는 애초에 당신을 천하의 뛰어난 공자(公子)라 여겼는데, 마침내 지금에서야 당신이 천하의 뛰어난 공자[賢公子]가 아니라는 것을 알겠습니다. 위나라의 손님[梁客] 신원연은 어디에 있습니까? 내가 군(君)을 대신해서

꾸짖어서 그를 돌려보내겠습니다."

평원군이 말했다.

"내가 중간에서 그가 선생을 만나보도록 주선해보리다[紹介]2)."

평원군이 드디어 신원연을 찾아가서 말했다.

"동쪽 나라(=제나라)의 노중련 선생이라는 분이 계신데 지금 이곳에 있습니다. 내가 그분이 장군과 사귀도록 주선할 것을 청합니다."

신원연이 말했다.

"저도 노중련 선생이 제나라의 높은 선비[高士]라 들었습니다만, 신은 사신으로서 해야 할 일이 있기 때문에 노중련 선생을 만나고 싶지 않습니다."

평원군이 말했다.

"내가 이미 이곳에 계시다는 이야기를 흘렸습니다[泄]."

(결국) 신원연은 (만남을) 허락했다.

1) 【색은(索隱)】 신원연은 조나라로 하여금 진나라를 높여 제(帝)로 삼게 하고자 했다.

2) 【집해(集解)】 곽박(郭璞)이 말했다. "소개(紹介)란 두 사람 사이에서 도움을 주는 것이다." 【색은(索隱)】 소개(紹介)는 매개(媒介)다. 또 예(禮)에 이르기를 손님이 찾아오면 반드시 소개자[介]를 통해 말을 전해야 한다. 소(紹)란 '잇다[繼]'는 뜻이다. 개(介)란 한 사람만 있어서는 안 되므로, 그래서 『예기(禮記)』(「빙의(聘義)」편)에 이르기를 "개(介-소개인)가 사람들을 연결해 명을 전한다"라고 한 것이다.

노련(魯連)이 신원연을 만나보았는데, 아무 말이 없었다. 신원연이 말했다.

"내가 이 포위된 성안에 살고 있는 사람들을 살펴보았더니 하나같이 평

원군에게 뭔가를 바라는 이들이었습니다. (그런데) 지금 선생의 모습[玉貌]을 보니 평원군에게 뭔가를 바라는 바가 없습니다. 어째서[曷] 이 포위된 성 안에 오래 머물며 떠나지 않는 것입니까?”

노중련이 말했다.

“세상에서는 포초(鮑焦)가 부드럽고 유연하지[從頌] 못해서 죽었다고 하지만 그것은 다 틀린 말입니다[1]. 세상 사람들은 잘 알지도 못하면서 제 한 몸만을 위했다고[爲一身] 말하는 것입니다[2]. 저 진나라는 예와 마땅함[禮義]을 내버린 채 적의 머리를 많이 벤 것을 공(功)으로 삼는 나라[3]로, 권모술수[權]로써 병사들을 부리고 오랑캐처럼 백성을 부립니다[4]. 이처럼 제 마음대로 하는 진나라 임금이 제(帝)가 되어 허물을 지으며[彼卽肆然而爲帝過][5] 천하에 정사를 펼칠 경우, 나는 동해에 빠져 죽을 뿐이지 그런 나라의 백성은 차마 될 수가 없습니다[6]. 장군을 찾아뵌 까닭은 조나라를 돕기 위해서입니다.”

1) 【집해(集解)】 포초는 주나라의 평범한 선비[介士]로, 『장자(莊子)』에 나온다. 【색은(索隱)】 종송(從頌)이란 '고분고분하고 유연하다[從容]'는 뜻이다. 세상 사람들이 포초의 죽음을 하나같이 스스로 너그럽고 넉넉해[寬容] 죽음을 불러들였다고 여기지만, 이 말은 틀렸다는 뜻이다. 【정의(正義)】 『한시외전(韓詩外傳)』에서 이렇게 말했다. “성은 포(鮑-전복)이고 이름은 초(焦)이며, 주나라 때 은자(隱者)다. 행실을 바로잡고 세상을 비난했으며 청렴함을 지켰다. 땔감을 지고 나르면서 상수리를 주워 식량으로 삼았으며 자식이 없었고, 천하를 신하의 예로 대하지 않았고[不臣] 제후들을 벗으로 여기지 않았다[不友]. (공자의 제자) 자공(子貢)이 그를 만나 이렇게 말했다. '내가 듣건대, 어떤 정사를 비난할 경우 그런 정사를 하는 나라의 땅은 밟지 않고, 그 임금을 더럽게 여길 경우 그 임금으로부터 이익을 취하지 않는다고 했소. 그런데 지금 그대는 그 땅을 밟고 이익을 취하고 있으니, 이는 무슨 경우입니까?' 포초가

말했다. '내가 듣건대, 염사(廉士-깐깐한 선비)는 (벼슬에) 나아가는 것을 무겁게 여기고 물러나는 것을 가볍게 여기며, 뛰어난 이[賢人]는 쉽게 부끄러워하고 죽음을 가벼이 여긴다고 했소.' 드디어 나무를 껴안고서 선 채로 말라 죽었다." 살펴보건대 노중련이 조나라에 머물며 떠나가지 않은 것은 자기 한 몸을 위해서[爲一身]가 아니라는 말이다.

2) 【색은(索隱)】 많은 사람이 포초의 속마음을 알지 못하는데, 초는 탁한 세상에서 사는 것을 부끄럽게 여겨 세상을 피한 것이지 자기 한 몸만 생각해서 근심하며 죽은 것이 아니라는 말이다. 이 일은 『장자(莊子)』에 보인다.

3) 【집해(集解)】 초주(譙周)가 말했다. "진나라는 위앙의 계책을 써서 작(爵)을 20등급으로 제정해 전투에서 목을 베는 자의 급수를 계산해서 작을 받게 했다. 이 때문에 진나라 사람들이 전투에서 승리할 때마다 노약자와 부인까지 모두 죽여 공로를 계산하다 보니 그 상이 만 단위로 헤아릴 정도였다. 천하에서는 이를 일러 '머리를 많이 벤 것을 공(功)으로 삼는 나라'라고 했으니, 이는 모두가 미워해서 그런 것이다." 【색은(索隱)】 진나라 법은 머리를 많이 베는 것을 최고의 공[上功]으로 쳤다. 한 사람을 베면 작 1급(級)이었으니, 그래서 진나라에 대해 "머리를 벤 것을 공(功)으로 삼는 나라"라고 한 것이다.[수급(首級)이라는 말도 진나라의 이 같은 법에서 나온 것이다.]

4) 【색은(索隱)】 진나라 사람들은 권모술수[權詐]로 전사들을 다루고 백성을 노비나 오랑캐처럼 부린다는 뜻이니, 은혜를 베풀지 않고 아랫사람들을 부린다는 말이다.

5) 【정의(正義)】 그 뜻을 '마구 풀어놓는다[肆然]'는 뜻이다. 이는 진나라가 자기 마음대로 제(帝)가 된다면 아마도 삶아 죽이고 소금에 절여 죽이고 감옥에 집어넣고[納筦] 하는 일들을 저지름으로써 두루 천자의 예를 행할 것이라는 말이다. 과(過)는 '잘못을 범하는 것[失]'이다.

6) 【색은(索隱)】 잘못된 악으로 정사를 행한다는 뜻이다. 【정의(正義)】 만약에 조나라와 위나라가 진나라를 제(帝)의 나라로 섬겨 천하에 정사와 가르침을 행한

다면, 노련은 동해로 뛰어들어 빠져 죽을지언정 차마 진나라의 백성이 될 수
는 없다는 말이다.

신원연이 말했다.

"선생께서 조나라를 돕겠다고 하셨는데, 장차 어찌하려는 것입니까?"

노련이 말했다.

"나는 장차 위나라와 연나라가 조나라를 돕도록 할 것이고 (이미) 제나라
와 초나라는 한결같이 조나라를 돕고 있습니다."

신원연이 말했다.

"연나라라면 제가 (먼저) 선생께 합종을 청하겠습니다만, 위나라라면 제
가 곧 위나라 사람인데 선생께서는 어떻게 위나라가 조나라를 돕도록 할 것
인지요?"

노련이 말했다.

"위나라는 진나라가 칭제(稱帝)할 경우의 해로움을 제대로 분별하지
[睹] 못하고 있을 뿐입니다. 만일 그 해로움을 미리 알게 된다면 반드시 조
나라를 도울 것입니다."

신원연이 말했다.

"진나라가 칭제(稱帝)할 경우의 해로움이란 어떤 것입니까?"

노련이 말했다.

"옛날에 제나라 위왕(威王)은 일찍이 어질고 의로워서[仁義] 천하의 제
후들을 거느리고 주나라에 조현하려고 했습니다. (그러나) 주나라가 빈한하
고 쇠약해진 까닭에 제후들이 아무도 조현하지 않자, 제나라 혼자 조현했습
니다. 1년여가 지나 주나라 열왕(烈王)이 붕(崩)했는데[1], 제나라가 (다른 제
후들보다) 늦게 문상을 오니 주나라 임금이 화를 내며 제나라에 대해 고하기
를[赴][2] '하늘이 무너지고 땅이 꺼져 (새) 천자도 자리를 깔고 앉아[下席][3]

(슬퍼하고) 있는데 동쪽의 번신(藩臣) 따위인 전영제(田嬰齊-위왕)가 늦게 오다니, 목을 베리라[斮=斳=斬]⁴⁾'라고 했습니다. 제나라 위왕이 발끈해서 [勃然] 화를 내며 '뭐라? 저 종놈의 자식⁵⁾'이라고 말해 결국 천하의 웃음거리가 되고 말았습니다. 그래서 주나라 열왕이 살아 있을 때는 조현했다가 그가 죽자, 아들을 꾸짖은 것은 진실로 차마 있어서는 안 될 일입니다. 그런 질책은 천자라면 당연한 일이니, 전혀 괴이한 것이 아닙니다."

1) 【집해(集解)】 서광(徐廣)이 말했다. "열왕이 10년에 붕하니, 이는 위왕(威王) 7년 때다." 【정의(正義)】 「주본기」와 「연표」에는 열왕이 7년에 붕하고 제나라 위왕 10년이라고 했으니, 서(徐-서광)와는 같지 않다.

2) 【정의(正義)】 정현(鄭玄)이 말했다. "부(赴)란 '알리다[告]'라는 뜻이다. 금문(今文)에서는 부(赴)를 부(訃)라고 표기했다."

3) 【색은(索隱)】 열왕의 태자 안왕(安王) 교(驕)를 말한다. 하석(下席)이란 거적자리를 깔고 앉아 여막에서 거처하는 것을 말한다.

4) 【집해(集解)】 『공양전(公羊傳)』에 이르기를 "삼군(三軍)을 속이는 자는 그 법에 목을 벤다[斮]"라고 했다. 하휴(何休)가 말하기를 "착(斮)은 '목 베다[斬]'라는 뜻"이라고 했다.

5) 【정의(正義)】 열왕의 왕비를 욕한 것이다.

신원연이 말했다.

"선생께서는 홀로 저 하인들을 보지 못한 것입니까? (하인) 열 사람이 (주인) 한 사람을 따르는 것이 어찌 힘으로 이길 수가 없어서이고 지혜가 그만 못해서이겠습니까? 주인을 두려워하기 때문입니다."¹⁾

노중련이 말했다.

"어허[嗚呼]! 위나라를 진나라와 비교해볼 때 (위나라는) 하인과 같다는 것입니까?²⁾"

신원연이 말했다.

"그렇습니다."

노중련이 말했다.

"(그렇다면) 내가 장차 진나라 임금으로 하여금 위나라 임금을 삶아 죽이거나 소금에 절여 젓갈을 만들어서[烹醢-팽형과 해형] 버리라고 해도 되겠습니다."3)

신원연은 못마땅해[怏然] 기분 나쁜 목소리로 말했다.

"이런, 이런[噫嘻]4)! 참으로 너무도 심하군요, 선생의 말씀이! 선생이 또 어떻게 진나라 임금으로 하여금 위나라 임금을 팽형(烹刑)이나 해형(醢刑)에 처하게 할 수 있다는 말씀입니까?"

1) 【색은(索隱)】 '종 10명이 한 사람의 주인을 따르는 것이 어찌 힘으로 그 사람을 이기지 못해서이거나 지혜가 그보다 못해서이겠는가, 이는 바로 그 주인을 두려워해서일 뿐'이라는 말이다.

2) 자극한 것[激]이다.

3) 자극에도 반응이 없어 훨씬 심하게 자극한 것[愈激]이다.

4) 【색은(索隱)】 앞의 발음은 의(依)이니, 희(噫)란 불평하는 소리다. 뒤의 발음은 희(僖)니, 희(嘻)란 놀라고 한스러워하는 소리다.

노중련이 말했다.

"바로 그렇습니다. 나는 바로 그것을 말하려 했습니다. 옛날에 구후(九侯)와 악후(鄂侯)1)와 (주나라) 문왕(文王)은 (은나라) 주왕(紂王)의 삼공(三公)이었습니다. 구후에게 아름다운[好] 딸이 있었기에 주왕(紂王)에게 바쳤는데 주왕은 못생겼다며 구후를 소금에 절여 젓갈을 만들었습니다. 악후가 이를 강하게 간쟁해 구후를 거세게 두둔하자 그 때문에 악후를 포 떴습니다[脯]. 문왕이 이를 듣고 탄식하자 탄식했다는 이유로 유리(牖里=羑里)에 있

는 창고[庫=獄]에 100일 동안이나 가두고서 죽이려 했습니다. 어찌하여 (그들은) 다른 사람들과 함께 주를 임금이라고 부르다가 결국은 포 떠지거나 소금에 절여져 젓갈이 되었을까요?

제나라 민왕이 장차 노(魯)나라로 가려 할 때, 이유자(夷維子)[2]가 말채찍을 쥐고 따라가서 노나라 사람들에게 물었습니다.

'그대들은 장차 우리를 어떻게 대접할 것입니까?'

그들이 답했습니다.

'우리는 장차 십태뢰(十太牢)[3]로 그대의 임금을 대접할 것입니다.'

이유자가 말했습니다.

'그대들은 어떤 예를 끌어와서 우리의 임금을 그렇게 대접하려는 것입니까? 우리 임금은 천자입니다. 천자가 순수(巡狩)를 하면 제후들은 자기 궁궐을 내어주고 성문과 창고의 열쇠를 내놓은 뒤 옷깃을 여민 채 상을 들고서 당 아래에서 천자의 식사를 준비해 올리고, 천자가 식사를 마치면 마침내 물러나서 조정의 일을 듣는 것입니다.'

노나라 사람들은 성문을 닫아걸고 결국 받아주지 않았습니다. (제나라 민왕은) 노나라로 들어갈 수 없게 되자 설(薛)나라로 가려고 했는데[4], 그러려면 추(鄒)나라에 길을 빌려야[假途=假道] 했습니다. 이때 마침 추나라 임금이 죽었기 때문에 민왕이 들어가서 조문하려는데, 이유자가 추나라 새임금[孤]에게 말했습니다.

'천자가 조문하면 상주는 반드시 장차 관[殯棺]을 뒤로 하여 북쪽을 향해 있는 자리를 남쪽으로 만들어놓아야 합니다. 그런 뒤에야 천자께서 남쪽을 향해 조문하는 것입니다.'

추나라의 여러 신하가 말했습니다.

'기필코 그렇게 하겠다면, 우리는 장차 칼날에 엎어져 죽을 것입니다.'

그리하여 끝내 제나라 임금을 추나라에 들어오지 못하게 했습니다. 추나라와 노나라의 신하들은 임금이 살아 있을 때는 제대로 섬기며 봉양하지

않았고 죽은 뒤에도 재물과 옷가지를 갖춰서 묻지 않았습니다. 그런데 또 (제나라 임금이) 추나라와 노나라에서 천자의 예를 행하고자 하니, 두 나라의 신하들은 결코 받아들일 수 없었던 것입니다.[5]

　지금 진나라는 만승의 나라이고 위나라 역시 만승의 나라이니, 다 같이 [俱]^구 만승의 나라를 거느리고서 각각 왕(王)이라는 이름으로 불리고 있습니다. 그런데 (위나라는 진나라가) 싸워 이기는 것을 딱 한 번 보고는 진나라에 복종해 제라고 부르려 합니다. 이는 삼진(三晉-조·위·한을 총칭하는 말)의 대신들을 추나라나 노나라의 하인이나 첩만도 못하게 하는 것입니다. 또한 진나라가 제라고 불리고 싶은 욕심을 멈추지 않는다면 제후국의 대신들을 마음대로 바꾸려 할 것입니다. 진나라는 자기들이 볼 때 똑똑하지 않은 자 [不肖]^{불초}의 벼슬을 빼앗아 뛰어나다고 여기는 자에게 줄 것이고, 자기들이 미워하는 자의 벼슬을 빼앗아 아끼는 자에게 줄 것입니다. 또한 진나라는 장차 자신들의 자식 중에서 중상모략에 뛰어난 딸들[讒妾]^{참첩}을 제후의 부인이나 첩으로 만들어서 위나라 궁궐에 살게 할 것입니다. 이리된다면 위나라 임금이 어찌 편안하게 지낼 수 있을 것이며, 장군은 또한 무엇으로 지금과 같은 총애를 누릴 수 있겠습니까?"

1) 【집해(集解)】 서광(徐廣)이 말했다. "업현(鄴縣)에 구후성(九侯城)이 있다. 판본에 따라 구(九)는 귀(鬼), 악(鄂)은 형(邢)으로 되어 있다." 【정의(正義)】 구후성은 상주(相州) 부양현(滏陽縣) 서남쪽으로 50리에 있다.

2) 【색은(索隱)】 유(維)는 동래(東萊)의 읍이고, 그가 사는 고을이 이(夷)다.

3) 소·양·돼지 각각 10마리를 이용한 요리를 말한다. 이 세 동물을 합쳐 태뢰라고 했다.

4) 【정의(正義)】 설후(薛侯)의 옛 성은 서주(徐州) 승현(勝縣) 경계에 있다.

5) 【색은(索隱)】 당시에는 임금이 약하고 신하는 강했기에 추나라와 노나라의 임금은 살아서는 제대로 된 섬김과 봉양을 받지 못했고 죽어서도 제대로 된 장례를 받지 못했다. 그런데 제나라는 추나라와 노나라에서 천자의 예를 행하

고자 했으니, 추나라와 노나라의 신하들은 결코 받아들일 수 없었던 것이다. 이는 예를 지키려다 오히려 (의도치 않게) 대체를 보존하게 되었다는 말이다.

이에 신원연은 일어나 두 번 절해 사과하며 말했다.

"애초에 선생을 그저 그런 사람[庸人]으로 여겼는데, 나는 마침내 오늘에야 선생이 천하의 선비[天下之士]임을 알았습니다. 나는 이곳을 나가는 순간부터 감히 다시는 진나라 임금을 제라고 부르지 않을 것을 약속드립니다."

진나라 장군이 이 말을 전해 듣고 군사를 50리 퇴각시켰다. 때마침 위나라 공자 무기(無己)가 조나라를 돕기 위해 진비(晉鄙)의 군사를 빼앗아서 조나라를 구원해 진나라를 치니 진나라 군대는 드디어 병사들을 이끌고 물러갔다.

이에 평원군은 노중련에게 봉토를 내리려 했으나 노중련은 세 차례나 사양하며 끝내 받지 않았다. 평원군은 마침내 술자리를 마련했고, 분위기가 무르익어갈 무렵 일어나서 앞으로 나아가 천금을 내놓으며 노련의 천수를 빌었다.

노련이 웃으며 말했다.

"천하의 선비가 귀한 까닭은 다른 사람들의 걱정거리를 덜어주고 재앙을 없애주며 다툼을 풀어주고서도 (보답으로) 아무것도 취하기 않기 때문입니다. 만일 뭔가 취하는 바가 있다면 이는 장사꾼[商賈]이나 하는 짓입니다. 저는 차마 받을 수가 없습니다."

드디어 평원군에게 인사를 하고 떠나갔는데, 평생토록 두 번 다시 볼 수 없었다.

그 후 20여 년이 지나, 연나라 장군이 (제나라) 요성(聊城)을 공격해 떨어

트리자[1] 요성의 어떤 사람이 그 장군을 연나라에 참소했는데, 장군은 주살될까 두려워 감히 돌아가지 못하고 그 참에 요성을 지킨다며 머물렀다. 제나라 전단(田單)이 요성을 공격했으나 1년이 넘도록 사졸들만 많이 죽고 요성은 떨어지지 않았다. 노련이 마침내 글을 적어 화살에 매달아서[約] 성안의 연나라 장군에게 쏘아 보냈다.

글은 이랬다.

"내가 듣건대, 지혜로운 자는 때를 거슬러 유리한 기회를 놓치지 않고, 용감한 장부는 죽음이 겁나 명예를 훼손하지 않으며, 충신은 자기 한 몸을 앞세우려고 군주를 뒤로하지 않는다고 했습니다. (그런데) 지금 공(公)께서는 하루아침의 분노[一朝之忿]를 행해 연나라 왕에게 좋은 신하가 없는 것을 돌아보지 않으니 이는 충(忠)이 아니요, 요성을 잃고 장군까지 죽게 된다면 장군의 위엄을 제나라에 떨칠 수 없으니 이는 용(勇)이 아니며, 공로가 무너지고 명성을 잃게 되면 후세 사람들이 장군을 칭찬하지 않게 될 것이니 이는 지혜가 아닙니다. 세상의 군주들이라면 이 세 가지를 행한 사람을 신하로 삼지 않을 것이며, 유세객들도 입에 올리지 않을 것이니 그렇기 때문에 지혜로운 사람은 두 번 계책을 세우지 않고, 용감한 사람은 죽음을 두려워하지 않습니다. 지금 공은 생사·영욕·귀천·존비의 기로에 서 있는데, 이런 때는 두 번 다시 오지 않을 것이니 바라건대 공께서는 깊이[詳] 생각하시어 속된 사람들처럼 처신하지 마십시오.

---

1) **[색은(索隱)]** 서광(徐廣)이 말하기를 "「연표(年表)」에 따르면 전단이 요성을 공격한 것은 장평의 일 이후 10여 년 후일 뿐"이라고 했으니, 20여 년이라고 한 것은 착오다. **[정의(正義)]** 지금의 박주현(博州縣)이다.

또 초나라는 제나라 남양(南陽)[1]을 공격하고 있고 위나라는 평륙(平陸)[2]을 공격하고 있는데, 제나라는 남쪽(초나라)을 향하려는 마음이 없으

니 이는 제나라로서는 남양을 잃는 데 따른 손실은 작지만 제수(濟水) 북쪽 땅3)을 손에 넣으면 그 이익이 크다고 보기 때문에, 잘 따져서 계책을 세워 대처하고 있는 것입니다.

지금 진나라가 병사를 내려보내 제나라를 도우면 위나라는 감히 동쪽 제나라를 향하지 못할 것이고, 제나라와 진나라가 손을 잡게 되면 초나라의 형세는 위태로워집니다. 또 제나라는 남양을 버리고 오른쪽 땅 평륙을 잘라내어 버린 뒤 제수 북쪽 땅을 평정하려 할 것이니, 이는 득실을 따져서 정한 계책입니다. 또 저 제나라는 반드시 요성에서 결단을 내려 할 것이니, 공께서는 두 번 생각지 마시고 결단하십시오. 지금 초나라와 위나라 군대는 번갈아 가며 제나라에서 물러나는 중이고, 연나라 구원병은 오지 않았습니다. 제나라의 전체 병력으로 천하로부터 아무런 제재도 받지 않고서 1년 넘도록 시달려 피폐해진 요성을 친다면 신이 볼 때 공은 뜻을 이룰 수가 없습니다.

게다가 연나라는 큰 혼란에 빠져 있어, 군주와 신하가 함께 제대로 된 계획을 세우지 못하고 위아래가 모두 정신을 못 차리고 있으며[迷惑] (연나라 재상) 율복(栗腹)은 10만 군사를 거느리고 밖에서 다섯 번이나 패했으며, 그 결과 만승의 나라인 연나라는 조나라에 수도를 포위당해 땅이 깎여 나가고 군주가 곤욕을 당해 천하의 큰 웃음거리가 되었습니다. 나라는 피폐해지고 재앙도 많아서 백성이 마음 붙일 곳이 없습니다. (그런데도) 지금 공께서는 또 요성의 지친 백성을 이끌고 제나라 전체 군사에 맞서고 있으니 이는 실로 묵적(墨翟)이 지킨 것과도 같다 하겠습니다4).

사람을 잡아먹고 뼈를 땔감으로 쓰는 데도 병사들이 배반할 마음이 없으니, 이는 그야말로 손빈(孫臏)의 군대와 같다 하겠습니다5). 이렇게 해서 장군께서는 천하에 능력을 보여주었습니다.

그럼에도 불구하고 공을 위해 생각해볼 때, 전차와 병력을 온전하게 보전해 돌아가 연나라에 보답하는 것이 가장 낫습니다. 전차와 병력을 온전

하게 해서 연나라로 돌아가면 연나라 왕은 반드시 기뻐할 것입니다. (군께서도) 온전한 몸으로 돌아가면 사민(士民)들은 부모를 뵈온 듯이 기뻐할 것이고, 공의 친구들은 팔을 걷어붙이고 반기며 천하 사람들에게 이야기해서 공이 이룩한 공업(功業)을 밝게 드러낼 것입니다. 위로는 고립된 군주를 도와 여러 신하를 제어하고 아래로는 백성을 잘 길러주며 유세객들에게는 이야깃거리를 제공함으로써 나라를 바로잡고 풍속을 고쳐서 공명을 이룰 수 있을 것입니다.

혹시라도 이럴 마음이 없다면, 실로 연나라를 떠나 세상을 저버리고 동쪽 제나라로 가시는 것은 어떻겠습니까? (그러면 제나라가) 땅을 떼어 봉지를 정해줌으로써 당신은 도(陶)나 위(衛) 같은 부를 갖고서[6] 대대로 고(孤-제후의 자칭)라고 일컬으면서 제나라와 함께 오래도록 부귀를 누리게 될 터이니, 이 또한 한 가지 계책입니다. 이 두 가지 계책은 모두 이름도 알리고 실리도 얻는 방도이니 공께서는 자세히 생각하시어 그중 하나를 신중하게 결정하기 바랍니다.

1) 【색은(索隱)】 곧 제나라 회수(淮水) 북쪽과 사수(泗水) 주변의 땅이다.

2) 【색은(索隱)】 평륙은 읍 이름으로, 서쪽 국경 쪽이다.

3) 【색은(索隱)】 곧 요성의 땅이다.

4) 【정의(正義)】 묵적이 송나라를 지켜 초나라를 물리친 것과 같다는 말이다

5) 【정의(正義)】 손빈이 사졸들을 잘 어루만지자, 사졸들은 두 마음을 품지 않았다.

6) 【색은(索隱)】 연독(延篤)은 『전국책(戰國策)』 주에서 "도는 도주공(陶朱公)의 땅이고 위는 위공자 형(荊)의 땅"이라고 했는데, 틀렸다. 왕소(王劭)가 갈했다. "위염(魏冉)은 도 땅에 봉해졌고, 상군(商君)은 성이 위다." 도나 위 같은 부를 누릴 수 있다고 한 것은 이를 말한 것이다.

또 내가 듣건대, 작은 절의에 얽매이는 사람은 영화로운 이름을 이룰 수

없고 작은 치욕을 피하려는 사람은 큰 공을 세울 수 없다고 했습니다. 옛날에 관이오(管夷吾-관중)가 (제나라) 환공(桓公)을 활로 쏘아 그의 허리띠 쇠고리를 맞춘 것은 찬탈(篡奪)이었고, (자기가 섬기던) 공자 규(糾)를 저버리고 그를 위해 죽지 않은 것은 비겁(卑怯)이었으며, 포승줄에 묶이고 손발에 수갑과 차꼬를 차게 된 것은 치욕(恥辱)이었습니다. 만약에 이런 세 가지 행동을 한 사람은 세상 군주들이 신하로 삼으려 하지 않을 것이며, 같은 마을 사람들도 그런 사람과는 사귀려 하지 않을 것입니다. 그러니 만일[鄕使] 관자(管子)가 감옥에 갇혀 나오지 못했다거나 죽을 때까지 제나라로 돌아올 수 없었다면 그는 실로 주군을 욕되게 하고 천한 행동을 했다는 치욕스러운 오명을 면할 수 없었을 것입니다. (그랬다면) 노비들[臧獲]도 그와 비교당하는 것을 부끄러워했을 터이니, 하물며 보통 사람들이야 어떻겠습니까? 그래서 관자는 오랏줄에 묶여 감옥에 갇혀 있는 것[縲絏之中]을 부끄러워한 것이 아니라 천하를 바로잡지 못하는 것을 부끄러워했고, 공자 규를 위해 죽지 않았던 것을 부끄러워한 것이 아니라, 제나라가 제후 사이에 위엄을 떨치지 못하는 것을 부끄러워했습니다. 그랬기에 세 가지 잘못을 다 범하고도 환공을 오패(五覇)의 우두머리로 만듦으로써 명성이 천하에 드높아지고 빛이 주변 나라까지 비추게 되었던 것입니다.

조자(曹子)[1]는 노나라 장군으로서 제나라와 세 번 싸워 세 번 다 패해 노나라 땅 사방 500리를 잃었습니다. 만약에 그때, 조자가 뒤를 생각해 발꿈치를 되돌려 달아나지 않고 스스로 목을 찔러 죽었더라면, 군대를 패하게 하고 장수들을 사로잡히게 했다는 치욕스러운 오명을 면할 수 없었을 것입니다. 그러나 조자는 세 번 싸워 세 번 패배한 치욕을 마음에 두지 않고 물러나서 노나라 군주와 계책을 세웠습니다. 제나라 환공이 천하 제후들과 회맹하는 틈을 타서 조자는 오직 칼 한 자루로 단상 위로 뛰어올라 환공의 심장을 겨누었는데, 안색은 변함이 없었고 말의 기운 역시 조금도 흐트러지지 않았으니 그렇게 해서 세 번에 걸쳐 잃은 땅을 하루아침에 되찾게 되

자 천하가 진동했고 제후들을 놀라게 하여 그 위엄이 멀리 오나라와 월나라에까지 미쳤습니다.

이 두 사람은 사소한 청렴을 이루고 사소한 절개를 행할 수 없었던 것이 아니라 자신이 죽고 집안과 자손이 끊어지더라도 공명을 세우지 못하는 것은 지혜로운 행동이 아니라고 생각했습니다. 그리하여 잠시의 울분과 원한을 버리고 대대로 전해질 공명을 세웠고, 원망에 사로잡힌 작은 절개를 버리고 대대로 전해질 공을 세웠던 것입니다. 이로 인해 그들의 업적은 오래도록 전해져서 삼왕(三王)과 견줄 수 있게 되었고 그 이름은 하늘땅과 함께 영원히 남게 되었습니다. 부디 공께서는 이 중 하나를 골라 실행하소서.”

1) 【색은(索隱)】 조매(曹昧)다.

연나라 장수는 노련이 보낸 편지를 읽고 사흘 동안 울면서 머뭇거릴 뿐 스스로 결단을 내리지 못했다. 연나라로 돌아가자니 연나라 왕과 이미 사이가 벌어져 죽을까 봐 두렵고, 제나라에 항복하자니 제나라 사람들을 너무 많이 죽이고 사로잡아 이미 항복한 뒤에 치욕을 당할까 두려웠다. 크게 탄식하며 말했다.

“다른 사람의 칼에 죽느니 차라리 스스로 죽으리라!”

마침내 자살했다. 요성은 혼란에 빠졌다. 전단이 드디어 요성을 도륙했다. 돌아와 노련의 공로에 대해 말하며 벼슬을 내리고자 했는데, 노련은 도망쳐 바닷가에 숨으면서 말했다.

“나는 부귀함을 누리느라 남에게 눌려 사느니, 차라리 빈천해도 세상을 가볍게 여기며 내 뜻을 맘껏 펼치겠다[肆=放縱]!”

추양(鄒陽)은 제(齊)나라 사람이다. 양(梁-위)나라를 떠돌면서 본래 오(吳)나라 사람인 장기부자(莊忌夫子)와 회음(淮陰) 사람 목생(牧生)의 무리

와 교유했다. 그가 (양나라 효왕에게) 글을 올려 양승(羊勝)·공손궤(公孫詭) 사이에 끼어들자[介=間], 양승 등이 추양을 질투해 양나라 효왕에게 그의 악담을 했다. 효왕이 화가 나서 추양을 법관에게 내려 장차 그를 죽이려 했다. 객지에서 유세하다가 참소로 인해 붙잡히게 된 추양은 죽어서도 누명[累][1]을 쓰게 될까 두려워 마침내 옥중에서 글을 올렸다.

"신이 듣건대 충성스러운 사람은 (임금에게) 보답받지 않는 경우가 없고 신의가 있는 사람은 (임금에게) 의심받지 않는다고 했는데, 신은 언제나 그런 줄 알았습니다만 한낱 빈말일 뿐이었습니다.

옛날에 형가(荊軻)가 연(燕)나라 태자 단(丹)의 의로움을 사모해서 단을 위해 진나라 왕을 죽이려고 결심했을 때, (하늘에서는) 흰 무지개가 해(-임금)를 뚫는 상서로운 조짐이 있었지만[2] 태자는 그를 두려워했습니다.

위선생(衛先生)이 진나라를 위해 (조나라) 장평(長平)을 치려고 계획했을 때, (하늘에서는) 태백(太白)이 묘성(昴星)을 범하는 상서로운 징조가 있었지만[3] 소왕(昭王)은 이를 의심했습니다. 무릇 두 사람의 정성은 하늘과 땅의 자연현상까지 변화시켰음에도 진실로 두 군주를 깨우치지 못했으니 어찌 슬픈 일이 아니겠습니까? 지금 신이 충성과 정성을 다해서 제 의견을 다 말씀드려 대왕께서 알아주시기를 바랐지만 (왕의) 좌우가 밝지 못해 결국 옥리들에게 심문을 당하고 세상 사람들의 의심을 받게 되었으니, 이렇게 되면 형가와 위 선생이 다시 살아난다 해도 연나라와 진나라는 그들의 참뜻을 깨닫지 못할 것입니다. 바라건대 대왕께서는 깊이 살피소서!

1) 【정의(正義)】 죄가 없는데도 죄를 덮어쓰는 것을 누(累)라고 한다.

2) 【집해(集解)】 여순(如淳)이 말했다. "흰 무지개는 병(兵)의 상징이고, 해는 임금이다."

3) 【색은(索隱)】 여순(如淳)이 말했다. "태백은 서방을 주관하는데 진나라는 서쪽에 있으므로, 곧 (진나라가) 조나라를 물리친다는 조짐이다."

옛날에 변화(卞和)는 보옥을 바쳤지만, 초나라 왕은 (그냥 돌이라고 여기고서) 그의 발을 잘랐고, 이사(李斯)는 충성을 다했지만, 호해(胡亥)는 그를 극형에 처했습니다. 이로써 볼 때 기자(箕子)가 겉으로 미친 척한 것이나 접여(接輿)[1]가 세상을 피해 살았던 것도 다 이런 환난을 당할까 두려웠기 때문입니다. 바라건대 대왕께서는 변화와 이사의 참뜻을 깊이 살피셔서 앞으로는 초나라 왕과 호해처럼 잘못된 참소를 받아들이는 일이 없도록 하시고, 신이 기자와 접여에게 비웃음을 당하지 않도록 해주소서.

신이 듣건대, 비간(比干)은 가슴을 찢기고 오자서(伍子胥)는 말가죽 부대[鴟夷]에 넣어져 강물에 던져졌다고 합니다. 처음에는 믿지 않았지만, 마침내 지금은 얼마든지 가능한 일임을 알게 되었습니다. 바라건대 대왕께서는 깊이 살피셔서 신을 조금이라도 가엾게 여겨주소서!

1) 【집해(集解)】 장안(張晏)이 말했다. "초나라 현자로, 거짓으로 미친 척하며 세상을 피해 살았다."

속담에 이르기를 "(젊어서부터 사귀어) 백발이 되도록 알고 지냈으나 새로 사귄 듯한 이가 있는가 하면, 우연히 길에서 만난 사람인데도 오래전부터 사귄 듯한 이가 있다"라고 했습니다. 왜 그렇겠습니까? 상대방 마음을 아느냐 모르느냐의 차이 때문입니다.

옛날에 번오기(樊於期)는 진(秦)나라에서 도망쳐 연나라로 갔는데, 형가에게 자기 머리를 베어주어 연나라 태자 단(丹)이 진나라 왕을 죽이려는 일을 받들게 했습니다. 왕사(王奢)는 제나라를 떠나 위나라로 도망을 갔는데, 성에 올라 스스로 목숨을 끊어 제나라를 물리치고 위나라를 보존하게 했습니다. 두 사람은 제나라나 진나라와 새로 관계를 맺은 것도 아니고 연나라 위나라에 오랜 연고가 있었던 것도 아닙니다. 그런데도 그들이 두 나라를 떠나서 두 임금을 위해 목숨을 바쳤던 것은, 군주들의 행위가 자신들

의 뜻에 맞고 의로움을 사모함이 무궁했기 때문입니다.

　이 때문에 소진(蘇秦)은 세상에서 신임을 받지 못했지만, 연나라를 위해서는 미생(尾生)처럼 신의를 지켰고[1], 백규(白圭)는 싸움에서 패배해 6개 성을 잃은 다음에 위나라로 망명했지만, 위나라를 위해 중산(中山)을 차지했습니다[2]. 어째서이겠습니까? 진실로 서로를 알아주었기 때문입니다. 소진이 연나라 재상이 되었을 때 연나라의 어떤 사람이 왕에게 그에 관한 좋지 않은 말을 했으나 왕은 칼을 만지작거리면서 소진을 비방한 자를 꾸짖었고 소진에게는 자신의 결제(駃騠-준마)를 잡아 대접했으며, 백규가 중산에서 현격한 공을 세웠을 때 누군가가 위나라 문후(文侯)에게 그를 비방했으나 문후는 오히려 밤에도 빛을 발하는 구슬을 백규에게 내려주었습니다. 어째서이겠습니까? 이는 두 군주와 두 신하가 각각 심장을 드러내고 간을 가르는 것처럼 서로 믿었기 때문이니, 어찌 근거도 없는 말[浮辭]에 마음이 흔들릴 수 있었겠습니까?

1) 【색은(索隱)】 복건(服虔)이 말했다. "소진은 제나라에 있을 때는 신의를 보이지 않았으나 연나라에 있을 때는 미생의 신의를 보여주었다." 위소(韋昭)가 말했다. "미생은 신의를 지키다가 죽은 사람이다."

2) 【집해(集解)】 장안(張晏)이 말했다. "백규는 중산국 장수였는데, 6개 성을 잃어 임금이 그를 죽이려 하자 도망쳐 위나라에 들어갔다. (위나라) 문후(文侯)가 자신을 두텁게 대해주자, 그는 도로 중산국을 뽑아버렸다."

　그래서 여자는 예쁘든 못생겼든 궁중으로 들어가면 시기를 받고 선비는 뛰어나든 불초하든 조정에 들어가면 질투를 받게 마련입니다.

　옛날에 사마희(司馬喜)는 송나라에서 발꿈치를 베이는 형을 받았지만[臏脚][1] 훗날 중산(中山)에서 재상이 되었습니다. 또 범수(范雎)는 위나라에서 갈비뼈가 부러지고 이가 분질러졌으나 끝내 (진나라에서) 응후(應侯)

가 되었습니다. 이 두 사람은 반드시 자기들 계획을 실현되리라는 것을 믿을 뿐이어서 사사로이 붕당을 지어 거기에 의지하지 않고 홀로 몸을 세웠기에 다른 사람들의 시기 질투를 받지 않을 수 없었습니다.

(은나라 말기 사람) 신도적(申徒狄)은 (간언이 받아들여지지 않자) 스스로 강물에 뛰어들었고[2], (주나라 말기 사람) 서연(徐衍)은 (세상이 싫어) 돌을 지고 바다에 뛰어들었습니다[3]. 이 두 사람은 세상이 자기를 받아주지 않더라도 도의상 구차하게 처신하지 않았고 조정에서 당파를 지어 주상의 마음을 움직이려 하지 않았습니다.

그래서 백리해(百里奚)는 길에서 걸식하고 있었지만 (진나라) 목공(穆公)은 그에게 정사를 맡겼고, 영척(寧戚)은 수레 아래에서 소를 먹이고 있었으나 (제나라) 환공(桓公)은 그에게 나라를 맡겼습니다. 이 두 사람은 어찌 조정에서 벼슬하며 좌우 사람들의 칭송에 힘입어 목공과 환공에게 쓰이게 된 것이겠습니까? 마음이 서로 통하고 행동이 일치하면 아교나 옻칠한 것보다 더 친밀해져서 형제라도 그들 사이를 갈라놓을 수 없으니, 어찌 수많은 사람 말에 현혹될 리가 있겠습니까?

그래서 한쪽 말만 들으면 간사한 일이 생겨나고, 한 사람에게 모든 것을 맡기면 난이 일어납니다. 옛날에 노나라는 계손(季孫)의 말을 듣고 공자(孔子)를 내쫓았으며[4], 송나라는 자한(子罕)의 계략을 믿고 묵적(墨翟)을 가뒀습니다[5].

무릇 공자와 묵적의 달변으로도 참소와 아첨에서 스스로 벗어나지 못했고, 이 때문에 노나라와 송나라는 위태로워졌습니다. 이는 어째서이겠습니까? 많은 사람의 입은 무쇠도 녹이고[衆口鑠金], 헐뜯는 말이 쌓이면 뼈도 녹일 수 있기[積毀銷骨] 때문입니다.

이리하여 진(秦)나라는 오랑캐 유여(由余)를 등용해 중원을 제패했고, 제나라는 월나라 사람 몽(蒙)을 써서 위왕(威王)과 선왕(宣王) 때 강성해졌습니다. 이 두 나라가 어찌 통속에 구애되고 세속에 이끌리거나 아첨과 한

쪽에 치우친 말에 사로잡힌 일이 있겠습니까? 공정하게 듣고 두루 살펴보았으므로 그 시대에 이름을 드리운 것입니다.

따라서 뜻만 맞으면 호(胡-오랑캐)나 월(越)나라처럼 아주 먼 곳의 사람들과도 형제처럼 될 수 있었으니, 유여(由余)나 월나라 사람 몽(蒙)이 바로 그런 사람들이었습니다.

그러나 뜻이 맞지 않으면 골육(骨肉) 사이라도 내쫓고 쓰지 않았으니, (요임금의 아들) 단주(丹朱)나 (순임금의 동생) 상(象), (주공의 동생) 관(管)과 채(蔡)가 바로 그런 경우입니다. 오늘날 임금이 참으로 제나라나 진나라처럼 마땅한 방법[義]을 쓰고 송나라나 노나라처럼 잘못된 말을 듣는 일을 하지 않는다면 오패(五伯)의 명성은 말할 것도 없고 삼왕(三王)이 되는 것 또한 쉬울 것입니다.

1) 【집해(集解)】 진작(晉灼)이 말했다. "사마희는 중산국에서 세 차례 재상을 지냈다." 소림(蘇林)이 말했다. "육국 시대 사람으로, 발꿈치를 베이는 형을 받았다." 【색은(索隱)】 이 일은 『전국책(戰國策)』과 『여씨춘추(呂氏春秋)』에 나온다.

2) 【색은(索隱)】 『장자(莊子)』에서 말했다. "신도적은 간언이 쓰이지 않자, 돌을 짊어지고 스스로 황하에 뛰어들었다." 위소(韋昭)가 말했다. "육국 시대 사람이다." 『한서(漢書)』에서는 스스로 옹하(雍河)에 뛰어들었다고 했고, 복건(服虔)은 옹주의 강에 뛰어들었다고 했으며, 유향의 『신서(新序)』에서는 "항아리를 껴안고 황하에 뛰어들었다"라고 했으니, 모두 다르다.

3) 【색은(索隱)】 『열사전(列士傳)』에서 말했다. "주나라 말기 사람이다."

4) 【색은(索隱)】 『논어(論語)』에 이르기를, "제나라 사람이 여악(女樂)을 보내오자, 계환자(季桓子)가 여악을 받고서 사흘 동안 조회를 하지 않으니, 공자는 떠나버렸다"라고 했다.

5) 【색은(索隱)】 「순경전(荀卿傳)」에서 말했다. "묵적은 공자 때 사람이라고도 하고, 혹자는 공자보다 후대 사람이라고 한다."

이 때문에 빼어난 왕[聖王]이라면 깊이 깨달은 바가 있어 능히 자지(子之)[1]의 마음을 내치고 전상(田常)의 (거짓된) 뛰어남을 멀리할 수 있습니다[2]. (주나라 무왕은) 충신 비간(比干)의 후예를 봉해주고 (주왕(紂王)에게) 배가 갈라져 죽은 임신부의 무덤을 손질해줌으로써 그 공업을 다시 천하에 떨쳤습니다. 이것은 어째서이겠습니까? 이는 무왕이 좋은 일을 하고자 하면서 조금도 싫증을 내지 않았기 때문입니다. 저 진(晉)나라 문공(文公)은 자기 원수와 친하게 지냄으로써 제후들의 강한 패자(覇者)가 될 수 있었고, 제나라 환공은 자기 원수를 써서 단번에 천하를 바로잡았습니다[3]. 이것은 어째서이겠습니까? 두 사람은 자애로움, 인자함, 은근함에다가 마음속 정성을 다했기 때문이니 이와 같은 일은 헛된 말만으로 꾸밀 수 있는 것이 아닙니다.

1) 【집해(集解)】 서광(徐廣)이 말했다. "연나라 왕은 대신 자지에게 나라를 양보했다."

2) 【집해(集解)】 응소(應劭)가 말했다. "전상이 제나라 간공(簡公)을 섬겼는데, 간공이 그를 좋아했으나 전상은 간공을 죽였다. 임금이 이런 마음을 가진 자를 내쫓을 때라야 나라는 안전할 수 있다."

3) 【집해(集解)】 진나라 환관 발제(勃鞮)와 제나라 관중(管仲)이다.

저 진(秦)나라는 상앙(商鞅)의 법을 써서 동쪽으로 한(韓)나라와 위(魏)나라를 약화하고 군대를 천하에서 제일 강하게 만들었지만 결국 상앙을 거열형(車裂刑)에 처했고, 월나라는 대부 종(種)의 모책을 써서 강한 오나라 왕을 사로잡아 중원의 패자가 되었으나 결국 그를 주살하고 말았습니다. 그 때문에 손숙오(孫叔敖)는 재상 자리에서 세 번이나 해임되었어도 후회하지 않았고, (초나라) 오릉자중(於陵子仲)은 삼공(三公) 자리를 마다하고 남의 집 정원에 물 대주는 일을 (기꺼이) 했습니다.

만약에 오늘날 군주가 진실로 교만한 마음을 버리고 공로를 세운 신하에게 보답할 뜻을 품고서 속마음을 꺼내 보여주며 간담(肝膽)을 털어서, 은덕을 두터이 베풀고 기쁨과 어려움을 선비와 함께하며 선비에게 봉록과 벼슬을 내리는 데 인색하게 굴지 않는다면, 포악한 걸왕(桀王)의 개로 하여금 요임금을 보고 짖게 할 수도 있었을 것이며 (큰 도둑) 도척(盜跖)의 자객으로 하여금 허유(許由)를 찔러 죽이게 할 수도 있었을 것입니다. 하물며 만승(萬乘)의 권세를 갖고 있고 빼어난 왕의 자질을 갖추신 분이라면 어떻겠습니까? 그렇다면 형가(荊軻)가 (진시황 암살에 실패해) 칠족(七族)을 재난에 빠뜨린 일이나 요리(要離)[1]가 처자식을 불타 죽게 만든 것은 말할 필요도 없는 일입니다.

신이 듣건대 '어두운 밤길을 걸어가는 사람에게는 명월주(明月珠)와 야광벽(夜光璧)을 던져준다 해도 칼을 잡고 노려보지 않는 경우가 없다. 어째서인가? 아무 까닭도 없이 (귀한 물건이) 눈앞에 나타났기 때문이다. (반대로) 구불구불 굽어진 나무뿌리일지라도 만승 임금을 위한 그릇이 될 수 있다. 어째서인가? 좌우에 있는 사람들이 먼저 그 모양을 꾸미기 때문이다'라고 했습니다. 아무런 연고나 까닭도 없이 눈앞에 (보배가) 나타난다면 수후주(隨侯珠)나 야광벽이라 해도 의심이나 원한만 가질 뿐 고마워하지 않을 것이지만, 누군가가 미리 이야기를 해두었다면 마른나무와 썩은 등걸이라 해도 공을 세워 잊히지 않게 될 수 있습니다. 오늘날 지위도 벼슬도 없어 곤궁한 선비들은 빈천한 처지에 있기 때문에 설사 요순의 통치술을 알아서 이윤(伊尹)이나 관중(管仲) 같은 말재주에 용봉(龍逢)이나 비간(比干) 같은 뜻으로써 당대의 군주에게 충성을 다하고 싶어 하더라도 나무뿌리를 다듬어 군주에게 바치듯이 천거해주는 사람이 없습니다. 또한 마음과 생각을 다해 충성과 진실을 열어 보여 군주의 정사를 보좌하고 싶어 해도 군주는 반드시 (구슬을 던진 사람을 대하듯이) 칼을 잡고 노려보는 경향이 있습니다. 이것이 바로 벼슬 없는 선비를 마른나무와 썩은 등걸의 쓰임새만도 못하게 하

는 요인입니다.

1) 오(吳)나라 협객(俠客)이다. 오자서의 천거로 오왕 합려의 신하가 된 뒤 합려의 최대 우환이자
   정적(政敵)인 공자 경기를 죽이기 위해 계략으로 자신의 처자를 죽인 다음 경기에게 접근해 목
   적을 달성했다. 목적을 위해서는 수단을 가릴 줄 몰라서 가족에 대한 최소한의 도리까지 돌아보
   지 못해 어리석은 용협(勇俠)의 전형으로 꼽힌다.

이 때문에 빼어난 왕이 세상을 다스리고 풍속을 바로잡을 때[制世御俗]는 도공(陶工)이 돌림판으로 그릇을 여럿 만들 듯이 백성을 교화시키기 때문에, 천박하고 혼란스러운 말에 이끌리거나 뭇사람들의 근거 없는 입에 마음을 빼앗기는 일이 없습니다. 그래서 진시황은 중서자(中庶子) 몽가(蒙嘉)의 말만 듣고 형가(荊軻)의 말을 믿었다가 몰래 감춰 둔 비수에 찔릴 뻔했습니다. 반면에 주나라 문왕은 경수(涇水)와 위수(渭水) 가에서 사냥하다가 여상(呂尚)을 만나서 수레에 싣고 돌아와 그의 도움으로 천하의 왕자(王者)가 되었습니다. 진시황은 좌우를 믿었다가 죽을 뻔했지만, 주나라 문왕은 까마귀가 한데 모여 앉듯이 우연히 여상을 만나 왕자가 되었던 것입니다. 이는 어째서이겠습니까? 주나라 문왕은 속박하는 말 따위를 뛰어넘어 어느 하나에 국한되지 않는 의견에 마음을 쏟아서 홀로 밝고 넓은 길을 잘 살폈기 때문입니다.

(그런데) 오늘날 군주들은 아첨하는 말에 빠지고 휘장 안에 있는 애첩들에게 제어당해, 뛰어난 선비들을 대우하는 것이 마치 소와 천리마를 똑같은 먹이로 기르는 것과 같습니다. 이것이 바로 포초(鮑焦)가 세상을 원망하고 부귀의 즐거움에 마음을 두지 않은 까닭입니다.

신이 듣건대, 의관을 바르게 하고 조정에 들어온 사람은 이익을 위해서

마땅함을 더럽히지 않으며, 명예를 갈고닦는 사람은 욕심 때문에 행실을 해치지 않는다고 했습니다. 그래서 증자(曾子)는 승모(勝母-어머니를 이기다)라는 이름이 붙은 고을에는 들어가지 않았고, 묵자(墨子)는 조가(朝歌)[1]라는 이름이 붙은 마을에서 수레를 되돌렸습니다. (그런데) 오늘날 군주들은 천하의 뛰어난 선비들을 막중한 권력으로 내리눌러 엎드리게 해서는 세력과 지위만을 제일로 여겨 낯빛을 바꾸고 행실을 더럽히면서까지 아첨을 좋아하는 선비들을 섬기게 하고 임금 좌우에 있는 측근들에게도 친하고 가깝게 하기를 바랍니다. 이렇게 된다면 뜻있는 선비들은 바위 동굴 속에서 엎드려 죽을 수밖에 없으니, 어떻게 자신의 충성심과 신의를 다해서 대궐 아래로 들어가는 자가 있겠습니까?"

1) 【집해(集解)】 진작(晉灼)이 말했다. "아침에 노래를 부르는 것은 때에 맞지 않기[不時]불시 때문이다."

　　이 글이 양나라 효왕에게 올라가자 효왕은 사람을 보내 추양을 풀어주고 드디어 상객(上客)으로 삼았다.

　　태사공(太史公)이 말한다.
　　"노련(魯連)은 비록 지향하는 뜻이 대의(大義)와 합치하는 것은 아니었지만 일반 사람으로 벼슬도 지위도 없는 처지에서 자기 뜻을 거리낌 없이 말하고 실천했으니, 제후들에게도 굽히는 일이 없이 당대에 자신의 언변을 떨치며 경상(卿相)들의 권세를 꺾은 일은 충분히 높이 평가할 만하다[余多여다 =有餘]유여.
　　추양(鄒陽)은 비록 말이 공손하지는 않았지만 비슷한 일을 폭넓게 끌어다가 비유와 실례를 들어 말했는데, 비장함이 있었으면서도 실로 절의를 굽히지 않고 강직했으니 나는 이 때문에 그를 열전에 덧붙였다."[1]

1) **【색은술찬(索隱述贊)】** 노중련은 통달한 선비라[魯連達士]/재주가 뛰어나고 뜻이 원대했도다[高才遠致]/ 어려움을 잘 풀어내고 얽힌 것도 풀어내었지만[釋難解紛]/벼슬을 사양하고 뜻을 맘껏 펼쳤다네[辭祿肆志]/제나라 장수를 말로써 꺾고[齊將挫辯]/연나라 군대를 기세로써 막았도다[燕軍沮氣]/추자는 참소를 당해[鄒子遇讒]/옥리에 내려져 심문당했다네[見詆獄吏]/비분강개한 글을 바쳐[慷慨獻說]/당시 임금에게 그릇으로 쓰이게 되었도다[時王所器]!

권84 ｜ 굴원가생열전(屈原賈生列傳) 제24

권84 굴원가생열전(屈原賈生列傳) 제24

굴원(屈原)은 이름이 평(平)이고 초나라 왕실과 성(姓)이 같다[1]. 초나라 회왕(懷王)의 좌도(左徒)[2]로 있었다. 들은 바가 많고 기억력이 뛰어났으며[博聞彊志] 다스려질 때와 혼란스러울 때[治亂]의 일에 밝았고 외교문서[辭令]를 쓰는 데 탁월했다[嫻].

궁궐에 들어가서는 임금과 함께 나랏일을 도모하고 토의해 밖으로 호령(號令)을 내었으며 궁궐을 나와서는 빈객들을 접대하고[接遇] 제후들을 응대(應對)했다. 왕이 그를 깊이 신임했다.

1) 【정의(正義)】 굴씨(屈氏)·경씨(景氏)·소씨(昭氏)는 모두 초나라 왕족의 성씨다.
2) 【정의(正義)】 대개 지금의 좌우 습유(拾遺-언관) 부류에 해당한다.

상관대부(上官大夫) 근상(靳尙)은 굴원과 반열이 같았는데, (굴원과) 총애를 다퉈 마음속으로 굴원의 능력을 시기했다[害]. 회왕이 굴원에게 나라의 법령[憲令]을 만들도록 하자 굴원이 초고를 지었는데[屬=作], 아직 완성도 되지 않았는데 상관대부가 빼앗으려고 하니 굴원이 내어주지 않자 그를 헐뜯어[讒] 말했다.

"왕께서 굴평에게 법령을 만들게 하신 일을 모르는 사람이 없는데, 평은 매번 법령이 하나 만들어질 때마다 자신의 공을 뽐내면서[伐] 자신이 아니면 아무도 이 일을 할 수 없노라고 여깁니다."

왕이 화가 나서 굴평을 멀리했다.

굴평은 왕이 다른 사람들의 말을 듣는 데 귀 밝지 못해서[不聰] 반듯하고 바른[方正] 말이 받아들여지지 않는 것이 서운했다. (그는) 헐뜯고 아첨하는 말이 군주의 눈 밝음을 가로막고 간사하고 왜곡된 말이 공정함을 해치는 것을 근심해, 깊이 생각에 잠겨 「이소(離騷)」를 지었다. 이소(離騷)란 곧 근심에서 떠난다[離憂]는 뜻이다.

무릇 하늘이란 사람의 시작이며 부모란 사람의 근본이니, 사람이 궁벽함에 이르면 근본으로 돌아온다. 그러므로 수고롭고 힘들어서 피곤이 극에 이르면 일찍이 하늘을 향해 부르짖지 않는 자가 없고, 질병과 고통으로 참담하게 되면 일찍이 부모를 향해 부르짖지 않는 이가 없는 것이다. 굴평은 바른 도리에 따라 곧게 행동했고 진심을 다했으며 모든 지혜를 바쳐 임금을 섬기고서도 마침내 중상모략하는 자의 이간질로 궁벽해진 경우라고 말할 수 있다. 신의를 지켰으나 의심을 받게 되고 진심을 다했으나 비방을 받게 되었으니 원망하지 않을 수 있겠는가?

굴평이 「이소」를 지은 것은 대개 이러한 원망에서 나온 것이다. (『시경(詩經)』의) 「국풍(國風)」은 여색을 좋아하면서도 음란하지 않으며[好色而不淫=樂而不淫] 「소아(小雅)」는 원망하고 비방하면서도 어지럽지 않은데[怨誹而不亂], 「이소」와 같은 경우에는 두 가지를 모두 겸했다고 할 만하다. 위로 제곡(帝嚳)을 칭송하고 아래로 제나라 환공[齊桓]을 말하면서 그 가운데의 은나라 탕왕과 주나라 무왕[湯武]을 서술함으로써 세상일을 풍자했는데, 도리와 다움의 넓고 높음[廣崇]과 다스려질 때와 어지러울 때의 조리를 훤히 밝힘에 있어 다하지 않은 바가 없었다. 표현은 간략하고[其文約] 글은 미묘하며[其辭微] 뜻은 깊이 헤아리고[其志絜] 행실은 깨끗했으니[其行廉] 문장은 비록 작지만, 그것이 뜻하는 바는 지극히 컸고 눈앞에 보이는 것들을 들어서 말했지만, 그 뜻은 멀리 있었다. 뜻이 깊이 헤아렸기에 그것이 언급하는 일들마다 향기가 났고, 행실이 깨끗했기에 죽어서도 끝내 받아들여지지 않았으나 진흙탕 속을 뒹굴어 더러워졌더라도 매미가 허물 벗듯 씻어

내고 먼지 쌓인 속세의 밖으로 헤엄쳐 나와서 세상의 온갖 더러움에 물들지 않았다. 연꽃과도 같이 깨끗해 진흙 속에 있으면서도 더러워지지 않았으니, 이러한 뜻을 미뤄 헤아려보건대 비록 해와 달의 빛일지라도 더불어 그 밝음을 다툴 만하다.

굴평이 이미 쫓겨난[絀=黜] 뒤에 진(秦)나라가 제(齊)나라를 치려고 했는데 제나라는 초나라와 합종을 맺고 있었다[從親=合從]. (진나라) 혜왕(惠王)이 이를 걱정하더니, 마침내 장의(張儀)로 하여금 거짓으로 진나라를 떠나서 많은 예물과 폐백을 갖춰 초나라에 바치며 말하게 했다.

"진나라는 제나라를 몹시 미워하는데 제나라는 초나라와 합종을 맺고 있으니, 초나라가 진실로 제나라와 관계를 끊을 수 있다면 진나라는 바라건대 상(商)과 오(於)의 땅 600리를 바치겠습니다."

초나라 회왕은 그 땅에 욕심을 내어 장의의 말을 믿고서 드디어 제나라와의 관계를 끊은 뒤 진나라에 사신을 보내 받아오게 했다. 장의가 거짓으로 말했다.

"의(儀)는 (초나라) 왕에게 6리 땅을 약속했지 600리는 듣지도 못했소!"

초나라 사신이 화를 내며 (진나라를) 떠나 (초나라에) 돌아와서 회왕에게 아뢰자, 회왕은 화가 나서 군대를 크게 일으켜 진나라로 쳐들어갔다. 진나라도 군대를 출동시켜 초나라 군을 쳤는데, 단양(丹陽)에서 초나라 군대를 크게 깨뜨려 8만 명의 목을 베고 초나라 장수 굴개(屈丐)를 포로로 잡았으며 드디어 초나라의 한중(漢中) 땅마저 차지했다. 회왕은 마침내 나라 안의 병력을 총동원해 진나라 안으로 깊숙이 쳐들어가서 (진나라 땅인) 남전(藍田)에서 싸웠다. 위(魏)나라는 이 소식을 듣고는 초나라를 습격해 등(鄧)에 이르렀다. 초나라 병사들은 겁을 먹고 진나라에서 돌아왔다. 그런데 제나라가 화가 나서 끝내 초나라를 구원해주지 않아 초나라는 큰 곤경에 빠졌다.

이듬해에 진나라가 한중(漢中) 땅을 떼어 초나라에 주면서 화친을 청했는데, 초나라 왕이 말했다.

"땅은 필요 없고, 바라건대 장의를 얻어 마음을 편하게 하고 싶소[甘心]^{감심}[1].”

장의가 듣고서 마침내 말했다.

"의(儀) 한 사람으로 한중 땅과 맞바꿀 수 있다면, 신이 청컨대 초나라로 가게 해주십시오.”

(장의가) 초나라에 가서 또 기회를 틈타[因]^인 두터운 폐백을 실권자[用事者]^{용사자}인 신하 근상(靳尙)에게 주면서 회왕의 총애를 받는 여인[寵姬]^{총희} 정수(鄭袖)에게 궤변을 늘어놓게 했다. 회왕은 결국 정수의 말을 듣고 다시 장의를 풀어주어 돌려보냈다. 이때 굴평이 이미 (조정에서) 멀어져 있었기에 다시 고위직에 오르지 못했지만, 제나라에 사신으로 갔다가 막 돌아와서 회왕에게 간언했다.

"어찌하여 장의를 죽이지 않으셨습니까?”

회왕은 뉘우치면서 장의를 뒤쫓게 했으나 따라잡지 못했다.

1) 화근을 없애겠다는 뜻이다.

그 후에 제후들이 함께 초나라를 쳐서 크게 깨뜨리고 초나라 장수 당말(唐昧)[1]을 죽였다.

1) 【정의(正義)】 昧의 발음은 (매가 아니라) 막(莫)과 갈(葛)의 반절음이다.

이때 진나라 소왕(昭王)이 초나라와 인척 관계였으므로 회왕을 만나고자 했는데, 회왕이 가려고 하자 굴평이 말했다.

"진나라는 호랑이나 이리와 같은 나라이므로 믿을 수가 없습니다. 가시

지 않는 것이 좋겠습니다."

회왕의 어린 아들 자란(子蘭)이 왕에게 가야 한다고 권했다.

"어찌 진나라의 호의[歡=讙]를 거절하십니까?"

회왕이 마침내 갔는데, 무관(武關)에 들어서자, 진나라는 복병을 시켜 그 뒤를 끊게 한 다음에 회왕을 억류하고서 (초나라의) 땅을 떼어줄 것을 요구했다. 회왕이 화가 나서 이 요구를 들어주지 않았다. 조나라로 달아났으나 조나라에서 받아들이지 않았다. 다시 진나라로 갔다가 끝내 진나라에서 죽어 시신으로 돌아와 묻혔다.

(회왕의) 맏아들 경양왕(頃襄王)[1]이 세워져 (경양왕은) 동생 자란(子蘭)을 영윤(令尹-초나라 재상)으로 삼았다. 초나라 사람들은 이미 자란을 탓하고 있었는데 회왕을 진나라에 들어가게 권유함으로써 돌아오지 못하게 했기 때문이다.

1) 【색은(索隱)】 이름은 횡(橫)이다.

굴평도 진작부터 그 일을 가슴 아파해 비록 쫓겨난[放流] 몸일지라도 초나라 조정을 돌아보고 회왕을 생각하면서 다시 조정으로 되돌아가고 싶은 마음을 잊지 않았고, 혹시라도 군주가 깨닫고서 속세의 나쁜 풍습이 하나라도 고쳐지기를 바랐다. 그는 군주를 지키고 나라를 일으키며 약한 나라를 강한 나라로 뒤집기 위해 (「이소」의) 매 편에서 세 번씩이나 그 뜻을 노래했다. 그러나 결국 어찌할 방법이 없었고 그래서 돌이킬 수도 없었으니, 결국 이를 보면 회왕이 끝까지 잘못을 깨닫지 못했음을 알 수가 있다. 임금이 어리석거나 지혜롭거나를, 혹은 뛰어나거나 똑똑치 못하거나를 가리지 않고 모두가 충성스러운 신하를 구해서 자신을 위하도록 하고 뛰어난 신하를 들어 써서 자신을 돕도록 하지 않는 이가 없는데, 그런데도 나라가 망하고

왕실이 깨지는 일이 연이어 생겨나며 빼어난 임금이 나라를 다스리는 시대가 계속해서 나타나지 않는 것은, 이른바 충신이란 자가 실제로는 충성을 다하지 않았고 이른바 뛰어난 이가 실제로는 뛰어나지 못했기 때문이다. 회왕은 충신과 그렇지 못한 신하를 구분할 줄을 몰랐기에 그래서 안으로는 정수(鄭袖)에게 미혹되고 밖으로는 장의(張儀)에게 기만당해서 굴평을 멀리하고 상관대부와 영윤 자란을 믿었다. (그 결과) 군대가 꺾이고 영토가 깎여서 여섯 군(郡)을 잃었으며 자신은 진나라에서 객사해 천하의 웃음거리가 되었다. 이는 사람을 제대로 알아볼 줄 몰라서 일어난 재앙이다. 『주역(周易)』에 이르기를 "더러운 우물 깨끗이 했는데 마시질 않으니 내 마음 슬프구나! 이 물 길어갈 수 있으니, 임금이 밝다면 함께 그 복을 받겠건만 임금이 밝지 못하니 어찌 그 복을 누리랴!"라고 했다.

1) 정괘(井卦, ䷯) 밑에서 세 번째 붙은 효에 대한 풀이다.

영윤 자란이 이 말(-「이소」를 지은 뜻)을 듣고 크게 화가 나서 마침내 상관대부를 시켜 경양왕에게 굴원을 헐뜯게 하니[短=讒], 경양왕이 화를 내며 굴원을 유배 보냈다[遷].

굴원이 강가에 이르러 머리를 풀어 헤치고 물가를 거닐면서 읊조렸다. 얼굴빛이 초췌(憔悴)하고 모습은 마치 마른 나뭇가지와도 같았다. 어떤 어부가 그를 보고서 물었다.

"그대는 삼려대부(三閭大夫)가 아니십니까? 어찌하여 이곳까지 오셨습니까?"

굴원이 대답했다.

"온 세상이 어지럽고 흐린데 나 홀로 깨끗하고, 모든 사람이 다 취했는데 나 홀로 깨어 있어, 그 때문에 추방당한 것이오[見放]."

어부가 말했다.

"무릇 빼어난 사람이란 외부 일에 구애받지[凝滯] 않고 능히 세상과 더불어 추이(推移) 하는 사람입니다. 온 세상이 어지럽고 흐린데 어찌 그 흐름을 따르고 물결을 타지 않으시며, 모든 사람이 다 취해 있는데 어찌 그 지게미[糟]를 먹고 밑술[醨]을 마시지 않습니까? 어찌하여 아름다운 옥처럼 고결한 뜻을 품었으면서도 스스로 추방당하는 일을 하셨습니까?"

굴원이 대답했다.

"내가 듣건대, 새로 머리를 감은 사람은 반드시 관의 먼지를 털어서 쓰고, 새로 목욕을 한 사람은 반드시 옷의 티끌을 털어서 입는다고 했소. 사람이라면 또 그 누가 자신의 깨끗한 몸을 자세히 살피지 않은 채 더러운 때를 묻히려 하겠소? 차라리 강물에 몸을 던져 물고기 뱃속에 장사를 지내면 그뿐이지, 또 어찌 희디흰 깨끗한 몸을 가지고 세속의 더러운 먼지를 뒤집어써야 하겠소?"

마침내 「회사부(懷沙賦)」를 지었다. 가사는 다음과 같다.

햇볕 쨍쨍[陶陶] 내리쬐는 초여름이라
풀과 나무 우거졌도다[莽莽]
상심한 마음 오래 슬퍼하며
물 따라 흘러가서 강남에 이르렀네
현란하여라 망망한 산수 바라보니
크게 고요해 그윽하게 아무 말이 없구나
원통함 마음, 속에 아프게 맺혀
풀 길 없이 더 깊어만 가네
마음 달래고 뜻을 굳게 가지며
머리 숙여 스스로 억눌러보노라

모난 것을 깎아 둥글게 만들려 해도
일정한 법도는 바꿀 수가 없구나
처음 가진 뜻을 바꾼다는 것
군자는 비루하게 여긴다네
먹줄 쳐서 바르게 그은 선처럼
옛날 법도를 고치지 않는다네
안이 곧고 진중한 성품이여
대인이라면 중히 여겨야지
솜씨 좋은 장인이라도 다듬지 않으면
누가 그 곧음을 알 수 있으리오
현묘한 무늬라도 어두운 곳에 두면
눈뜬장님은 무늬 없다 할 것이고
이루(離婁)는 눈을 가늘게 뜨고 보는데
장님은 이루가 보지 못한다고 하더라

흰 것 검다 하고
위가 도리어 아래가 되는구나
봉황은 새장 속에 갇히고
닭과 꿩은 하늘을 날며 춤추는도다
옥과 돌을 뒤섞어
한꺼번에 됫박으로 헤아리니
저 당파 사람들 경멸과 질투로
아! 나의 좋은 점을 알지 못하더라

짐은 무겁고 실은 것 많기만 한데
수렁에 빠져 건널 수가 없네

아름다운 옥을 지녔건만

보여줄 사람이 없도다

마을의 개들이 함께 짖어댐은

괴이하게 여겨서이겠지

준걸 비방하고 호걸 의심하는 일은

진실로 못난 자들이 하는 짓이라

무늬는 거칠고 내면은 드러나지 않아

내가 얼마나 문채(文彩)를 지녔는지 알지 못하는도다

재능과 자질 쌓였건만

내 가진 것 아무도 알아주지 않는도다

어짊과 마땅함, 중히 여기고 잘 이어받아

삼가고 도타움 넉넉히 했건만

순임금 같은 이 만나지 못하니

누가 내 참모습 알아줄 것인가

예로부터 성군과 현신 함께 나오지 않는데

그 누가 그 까닭을 알리오

탕왕과 우왕 아득히 멀기만 하여

막막하도다, 사모할 길이 없구나

한을 참고 분노 삭이며

마음을 억눌러 스스로 힘써보노라

어려움 당해도 절개 꺾이지 않고

내 뜻이 훗날 모범이 되기를 바란다네

길을 재촉해 북쪽으로 발걸음 옮기는데

날은 어느새 어둑어둑 저물어가는구나

근심 삼키고 서글픔 달래가면서

오직 내 죽음을 헤아려보노라

뜻을 간추려 말한다[亂曰]^{난 왈}1)
넓고 넓은[浩浩]^{호호} 원수(沅水)와 상수(湘水)여2)
갈라져 빠르게 흘러가는도다
멀리 이어진 길 어둡고 쓸쓸해
흘러간 길 아득해 볼 수가 없구나
슬픈 심정 가라앉아
탄식 길어지는데
세상에 나를 아는 이 없고
나는 내 마음 말할 길이 없도다
충정과 바른 속내 가졌건만
나는 홀로이고 알아주는 이 없도다
백락(伯樂)이 이미 죽었으니
누가 준마 알아볼 수 있으랴
사람이 날 때부터 받은 운명이란
각기 돌아가는 곳이 있었구나
마음 가라앉히고 뜻을 넓히면
내가 무엇을 두려워하랴
늘 상심하고 슬퍼해
탄식 또 탄식하며 큰 한숨 내쉬노라
세상이 어지러워 나를 알아주지 않으니
내 마음 말해 무엇 하리오
죽음 피할 수 없음을 알기에
처음부터 목숨 아낄 생각 없었다네
세상 군자들에게 분명히 고하노니

내 장차 그대들 귀감 되리라!

이에 돌을 안고서 드디어 멱라강(汨羅江)3)에 몸을 던져 빠져 죽었다.

1) 【색은(索隱)】 왕사숙(王師叔)이 말했다. "난(亂)은 '다스리다, 정리하다[理]'라는
   뜻이다. 앞의 내용을 다시 한번 요약하고 정리해 앞의 뜻을 밝히는 것이다."
2) 【색은(索隱)】 둘 다 강 이름이다. 「지리지(地理志)」에서 말하기를, 상수는 영릉군
   (零陵郡) 양해산(陽海山)에서 발원해 북쪽으로 장강으로 흘러간다고 했다.
   원수는 곧 상수의 후류(後流-하류)다.
3) 【집해(集解)】 멱수가 나(羅) 땅에 있었기에 멱라라고 했다. 【색은(索隱)】 둘 다 강 이
   름이다. 「지리지(地理志)」에 따르면, 장사군(長沙郡)에 나현(羅縣)이 있다.

굴원이 이미 죽은 뒤에 초나라에는 송옥(宋玉)·당륵(唐勒)·경차(景差)
같은 무리가 나와서 모두 글짓기를 좋아해 부(賦)로써 세상의 칭송을 받았
으나, 끝내 굴원이 지은 부(賦)의 문사(文辭)만 본뜰[祖=祖述] 뿐 감히 곧은
간언[直諫]을 하는 사람은 없었다. 그 후에 초나라는 날로 영토가 깎여 나
가더니 수십 년이 지나 결국 진나라에 멸망 당했다.

굴원이 멱라강에 빠져 죽은 지 100여 년이 흘러 한나라에 가생(賈生)이
라는 사람이 있었는데, 장사왕(長沙王)의 태부(太傅)가 되어 상수(湘水)를
지나가다가 글을 지어 강물에 던져서 굴원을 애도했다.

가생(賈生)은 이름이 의(誼)이며 낙양(雒陽) 사람이다. 나이 18세 때 『시
경(詩經)』을 능히 암송했고 글을 잘 지어[屬書=屬文] 군(郡) 내에서 명성이
자자했다. 오(吳) 정위(廷尉)가 하남(河南) 태수로 있을 때 그가 수재라는 소
문을 듣고는 불러서 문하에 두고 매우 아꼈다.

　　효문황제(孝文皇帝-文帝)가 세워진 초기에 하남 태수 오공(吳公)[1]이 지방을 다스리는 것이 천하제일이고 또 그가 이사(李斯)와 같은 읍 출신인 데다가 늘 그를 섬기며 배웠다는 말을 듣고는 마침내 그를 불러 정위(廷尉)로 삼았다. 정위가 드디어 가의는 나이가 비록 어리지만 자못 제자백가의 글에 정통하다고 천거했다[言]. 문제는 가의를 불러서 박사(博士)로 삼았다.

1) **[색은(索隱)]** 오는 성이고, 이름은 전하지 않는다. 그래서 공(公)이라고 했다.

　　이때 가생의 나이 20세 남짓으로 박사 중 최연소자였다. (그럼에도) 가생은 매번 조령(詔令)으로 불려 가서 천자의 물음에 의견을 낼 때면 나이 많은 선생들도 제대로 대답하지 못하는 것을 남김없이 대답했는데, 심지어 사람들이 마음속에 생각은 떠오르지만, 말로 표현하기 어려운 것들까지 모두 명확하게 답했다. 여러 유생은 이에 마침내 자신들의 재능이 가생에 미치지 못한다고 여기게 되었다. 효문제는 이를 흡족히 여겨서 등급을 뛰어넘어[超遷] 1년 안에 태중 대부(太中大夫)에 이르게 했다.

　　가생은 한나라가 일어나 (효문제에 이르기까지) 20여 년 동안 천하가 태평했기[和洽] 때문에, 마땅히[宜當] 역법(曆法)을 고치고 복색(服色)과 제도를 바꾸며 관직 이름을 정하고 예악(禮樂)을 일으켜야 한다고 생각하고서 마침내 모든 분야에 걸쳐 의례와 법률의 초안을 만들었는데[草=創造], 색깔은 황색을 높이고 숫자는 5를 기준으로 삼으며 관직 이름을 모두 새롭게 만들어서 진나라의 법을 전면적으로 바꾸었다.

　　(그러나) 문제는 막 자리에 나아간 때라 (자기를 추대한 대신들에게) 겸양(謙讓)하느라 그럴 겨를[皇=暇]이 없었다[1]. 다만 여러 법을 개정하고 열후(列侯)로 하여금 각자의 봉국으로 나아가도록 한 것 등을 모두 가생이 발의했다. 이에 천자는 신하들과 상의해 가생에게 공경(公卿)의 자리를 맡기려고

했다. 그러자 강후(絳侯), 관영(灌嬰), 동양후(東陽侯-장상여(張相如)), (어사대부) 풍경(馮敬) 등의 무리가 모두 가생을 싫어해 마침내 가생을 깎아내리며[短] 말했다.

"낙양 사람은 나이도 어리고 학문도 미숙한데, 제멋대로 권력을 휘둘러[擅權] 여러 일을 어지럽히려 하고 있습니다."

이에 천자도 뒤에 마찬가지로 그를 멀리하게 되어 그의 의견을 쓰지 않았고 마침내 가생을 장사왕(長沙王)의 태부로 삼았다[2].

1) 안사고(顔師古)가 말했다. "(즉위 초였기 때문에) 자신은 그럴 만한 자격이 없다고 생각한 것이다."

2) 지방으로 내보냈다는 말이다.

가생이 이미 하직 인사를 하고[辭] 길을 나서 떠나가는데, 장사라는 곳은 지대가 낮고 습기가 많다는 말을 듣고는 스스로 자기 수명이 길지 않으리라 생각했고 더구나 좌천을 당해[適=謫] 떠나가는 중이라 마음이 울적했다. 마침 상수(湘水)를 건너게 되자 부(賦)를 지어 굴원(屈原)을 조문했다. 그 글은 이렇다.

공손하게 천자의 명 받들어
장사에서 벼슬하게 되었네[俟罪=待罪]
어렴풋이 굴원에 대해 들으니
스스로 멱라수에 몸 던졌다는구나
흘러가는 상수에 부쳐
선생께 조의 표하노라
무도한 세상을 만나
그 몸을 던졌도다

아아, 슬프구나,

좋지 못한 때를 만남이여!

봉황은 엎드려 숨고

올빼미만 날아다니는구나

몹쓸 사람은 귀한 몸이 되고

모함하고 아첨하는 자들 뜻을 얻었네

현인과 성인 도리어 끌어내려지고

반듯한 사람 거꾸로 놓였네

세상은 백이(伯夷)를 탐욕스럽다 하고

도척(盜跖-노나라의 큰 도둑)을 청렴하다 말하며

막야(莫邪)의 보검 무디다 하고

납으로 만든 칼 날카롭다 하네

아아, 할 말이 없도다

선생은 억울하게 이 화를 당하셨도다

주 왕실의 보물인 세 발 솥을 버리고

질그릇 단지를 보배라고 하며

비쩍 마른 소의 잔등에다 멍에를 지우고

절름발이 나귀더러 수레를 끌라 하니

준마는 두 귀 늘어뜨린 채 소금 수레나 끄는구나

좋은 갓을 신발로 삼으니 오래갈 수 없게 되었네

아아, 선생이여!

홀로 이 화를 당하셨도다!

고하여[訊=告] 노래했다.

그만이로다

나라가 나를 알아주지 않으니

홀로 답답한 마음 그 누구에게 말하랴

봉황은 훨훨 멀리 가버렸네

스스로 날갯짓하며 멀리멀리 가버렸네

깊디깊은 못을 덮친 신룡(神龍)

깊이깊이 잠겨 스스로 제 몸을 소중히 간직하는구나

밝은 빛 멀리하고 숨어 지낼 뿐

어찌 개미, 거머리, 지렁이들과 어울리랴

소중히 여길 것은 성인의 신령스러운 덕

탁한 세상 멀리 떠나 스스로 숨어버리네

준마를 붙잡아 매어둔다면

개나 양과 무엇이 다르리?

어지러운 세상에서 머뭇거리다 이런 화에 걸려들었으니

이 또한 선생의 허물이로다

천하를 두루 둘러보고 그중에 어진 임금을 섬겨 도울 것이지

어찌 꼭 이 나라만을 고집했는가

봉황은 천 길 높은 하늘을 날다가

밝은 덕 환히 보이면 거기에 내리지만

보잘것없는 덕에서 환란의 징조 보이면

날개를 크게 쳐서 그곳을 떠난다네

저 평범한 작은 못이나 도랑이

어찌 배를 삼킬 만한 물고기를 받아들이겠는가

강과 호수를 가로지르는 큰 물고기라도

일단 작은 못이나 도랑에 갇히면

땅강아지, 개미 따위에게 제압당한다네!

가생이 장사왕의 태부가 된 지 3년쯤 되던 어느 날, 부엉이[鴞]가 가생의

집에 날아들어 방구석에 앉았다. 초나라 사람들은 부엉이를 '복(服=鵩)'이라고 불렀다. 가생이 장사로 쫓겨 와 살면서 스스로 생각하기를 장사는 지대가 낮고 습기가 많아 수명이 길지 않을 것이라고 하여 늘 상심하고 있다가, 마침내 부(賦)를 지어 스스로를 위로했다[自廣=自慰]^{자광 자위}1). 내용은 이렇다.

1) 【색은(索隱)】 요씨(姚氏)가 말했다. "넓힐 광(廣)자는 '너그럽게 대한다[寬]^관'는 뜻이다."

정묘년[單閼之歲]^{단알 지 세}1)
4월 초여름
경자일(庚子日) 저물어갈 무렵
부엉이가 나의 집에 날아들어
방구석에 앉았는데
그 모습 무척이나 한가롭구나
이상한 것이 날아드니
나는 그 까닭이 괴이하도다
점복서를 꺼내어 그 길흉을 짚어보네
'들새가 방으로 들어와 앉으니
주인이 장차 떠날 것이로다.'
부엉이에게 묻노라
'나는 어디로 가는가
길하면 내게 알려주고
흉하면 어떤 재앙인지 말해다오
땅에 묻힐 나이를 미리 헤아려
그 시기를 내게 일러다오'
부엉이가 이에 탄식하더니

머리를 들고 날갯짓하네

입으로 말을 할 수 없으니

날갯짓으로 대신하는구나

1) **【집해(集解)】** 서광(徐廣)이 말했다. "문제 6년이 정묘년이다."

만물은 변화하며

본래 쉼이 없도다

돌고 흘러서 옮겨가고

갔다 왔다 하는구나

유형과 무형이 서로 바뀌니

끊임없이 변화하는 것이 매미와 같다네

이 심오하고 무궁한 이치

어찌 말로 다 표현하리오

화(禍)란 복(福)이 기대는 곳이요

복은 화가 숨어 있는 곳이로다

근심과 기쁨이 한데 모이고

길흉도 한곳에 있다네

저 오나라 강대했거늘

부차(夫差)는 패망했고

월(越)나라 회계(會稽)만을 갖고도

구천(句踐)은 세상을 제패했도다

이사(李斯)는 유세에 성공했으나

다섯 가지 형벌을 받아 끝났고

부열(傅說)은 노예였지만

무정(武丁)의 재상이 되었도다

화든 복이든
늘 함께 얽혀 있구나
운명이란 말로 할 수 없으니
누가 그 끝을 알겠는가
물은 부딪치면 사나워지고
화살은 힘 받으면 멀리 가네
만물은 돌고 돌아 서로 부딪치고
서로 진동하며 바뀌는구나
구름이 피어올라 비를 내리니
복잡하게 얽혔다가도 서로 흐트러진다
하늘이 만물을 추동하니
넓고 커서 끝을 볼 수 없다네
천하의 이치 예측할 수 없고
도리[道]는 미리 꾸밀 수 없도다.
수명은 길고 짧음이 있다 하나
어찌 그 때를 알 수 있으리오

저 천지가 화로(火爐)라면
조물주는 장인이로다
음양이 숯이라면,
만물은 동(銅)이라네
합치고 흩어지고 사라지고 멈추는 것
어찌 정해진 법칙이 있겠는가
천변만화하니
본래 끝이 없다네
우연히 인간이 되었거늘

무엇이 진귀하리

귀신으로 바뀐다 해도

또 무엇을 슬퍼하리

어리석은 지혜로 까부는 자

남을 천시하고 자신을 높이는구나

통달한 자는 널리 보니

만물은 같지 않음이 없도다

탐욕스러운 자는 재물 때문에 죽고

열사는 명예를 위해 죽는다네

권세를 떠벌리는 자 권세에 죽고

평범한 사람은 그냥 살 뿐이라네

이익을 좇는 자들 가난에 쫓기는 자들

동분서주한다네

성인은 외물에 구애되지 않아

억만 번, 변해도 똑같다네

어리석은 자는 세속에 얽매이니

우리 속에 갇힌 죄수 신세구나

지극한 자는 모든 걸 내려놓으니

오로지 도리와 함께 간다네

뭇사람들 미혹에 빠져

좋아하고 미워하는 것 가슴에 담지만

진실한 자 담담하고 적막해

오로지 도리와 더불어 살아간다네

지혜와 형체를 버리고

초연히 자아를 잊으니

고요하고 광활하고 황홀한 세계에서

큰 도리와 함께 훨훨 난다네

물결 따라 흘러가다가

모래펄 만나면 머무르지

몸은 운명에 맡기고

내 것으로 여기지 말지니

살아 있으면 물에 떠가는 듯

죽으면 오랜 휴식이라

심연의 고요함처럼 담담하게

매이지 않은 배처럼 떠다닐 일이네

삶에다가 목숨 걸지 말고

텅 빈 마음 기를지니

다움이 있는 자 얽매임이 없고

천명을 아는 자 걱정이 없도다

하찮은 일 따위야

무슨 걱정이겠는가!

1년여가 지난 뒤 가생은 불려 가서[徵=召] 효문제를 알현했다. 효문제는 때마침 제사를 지내고 남은 제사 지낸 고기를 받고서[受釐]1) 선실(宣室)2)에 앉아 있었다. 그러다 보니 상(上-효문제)이 귀신(鬼神)의 일에 감화된 바가 있어 귀신의 근본[本]에 관해 물었다. 가생이 그 연유에 대해 도리를 잘 갖춰 그렇게 되는 상황에 대해 말씀을 올렸고, 밤이 깊어지자, 문제는 자리를 앞으로 바싹 당기고[前席] 가생이 하는 말을 들었다. 자리가 파한 뒤 문제는 이렇게 말했다.

"내가 오랫동안 가생을 보지 못해 스스로 내가 가생보다 (학문이) 낫다고 생각했는데, 오늘 보니 그에게 미치지 못하는구나."

얼마 후에 가생을 제배해 양회왕(梁懷王)3)의 태부로 삼았다. 양회왕은

문제가 아끼는 막내아들로 글 읽기를 좋아했기에 가생을 그의 사부로 삼은 것이다.

1) 본인이 참여하지 않은 제사의 제사 고기를 받는 것을 수희(受釐)라고 한다.

2) 임금이 제사를 앞두고 재계를 하는 공간이다.

3) 【색은(索隱)】 양회왕은 이름이 즙(楫)이고 문제의 아들이다.

문제가 다시 회남(淮南) 여왕(厲王)의 네 아들을 봉해 모두 열후(列侯)로 삼았다. 가생은 자기가 볼 때 이로 인해 환란이 생기게 될 것이라고 간언했다. 가생은 여러 차례 소(疏)를 올려서, 제후들이 여러 군(郡)을 아우르는 것은, 옛날 제도가 아니니 삭감하는 것이 좋겠다고 말했다. (그러나) 문제는 들어주지 않았다.

몇 년 뒤에 회왕이 말을 타다가 말에서 떨어져 죽었는데 후사가 없었다. 가생은 사부로서 자기 일을 제대로 하지 못했다고 스스로 마음이 상해 1년 넘게 통곡하다가 그 역시 죽었다. 가생이 죽었을 때 나이가 33세였다. 효문이 붕하고 효무황제(孝武皇帝)가 세워지자, 가생의 손자 2명을 불러서 군수에 오르게 했는데 그중 가가(賈嘉)는 배우길 가장 좋아해[好學] 가풍을 이었는데 나와는 편지를 주고받았다. 효소(孝昭) 때 이르러서는 반열에 올라 구경(九卿)이 되었다.

태사공(太史公)이 말한다.

"내가 「이소(離騷)」·「천문(天問)」·「초혼(招魂)」·「애영(哀郢)」[1]을 읽어보았더니 그 속뜻[志]이 비장했다. 장사(長沙)에 가서 굴원이 빠져 죽은 연못을 바라보게 되자 일찍이 눈물을 흘리지 않을 수 없었던 것은 그 사람됨을 생각한 때문이다.

그리고 가생이 굴원을 조문한 글을 읽어보니 무척이나 기이해 굴원이 가생만한 재능을 갖고서 다른 제후들에게 유세했더라면 어느 나라에서인들 받아들여지지 않을까 싶었는데, 스스로 이렇게 생을 마쳐버렸다.

「복조부(服鳥賦)」를 읽어보면 그는 죽음과 삶을 한가지로 보았으며 벼슬에 나아가고 물러나는 것을 가벼이 여겼으니, 다시 마음이 맑아지기는[爽][2] 했으나 나는 망연자실하지 않을 수 없었다[自失=茫然自失]!"[3]

1) 이것들은 모두 굴원의 작품들이다.

2) 【집해(集解)】 서광(徐廣)이 말했다. "판본에 따라 석(奭)으로 되어 있다."

3) 【색은술찬(索隱述贊)】 굴평은 바른 도리를 행해[屈平]/회왕을 섬겼도다[以事懷王]/아름다운 옥과 같은 그의 학문 고결했고[瑾瑜比潔]/해, 달과 밝음을 다투었네[日月爭光]/충성스럽다 하여 추방당하고[忠而見放]/참소한 자들은 더욱 번성했구나[讒者益章]/부 「이소」를 지어 뜻을 보였고[賦騷見志]/「회사」에서는 스스로 마음 아파했도다[懷沙自傷]/백 년이 지난 후에[百年之後]/헛되이 상수 가에서 슬피 애도하는구나[空悲弔湘]!

권85 — 여불위열전(呂不韋列傳) 제25

권85 여불위열전(呂不韋列傳) 제25

여불위(呂不韋)는 양적(陽翟)[1]의 큰 상인[大賈人](대고인)[2]이었다. 여러 곳을 오가며 싸게 사서 비싸게 팔아[販賤賣貴](판천매귀) 집에 누(累) 천금을 쌓아두었다.

1) 【색은(索隱)】 翟은 발음이 적(狄)이다. 또 세속에서는 택(宅)으로도 발음한다. 「지리지(地理志)」에 따르면, 현(縣) 이름이고 영천(潁川)에 속한다. 『전국책(戰國策)』을 살펴보면 여불위는 복양(濮陽) 사람이라고 했는데, 많은 행적이 이 열전과는 같지 않다.

2) 【색은(索隱)】 『주례(周禮)』에 대한 정현(鄭玄)의 주에서는 "돌아다니는 것은 상(商), 같은 자리에서 상행위를 하는 것은 고(賈)"라고 했다.

진(秦)나라 소왕(昭王) 40년에 태자가 죽었다. 42년에 둘째 아들 안국군(安國君)[1]을 태자로 삼았다. 안국군에게는 아들이 20여 명 있었다. 안국군은 매우 총애하는 희첩(姬妾)을 세워 정부인(正夫人)으로 삼고 칭호를 화양부인(華陽夫人)이라고 했다. 화양부인은 아들이 없었다.

안국군의 아들 중에 자초(子楚)[2]가 있었는데 자초의 어머니는 하희(夏姬)로, 안국군으로부터 사랑을 받지 못했다. 자초는 진나라를 위해 조나라에 인질로 갔다. 진나라가 조나라를 자주 공격했기 때문에 조나라는 자초를 그다지 예우하지 않았다.

1) 【색은(索隱)】 이름은 주(柱)다. 뒤에 세워지니 이 사람이 효문왕(孝文王)이다.

2) **[색은(索隱)]** 곧 장양왕(莊襄王)이다.

자초는 진나라 태자의 여러 서자 중 하나로 제후국 인질로 가 있었는데, 수레나 생활용품 등이 넉넉하지 못하고 거처하는 생활이 곤궁해 실의에 젖어 있었다.

여불위가 (조나라 수도) 한단(邯鄲)에 장사하러 갔다가 자초를 보고는 가여워하며 말했다.

"이 기이한 물건[奇貨]은 사둘 만하다[1]."

마침내 가서 자초를 만나서 말했다.

"내가 능히 그대의 문(門)[2]을 크게 만들어줄 수 있습니다."

자초가 웃으며 말했다.

"장차 대군(大君)의 문부터 크게 만든 다음에야 마침내 내 문도 크게 만들어주시오!"

여불위가 말했다.

"그대가 잘 모르시는 모양인데, 내 문은 그대의 문을 기다려서 크게 될 것입니다."

자초는 마음속으로 그가 말하고자 하는 바를 알아차리고는, 마침내 이끌어 함께 앉아서 깊은 대화를 나누었다.

여불위가 말했다.

"진나라 왕은 늙었고, 안국군이 태자가 되었습니다. 가만히 듣건대, 안국군은 화양부인을 총애하는데 화양부인은 아들이 없습니다. 하지만 적사(適嗣-후계자)를 세울 권한을 가진 사람은 오직 화양부인뿐입니다. (그런데) 지금 그대의 형제는 20여 명이나 되고 그대는 또 그들 중 중간쯤에 있는 데다 그다지 총애를 받지 못한 채 오랫동안 제후국에 인질로 있습니다. 어느 날 갑자기 대왕이 훙(薨)하고 안국군이 세워져 왕이 된다면 그대는 맏아들, 다른 아들들과 함께 아침저녁으로 왕 앞에서 태자 자리를 놓고 다툴 희망

[幾=몇]조차 가질 수 없습니다."

자초가 말했다.

"그렇겠지요. 어떻게 하면 되겠소?"

여불위가 말했다.

"그대는 가난하고 이곳에서는 객(客)인지라 부모를 봉양할 수도 없고 빈객들과 사귈 수도 없습니다. 이 불위가 비록 가난하지만 청컨대 그대를 위해 1,000금을 갖고 서쪽으로 가서 안국군과 화양부인을 섬김으로써 그대를 세워 적자로 삼도록 하겠습니다."

자초가 마침내 머리를 숙이며 말했다.

"반드시 그대의 계책대로 된다면 진나라를 그대와 함께 나눠 가질 것을 청하오."

1) 【집해(集解)】 자초를 재물로 간주한 것이다.

2) 문맥상 가문보다는 그냥 문으로 옮기는 것이 적절할 듯하다. 가문으로 옮기면 진나라 공실이 될 것이기 때문이다.

여불위는 마침내 500금을 자초에게 주어 필요한 데 쓰고 그것으로써 빈객들도 사귀게 했다. 그리고 나머지 500금으로는 진기한 패물 따위를 산 뒤 스스로 이를 싸 들고 서쪽 진나라로 가서 화양부인의 언니를 만났고, 그를 통해 이 패물들을 모두 화양부인에게 바쳤다. 그러면서 자초가 뛰어나고 지혜로우며[賢智] 천하 제후의 빈객들과 두루 사귀고 있음을 알리는 한편, 늘 이렇게 말했다.

"자초는 늘 부인을 하늘처럼 여겨서 낮밤으로 태자와 부인 생각에 눈물을 흘립니다."

화양부인이 크게 기뻐했다. 여불위는 그 참에 그 언니로 하여금 부인에게 이런 말로 설득하게 했다.

"내가 듣건대, 얼굴로써 남을 섬기는 자는 얼굴이 시들면 사랑도 식는다고 했습니다. 지금 부인께서는 태자를 섬기며 많은 사랑을 받고 계시지만 아들이 없습니다. 그런데 어째서 일찌감치 여러 아들 중에 뛰어나고 효심이 깊은 자를 골라서 그를 세워 후사로 삼고 양자로 삼으려 하지 않으십니까? 그렇게 하시면 무릇 부군께서 살아 계실 때는 (부군의) 존중을 받고 부군이 세상을 떠나더라도[百歲之後] 아들 된 자가 왕이 되어 끝내 권세를 잃지 않을 것이니, 이것이 이른바 말 한마디로 만세의 이로움을 얻는 방도입니다. 영화를 누릴 때 기반을 잘 닦아놓지 않으면, 얼굴이 시들어 사랑이 식은 다음에는 비록 한마디 말을 하고 싶어도 어찌 그럴 수 있겠습니까? 지금 자초는 뛰어나지만[賢] 자기가 여러 아들 중 하나라서 서열상 후사가 될 수 없고 자기를 낳아준 어머니도 사랑을 받지 못한다는 것을 잘 알고 있으니, 그래서 스스로 부인께 의지하려는 것입니다. 부인께서 정말로 이때 그를 후사로 뽑아 적사로 삼는다면 부인께서는 평생토록[竟世] 진나라에서 총애를 누릴 것입니다."

화양부인은 옳다고 여겨 태자가 한가한 틈을 타서 조용히 말하기를 조나라에 인질로 가 있는 자초가 매우 뛰어나서[絕賢] 그곳을 오가는 사람마다 모두 칭찬한다고 말했다.

마침내 눈물을 흘리면서 말했다.

"첩이 다행히 후궁에 채워졌지만, 불행히도 아들이 없으니, 부디 자초를 얻어 후사로 삼아서 첩의 몸을 맡기게 해주소서."

안국군이 이를 허락하고는 마침내 부인에게 옥부(玉符)를 새겨주며 자초를 적사로 삼겠다고 약속했다. 안국군과 부인은 그 참에 자초에게 많은 물품을 보내는 한편 여불위에게 그를 잘 보살필 것을 부탁하니, 자초는 이 일로 인해 제후 사이에서 명성이 더욱 성대하게 알려졌다.

여불위는 한단(邯鄲)의 많은 여자 가운데 미모가 뛰어나고[絕好] 춤을

잘 추는[善舞] 여자와 함께 살았는데, 어느 날 그녀가 임신한 것을 알게 되었다. 자초가 여불위 집에서 술을 마시다가 그녀를 보고는 마음에 들어, 일어나서 (여불위에게) 축수를 올리며 그녀를 (달라고) 청했다. 여불위는 화가 났으나, 이미[業已] 자초로 인해 파산하게 된 것은 기이한 물건을 낚고자[釣奇] 하는 생각에서 그랬던 것임을 떠올리고는 마침내 드디어 그녀를 바쳤다. 그녀는 임신한 사실을 숨긴 채 열두 달[大期]1) 만에 아들 정(政)을 낳았다. 자초가 드디어 그녀를 세워 부인(夫人)으로 삼았다.

1) 【집해(集解)】 서광(徐廣)이 말했다. "기(期)는 열두 달이다." 【색은(索隱)】 초주(譙周)가 말했다. "사람은 열 달 만에 태어나는데, 2달 지났으므로 대기(大期)라고 한 것이다."

진나라 소왕 50년에 왕의(王齮)를 시켜 한단을 에워쌌는데, 사태가 급박해지자 조나라는 자초를 죽이려 했다. 자초는 여불위와 모의해 자초를 지키는 자에게 금 600근을 주고 탈출한 다음에 진나라 군대로 도망쳐 들어가서 드디어 진나라로 돌아올 수 있었다. 조나라는 자초의 처자식이라도 죽이려 했으나 자초의 부인이 조나라 부잣집의 딸인지라 숨을 수 있었고, 이리하여 모자는 결국 살아날 수 있었다.

진나라 소왕 56년에 소왕이 훙하고 태자 안국군이 세워져 왕이 되니, 화양부인은 왕후가 되고 자초는 태자가 되었다. 조나라 또한 자초의 부인과 아들 정을 받들어 진나라로 돌려보냈다.

진나라 왕이 세워진 지 1년 만에 훙(薨)하니 시호(諡號)를 효문왕(孝文王)이라 했다. 태자 자초가 대를 이어 세워졌으니, 이 사람이 장양왕(莊襄王)이다. 장양왕은 어머니로 모신 화양후를 화양태후로 삼고 생모[眞母] 하희(夏姬)를 높여 하태후라 했다.

장양왕 원년에 여불위를 승상으로 삼고 문신후(文信侯)에 봉했으며 하남(河南) 낙양(雒陽)의 10만 호를 식읍으로 내려주었다.

장양왕이 자리에 나아간 지 3년 만에 훙하자, 태자 정(政)이 세워져 왕이 되었다[1].

여불위를 높여 상국(相國)으로 삼고 중보(仲父)[2]라고 불렀다. 진나라 왕은 어렸고, 태후는 수시로 몰래 여불위와 간통했다. 여불위 집에는 하인만 1만 명에 이르렀다.

1) 【집해(集解)】 이때 나이 13세였다.
2) 【정의(正義)】 중(仲)은 중(中)으로, 차부(次父-둘째 큰아버지)다. 대개 제나라 환공이 관중을 중보라고 부른 것을 본받은 것이다.

이 무렵 위(魏)나라에는 신릉군(信陵君)이, 초(楚)나라에는 춘신군(春申君)이, 조(趙)나라에는 평원군(平原君)이, 제(齊)나라에는 맹상군(孟嘗君)이 있었으니, (제후들은) 모두 몸을 낮춰 빈객을 모시는 일을 두고 서로 다투었다. 여불위는 강한 진나라가 그들만 못한 것을 부끄럽게 여겨 자기도 인재들을 초치해 두텁게 대우했으니, 식객이 3,000명에 이르렀다.

이때 제후국에는 변사(辯士)들이 많았는데, 순경(荀卿-순자)의 무리가 글을 지어 천하에 자기 학설을 퍼뜨리자, 여불위 또한 마침내 자기 식객들 한 사람 한 사람에게 그들이 들은 바를 쓰게 했다. 그리하여 「팔람(八覽)」·「육론(六論)」·「십이기(十二紀)」 등 20여만 자를 모았으니, 천지 만물과 고금의 일들을 두루 갖추었다고 여겨 책 이름을 『여씨춘추(呂氏春秋)』라고 했다. 그는 이 책을 함양(咸陽)의 시장 문 앞에 펼쳐놓고는 거기에 1,000금을 걸고서 제후의 유세객이나 빈객 중에서 이 책에 한 글자라도 보태거나 뺄 수 있는 사람이 있으면 1,000금을 주겠다고 했다.

시황제가 점점 장성해가는데도 태후는 음란한 짓을 그치지 않았다. 여불위는 일이 발각되어 화가 자신에게 미칠까 두려워서, 마침내 음경이 큰 노애(嫪毐)라는 자를 은밀히 구해서 사인(舍人)으로 삼은 뒤에 수시로 음탕한 음악을 연주하면서 노애의 음경에 오동나무 수레바퀴를 걸고서 걷게 했는데 그 소문이 태후 귀에 들어가게 해서 태후의 마음을 흔들어놓으려는 것이었다. 태후가 그 소문을 듣고는 과연 몰래 노애를 얻고자 하니 여불위는 마침내 노애를 들여보냈는데, 거짓으로 사람을 시켜 부형(腐刑-궁형) 당할 죄를 지었다고 말하게 했다.

여불위는 또 은밀히 태후에게 청해 말했다.

"거짓으로 부형을 받게 해서, 부릴 수 있게 되면 급사중(給事中)으로 삼으십시오."

태후가 마침내 부형을 주관하는 관리에게 은밀히 뇌물을 넉넉하게 주고 거짓으로 형을 집행한 것처럼 한 다음에 수염과 눈썹을 밀고 환자(宦者)가 되게 하니 (노애가) 드디어 태후를 모실 수 있게 되었다. 태후는 몰래 간통하며 노애를 끔찍이 아꼈다. 임신하게 되자 태후는 사람들이 알게 될까 두려워 속임수로 점을 쳐서 재앙을 피하기 위해 잠깐 궁을 떠나야 한다면서 거처를 옹(雍)으로 옮겼다.

노애는 늘 태후를 따라다녔고 아주 많은 상이 내려졌으며, 모든 일은 노애에게서 결정이 났다. 노애 집에는 하인이 수천 명이었고, 벼슬을 얻으려고 노애의 식객이 된 자들도 1,000여 명이었다.

진시황 7년에 장양왕의 어머니 하태후가 훙(薨)했다. 효문왕후(孝文皇后) 화양태후는 (훗날) 효문왕과 함께 수릉(壽陵)에 합장되었고[會葬] 하태후의 아들 장양왕은 지양(芷陽)에 묻혔으므로 하태후는 혼자 별도로 두원(杜原)에 묻혔는데, (죽기 전에) 하태후는 이렇게 말했다.

"동쪽으로는 내 아들을 바라보고 서쪽으로는 내 남편을 바라보고 싶다.

100년 뒤에는 내 무덤 주변으로 1만 호의 읍이 들어설 것이다[1]."

1) **[색은(索隱)]** 선제(宣帝) 원강(元康) 원년에 두릉(杜陵) 공사를 일으켰다.

　진시황 9년에 어떤 사람이, 노애가 실은 환관이 아니고 늘 태후와 간통해 아들을 둘이나 낳아 모두 숨겨놓았으며 또한 태후와 모의하길 왕이 죽으면 아들을 후계자로 삼자고 했다고 고발했다. 이에 진시황이 관리를 내려보내 조사를 해서 실상을 낱낱이 알아냈는데, 사건에 상국 여불위가 연루되어 있었다. 9월에 노애의 삼족을 멸하고 태후가 낳은 두 아들을 죽였으며 드디어 태후를 옹으로 내쫓고 노애의 사인들은 전부 가산을 몰수해 촉(蜀)으로 내쫓았다. 왕은 상국을 죽이려 했으나, 선왕을 섬긴 공이 크고 빈객과 변사 중에 그를 위해 유세하는 자들이 많아서 차마 법대로 처리하지[致法]^{치법} 못했다.

　진나라 왕 10년 10월에 상국 여불위를 파면했다. 제(齊)나라 사람 모초(茅焦)가 진나라 왕을 설득하자 왕은 마침내 태후를 옹에서 맞아들여 다시 함양으로 돌아오게 했다. 문신후 여불위를 내보내 봉국인 하남으로 나아가게 했는데, 1년 남짓 지나도록 제후의 빈객과 사신들이 길에서 서로를 바라다볼 정도로 이어지며 문신후에게 인사를 다녔다.

　이에 진나라 왕은 그가 변란을 일으킬까 두려워서, 마침내 문신후에게 편지를 보내 말했다.

　"그대가 진나라에 무슨 공을 세웠길래 진나라는 그대를 하남에 봉하고 10만 호를 식읍으로 내렸는가? 그대는 진나라와 무슨 친척 관계이길래 중보라 불리는가? 가족과 함께 촉으로 옮겨가서 살도록 하라!"

　여불위는 점점 밀려오는 압박을 스스로 알아차리고는 주살될까 하는 공포에 시달리다가, 마침내 짐독(酖毒)을 마시고 죽었다. 진나라 왕은 노여워

하던 여불위와 노애가 모두 이미 죽고 나자 마침내 촉나라로 내쫓은 노애의 사인들을 전부 다시 돌아오게 했다.

진시황 19년에 태후가 훙하자, 시호를 제태후(帝太后)[1]라고 했고, 장양왕과 함께 채양(茝陽)[2]에 합장했다.

1) 【색은(索隱)】 왕소(王劭)가 말했다. "진나라는 시호를 쓰지 않았으니, 이는 대개 칭호일 뿐이다."

2) 【집해(集解)】 서광(徐廣)이 말했다. "판본에 따라 지양(芷陽)으로 되어 있다."

태사공(太史公)이 말한다.

"여불위(呂不韋)는 노애(嫪毐)와 함께 귀한 몸이 되어 문신후(文信侯)라는 봉호까지 얻었다[1]. 누군가가 노애를 고발했을 때 노애도 그것을 들었고, 진나라 왕은 측근 신하들을 통해 관련 증거들을 확보했지만 발표하지 않았다.

상(上)이 옹(雍)으로 가서 교(郊)제사를 지내려 했는데, 화가 자기에게 닥칠까 겁을 먹고 있던 노애는 자기 패거리들과 모의해 태후의 옥새를 도용해 군사를 일으킴으로써 기년궁(蘄年宮)에서 반기를 들었다. 왕이 군사를 내어 노애를 공격했고, 노애가 패해 도망치자 추격해 호치(好畤)에서 목 베고 드디어 일족을 모두 없앴다.

여불위 또한 이로 말미암아 축출되었다. 공자가 말한 '소문만 요란한 사람[聞]{문}[2]'이란 아마도 여자(呂子)이리라!"[3]

1) 【색은(索隱)】 문신후는 여불위의 봉호이고, 노애는 장신후(長信侯)에 봉해졌다.

2) 【집해(集解)】 『논어(論語)』「안연(顔淵)」편에서 말했다. "무릇 소문만 요란한 사람[聞]{문}이란 얼굴빛은 어진 듯하나 행실이 어질지 못하고 (남에게 사양하지 않고

자기가) 그 자리를 차지하고서는 조금도 주저하지 않는 것이니, 나라에 있어도 반드시 소문이 나고 집 안에 있어도 반드시 소문이 난다."

3) **【색은술찬(索隱述贊)】** 여불위는 기이한 물건을 낚았으니[不韋釣奇]/인질로 가 있던 자초라네[委質子楚]/화양부인이 후사를 세우려니[華陽立嗣]/한단에서 여인 바쳤지[邯鄲獻女]/하남에 봉해지자[及封河南]/마침내 중보라 불렸도다[乃號仲父]/촉 땅으로 옮겨 비방을 받았지만[徙蜀懲謗]/돈을 걸고 글을 짓게 했지[懸金作語]/계책이 이미 이뤄지니[籌策旣成]/이에 부귀를 누렸도다[富貴斯取]!

권
86

자객열전(刺客列傳) 제26

권86 자객열전(刺客列傳) 제26

조말(曹沫)은 노(魯)나라 사람[1]으로 용맹과 힘[勇力]으로 노나라 장공
(莊公)을 섬겼다. 장공은 힘(센 사람)을 좋아했다. 조말은 노나라 장수가 되
어 제(齊)나라와 싸워서 세 차례 패배했다. 노나라 장공은 두려워서 마침내
수읍(遂邑)[2]의 땅을 바치고 화친하려 했다. 그런 뒤에도 (장공은) 여전히 조
말을 다시 장수로 삼았다.

1) 【색은(索隱)】 『좌전(左傳)』과 『곡량(穀梁)』에는 둘 다 조귀(曹劌)로 되어 있다. 그
   렇다면 말(沫)은 마땅히 귀(劌)로 발음해야 한다.

2) 【색은(索隱)】 『좌전(左傳)』에서 말했다. "제나라 사람들이 수(遂)를 멸망시켰다."

제나라 환공(桓公)이 노나라와 (제나라) 가읍(柯邑)에서 만나 맹약을 맺
는 것을 허락했다.

환공과 장공이 이미 단상에서 맹약을 맺었는데, 조말이 비수(匕首)[1]를
쥐고서 제나라 환공을 위협하자 환공의 좌우에 있던 사람들은 감히 움직
이지 못한 채 환공이 물었다.

"그대가 장차 원하는 것은 무엇인가?"

조말이 말했다.

"제나라는 강하고 노나라는 약한데, 큰 나라가 노나라를 침략하는 것이
실로 너무 심합니다. 지금 노나라의 성이 무너져서 곧장 제나라 국경에 떨
어질 판이니[2], 임금께서는 이 점을 헤아려보십시오."

환공은 마침내 노나라로부터 빼앗은 땅을 모두 돌려줄 것을 허락했다. 환공의 말이 끝나고 나자, 조말은 비수를 내던지고 단상을 내려와서 신하의 자리로 돌아가 북쪽을 향했는데[北面], 안색은 변함이 없었고 말소리도 전과 같았다.

환공이 화가 나서 그 약속을 어기려 하자 관중이 말했다.

"안 됩니다. 무릇 작은 이익을 탐해서 스스로 만족해하신다면[自快] 제후들에게 믿음을 얻지 못하고 천하의 응원 세력을 잃게 되니, 돌려주는 것만 못합니다."

이에 환공이 마침내 노나라로부터 빼앗은 땅을 돌려주니, 조말은 세 차례 싸워서 잃은 땅을 모두 노나라에 되찾아 왔다.

1) 【색은(索隱)】 단검이다.
2) 그만큼 깊숙이 들어왔다는 말이다.

그로부터 167년이 지나 오(吳)나라에 전제(專諸)의 일이 있었다.

전제(專諸)[1]는 오나라 당읍(堂邑) 사람이다. 오자서(伍子胥)가 초(楚)나라에서 도망쳐 오나라로 갔을 때 전제의 능력을 알아보았다. 오자서는 이미 오나라 왕 요(僚)를 만나서 초나라를 쳤을 때의 이로운 점에 대해 유세한 바 있었다.

그때 오나라 공자 광(光)이 말했다.

"저 오자서의 아버지와 형은 모두 초나라에서 죽었으니, 오원(伍員-오자서)이 초나라를 치자고 말하는 것은 사사로운 원한을 갚으려는 것이지 결코 오나라를 위함이 아닙니다."

오나라 왕이 마침내 그만두었다. 이에 오자서는 공자 광이 오나라 왕 요를 죽이고 싶어 한다는 것을 알아차리고는 마침내 말했다.

"저 광이 장차 나라 안의 일에 뜻을 두고 있으니[內志], 아직은 나라 밖의 일[外事]로 유세해서는 안 되겠구나!2)"

드디어 공자 광에게 전제를 추천했다[進].

1) 【색은(索隱)】 전(專)자는 전(剸)으로 되어 있기도 하다. 『좌전(左傳)』에는 전설제(鱄設諸)로 되어 있다.

2) 【색은(索隱)】 「오세가(吳世家)」에서 말했다. "광에게 다른 뜻이 있음을 알아차린 것이다."

공자 광의 아버지는 오나라 왕 제번(諸樊)이다. 제번에게는 아우가 3명 있었는데, 바로 밑의 아우가 여제(餘祭)이고 그다음이 이말(夷眜)1)이며 막내아우는 계자찰(季子札)이다. 제번은 계자찰이 뛰어난 것을 알고서는 태자를 세우지 않았으니, 이는 왕위를 차례대로 세 아우에게 전해서 결국에는 계자찰에게 나라를 전하려 했기 때문이다.

제번이 이미 죽자, 여제에게 전했고 여제가 죽자, 이말에게 전했다. 이말이 죽자 마땅히 계자찰에게 전해져야 했으나 계자찰은 달아나 한사코 세워지려 하지 않았고, 오나라 사람들은 마침내 이말의 아들 요(僚)를 세워 왕으로 삼았다.

공자 광이 말했다.

"만일 형제의 순서대로 한다면 계자가 마땅히 세워져야 하겠지만, 반드시 아들을 세운다면 내가 진짜 적사(適嗣)이니 마땅히 내가 세워져야 한다."

그리하여 일찍부터 은밀하게 모신(謀臣)을 길러 왕으로 세워지는 방도를 찾고 있었다.

1) 【색은(索隱)】 『공양(公羊)』에는 여말(餘末)로 되어 있다.

광은 이미 전제를 얻고 나자 그를 빈객(賓客)으로 잘 대우했다. 오나라 왕 9년에 초나라 평왕(平王)이 죽었다[1]. 그해 봄에 오왕 요는 초나라의 국상 (國喪)을 틈타 그의 두 아우 공자 개여(蓋餘)와 촉용(屬庸)으로 하여금 군사 를 거느리고 가서 초나라 잠읍(潛邑)을 에워싸게 한 뒤, 연릉(延陵)의 계자 찰을 진(晉)나라에 보내 제후들의 움직임을 살피게 했다. 초나라가 군대를 출동시켜서 오나라 장군 개여와 촉용의 퇴로를 끊어버리자, 오나라 군대는 돌아갈 수 없게 되었다.

이에 공자 광이 전제에게 일러 말했다.

"이때를 놓쳐서는 안 된다. 구하지 않는다면 어찌 얻을 수 있겠는가! 게 다가 나는 진정한 왕의 후계자이니 마땅히 왕위에 세워져야 한다. 설사 계 자(季子)가 돌아오더라도 나를 폐하지는 못할 것이다."

전제가 말했다.

"왕 요는 얼마든지 죽일 수 있습니다. 그의 어머니는 늙었고 아들은 어린 데다가, 두 아우가 군사를 거느리고 초나라를 치러 갔는데 초나라가 그들의 후방을 끊어버렸습니다. 지금 오나라는 밖으로는 초나라에 곤란을 당하고 있고 안은 텅 비어 강직한 신하[骨鯁之臣]가 없으니, 이런 상황에서는 우리 를 어떻게 할 수 없습니다."

공자 광은 고개를 끄덕이며 말했다.

"나의 몸이 곧 그대의 몸이다."

1) **【색은(索隱)】** 『춘추(春秋)』 소공(昭公) 26년에 "초자(楚子) 거(居)가 졸했다"라고 한 것이 이것이다. 「오세가(吳世家)」에서는 12년이라 했고 여기서는 9년이라 고 했는데, 둘 다 착오다. 「표(表)」와 『좌전(左傳)』을 근거로 보면 요 11년이다.

4월 병자일에 광은 지하실에 무장한 병사를 숨겨놓은 뒤 술자리를 마련 해 왕 요를 초청했다. 왕 요가 병사들을 보내 왕궁에서 광의 집까지 진을 치

게 했으니, 문과 계단의 좌우 양쪽에는 모두 왕 요의 친척들이었다. 그들은 도로 양쪽을 끼고 서서 (왕을) 모셨는데, 모두 (양쪽에 날이 있는) 긴 칼[長鈹]을 지니고 있었다. 술자리가 한창 무르익자, 공자 광은 발이 아프다는 핑계를 대고 지하실로 들어가서 전제로 하여금 뱃속에 비수를 숨겨둔 구운 생선을 올리게 했다. 전제가 왕 앞에 이르러서는 생선의 배를 갈라 비수를 꺼내 들고 왕 요를 찌르니, 왕 요가 그 자리에서[立] 죽었다. 좌우에 있던 사람들 역시 전제를 죽였지만, 왕의 사람들은 혼란에 빠졌다. 공자 광은 매복시켰던 무사들을 나오게 해서 왕 요의 무리를 공격해 모두 죽여 없앴고, 드디어 스스로를 세워 왕이 되니 이 사람이 합려(闔閭)다. 합려는 마침내 전제의 아들을 봉해 상경(上卿)으로 삼았다.

그로부터 70여 년이 지나 진(晉)나라에서 예양(豫讓)의 일이 있었다[1].

1) 【집해(集解)】 서광(徐廣)이 말했다. "합려 원년부터 삼진(三晉)이 지백(智伯)을 멸할 때까지는 62년이다. 예양(豫讓)은 (양(讓)이) 양(襄)으로 된 판본도 있다."

예양(豫讓)은 진(晉)나라 사람[1]인데 일찍이 범씨(范氏)와 중항씨(中行氏)를 섬겼으나 이름이 알려지지는 않았다. 그들을 떠나 지백(智伯)을 섬겼는데 지백은 예양을 매우 존중하고 총애했다. 지백이 조양자(趙襄子)를 치자 조양자는 한씨(韓氏)·위씨(魏氏)와 공모해 지백을 멸망시킨 뒤 후손까지 다 죽이고 그 땅을 셋으로 나누었다. 조양자는 지백에 대한 원한이 너무 커서 그의 머리뼈에 옻칠을 해서 술잔으로 사용했다.

예양은 산속으로 몸을 숨기며 말했다.

"아아! 사나이는 자기를 알아주는 사람을 위해서 죽고, 여자는 자기를 좋아해주는 사람을 위해서 용모를 단장한다고 했다. 이제 지백이 나를 알아주었으니, 내가 반드시 원수를 갚고 죽음으로써 지백에게 보답한다면 나

의 혼백이 부끄럽지 않을 것이다."

마침내 성명을 바꾸고 죄수가 되어 조양자의 궁에 들어가서 뒷간의 벽을 바르는 일을 했으니, 몸속에 비수를 품고 있다가 기회를 엿보아 양자를 찔러 죽이려는 심산이었다.

양자가 뒷간에 가는데 뭔가 가슴이 두근거려서 뒷간의 벽을 바르는 죄수를 붙잡아 심문했는데, 그가 바로 예양이었고 그의 몸속에 무기를 지니고 있었다.

예양이 말했다.

"지백을 위해서 원수를 갚으려 했소!"

좌우에 있던 사람들이 그를 죽이려 하자, 양자가 말했다.

"저 사람은 의로운 사람이니, 내가 조심해서 피하면 그만일 뿐이다. 게다가 지백은 죽었고 뒤를 이을 자식조차 없는데도 그의 가신(家臣)이 원수를 갚으려 했으니, 이 사람이야말로 천하의 뛰어난 사람이다."

결국 그를 풀어주어 떠나게 했다.

1) [색은(索隱)] 예양에 관한 글을 살펴보건대 대체로 『전국책(戰國策)』의 글을 요약한 것이다.

얼마 뒤에 예양이 또 몸에 옻칠을 해서 나병 환자[厲=癩]처럼 꾸민 뒤 숯을 삼켜서 목소리를 바꿔 아무도 자기를 알아보지 못하게 하고는 시장에서 구걸을 했다. 아내도 그를 알아보지 못했는데, 가서 그의 벗을 만나보니 그의 벗이 알아보고는 말했다.

"자네는 예양이 아닌가?"

예양이 말했다.

"날세."

벗이 울면서 말했다.

"자네의 재능으로 예물을 바치고[委質] 신하가 되어 양자를 섬긴다면,
양자는 반드시 자네를 가까이하고 총애할 것일세. 가까이하고 총애받는 신
하가 되어 그때 가서 하고 싶은 일을 한다면 오히려 쉽지 않겠는가? 자기 몸
을 해치고 모습을 추하게 하면서까지 양자에게 보복하려고 하니, 이는 실로
어렵지 않겠는가!"

예양이 말했다.

"기왕 예물을 바치고 남의 신하가 되어 섬기면서 그 주군을 죽이려 한다
면, 이는 두 마음을 품고서 주군을 섬기는 짓이네. 또한 지금 내가 하고자
하는 바가 지극히 어려운 일임에도 이를 하려는 까닭은 장차 천하 후세에
남의 신하가 되어 두 마음을 품고서 주군을 섬기는 자들로 하여금 부끄러
움을 느끼게 하려는 것일세."

이미 떠났다가, 얼마 뒤에 양자가 외출할 때 예양은 양자가 지나가려는
다리 밑에 숨어 있었다. 양자가 다리에 이르렀을 때 말이 놀랐는데, 양자가
말했다.

"이는 분명 그 예양 때문이다."

사람을 시켜 찾도록 하니 과연 예양이었다. 이에 양자가 마침내 예양을
꾸짖어 말했다.

"그대는 일찍이 범씨와 중항씨를 섬기지 않았던가? 지백이 그들을 모두
없앴는데도 그대는 원수를 갚기는커녕 도리어 예물을 바쳐 지백의 신하가
되었다. 지백이 또한 이미 죽었는데, 그대는 유독 어째서 그를 위해서는 악
착같이 원수를 갚으려 하는가?"

예양이 말했다.

"신이 범씨와 중항씨를 섬길 때 범씨와 중항씨가 모두 저를 보통 사람으
로 대우했기에 저 또한 보통 사람으로서 그들에게 보답했을 뿐입니다. 그러
나 지백은 저를 국사(國士)로 대우했기에 저 또한 국사로서 그에게 보답하

려는 것입니다."

양자가 크게 탄식하고 울면서 말했다.

"아, 예자(豫子)여! 그대가 지백을 위하는 일은 명성이 이미 이뤄졌고, 과인(寡人)이 그대를 용서한 것 또한 이미 충분했다. 그대가 스스로 헤아려보라. 과인은 그대를 다시는 풀어주지 않을 것이다"

병사들을 시켜 그를 에워싸게 했다.

예양이 말했다.

"신이 듣건대, 눈 밝은 군주는 다른 사람의 아름다움을 가리지 않고 충성스러운 신하는 명예를 위해 죽을 의리가 있다고 했습니다. 이전에 당신께서 이미 신을 너그럽게 용서하신 일로 인해 천하 사람들 가운데 당신의 뛰어남을 칭송하지 않는 이가 없었습니다. 오늘 일로 신은 엎어져 죽어 마땅합니다만, 바라건대 당신의 옷을 얻어서 그것을 칼로 베어 원수를 갚으려는 뜻이라도 이루게 해주신다면 죽어도 여한이 없겠습니다. 이는 신이 감히 바랄 수 없는 일이지만, 감히 속마음을 털어놓은 것일 뿐입니다."

이에 양자는 그가 크게 의로운 사람이라고 여겨서 마침내 사람을 보내 자기 옷을 예양에게 가져다주도록 했다. 그러자 예양은 칼을 뽑아 들고 세 번을 뛰어올라 그 옷을 내리치면서 말했다[1].

"내가 지백에게 은혜를 갚을 수 있게 되었구나!"

드디어 칼에 엎어져 스스로 목숨을 끊었다.

그가 죽던 날 조(趙)나라의 뜻있는 선비들은 모두 이 소식을 듣고서 그를 위해 눈물을 흘렸다.

---

1) [색은(索隱)] 『전국책(戰國策)』에서는 옷에서 피가 나왔다고 했는데, 태사공은 아마도 망령되다고 여겨 생략한 듯하다.

그로부터 40여 년이 지나 지(軹) 땅에서 섭정(聶政)의 일[1]이 있었다.

1) **【집해(集解)】** 삼진이 지백을 멸한 때부터 협루(俠累)를 죽일 때까지는 57년이다.

　섭정(聶政)은 지(軹) 땅 심정리(深井里)[1] 사람이다. 그는 사람을 죽이고 원수를 피해 어머니, 누나와 함께 제나라로 가서 가축 잡는 일을 직업으로 삼았다.

　오랜 세월이 흘러 복양(濮陽) 사람 엄중자(嚴仲子)가 한나라 애후(哀侯)를 섬겼는데, 그는 한나라 재상 협루(俠累)와 틈이 있었다. 엄중자는 주살될까 두려워 그곳에서 달아나 여러 곳을 돌아다니면서 자기를 대신해 협루에게 원수를 갚아줄 사람을 찾아다녔다. 제나라에 이르렀을 때 어떤 사람이 "섭정이라는 용감한 사나이가 원수를 피해 백정 사이에 숨어 지내고 있습니다"라고 말했다. 엄중자가 그 집으로 찾아가 서로 사귈 것을 청해서 반복해 오갔고, 그런 뒤에 술자리를 마련해 손수 섭정의 어머니에게 술잔을 올렸다. 술자리가 무르익을 무렵 엄중자가 황금 100일(鎰-20냥)을 받쳐 들고 앞으로 나아가서 섭정 어머니의 장수를 축원했다. 섭정은 두터운 예물에 놀라고 이상하게 여겨서 굳게 사양했다. 엄중자가 억지로라도 주려고 하자 섭정이 사양하며 말했다.

　"신에게는 다행히 늙은 어머니가 계시는데, 집이 비록 가난하지만, 객지를 떠돌며 개백정 노릇을 해서 아침저녁으로 맛있는 음식을 얻어 어머니를 봉양할 수 있습니다. 어머니를 봉양할 음식은 직접 마련할 수 있으니, 당신이 주는 것은 감히 받을 수 없습니다."

　엄중자는 사람을 물리친 뒤 섭정에게 말했다.

　"나에게 원수가 있는데, 그 원수를 갚아줄 사람을 찾아 여러 제후 나라를 두루 돌아다니다가 제나라에 와서 족하의 의기(義氣)가 매우 높다는 말을 들었습니다. 그래서 황금 100일을 드려 변변치 않지만, 어머니의 음식비용에나 쓰게 해서 족하와 친교를 맺자는 뜻이었지, 어찌 감히 다른 바라는 바가 있어 그랬겠습니까?"

섭정이 말했다.

"제가 뜻을 굽히고 몸을 욕되게 하여 시장통에서 백정 노릇을 하는 까닭은 단지 늙으신 어머니를 봉양하기 위해서입니다. 어머니가 세상에 살아 계신 동안에는 제 몸을 감히 남에게 허락할 수 없습니다."

엄중자가 아무리 굳게 권해도 섭정은 끝내 받지 않았다. 그러자 엄중자는 끝내 빈객과 주인의 예를 갖춘 뒤에 떠났다.

1) 【색은(索隱)】「지리지(地理志)」에 따르면, 하내(河內)에 지현(軹縣)이 있다. 심정은 지현의 고을 이름이다.

오랜 시간이 흘러 섭정의 어머니가 죽었다. 이미 장례를 끝내고 삼년상을 마친 뒤에 섭정이 (스스로 다짐하며) 말했다.

"아! 내가 사실 시장 바닥에서 칼을 들고 짐승을 잡는 백성일 뿐인데도 엄중자는 제후의 경상(卿相)으로서 1,000리를 멀다 않고 몸을 낮춰 수레를 타고 찾아와서 나와 사귀었다. 내가 그를 대우한 것이 너무도 보잘것없었고 지금까지 이렇다 할 큰 공로도 세우지 못했는데도 엄중자는 황금 100일을 받들어 어머니의 장수를 축원해주었다. 내가 비록 받지는 않았지만, 그렇게까지 한 것은 오로지 나를 깊이 알아주었기 때문이다. 무릇 뛰어난 사람이 격분해 원수를 쏘아보고 나 같은 궁벽한 사람을 가까이하고 믿어주었으니, 나 홀로 어찌 가만히 있을 수 있겠는가! 하물며 지난번에 그가 나를 필요로 했건만 나는 단지 늙으신 어머니 때문에 사양했는데, 어머니께서 이제 천수[天年]를 누리고 돌아가셨으니 나는 장차 나를 알아주는 사람을 위해 온 힘을 다하리라."

마침내 드디어 서쪽으로 가서 복양(濮陽)에 이르러 엄중자를 만나 말했다.

"일전에 당신께 내 몸을 허락하지 않은 까닭은 단지 어머니가 살아 계셨

기 때문인데, 이제 불행히도 어머니께서 천수를 누리고 돌아가셨습니다. 중자께서 원수를 갚으려는 자가 누구입니까? 청컨대 제가 그 일을 할 수 있게 해주십시오.”

엄중자가 상세하게 갖춰 알려주었다.

“내 원수는 한나라 재상 협루입니다. 협루는 또한 한나라 임금의 막내 숙부이기도 한데, 그 종족이 번성해 수가 많고 거처하는 곳의 경비도 대단히 삼엄합니다. 내가 사람을 시켜 그를 찔러 죽이려고 했지만, 무리 중에 누구도 끝내 성공할 수 없었지요. 지금 족하께서 다행히도 마다하지 않으니, 족하에게 도움이 될 수 있는 수레와 말, 장사(壯士)들을 더 보태주겠소.”

섭정이 말했다.

“한나라는 위(衛)나라와 서로 거리가 그다지 멀지 않습니다. 지금 그 나라 재상을 죽이려고 하는데, 그가 또한 그 나라 임금의 친족인지라 이러한 형세에서는 많은 사람을 써서는 안 됩니다. 사람이 많다 보면 이런저런 잘못이 없을 수 없습니다. 잘못이 발생하면 말이 샐 것이고, 말이 새면 한나라 전체가 당신을 원수로 삼을 것이니 어찌 위태롭지 않겠습니까?”

끝내 수레와 말, 장사들을 모두 사양한 채로 섭정은 작별 인사를 하고 홀로 길을 떠났다.

(섭정이) 칼을 차고 한나라에 도착했을 때 한나라 재상 협루는 마침 관부(官府)의 당상에 앉아 있었고 무기를 들고 호위하는 자들이 아주 많았는데, 섭정이 곧장 들어가서 섬돌에 올라가 협루를 찔러 죽이니 좌우에 있던 부하들이 크게 어지러워졌다. 섭정이 크게 소리치며 칼로 쳐서 죽인 사람이 수십 명이었다. 그런 다음에 스스로 얼굴 가죽을 벗기고 눈을 도려낸 뒤 자기 배를 갈라서 창자를 끄집어내고 드디어 죽었다.

한나라가 섭정의 시신을 가져다가 저자에 드러내놓고[暴] 그가 누구인

지 물었으나 아는 사람은 아무도 없었다. 이에 한나라는 현상금을 걸고 재상 협루를 죽인 자를 말해주는 사람에게 천금을 주겠다고 했다. 오랜 시간이 지나도 그를 아는 사람은 나타나지 않았다.

섭정의 누나 섭영(聶榮)은 어떤 사람이 한나라 재상을 찔러 죽였는데 범인이 누구인지를 몰라서 그 시신을 드러내놓고 현상금으로 천금을 걸었다는 소문을 듣고는 마침내 통곡하며 말했다.

"그는 아마도[其] 내 동생일 것이다. 아, 엄중자가 내 동생을 알아주었구나!"

곧바로 일어나 한나라 시장으로 가서 보니, 죽은 자는 과연 섭정이었다. 시체 위에 엎드려 매우 슬피 울며 말했다.

"이 사람은 지 땅 심정리 사람 섭정입니다."

시장을 오가던 여러 사람이 모두 말했다.

"이자는 우리나라 재상에게 포악한 짓을 해서 임금께서 그 성과 이름을 알고자 현상금으로 천금을 걸었는데, 부인은 듣지 못했소? 어찌 감히 와서 이자를 안다고 하시오?"

섭영이 말했다.

"그 말은 들었습니다. 섭정이 오욕을 무릅쓰고 시장바닥에 몸을 던진 것[1]은 늙으신 어머니가 다행스럽게 살아 계시고 제가 시집을 가지 않았기 때문이었는데, 어머니께서 이미 천수를 누리고 세상을 떠나셨고 저도 이미 시집을 갔습니다. 엄중자가 마침내 곤궁하고 천한 형편에 있는 게 동생을 살펴보고 그와 사귀었으니 그 은택이 매우 두텁습니다. 어쩌겠습니까? 장부는 본래 자기를 알아주는 사람을 위해 죽는다고 했습니다. 동생은 지금 내가 아직 살아 있기 때문에 (내가 연루될까 봐) 자신의 몸을 해쳐 자취를 없앴는데, 내가 어찌 죽임을 당하는 벌이 두려워서 끝내 뛰어난 동생의 이름을 없앨 수 있겠습니까?"

한나라의 시장 사람들은 대경실색했다.

그녀는 마침내 "하늘이시여!"라고 크게 세 번 외치고는 몹시 슬퍼하다가 섭정 곁에서 죽었다.

1) 개백정을 한 일을 말한다.

진(晉)·초(楚)·제(齊)·위(衛) 나라에서 그 소식을 듣고 모두 말했다.

"섭정만 대단한 것이 아니라 누이 역시 열녀(烈女)다. 만일 섭정이 진실로 누나가 참고 견디는 성품이 아니라서 시신이 버려지고 해골이 드러나는 고통을 두려워하지 않고 반드시 험한 1,000리 길을 달려와서 이름을 나란히 하여 누이와 동생이 함께 한나라 시장바닥에서 죽게 될 것을 미리 알았다면 분명 감히 엄중자에게 자기를 허락하지는 않았을 것이다. 엄중자 또한 실로 사람을 알아보는 눈이 있어 능히 장부를 얻었다고 이를 만하다."

그로부터 220여 년이 지나 진(秦)나라에서 형가(荊軻)의 일[1]이 있었다.

1) 【집해(集解)】 서광(徐廣)이 말했다. "섭정부터 형가까지는 170년일 뿐이다."

형가(荊軻)는 위(衛)나라 사람이다. 선조는 곧 제나라 사람인데 뒤에 형가가 위나라로 옮겼고, 위나라 사람들은 그를 형경(荊卿)이라고 불렀다. 형경은 독서와 격투기와 검술을 좋아해 그 재능으로 위(衛)나라 원군(元君)에게 유세했으나 위나라 원군은 그를 쓰지 않았다. 그 뒤에 진(秦)나라가 위(魏)나라를 쳐서 동군(東郡)을 두고 위나라 원군의 친족들을 야왕(野王)[1]으로 옮겨 살게 했다.

1) 【정의(正義)】 회주(懷州) 하내현(河內縣)이다.

형가는 일찍이 떠돌아다닐 때 유차(楡次)[1]를 지나면서 갑섭(蓋聶)[2]과 검술을 논했는데, 갑섭이 화를 내며 그를 노려보는 일이 있었다. 형가는 나가 버렸고, 어떤 사람이 다시 형경(荊卿)을 부르라고 하자 갑섭이 말했다.

"조금 전에 내가 그와 검술을 논하다가 서로 맞지 않는 것이 있어 내가 노려보았소. 시험 삼아 한 번 가보시면 그는 마땅히 떠났을 것이오. 감히 머물러 있지 못할 것이오."

사람을 시켜 그의 주인집에 가보게 하니, 형경은 이미 수레를 몰아 유차를 떠나고 없었다. 그 사람이 돌아와 사실을 말하자 갑섭이 말했다.

"정말로 떠났을 것이라니까요. 내가 조금 전에 눈을 부릅뜨고 보았다니까요!"

1) 【정의(正義)】 병주현(幷州縣)이다.
2) 【색은(索隱)】 蓋의 발음은 (개가 아니라) 고(古)와 납(臘)의 반절음이다. 갑은 성이고, 섭은 이름이다.

형가는 (조나라) 한단(邯鄲)에서 노닐 때 노구천(魯句踐)[1]이라는 사람이 형가와 바둑을 두었는데, 길을 놓고 다투다가 노구천이 화를 내며 그에게 소리 지르자, 형가는 아무런 말도 없이 달아나서 결국 두 번 다시 만나지 않았다.

1) 【색은(索隱)】 노는 성이고 구천은 이름이다. 월나라 왕과 이름이 같다.

형가는 이미 연(燕)나라로 가고 나서 연나라의 개백정[狗屠]과 축(筑)[1]을 잘 타는 고점리(高漸離)와 친해졌다. 형가는 술을 좋아해 날마다 개백정, 고점리와 어울려 연나라 시장바닥에서 술을 마셨다. 술자리가 한창 무르익으면[酣] 고점리는 축을 타고 형가는 그 소리에 화답해 시장 한가운데서 노

래 부르며 서로 즐겼는데, 다 마치고 나서는 서로 울기도 하는 것이 주변에 아무도 없는 양 거리낌이 없었다. (이렇게) 형가는 비록 술꾼들 사이에서 놀기는 했지만, 그 사람됨이 침착하고 생각이 깊었으며[沈深] 글을 좋아했다. 그는 제후국들을 떠돌면서 반드시[盡=必] 그곳의 뛰어난 사람이나 호걸, 덕망을 갖춘 사람[賢豪長者]들이 있으면 서로 교분을 맺었다. 그가 연나라로 가자 연나라의 숨어 사는 선비[處士]인 전광(田光) 선생도 그를 잘 대우했는데, 형가가 보통 사람[庸人]이 아님을 알아보았기 때문이다.

1) 거문고와 비슷한 모양으로 3현이며, 대나무로 타서 소리를 내는 고대 중국의 현악기다.

얼마 뒤에 마침 연나라 태자 단(丹)이 진나라에 볼모로 잡혀갔다가 도망쳐서 연나라로 돌아왔다. 연나라 태자 단은 예전에 일찍이 조(趙)나라에도 볼모로 간 적이 있었다. 진(秦)나라 임금 정(政) 또한 조나라에서 태어나 어린 시절 단과 사이좋게 지냈다[驩]. 정이 세워져 진나라 왕이 되고, 단이 진나라에 볼모로 가 있었다. 진나라 왕이 연나라 태자 단을 잘 예우하지 않았기에 단은 원한을 품고서 도망쳐 돌아왔다. 단은 연나라로 돌아온 뒤 진나라 왕에게 복수할 방법을 찾았지만 나라가 작아서 힘으로는 불가능했다. 그 뒤에 진나라는 날마다 산동(山東-효산 동쪽) 지역으로 군대를 보내 제(齊)나라와 초(楚)나라, 삼진(三晉)¹⁾을 쳐서 제후국들을 야금야금 먹어 들어오더니 장차[且=將] 연나라에까지 이르려 하니 이에 연나라의 임금과 신하들은 모두 재앙이 미칠까 두려워했다. 태자 단이 이를 걱정해 태부(太傅)인 국무(鞠武)에게 물었다.

무(武)가 대답했다.

"진나라 땅이 천하에 골고루 퍼져 있어 한위조(韓魏趙)씨(-삼진(三晉))를 위협하고 있으니, (진나라는) 북쪽에는 감천산(甘泉山)과 곡구(谷口) 같은 견고한 요새가 있고 남쪽에는 경수(涇水)와 위수(渭水) 사이의 기름진 땅이

있으며 파(巴) 땅과 한중(漢中)처럼 풍요로운 땅까지 독점하고 있습니다. 또 오른쪽으로는 농(隴)과 촉(蜀) 같은 산악 지대가 있고 왼쪽으로는 관(關-함곡관)과 효산(殽山) 같은 험준한 지대가 있으며, 백성은 많고 병사들은 패기가 넘치며 무기와 장비도 넉넉합니다. (진나라가) 쳐들어올 뜻만 있다면 장성(長城)의 남쪽과 역수(易水)의 북쪽에는 안정된 곳이 없게 될 것입니다. 어찌 업신여김을 당했다는 원한 때문에 (진나라 임금의) 역린(逆鱗)을 건드리려 하십니까?”

단이 말했다.

“그러면 어떻게 해야겠소?”

(국무가) 대답했다.

“청컨대 안으로 들어가 도모해보겠습니다.”

1) 위(魏)·한(韓)·조(趙) 3국을 가리킨다.

얼마 후에 진나라 장수 번오기(樊於期)가 진나라 왕에게 죄를 얻어 연나라로 도망쳐 오자 태자가 그를 받아들여 살게 해주었다. 국무가 간언해 말했다.

“안 됩니다. 저 포악한 진나라 왕이 연나라에 원한을 쌓고 있는 것만으로도 충분히 가슴이 떨리는데[寒心], 하물며 번 장군이 (연나라에) 와 있다는 것을 듣게 되면 어찌 되겠습니까? 이를 일러 ‘굶주린 호랑이가 다니는 길목[蹊]에 고기를 던져놓는 것’이라고 하니 이는 구원할 수가 없습니다. (이리 되면) 설사 관중(管仲)이나 안영(晏嬰)이 있다 해도 대책을 세울 수 없습니다. 바라건대 태자께서는 하루빨리 번 장군을 흉노에 들여보내 (진나라의) 트집거리를 없애야 합니다[滅口]. 청컨대 서쪽으로 삼진(三晉)과 맹약을 맺고 남쪽으로 제나라, 초나라와 연합하며 북쪽으로 (흉노의) 선우와 화친하시어[購=講=和] 그런 뒤에라야 마침내[迺=乃] 도모하실 수 있을 것입니다.”

태자가 말했다.

"태부의 계책은 시간만 보내며 일을 너무 오래 끄는 계책입니다[曠日彌久]. 제 마음이 어지러워 잠시도 가만있을 수가 없어 두렵습니다. 또 이뿐만이 아니라 저 번 장군은 천하에 몸 둘 곳이 없어 이 단에게 그 몸을 의탁했으니, 단이 끝내 강포한 진나라의 협박을 받을지언정 불쌍한 친구를 내쳐서 흉노로 보낼 수는 없습니다. 그런 일은 진실로 이 단의 목숨이 다했을 때나 가능할 것입니다. 바라건대 태부께서는 그 점을 다시 생각해주십시오."

국무가 말했다.

"무릇 위태로운 일을 하면서 안전함을 찾고 재앙을 빚어내면서[造禍] 복록을 구하면 계책은 얕아지고 원망만 깊어질 뿐입니다. 새로 사귄 친구 1명과의 사귐을 계속 이어가기 위해서 나라의 큰 피해를 돌아보지 않는다면, 이것이 이른바 원한을 쌓으면서 재앙을 조장한다[資怨而助禍]는 것입니다. 무릇 가벼운 기러기 털 하나를 화로의 숯불 위에 놓아서 태우는 것과 같은 일은 분명 식은 죽 먹기[無事]입니다. 또한 독수리나 매[鵰鷙=雕鷙]와 같은 (사나운) 진나라가 만일 원망과 사나움으로 가득한 분노를 행한다면 어찌 그것을 말로 다할 수 있겠습니까? 연나라에는 전광(田光) 선생이 계시는데, 그 사람됨이 지혜롭고 생각이 깊으며 용감하고 침착하니 더불어 모의할 만합니다."

태자가 말했다.

"바라건대 태부의 소개로 전광 선생과 교분을 맺고 싶습니다. 가능하겠습니까?"

국무가 말했다.

"삼가 말씀대로 하겠습니다."

국무가 나가서 전 선생을 만나 이렇게 말했다.

"태자께서 선생과 나랏일을 도모하고 싶어 하십니다."

전광이 말했다.

"삼가 말씀을 받들겠습니다[敬諾]."

그리고 곧 태자를 만나러 갔다[造].

태자는 앞으로 나아가 전광을 맞이해 뒤로 물러서며 길을 안내한 뒤 무릎을 꿇은 채 (전광이 앉을) 자리의 먼지를 털었다.

전광이 자리에 앉자, 주위에는 사람이 없었고 태자는 앉았던 자리에서 내려와[避席] 청해 말했다.

"연나라와 진나라는 함께 설 수가 없으니, 바라건대 선생께서는 이 점을 유념해주십시오."

전광이 말했다.

"신이 듣건대, 준마[騏驥]가 기운이 왕성할 때는 하루 만에 1,000리를 내달리지만 늙고 쇠약해지면 노둔한 말[駑馬]이 앞지른다고 했습니다. 지금 태자께서는 이 광(光)이 왕성했던 때의 일만 들으시고 신의 정신이 이미 쇠멸한 것은 모르고 계십니다. 그럼에도 불구하고 이 광이 감히 나랏일을 도모하지 않을 수 있겠습니까? 신과 친한 형경(荊卿)이란 자가 부릴 만합니다."

태자가 말했다.

"바라건대, 선생의 소개로 형경과 교분을 맺고 싶은데 가능하겠소?"

전광이 말했다.

"삼가 말씀을 받들겠습니다."

(전광이) 즉시 일어나 빠른 걸음으로 나가는데, 태자가 문까지 배웅하면서 경계하는 말을 했다.

"단(丹)이 들은 것이나 선생이 말씀하신 것은 나라의 큰일입니다. 바라건대, 선생께서는 새어나가지 않도록[勿泄] 해야 합니다."

전광이 머리를 숙이고 웃으면서 대답했다.

"알겠습니다."

(전광은) 몸을 굽히고서[僂=俯] 형경을 찾아가 말했다.

"광이 그대와 서로 친하다[相善]는 것을 연나라에서는 모르는 사람이 없습니다. 지금 태자께서는 광이 왕성하던 때의 일만 들었을 뿐 내 몸이 이미 뜻을 받들기에 미치지 못한다[不逮]는 것을 모르시어, 황송하게도 제게 이렇게 말씀하셨습니다.

'연나라와 진나라는 함께 설 수가 없으니, 바라건대 선생께서는 이 점을 유념해주십시오.'

광이 남몰래 이 일을 저와 무관한 일로 여기지 않고 태자께 족하(足下)를 추천했으니, 바라건대 족하께서는 궁궐로 가서 태자를 만나보십시오[過=交]."

형경이 말했다.

"삼가 말씀을 받들겠습니다."

전광이 말했다.

"내가 듣건대, 덕망이 뛰어난 자[長者]는 행동할 때 다른 사람이 의심을 품게 하지 않는다고 했습니다. (그런데) 지금 태자께서는 제게 말씀하시기를 '(선생이) 말한 것은 나라의 큰일입니다. 바라건대, 선생께서는 새어나가지 않도록[勿泄] 해야 합니다'라고 했으니, 이는 태자께서 저를 의심한 것입니다. 무릇 일을 행할 때 남에게 의심을 사는 것은 절개 있고 의협심 있는 처신[節俠]이 아닙니다."

(전광은) 스스로 목숨을 끊어 형경을 움직여보려는 생각으로 이렇게 말했다.

"바라건대, 족하께서는 빨리 태자를 찾아가 광이 이미 죽었다고 말함으로써 말이 새어나갈 염려가 없음을 분명히 하십시오."

그러고는 드디어 전광은 스스로 목을 찔러[自剄=自刎] 죽었다.

형가는 드디어 태자를 만나서 전광이 이미 죽었음을 알리고 광의 말을 전했다. 태자는 두 번 절하고서 몸을 숙인 다음에 무릎을 꿇은 채 나아오며 눈물을 흘렸다.

그러고는 잠시[有頃] 뒤에 말했다.

"단이 전(田) 선생께 말하지 말라고 당부한 까닭은 큰일의 계책을 성공시키고자 했기 때문입니다. 지금 전 선생이 죽음으로써 말이 새어나갈 염려가 없음을 밝혔는데, 그것이 어찌 단의 본심이었겠습니까?"

형가가 자리에 앉자, 태자는 자리에서 내려와 머리를 조아리며[頓首] 말했다.

"전 선생은 이 단이 똑똑하지 못한 것[不肖]을 모르고 그대 앞에서 감히 말할 기회[所道=所陳]를 주었습니다. 이는 하늘이 연나라를 가엾게 여겨 외로운 이 사람을 버리지 않은 때문입니다.

지금 진나라는 이익을 탐하는 마음을 갖고 있는데, 그 욕심은 다 채울 수가 없을 정도입니다. 천하의 땅을 다 빼앗고 나라 안[海內]의 왕들을 신하로 삼지 않고서는 그 뜻이 결코 충족되지 않을 것입니다. 지금 진나라는 이미 한(韓)나라 왕을 사로잡았고 그 땅을 모두 거둬들였습니다. 또 군사를 일으켜 남쪽으로는 초나라를 정벌했고, 북쪽으로는 조(趙)나라에까지 들이닥쳤습니다. (진나라 장군) 왕전(王翦)은 수십만 대군을 거느리고 장(漳)과 업(鄴)을 쳤고, 또 (진나라 장군) 이신(李信)은 태원(太原)과 운중(雲中)으로 출전했습니다. 조나라는 진나라를 버텨내지[支] 못하고 반드시 (진나라의) 신하로 들어갈 것입니다. (조나라가 진나라의) 신하로 들어가고 나면 그 재앙은 연나라에 미치게 됩니다. 연나라는 작고 약해서 자주 전쟁에 시달려왔기에 지금은 온 나라의 힘을 모아 계책을 세워도 진나라를 당해낼 수 없습니다. 다른 제후들은 (이미) 진나라에 복종했기 때문에 감히 우리와 합종하지 않을 것입니다.

단의 사사롭고 어리석은 계책이긴 하지만, 진실로 천하의 용감한 사람을

얻어서 진나라에 사신으로 보내 중대한 이익을 미끼로 틈을 엿보면서[闚] 진나라 왕이 그 이익을 탐하게 한다면 형세상[其勢] 반드시 우리가 원하는 바를 얻을 수 있을 것입니다. 진실로 진나라 왕을 겁박해 제후들에게서 빼앗은 땅을 모두 되돌려주게 하는 것이 마치 (노나라의) 조말(趙沫)이 제나라 환공에게 했던 것처럼 한다면 가장 좋을 것입니다. 그렇게 할 수 없다면 기회를 봐서 그를 찔러 죽이는 수밖에 없습니다. 저 진나라의 큰 장수들이 나라 밖에서 군대를 제멋대로 통솔하고 있으므로[擅兵], 나라 안에 어지러움이 있게 되면 임금과 신하가 서로 의심할 것이고 그 틈을 타서 제후들이 합종을 할 수 있다면 아마도 진나라를 깨뜨리는 것은 확실할 것입니다. 이것이 저 단의 가장 간절한 바람이지만, 누구에게 그 일을 맡겨야 할지를 알지 못하니 부디[唯] 형경(荊卿)께서는 이 점을 유념해주시기를 바랍니다.”

한참 후에 형가가 말했다.

“이는 나라의 큰일인데 신(臣)은 노둔하고 지혜가 얕아서 그 일을 제대로 할 수 있을지 두렵습니다.”

태자가 앞으로 가서 머리를 조아리며 굳세게 사양하지 말 것을 청한 뒤에야 그렇게 하겠노라고 하니, 이에 형경을 높여 상경(上卿)으로 삼고 상등의 관사에 머물게 했다. 태자는 날마다 그곳을 찾아[造] 태뢰(太牢)의 음식[1]을 갖춰서 대접하고 진기한 물건들을 주었으며 수레와 말과 아름다운 여인 등 형가가 원하는 것을 마음껏 누리도록 함으로써 비위를 맞췄다.

---

1) 소·양·돼지 세 짐승의 고기를 모두 쓴 요리로, 아주 훌륭한 음식을 말한다. 양고기와 돼지고기 두 가지만 쓴 음식을 소뢰(小牢)라고 한다.

(그런데) 한참 시간이 지나도 형가는 (진나라로) 떠나려고 하지 않았다.

(그러는 사이에) 진나라 장수 왕전이 조나라를 깨뜨리고서 조나라 왕을 사로잡고 그 땅을 다 거둬들였고 또 진군해 진나라 군대는 북쪽으로 (아직

복종시키지 못한 조나라) 땅을 공략해 연나라 남쪽 국경에까지 이르렀다. 태자 단이 두려워서 마침내 형가에게 청해 말했다.

"진나라 군대가 머지않아 역수(易水)를 건너게 되면 비록 족하를 오랫동안 모시려 한들 어찌 그럴 수 있겠습니까?"

형가가 말했다.

"태자의 말씀이 없더라도[微=無] 신이 뵙고 싶었습니다. 지금 (진나라로) 가봐야 (그쪽에서) 믿을 만한 것이 없으면[毋信] 진나라 왕에게 가까이 다가갈 수가 없는데, 진나라 왕은 저 번(樊) 장군을 황금 1,000근과 1만 호의 식읍을 내걸고서 찾고 있습니다[購]. 진실로 번 장군의 머리와 연나라의 (기름진 땅인) 독항(督亢)의 지도를 얻어서 진나라 임금에게 받들어 바친다면 진나라 왕은 반드시 기뻐하며 신을 만나줄 것입니다. 그리되면 신이 마침내 (태자께) 은혜를 갚을 수 있을 것입니다."

태자가 말했다.

"번 장군이 곤경에 처해 단에게로 와서 몸을 맡겼으니, 단은 내 사사로운 욕심 때문에 장자(長者-덕망 있는 사람)의 마음을 상하게 하는 짓은 차마 할 수가 없습니다. 바라건대, 족하께서는 다시 생각해보십시오."

형가는 태자가 차마 못 하리라는 것을 알고는 마침내 드디어 몰래 번오기를 만나서 말했다.

"진나라가 장군을 대우한 것이 참으로 혹심하다고 할 수 있습니다. 부모와 친족들을 모두 죽이거나 노비로 만들었습니다[戮沒]. (그런데) 지금은 듣건대 장군의 목에 황금 1,000근과 1만 호의 식읍을 내걸고 찾고 있습니다. 장차 어찌하시겠습니까?"

이에 오기(於期)는 하늘을 우러러 크게 탄식하고 눈물을 흘리며 말했다.

"오기는 매번 이 일을 생각할 때마다 늘 골수에 사무칩니다. 하지만 아무리 계책을 생각해봐도 어찌해야 할지 모르겠을 뿐입니다."

형가가 말했다.

"지금 단 한마디로 연나라의 근심을 없애고 장군의 원수를 갚을 방법이 있다고 한다면 어떻게 하겠습니까?"

오기가 이에 형가의 앞으로 나아가 말했다.

"어떻게 하는 것입니까?"

형가가 말했다.

"바라건대, 장군의 목을 얻어서 진나라 임금에게 바치는 것인데 (그러면) 진나라 임금은 반드시 기뻐하며 신을 만나줄 것이고 (그때) 신이 왼손으로는 그의 소매를 잡고 오른손으로는 그의 가슴을 찌르겠습니다[揕=刺]. 그러면 장군의 원수를 갚게 되고 동시에 연나라가 업신여김을 당한 치욕도 씻게 됩니다. 장군께서는 혹시 그럴 의향이 있습니까?"

번오기는 한쪽 어깨를 드러내고[偏袒] 팔짓을 하면서[搤捥] 앞으로 나와 말했다.

"이것이야말로 신이 밤낮으로 이를 갈고 가슴을 치던 일[切齒腐心]입니다. 마침내 이제야 가르침을 듣게 되었습니다."

드디어 스스로 목을 찔렀다[自剄]. 태자가 이 소식을 듣고는 달려가 시신 앞에 엎드려 곡하면서 극히 슬프게 울었다. (하지만) 이미 끝나 어쩔 수가 없었고 마침내 드디어 번오기의 목을 함에 담아서[盛] 봉했다.

이에 태자는 이 세상에서 가장 날카로운 비수(匕首)를 찾은 끝에 조나라 사람 서부인(徐夫人)의 비수를 얻어서 황금 100근을 주고 확보했고 공인(工人)을 시켜 칼날에 독약을 묻혀[焠] 사람을 찔러 시험해보니, 피 한 방울만 흘려도 그 자리에서 선 채로 죽지 않는 사람이 없었다. 마침내 짐을 꾸려 형경을 (진나라로) 보내기로 했다.

연나라에는 진무양(秦舞陽)이라는 용맹한 사람이 있었다. (이미) 13세 때 사람을 죽여 사람들은 감히 그를 흘겨보지도[忤視] 못했으니 마침내 명을

내려 진무양을 (형가의) 조수[副]로 삼았다. 형가에게는 기다리는 사람이 있었는데 그를 함께 데리고 가고 싶어 했으나 그 사람은 먼 곳에 살아 아직 오지 않았는데, 그사이에 갈 준비가 진행되었다. 한동안 출발하지 않자, 태자는 그가 시간을 끈다고 여겨서 혹시 마음이 바뀌어 후회하는 것은 아닌지 의심이 들어 마침내 거듭 청하며 말했다.

"날짜가 벌써 다 되었습니다. 형경께서는 어찌 뜻이 있기나 합니까? 단은 진무양을 먼저 보냈으면 합니다."

형가는 화를 내면서 태자를 꾸짖어 말했다.

"어찌 태자께서는 그를 보낸다고 하십니까? 한번 가면 다시는 돌아오지 못할 길인데, 그는 애송이[豎子]입니다. 이번 일은 비수 한 자루를 들고 무슨 일이 벌어질지 모르는 강한 진나라로 들어가는 것입니다. 제[僕]가 머무는 까닭은 저의 벗을 기다려 함께 떠나기 위해서인데, 지금 태자께서 꾸물거린다고 하시니 하직하고 떠날 수 있게 해주십시오."

드디어 출발했다.

태자와 이 일을 알고 있는 빈객들은 모두 흰색 옷과 관을 쓰고서 형가를 전송했다. 역수(易水) 가에 이르러 이미 길의 신에게 제사를 지내고 길을 떠나는데, 고점리(高漸離)가 축(筑-악기)을 타고 형가가 이에 맞춰 노래를 불렀다. 치음(徵音)의 소리가 바뀌어 나오자, 선비들이 모두 눈물을 떨구며 울었다. 다시 형가가 앞으로 나아가며 이렇게 노래했다.

"바람 소리 소슬하고 역수는 차갑구나!
장사(壯士)가 한 번 길 떠나면 다시는 돌아오지 못하리."

다시 우성(羽聲)으로 노래하니 그 소리가 강개해 선비들이 모두 눈을 부릅떴으며[瞋] 머리카락이 관(冠)을 곧추 찌르듯 했다. 이에 형가는 수레에

올라 출발했는데, 끝끝내 뒤를 돌아보지 않았다.

드디어 진나라에 이르러 (형가는) 1,000금의 예물을 갖고서 진나라 왕이 총애하는 신하인 중서자(中庶子) 몽가(蒙嘉)에게 두둑이 주었다. 가(嘉)가 (형가를 위해) 진나라 왕에게 먼저 말했다.

"연나라 왕은 진실로 대왕의 위엄을 두려워해서 감히 군사를 일으켜 우리 군대에 맞서려 하지 않고 나라를 들어 진나라의 신하[內臣]가 되기를 원하고 있으며, (이미 진나라에 항복한) 여러 제후의 행렬에 참여해서[比] 진나라의 군이나 현이 되어 공물을 바치면서 (자신들의) 선왕의 종묘나 받들어 지킬 수 있기만을 바라고 있습니다. 다만 무섭고 두려워 감히 직접 와서 말하지 못하고 삼가 번오기의 목을 베어 보내왔고 연나라 독항(督亢)의 지도를 바치고자 함에 봉해 보내왔습니다. 연나라 왕은 궁정에서 봉헌 의식을 거행한 뒤에 사자를 보내 대왕께 저간의 사정을 말씀드리도록 했으니, 대왕께서는 그에게 명령을 내려주십시오."

진나라 왕은 이를 듣고 크게 기뻐하더니 마침내 조복(朝服)을 갖춰 입고 구빈(九賓)의 예[1]를 베풀어 연나라 사자를 함양궁(咸陽宮)에서 만나기로 했다. 형가가 번오기의 머리가 든 상자를 받들고 진무양이 독항의 지도가 든 상자를 들고서 차례로 나아갔다. 그런데 섬돌[陛] 앞에 이르자 진무양이 얼굴빛이 바뀌면서 공포에 떠니, 여러 신하가 이상하게 여겼다. 형가가 무양을 돌아보고 웃으면서 앞으로 나아가 사과하며 말했다.

"북번(北蕃) 오랑캐 땅의 천한 사람인지라, 아직까지 천자를 뵈온 적이 없어서 그래서 떨며 두려워하는 것입니다. 바라건대 대왕께서는 이 사람의 무례를 용서해주시어 대왕 앞에서 사신의 임무를 마치도록 해주십시오!"

진나라 왕이 형가에게 말했다.

"무양이 가지고 있는 지도를 가져오라."

가(軻)는 지도를 받아서 진나라 왕에게 바쳤다. 진나라 왕이 지도를 받

아서 모두 펼치자, 비수가 드러났고, 형가는 왼손으로 진나라 임금의 소매를 붙잡은 뒤 오른손으로 비수를 쥐고서 진나라 임금을 찌르려고 했다. 그러나 비수가 몸에 닿기 전에 진나라 왕이 놀라서 몸을 당겨 일어서니 소매가 떨어져 나갔다. (진나라 왕이) 칼을 뽑으려고 했으나 너무 길어서 뽑지 못한 채 칼집만 잡았으니, 너무나 황급한 데다 꽉 꽂혀 있어 곧바로 빠지지 않았다. 형가가 진나라 임금을 쫓아가자, 진나라 임금은 기둥을 빙빙 돌면서 달아났다. 신하들은 모두 놀랐으나 갑자기 일어난 일이라 어찌할 바를 몰랐다. 또한 진나라 법에 따르면 전(殿) 위에서 왕을 모시는 신하들은 한 자 한 치의 병기도 몸에 지닐 수가 없었고, 낭중(郎中)들이 무기를 지닌 채 전 아래에 늘어서 있었으나 조명(詔命)이 있기 전에는 전(殿) 위로 오를 수가 없었다. (그래서) 바야흐로 위급한 때인데도 아래 병사들을 부를 수가 없었기 때문에 그래서 형가는 마침내 진나라 왕을 쫓아다닐 수 있었다.

1) 공(公)·후(侯)·백(伯)·자(子)·남(男)·고(孤)·경(卿)·대부(大夫)·사(士)를 세워 황제의 뜻을 전하는
   것인데, 최고의 예우를 한다는 뜻이다.

신하들은 사태가 급박했음에도 형가를 칠 무기가 없었기에 맨손으로 그를 내리쳤다. 이때 시의(侍醫) 하무저(夏無且)가 자신이 가지고 있던 약주머니[藥囊]를 형가에게 내던졌다. 진나라 왕이 기둥을 빙빙 돌면서 달아나기만 할 뿐 너무 황급해 어찌할 바를 모르고 있을 때, 좌우의 신하들이 마침내 말했다.

"왕께서는 칼을 등에 지십시오!"

칼을 등에 지고서야 드디어 칼을 뽑게 되니, 형가를 내리쳐 그의 왼쪽 다리를 베었다. 형가는 쓰러진 채 비수를 꺼내 진나라 왕에게 던졌으나[擿] 맞히지 못하고 구리 기둥에 가서 맞았다. 진나라 왕은 다시 가를 쳤고 가는 여덟 곳이나 상처를 입었다.

가는 일이 성취될 수 없음을 스스로 알고는 기둥에 기대어 웃으면서 두 다리를 벌리고 거만하게 앉아서 꾸짖어 말했다.

"일이 이뤄지지 못한 까닭은 진나라 왕을 산 채로 잡아 겁박해서 반드시 약속[約契]을 받아냄으로써 태자에게 보답하려고 했기 때문이다."

이때 좌우 신하들이 이미 몰려와서 (임금) 앞에서 가를 죽였으나 진나라 왕의 불쾌함[不怡=不悅]은 아주 오랫동안 계속되었다. 모든 것이 끝나고[已] 공로를 논해 여러 신하에게 상을 내리고 또 죄지은 자에게는 벌을 주었는데, 각각 차등을 두었다. 그리고 하무저(夏無且)에게는 황금 200일(鎰)을 내리면서 말했다.

"무저가 나를 사랑해 마침내 형가에게 약주머니를 집어 던졌다."

이에 진왕은 크게 노해 더욱 많은 군대를 조나라로 보내고[詣=至] 또 왕전의 군대에 조서를 내려 연나라를 정벌하게 했다. 열 달 만에 연나라 계성(薊城)이 뽑히자[拔] 연나라 임금 희(喜)와 태자 단(丹) 등은 모두 정예 병사를 이끌고 동쪽으로 가서 요동을 지켰다. 진나라 장군 이신(李信)이 연나라 왕을 급히 쫓아갔다.

이에 (조나라의) 대왕(代王) 가(嘉)가 연나라 임금 희(喜)에게 편지를 보내 이렇게 말했다.

"진나라가 연나라 왕을 뒤쫓는 바가 급한 까닭은 태자 단(丹) 때문입니다. 지금 왕께서 단을 죽여 진왕에게 그를 바친다면 진나라 왕은 분명히 화를 풀 것이고, 그리되면 (연나라의) 사직은 다행스럽게도 (계속해서) 제사를 받을 수 있습니다[血食]."

그 후에 이신이 단(丹)을 추격하자 단(丹)은 연수(衍水) 가운데 (있는 섬에) 몸을 숨겼다. 연나라 왕이 마침내 사자를 보내 태자 단의 목을 베어 진나라에 바치고자 했다. 진나라는 다시 군대를 보내 연나라를 공격했다. 5년 뒤에 진나라는 결국 연나라를 멸망시키고 연왕 희(喜)를 사로잡았다.

그 이듬해에 진나라가 천하를 삼키고 (진왕을) 세워 칭호를 황제(皇帝)라고 했다. 이에 진나라에서 태자 단과 형가의 식객들을 내쫓으니 모두 달아났다. 고점리는 성과 이름을 바꾸고 남의 머슴이 되어 몸을 보전하면서 송자(宋子)[1]에서 숨어 지내며 일했다. 오랫동안 힘들게 지내던 중에 하루는 주인집 마루 위에서 객이 축을 타는 소리를 듣게 되었는데, 주변을 방황하며 떠날 줄 모르다가 이렇게 말했다.

"어떤 곳은 잘 탔는데, 어떤 곳은 잘 타지 못했군."

하인이 그 주인에게 말했다.

"저 머슴은 소리를 들을 줄 아는지, 혼자서 잘했느니 잘못했느니 중얼거리고 있습니다."

집주인이 고점리를 불러 자기 앞에서 축을 타게 하자 그 자리에 있던 사람들이 모두 잘한다고 칭찬하며 술을 주었다. 이에 고점리는 오랫동안 이렇게 숨어서 두려움과 가난 속에 살아보아야 끝이 없겠다고 생각하고는, 자리에서 물러나 짐짝에서 축과 좋은 옷을 꺼내 용모를 바꾼 뒤 그 자리에 다시 나타났다. 자리에 앉아 있던 객들이 모두 놀라 내려와서 서로 대등한 예로 대하며 그를 상객으로 모셨다. 그가 다시 축을 타며 노래를 불렀는데, 돌아갈 때 눈물을 흘리지 않은 손님이 한 사람도 없었다. 송자 고을에서는 그를 돌아가며 손님으로 맞이했다.

그 소문이 진시황에게까지 전해져서 진시황이 그를 불러 만나보았는데, 어떤 사람이 마침내 그를 알아보고는 말했다.

"이 사람이 고점리입니다."

진시황은 축을 잘 타는 그의 솜씨를 아깝게 여겨 죽을죄를 용서하는 대신 눈을 멀게 만들었다[眩]. 축을 타게 했는데, 연주할 때마다 칭찬하지 않는 적이 없었다. 진시황이 나날이 그를 가까이하자 고점리는 납덩어리를 축 속에 감춰 두고서는 다시 진시황 곁에 가까이 갔을 때 축을 들어 진시황을 향해 내리쳤으나 맞히지 못했다. (진시황은) 이에 드디어 고점리를 죽이고 평

생 제후국에서 온 사람들을 가까이하지 않았다.

1) 【집해(集解)】 서광(徐廣)이 말했다. "현(縣) 이름으로, 지금의 거록(鉅鹿)에 속
한다."

노구천(魯句踐)은 형가가 진나라 왕을 찌르려 했다는 소식을 듣고는 이렇
게 혼잣말을 했다.

"아! 애석하구나. 그는 칼을 찌르는 기술을 갈고닦은 것이 아니었구나!
나는 왜 이토록 사람을 알아보지 못했을까! 지난날 내가 그를 꾸짖었을 때
그는 마침내 나를 사람으로 보지 않았겠구나!"

태사공(太史公)이 말한다.

"세상 사람들이 말하는 형가(荊軻)에 관한 이야기 가운데 태자 단(丹)의
운명을 일컬어 '하늘에서 곡식이 내리고 말의 머리에 뿔이 돋아났다'[1]라고
하는데, 이는 너무 지나친 것이다.

또 형가가 진나라 왕에게 상처를 입혔다고 하는 것도 모두 잘못된 말이
다. 애초에 공손계공(公孫季功)과 동중서(董仲舒)가 하무저(夏無且)와 교유
가 있었기에, 이 일을 자세히 알고 있었으니, 나에게 말해준 것이 이 열전과
같다.

조말(曹沫)부터 형가까지의 다섯 사람은 이처럼 그 의로움이 이뤄지기도
했고 이뤄지지 않기도 했으나, 그들이 세운 뜻은 매우 분명했고 자신들의
뜻을 속이지도 않았으니, 그들의 이름이 후세에 드리워진 것이 어찌 망령된
일이랴!"[2]

1) 【집해(集解)】 태자 단이 귀국하려 하자 진왕이 말했다. "까마귀의 머리가 흰색으
로 변했고 말의 머리에 뿔이 돋아났으니, 마침내 허락한다."

2) **【색은술찬(索隱述贊)】** 조말은 가에서 맹약할 때[曹沫盟柯]/노나라가 빼앗긴 땅 되돌려받았다네[返魯侵地]/전제는 구운 생선요리 바치며[專諸進炙]/오나라 평정하고 찬탈을 도왔지[定吳簒位]/동생임을 밝혀 시장바닥에서 곡을 하니[彰弟哭市]/뒷간 벽 바르는 일을 할 때 알아준 주군 위한 보답이라네[報主塗廁]/목을 찔러 원한을 알리고[刎頸申寃]/소매를 붙잡아 섬김을 행했도다[操袖行事]/포악한 진나라 왕 넋을 빼앗기자[暴秦奪魄]/나약한 사내 기세를 더했도다[懦夫增氣]!

권87

이사열전(李斯列傳) 제27

권87 이사열전(李斯列傳) 제27

이사(李斯)는 초(楚)나라 상채(上蔡)¹⁾ 사람이다. 젊었을 때 군(郡) 하급 관리[小吏]²⁾로 있었는데, 관청 화장실 안의 쥐들은 더러운 것을 먹다가도 사람이나 개가 가까이 가면 여러 차례 놀라고 두려워하는 모습을 보였다. 하지만 사(斯)가 창고에 들어갔다가 본 쥐들은 쌓아놓은 곡식을 먹고 큰 집에서 살아서 그런지 사람이나 개를 보고도 겁을 내는 모습을 보이지 않았다. 이에 이사는 마침내 탄식하며 말했다.

"사람이 뛰어난지 불초한지는 비유하자면 이 쥐들과 같아서 자기가 어디에 처해 있는지에 달려 있을 뿐이구나!"

1) 【색은(索隱)】「지리지(地理志)」에서는 여남군(汝南郡) 상채현(上蔡縣)에 대해 이렇게 말했다. "옛 채국(蔡國)은 주나라 무왕 동생 숙도(叔度)가 봉해진 곳으로, 18대 평후(平侯)에 이르러 신채(新蔡)로 옮겼다." 두 채는 다 여남에 속했다. 2대 뒤인 소후(昭侯)에 이르러 하채(下蔡)로 옮겼는데, 패현(沛縣)에 속하고 전국시대 때 초나라 땅이 되었다. 그래서 초나라 상채라고 한 것이다.

2) 【색은(索隱)】 군(郡)은 판본에 따라 향(鄕-마을)으로 되어 있다. 유씨(劉氏)가 말했다. "마을 문서를 관장한다."

마침내 순경(荀卿-순자)을 따르며 제왕학[帝王之術]을 배웠다. 학업이 이미 이뤄지고 나자, 초나라 왕은 섬기기에 부족하고 육국(六國)은 모두 약해서 공을 세울 수 없다고 판단하고서는 서쪽으로 진(秦)나라에 들어가고자

했다.

순경에게 작별 인사를 하면서 말했다.

"제가 듣건대 때를 얻으면 꾸물대지 말라고 했습니다. 지금은 만승(萬乘)의 제후들이 바야흐로 다투고 있는 때인지라 유세객[游者]들이 일을 주도하고 있습니다[主事]1). 지금 진나라 왕은 천하를 집어삼켜서 제(帝)라고 칭하며 다스리고자 하니 이때야말로 벼슬이 없는 포의(布衣)가 활약할[馳騖] 때로, 유세객의 가을[秋]2)이 온 것입니다. 비천한 처지에 있으면서 아무런 계책도 행하지 않는다면 이는 짐승[禽鹿=禽獸]이 고기를 보고도 사람들이 자기를 쳐다본다고 해서 억지로 참고 지나가는 것과 같습니다. 치욕[詬=恥辱] 중에는 비천함보다 큰 것이 없고 슬픔 중에는 곤궁함보다 심한 것이 없으니, 오랫동안 비천한 자리와 곤궁한 처지에 있으면서 세상의 부귀를 비난하고 영예와 이익을 미워하며 아무것도 하지 않는 것[無爲]에 스스로를 맡기는 것, 이것이야말로 장부의 뜻이 아닐 것입니다. 그러므로 저는 장차 서쪽으로 가서 진나라 왕에게 유세하고자 합니다."

1) [색은(索隱)] 만승의 제후들이 영웅을 다루는 때라 유세객들은 공을 세우고 이름을 날릴 수가 있었다.

2) [정의(正義)] 가을은 만물이 성숙하는 때이니, 지금은 서로 강대함을 다투기 때문에 유세객들이 맘껏 활동할 수 있는 시기라는 말이다.

진나라에 이르렀을 때, 마침 장양왕(莊襄王)이 졸(卒)했으므로 이사는 마침내 진나라 재상 문신후(文信侯) 여불위(呂不韋)의 사인(舍人-심부름꾼)이 되고자 했다. 불위(不韋)가 그를 뛰어나다고 여겨 임명하여 낭(郞)으로 삼으니, 이사는 그로써 유세할 자격을 갖추게 되어, 진나라 왕에게 유세해 말했다.

"소인배[胥人]는 기미[幾]를 놓치지만1) 큰 공을 이루는 사람은 허물이

나 잘못[瑕釁]이 있을 때 끝내 참아냅니다. 옛날에 진나라 목공(穆公)이 패자(霸者)가 되고서도 끝내 동쪽 여섯 나라를 병탄하지 못한 것은 어째서입니까? 제후들이 여전히 많고 주(周)나라의 천자다움이 아직 쇠퇴하지 않아서, 그 때문에 오패(五伯)가 번갈아 일어나서 주나라 왕실을 더욱 존중했기 때문입니다. (그런데) 진나라 효공(孝公) 이래로 주나라 왕실이 쇠미해져서 제후들이 서로 다투느라 관동(關東)은 여섯 나라가 되었고, 진나라가 승세를 타고 제후들을 부린 지 대체로 6대(代)[2]입니다. 그래서 지금은 제후들이 진나라에 복종하는 것이 비유하자면 마치 (진나라) 군현(郡縣)이나 다름없습니다. 무릇 진나라의 강대함에 대왕의 뛰어남이라면 주방장이 솥단지 위에 앉은 먼지를 털어내듯 얼마든지 제후들을 멸망시키고 제업(帝業)을 이뤄 천하를 하나로 통합할 수 있으니, 이는 만세(萬世)에 한 번 있는 기회입니다. (그런데) 지금 꾸물거리며 서둘러 이루려 하지 않다가 제후들이 다시 강해져서 서로 모여 합종을 맺게 되면, 설사 황제(黃帝)의 뛰어남이 있다 하더라도 천하를 삼킬 수 없을 것입니다."

진나라 왕은 마침내 이사를 제배해 장사(長史-대궐 내의 일을 주관하는 책임자)로 삼았고, 그의 계책을 따라 은밀하게 모사(謀士)들에게 금과 옥을 가지고 제후들에게 가서 유세하게 했다. 제후국의 이름난 사내 중에서 재물로 굴복시킬 수 있는 자에게는 두터운 예물을 보내 결탁했고, 기꺼이 받지 않는 자는 날카로운 칼로 찔러 죽였다. 또 그쪽 임금과 신하를 이간질하는 계략을 쓴 뒤에 진나라 왕은 마침내 훌륭한 장수를 보내 그 뒤를 따르게 했다. 진나라 왕은 사(斯)를 제배해 객경(客卿)으로 삼았다.

1) **【색은(索隱)】** 서인(胥人)은 서리(胥吏-아전)인데, 소인을 말한다. 기(幾)는 움직임의 기미다. 군자는 기미를 보면 곧장 일어나지 하루 종일 마냥 기다리지 않지만, 소인은 기미를 모르므로 매번 때를 놓친다.

2) **【정의(正義)】** 진나라 효공(孝公)·혜문공(惠文公)·무왕(武王)·소왕(昭王)·효문왕

(孝文王)·장양왕(莊襄王)이다.

마침, 한(韓)나라 사람 정국(鄭國)이 와서 진나라를 이간질할[間] 독적으로 논밭에 물을 대는 큰 운하[渠]를 만들게 했다가 얼마 후에 발각되었다. 진나라 왕실 사람들과 대신들은 모두 진나라 왕에게 이렇게 말했다.

"다른 제후들에게 있다가 와서 진나라를 섬기는 자들은 대체로 자기 임금을 위해 유세해[遊] 진나라(의 임금과 신하 사이)를 이간시킬 뿐입니다. 청컨대 빈객들을 죄다[一切] 내쫓아야 합니다."

이사도 그 논의 대상에 포함되어 내쫓아야 할 인물 명단에 들어가게 되었다. 사는 마침내 글을 올려 말했다[1].

1) 【정의(正義)】 진시황 10년이다.

"신이 듣건대 관리들이 빈객을 내쫓는 문제를 토의했다고 하는데, 가만히 보면[竊] 잘못된 일입니다.

옛날에 목공(穆公)은 인재를 구해 서쪽으로는 융(戎)에서 유여(由余)를 데려왔고 동쪽으로는 원(宛)에서 백리해(百里奚)를 얻었으며 송(宋)나라에서는 건숙(蹇叔)을 맞이했고 진(晉)나라에서는 비표(丕豹)와 공손지(公孫支)를 불러왔습니다.

이 다섯 사람은 진나라에서 태어나지 않았지만, 목공은 이들을 써서 20개 나라를 병합하고 드디어 서융(西戎)의 패권을 장악했습니다.

(또) 효공(孝公)은 상앙(商鞅)의 법을 써서 풍속을 바꾸고 백성을 번영케 했으며 나라를 부강하게 만드니 그래서 백성은 나라의 부역에 나가는 것을 즐거워했고 제후들은 몸소 복종했으며 초나라와 위나라의 군사를 사로잡아 넓힌 땅이 1,000리가 넘어 지금까지도 잘 다스려지고 부강할 수 있었습니다.

혜왕(惠王)은 장의(張儀)의 계책을 써서 삼천(三川)의 땅을 차지하고 서쪽으로 파와 촉을 병탄했으며 북쪽으로 상군(上郡)을 차지했고 남쪽으로는 한중(漢中)을 공략하고 아홉 오랑캐[九夷]^{구이}[1]를 포용해 언(鄢)과 영(郢)을 제압했으며 동쪽으로는 성고(城皋)의 험준함을 발판으로 삼아 기름진 땅을 빼앗았으니, 마침내 여섯 나라의 합종 맹약을 깨뜨려 그들이 서쪽으로 진나라를 섬기게 했고 그 공적이 지금까지도 베풀어지고 있습니다.

소왕(昭王)은 범수(范雎)를 얻어 양후(穰侯)를 폐하고 화양군(華陽君)을 내쫓음으로써 진나라 왕실을 튼튼히 하고 대신들의 세력이 커지는 것을 막았으며 제후의 땅을 먹어 들어가서 진나라가 황제의 대업[帝業] 을 이룰 수 있도록 해주었습니다.

이 네 임금은 모두 빈객들의 공적으로 업적을 이룰 수 있었습니다. 이로 말미암아 보건대, 빈객이 어찌 진나라에 짐이 되겠습니까? 만약에 이 네 임금이 일찍이 빈객을 물리쳐 받아들이지 않고 좋은 선비들을 멀리해[疏= 疏遠] 쓰지 않았다면, 진나라는 부강해지는 실익을 얻지 못했을 것이고 강대하다는 명성도 얻지 못했을 것입니다.

1) 남쪽 초나라 땅에 있던 여러 오랑캐를 포괄해서 부르는 명칭이다.

지금 폐하께서는 곤륜산[崑山] 의 옥(玉)을 손에 넣고 수씨(隨氏)와 화씨(和氏)의 보배로운 구슬을 갖고 있으며 명월주를 드리우고 명검 태아(太阿)를 차고서 섬리(纖離)의 준마를 탄 채로 취봉(翠鳳)의 깃발을 세우고 영타(靈鼉)의 북을 가지고 있습니다.

이 수많은 보배는 진나라에서 단 하나도 나지 않는데 폐하께서는 좋아하시니 어째서입니까? 반드시 진나라에서 나는 것이어야 좋아하신다면 이 야광주로 조정을 꾸밀 수 없을 것이며, 코뿔소 뿔이나 상아로 만든 물건을 즐길 수도 없을 것입니다. 또 정(鄭)나라와 위(衛)나라의 미녀들이 후궁으

로 채워질 수 없을 것이며, 결제(駃騠) 같은 준마들이 바깥 마구간에 가득할 수 없을 것이며, 강남의 금과 주석을 쓸 수 없을 것이며, 서촉(西蜀)의 단청 안료로 채색할 수도 없을 것입니다.

후궁을 꾸미고 희첩을 가꿔서 마음을 기쁘게 하고 눈과 귀를 즐겁게 하는 것들이 반드시 진나라에서 난 것이어야 한다면, 원주(宛珠)의 비녀와 부기(傅璣)의 귀걸이와 아호(阿縞)의 옷과 금수(錦繡)의 장식도 폐하 앞에 있을 수 없을 것이고 세상 풍습에 따라 우아하고 아름답게 꾸민 조나라의 요조숙녀도 폐하 곁에 설 수 없을 것입니다.

무릇 물동이를 치고 물그릇을 두드리며 쟁(箏)을 퉁기고 넓적다리를 치면서 목청껏 노래를 불러 귀를 즐겁게 하는 것이 진짜 진나라의 음악이요, 정(鄭)나라나 위(衛)나라의 음악·상간(桑間)·소(昭)·우(虞)·무(武)·상(象)은 다른 나라의 음악입니다. 지금 물동이를 치고 물그릇을 두드리는 것을 버리고 정나라와 위나라의 (난잡한) 음악을 연주하고, 또 쟁을 퉁기는 것을 물리치고 소와 우의 음악을 받아들인 것은 어째서입니까? 그것은 당장 마음을 즐겁게 하고 보기에도 좋기 때문일 뿐입니다.

(그런데) 지금 사람을 뽑아 쓰면서는 그렇지가 않습니다. 그 사람이 괜찮은지 아닌지[可否]를 묻지도 않고 그 사람이 굽은지 곧은지[曲直]를 따지지도 않은 채 그저 진나라 사람이 아니라는 이유로 내치고 빈객이라는 이유로 내쫓습니다. 그러니 이는 여색이나 음악이나 주옥은 중하게 여기견서도 사람은 가벼이 여기는 행위입니다. 이는 천하를 올라타고[跨] 제후들을 제압할 수 있는 방법이 아닙니다.

신이 듣건대, 땅이 넓으면 곡식이 많이 나고 나라가 크면 사람이 많으며 군대가 강하면 병사들이 용맹하다고 했습니다. 이리하여 큰 산은 흙 한 덩어리도 양보하지 않았기에 그처럼 커질 수 있었던 것이고, 큰 바다는 작은 물줄기 하나도 가리지 않고 다 받아주었기에 그처럼 깊어질 수 있었던 것입

니다.

(마찬가지로) 임금다운 임금[王者]은 어떤 사람이라도 버리지 않아야 그 (임금)다움[德=君德]을 밝힐 수 있습니다. 이리하면 땅에는 사방의 구분이 따로 없고 백성에게는 다른 나라 출신이라는 이유로 인한 차별이 없게 되어, 사계절이 때에 맞아 아름답고 귀신은 복록을 내리게 되니 이것이 바로 오제(五帝)와 삼왕(三王)에게는 당할 자가 없었던 까닭[所以無敵]입니다.

(그런데) 지금 진나라는 백성[黔首]을 버려서 적국을 이롭게 하고 빈객을 내쳐서 제후들을 도와 공적을 세우게 하고 있으니, 천하의 선비들을 물리쳐 감히 서쪽으로 오지 못하게 하며 발을 묶어 진나라로 들어오지 못하게 하고 있으니 이는 '적에게 군사를 빌려주고 도적에게 식량을 건네주는 것'입니다.

무릇 진나라에서 나지 않는 물산들 가운데 보배로운 것이 많으며, 진나라에서 태어나지 않은 선비들 가운데 충성을 바치고자 하는 자들이 많습니다. (그런데) 지금 빈객들을 내쫓아 적국을 이롭게 하고 자기 백성을 덜어내 원수에게 더해주니, 이리하여 안으로는 텅 비게 되고 밖으로는 제후들에게 원한을 심는다면 나라가 아무리 위태롭지 않기를 바란다 한들 그럴 수가 없습니다."

진나라 왕은 마침내 빈객을 내쫓으라는 명령[逐客之令]을 거둬들이고 이사에게 다시 관직을 내려서[1] 결국 그의 계모(計謀)를 썼다. 벼슬이 정위(廷尉)에 이르렀다. 20여 년이 지나 끝내 천하를 병탄하게 되자, 왕을 높여 황제(皇帝)라고 하고 사를 승상으로 삼았으며 군현의 성들을 허물고[夷=平] 무기를 녹여 쓰지 않겠다는 뜻을 보여주었다.

진나라는 한 자의 땅도 봉해주지 않았으며, 아들과 동생들을 세워 왕(王)으로 삼거나 공신을 제후로 삼지 않았다. 이렇게 함으로써 훗날 전란이

일어날 수 있는 근심거리를 없애버리려 한 것이다.

1) 【집해(集解)】 유향(劉向)의 『신서(新序)』에서 말했다. "이사도 쫓아낼 명단에 있었
　　지만, 도중에 글을 올려 시황에게 전달하니, 시황이 여읍(驪邑)으로 내쫓았
　　다가 사람을 시켜 다시 돌아오게 했다."

　시황 34년에 함양궁(咸陽宮)에서 술자리를 베풀었을 때 박사 복야(博士
僕射) 주청신(周靑臣) 등이 시황의 위엄과 덕망[威德]을 칭송했다. 제(齊)나
라 사람 순우월(淳于越)이 나아가 간언해 말했다.

　"신이 듣건대, 은나라와 주나라가 1,000여 년 동안 왕 노릇을 할 수 있었
던 것은 자제와 공신을 봉해주어 그들 스스로를 왕실을 돕는 지주[支輔]로
삼았기 때문이라고 했습니다.

　(그런데) 지금 폐하께서는 해내(海內-천하)를 소유하고 계시지만 자제들
은 필부들에 지나지 않으니 갑자기[卒=猝] (제나라) 전상(田常)이나 (진나라)
육경(六卿)의 환란 같은 일이 생겨난다 해도 신하 중에 곁에서 보필할 자가
없으니 어떻게 서로 구원하겠습니까? 무슨 일이든 옛것을 본받지 않고서도
능히 장구하게 이어졌다는 경우는 들어본 바가 없습니다. (그런데도) 지금
저 주청신 등은 또 면전에서 아첨해대며[面諛] 폐하로 하여금 잘못을 거듭
하게 하니 충성스러운 신하가 아닙니다."

　시황이 이 의견을 승상에게 내려보냈다.

　승상은 그 의견이 잘못되었다고 하여 주장을 물리치면서 마침내 글을
올려 말했다.

　"옛날에는 천하가 흩어지고 어지러워[散亂] 어느 누구도 이를 통일할 수
없었기에, 이 때문에 제후들이 나란히 일어나서 하는 말마다 모두 옛날이
옳다고 하면서 지금을 해롭게 여기게 하고 헛된 말을 꾸며서 실제를 어지럽
혔으며 사람들은 저마다 자기가 배운 것[私學]을 좋다고 하면서 조정에서

세운 제도들을 비난했습니다. 지금 폐하께서는 천하를 통일하셨고 흑백을 가려내 오직 한 분 황제만이 존귀하도록 정하셨는데, 사사로이 배우는 자들이 마침내 서로 모여 조정이 정한 법과 가르침을 비방합니다. 조정의 명령이 내려졌다는 말을 들으면 곧바로 저마다 자기들이 사사로이 배운 것을 갖고서 조정의 명령에 대해 이러쿵저러쿵 의견을 내어[議], 집에 들어가서는 마음속으로 비방하고 밖에 나와서는 이러쿵저러쿵 의견을 냅니다. 이리하여 군주를 비방하는 것[非主]을 명예로 여기고 조정과 다른 취지를 말하는 것을 고상한 것으로 여기면서 추종자들을 이끌고서 비방을 만들어내고 있습니다. 이런 짓을 금하지 않으면 위로는 군주의 위세가 떨어지고 아래로는 당파[黨與]가 만들어질 것입니다. 금지하는 것이 좋습니다.

신이 청컨대 문학(文學)[1]이나 『시경(詩經)』과 『서경(書經)』, 제자백가의 저서들을 가지고 있는 자들은 금지령을 어겼으니, 이것들을 없애게 해서 금지령을 내린 지 30일이 지나도록 없애지 않으면 경형(黥刑-죄인의 이마나 팔뚝 따위에 먹줄로 죄명을 써넣는 형벌)을 내리고 성단(城旦-죄인으로서 낮에는 적을 방어하고 밤에는 성을 쌓는 일에 복역하는 사람)으로 삼으십시오. 없애지 않아도 되는 책은 의약서와 복서(卜筮), 농림(農林)에 관한 책입니다. 만일 이를 배우고자 하는 자는 관리를 스승으로 삼으면 됩니다."

시황은 이 의견이 옳다고 여겨서 『시경』과 『서경』, 제자백가의 서적들을 거둬들여 백성을 어리석게 만듦으로써 천하에 옛것을 갖고서 지금을 비방하는[以古非今] 자들이 없도록 만들었다. 법률과 제도를 밝히고 율령을 정하는 일이 모두 시황으로부터 비롯되었다. 문자를 통일했다. 이궁(離宮)과 별관(別館)을 두루 돌아다녔다. 이듬해에 다시 천하를 순수(巡狩)하고 밖으로 사방 오랑캐를 나라 밖으로 물리쳤으니, 이 모든 일은 이사의 힘으로 가능했다.

1) 이때는 유학(儒學)을 가리킨다.

사(斯)의 맏아들 이유(李由)는 삼천군(三川郡) 군수가 되었고, 다른 아들들은 모두 진나라 공주들에게 장가들고[尙] 딸들은 모두 진나라 공자들에게 시집갔다. 삼천 군수 이유가 휴가를 얻어 함양(咸陽)으로 돌아오자, 이사는 집에서 술자리를 베풀었는데, 백관의 장(長)들이 모두 참석해 이사 앞에서 장수를 빌었으니, 대문과 뜰에는 수레와 말이 수천이나 되었다. 이사가 크게 한숨을 쉬며 탄식해 말했다.

"아! 내가 듣건대, 순경(荀卿)께서는 '일이란 지나치게 성대해져서는 안 된다'라고 하셨다. 무릇 나는 기껏해야 상채(上蔡)에서 태어난 포의이고 여항(閭巷)의 일반 백성[黔首]일 뿐인데, 상(上)께서 내가 둔하고 재능이 모자란 것을 알지 못하시어 드디어 발탁하셔서 지금에 이르렀다. 지금 신하 가운데 나보다 윗자리에 있는 사람이 없으니, 부귀도 극에 이르렀다고 할 만하다. 일이란 극에 이르면 쇠하는 법이거늘, 내가 어디서 멈춰야 할지[稅駕]1) 모르겠구나."

1) 【색은(索隱)】 세가(稅駕)란 수레를 풀어놓는다[解駕]는 말이니, 휴식을 취한다는 뜻이다.

시황 37년 10월에 시황제가 행차에 나서서 회계산(會稽山)에서 노닐다가 해안을 따라 북쪽으로 낭야(琅邪)에 이르렀다. 승상 이사와 중거부 령(中車府令) 조고(趙高)가 부새 령(府璽令-옥새를 담당하는 관리)의 일을 겸하면서 모두 수행했다.

시황은 아들이 20여 명 있었는데, 맏아들 부소(扶蘇)가 여러 차례 상에게 직간(直諫)을 하니 상은 그에게 상군(上郡)의 군대를 감독하도록 밖으로 내보냈는데, 몽염(蒙恬)이 그 군대의 장군이었다. 시황제는 어린 아들 호해(胡亥)를 총애했는데, 그가 따라갈 것을 청하자, 상은 이를 허락했고 나머지 아들들은 아무도 따라나서지 못하게 했다.

그해 7월에 시황제가 사구(沙丘)[1]에 이르렀다가 병이 심해지자, 조고에게 다음과 같은 편지를 써서 맏아들 부소에게 보내게 했다.

"군대는 몽염에게 맡기고, 함양에 와서 내 영구를 맞아 장례를 지내도록 하라."

(그러나) 밀봉한 편지가 아직 사자(使者)에게 전해지기 전에 시황이 붕(崩)했다. 편지와 옥새는 모두 조고가 있는 곳에 있었고, 오직 아들 호해, 승상 이사, 조고, 환관 대여섯 명만이 시황이 붕했다는 것을 알 뿐 나머지 여러 신하는 아무도 알지 못했다. 이사는 상이 외유(外遊) 중에 붕했고 아직 진짜[眞] 태자가 없었기 때문에 이 일을 비밀에 부친 채 시황의 유해를 온량거(7車)[2] 속에 두고는, 예전처럼 백관들이 정사를 아뢰거나 식사를 올리게 되면 환관들로 하여금 매번 온량거 안에서 여러 가지 국사(國事)를 결재하게 했다.

1) 【정의(正義)】 사구대(沙丘臺)는 형주(邢州)에 있다.

2) 【집해(集解)】 맹강(孟康)이 말했다. "장막을 씌운 수레나 가마와 같았는데, 창문이 있어 닫으면 따뜻하고 열면 시원해서 이름을 온량거라고 했다."

조고가 그 참에 부소에게 내린 옥새가 찍힌 편지를 쥐고서는 공자(公子) 호해에게 일러 말했다.

"상께서 붕하셨지만, 여러 아들을 봉해 왕으로 삼지 않으시고 오직 맏아들에게만 글을 남기셨습니다. 맏아들이 오면 곧장 즉위해 황제가 될 것이니, 그렇게 되면 공자께서는 한 촌(寸-치)의 땅도 가질 수 없을 것입니다. 자, 어떻게 하시겠습니까?"

호해가 말했다.

"그렇겠지요. 내가 듣건대, 눈 밝은 군주는 신하를 알아보고 눈 밝은 아버지는 아들을 알아본다고 했소. 아버지께서 돌아가시면서 여러 아들을

봉하지 않으셨으니 (내가) 무슨 말을 할 수 있겠소?"

조고가 말했다.

"그렇지 않습니다. 바야흐로 지금 천하의 대권을 잡느냐 마느냐 하는 것은 공자와 저와 승상에게 달려 있을 뿐이니, 바라건대 공자께서는 이를 깊이 생각하소서. 또 무릇 남을 신하로 삼는 것과 남의 신하가 되는 것, 또는 남을 제어하는 것과 남에게 제어당하는 것을 어찌 같다고 말할 수 있겠습니까!"

호해가 말했다.

"형을 폐하고 동생을 세우는 것은 마땅하지 못하고[不義], 아버지의 조명(詔命)을 받들지 않고 죽음을 두려워하는 것은 효성스럽지 못하고[不孝], 능력은 엷고 재주는 얕은데[譾=淺] 억지로 남의 공로에 의지하는 것은 능하지 못한[不能] 것이오. 이 세 가지는 다움을 거스름[逆德=悖德]이니, 천하 사람들이 복종하지 않을 것이고 자기 몸이 크게 위태로워질 것이며 사직의 제사를 받들지 못하게 될 것이오."

고가 말했다.

"제가 듣건대, 탕왕(湯王)과 무왕(武王)은 자기 임금을 죽였지만, 천하 사람들은 의롭다고 칭송할 뿐 불충(不忠)했다고 여기지 않았습니다. 위(衛)나라 군주는 자기 아버지를 죽였지만, 백성은 그의 덕을 받들었고 공자(孔子)도 이 일을 (『춘추』에) 적으면서 불효라고 하지 않았다고 했습니다. 무릇 큰일을 할 때 작은 일은 돌아보지 않고, 큰 덕이 있는 사람은 힘든 일을 사양하지 않습니다. 고을마다 제각기 마땅함이 있고, 백관들의 공이 다 같지는 않습니다. 그래서 작은 일을 돌아보다가 큰일을 잊으면 뒤에 반드시 해악을 당하게 되고, 의심하고 주저하면 뒤에 반드시 후회하게 됩니다. 결단을 내려서 과감하게 행동하면 귀신도 그것을 피하고 나중에 공로를 이루게 됩니다. 바라건대 공자(公子)께서는 이 일을 수행하소서."

호해가 크게 탄식하고서 말했다.

"아버지 죽음도 알리지 않았고 상례(喪禮)도 끝나지 않았는데, 어찌 이 일을 갖고서 승상에게 동의를 구하는 것이 마땅한 것이겠소!"

조고가 말했다.

"때가 때인 만큼[時乎時乎] 모의할 여유가 없습니다. 식량을 지고 말을 내달려도[贏粮躍馬]1) 오직 때를 놓칠까 걱정입니다[唯恐]."

1) 쉬지 않고 달려간다는 말이다.

호해가 이미 조고의 말을 그럴듯하다고 여기니, 고가 말했다.

"승상과 서로 모의하지 않고서는 이 일을 성공시키기 힘들 듯하니, 신이 공자(公子)를 위해 승상과 모의해볼 것을 청합니다."

고는 마침내 승상 이사에게 말했다.

"상께서 붕하실 때 맏아들 부소에게 편지를 내려 함양에서 유해를 맞으라 하고, 맏아들을 세워 후사로 삼으라고 하셨습니다. (그런데) 그 편지는 아직 보내지 않았고, 지금 상께서 붕하셨는데 이를 아는 사람은 없습니다. 맏아들에게 내린 편지와 옥새는 모두 호해가 가지고 있으니, 태자를 정하는 일[定=定策]은 군후(君侯)와 저의 입에 달려 있을 뿐입니다. 이 일을 장차 어떻게 하시겠습니까?"

사가 말했다.

"어찌 나라를 망칠 말을 하시오! 이는 마땅히 남의 신하 된 자가 말할 만한 것이 아니오!"

고가 말했다.

"군후께서 스스로 헤아려볼 때, 능력은 몽염(蒙恬)과 비교해 누가 더 낫습니까? 공로는 몽염과 비교해 누가 더 높습니까? 계책이 원대하고 실패가 없다는 점에서는 몽염과 비교해 누가 더 낫습니까? 천하 사람들에게 원망을 사지 않는다는 점에서는 몽염과 비교해 누가 더 낫습니까? 맏아들과 오

래 사귀어 신임을 받는다는 점에서는 몽염과 비교해 누가 더 낫습니까?”

사가 말했다.

“이 다섯 가지 점에서 나는 모두 몽염만 못하오. 그런데 그대는 어째서 이다지도 야박하게 따지시오?”

고가 말했다.

“저는 본래 하찮은 일이나 하는 환관인데, 다행히 형법의 문서 담당 관리[刀筆之文]로서 진나라 궁궐에 들어와 일을 맡은 지 20여 년입니다. 그동안 진나라에서 파면당한 승상이나 공신(功臣) 가운데 봉토를 2대를 걸쳐 이어받은 사람을 보지 못했으니, 결국에는 모두 주살되었습니다. 황제의 아들 20여 명에 대해서는 승상께서도 모두 알고 있습니다. 맏아들은 강직하고 용맹스러우며[剛毅而武勇] 다른 사람들을 믿고 선비들을 떨쳐 일어나게 만드는 분이라 그분이 자리에 나아가면 반드시 몽염을 써서 승상으로 삼을 것이고, 군후께서는 결국 통후(通侯)의 인수(印綬-인끈)를 내놓고 고향으로 돌아가게 될 것이 명백합니다.

저는 조서를 받들어[受詔] 호해를 가르치며 법사(法事)를 배우게 한 지 몇 해가 되었는데, 일찍이 그가 과실을 범하는 것을 본 적이 없습니다. 그는 인자하고 독실하며, 재물을 가벼이 여기고 인재를 소중히 여기며, 마음속으로는 분별하면서도 말을 겸손하게 하며, 예의를 다해 선비들을 공경합니다. 진나라 여러 공자 중에 이만한 분이 없으니, 후사로 삼을 만합니다. 군(君)께서는 잘 생각해서 결정하십시오.”

사가 말했다.

“그대는 그대 자리로 돌아가시오! 나는 군주의 조칙을 받들어 하늘의 명을 들을 뿐이지, 어찌 우리가 고려해 결정할 수 있단 말이오?”

고가 말했다.

“평안함은 위태로워질 수 있고, 위태로움은 평안해질 수 있는 법입니다.

평안함과 위태로움을 결정하지 못한다면 어찌 (승상을) 빼어난 사람[聖]이라고 존중하겠습니까?"

사가 말했다.

"나[斯]는 상채라는 시골의 포의(布衣)였으나 상께서 다행히 발탁하시어 승상으로 삼고 봉해 통후(通侯)로 삼았으니, 자손들도 모두 높은 지위와 많은 녹봉을 받게 되었고 그리하여 장차 나라의 존망과 안위를 신(臣)에게 맡기려고 하신 것인데, 어찌 그 뜻을 저버릴 수 있겠소? 무릇 충신은 죽음을 피하려고 요행을 바라지[庶幾=徼倖] 않으며[1], 효자는 부모를 섬기는 데 부지런히 힘쓰고 위험한 일은 하지 않으며, 남의 신하 된 자[人臣=爲人臣者]는 각기 직분을 지킬 따름이오. 그대는 이에[其] 다시는 그런 말을 해서 장차 나로 하여금 죄를 짓게 하지 마시오."

1) 【색은(索隱)】 사는 충신의 절의를 말하는 것으로 본뜻은 죽음을 피하지 않는다는 뜻이다. 즉 자기는 지금 실로 거의[庶幾] 충성을 다하여 죽음을 피하지 않겠다는 말이다.

고가 말했다.

"대개 듣건대 빼어난 사람은 옮겨 다님에 있어 일정함이 없고[無常], 변화에 나아갈 때는 시의(時宜)를 따르고, 말단을 보면 근본을 알아차리며, 지향하는 바를 보면 귀착할 바를 안다고 했습니다. 일이란 원래 이런 것인데, 어찌 고정된 법도[常法]가 있겠습니까? 바야흐로 지금 천하의 대권과 운명[權命]이 호해에게 달려 있으며, 저는 그의 속마음을 잘 알고 있습니다. 또 무릇 밖에서 안을 제어하는 것을 혹(惑), 아래에서 위를 제어하는 것을 적(賊)이라고 합니다.

그래서 가을에 서리가 내리면 잎과 꽃이 떨어지고 봄에 물이 녹아 흐르면 만물이 일어나는 것이니, 이것은 필연의 효과입니다. 승상께서는 어찌

이리 판단이 더디십니까?"

사가 말했다.

"내가 듣건대 진(晉)나라에서는 태자를 바꾸었다가[1] 3대[2]에 걸쳐 나라가 안정되지 못했고, 제나라 환공(桓公)의 형제들은 왕위 다툼을 하다가 공자 규(糾)가 살육당했으며, 은나라 주왕(紂王)은 친척을 죽이고 간언하는 신하의 말을 듣지 않다가 나라를 폐허[丘墟=廢墟]로 만들고 드디어 사직을 위태롭게 했다고 했소. 이 세 사람은 하늘의 뜻을 거슬러[逆天] 종묘에서 제사 음식[血食]을 받지 못했소. 내가 어찌 이런 사람들과 같아서 모반을 꾸밀 수 있겠소?"

고가 말했다.

"위아래가 한마음이 되면 장구하게 갈 수 있고, 안팎이 하나와 같으면 일에는 겉과 속이 없어집니다. 승상께서 제 계획을 따르시면 곧 오래도록 봉후(封侯)를 유지하고 대대로 고(孤)라고 일컬으면서[3] 반드시 왕자 교(王子喬)나 적송자(赤松子)[喬松]처럼 장수하고 공자(孔子)나 묵자(墨子)처럼 지혜를 얻게 될 것입니다. (그런데) 지금 이것을 버리고 따르지 않으면 재앙이 자손에게까지 미쳐 두려움에 떨게 될 것입니다[寒心]. 일을 잘하는 자[善者]는 화(禍)를 돌려 복(福)으로 만드는데, 군(君)께서는 어떻게 처신하시겠습니까?"

이사는 마침내 하늘을 우러러 한탄하다가 눈물을 흘리면서 긴 한숨을 내쉬고 말했다.

"아! 홀로 어지러운 세상을 만나 이미 제대로 죽을 수도 없으니, 도대체 어디에 이 목숨을 맡긴단 말인가?"

이에 사는 마침내 고를 따랐다[聽=從]. 고가 마침내 호해에게 보고해 말했다.

"신이 태자의 밝은 뜻을 받들어 승상에게 알렸더니 승상 사는 감히 명을 받들지 않을 수 없었습니다!"

1) **[정의(正義)]** 신생(申生)을 폐하고 해제(奚齊)를 세운 것을 말한다.

2) 헌공·혜공·문공이다.

3) 통후 자리를 유지한다는 말이다.

이에 마침내 서로 모의해 거짓으로 진시황이 승상에게 조서를 내렸다고 날조해 아들 호해를 세워서 태자로 삼았다. 그리고 맏아들 부소에게 내린 편지를 이렇게 고쳤다.

"짐이 천하를 순행하며 이름난 산의 여러 귀신에게 기도드리고 제사 지내서 목숨을 연장하고자 한다.

지금 부소는 장군 몽염과 함께 수십만 대군을 이끌고 변경에 주둔한 지가 벌써 10여 년이 지났으나 능히 전진하지 못했고, 병력을 많이 소모하고서도 한 치의 공로도 없건만 마침내 도리어 여러 차례 글을 올려 직언해서 내가 하는 일을 비방했으며, 현재의 직분을 그만두고 태자의 지위로 돌아올 수 없다 하여 밤낮으로 원망하고 있다. 부소는 아들로서 불효해 이에[其] 칼을 내리니, 스스로 목숨을 끊으라[自裁]!

장군 몽염은 부소와 함께 밖에 머물면서 부소를 바로잡지 못했으니, 마땅히 부소가 꾀하는 바를 알았을 것이다. 남의 신하 된 자로서 불충해 이에[其] 죽음을 내리니, 군대는 비장(裨將-부장) 왕리(王離)에게 맡기도록 하라."

편지를 황제의 옥새로 봉한 뒤 호해의 빈객을 보내 편지를 받들고 가서 상군(上郡)에 있는 부소에게 전하게 했다.

사자(使者)가 도착해 부소에게 그 편지를 전하니, (부소가) 열어보고는 울면서 내실로 들어가 자살하려고 했다.

몽염이 부소를 말리면서 말했다.

"폐하께서는 궁궐 밖에 계시면서 아직 태자를 세우지 않으신 채 제게

30만 대군을 거느리고 변방을 지키게 하시고 공자로 하여금 이 군대를 감독하게 하셨는데, 이는 천하에서 막중한 임무입니다. (그런데) 지금 한 사람의 사신이 왔다고 곧장 자살하신다면, 어찌 이 편지가 거짓이 아님을 알 수 있겠습니까? 청컨대 다시 용서를 구하십시오. 또한 다시 용서를 구하신 뒤에 죽어도 늦지 않습니다."

사자가 여러 차례 독촉했다. 부소는 사람됨이 어질어 몽염에게 이렇게 말했다.

"아버지께서 자식에게 죽음을 내리셨는데, 오히려 어찌 다시 용서를 청하겠소?"

곧바로 자살했다. 몽염은 자살하려 하지 않았고, 사자는 곧바로 옥리에게 넘겨 그를 양주(陽周)[1]에 가두었다.

1) 【집해(集解)】 서광(徐廣)이 말했다. "상군(上郡)에 속한다." 【정의(正義)】 양주는 영주(寧州) 나천현(羅川縣)에 속한 읍이다.

사자가 돌아와 보고하니 해와 사와 고는 크게 기뻐했다. 함양으로 돌아와 시황제의 죽음을 발표했고[發喪] 태자는 세워져 2세 황제가 되었다. 조고를 낭중령(郎中令)으로 삼으니, 늘 대궐에서 모시면서 일을 제 마음대로 처리했다[用事].

2세가 한가할 때 마침내 고를 불러 일을 모의하던 중에 이렇게 말했다.

"사람이 이 세상을 살아가는 것은 비유하자면 마치 말 6필이 끄는 마차가 작은 틈새를 지나가는 (것을 보는) 것과 같다고 하겠다. 나는 이미 천하에 군림하게 되었으니, 내 눈과 귀가 좋아하는 것을 남김없이 다 하고 마음속으로 즐기고 싶은 바를 끝까지 하면서 종묘를 편안히 하고 백성을 즐겁게 함으로써 천하를 길이 소유하고 내 천수를 다할까 하는데, 그 길이 가능하

겠는가?"

고가 말했다.

"이는 뛰어난 임금[賢主]이라면 얼마든지 할 수 있는 것이지만 혼매한 임금에게는 금하는 것입니다. 신이 감히 부월(斧鉞-도끼)의 형벌을 피하지 않고 말씀드릴 테니, 바라건대 폐하께서는 조금만 주의를 기울여주십시오.

무릇 사구(沙丘)의 모의를 여러 공자(公子-왕자)와 대신들이 다 의심하고 있는데, 여러 공자는 모두 폐하의 형님들이고 또 대신들도 돌아가신 황제(-진시황)께서 임명한 사람들입니다. 지금은 폐하께서 즉위한 초창기이니, 이것은 다 그들이 속으로 원망하고 불복해 변란을 일으킬까 걱정해서 드리는 말씀입니다. 게다가 몽염은 이미 죽었지만, 동생 몽의(蒙毅)가 군대를 이끌고 외방에 머물고 있으므로 저는 전전긍긍하며 오직 제대로 삶을 마치지 못할까만을 걱정하고 있습니다[唯恐]. 그러니 (이런 판국에) 폐하께서 어찌 그런 즐거움을 누릴 수 있겠습니까?"

2세가 말했다.

"그러면 어찌해야 하는가?"

조고가 말했다.

"법을 엄하게 하고 형벌을 혹독하게 집행하며, 죄 있는 사람은 서로 연좌케 하여 친족들을 함께 주멸하며, 대신들을 제거하고 폐하의 골육을 멀리하며, 가난한 사람들을 부유하게 만들고 천한 사람들을 귀하게 만들며, 선제(先帝-돌아가신 황제)의 옛 신하들을 모두 제거하고 폐하께서 친임(親任)하는 자들을 그 자리에 두어 가까이하십시오. 이렇게 하신다면 음덕이 폐하께 돌아오고 해로움이 제거되며 간사한 모의들이 차단되고 신하들은 폐하의 은택을 입지 않은 자가 없을 것이니, 폐하께서는 베개를 높이고 뜻하신 바를 마음대로 하면서 즐거움을 누릴 수 있습니다. 계책 중에 이보다 뛰어난 것은 없습니다."

2세는 그것이 옳다고 여기고서 마침내 다시 법률을 만들었다. 여러 신하

와 공자 중에 죄를 짓는 자가 있으면 그때마다 고에게 내려보내 국문(鞫問)하도록 했다. 이렇게 해서 대신 몽의(蒙毅) 등을 죽이고 공자 12명을 함양 저잣거리에서 욕보여 죽였으며 공주 10명을 두(杜)에서 사지를 찢어 죽였는데[矺]1), 그들의 재물은 모두 현관(縣官-재정 담당 부서)으로 들여보냈다. 이때 서로 연좌된 자는 이루 다 헤아릴 수 없었다.

1) 【색은(索隱)】矺은 발음이 택(宅)이며 책(磔)과 발음이 같은데 옛날과 지금의 글자가 다를 뿐이다. 책(磔)이란 사지를 찢어 죽이는 것을 가리킨다.

공자 고(高)는 도망가려다가 온 가족이 붙잡혀 죽임을 당할까 두려워서 마침내 글을 올려 말했다.

"선제(先帝)께서 무탈하셨을 때[無恙], 신이 궁중에 들어가면 음식을 내려주셨고 궁을 나서면 수레를 태워주셨습니다. 어부(御府-황제 의복을 담당하던 기관)의 의복도 신에게 내려주셨고, 궁궐 마구간의 좋은 말도 내려주셨습니다. 신은 마땅히 선제를 따라 죽어야 했으나 그러질 못했으니, 아들 된 자로서 효도하지 못했고 신하 된 자로서 충성하지 못했습니다. 충성을 바치지 못한 자는 이 세상에 나설 명분이 없습니다. 신은 선제를 따라 죽고자 하니, 바라건대 (선제의 묘가 있는) 여산(酈山)의 기슭에 묻히게 해주소서. 부디 폐하께서 저를 가엾게 여겨주시면 다행이겠습니다."

글이 올라오자, 호해는 크게 기뻐하며 조고를 불러서 보여주면서 말했다.

"이런데도 사태가 급박하다고 할 수 있소?"

조고가 대답했다.

"남의 신하 된 자가 죽음을 두려워해 다른 생각을 할 겨를이 없는데, 어찌 변란을 꾀할 수 있겠습니까?"

호해가 그 글을 허락하면서 10만 전을 내려주어 장례를 지내게 했다.

법령과 형벌이 날로 가혹해지자[刻深] 여러 신하와 사람은 모두 스스로 위험하다고 느껴서[自危] 반란을 일으키려는 자가 많아졌다. 또 아방궁(阿房宮)을 짓고 곧은 길과 넓은 길[馳道]을 만드느라 세금이 더욱 가중되고 병역과 부역[戍徭]의 징발이 그치지 않았다.

이에 초(楚) 땅의 수자리 병사 진승(陳勝)과 오광(吳廣) 등이 마침내 난을 일으켜 산동(山東-효산 동쪽)에서 일어났고 여러 준걸이 서로를 (왕으로) 세워 후왕(侯王)을 자칭하며 진나라에 반란을 일으켰다. 그 반란군은 홍문(鴻門)에까지 진격했다가 물러갔다. 이사가 여러 차례 2세가 한가한 틈을 타 간언하려 했으나 2세는 이를 허락하지 않았다. 도리어 2세는 이사를 문책하며 말했다.

"나도 나름의 견해가 있다. (내가) 한자(韓子-한비자)로부터 들은 바가 있으니, '요(堯)임금이 천하를 소유했을 때, 당(堂-집)의 높이가 3자(尺)였고 서까래는 깎지 않은 통나무 그대로였으며 지붕을 덮은 억새가 처마에 늘어져도 다듬지 않았으니, 나그네가 머무는 숙소도 이보다 검소하지 않았을 것이다. 겨울날에는 사슴의 가죽으로 지은 옷을 걸치고 여름에는 칡으로 만든 베옷을 입었으며 거친 현미밥에 명아주 잎과 콩잎으로 끓인 국을 질그릇에 담아 먹고 마셨으니, 문지기가 먹고 마시는 것도 이보다 검소하지 않았을 것이다.

우왕(禹王)은 용문산(龍門山)을 뚫어 대하(大夏)까지 통하게 하고 구하(九河)를 열어 통하게 하며 구곡(九曲)에 제방을 쌓고 막힌 물길을 터서 바다로 흘러 들어가게 하느라 (힘쓴 끝에) 넓적다리 잔털이 다 닳아서 종아리 털까지 없어졌고 손바닥과 발바닥에 못이 박히고 얼굴이 새까맣게 그을렸으며 결국에는 객사해 회계산(會稽山)에 묻혔는데, 노예의 수고로움도 이보다 심하지 않았을 것이다'라고 했다.

그렇다면 무릇 천하를 소유함이 존귀한 까닭은 자기 몸을 괴롭히고 정신을 힘들게 해서 그 몸을 나그네가 머무는 숙소에 두고 입으로는 문지기와

같은 음식을 먹으면서 손으로는 노예 같은 일을 하기 위함이라는 말인가? 이는 못난 사람이 힘쓸 바이지 뛰어난 사람이 힘쓸 바가 아니다. 저 뛰어난 사람이 천하를 소유하게 되면 오로지 천하를 자기에게 맞도록 할 뿐이니, 이것이 바로 천하를 소유함이 존귀한 까닭이다.

무릇 이른바 뛰어난 사람이란 반드시 천하를 안정시키고 만백성을 잘 다스릴 수 있어야 한다. 지금 자기 몸조차 이롭게 할 수 없다면 장차 어찌 능히 천하를 다스릴 수 있겠는가? 그래서 짐은 내 뜻대로 욕심을 넓힘으로써 오래도록 천하를 향유 하면서도 해악이 없기를 바란다. 그러려면 어떻게 해야 하는가?"

이사의 아들 유(由)가 삼천군(三川郡) 군수였는데, 오광(吳廣) 등의 도적 무리가 삼천군 서쪽을 침략하며 지나가도 이를 막지 못했다. (진나라 장수) 장한(章邯)이 오광 등의 도적 무리를 축출하자 삼천군 일을 조사하는 사자가 잇달아 오가며 이사를 심문했다.

"당신은 삼공(三公)의 자리에 있으면서 어찌하여 도적들이 이처럼 날뛰게 했습니까?"

이사는 두려웠고 작록(爵祿)을 중하게 여겼기에 어찌할 바를 모르다가, 마침내 2세의 뜻에 아부하며[阿意] 용납을 구할[求容]1) 요량으로 이렇게 글을 올려 답했다.

1) 임금에게 받아들여지기를 구하는 것을 구용(求容)이라고 한다.

"무릇 뛰어난 군주는 반드시 장차 모든 수단을 다해 신하를 꾸짖고 처벌하는 법술[督責之術]을 시행하려고 합니다. 책임을 꾸짖으면[督責] 신하는 능력을 다해 자기 군주를 감히 따르지 않을 수 없습니다. 이리하여 신하와 군주의 직분이 정해지고 위와 아래의 의리가 밝혀지고 나면 천하의 뛰어난

사람과 못난 사람이 모두 온 힘을 다해 맡은 바를 함으로써 군주를 감히 따르지 않을 수 없게 되는 것입니다.

그래서 군주 홀로 천하를 통제할 뿐 남에게 통제를 받지 않습니다. 능히 더없는 즐거움의 극치를 누릴 수 있어야 뛰어난 군주이신데, 이런 도리를 살피지 않아서야 하겠습니까?

그래서 신자(申子-신불해)는 말하기를 '천하를 소유하고도 제 뜻대로 하지 못한다면 천하를 차꼬와 수갑[桎梏]으로 삼는 것'이라고 했습니다. 이는 다름 아니라 능히 신하를 질책하지 못하면서 도리어 천하의 백성을 위해 자기 몸을 괴롭혀 요임금이나 우왕처럼 하는 것이니, 이것이 이른바 천하를 차꼬와 수갑[桎梏]으로 삼는다는 말입니다.

무릇 신불해나 한비자의 현명한 법술을 배워 신하를 제대로 꾸짖는 방법을 시행함으로써 천하를 제 마음대로 부리지 못한 채 부질없이 자기 몸을 괴롭히고 정신을 힘들게 하여 몸소 백성에게 봉사하는 것은 일반 백성[黔首]이 할 일이지 천하를 길러주는 자가 할 일이 아닙니다. (이런) 군주를 어찌 존귀하다고 할 수 있겠습니까? 남이 나를 따르게 하면 나는 존귀해지고 남은 천해지지만, 내가 남을 따르면 나는 천해지고 남은 존귀해집니다. 그렇기 때문에 남을 따르는 자는 비천하고 남이 따르는 자는 존귀해지니, 옛날부터 지금까지 그렇지 않은 경우는 없었습니다.

대체로 옛날에 뛰어난 자를 높인[尊賢] 까닭은 그가 존귀했기 때문이고, 못난 자를 미워한 까닭은 그가 미천했기 때문입니다. 그런데 요임금과 우왕은 몸소 천하 백성을 따랐으니, 이런 이유 때문에 그들을 존귀하다고 한다면 실제로 뛰어난 사람들을 존중하는 마음은 사라져버릴 것입니다. 무릇 이는 크게 잘못된 것이라고 말할 수 있습니다. 이런 것을 일러 차꼬와 수갑[桎梏]이라고 말하는 것이 실로 마땅하지 않습니까? 이는 신하를 제대로 독책(督責)하지 않은 데서 오는 잘못입니다.

그래서 한자(韓子)는 말하기를 '자애로운 어머니에게는 집안을 망치는 아들이 있어도, 엄격한 집안에는 거스르는 하인[格虜]이 없다'라고 했으니, 어째서이겠습니까? 잘못을 저지르면 반드시 그에 맞는 벌을 주기 때문입니다.

그래서 상군(商君)의 법에서는 길에 재[灰]를 버리는 사람도 처벌했습니다. 무릇 재를 버리는 것은 가벼운 죄[薄罪]인 데도 처벌을 받는 것은 무거운 벌[重罰]이었습니다. 오직 저 밝은 군주[明主]만이 능히 가벼운 죄를 심하게 감독할 수 있습니다. 곧 죄가 가벼운데도 이처럼 감독하는 것이 심한데 하물며 무거운 죄를 지으면 어찌 되겠습니까? 그리하여 백성은 감히 법을 어기지 못하게 되는 것입니다.

이런 까닭으로 한비자는 '하찮은 베나 비단 조각은 (도둑이 아닌) 평범한 사람도 그냥 두지 않지만, 좋은 황금 2,000냥은 (노나라의 큰 도둑인) 도척(盜跖)도 훔쳐 가지 않는다'라고 말했습니다. 평범한 사람의 하찮은 이익을 중시하는 마음이 깊고 도척의 욕심이 얕아서 그런 것이 아니고, 도척이 2,000냥이나 되는 귀중한 황금을 가벼이 여겨서 그런 것도 아닙니다. 그것을 훔치면 반드시 중한 형벌을 받게 되기 때문에 도척이라도 2,000냥이나 되는 황금을 훔치지 않은 것입니다.

처벌이 반드시 시행되지 않는다면 평범한 사람들이 하찮은 것을 그냥 두는 일은 생겨나지 않을 것입니다. 그러므로 성벽은 높이가 다섯 길밖에 안 되더라도 누계(樓季)¹⁾가 가벼이 넘지 못하고, 태산은 높이가 800척이나 되지만 절름발이 양치기가 정상에서 양을 칩니다. 누계도 다섯 길 높이를 어렵게 여겼는데, 어찌 절름발이 양치기가 800척 높이를 쉽다고 여겼겠습니까? 이는 곧장 높아진 것과 완만하게 높아진 것의 형세가 다르기 때문입니다. 뛰어난 군주와 빼어난 왕이 능히 오래도록 존귀한 지위에 있으면서 장구하게 막중한 권세를 유지하고 천하의 이익을 독차지할 수 있었던 까닭

은 무슨 특별한 방법이 있어서가 아닙니다. 혼자 결단을 내리고 독책할 바를 잘 살펴서 반드시 심한 벌을 내렸기 때문에 천하 백성이 감히 죄를 짓지 못한 것입니다. (그런데) 지금 죄를 짓지 못하게 하는 근본에는 힘쓰지 않고 자애로운 어머니가 아들을 망치는 길을 본받으려 한다면, 이는 실로 빼어난 이의 이치를 살피지 못한 것입니다. 무릇 빼어난 이의 이치를 행하지 않는다면 이는 자기를 버려서 천하를 위해 고생하는 것인데, 어찌 이를 본받겠습니까? (또) 슬퍼하지 않을 수 있겠습니까?

1) **【집해(集解)】** 허신(許愼)이 말했다. "누계는 위(魏)나라 문후(文侯)의 동생이다."

또 무릇 검소하고 절의가 있으며 어질고 의로운 사람이 조정에 서면 방자한 쾌락이 그치게 되고, 간언이나 이치에 맞는 말을 하는 신하가 군주 곁에서 입을 열면 방만한 의견이 물러가게 되며, 열사가 절개를 위해 죽는 행위가 세상에 드러나면 음탕한 쾌락은 사라지게 됩니다. 그러므로 눈 밝은 군주는 이 세 부류의 사람을 밖으로 내치고, 오직 군주로서 신하들을 제어하는 방도를 써서 따르는 신하들[聽從之臣]을 제어하고 밝은 법을 제정해야 합니다. 이렇게 하면 자신은 존귀해지고 권세는 무거워집니다.

무릇 뛰어난 군주는 반드시 장차 세속을 거스르고[拂] 풍속을 자기에 맞도록 고쳐서 자기가 싫어하는 바를 없애고 원하는 바를 세웁니다. 그래야 살아서는 존중받는 권세가 있고 죽어서는 뛰어나고 눈 밝았다[賢明]는 시호를 받을 수 있습니다. 이 때문에 눈 밝은 군주는 홀로 결정하고, 그리하여 권세가 신하에 있지 않게 됩니다. 그런 다음이라야 어짊과 마땅함[仁義]을 내세우는 주장을 없애고 달려와서 유세하려는 자의 입을 틀어막으며 열사의 행동을 누르게 되어, 귀를 막고 눈을 가리고도 마음속으로 혼자 보고 들을 수 있습니다. 그리하여 밖으로는 어짊과 마땅함[仁義]이 있는 사람과 열사의 행동에 마음을 기울이지 않을 수 있고, 안으로는 간언하며 다투는

(유세객의) 변설에 마음을 빼앗기지 않을 수 있습니다. 그렇게 되고 나면 군주가 초연하게 혼자서 마음대로 행동하더라도 감히 거스르는 자가 없게 될 것입니다.

이런 다음에야 능히 신자와 한자의 도술을 밝히고 상군(商君)의 법을 실천했다고 할 수 있을 것입니다. 이런 법을 실천하고 이런 도술을 밝히고서도 천하가 어지러워졌다는 말은 들어보지 못했습니다. 그래서 말하기를 '왕도(王道)는 간략해 행하기 쉽다'라고 하는 것입니다. 그러나 오직 눈 밝은 군주만이 이를 능히 행할 수 있습니다. 만약에 이렇게 하신다면 신하들을 제대로 독촉하고 질책하실 수 있고, 신하 중에는 간사한 자가 없게 됩니다. 간사한 신하가 없으면 천하는 평안해지고, 천하가 평안해지면 군주는 존엄해지며, 군주가 존엄해지면 반드시 처벌이 실행되고, 처벌이 실행되면 반드시 구하는 바를 얻게 되며, 구하는 바를 얻게 되면 국가는 부유해지고, 국가가 부유해지면 군주의 즐거움도 넉넉해질 것입니다. 그러므로 꾸짖고 처벌하는 법술[督責之術]이 이뤄지면 군주가 하고자 하는 바를 얻지 못할 것이 없습니다. 신하와 백성은 허물에서 벗어나기에도 겨를이 없을 것이니, 어찌 감히 변란을 도모할 수 있겠습니까? 이렇게 하신다면 제왕의 길이 갖춰져서 능히 임금과 신하의 도리를 다 밝혔다고 말할 수 있을 것입니다. 비록 신자와 한자가 다시 태어난다고 해도 여기에 더 보탤 것은 없습니다."

글이 올라가자 2세는 기뻐했다. 이에 독책(督責)을 더욱더 엄격히 하고 백성에게 세금을 심하게 걷는 자를 밝은 관리[明吏]라고 여겼다.

2세가 말했다.

"이와 같이 한다면 독책(督責)을 잘하는 것이라 말할 수 있겠다."

(그 뒤로부터) 길에 다니는 사람 중 절반은 형벌을 받은 사람들이었고 사형당한 사람들이 날로 시장바닥에 쌓여갔다. 그리고 사람을 많이 죽인 관리를 충신이라고 여겼다.

2세가 말했다.

"이와 같이 한다면 독책(督責)을 잘하는 것이라 말할 수 있겠다."

애초에 조고는 낭중령(郎中令)이 되었을 때 사람을 죽이거나 개인적인 앙갚음을 한 경우가 많았기에, 대신들이 조정에 들어가서 정사를 아뢰는 중에 자신을 나쁘게 헐뜯을까 두려워서 마침내 2세를 설득해 말했다.

"천자가 귀한 까닭은 많은 신하로 하여금 그 소리를 듣기만 하고 얼굴을 볼 수 없도록 했기 때문이고 그래서 호칭도 짐(朕)이라고 한 것입니다. 또 폐하께서는 춘추가 아직 많지 않으셔서[富] 여러 국사(國事)에 반드시 다 통달하지는 못하셨으니, 이제 조정에 앉아서 꾸짖고[譴=責] 천거하는 가운데 마땅치 않은 것이 있을 경우 대신들에게 (폐하의) 단점을 드러내어 보일 수 있는데 이는 천하에 천자의 신명(神明)함을 보이는 방법이라 할 수 없을 것입니다.

또 폐하께서는 대궐 안에서 깊이 팔짱을 낀 채 신과 시중(侍中)처럼 법을 잘 익힌 자와 더불어 일을 기다리고 있다가, 일이 오면 그때 가서 그 일을 처리하시는 것이 바람직합니다. 이와 같이 하신다면 대신들은 감히 (폐하께서 결단하기 힘든) 의심스러운 일들을 상주하지 않을 것이고, 천하에서는 폐하를 빼어난 군주[聖主]라고 칭송할 것입니다."

2세가 그 계책을 써서 마침내 조정에 앉아 대신들을 보는 일이 없어졌고 (2세가) 대궐 깊은 곳에 머물렀다. 조고는 항상 2세를 가까이에서 모셨고 일은 다 조고에게서 결정되었다.

고는 이사가 이에 대해 말하려 한다는 것을 듣고는 마침내 승상 이사를 만나서 말했다.

"관(關-함곡관)의 동쪽1)에 여러 도적 떼(-반란군)가 많은데도 지금 상께서는 급히 요역(徭役)을 더 발동해 아방궁(阿房宮)을 지으면서 개나 말 같은

쓸데없는 것들까지 모아들이고 있습니다. 신이 간언을 드리고 싶지만, 지위가 낮습니다. 이 일은 진실로 군후(君侯-이사를 높여 부르는 칭호)의 일인데, 군께서는 어찌하여 간언을 드리지 않는 것입니까?"

이사가 말했다.

"참으로 그렇소! 나도 그 말씀을 드리고 싶은 지 오래되었소. 그런데 지금 상께서는 조정에 나와 앉지 않고 깊은 궁궐에만 계시니 내가 말할 것이 있어도 전달할 수가 없고 뵙고자 해도 그럴 틈이 안 생기는군요[無間]."

조고가 말했다.

"군께서 진실로 간언할 수만 있다면 청컨대 (제가) 군후를 위해 상의 한가한 틈을 알아내어 군께 말해주겠습니다."

이에 조고는 2세를 모시고 바야흐로 연회를 즐기다가 여자들이 그 앞에 많이 있을 때 사람을 시켜 승상에게 전했다.

"상(上)께서 마침 겨를이 있으니, 일을 아뢸 수 있을 것입니다."

승상이 궁궐의 문에 이르러 상을 배알 하고자 했는데, 이와 같이 한 것이 세 번이나 되었다.

이에 2세가 화를 내며 말했다.

"나는 늘 한가한 날이 많은데도 (그럴 때는) 승상은 오지 않았다. 내가 바야흐로 연회를 하고 있을 때면 승상은 번번이[輒] 찾아와 일을 고하겠다고 청하는구나. 승상은 어찌 나를 어린아이로 취급하는가?"

1) 이는 곧 중원을 말한다.

조고가 이 틈을 타서 말했다.

"이렇게 하시면 위험하십니다! 저 사구(沙丘)에서의 음모에 승상도 참여했습니다. 지금 폐하께서 이미 세워져 황제가 되셨지만, 승상은 더 존귀해진 것이 없으니, 이에 이 사람은 아마도 속으로 땅을 떼어 받아서 왕이 되기

를 바랄 것입니다. 그리고 폐하께서 신에게 묻지 않으셨기에 감히 말씀드리지 못했습니다만, 승상의 맏아들 이유는 삼천군 군수로 있는데 초(楚) 땅의 도적 진승(陳勝) 등이 모두 승상의 이웃 고을에 살던 사람들이라 그래서 초 지역 도적들이 공공연히 돌아다니면서 삼천군을 지나가도 성만 지킬 뿐 공격하지 않았습니다. 고(高)는 그들 사이에 문서가 서로 오간다고 들었으나, 아직 확실한 물증[其審]을 잡지 못했기에 그래서 감히 보고드리지 못했습니다. 게다가 궁중 밖에서 승상의 권세는 폐하보다 무겁습니다."

2세도 그렇다고 생각했다. 승상을 심문하려 했으나 그 사실이 확실하지 않을까[不審] 두려워서 마침내 사람을 시켜 삼천군 군수가 도적과 내통하는 정황을 조사하게 했다. 이사도 이런 소식을 들었다.

이때 2세는 감천궁(甘泉宮)에서 마침 곡저(穀抵)[1]와 연극을 구경하고 있었는데, 이사는 2세를 알현할 수 없어 그 참에 글을 올려 조고의 단점을 말했다.

"신이 듣건대, 신하가 자기 임금을 의심하고서 나라가 위태롭게 되지 않은 적이 없고 아내가 자기 남편을 의심하고서 집안이 위태롭게 되지 않은 적이 없다고 했습니다. 지금 대신들 가운데 폐하 못지않게 남들에게 이익을 주기도 하고 해를 주기도 해서 폐하의 권세와 다를 바가 없는 자가 있으니, 이는 매우 잘못된 일입니다.

옛날에 사성(司城) 자한(子罕)이 송나라 재상이 되자 자신이 직접 형벌을 집행하며 위세를 부리더니, 1년 만에 드디어 자기 임금을 겁박했습니다. 전상(田常)은 제나라 간공(簡公)의 신하가 되어 작위와 서열로는 그 나라에서 따를 자가 없고 개인적인 재력이 제나라 공실(公室)과 비슷해지자, 은혜를 펴고 은덕을 베풀어 아래로는 민심을 얻고 위로는 여러 신하 마음을 얻더니 은밀히 제나라를 차지하고자 해서, 궁중 뜰에서 재여(宰予)를 죽이고 곧이어 조정에서 간공을 시해하고는 드디어 제나라를 소유했습니다. 이는 천

하 사람들이 흔히 알고 있는 일입니다. 지금 조고가 간사한 뜻을 품고 위험한 반역을 행하는 것은 마치 자한이 송나라 재상으로 있을 때와 같고, 그의 개인적인 재력은 전씨가 제나라에 있을 때와 같습니다. 전상과 자한의 반역 수법을 병행해 폐하의 위엄과 신망을 위협하려는 뜻은 한기(韓玘)[2]가 한나라 왕 안(安)의 재상으로 있을 때와 같습니다. 폐하께서 미리 도모하지 않으신다면 신은 그가 변란을 일으킬까 두렵습니다."

1) 겨루기 시합인데, 각저(角觝)라고도 한다.
2) **【색은(索隱)】** 玘는 판본에 따라 기(起)로 되어 있고, 발음은 이(怡)로도 낼 수 있다.

2세가 말했다.

"무슨 말인가? 저 조고는 본래 환관이었다. 그러나 그는 제 몸이 편안하다고 해서 제멋대로 하지 않았고, 제 몸이 위태롭다고 해서 마음을 바꾸지 않았으며, 행실을 깨끗이 하고 선행을 닦아서 지금 이 자리에 이르렀다. 충성으로 승진했고 신의로 자기 자리를 지키는 사람이어서 짐은 진실로 그를 뛰어나다고 여기는데, 그대가 조고를 의심하니 어째서인가? 게다가 짐은 어려서 선친을 잃어 아는 것이 없고, 백성을 다스리는 데도 능숙하지 못하며, 그대마저 늙어 늘 천하의 일과 동떨어질까 두려워하고 있다. 그러니 짐이 조고에게 국사를 맡기지 않으면 누구에게 맡겨야 한단 말인가? 조군(趙君)은 사람됨이 정밀하고 청렴하며 강인해[精廉彊力] 아래로는 백성의 실정을 알고 위로는 짐의 뜻에 맞으니, 그대는 이에[其] 그를 의심하지 말라."

이사가 말했다.

"그렇지 않습니다. 저 조고는 본래[故=本] 미천한 사람이라 이치에 밝지 못하며, 탐욕이 끝이 없어[無厭] 이익을 추구함이 그치지 않습니다. 권력 서열이 폐하의 다음인데 욕심이 끝이 없기에 제가 위험한 자라고 말씀드린 것

입니다."

2세는 조고를 신뢰했기에 이사가 조고를 죽일까 걱정해 마침내 은밀히 조고에게 이 말을 전해주었다.

고가 말했다.

"승상이 걱정하는 것은 오직 저 고뿐이니, 저 고가 이미 죽고 나면 승상이 곧바로 전상(田常)이 했던 것과 같은 짓을 하려는 것입니다."

이에 2세가 말했다.

"이에[其] 이사를 낭중령(郎中令-조고)에 넘겨 조사하라!"

조고가 이사의 죄를 심문하니, 이사는 붙잡혀 묶인 채 감옥[囹圄]에 갇혀서 하늘을 우러러보며 탄식해 말했다.

"아, 슬프구나! 도리를 모르는 군주를 위해 무슨 계책을 세울 수 있겠는가! 옛날에 하나라 걸왕(桀王)은 관용봉(關龍逢)을 죽였고, 은나라 주왕(紂王)은 왕자 비간(比干)을 죽였고, 오나라 왕 부차(夫差)는 오자서(伍子胥)를 죽였다. 이 세 신하가 어찌 불충했겠는가? 그런데도 죽음을 면치 못한 것은 그들 군주가 목숨을 바쳐 충성을 할 만한 군주가 아니었기 때문이다. 지금 내 지혜는 그들 세 사람에 못 미치고 2세의 무도함은 걸왕·주왕·부차 등보다 더 심하니, 내가 충성했기 때문에 죽는 것은 마땅하다. 장차 2세의 다스림이 어찌 어지럽지 않겠는가? 지난날 그는 자기 형제들을 죽이고 스스로 세워졌으며, 충신을 죽이고 미천한 자를 존귀하게 여겼으며, 아방궁을 짓느라고 천하 백성에게 많은 세금을 징수했다. 내가 간언하지 않은 것이 아니라 내 간언을 듣지 않았던 것이다.

무릇 옛날의 빼어난 왕들은 음식에 절제함이 있었고, 수레나 물건에도 일정한 수가 있었으며, 궁궐을 짓는 데도 한도가 있었고, 조칙을 내려 어떤 일을 할 때도 비용만 들어가고 백성에게 아무런 이익이 없는 것은 금했기에 그래서 능히 오랫동안 평온하게 다스릴 수 있었다. (그런데) 지금 2세는 형제

들에게 도리에 어긋난 행위를 하고도 그 허물을 돌아볼 줄 모르고, 충신을 죽이면서도 닥쳐올 재앙을 생각하지 않으며, 크게 궁실을 짓느라 백성에게 무거운 세금을 물리고 비용을 아끼지 않는다. 이 세 가지가 이미 행해지고 있으니 천하 백성은 복종하지 않는다. 지금 반역자가 이미 천하의 절반을 차지했건만 2세는 아직도 깨닫지 못하고서 조고를 보좌로 삼고 있으니, 나는 반드시 도적이 함양(咸陽)에 이르고 고라니와 사슴이 조정에서 노는 꼴을 보게 되리라!"

이에 2세는 마침내 고로 하여금 승상의 죄상을 밝혀 처벌하게 하니 사가 아들 유(由)와 함께 모반을 꾀한 죄상을 추궁했고, 그의 종족과 빈객들을 모두 체포했다. 조고가 사를 조사하면서 1,000여 번이나 매질하며 고문하자 사는 고통을 이기지 못하고 허위로 자백했다. 사가 자살하지 않은 까닭은 자신이 변설에 능하고 공로가 있으며 실제로 모반하려는 마음이 없으므로 다행히 2세에게 글을 올려 진정할 수만 있다면 2세가 깨닫고 용서해주리라 여겼기 때문이다.

이사는 마침내 옥중에서 글을 올렸다.

"신이 승상이 되어 백성을 다스린 지가 30여 년이나 되었는데, 그때는 진나라 영토가 좁았습니다. 선왕 때는 진나라 영토가 사방 1,000리를 넘지 못했고 병력도 수십만에 지나지 않았습니다. 이에 신은 변변치 못한 재주[薄材]를 다해 삼가 법령을 받들고, 남몰래 모신(謀臣)을 보내 보물을 가지고 가서 제후들을 설득하게 했으며 또 남몰래 군비를 갖추고 정치와 교육을 정비했고 투사에게 벼슬을 주고 공신을 존중함으로써 그들의 작위와 녹봉을 높여주었습니다. 그 결과 한(韓)나라를 위협하고 위(魏)나라를 약화하며 연(燕)나라와 조(趙)나라를 깨뜨리고 제(齊)나라와 초(楚)나라를 평정한 끝에 마침내 여섯 나라를 겸병(兼幷)해 그 나라 왕들을 사로잡고 진(秦)나라 왕을 세워 천자가 되게 했습니다. 이것이 신의 첫 번째 죄입니다.

영토가 넓지 않은 것은 아니었지만 다시 북쪽으로 호(胡)와 맥(貉)을 쫓아내고 남쪽으로 백월(百越)을 평정함으로써 진나라의 강성함을 보여주었습니다. 이것이 신의 두 번째 죄입니다.

대신들을 존중해 그들의 작위를 높여줌으로써 군주와 신하 관계의 친밀함을 굳건히 했습니다. 이것이 신의 세 번째 죄입니다.

사직을 세우고 종묘(宗廟)를 구축해 군주의 뛰어남을 밝혔습니다. 이것이 신의 네 번째 죄입니다.

눈금을 고쳐 도량형을 통일하고 문물 제도를 천하에 널리 펼침으로써 진나라의 명성을 수립했습니다. 이것이 신의 다섯 번째 죄입니다.

수레가 달릴 수 있는 도로를 닦고 구경거리를 만듦으로써 군주의 의기양양한 모습을 보여주었습니다. 이것이 신의 여섯 번째 죄입니다.

형벌을 완화하고 세금을 엷게 해 주상께서 백성의 마음을 얻도록 함으로써 만백성이 황제를 받들어 죽어도 그 은혜를 잊지 않도록 했습니다. 이것이 신의 일곱 번째 죄입니다.

이 이사는 신하 된 자로서 죄를 지었으니, 저는 실로 오래전에 죽어도 마땅합니다. 상께서 다행히 신의 능력을 다하게 하시어 마침내 지금에 이를 수 있었으니, 부디 폐하께서 잘 살펴주십시오!"

글이 올라오자, 조고는 담당 관리를 시켜 폐기하고 아뢰지 않았다. 그러고는 말했다.

"죄수가 어찌 글을 올릴 수 있는가?"

조고는 자기 식객 10여 명을 시켜 거짓으로 어사(御史)·알자(謁者)·시중(侍中)인 것처럼 꾸며서 다시 번갈아가며 이사를 심문하게 했다. 이사가 번복해 사실대로 대답하면 그때마다 사람을 시켜 다시 그를 매질하게 하니, 나중에 2세가 사람을 시켜 이사를 심문하게 했을 때 이사는 예전처럼 하리라 생각하고서는 끝내 감히 번복해 무고함을 말하지 못하고 죄를 인정했다.

판결을 아뢰자 2세는 기뻐하며 말했다.

"조군이 없었더라면 거의 승상에게 속을 뻔했다."

이어서 2세는 사자를 보내 삼천군 군수를 조사하게 했는데, 사자가 도착했을 때는 (반란군) 항량(項梁)이 이미 그를 공격해 죽인 뒤였다. 사자가 돌아왔을 때 마침 승상은 형리(刑吏)에게 내려졌고, 조고는 모반에 관한 진술서를 모두 날조했다.

2세 2년 7월에 (2세는) 이사에게 오형(五刑)을 갖춰 그 죄를 논한 뒤 함양 시장바닥에서 허리를 자르게 했다[腰斬]. 이사가 감옥에서 나오며 함께 투옥되었던 둘째 아들을 돌아보며 말했다.

"내가 너와 함께 다시 한번 누런 개를 끌고 상채(上蔡)의 동문을 통해 변두리로 나가서 토끼사냥을 하려고 했지만, 어찌 그럴 수 있겠느냐!"

드디어 부자가 서로 울음을 터뜨렸고 삼족(三族)이 멸족되었다[夷].

이사가 이미 죽고 나자 2세는 조고를 제배해 중승상(中丞相)[1]으로 삼았으니, 크든 작든 모든 일은 고가 결정했다. 조고는 자기의 권한이 막중함을 스스로 잘 알고서는 마침내 사슴을 바치면서 이를 일러 말이라고 했다. 2세가 좌우의 신하에게 "이것은 곧 사슴이지?"라고 묻자, 신하들은 모두 "말이옵니다"라고 대답했다.

2세는 놀라면서 스스로 정신이 이상하다[惑]고 여겨서 마침내 태복(太卜)을 불러 점을 치게 하니, 태복이 말했다.

"폐하께서 봄과 가을에 교사(郊祀)를 지낼 때 종묘의 귀신을 모시면서 재계(齋戒)를 제대로 하지 않으시어 이 지경에 이른 것이옵니다. 덕을 많이 쌓고 재계를 충분히 하셔야 할 것입니다."

이에 마침내 2세는 상림원(上林苑)에 들어가 재계했다. 그러나 실제로는 매일 새를 잡고 사냥이나 하면서 놀았는데, 지나가던 사람이 상림원에 들

어왔다가 2세가 쏜 화살에 맞아 죽는 일이 생겼다. 그러자 조고는 사위인 함양령(咸陽令) 염락(閻樂)을 시켜 이렇게 탄핵했다.

"누군지는 알 수 없지만, 사람을 죽여 상림원으로 옮겨놓은 자가 있다."

고는 마침내 2세에게 간언해 말했다.

"천자가 아무런 이유도 없이 죄 없는 사람을 죽였으니, 이는 상제(上帝)가 금하는 바입니다. (그래서) 귀신도 제사를 흠향하지 않고 하늘도 장차 재앙을 내릴 것이니, 마땅히 궁궐을 빠져나가 재앙을 물리칠 수 있도록 기도하셔야 합니다."

2세는 마침내 궁궐을 떠나 망이궁(望夷宮)에 머물렀다.

1) 환관이라 중(中)을 추가한 것이다.

사흘 뒤에 조고는 위사(衛士)들에게 날조된 조칙을 내려 군사들로 하여금 모두 흰옷을 입고 무장한 채 궁궐 안으로 들어오게 한 뒤, 2세에게 들어가 말했다.

"산동의 도적 떼가 크게 쳐들어왔사옵니다!"

2세가 높은 곳에 올라 이것을 바라보고는 두려워했는데, 고는 그 틈에 2세를 위협해서 자살하게 했다.

조고는 옥새를 꺼내 허리에 찼지만, 좌우 백관 누구도 그를 따르지 않았다. 궁전에 오르자, 궁전이 세 차례나 무너지려고 했다. 고는 하늘도 자기가 황제가 되는 것을 허여하지 않고 여러 신하도 받아들이지 않음을 알고서는 마침내 시황의 손자[弟]¹⁾를 불러들여 옥새를 주었다.

1) 【집해(集解)】 서광(徐廣)이 말했다. "어떤 판본에 따르면 시황의 동생[弟] 자영(子嬰)을 불러 옥새를 주었다고 했다." 「진본기(秦本紀)」에 이르기를 '자영은 2세 형의 아들'이라고 했다." 【색은(索隱)】 유씨(劉氏)가 말하기를 "제(弟)는 잘못이고

마땅히 손(孫)이 되어야 한다. 자영은 2세 형의 아들"이라고 했다.

자영(子嬰)은 자리에 나아갔으나[卽位] 조고를 두려워해 마침내 병을 핑계 대고 정사를 돌보지 않은 채 환관 한담(韓談), 그의 아들과 함께 고를 죽이려고 모의했다. 고가 상을 뵙고 문병을 청했는데, 그 참에 불러들여놓고는 한담을 시켜 그를 찔러 죽인 다음에 삼족을 멸했다.

자영이 세워진 지 세 달 만에 패공(沛公-유방)의 군대가 무관(武關)으로 들어와서 함양(咸陽)에 이르니, 진나라의 신하와 백관들은 모두 자영을 배반하고 맞서지 않았다[不適=不敵]. 자영은 처자식과 함께 옥새가 달린 끈을 자기 목에 걸고서 지도(軹道) 부근에서 항복했다. 패공은 자영을 관리에게 넘겼는데, 항왕(項王-항우)이 와서 그의 목을 베었다. 드디어 진나라는 천하를 잃었다.

태사공(太史公)이 말한다.

"이사(李斯)는 평범한 집안[閭閻]에서 태어나 제후들을 찾아다니다가[歷] 진(秦)나라에 들어가서 진나라 왕을 섬겼고, 여러 나라 사이에 오해나 틈[瑕釁]이 생긴 기회를 타고서 시황(始皇)을 도와 결국 제왕의 대업[帝業]을 이루게 했고 사(斯)는 삼공(三公)[1]이 되었으니 귀하게 쓰였다[尊用]고 말할 수 있다.

(그러나) 사(斯)는 육예(六藝-유학)의 핵심[歸=要旨]을 잘 알면서도 밝은 정사[明政]로써 군주의 부족한 점을 메워주려 힘쓰지 않았고, 작위와 봉록의 무거움을 갖고 있으면서도 아첨해 순종만 하고 구차스럽게 영합하기만 했으며[阿順苟合], (또) 위엄을 엄하게만 하고 형벌을 가혹하게 썼으며 고(高-조고)의 간사한 말을 따라 적자를 폐하고 서자를 세웠다[廢嫡立庶][2].

제후들이 이미 배반한 뒤에야 사는 마침내 군주에게 간쟁 하려 했으니

참으로 너무 늦지 않았는가?

　사람들은 모두 사가 충성을 다하고도[極忠=盡忠] 오형(五刑)을 받고 죽었다고 생각하지만, 근본을 깊이 들여다보면 마침내 (실상은) 세속의 의견[俗議]과는 다르다. 그렇지 않았더라면 사의 공로는 아마도 주공이나 소공[周邵]의 반열에 오를 수 있었을 것이다."3)

1) 이는 진나라 때 중앙 정부의 제도다. 진나라는 삼공구경(三公九卿)의 체제였는데, 삼공이란 승상(丞相), 어사대부(御史大夫), 태위(太尉)를 가리킨다. 승상은 백관의 업무를 총괄하고 실질적인 정권을 쥐며 정치와 관련된 전반적인 책임을 졌다. 어사대부는 승상을 보조하고 백관을 감찰했으며, 태위는 나라의 군사 업무를 담당했다.

2) 적자는 부소(扶蘇)를, 서자는 호해(胡亥)를 가리킨다.

3) 【색은술찬(索隱述贊)】 쥐도 머물 곳에 따라 좌우되건만[鼠在所居]/사람은 실로 살 곳을 잘 골라야지[人固擇地]/이사는 지혜의 힘 발휘해[斯效智力]/공을 세우고 명성을 떨쳤다네[立功名遂]/함양 술자리에서[置酒咸陽]/신하로서 최고 자리에 올랐구나[人臣極位]/일개 사내 거짓으로 황제 미혹시켜[一夫誑惑]/임금 자리 바꿔버렸네[變易神器]/나라 잃고 몸은 죽었으니[國喪身誅]/근본은 같아도 말단은 달랐도다[本同末異]!

권88 — 몽염열전(蒙恬列傳) 제28

권88 몽염열전(蒙恬列傳) 제28

몽염(蒙恬)은 선조가 제(齊)나라 사람이다. 몽염의 할아버지[大父] 몽오(蒙驁)가 제나라에서 진(秦)나라로 와서 소왕(昭王)을 섬겨 벼슬이 상경(上卿)에 이르렀다.

진나라 장양왕(莊襄王) 원년에 몽오는 진나라 장수가 되어 한(韓)나라를 쳐서 성고(成皐)와 형양(滎陽)을 빼앗고 삼천군(三川郡)을 두었다. 장양왕 2년에 몽오는 조(趙)나라를 공격해 37개 성을 차지했다.

시황(始皇) 3년에 몽오는 한나라를 공격해 13개 성을 차지했다. 5년에 몽오는 위(魏)나라를 공격해 20개 성을 차지하고 동군(東郡)을 두었다.

시황 7년에 몽오가 졸(卒)했다. 오의 아들은 무(武), 무의 아들이 염(恬)이다.

몽염은 일찍이 형법을 배워 형옥과 관련한 문서[文學]를 관장했다[典=掌][1]. 시황 23년에 몽무(蒙武)는 진나라 비장군(裨將軍)이 되어 왕전(王翦)과 함께 초(楚)나라를 공격해서 크게 깨뜨리고 항연(項燕)을 죽였다.

24년에 몽무는 초나라를 공격해 초나라 왕을 사로잡았다. 몽염의 동생은 의(毅)다.

---

1) [색은(索隱)] 몽염이 일찍이 옥법(獄法)을 배워서 드디어 옥관이 되어 문학을 관장했다는 말이다.

시황 26년에 몽염은 집안 대대로 장군을 지낸 관계로 진나라 장군이 되

어 제나라를 공격해서 크게 깨뜨리니, 제배되어 내사(內史-수도 함양 담당 관리)가 되었다. 진나라는 이미 천하를 병탄하자 마침내 몽염에게 명해 30만 군사를 이끌고 북쪽으로 가서 융적(戎狄)을 내쫓은 뒤에 하남(河南)을 거둬들였다. 장성을 쌓게 하니 그는 장성을 쌓으면서 지형에 따라 험준한 요새를 만들었는데, 임조(臨洮)¹⁾에서 시작해 요동(遼東)²⁾까지 가로로 총길이[袤]가 1만여 리나 되었다. 이에 몽염은 황하를 건너 양산(陽山)³⁾을 거점으로 해서 뱀처럼 꾸불꾸불[逶蛇] 북쪽으로 나아갔다. 10년 넘게 군대는 햇볕에 노출된 채 외지를 전전하다 상군(上郡)에 주둔했다. 이 무렵 몽염의 위세는 흉노를 떨게 했다.

시황은 몽씨 집안을 몹시 존중하고 총애해 몽염을 신임하고 뛰어나다고 여겼다. 몽의를 가까이해 지위가 상경에 이르렀으니, 밖으로 나갈 떠는 수레를 함께 탔고 궁궐로 들어와서는 늘 어전에 두었다. 몽염은 바깥일을 맡았고 몽의는 늘 안에서 계책을 내니, 둘 다 충성과 신의[忠信]로 유명했고 이 때문에 여러 장상(將相)이라도 감히 그들과는 다투려 하지 않았다.

1) 【집해(集解)】 서광(徐廣)이 말했다. "농서군(隴西郡)에 속한다."

2) 【정의(正義)】 요동군은 요수(遼水) 동쪽이다.

3) 【집해(集解)】 서광(徐廣)이 말했다. "오원(五原) 서쪽 안양현(安陽縣) 북쪽에 음산(陰山)이 있다. 음산은 하남(河南)에 있고 양산(陽山)은 하북(河北)에 있다."

조고(趙高)는 조나라 왕실의 먼 친속이다. 조고의 형제[昆弟] 중 몇 사람은 모두 나자마자 거세되어 환관[隱宮=宦者]이 되었다. 그들의 어머니도 형벌을 받았고 대대로 비천했다. 진나라 왕은 조고가 능력 있고 형법에 정통하다는 말을 듣고 들어 써서 중거부령(中車府令)으로 삼았다. 고는 이미 사사로이 공자 호해(胡亥)를 섬기며 그에게 판결하는 법[決獄] 등을 가르쳤다. 고가 큰 죄를 짓자, 진나라 왕은 몽의에게 법에 따라 다스리도록 명했다. 의

는 감히 법을 왜곡하지[阿法=枉法] 않고, 고의 죄가 사형에 해당한다 하여 환관 명부에서 그를 삭제했다. (그러나) 제(帝)는 고가 일 처리에 능하다[敦=敏]고 하여 사면하고 관작을 회복시켜 주었다.

시황이 천하를 순행하기 위해 구원(九原)[1]을 지나서 곧장 감천(甘泉)[2]으로 가고자 해서 마침내 몽염에게 길을 내게 하니, 구원에서 감천까지 산을 깎고 계곡을 메운 것이 1,800리였다. 길은 아직 완공되지 않았다.

1) **[정의(正義)]** 구원군은 지금의 승주(勝州) 연곡현(連谷縣)이다.
2) **[정의(正義)]** 감천궁은 옹주(雍州)에 있다.

시황 37년 겨울에 시황은 순수(巡狩) 길에 나서서 회계(會稽-회계산)를 순시하고 바다를 따라 북상해 낭야(琅邪)로 향했다가 도중에 병이 나서 몽의로 하여금 함양(咸陽)으로 돌아가 산천에 기도를 드리도록 했다. (몽의가) 아직 함양에 돌아가지 못했다.

시황이 사구(沙丘)에서 붕(崩)했고, 이를 비밀에 부쳤으므로 여러 신하는 아무도 몰랐다. 이때 승상 이사, 공자 호해, 중거부령 조고가 늘 시황을 시종하고 있었다. 고는 평소[雅=素] 호해로부터 총애를 받고 있었기에 호해를 세우고 싶었고 또 몽의가 자신을 보호해주지 않고 법대로 죄를 다스린 것에 원한을 품고 그를 해치려는 마음[賊心]이 있었기에, 마침내 승상 이사, 공자 호해와 음모를 꾸며 호해를 세워 태자로 삼았다.

태자가 이미 세워지자, 사자를 보내 죄를 꾸며 공자 부소(扶蘇)와 몽염에게 죽음을 내렸다. 부소는 이미 죽었으나 몽염은 의심을 품고 다시 실상을 밝혀주길 청했다. 사자는 몽염을 관리에게 넘기고 그 자리에 다른 사람을 임명했다. 호해는 이사의 사인(舍人)을 호군(護軍)으로 삼았다. 사자가 돌아

와 보고하니, 호해는 부소가 이미 죽었다는 말을 듣고는 몽염을 즉시 풀어
주려고 했다.

조고는 몽씨가 다시 존귀하게 되어 정권을 잡을까[用事] 두려웠고 그들
에 대한 원망이 있었다[怨之].[1]

1) 원지(怨之)를 두려움의 대상에 집어넣으면 "몽씨가 다시 존귀하게 되어 정권을 잡아 자기를 원
   망할까 두려웠다"로 옮겨야 한다. 그러나 이때는 몽씨가 조고를 원망할 일은 없었다. 조고만이
   원망을 품었기 때문이다. 조고가 몽의를 원망했기에 뒤의 문맥과 바로 이어진다. 그래서 원지
   (怨之)를 몽씨에 대해 조고가 원망한다고 옮겼다.

몽의(蒙毅)가 돌아오자 (조고는) 호해를 위해 충성스러운 계책을 내는 척
하면서 몽씨를 없애버리고자 하여 마침내 이렇게 말했다.

"신이 듣건대, 선제(先帝)께서 뛰어난 아들(-호해)을 뽑아 태자로 세우고
자 하신 지가 오래되었는데 몽의가 '안 된다'라고 간언했다 합니다. 만약에
태자가 뛰어난 줄 알면서도 더더욱[愈] 세우려 하지 않았다면, 이는 불충이
자 군주를 미혹시킨 것입니다. 신의 어리석은 생각으로는 그를 죽이는 것만
한 것이 없습니다."

호해는 이 말을 듣고 몽의를 대(代) 땅에 가두었다.[1] 이에 앞서 몽염은 이
미 양주(陽周)에 갇혀 있었다. 시황제의 영구가 함양(咸陽)에 이르러 장례가
끝나자, 태자가 세워져 2세 황제가 되었고 조고는 2세 가까이에 있으면서
낮밤으로 몽씨를 헐뜯고 미워하며 죄과를 들춰내 탄핵했다.

1) 【정의(正義)】 지금의 대주(代州)다. 산천에 기도하고서 대(代)에 이르렀을 때 그를
   잡아 가둔 것이다.

(이에) 자영(子嬰)이 나아가 간언해 말했다.

"신이 듣건대, 옛날에 조나라 왕 천(遷)은 훌륭한 신하 이목(李牧)을 죽이고 안취(顔聚)를 썼고, 연나라 왕 희(喜)는 은밀하게 형가(荊軻)의 계책을 써서 진(秦)나라와의 약속을 저버렸으며, 제나라 왕 건(建)은 전대의 충신들을 죽이고 후승(后勝)의 의견을 썼다고 합니다. 이 세 군주는 모두 각자 옛것을 바꾸었다가 나라를 잃고 자기 몸에 재앙이 닥쳤습니다.

지금 몽씨는 진나라의 대신이자 모사(謀士)인데 주상께서 하루아침에 이들을 제거하려 하시니, 신이 가만히 생각건대 안 될 일입니다. 신이 듣건대, 경솔한 생각으로는 나라를 다스릴 수 없고 한 사람의 지혜로는 군주 자리를 지킬 수 없다고 했습니다. 충신을 죽이고 절조와 덕행이 없는 사람을 세운다면 이는 안으로는 신하들이 서로를 못 믿게 만들고 밖으로는 전사들의 마음을 흐트러지게 하는 것이니, 신은 남몰래 그래서는 안 된다고 생각합니다."

호해가 듣지 않고서 어사(御史) 곡궁(曲宮)[1]에게 역마를 타고 대(代) 땅으로 가서 몽의에게 다음과 같은 명을 전하게 했다.

"선주께서 짐을 태자로 세우려 하셨을 때 경은 그것을 비난했다. 지금 승상은 경이 불충하다고 하고, 죄와 허물이 가족에게까지 미친다고 한다. 짐은 차마 그럴 수 없어 마침내 경에게만 죽음을 내리니, 실로 심히 다행으로 여기라. 경은 이에[其] 잘 생각해야 할 것이다."

의가 답해 말했다.

"신이 선주의 뜻을 잘 몰랐다고 하시지만, 신은 젊었을 때부터 벼슬을 하여 선제께서 세상을 떠나실 때까지 그 뜻을 받들어 남다른 사랑을 받았습니다. 선제의 뜻을 알았다고 할 수 있습니다. 또 신이 태자의 능력을 몰랐다고 하시지만, (여러 황자 가운데) 오직 태자만이 선주를 따라 천하를 두루 돌아보았으므로[周旋] 신은 태자의 능력이 다른 공자들을 훨씬 앞질렀다는 것을 의심해본 적이 없습니다. 그리고 무릇 선주께서 폐하를 태자를 세우

려 하신 것은 몇 년 동안 생각해오신 일인데, 신이 마침내 어찌 감히 간언을 올릴 것이며 어찌 감히 다른 생각을 하겠습니까? 이렇게 말하는 것은 감히 말을 꾸며서 죽음을 피하려는 것이 아니라 선주의 이름에 누를 끼치는 것이 부끄럽기 때문이니, 부디 대부께서는 잘 생각하시어 신이 정당한 죄로 죽게 해주십시오.

그리고 순리에 따라 생명을 보전하는 것은 사람의 도리로서 귀한 것이지만, 형벌로 죽는 것은 사람의 도리로는 마지막입니다.

옛날에 진나라 목공(穆公)은 훌륭한 신하 3명[三良]을 죽이고 백리해(百里奚)에게 죽을죄를 내렸지만, 그들에게 적합한 처벌이 아니었기에 (많은 업적에도 불구하고) '목(繆)'이라는 (좋지 않은) 시호를 받았습니다[2]. 또 진나라 소양왕(昭襄王)은 무안군(武安君) 백기(白起)를 죽였고, 초나라 평왕(平王)은 오사(伍奢)를 죽였으며, 오왕(吳王) 부차(夫差)는 오자서(伍子胥)를 죽였습니다. 이들 네 군주는 모두 큰 실수를 했기 때문에 천하 사람들이 그들을 비난했고 제후들 사이에 현명하지 못한 군주로 남게 된 것입니다. 그러므로 말하기를 '도리로 다스리는 자는 죄 없는 사람을 죽이지 않고 무고한 사람에게 처벌을 가하지 않는다'라고 했습니다. 부디 대부께서는 유념해주십시오."

(그러나) 사자는 호해의 뜻을 알고 있었기에 몽의의 말을 들어주지 않고 드디어 그를 죽였다.

1) 【정의(正義)】 곡이 성이고, 궁이 이름이다.

2) 그래서 진나라 목공(穆公)을 대부분 목공(繆公)이라고 표기한다.

2세는 또 사자를 양주(陽周)로 보내 몽염에게 명령했다.

"그대는 잘못이 많다. 그리고 경의 동생 몽의가 큰 죄를 지었으니, 법률에 따르면 내사(內史-몽염)에게도 미친다."

염이 말했다.

"저의 선조부터 자손까지 진나라에 쌓은 공로와 신의가 3대에 이릅니다. 지금 신은 30만이 넘는 군사를 거느리고 있으니, 비록 몸이 죄수가 되어 갇혀 있지만 형세상[其勢] 얼마든지 배반할 수 있지만 반드시 죽을 수밖에 없다는 것을 스스로 알면서도 의리를 지키는 것은, 선인(先人-조상)의 가르침을 욕되게 할 수 없고 선주(先主)를 잊을 수 없기 때문입니다.

옛날에 주나라 성왕(成王)이 처음 즉위해 아직 강보(襁褓-포대기)에서 벗어나지 못했을 때 주공(周公) 단(旦)이 왕을 업고 조정에 나아가 결국 천하를 안정시켰습니다.

성왕이 병이 나서 위독해지자 주공 단은 자기 손톱을 잘라 황하에 던지면서 이렇게 기도했습니다.

'왕께서 아직 아는 것이 없어 이 단이 일을 집행하고 있습니다. 죄가 있어 벌을 내리시려거든 이 단이 상서롭지 못한 재앙을 받겠습니다.'

마침내 그것을 글로 써서 기부(記府-천자의 문서 창고)에 간직해두었으니, 이것이야말로 신(信)이라 말할 수 있습니다. 성왕이 나라를 다스릴 수 있게 되자, 어떤 간사한 신하[賊臣]가 '주공 단이 반란을 꾀한 지 오래입니다. 왕께서 대비하지 않으시면 반드시 큰일이 날 것입니다'라고 했습니다. 성왕은 마침내 크게 화가 났고, 주공 단은 초나라로 달아났습니다. 성왕이 기부에서 문서들을 열람하다가 주공 단이 황하에 손톱을 던지며 기도했던 글을 보고는 마침내 눈물을 흘리며 말했습니다.

'누가 주공 단이 반란을 꾀한다고 했는가?'

그 말을 한 자를 죽이고 주공 단을 돌아오게 했습니다. 그렇기 때문에 「주서(周書)」에 이르기를 '반드시 삼경(三卿)에게 물어보고, 오대부(五大夫)에게 의견을 말하도록 하라'라고 했던 것입니다.

지금까지 이 몽염의 종족은 대대로 두 마음을 먹지 않았는데 일이 갑자기 이렇게 되었으니, 이는 반드시 간사한 신하[孽臣]가 반란을 꾀하면서 안

으로 주상을 능멸하려는 것입니다. 저 성왕은 잘못을 했지만, 다시 떨치고 일어나 끝내 번창했고, 하나라 걸(桀)은 관용봉(關龍逢)을, 주(紂)는 왕자 비간(比干)을 죽이고도 뉘우치지 않았기에 몸은 죽고 나라는 망했습니다. 신이 이 때문에 잘못은 바로잡아야 하고 간언은 깨달아야 하며 삼경(三卿)에게 물어보고 오대부에게 의견을 말하도록 하는 것이 빼어난 왕의 법도라고 말하는 것입니다. 무릇 신은 이런 말씀을 드려서 허물을 피하려는 것이 아니라 장차 간언을 드리고 죽고자 할 뿐입니다. 바라건대 폐하께서는 만백성을 위해 도리를 따르는 것을 생각하소서!"

사자가 말했다.

"신은 조서를 받아 장군에게 법을 집행할 뿐 감히 장군의 말씀을 상께 전할 수는 없소."

몽염이 크게 탄식하고서 말했다.

"내가 하늘에 무슨 죄를 지었기에 아무런 잘못도 없이 죽어야 한다는 말인가!"

한참 있다가 천천히 말했다.

"내 죄는 참으로 죽어 마땅하다. 임조(臨洮)에서 공사를 일으켜 요동까지 성을 1만여 리나 쌓으면서 어찌 지맥(地脈)을 끊지 않을 수 있었겠는가? 이것이 바로 내 죄로구나."

마침내 약을 삼키고[呑藥] 스스로 목숨을 끊었다.

태사공(太史公)이 말한다.

"나는 북쪽 변경 지방에 갔다가 지름길[直道]로 돌아왔다. 길을 가면서 몽염(蒙恬)이 진(秦)나라를 위해 쌓은 장성을 보니, 산악을 깎고 계곡을 메워서 지름길을 통하게 한 것은 진실로 백성의 힘을 가볍게 여긴 것이라 할 수 있었다.

무릇 진나라가 비로소 제후들을 멸망시켰을 때 천하의 마음은 아직 안

정되지 않았고 전쟁에서의 상처도 아직 아물지 않았는데, 몽염은 이름난 장군으로서 이러한 때 백성의 시급한 문제를 구제하거나 늙은이를 돌보고 고아를 보살펴서 여러 백성이 평화롭게 살 수 있도록 힘써 간언하지는 않고 그저 (황제의) 뜻에 영합해[阿意] 이 같은 큰 공사를 일으켰으니 이에[此=於是] 그 형제들이 주살을 당한 것[遇誅=被誅]은 참으로 마땅하지 않겠는가? 어찌 마침내 땅의 맥[地脈](을 끊은) 탓이겠는가?"1)

1) 【색은술찬(索隱述贊)】 몽씨는 진나라 장군 집안인데[蒙氏秦將]/그중에서도 내사는 충성스럽고 뛰어났다네[內史忠賢]/장성을 앞장서 쌓으니[長城首築]/만 리 국경 안정되었도다[萬里安邊]/조고가 황제 명령 고치니[趙高矯制]/부소가 죽었구나[扶蘇死焉]/땅을 끊은 것이 무슨 죄이랴[絶地何罪]/백성 괴롭힌 것이 바로 죄라네[勞人是愆]/하늘에 소리쳐 호소하련다[呼天欲訴]/삼대에 걸쳐 훌륭했도다[三代良然]!

권89

장이진여열전(張耳陳餘列傳) 제29

권89 장이진여열전(張耳陳餘列傳) 제29

장이(張耳)는 대량(大梁)[1] 사람이다. 젊었을 때 위(魏)나라 공자 무기(毋忌)[2]의 빈객이 되었다. 장이는 일찍이 망명(亡命)해[3] 외황(外黃)에서 떠돌이 생활을 했다. 외황의 한 부자에게 무척이나 아름다운 딸이 있었는데, (혼인해) 지아비를 보잘것없는 노비처럼 여기다가[庸奴] 집으로 도망쳐 와서 아버지의 빈객에게 의탁해 있었다. 아버지의 한 빈객이 평소 장이를 잘 알고 있었기에 마침내 그녀에게 말했다.

"반드시 뛰어난 지아비[賢夫]를 얻고 싶거든 장이를 따라라!"

그 딸은 이 말을 따라서 마침내 결국 남편에게 이혼[決=訣別]을 요구하고서 장이에게 시집갔다[嫁]. 장이는 이때 혐의가 풀려서 이리저리 돌아다니고 있었는데, 여자의 집에서 장이를 두텁게 받들어 돈을 대주게 되자 장이는 그 돈으로 1,000리 밖에 있는 빈객들까지 부를 수가 있었다. 마침내 위나라에서 벼슬해[宦=官] 외황 현령(縣令)이 되었다. 이로 말미암아 뛰어나다는 이름을 더욱 날렸다.

1) 【색은(索隱)】 신찬(臣瓚)이 말했다. "지금의 진류(陳留) 대량성(大梁城)이 이곳이다.

2) 안사고(顔師古)가 말했다. "무기는 6국 시절의 신릉군(信陵君)이다."

3) 【색은(索隱)】 진작(晉灼)이 말했다. "명(命)이란 명(名)이다. 무릇 망명(亡命)이라는 것은 자신의 명적(名籍-호적)에서 벗어나 도망치는 것을 말한다."

진여(陳餘) 또한 대량 사람으로, 유술(儒術-유학)을 좋아했고 조(趙)나라 고형(苦陘-힘든 산비탈이라는 뜻)[1]에 가서 자주 노닐었다. 그곳의 부자 공승씨(公乘氏)가 자기 딸을 그의 아내로 맞이하게 했는데 이는 진여가 평범한 사람[庸人=凡人]이 아니라는 것을 알아보았기 때문이다. 여(餘)는 나이가 어려 장이를 아버지처럼 섬겼는데[父事], 두 사람은 서로 목이 달아나도 좋은 사귐[刎頸交][2]을 맺었다.

1) 장안(張晏)이 말했다. "고형(苦陘)은 후한의 장제(章帝)가 그 이름이 추하다 하여 한창(漢昌)으로 바꿨다."

2) 안사고(顏師古)가 말했다. "문(刎)은 '끊다[斷]'라는 뜻이다. 문경(刎頸)의 사귐이란 서로 의탁하고 약속한 바가 너무나도 굳건해 설사 목이 달아나고 머리가 잘려도 조금도 돌아보지 않는 사귐을 말한다."

진(秦)나라가 대량(大梁-위나라)을 멸망시켰을 때 장이의 집은 외황에 있었다. 고조(高祖)가 포의(布衣)였을 때 일찍이 여러 차례 장이를 따라 떠돌기도 하면서 몇 달 동안 그의 빈객으로 있었다. 진나라가 위나라를 멸망시키고 몇 년이 지났을 때, 이미 장이와 진여 이 두 사람이 이름 있는 장부[名士]라는 소문이 돌았고 (진나라에서는) 장이에게는 1,000금, 진여에게는 500금의 현상금을 걸고 두 사람을 잡으려고 했다. 두 사람은 마침내 성과 이름을 바꾼 뒤에 함께 진(陳)나라로 가서 마을 감문(監門)으로 있으면서 끼니를 해결했다[1].

두 사람은 서로 마주 보며 문을 지켰다. 마을 관리가 일찍이 진여에게 잘못이 있다며 매질을 하자 진여가 일어나려고 했는데, 장이가 그를 발로 눌러 그대로 매를 맞게 했다. 관리가 떠나자, 장이는 마침내 진여를 뽕나무 아래로 데려가 꾸짖어[數=責] 말했다.

"애초에 내가 그대와 말했던 것이 어떻게 되겠소? 지금 하찮은 모욕

[小辱소욕]을 당했다고 해서 하찮은 관리 하나를 죽이려는 것이오?"

진여는 그 말이 옳다고 여겼다. 진나라는 조서를 내려 두 사람에게 현상금을 걸고 찾았는데[購求구구], 두 사람은 도리어 문지기[門者문자]로서 마을을 호령하고 있었다[2].

1) 안사고(顏師古)가 말했다. "감문이란 병졸 중에서도 낮은 자리이니, 천한 자리에 있으면서 스스로를 숨겼다[自隱자은]는 말이다."

2) 【색은(索隱)】 살펴보건대, 문지기는 진여와 장이다. 스스로 이런 직함으로 있으면서 마을에 호령을 전할 때 속여서 다르게 호령을 내린 것이다.

진섭(陳涉)이 기현(蘄縣)에서 일어나 진(陳)에 이르러 들어왔을 때 병사는 수만 명이었다. 장이와 진여는 진섭에게 명함을 올렸다[上謁상알]. 섭과 좌우 측근들은 평소에[生平생평] 장이와 진여가 뛰어나다[賢현]는 말을 자주 들었지만, 아직 만나본 적은 없는 터였는데, 만나보고는 그 자리에서 크게 기뻐했다.

진(陳)의 호걸과 부로들이 마침내 진섭을 설득하며 말했다.

"장군은 몸소 견고한 갑옷을 입고 예리한 무기를 손에 쥐고서 사졸들을 이끌어 포악한 진(秦)나라를 주벌하고 초(楚)나라 사직을 다시 세웠으니, 망한 나라를 일으키고 끊어진 후대를 이어준 공로와 다움[功德공덕]은 왕이 될 만합니다. 게다가 무릇 왕이 되지 않으면 천하의 여러 장수를 앞에서 감림(監臨)할 수 없으니 부디 장군께서는 세워져 초나라 왕이 되어주십시오!"

진섭이 (이 문제를 장이와 진여) 이 두 사람에게 묻자 두 사람은 이렇게 답했다.

"저 진(秦)나라는 무도해 남의 나라를 깨뜨려서 사직을 없애버리고 남의 후세를 끊었으며 백성의 힘을 피로하게 하고 백성의 재산을 모두 빼앗았습

니다. (이런 때) 장군께서는 눈을 부릅뜨고 용맹을 떨치시어[張膽] 1만 번 죽
어도 한 번의 삶을 돌아보지 않을 계책을 내시고 천하를 위해 (진나라의) 잔
학함을 없애고 계십니다. (그런데 이제) 처음으로 진(陳)에 이르시자 (곧장)
이곳의 왕이 되신다는 것은 천하에 사사로움을 드러내 보이시는 것입니다.

바라건대 장군께서는 이곳의 왕이 되지 마시고 서둘러 군대를 이끌고 서
쪽으로 가셔서, 사람들을 보내 여섯 나라(왕)의 후손들을 세워주시어 스스
로 장군을 위한 당여를 심으시고[樹黨] 진(秦)나라에는 적을 더 많이 만드
십시오. 적이 많으면 힘은 흩어지고, 함께하는 우리 편이 많으면 군대는 강
해집니다. 이렇게 하면 들판에서는 교전하는 병사가 없어지고 공격을 받는
현(縣)은 성을 지킬 자가 없어질 터이니, 사나운 진나라를 주벌함으로써 함
양(咸陽)을 근거지로 삼아 제후들에게 호령할 수 있게 됩니다.

제후들은 멸망했다가 다시 왕으로 세워질 수 있(음을 알았)으니, 다움으
로 그들을 복종시킨다면 제업(帝業)은 (저절로) 이뤄질 것입니다. (그런데)
만일 지금 진나라에서 홀로 왕이 되신다면 천하가 흩어질까[解]1) 두렵습
니다.”

진섭은 이 말을 듣지 않고 드디어 스스로를 세워 왕이 되었다.

1) 안사고(顔師古)가 말했다. “천하의 인심이 뿔뿔이 떨어져 나간다는 말이다.”

진여는 마침내 다시 진왕(陳王)을 설득해 말했다.

“대왕께서는 양(梁)1)과 초(楚)의 병사를 들어 (서쪽으로) 함곡관으로 들
어가려고 힘쓰고 계시지만, 아직 황하 이북[河北]을 거둬들이지 못하고 있
습니다. 신들은 일찍이 조(趙)나라에서 노닐었기 때문에 그곳의 호걸들을
서로 잘 알고 있으니, 바라건대 기습부대[奇兵]를 써서 북쪽으로 조나라 땅
을 공략할 것을 청합니다.”

이에 진왕은 자신과 전부터 친했던 진(陳)나라 사람 무신(武臣)을 장군으

로 삼고 소소(邵騷)를 호군(護軍)으로 삼았으며 장이와 진여를 (각각) 좌우 교위(校尉)로 삼아서, 병졸 3,000명을 주어 북쪽으로 조나라 땅을 공략하게 했다.

1) 위(魏)나라를 가리킨다.

무신 등은 백마 나루에서 황하를 건넜는데, 여러 현에 이를 때마다 그곳 호걸들을 설득해 말했다.

"진(秦)나라가 정치를 어지럽히고 형벌을 가혹하게 하여 천하를 해치고 망하게 한 지[殘滅] 수십 년이 되었습니다. 북쪽으로는 장성(長城-만리장성)의 노역이 있고 남쪽으로는 오령(五領)[1]의 수자리가 있어 안팎으로 소란스럽고 백성은 지치고 쇠약해져 있는데, 집집마다 세리(稅吏)가 사람 수를 세어가며 세금을 키로 긁듯이 거둬들여서[箕斂] 군비로 쓰다 보니 재물은 바닥이 나고 힘은 다해 백성은 살아갈[聊生] 수가 없습니다. 게다가 이중으로 가혹한 법을 시행하므로 천하의 부자지간도 서로 안심할 수가 없습니다. (이에) 지금 진왕께서 팔뚝을 걷어붙이고[奮臂] 천하를 위해 앞장서서 초나라 땅의 왕이 되시니 사방 2,000리 땅 가운데 이에 호응하지[響應] 않는 이가 없었습니다. 집집마다 스스로 떨쳐 일어나고 사람마다 스스로 싸움에 나서서 각각 자신들의 원한을 풀고 원수를 공격해 현에서는 그 현령과 현승을 죽이고 군에서는 그 군수와 군위(郡尉)를 죽였습니다.

지금 이미 왕께서는 큰 초나라[大楚]의 세력을 넓혀서 진(陳)나라에서 왕이 되시어, 오광(吳廣)과 주문(周文)을 100만 병사의 장수로 삼아 서쪽으로 진나라를 치게 했습니다. 이런 때에도 후에 봉해지는[封侯] 업적을 이루지 못하는 사람은 호걸이라 할 수 없을 것입니다. 여러분이 서로 잘 생각해 보십시오! 무릇 천하 사람들이 한마음으로 진나라의 가혹한 정치로 고초를 받은 지 오래되었습니다. 무릇 천하의 힘으로 무도한 임금을 쳐서 부형

(父兄)의 원한을 갚고 땅을 떼어 받아 제후에 봉해지는[有土] 업적을 이루려면, 이번이 사내대장부에게는 단 한 번의 기회입니다."

호걸들은 모두 이 말이 옳다고 생각했다. 마침내 행군하는 도중에 병사들을 거둬들인 것이 수만 명이었으니, 무신은 스스로를 무신군(武信君)이라고 불렀다. 조나라의 10개 성을 떨어뜨렸는데[下], 나머지 성들은 모두 방어를 하며 기꺼이 항복하려 하지 않았다.

1) 【집해(集解)】『한서음의(漢書音義)』에서 말했다. "영(嶺-고개)이 5개 있어 이름을 이렇게 붙였는데, 교지(交阯)와의 경계에 있다. 【색은(索隱)】『배씨광주기(裴氏廣州記)』에 이르기를, 대유(大庾), 시안(始安), 임하(臨賀), 계양(桂陽), 게양(揭陽)의 다섯 고개라고 했다.

마침내 군대를 이끌고 동북쪽으로 가서 범양(范陽)을 쳤다. 범양 사람 괴통(蒯通)이 범양 현령[1]을 설득해 말했다.

"가만히 듣건대 공께서 곧 돌아가실 것이라기에 그래서 조문하러 왔습니다. 그렇지만 공께서 이 괴통을 얻어 살 수 있게 되신 것을 축하드립니다."

범양 현령이 물었다.

"무엇 때문에 나에게 조문한단 말이오?"

대답해 말했다.

"진(秦)나라의 법이 엄중해 족하께서 범양 현령으로 계신 지 10년 동안 남의 아버지를 죽이고 남의 자식을 고아로 만들며 남의 다리를 자르고 남의 이마에 경형(黥刑)을 행한 것 등의 일이 이루 다 헤아릴 수 없을 정도로 많습니다. 그런데도 자애로운 아버지나 효성스러운 아들이 감히 공의 뱃가죽에 비수를 꽂지[倳刃][2] 못한 것은 진나라 법이 두려웠기 때문일 뿐입니다.

(그런데) 지금 천하가 크게 어지러워져서 진나라 법이 제대로 시행되지

않고 있으니 그렇다면 자애로운 아버지나 효성스러운 아들들은 장차 공의 뱃가죽에 비수를 꽂아 이름을 얻으려고 할 것이니 이것이 제가 공을 조문하는 까닭입니다.

이제 제후들은 진나라를 배반했고, 무신군의 군대도 장차 이곳에 들이닥칠 것이건만 그런데도 공께서는 범양을 굳게 지키려 하시니, 젊은이들은 모두 앞을 다퉈 군(君)을 죽이고 무신군에게 항복할 것입니다[下]. 군께서 서둘러 신을 보내 무신군을 만나보게 하신다면 화를 복으로 돌릴 수가 있으니[轉禍爲福], 그때가 바로 지금입니다."

1) 【집해(集解)】『한서(漢書)』에 이르기를, "범양 현령 서공(徐公)"이라고 했다.
2) 【집해(集解)】 서광(徐廣)이 말했다. "傳의 발음은 (사가 아니라) 자(蒇)다." 이기(李奇)가 말했다. "동쪽 사람들은 물건을 땅에 꽂는 것을 사(傳)라고 했다."

범양 현령은 마침내 괴통으로 하여금 가서 무신군을 만나보게 했고 괴통은 무신군에게 이렇게 말했다.

"족하께서는 반드시 싸워서 이긴 뒤에야 땅을 얻으려 하고 공격해 이긴 뒤에야 성을 떨어뜨리려 하시는데, 신은 남몰래 그것이 잘못되었다고 생각합니다. 진실로 만일 신의 계책을 들어보신다면 치지 않고도 성을 떨어뜨릴 수 있고 싸우지 않고도 땅을 얻을 수 있으니, 격문(檄文)만 전하고도 1,000리를 평정할 수가 있을 텐데 들어보시겠습니까?"

무신군이 말했다.

"그것이 무슨 말인가?"

괴통이 말했다.

"지금 범양 현령은 마땅히 사졸들을 추슬러서 싸워 지킬 준비를 해야 할 터인데, 비겁하게도 죽음을 두려워하고 탐욕스럽게도 부귀를 중하게 여기기 때문에 천하에서 가장 먼저 항복하려고 합니다. 그러나 군께서 그가 진

나라에서 임명한 관리라 하여 이전의 10개 성에서처럼 자기를 죽일까 두려워하고 있습니다. 그리고 지금 범양의 젊은이들 역시 그 현령을 죽이고 자기들이 그 성을 차지해 군에게 항거하려 하고 있습니다.

군께서 어찌 저에게 후(侯)의 인장(印章)을 가져가게 해서 그를 범양 현령으로 제배하지 않으십니까? 그렇게 하신다면 범양 현령은 성(城)을 들어 군께 항복할 것이고 젊은이들도 감히 그 현령을 죽이지 못할 것입니다. (그다음에는) 범양 현령으로 하여금 화려한 장식을 한 붉은 수레[朱輪]를 타고 연(燕)나라와 조(趙)나라의 교외를 달리게 하십시오. 연나라와 조나라의 교외에 있던 사람들이 그러한 모습을 보게 되면 모두 '이 사람은 범양 현령인데, 가장 먼저 항복했다'라고 말하면서 기뻐할 것이고, 그렇게 되면 연나라와 조나라의 성(城)은 싸우지 않고서도 항복을 받을 수 있습니다. 이것이 바로 제가 격문을 전함으로써 1,000리를 평정시킬 수 있다고 한 것입니다."

무신군이 그의 계책을 좇아서 괴통을 사자로 보내 범양 현령에게 후의 인장을 내려주었다. 조나라 땅에서 이 소식을 듣고 싸우지도 않고서 항복해온 성이 30여 개였다.

(무신군이) 한단(邯鄲)에 이르렀을 때 장이와 진여는 주장(周章)의 군대가 함곡관(函谷關)으로 들어가 희(戱) 땅에 이르렀다가 퇴각했다는 소식을 들었다. 또 여러 장수 중에서 진왕(陳王)을 위해 여러 곳을 공략하던[徇=略] 도중에 참소와 비방[讒毁]으로 죄를 얻어 억울하게 죽은 이들이 많으며 여러 장수가 진왕이 자기들의 계책을 쓰지 않는 데다가 또 자신들을 장군(將軍)으로 쓰지 않고 교위(校尉)로 삼은 데 대해 원망을 품고 있다는 말도 들었다.

마침내 무신을 설득해 말했다.

"진왕(陳王)은 기(蘄) 땅에서 일어나, 진(陳) 땅에 이르러 왕이 되었으니, 분명 여섯 나라의 후예가 세워진 것이 아닙니다. 장군께서는 지금 병사

3,000명으로 조나라 성 수십 개를 떨어뜨리고 홀로 멀리 떨어져[介=隔] 하북(河北)에 머물러 계신데, 장군께서 직접 왕이 되시지 않고서는 이곳을 제어할 수 없을 것입니다. 게다가 진왕은 참소를 잘 듣기 때문에, 설사 돌아가서 (승전을) 보고하더라도 화를 면하지 못할까 봐 걱정스럽습니다. 또 진왕은 자기 형제를 세우든지, 아니면 조나라 후손을 세울 것입니다. 장군께서는 이때를 놓쳐서는 안 될 것입니다. 시간은 숨 돌릴 틈도 용납하지 않을 것입니다."

무신이 마침내 이 말을 따라[聽=從] 드디어 스스로를 세워 조왕(趙王)이 되었다. 진여를 대장군(大將軍), 장이를 승상(丞相), 소소(邵騷)를 좌승상으로 삼았다.

사람을 시켜 진왕에게 이를 알리자, 진왕은 크게 화를 내며 무신 등의 가족들을 모두 죽이려 했고, (또) 군대를 일으켜 조나라를 치려고 했다. 진왕의 상국(相國) 방군(房君)이 간언해 말했다.

"진(秦)나라가 아직 망하지 않았는데 무신 등의 가족을 주살한다면, 이는 또 하나의 진나라를 만드는 셈입니다. 오히려 그것을 핑계 삼아[因] 무신이 조나라 왕이 된 것을 축하해주면서 서둘러 군대를 이끌고 서쪽으로 진나라를 치게 하는 것이 더 낫습니다."

진왕은 그렇다고 여겨 그 계책을 따라 무신 등의 가족을 궁중(宮中)으로 옮겨 가둬둔 뒤에 장이의 아들 오(敖)를 봉해 성도군(成都君)으로 삼았다.

(이어서) 진왕은 사자를 보내 무신이 조나라 왕이 된 것을 축하하면서, 병사를 이끌고 서쪽으로 함곡관으로 들어갈 것을 재촉했다[趣=促]. 장이와 진여는 무신을 설득해 말했다.

"왕께서 조나라 왕이 되신 것은, 초나라(진왕)의 본뜻이 아니라 (진왕이 축하를 보낸 것은) 단지 계책에 따라 왕을 축하한 것입니다. 초나라는 일단 진나

라를 멸망시키고 나면 반드시 조나라에 병사를 집중시킬 것입니다. 바라건 대 왕께서는 서쪽으로 출병하지 마시고, 북쪽으로 연(燕)나라와 대(代)나라를 공략하고 남쪽으로 하내(河內)를 거둬들여 스스로 땅을 넓히셔야 합니다. 조나라는 남쪽으로 대하(大河)에 의지하고 있으니, 북쪽의 연나라와 대나라를 차지하게 되면 설사 초나라가 진나라를 이긴다 해도 반드시 감히 조나라를 제압하지 못할 것입니다."

조왕은 그것이 옳다고 여겨 서쪽으로 출병하는 대신 한광(韓廣)으로 하여금 연나라를, 이량(李良)으로 하여금 상산(常山)을, 장염(張黶)으로 하여금 상당(上黨)을 공략하게 했다.

한광이 연나라에 이르자 연나라 사람들이 그 참에 광(廣)을 세워 연왕(燕王)으로 삼으니, 조왕은 마침내 장이, 진여와 함께 북쪽으로 연나라 국경 땅을 공략했다. (그런데) 조왕이 몰래[間] 밖에 나갔다가 연나라 군대에 붙잡혔다. 연나라 장수는 그를 가둬둔 뒤에 조나라의 땅 반을 나눠주면 왕을 돌려보내겠다고 했다. (그래서 조나라의) 사자가 갔지만 연나라는 그때마다 사자를 죽여버리고 땅을 요구했다. 장이와 진여는 이를 걱정했다. 허드렛일을 하는 한 병사가 같은 막사의 병사들과 헤어지며 말했다.

"내가 두 공을 위해 연나라를 설득해서 조왕을 모시고 돌아오겠소."

막사 안의 사람들이 모두 비웃으며 말했다.

"사자로 간 사람이 10명이 넘지만 다 죽었는데, 네[若=汝]가 어떻게 왕을 모셔 올 수 있단 말이냐?"

마침내 (그가) 연나라 성벽을 향해 달려갔다[走=趣]. 연나라 장수가 그를 보자, 그가 장수에게 물었다.

"신이 무엇을 하고자 하는지 아십니까?"

연나라 장수가 말했다.

"너야 조왕을 구하려 할 뿐이겠지."

그가 말했다.

"군께서는 장이와 진여가 어떤 사람인지 아십니까?"

연나라 장수가 말했다.

"뛰어난 사람[賢人]이지."

그가 말했다.

"그들은 속으로 무엇을 하고 싶어 하는지 아십니까?"

"자기 왕을 구하고 싶을 뿐이겠지."

허드렛일하는 조나라 병사가 마침내 웃으면서 말했다.

"군께서는 이 두 사람이 하려는 바를 모르십니다. 저 무신과 장이와 진여가 말채찍[箠=馬撾]을 휘두르는 것만으로, 조나라의 성 수십 개를 떨어트렸으니[1] 이에 실로 각자 남면(南面)해 왕 노릇을 하고자 하지 어찌 그들이 경상(卿相)이 되어 자기 삶을 마치려 하겠습니까? 무릇 신하와 군주의 지위가 어찌 같다고 말할 수 있겠습니까?

돌이켜보면 조나라 형세가 안정되던 초창기에는 감히 나라를 셋으로 나눠 저마다 왕이 될 수가 없었기 때문에, 우선 나이가 많고 적음을 기준으로 해서 먼저 무신을 세움으로써 조나라 사람들의 마음을 얻은 것입니다.

(그런데) 지금 조나라 땅이 이미 다 항복하고 나자 이에[此] 두 사람도 조나라를 나눠 왕이 되고자 하지만, 때가 아직 오지 않았을 뿐입니다. 그런데 지금 군께서 마침내 조나라 왕을 붙잡아두고 있습니다. 이에 두 사람은 명분상으로는 왕을 구한다고 하면서도 실제로는 연나라가 그를 죽여주기를 바라고 있으니 그리되면 이 두 사람은 조나라를 나눠 왕으로서 자립할 것입니다. 무릇 조나라 하나만으로도 오히려 연나라를 가벼이 여기는데[易=輕=狎], 하물며 두 뛰어난 왕이 왼쪽에서 손을 내밀고 오른쪽에서 붙잡고서 [左提右挈=提携=扶持] 왕을 죽인 책임을 따진다면 연나라를 멸망시키는 일은 쉬울 것입니다."

　　연나라 장수는 그렇다고 여겨 마침내 조나라 왕을 돌려보냈다. 그 병사는 마차를 몰아 (왕을 태우고서) 돌아왔다.

1) 장안(張晏)이 말했다. "군사력을 사용하지 않았다는 말이다."

　　이량(李良)이 이미 상산(常山)을 평정하고 돌아와 조왕에게 보고하니 조왕은 다시 량(良)으로 하여금 태원(太原)을 공략하게 했다. (상산에 속하는) 석읍(石邑)에 이르렀을 때 진(秦)나라 군대가 정형(井陘)을 막고 있어 앞으로 나아갈 수가 없었다.

　　진나라 장수가 2세(황제)의 사신이라고 사칭하고서 이량에게 편지를 보냈는데 봉함하지도 않은 채[不封]^{불봉}[1] 이렇게 쓰여 있었다.

　　"너[良]^량는 일찍이 나를 섬겨 현달하게 되는 행운을 얻었다. 네가 진실로 능히 조나라를 버리고 진나라를 위한다면 너의 죄를 용서하고 너를 높은 자리에 올려주겠노라."

　　량은 이 편지를 본 뒤에 의심해 믿지 않았다. 마침내 한단으로 돌아가서 군사를 더 청하려고 했다. (한단에) 아직 도착하지 않았을 때 길에서 조왕 누나의 행렬과 마주쳤는데, 100기(騎)가 그 뒤를 따르고 있었다. 이량이 멀리서 바라보고는 왕의 행차라고 여겨서 길가에 엎드렸다[伏謁]^{복알}. 왕의 누나는 술에 취해 자신의 장군(-이량)도 알아보지 못한 채 기병을 시켜 이량에게 사례하게 했다. 이량은 본래 귀한 신분이었기 때문에, 인사를 하고 일어났을 때 자신을 따르는 부하들[從官]^{종관} 보기가 부끄러웠다. 부하 중 한 명이 말했다.

　　"천하가 진나라에 반란을 일으켰으니, 능력 있는 자[能者]^{능자}가 먼저 세워져 왕이 되는 것입니다. 또 조왕은 본래 장군 밑에 있던 사람인데 지금 저 계집[女兒]^{여아}은 마침내 장군을 보고서도 수레에서 내리지 않았으니, 쫓아가서 죽일 것을 청하옵니다."

이량은 이미 진나라의 편지를 받고서 실로[固] 조나라를 배반하려는 생각이 있었지만, 아직 결단을 내리지 못하고 있었는데, 이 일로 화가 나서 사람을 보내 왕의 누나를 쫓아가 죽이고는 마침내 드디어 자기 병사들을 이끌고 한단(邯鄲)을 습격했다. 한단에서는 이런 일을 전혀 알지 못하고 있었고 결국 무신과 소소를 죽였다. 조나라 사람 중에는 장이와 진여의 눈과 귀가 되어주는 자들이 많았기 때문에 그래서 두 사람은 탈출할 수 있었다. 병사들을 거둬 수만 명을 얻었다. 빈객 중에 어떤 이가 장이와 진여에게 유세해 말했다.

"두 군(君)께서는 나그네[羈旅=寄客]이시니 조나라에 기대려 해도 어려울 것입니다. (육국 시대의) 독자적으로 조나라 후손을 세워 마땅함[義]으로써 그를 돕는다면 공을 이룰 수[就功=成功] 있을 것입니다."

마침내 조헐(趙歇)을 찾아내 그를 세워서 조나라 왕으로 삼고 신도(信都)에 자리 잡았다[2]. 이량이 진군해 진여를 쳤으나 진여가 이량을 물리쳤고 이량은 달아나 장한(章邯)에게 몸을 맡겼다.

1) 【집해(集解)】 장안(張晏)이 말했다. "그 내용이 누설되게 함으로써 임금과 신하가 서로 의심하게 하려는 것이었다."

2) 장안(張晏)이 말했다. "헐은 조나라의 먼 후예[苗裔]다. 신도는 양국(襄國)이다."

장한은 군대를 이끌고 한단에 이르러 그곳 백성을 모두 하내로 옮긴 뒤에 그 성곽들을 (무너뜨려서) 평지로 만들었다[夷=平]. 장이가 조나라 왕 헐과 함께 달아나 거록성(鉅鹿城)으로 들어가자, 왕리(王離)가 에워쌌다.

진여는 북쪽으로 가서 상산의 병사들을 거둬 수만 명을 얻고는 거록성 북쪽에 진을 쳤다[軍=陣]. 장한은 거록성 남쪽 극원(棘原)에 진을 치고서 강을 따라 용도(甬道-수송로 보호벽)를 쌓은 뒤 왕리에게 군량미를 보냈다[饟=餉]. 왕리의 군대는 먹을 것이 많아지자 급히 거록성을 공격했다. 거록

성 안은 먹을 것이 떨어지고 병력도 적어 장이는 여러 차례 사람을 보내 진여를 (전진하도록) 불렀으나 진여는 병력이 적어서 진나라 군대에 맞설 수 없다고 스스로 판단해[自度] 감히 전진하지 못했다. 이렇게 여러 달이 흐르자, 장이는 크게 화가 나서 진여에게 원망을 품게 되어, 장염(張黶)과 진석(陳澤)[1]을 보내 진여를 꾸짖으며[讓=責] 말했다.

"애초에 나는 그대와 서로 목이 달아나도 좋은 사귐[刎頸交]을 맺었는데, 지금 왕과 내가 얼마 안 가서[旦暮] 죽게 생겼는데도 그대는 병사 수만 명을 거느리고도 기꺼이 도우려 하지 않으니, 서로를 위해 목숨을 버리자던 의리는 어디로 갔소? 그대가 진실로 신의가 있다면 어찌 진나라 군대에 달려들어 함께 죽으려 하지 않는 것이오? 그렇게 하면 장차 열 중에 한두 명은 온전할 것이오."

진여가 말했다.

"내가 헤아려볼 때 앞으로 나아가도 끝내는 조나라를 구원하지 못하고 부질없이 군대만 다 잃게 될 것이오. 또 내가 그대와 함께 죽지 않으려는 것은 조나라 왕과 장군(張君-장이)을 위해 진나라에 원수를 갚기 위함이요. 지금 함께 죽어버리면 고기를 굶주린 호랑이[餓虎]에게 건네주는[餧] 것과 같을 터이니 무슨 이로움이 있겠소?"

장염과 진석(陳澤)이 말했다.

"일이 이미 급하니 무엇보다[要] 함께 죽어 신의를 세워야지, 어찌 뒷날만 생각합니까?"

진여가 말했다.

"내가 죽는 것은 도리어[顧] 보탬이 되지 않소. 그렇지만 분명히 공의 말대로 하리다!"

마침내 5,000 병사로 하여금 장염과 진석을 따르게 하여 먼저 진나라 군대와 맞붙었으나[嘗=試][2] 전원 몰살당하고 말았다.

1) 【정의(正義)】 (澤은) 음이 석(釋)이다.

2) 안사고(顔師古)가 말했다. "마치 맛을 보듯 싸웠다는 뜻이다."

    이런 때를 맞아 연·제·초나라는 조나라가 위급하다는 소식을 듣고 모두 달려와서 구원했다. 장오(張敖)도 북쪽에서 대(代)나라 군사를 거둬 1만여 명을 얻어 달려왔고 이들은 모두 진여 옆에 성벽을 쌓고 진을 쳤지만, 감히 진나라를 공격하지는 못하고 있었다. 항우의 병사들이 여러 차례 장한의 용도를 끊었기 때문에 왕리의 군대는 먹을 것이 모자랐고 항우는 병사들을 모두 이끌고 황하를 건너서 드디어 장한의 군대를 깨뜨렸다.[1] 장한이 군사를 뒤로 물려 포위를 푸니, 제후들의 연합군은 마침내 감히 거록성의 진나라 군대를 쳐서 에워싸고 드디어 왕리를 사로잡았다. (진나라 장수) 섭간(涉間)은 자살했다. 결국 거록성을 지킬 수 있었던 것은 초나라 덕분이었다.

1) 【집해(集解)】 서광(徐廣)이 말했다. "(2세) 3년 12월이다.

    이에 조나라 왕 헐과 장이는 마침내 거록성을 나올 수 있었고 제후들에게 사례했다. 장이는 진여와 서로 만나 진여가 기꺼이 조나라를 구원하지 않은 일을 꾸짖으면서 장염과 진석이 있는 곳을 물었다.
    진여가 말했다.
    "장염과 진석은 내게 죽기를 각오해야 한다며 꾸짖었소. 그래서 신은 5,000명을 주어 거느리고 가서 먼저 진나라 군대와 맞붙어보도록 했는데, 모두 죽어 돌아오지 못했소."
    장이가 그 말을 믿지 않고 그가 그들을 죽게 했다고 여기고서 진여에게 여러 차례 캐물었다.
    진여가 화를 내며 말했다.

"군(君)이 신(臣)을 이렇게 심하게 꾸짖으리라고는[望=責望] 생각지 못했
소. 신이 어찌 장군 자리에서 물러나는 것을 어려워하겠소[重=難]?"

마침내 (장군의) 인장과 인끈[印綬]을 풀어 장이에게 던지듯이 주었다.
장이는 매우 당황해하며 받지 않았다. 진여가 일어나 뒷간에 가자 한 빈객
이 장이를 설득해 말했다.

"신이 듣건대 '하늘이 주는 것을 받지 않으면 도리어 화를 받게 된다'[1]라
고 했습니다. 지금 진 장군께서 주군께 인장과 인끈을 주었는데도 주군께
서 받지 않으시는 것은 하늘을 거스르는 것으로 상서롭지 못하니, 서둘러
받으십시오."

장이가 마침내 인장과 인끈을 차고 진여의 휘하 사람들을 거둬들이기로
했고 진여는 뒷간에서 돌아와 장이가 인수를 돌려주지 않는 것을 원망하
며 드디어 서둘러 그곳을 나왔다. 장이는 드디어 진여의 병사들을 거둬들
였고, 진여는 다만 휘하의 친하게 지내던 수백 명만 데리고 함께 하상(河上)
물가로 가서 물고기를 잡고 사냥하며 지냈다. 이로 말미암아 진여와 장이는
드디어 틈이 벌어졌다.

1) 【색은(索隱)】 이 말은 『국어(國語)』에 나온다.

조나라 왕 헐은 다시 신도(信都)에 머물렀다. 장이는 항우와 제후들을 따
라 함곡관에 들어갔다.

한(漢)나라 원년 2월에 항우는 제후들을 세워 왕으로 봉해주었는데, 장
이는 평소에[雅=素] 여러 곳을 돌아다녔기에[遊] 많은 이가 그를 추천[1]했
고, 항우도 평소에 장이가 뛰어나다는 말을 들었기에 마침내 조나라를 나
눠서 장이를 세워 상산왕(常山王)으로 삼고 신도를 (도읍으로 삼아) 다스리
게 했다. 신도는 이름을 양국(襄國)으로 바꿨다.

1) 안사고(顔師古)가 말했다. "예전에 많은 곳을 돌아다니며 영웅호걸들과 친분을 맺었고, 그 때

　　문에 많은 이가 그를 칭송했다는 말이다."

진여의 빈객 다수가 항우에게 유세해 말했다.

"진여는 장이와 한 몸으로, 조나라에 공로가 있습니다."

항우는 진여가 함곡관에 따라 들어오지 않았고 또 그가 지금 (발해) 남

피(南皮)에 있다는 말을 듣고는 즉각 남피 주변의 3개 현을 그에게 봉읍으

로 주었고, 조나라 왕 헐은 옮겨서 대(代)나라 왕으로 삼았다.

장이가 봉국으로 가자, 진여는 더욱 화가 나서 말했다.

"장이와 나는 공로가 같은데, 지금 장이는 왕이 되었고 나 혼자 후(侯)가

되었으니 이는 항우가 공평하지 않은 것이다."

제나라 왕 전영(田榮)이 초나라에 반란을 일으키려 하자, 진여는 마침내

하열(夏說)을 보내서 전영에게 유세해 말했다.

"항우는 천자의 우두머리[宰]가 되었으면서 공평하지 못해 여러 장수

를 다 좋은 땅의 왕으로 봉하고 옛 왕들을 옮겨서 나쁜 땅의 왕이 되게 했습

니다. 그래서 지금 조나라 왕은 마침내 대(代)에 있습니다. 바라건대 왕께서

신에게 병사를 빌려주신다면 남피는 대왕의 나라를 지키는 울타리[扞蔽=

藩屛]가 될 것입니다."

전영은 조나라에 자기 당여를 심어[樹黨] 초나라에 반기를 들고자 했기

때문에, 마침내 병사를 보내 진여를 따르게 했다. 진여는 3개 현의 군사 모

두를 이끌고 상산왕 장이를 기습했다.

장이는 패해 달아나면서 제후 중에 의탁할 만한 이가 없다고 생각해 이

렇게 말했다.

"한왕(漢王-유방)이 나와 오랜 친분[故]이 있지만1) 항왕은 강대한 데다

가 나를 세워주었으니 나는 초나라로 가고자 한다."

(제나라 사람) 감공(甘公)이 말했다.

"한왕이 함곡관에 들어왔을 때 별 5개가 동정(東井)에 모였는데, 동정은 진나라의 분야[分]입니다. 그곳에 먼저 도달하는 사람이 반드시 왕이 될 것입니다. 초나라가 비록 강대하기는 하지만 훗날 반드시 한나라에 속하게 될 것입니다."

이리하여 장이는 한(漢)나라로 달아났다. 한왕도 돌아와 삼진(三秦)을 평정하고 나서 이때는 마침 장한의 군대를 폐구(廢丘)에서 포위하고 있었다. 장이가 한나라 왕을 뵙자, 한나라 왕은 그를 두텁게 대우해주었다.

1) 【집해(集解)】 장안(張晏)이 말했다. "한왕은 포의(布衣) 시절에 늘 장이를 따라다녔다."

진여는 이미 장이를 깨뜨리고 나자, 조나라 땅을 다시 모두 거둬들여 대 땅에서 조나라 왕을 맞이해 와서 다시 조나라 왕으로 삼았다. 조나라 왕은 진여에게 고마운 마음을 가져[德=德澤] 그를 세워 대왕(代王)으로 삼았다. (그러나) 조나라 왕이 약하고 나라가 평정된 초창기인지라 진여는 남아서 조나라 왕을 도왔고 하열(夏說)을 상국(相國)으로 삼아 대 땅을 지키게 했다.

한나라 2년에 한나라는 동쪽으로 초나라를 치려고 하면서 조나라에 사신을 보내 함께 칠 것을 제안했다.

(이에) 진여가 말했다.

"한나라가 장이를 죽이면 마침내 따르겠소."

이에 한나라 왕은 장이와 비슷한 사람을 찾아서 그 목을 베어 그것을 갖고 가서 진여에게 보냈다. 진여는 마침내 군대를 보내서 한나라를 도왔다. (그러나) 한나라는 팽성 서쪽에서 패했고, 진여도 다시 장이가 죽지 않았다는 것을 알아차리고는 즉각 한나라를 배반했다.

한나라 3년에 한신(韓信)이 이미 위나라 땅을 평정하고 나자 (다시 한나라 왕은) 장이와 한신을 보내 정형(井陘)에서 조나라를 깨뜨리고[1] 지수(泜水)[2]가에서 진여의 목을 벤 다음 조나라 왕 헐을 뒤쫓아 양국(襄國)에서 죽였다. 한나라는 장이를 세워 조나라 왕으로 삼았다.

한나라 5년 가을에 장이가 훙(薨)하자 경왕(景王)이라는 시호를 내려주었다. 아들 오(敖)로 하여금 뒤를 잇게 해서 그를 세워 조나라 왕으로 삼았다. 고조의 맏딸 노원공주(魯元公主)는 조나라 왕 장오의 왕후가 되었다.

1) 【집해(集解)】 서광(徐廣)이 말했다. "3년 12월이다."

2) 【집해(集解)】 서광(徐廣)이 말했다. "상산(常山)에 있다. 발음은 지(遲)다."

한나라 7년에 고조가 평성(平城)에서 조나라를 지날 때, 조나라 왕은 아침저녁으로 팔을 걷어붙이고 앞치마를 걸친 채 몸을 낮추고는 직접 음식을 올리며 사위로서의 예를 갖췄다. (그런데) 고조는 양다리를 둥그렇게 키[箕] 모양을 한 채로 상 위에 내뻗고 앉아서 아주 오만한 태도로 사위를 깔보았다. 조나라의 재상 관고(貫高)와 조오(趙午) 등 예순 살이 넘은 몇몇 사람은 옛날에 장이의 빈객이다. 평소에 기개가 있었는데, 마침내 화를 내며 말했다.

"우리 왕은 유약한[孱][1] 왕이다."

그러고는 왕을 설득해 말했다.

"(지금은) 천하의 호걸들이 다퉈 일어나 능력 있는 자가 먼저 왕이 되는 때입니다. 지금 왕께서 고조(高祖)를 심히 공손하게 섬기는 데도 고조가 왕을 대하는 것은 예의가 없으니, 청컨대 왕을 위해 그를 죽여야겠습니다."

장오는 자기 손가락을 깨물어[齧] 피를 내면서 말했다.

"그대들은 어찌 그리 함부로 말을 하는가! 그리고 선왕께서 나라를 잃었을 때 고조에 힘입어 나라를 되찾을 수 있었으니, 그 은덕이 자손들에게까

지 흐르고 있소. 가을 터럭[秋毫]만 한 것도 모두 고조의 힘 때문이니, 바라 건대 그대들은 두 번 다시 그런 말을 입 밖에 내지 마시오."

관고 등 10여 명은 서로 이렇게 말했다.

"우리들이 잘못한 것이오. 우리 왕께서는 덕망이 큰 분[長者]이라서 은덕을 배반하지 않소. (하지만) 장차 우리들은 의리상 우리 왕께서 모욕당하는 것을 그대로 둘 수가 없소. 지금 고조가 우리 왕을 모욕했기 때문에 우리가 고조를 죽이려는 것이니, 그것이 어찌 우리 왕을 더럽히는 것이겠소? 이번 일이 이뤄지면 공을 모두 왕께 돌리고, 일이 실패하면 오직 우리가 책임질 뿐이오."

1) 【집해(集解)】 맹강(孟康)이 말했다. "기주(冀州) 사람들은 나약(懦弱)한 것을 잔(孱)이라고 한다."

한나라 8년에 상(上-고조)이 동원(東垣)에서 돌아오는 길에 조나라를 지나갔는데, 관고 등은 이때 박인현(柏人縣)에서 벽 사이에 사람을 숨겨두고 뒷간에서 상이 오기만을 기다리고 있었다. 상이 그곳을 지나면서 묵고 가려다가 마음이 동요되어 물었다.

"이 현의 이름이 무엇인가?"

"박인(柏人)입니다."

"박인(柏人)이면 다른 사람에게 협박을 당한다[迫]는 뜻이로다!"

(마침내) 묵지 않고 떠났다.

한나라 9년에 관고에게 원한을 품고 있던 사람이 그 음모를 알아내고서는 마침내 이를 고발했다. 이에 상이 조나라 왕과 관고 등을 붙잡게 하니, 조오 등 10여 명은 모두 다퉈 스스로 목을 찔렀으나[自剄=自刎] 관고 홀로 화를 내며 꾸짖어 말했다.

"누가 공들에게 이렇게 하라고 했는가? 지금 왕께서는 진실로 아무런 모의도 하지 않았는데 함께 붙잡혔소. 공들이 죽어버리면 누가 마땅히 왕께서 반란하지 않았다는 것을 밝힐 것이오?"

마침내 죄인을 싣는 수레에 실려[檻車] 왕과 함께 장안(長安)에 도착했다. 장오의 죄를 다스렸다.

상은 마침내 조(詔)했다.

"조나라의 여러 신하와 빈객으로서 감히 왕을 따르는 자가 있으면 일족을 모두 죽이라!"

관고와 식객 맹서(孟舒) 등 10여 명은 스스로 머리를 깎고 칼을 쓴 채 조나라 왕실의 노비 신분으로 따라왔다. 관고는 장안에 이르자 옥리에게 말했다.

"오직 우리들[吾屬=吾等]만이 한 것이지, 왕은 실로 아무것도 알지 못하오."

옥리가 몽둥이로 수천 대를 치고 쇠로 살을 찔러 몸이 성한 데가 없었으나 끝내 다른 말을 하지 않았다. 여후(呂后)가 고조에게 조나라 왕은 노원공주와의 관계 때문에라도 이런 일을 했을 리가 없다고 여러 차례 말을 하자, 상이 화를 내며 말했다.

"만일 장오가 천하를 차지하게 된다면 어찌 네[而=汝] 딸과 같은 여자가 한둘이겠는가?"

정위(廷尉)가 관고를 조사한 결과를 보고하자 상은 이렇게 말했다.

"장사(壯士)로구나! 누가 그를 아는 자가 없는가? 사사로운 것을 갖고서 물어보게 하라."

중대부(中大夫) 설공(泄公)이 말했다.

"신이 평소 그를 알고 있습니다. 이 사람은 진실로 조나라의 사람 가운데 명예와 의로움을 중히 여기고 남에게 침범을 당하지 않으며 한 번 하겠다고 한 것[然諾]은 반드시 지키는 사람입니다."

상이 설공으로 하여금 부절을 가지고 대나무로 만든 가마[篝輿]를 타고 가서 관고를 만나보게 했다. 관고가 설공을 올려다보며 말했다.

"설공이오?"

설공은 그가 고생하는 것을 위로하며 평소처럼 친근하게 대했다. 함께 이야기를 나누다가, 장왕(張王)이 결단코[果=決] 모의에 참여하지 않았는지를 물어보았다.

관고가 말했다.

"사람이라면 어찌 각자가 자신의 부모와 처자식을 아끼지 않겠소? 지금 나는 삼족이 다 죽게 된 죄를 선고받았는데, 어찌 왕과 내 가족을 바꿀 수 있겠소? 왕은 진실로 모반하지 않았고, 오직 우리들이 그것을 한 것이오."

이 일을 일으키게 된 이유와 원인, 왕은 이 사정을 알지 못한다는 것을 갖춰 말했다[道=言]. 이에 설공이 들어가서 갖춰 상에게 그대로 보고했고, 상은 마침내 조나라 왕을 풀어주었다.

상은 관고가 능히 스스로 한 번 하겠다고 한 것[然諾]은 반드시 지키는 사람이라는 점을 뛰어나게 여겨서[賢], 설공으로 하여금 가서 그를 용서해주겠다고 일러 말하게 했다.

"장왕은 이미 풀려났고, 상께서는 족하를 훌륭하게 여겨[多] 풀어주라고 하셨소."

관고가 말했다.

"내가 죽지 않았던 까닭은 장왕께서 모반하지 않았다는 것을 알리기 위함일 뿐이었소. 이제 왕께서 이미 풀려나셨으니, 나의 책임은 이미 다했소. 또한 남의 신하 된 자로서 찬탈하고 시해하려 했다는 이름을 지닌 채로 어찌 얼굴을 들고서 다시 상을 섬길 수 있겠소이까! 설사 상께서 나를 죽이지 않는다고 해도 내가 마음속으로 부끄럽지 않겠소!"

그러고는 고개를 들고 목을 끊어[絶亢] 드디어 죽었다. 이 당시에 그의

이름이 천하에 알려졌다.

장오(張敖)가 이미 풀려나고 나자, 노원공주의 남편이었기[尚-奉-配] 때문에 (작위만 깎여서) 선평후(宣平侯)에 봉해졌다. 이에 상은 장왕의 여러 빈객 중에 칼을 씌우고 노비가 되어서까지 장오를 따라 함곡관으로 들어왔던 여러 사람을 모두 뛰어나다[賢]고 여겨서 제후의 재상이나 군수 등으로 삼지 않은 이가 없었다. 효혜(孝惠)와 고후(高后), 문(文), 경(景) 때 이르러서는 장왕 빈객들의 자손들이 모두 2,000석 관리가 되었다.

장오는 고후(高后) 6년에 훙(薨)했다. 장오의 아들 언(偃)이 노원왕(魯元王)이 되었다. 그의 어머니가 여후(呂后)의 딸이었기 때문에 여후가 봉해서 노원왕으로 삼은 것이다.

원왕은 허약한 데다가 형제가 적었다. 그 밖에 장오는 다른 여자에게서 얻은 아들이 둘 있었는데, 그중 수(壽)를 낙창후(樂昌侯)로, 치(侈)를 신도후(信都侯)로 삼았다.

고후가 붕한 뒤에 여러 여씨가 무도하자 대신들이 (여씨들을) 주살하고 노원왕과 낙창후, 신도후도 폐위시켰으나 효문제가 자리에 나아가면서 옛 노원왕 언을 다시 봉해 남궁후(南宮侯)로 삼아서 장씨 집안을 이어가게 했다[1].

장이진여열전(張耳陳餘列傳) 제29

1) **집해(集解)** 장오(張敖)는 시호가 무후(武侯)다. 장언(張偃)의 손자가 죄를 지어 작위는 끊어졌다.

태사공(太史公)이 말한다.

"장이(張耳)와 진여(陳餘)는 세상에서 뛰어난 이[賢]로 전해졌고, 그의 빈객과 하인들까지도 천하의 준걸이 아닌 자가 없어 제각기 사는 나라에서

경상(卿相)의 자리를 차지하지 않은 자가 없었다.

그렇지만 장이와 진여가 처음에 모든 것이 부족하고 힘들던 시절[約時]에는 목숨을 걸고서 신의를 약속했는데도 어찌하여 서로 돌아보고 의심하는 일이 생겼는가?

두 사람이 나라를 근거지로 삼아 권력을 다투게 되기에 이르자 결국 서로를 멸망시켰으니, 어찌 옛날에는 서로 그리워하며 서로를 써주던 열렬함[慕用之誠]이 있었는데도 뒤에는 서로 등을 돌려 멀어졌는가[盭=戾=違]?

(이는) 어찌 그들이 권세와 이욕[勢利]만으로 사귄 때문이 아니겠는가? 아무리 명예가 높고 빈객이 많았다고 해도 두 사람이 말미암은 길은 아마도 태백(大伯)이나 연릉계자(延陵季子)[1]와는 달랐다고 할 것이다."[2]

1) 두 사람 모두 스스로 왕위를 사양했다는 공통점이 있다.

2) 【색은술찬(索隱述贊)】 장이여! 진여여![張耳陳餘]/두 사람은 천하의 호걸이로다[天下豪傑]/나이 차이를 잊고 천하를 떠돌며[忘年羈旅]/문경지교 맺어 서로를 믿었으나[刎頸相信]/장이가 거록성에서 포위당했을 때[耳圍鉅鹿]/진여의 군대는 진격하지 않았다네[餘兵不進]/장이가 이미 심하게 책망하자[張旣望深]/진여는 이에 인끈 던져버렸도다[陳乃去印]/권세와 이익을 서로 다투다가[勢利傾奪]/틈이 생겨 끝내 서로 멀어졌다네[隙末成釁]!

권90 │ 위표팽월열전(魏豹彭越列傳) 제30

권90 위표팽월열전(魏豹彭越列傳) 제30

위표(魏豹)는 옛날 위(魏)나라[1] 공자(公子) 중 한 사람이다. 형 위구(魏咎)는 옛 위나라 때 봉해져 영릉군(甯陵君)이 되었다[2]. 진(秦)나라가 위나라를 멸하면서 위구는 강등되어 가인(家人-평민)이 되었다. 진승(陳勝)이 일어나 왕이 되자 위구가 찾아가서 그를 따랐다. 진왕(陳王)이 위나라 사람 주불(周市)[3]을 시켜 위나라 땅을 공략하게[徇=略] 하니, 위나라 땅은 이미 떨어졌고 위나라 사람들은 서로 주불을 세워 위나라 왕으로 삼으려고 했다. (이에) 주불이 말했다.

"천하가 혼란할 때 마침내 충신이 나옵니다[4]. 지금 천하가 함께 진(秦)나라에 반기를 들고 있으니, 의리상으로[其義] 반드시 위나라 왕의 후손을 세우는 것이라야 마침내 좋을 것입니다."

제(齊)나라와 조(趙)나라가 각각 수레 50승(乘)씩을 보내 주불을 세워 왕으로 삼으려 했다. 불은 이를 받아들이지 않고 진(陳)나라에서 위구를 맞아들이려고 했다. 다섯 번이나 왕복을 하자[反=回還] 진왕(陳王)이 마침내 구를 보내주었으니, 구를 세워 위왕(魏王)으로 삼았다[5].

---

1) 안사고(顏師古)가 말했다. "6국 시대의 위(魏)나라를 가리킨다."

2) **색은(索隱)** 「팽월전(彭越傳)」을 살펴보건대, 위표는 위왕 구의 사촌 동생이다. 진작(晉灼)이 말했다. "영릉은 양나라의 현이다."

3) 주시로 읽기도 한다.

4) **색은(索隱)** 노자(老子)의 『도경(道經)』에 "국가가 혼란하면 충신이 있게 된다

[國家昏亂有忠臣]국가 혼란 유 충신”라는 말이 있다. 이를 갖고서 말한 것이다.

5) 【집해(集解)】서광(徐廣)이 말했다. “원년 12월이다.”

　　장한(章邯)은 이미 진왕(陳王)을 깨뜨리고 나서 마침내 진군해 임제(臨濟)[1]에서 위나라 왕을 쳤다. 위나라 왕은 마침내 주불을 보내 제나라와 초나라에 구원을 청하게 했다. 제나라와 초나라는 각각 항타(項佗)와 전파(田巴)를 보내[2] 군대를 이끌고 주불을 따라가서 위나라를 구원하게 했다. 장한은 드디어 주불 등의 군대를 쳐서 깨뜨리고 주불을 죽인 다음에 임제를 에워쌌다. 위구는 그 백성을 위해 (장한에게) 항복을 약속했다. 항복 조건이 이뤄지고 나자 분신자살했다[燒殺]소살[3].

1) 【정의(正義)】옛 성은 이주(淄州) 고원현(高苑縣)에서 북쪽으로 2리에 있는데, 본래 한(漢)나라 현이었다.

2) 【색은(索隱)】살펴보건대, 항타는 초나라 장수이고 전파는 제나라 장수다.

3) 안사고(顏師古)가 말했다. “다만 자기 백성을 온전히 보전하려 함이었을 뿐 자기 자신은 항복하지 않은 것이다.”

　　위표(魏豹)는 초나라로 달아났다[1]. 초나라 회왕(懷王)은 위표에게 수천 병사를 주어 다시 위나라 땅을 공략하게 했다. 항우(項羽)는 이미 진(秦)나라를 깨뜨리고 장한을 항복시켰다. 표가 위나라 성 20여 개를 떨어트리자, 표를 세워 위나라 왕으로 삼았다. 표는 정예병을 이끌고 항우를 따라 함곡관에 들어갔다. 한나라 원년에 항우는 제후들을 봉해주면서 (자신이) 양(梁)나라 땅을 차지하고자 해서, 마침내 위왕 표를 하동(河東)으로 옮겨 평양(平陽)[2]에 도읍하게 하고 서위왕(西魏王)으로 삼았다.

1) 【집해(集解)】서광(徐廣)이 말했다. “2년 6월이다.”

2) 【정의(正義)】 지금의 진주(晉州)다.

　한왕(漢王)이 돌아와 삼진(三晉)을 평정하고 임진(臨晉)[1]에서 강을 건널 때 위왕 표는 나라를 바쳐 귀순했고[屬], 드디어 (한왕의) 뒤를 따라가 팽성(彭城)에서 초나라를 쳤다. 한나라 왕이 패배하고 돌아와 형양(滎陽)에 이르렀을 때 표는 어머니의 병구완을 해야 한다면서 귀국을 청했고, 자기 나라에 도착하자 곧장 하수(河水) 나루를 끊고서 한나라에 반기를 들었다. 한나라 왕은 위표가 반란을 일으켰다는 소식을 들었으나 그때는 당장 동쪽의 초나라가 우려되어 아직 그를 칠 겨를이 없었기에, 그래서 역생(酈生)에게 일러 말했다.

　"부드러운 얼굴[緩頰]을 하고 가서 위표를 설득해보라. 만일 그를 항복시키면 네게 1만 호를 봉해주겠다."

　역생이 표를 설득했다.

　표는 사절하며 말했다.

　"인간이 한세상을 산다는 것은 마치 흰 망아지[白駒]가 틈새를 지나는 것(을 보는 것)과 같을 뿐이오[2]. (그런데) 지금 한왕은 오만해 다른 사람을 업신여기고 제후와 신하들을 노비 부리듯이 함부로 욕하고 꾸짖어서 위아래의 예절이 조금도 없으니, 나는 차마 두 번 다시 그런 꼴을 보고 싶지 않소이다."

　이에 한나라 왕은 한신(韓信)을 보내 하동(河東)에서 위표를 쳤고, 마침내 그를 붙잡아 역마로 형양(滎陽)에 보내고[3] 위표의 나라는 군(郡)으로 삼았다[4]. 한나라 왕은 위표에게 형양을 지키게 했으나, 초나라가 형양을 에워싸서 상황이 급하게 되자 주하(周苛, ?~기원전 204년)[5]는 드디어 표를 죽였다.

1) 【정의(正義)】 임진은 동주(同州) 조읍현(朝邑縣) 경계에 있다.

2) 안사고(顔師古)가 말했다. "아주 빠르다[速疾]는 말이다. 흰 망아지란 햇빛 그림자[日景]이고 틈새란 벽의 사이를 말한다."

3) 【집해(集解)】 서광(徐廣)이 말했다. "2년 9월이다."

4) 【집해(集解)】 「고조본기(高祖本紀)」에 이르기를, "군을 3개 두었으니 하동군(河東郡), 태원군(太原郡), 상당군(上黨郡)"이라고 했다.

5) 유방(劉邦)과 같은 패현(沛縣) 사람이다. 유방을 따라 내사(內史)가 되었고, 어사대부(御史大夫)로 옮겼다. 초한 전쟁 때 위표(魏豹)·종공(樅公)과 함께 형양(滎陽)을 지켰는데, 초나라가 형양을 포위하자 일찍이 위표가 한나라를 배반한 적이 있다 하여 먼저 그를 살해했다. 나중에 항우(項羽)가 형양을 함락하자 포로로 잡혔다. 항우가 항복을 권하면서 상장군(上將軍)으로 임명하겠다고 제안했으나 항복하지 않다가 팽사(烹死)되었다.

팽월(彭越)은 창읍(昌邑)[1] 사람으로, 자(字)는 중(仲)이다. 평소에 늘 거야택(鉅野澤)에서 물고기를 잡으면서 무리를 지어 도둑질했는데, 진승(陳勝)과 향량(項梁)이 일어나자 어떤 젊은 사람이 월(越)에게 말했다.

"여러 호걸이 서로 일어나 진(秦)나라에 반기를 들고 있으니, 중(仲)도 얼마든지 그들을 따라 할 수 있을 것입니다."

팽월이 말했다.

"용 2마리[2]가 한창 싸우고 있으니, 일단은 기다려봅시다."

1) 【정의(正義)】 한나라 무제 때 산양(山陽)을 고쳐 창읍국(昌邑國)으로 삼았는데, 양구향(梁丘鄉)이 있다.

2) 안사고(顔師古)가 말했다. "진나라와 진승을 가리킨다."

1년여가 지나자, 거야택 주변에 사는 젊은이들이 100여 명쯤 모여 팽월을 찾아가서 월을 따르겠다며 말했다.

"중(仲)께서 우리의 우두머리가 되어주실 것을 청합니다."

월이 거절하며 말했다.

"신(臣)은 여러분과 함께할 생각이 없소."

젊은이들이 강하게 청하자 마침내 허락했다. 모두 다음 날, 아침 해가 뜰 때 만나기로 하면서, 약속 시간에 늦는[後期] 사람은 목을 베기로 했다. 다음 날 아침 해가 떴을 때 10여 명이 늦었고 가장 늦게 온 사람은 해가 중천에 있을 때 이르렀다. 이에 팽월이 양해를 구하면서[謝] 이렇게 말했다.

"신(臣)의 나이가 많지만, 여러분이 강하게 청해 이렇게 우두머리가 되었소. (그런데) 지금 약속을 해놓고서 많은 사람이 늦게 왔으니, 그들을 모두 목 벨 수는 없고 가장 늦게 온 사람 1명의 목만 베도록 하겠소."

교장(校長)[1]으로 하여금 그 사람의 목을 베게 하니, 모두가 웃으면서 말했다.

"어찌 이렇게까지 하십니까? 다음부터는 감히 늦지 않도록 하겠습니다."

이에 팽월은 끝내 한 사람을 끌어내 목을 베고 제단을 설치한 다음 마침내 무리에게 영을 내렸다. 무리는 모두 크게 놀라서 팽월을 두려워하며 감히 눈을 들어 쳐다보지도 못했다. 마침내 행군을 시작해서 땅을 공략하고 제후들에게서 떨어져 나온 병졸들을 거둬들이니, 1,000여 명을 얻게 되었다.

---

1) 안사고(顏師古)가 말했다. "한 교(校−부대 단위)의 장을 가리킨다."

패공(沛公)이 탕(碭)[1]의 북쪽으로부터 창읍(昌邑)을 칠 때 팽월이 그것을 도왔다. 창읍이 아직 떨어지지 않았는데 패공은 병사들을 이끌고 서쪽으로 갔다. 팽월 또한 무리를 이끌고 거야택에 머물면서 위(魏)나라 패잔병들[散卒]을 거두었다. 항적(項籍)이 함곡관에 들어가서 제후들을 왕으로 봉하자, 제후들은 모두 자신의 봉국으로 돌아갔으나 팽월은 1만여 명의 무리

를 거느리고 있었지만, 돌아갈 곳이 없었다.

한나라 원년에 제나라 왕 전영(田榮)이 항왕(項王)에게 반기를 들자, 한(漢)나라는 마침내 사람을 보내 팽월에게 장군의 인장을 내려주고 제음(濟陰)에서 (남쪽으로) 내려가 초나라를 치게 했다. 초나라가 소공(蕭公) 각(角)²⁾으로 하여금 병사들을 이끌고 가서 팽월을 치게 했으나 팽월은 초나라 군대를 크게 깨뜨렸다.

한나라 왕 2년 봄에 한나라 왕이 위나라 왕 위표(魏豹)를 비롯한 여러 제후와 함께 동쪽으로 가서 초나라를 쳤고 이때 팽월은 자기 군사 3만 명을 이끌고 외황(外黃)에서 한나라에 귀순했다.

한나라 왕이 말했다.

"팽 장군은 위나라 땅을 거둬 성 10여 개를 얻게 되자 서둘러 위나라 왕의 후사를 세우려고 했소. 그런데 지금 서위(西魏)의 왕 위표 또한 위구(魏咎)의 사촌 동생[從弟]이니 참으로 위나라의 후손이오."

마침내 팽월을 위나라 상국에 제배해 자기 군사들을 독자적으로 이끌게 한 뒤에 양(梁)나라 땅을 공략해 평정하도록 했다[略定].

1) 【정의(正義)】 송주(宋州) 탕산현(碭山縣)이다.

2) 【정의(正義)】 소현(蕭縣) 현령이다. 초나라는 현령을 공(公)이라고 했다. 각은 이름이다.

한나라 왕이 팽성(彭城)에서 패해 군사들이 흩어져 서쪽으로 퇴각할 때, 팽월도 자신이 떨어뜨렸던 성들을 모두 다시 잃고서 오직 자기 병사들만을 거느린 채 북쪽으로 가서 하상(河上)¹⁾에 머물렀다.

1) 【정의(正義)】 활주(滑州) 하상이다.

한나라 왕 3년에 팽월은 늘 한나라의 유격병[游兵]이 되어 이곳저곳을 다니며 초나라를 쳐 양(梁-위나라)에서 초나라 후방으로 오는 군량 보급로를 끊었다.

한나라 4년 겨울에 항왕이 형양(滎陽)에서 한나라 왕과 대치하고 있는 사이에 팽월이 수양(睢陽)·외황(外黃)[1] 등 성 17개를 공격해 떨어뜨렸다. 항왕은 이 소식을 듣고서 마침내 조구(曹咎)로 하여금 성고(成皐)를 지키게 한 뒤 자신이 직접 가 동쪽부터 팽월에게 빼앗긴 성들을 되찾아 모두 다시 초나라 땅으로 만들었다. 월은 자기 군대를 이끌고 북쪽 곡성(穀城)[2]으로 달아났다.

1) 【정의(正義)】 수양은 송주(宋州) 송성(宋城)이다. 외황은 변주(卞州) 옹구현(雍丘縣) 동쪽에 있다.

2) 【정의(正義)】 제주(齊州) 동아현(東阿縣) 동쪽으로 26리에 있다.

한나라 5년 가을에 항왕이 패해 남쪽 양가(陽夏)[1]로 달아나자, 팽월은 다시 창읍 부근의 성 20여 개를 떨어뜨려[下] 곡식 10여만 곡(斛-10말)을 얻어 한나라 왕에게 군량미를 공급했다.

1) 【정의(正義)】 夏는 고(古)와 아(雅)의 반절음이다. 진주(陳州) 태강현(太康縣)이다.

한나라 왕은 싸움에서 패하자, 사자를 보내 팽월을 불러서 힘을 합쳐 초나라를 치자고 했다.

그러나 월이 말했다.

"위(魏)나라 땅이 비로소 평정되었고 (백성은) 아직도 초나라를 두려워하고 있으니, 이곳을 벗어날 수가 없습니다."

한나라 왕이 초나라를 뒤쫓았으나 고릉(固陵)[1]에서 항적에게 패했다. 마침내 한나라 왕은 유후(留侯-장량)에게 말했다.

"제후들의 군대가 따르지 않으니, 어찌하면 좋겠는가?"

유후가 말했다.

"제나라 왕 한신이 왕으로 세워진 것은 군왕의 뜻이 아니었고, 한신 자신도 스스로 견고하지 못하다고 생각하고 있습니다. 또 팽월은 본래 양나라 땅을 평정하는데 공로가 많았으나 애초에 군왕께서는 위표 때문에 팽월을 제배해 위나라 상국으로 삼으셨습니다. (그런데) 이제 위표는 죽고 뒤를 이을 사람이 없어서 장차 팽월이 정말로 왕이 되고 싶어 하는데도 군왕께서는 서둘러[蚤=早] 결정하지 않고 있습니다. 이 두 나라와 약속하신다면 곧바로 초나라를 이길 수 있을 터이니, 지금 수양(睢陽) 북쪽에서 곡성(穀城)까지의 땅을 모두 주어 팽월을 왕으로 삼으셔야 합니다. 진(陳)부터 동쪽으로 바다에 이르는 땅은 제나라 왕 한신에게 주십시오. 제나라 왕 한신의 집은 초나라에 있으니, 한신으로서는 다시 자기 고향을 얻고 싶은 마음이 있을 것입니다. 군왕께서 능히 이 땅을 두 사람에게 내주실 수 있다면 두 사람은 당장이라도 불러올 수 있습니다. 반대로 그렇게 하지 못하신다면 앞으로의 일은 알 수가 없습니다."

이에 한왕은 마침내 사자를 팽월에게 보내 유후의 계책대로 했다. 사자가 도착하자 팽월은 마침내 병사를 모두 거느리고 와 해하(垓下)[2]에서 회동한 뒤 드디어 초나라를 깨뜨렸다. 한나라 5년에 항적이 이미 죽고 나자, 봄에 팽월을 세워 양왕(梁王)으로 삼고 정도(定都)[3]에 도읍하게 했다.

---

1) 【정의(正義)】 고릉은 땅 이름이다. 진주(陳州) 원구현(宛丘縣) 서북쪽으로 32리에 있다.

2) 【정의(正義)】 박주(亳州)에 있다.

3) 【정의(正義)】 조주(曹州)다.

6년에 팽월은 진(陳)에서 한나라 왕을 조현했다. 9년과 10년에는 (팽월과 한신) 둘 다 장안으로 와서 조회했다[來朝].

한나라 10년 가을에 진희(陳豨)가 대(代) 땅에서 반란을 일으키자, 고제가 직접 그곳으로 가서 치기로 하고 한단(邯鄲)에 이르러 양나라 왕에게서 병사들을 징발하려 했다. (그런데) 양나라 왕이 병을 핑계로 아래 장수를 시켜 병사들을 거느리고 한단으로 가게 하니, 고제는 화가 나서 사람을 보내 양나라 왕을 꾸짖었다[讓=責].

양나라 왕은 두려워서 직접 가서 사죄하려고 했으나 장수 호첩(扈輒)이 말했다.

"왕께서 처음에는 가시지 않으셨다가 꾸짖음을 당하고서야[見讓]1) 가시려 하니, 만일 가시게 되면 즉각 붙잡힐 것입니다. 차라리 군대를 일으켜 반란을 일으키는 것만 못합니다."

양나라 왕은 이 말을 듣지 않고 계속 병을 핑계 댔다. 마침, 양나라 왕은 그의 태복(太僕)에게 화가 나서 목을 베려고 했는데, 이에 태복이 한나라로 달아나서 양나라 왕이 호첩과 함께 반란을 모의하고 있다고 아뢰었다. 그러자 상은 사자를 보내 양나라 왕을 치게 했으나 왕은 전혀 알아차리지 못하고 있었고, 사자는 양나라 왕을 붙잡아 낙양에 가두었다. 유사(有司)가 반란의 실상을 조사해보니[治反] 반란의 형적이 이미 갖춰져 있었기에2) 법대로 논죄할 것을 청했다.

상이 그를 용서하고 서인으로 삼아 촉(蜀) 땅의 청의(靑衣)3)로 유배 보냈는데, 서쪽으로 가다가 정(鄭)4) 땅에 이르렀을 때 여후를 만났다. 여후는 장안에서 출발해 낙양으로 가던 길에 팽월과 마주치게 된 것이었다. 팽월은 여후에게 울면서 자신의 무죄를 말하고, 고향인 창읍(昌邑)에서 살게 해달라고 빌었다. 여후가 허락하고서는 명을 내려[詔] 함께 동쪽으로 가서 낙양에 이르렀다.

여후가 상에게 아뢰어 말했다.

"팽월은 장사(壯士)이니, 지금 그를 옮겨 촉 땅으로 가게 하는 것은 스스로 우환거리를 남겨두는 것입니다. 차라리 그를 죽이는 것이 낫습니다. (그래서) 첩은 삼가 그를 함께 데리고 왔습니다."

이에 여후가 마침내 팽월의 사인(舍人)을 시켜 팽월이 다시 모반했다고 고하게 하니, 정위(廷尉) 왕염관(王恬關)이 족멸할 것을 청했다. 상이 마침내 허가하자 드디어 팽월의 종족을 모두 죽이고 봉국을 없앴다[國除].

1) 견(見)은 피(被)와 마찬가지로 수동형을 만들어주는 조동사다.

2) 【집해(集解)】 장안(張晏)이 말했다. "호첩이 팽월에게 반란을 권유했으나 팽월이 듣지 않았는데도 '반란의 형적이 이미 갖춰져 있었다'라고 했으니, 유사가 잘못한 것이다." 신찬(臣瓚)이 말했다. "호첩이 팽월에게 반란을 권유했는데도 팽월은 호첩을 주살하지 않았다. 이 때문에 '반란의 형적이 이미 갖춰져 있었다'라고 한 것이다."[안사고(顔師古)가 말했다. "신찬의 설이 옳다."]

3) 【집해(集解)】 문영(文穎)이 말했다. "청의는 현 이름으로, 촉(蜀)에 있다." 신찬(臣瓚)이 말했다. "지금의 한가(漢嘉)다." 【색은(索隱)】 소림(蘇林)이 말하기를 "지금의 임공(臨邛)"이라고 했으니, 신찬의 설이 옳다.

4) 【색은(索隱)】 「지리지(地理志)」에 이르기를, 경조(京兆-수도)에 속한다고 했다. 【정의(正義)】 화주(華州)다.

태사공(太史公)이 말한다.

"위표(魏豹)와 팽월(彭越)은 비록 본래 신분은 낮았지만 이미 사방 1,000리 땅을 석권하고 남면(南面)해 스스로 고(孤)라고 칭했다. 두 사람은 피를 밟고 승기에 올라타서 날로 명성이 높아졌다. 그러나 반역의 뜻을 품었다가 패하고도 죽지 않고 사로잡혀서 몸에 형륙을 받고 죽었으니, 그것은 어째서인가?

중간 정도의 재질을 가진 사람도 이런 행동을 부끄럽게 여겨야 하거늘,
하물며 왕 노릇하던 사람임에랴! 거기에 다른 까닭은 없다. 그들은 지략이
남보다 훨씬 뛰어났지만[絶人] 오로지 자기 몸을 보존하지 못하면 어떻게
하는가만을 걱정했기 때문이다. 한 자 한 치의 칼자루라도 움켜쥐고 있다
가, 물이 증발해 구름이 되고 뱀이 용이 되어 승천하듯이 자기들도 때를 만
나 뜻을 펼쳐보려고 했던 것이다. 그 때문에 갇히는 것도 마다하지 않았던
것이다."[1]

1) 【색은술찬(索隱述贊)】 위구, 위표 형제[魏咎兄弟]/때를 만나 왕 노릇했다네[因時而
王]/위표는 뒤에 초나라에 속했지만[豹後屬楚]/그 나라는 끝내 멸망했도다
[其國遂亡]/팽월 중(仲)이 창읍에서 일어나[仲起昌邑]/외황에서 한나라에 귀
의했지[歸漢外黃]/부지런히 오가며 응원하고 구원했고[往來聲援]/군량미 또
한 계속 지원했다네[再續軍糧]/군사 징발 요청에 가지 않았다가[徵兵不往]/
비참하게 죽었으니, 누구를 탓하랴[葅醢何傷]!

권91 경포열전(黥布列傳) 제31

권91 경포열전(黥布列傳) 제31

경포(黥布)는 육(六) 땅 사람으로 성(姓)은 (본래) 영씨(英氏)[1]다. 진(秦)나라 때는 포의(布衣)였다. 어릴 때 지나가던 나그네가 그의 관상을 보고서 "형벌을 당한 뒤에 왕이 되겠구나!"라고 했다. 장성해서 법에 걸려 얼굴에 먹물을 들이는 경형(黥刑)을 받게 되었다. 포(布)는 흔쾌하게 웃으면서 말했다.

"어떤 사람이 내 관상을 보고 형벌을 당한 뒤에 왕이 될 것이라고 했는데, 거의 이를 두고 한 말이었구나!"

이 말을 들은 사람들은 하나같이 그를 놀리며 비웃었다. 포는 이미 판결을 받고[論=論罪] 여산(驪山)으로 보내졌고 여산에는 형벌을 받은 죄수 무리가 수십만 명이나 되었는데 포는 그 무리의 우두머리나 호걸들 모두와 사귀었고, 마침내[迺=乃] 그 무리를 이끌고서 양자강(혹은 장강) 부근으로 달아나 도적 떼가 되었다.

1) 【정의(正義)】『춘추전(春秋傳)』에 따르면, 육(六)과 요(蓼)는 고요(皐陶)의 후손으로 혹 영(英)에 봉해지거나 육(六)에 봉해졌는데 대개 영(英)은 뒤에 이름을 요(蓼)로 고쳤다고 했다.

진승(陳勝)이 일어나자, 포는 마침내 파군(番君)을 만나서 그의 무리와 함께 진나라에 반기를 들었는데, 모여든 병사가 수천 명이었다. 파군은 그의 딸을 주어 포를 사위로 삼았다. 장한(章邯)이 진승을 멸망시키고 여신(呂

臣)의 군대를 깨뜨리자, 포는 마침내 군대를 이끌고 북쪽으로 가서 진(秦)나라 좌우 교위(校尉)를 청파(靑波)에서 쳐 깨뜨린 다음에 군대를 이끌고 동쪽으로 갔다. 항량(項梁)이 회계(會稽)[1]를 평정했다는 말을 듣고는 장강을 건너 서쪽으로 갔다. 진영(陳嬰)은 항씨가 대대로 초나라 장수였다고 하여 마침내 군대를 이끌고 항량에게 소속되어 회수(淮水) 남쪽을 건넜고, 영포와 포장군(蒲將軍)도 군대를 이끌고 항량에게 소속되었다.

1) 【정의(正義)】 이때 회계군 소리(所理)는 오나라 합려성 안에 있었다.

　　항량은 회수를 건너 서쪽으로 가서 (진나라 장수) 경구(景駒)와 진가(秦嘉) 등을 쳤는데, 포는 늘 여러 군사 중에 전공이 으뜸이었다[冠軍]. 항량은 설(薛) 땅에 이르러 진왕(陳王)이 확실히 죽었다는 말을 듣고는 마침내 초나라 회왕(懷王)을 세운 뒤, 자기의 칭호를 무신군(武信君)이라 하고 영포를 당양군(當陽君)[1]으로 삼았다.

　　항량이 정도(定陶)에서 싸움에 패해 죽자, 회왕은 도읍을 팽성(彭城)으로 옮겼고, 영포와 여러 장수 또한 모두 팽성에 모여 방어를 했다. 이런 때를 맞아 진나라가 급히 조나라를 에워싸자 조나라는 여러 차례 사람을 보내 구원을 청했다. 회왕은 송의(宋義)를 상장군으로 삼고 범증(范增)을 말장(末將), 항적(項籍)을 차장(次將), 영포와 포장군 두 사람을 장군으로 삼아서 모두 송의 예하에 들어가게 한 뒤 북쪽으로 가서 조나라를 구원하게 했다. 항적이 황하 가에서 송의를 죽이니, 회왕은 항적을 세워 상장군으로 삼고 여러 장수를 모두 항적 예하에 들어가게 했다. 항적이 포로 하여금 먼저 황하를 건너[涉][2] 진나라를 치게 하니 포는 여러 차례 승리[利]를 거두었고, 항적은 이에 모든 병사를 이끌고 포의 뒤를 따라가서 드디어 진나라 군대를 깨뜨리고 장한 등을 항복시켰다. 초나라 군대는 늘 전투에서 승리해 그 공로가 제후 중에 으뜸이었으니[冠=首], 제후들의 군대가 모두 초나라

에 속하게 된 것은 포가 여러 차례에 걸쳐 소수의 병력으로 (진나라) 대군을 꺾었기 때문이다.

1) 【정의(正義)】 남군(南郡) 당양현(當陽縣)이다.

2) 안사고(顏師古)가 말했다. "섭(涉)이란 배를 이용하지 않고 강을 건너는 것[渡]을 말한다."

항적은 군대를 이끌고 서쪽으로 가서 신안(新安)[1]에 이르자, 다시 포 등을 시켜 한밤중에 진나라 군대를 습격하도록 하여 장한이 이끄는 진나라 병졸 20여만 명을 쳐서 구덩이에 파묻어 죽였다[阬]. 항적은 함곡관에 이르렀으나 들어가지 못하고 있다가, 다시 포 등을 시켜 먼저 샛길[間道=微道]로 들어가게 해서 함곡관 아래의 군대를 떨어트리고 나서야 드디어 함양(咸陽)에 들어갈 수 있었다. 함양에 이를 때까지 포는 (늘) 선봉[軍鋒=前鋒]이었기에, 항왕(項王-항우)은 여러 장수를 봉하면서 포를 세워 구강왕(九江王)으로 삼고 육(六)을 도읍으로 삼게 했다.

1) 【정의(正義)】 신안고성(新安故城)은 하남부(河南府) 민지현(澠池縣) 동쪽으로 22리에 있다.

한나라 원년 4월에 제후들이 모두 희하(戲下)에서 해산하고 각자 봉국으로 나아갔다. 항씨는 회왕을 세워 의제(義帝)로 삼은 뒤 도읍을 장사(長沙)로 옮기게 하고는 마침내 몰래[陰] 구강왕 포 등에게 영을 내려 그를 치게 했고, 포는 장수를 시켜 의제를 쳐서 뒤쫓아가 침현(郴縣)[1]에서 그를 죽였다.

1) 【정의(正義)】 지금 침주(郴州)에는 의제의 무덤과 사당이 있다.

한나라 2년에 제나라 왕 전영(田榮)이 초나라를 배반하자 항왕은 제나라

를 치러 가면서 구강(九江)에서 병사들을 징발했는데, 구강왕 포가 병을 핑계로 가지 않고 장수만 보내면서 수천 명을 이끌고 가게 했다. 한나라가 팽성에서 초나라를 깨트렸을 때도 포는 또 병을 핑계로 초나라를 돕지 않았다. 항왕이 이로 말미암아 포에게 원망을 품고서 여러 차례 사자를 보내 포를 꾸짖으며[誚讓=責] 불러들이니, 포는 더욱 두려워서 감히 가지를 못했다. 항왕은 바야흐로 북쪽으로는 제나라와 조나라에 대해 근심하고 서쪽으로는 한나라에 대해 걱정하고 있었기 때문에 함께할 자는 오직 구강왕뿐이었고, 또 포의 재주를 중히 여겨서[多=重] 가까이 두고 쓰고 싶어 했기 때문에 아직 그를 치지는 않았다.

한나라 3년에 한나라 왕이 초나라를 쳐서 팽성에서 크게 싸웠으나 전세가 불리했는데, 이에 양나라 땅을 벗어나 우(虞)[1]에 이르자 좌우의 신하들에게 말했다.

"너희 같은 자들과는 천하의 일을 함께 도모할[與計=與圖] 수 없다."

알자(謁者) 수하(隨何)가 나아와 말했다.

"폐하께서 말씀하신 바를 정확히 알지 못하겠습니다[不審]."

한나라 왕이 말했다.

"누가 능히 나를 위해 회남(淮南)에 사자로 가서 영포로 하여금 군대를 일으켜서 초나라에 반기를 들게 할 수 있겠는가? 항왕을 제나라에 몇 달만 묶어놓을 수 있다면 내가 천하를 차지하는 데 백의 하나도 어긋함이 없을 것이다[百全]."

수하가 말했다.

"신이 사자로 갈 것을 청하옵니다."

마침내 20여 명과 함께 회남(淮南)으로 떠났다. 그곳에 이르자 (회남의) 태재(太宰)가 그들을 맞이해 자신의 집에 머물게 했는데, 사흘이 지나도 (구강왕을) 만날 수가 없었다.

수하가 이에 태재를 설득해 말했다.

“왕께서 이 하(何)를 만나주시지 않는 것은 분명 초나라는 강하고 한나라는 약하다고 여겨서일 터인데, 그것이 바로 신(臣)이 사자로 온 까닭입니다. 제가 만나뵐 수 있게 해주십시오. 제가 말씀을 드려서 만일 그것이 옳다면 그것은 대왕께서 (평소) 듣고 싶어 하는 바일 것입니다. 제가 말씀을 드려서 만일 그것이 옳지 않다면 저를 비롯해 함께 온 20명을 회남의 시장에서 부질(斧質)2)의 형벌에 처하고, 그것을 통해서 한나라에 등을 돌리고 초나라와 함께하실 것임을 분명하게 하소서.”

태재가 마침내 그것을 왕에게 말하자 왕이 만나주었다.

수하가 말했다.

“한나라 임금께서 신을 시켜 삼가 서한을 대왕께 올리도록 하셨는데, 저는 남몰래 대왕께서 초나라와 얼마나 친한지 궁금합니다[怪].”

회남왕이 말했다.

“과인은 북쪽을 향해[北鄕=北面]3) 신하의 예로써 초나라를 섬기고 있다.”

경포열전(黥布列傳) 제
31

1) **【정의(正義)】** 지금의 송주(宋州) 우성(虞城)이다.

2) 사람을 베는 도끼와 모루를 가리키는 것으로, 오늘날에는 부질(鈇鑕)이라고 쓴다.

3) 실제로 북쪽을 향한다는 말이 아니라 신하의 예를 다한다는 말이다.

수하가 말했다.

“대왕께서는 항왕과 같은 반열의 제후이신데도 북쪽을 향해 신하의 예로써 항왕을 섬기는 것은, 반드시 초나라를 강하다고 여겨 나라를 기댈 만하다고 생각해서일 것입니다. 항왕이 제나라를 공격할 때 몸소 성을 쌓기 위한 판자나 절굿공이[版築]를 짊어지고 병사들의 선봉에 섰으니, 대왕께서도 마땅히 회남의 무리를 총동원해 몸소 이끌고 가서 초나라 군대의 선

봉이 되었어야 할 것입니다. (그런데) 지금 겨우 4,000명을 보내 초나라를 도 왔으니, 북쪽을 향해 신하의 예로써 남을 섬긴다면서 진정 이렇게 해도 되 는 것입니까? 저 한나라 임금이 팽성에서 초나라와 싸울 때, 항왕이 미처 제나라를 나오기 전에 대왕께서는 마땅히 회남의 무리를 남김없이 다[掃=盡] 동원해 팽성 아래에서 밤낮없이 싸웠어야만 했습니다. (그런데) 지금 1만 명의 무리를 거느리고 있으면서 단 한 사람도 회수를 건너는 자가 없이, 몰래 팔짱을 끼고서 어느 쪽이 이기는지만을 지켜보셨습니다. 무릇 나라를 남에게 기댔다면서 이렇게 해도 되는 것입니까? 대왕께서는 신하라는 헛된 이름만으로 초나라를 향하고 있다면서 스스로를 크게 내맡기려 하고 있습 니다. 신이 남몰래 대왕을 위해 생각해보건대 그렇게 해서는 안 됩니다. 그 러면서도 대왕께서 초나라를 배반하지 않는 까닭은 한나라를 약하다고 보 아서입니다.

저 초나라 군대가 비록 강하다고는 하지만 천하가 의롭지 못하다는 이 름을 초나라에 붙여주고 있습니다. 이는 초나라 왕이 (한나라 임금과) 분명 히 했던 약속을 배반했고, 또 의제(義帝)를 죽였기 때문입니다. 그런데도 초 나라 왕은 싸움에서 이겼다고 해서 자랑하고 스스로 강하다고 여기고 있 는데, 그에 반해 한나라 왕은 제후들을 거둬 돌아와서는 성고(成皐)와 형양 (滎陽)을 지키면서 촉(蜀)나라와 한(漢)나라의 식량을 들여왔으며 물길을 깊이 파고 성벽을 튼튼히 하며 병사들을 나눠서 변방 국경[徼]을 지키고 요 새를 방어하고 있습니다. 초나라 사람들이 (제나라에서 초나라로) 돌아가려 면 양(梁)나라 땅을 넘어[1] 적국 속으로 800~900리나 깊숙이 들어가야 합 니다. 그래서 싸우려고 해도 싸울 수가 없고, 성을 공격하려 해도 힘이 모자 라며, 노약자들까지 나서서 1,000리 밖에서 식량을 날라 와야 합니다. (만약 에) 초나라 군대가 형양이나 성고에 이른다고 해도, 한나라 군대가 굳건하 게 지키면서 꼼짝도 않으면 앞으로는 공격할 수가 없고 뒤로는 포위를 뚫을 수도 없습니다. 그렇기 때문에 초나라 군대는 신뢰할 수가 없습니다. 만약

에 초나라 군대가 한나라를 이긴다고 해도, 제후들은 스스로 위협을 느끼고 두려워해 서로 (한나라를) 구원하려 할 것입니다. 그러므로 저 초나라가 강해지는 것은 마땅히 천하의 군사들을 불러들이는 꼴이 될 것입니다. 그러니 초나라가 한나라보다 못하다는 것은 형세상으로 쉽게 알 수 있습니다.

(그런데도) 지금 대왕께서는 모든 것을 다 갖춘 한나라[萬全之漢]와 함께하지 않고 거의 망하게 생긴 초나라[危亡之楚]에 스스로를 의지하고 있으니, 신이 남몰래 대왕을 위해 생각해보건대 걱정스럽지 않을 수 없습니다. 신은 회남의 군대만으로 초나라를 멸망시킬 수는 없다고 봅니다. 무릇 대왕께서 군대를 일으켜 초나라에 반기를 들면 항왕은 반드시 (초나라에) 머물러야 하니, 이렇게 몇 달만 머문다면 한나라가 천하를 차지하는 데는 만의 하나도 어긋남이 없을 것입니다.

신은 청컨대 대왕과 더불어 칼을 차고 한나라에 돌아갈 수 있기를 바랍니다. 한나라 임금은 반드시 땅을 떼어 대왕께 나눠줄 것이고, 더구나 회남 땅은 반드시 대왕의 소유가 될 것입니다. 그래서 한나라 임금께서는 삼가 신을 시켜 어리석은 계책을 올리라고 하신 것입니다. 바라건대 대왕께서는 유념해주십시오."

회남왕이 말했다.

"그 명을 잘 받들겠소."

그는 몰래 초나라를 배반하고 한나라 편이 되겠다고 허락했으나 감히 이를 (다른 사람에게) 누설하지는 않았다.

1) 양나라는 초나라와 한나라의 중간에 있다.

(이때 회남에 와 있던) 초나라 사자(使者)가 바야흐로 급히 군대를 출동시키라고 영포를 닦달하면서[急責] 전사(傳舍)에 머무르고 있었다. 수하가 곧장 들어가서 초나라 사자보다 윗자리에 앉으면서 말했다.

"구강왕이 이미 한나라에 의탁했는데 초나라는 어째서 (회남의) 병사를 출동시키라고 하는 것입니까?"

포는 깜짝 놀랐다[愕然]. 초나라 사자가 일어나 자리를 뜨자, 수하는 영포를 설득해 말했다.

"일이 이미 벌어졌으니, 결국 초나라 사자를 죽여서 돌아가지 못하게 한 뒤에 급히 한나라로 달아나 힘을 합쳐야 합니다[并力=合力]."

포가 말했다.

"당신이 말하는 대로 이참에 군사를 일으켜 초나라를 치겠다."

이에 초나라 사자를 죽이고 병사를 일으켜 초나라를 쳤다. 초나라에서는 항성(項聲)과 용저(龍且)를 시켜 회남을 공격하게 했고 항왕은 남아 있으면서 하읍(下邑)1)을 공격했다.

여러 달이 지나, 용저가 회남을 쳐서 포의 군대를 깨뜨렸다. 포는 군대를 이끌고 한나라로 달아나려 했으나 항왕이 자기를 죽일까 두려워서 샛길을 통해 수하와 함께 가서 한나라로 귀순했다.

1) 【정의(正義)】 송주(宋州) 탕산현(碭山縣)이다.

회남왕이 도착했을 때1) 상(上-유방)은 마침 의자에 걸터앉아[踞]2) 발을 씻고 있었는데[洗=濯足], (그 상태 그대로) 포를 불러 들어오게 해서 만나보았다. 포가 (그 장면을 보고는) 크게 화가 나서 이곳에 온 것을 후회하며 자살하려고 했다가, 물러나 숙소에 가보니 장막이나 음식, 시종 등이 한나라 왕이 거처하는 곳과 같았으므로 다시 크게 기뻐하며 큰 기대를 품었다3). 이에 마침내 (포는) 사람을 시켜 구강으로 들여보냈다. 초나라에서는 이미 항백(項伯)을 시켜 구강의 병사들을 모두 거둬들이고 포의 처자식을 모조리 죽여버린 뒤였다. 포의 사자는 자못 옛 동료들과 총애받던 신하들을 많이 얻어서 수천 명의 무리를 이끌고 한나라로 돌아왔다. 한나라는 포에게 병

사들을 더 많이 나눠주고 함께 북쪽으로 가서 병사들을 모아 성고(成皐)에 이르렀다.

한나라 4년 7월에 포를 세워 회남왕으로 삼고서 함께 항적을 쳤다.

1) 【집해(集解)】 서광(徐廣)이 말했다. "3년 12월이다."

2) 거(踞)에는 '거만하다[倨]'는 뜻이 있다.

3) 【정의(正義)】 고조는 포가 자기보다 먼저 오래전에 왕이 되었기 때문에 스스로를 너무 높일까 봐 걱정해서 일부러 예를 그같이 하여 포(의 기)를 꺾어놓은 것이다. 그러고는 얼마 후에 숙소의 장막을 아름답게 꾸미고 음식을 후하게 하며 시종의 수를 많게 해서 그의 마음을 기쁘게 해주었으니, 이것이 바로 권도(權道-때에 맞는 조치를 뜻함)다.

한나라 5년에 포는 사람을 시켜 구강에 가도록 하여 여러 곳의 현을 손에 넣었다.

한나라 6년에 포는 유가(劉賈-유방의 사촌 형)와 함께 구강에 들어가서 (초나라) 대사마 주은(周殷)을 회유하니, 주은은 초나라에 반기를 들고 드디어 구강의 병사들을 총동원해 한나라와 함께 초나라를 쳐서 해하(垓下)에서 깨뜨렸다.

항적(項籍)이 죽어 천하가 평정되자, 상은 술자리를 베풀었다. (이때) 상은 수하의 공로를 깎아내리며 그를 썩은 선비[腐儒][1]라고 하면서 이렇게 말했다.

"천하(를 다스리는 데)에 어찌 썩은 선비를 쓰겠는가?[2]"

수하가 꿇어앉아 말했다.

"무릇 폐하께서 병사들을 이끌고 팽성을 공격했고 초나라 왕이 아직 제나라를 떠나지 않았을 때, 폐하께서는 보병 5만과 기병 5,000명을 데리고서

능히 회남을 차지하실 수 있었겠습니까?"

상이 말했다.

"불가능하다."

수하가 말했다.

"폐하께서는 이 하를 20명과 함께 회남에 사자로 보내셨고 저희는 회남에 도착해 폐하의 뜻대로 했으니, 이는 저의 공로가 보병 수만 명과 기병 5,000명보다 더 뛰어난[賢] 것입니다. 그런데도 폐하께서는 저를 가리켜 썩은 선비라면서 '천하(를 다스리는 데)에 어찌 썩은 선비를 쓰겠는가?'라고 하시니, 이는 어째서입니까?"

상이 말했다.

"내가 이제라도 그대의 공로를 따져보겠노라."

그러고는 수하를 호군중위(護軍中尉)로 삼았다.

포는 드디어 부절을 나눠 받고서[剖符] 회남왕이 되어 육(六)에 도읍을 정했는데, 구강·여강(廬江)·형산(衡山)·예장군(豫章郡)이 모두 포에게 소속되었다.

1) **[색은(索隱)]** 맡은 바를 제대로 감당해내지 못한다는 뜻이다.

2) 안사고(顔師古)가 말했다. "고조의 뜻은 수하를 포상하는 데 있었으나 여러 신하가 승복하지 않을까 근심했으니, 그 때문에 많은 사람이 보는 데서 수하를 깎아내리고 모욕을 주어 수하 스스로 자신의 공로를 헤아려보게 한 것이다."

7년에 회남왕이 진(陳)에서 한나라 왕에게 조현했다.

8년에는 낙양(雒陽)에서 조현했다.

9년에는 장안(長安)에서 조현했다.

11년에 고후(高后)가 회음후(淮陰侯-한신)를 주살하자 포는 그로 인해 마

음에 두려움을 가졌다. 여름에 한나라는 양(梁)나라 왕 팽월(彭越)을 주살한 뒤 시신을 소금에 절여서 그릇에 잘 담아[盛] 제후들에게 두루 내려주었다. 그것이 회남에 도착했을 때 회남왕은 마침 사냥을 하고 있다가 그 그릇을 보고서는 크게 두려워, 몰래 사람을 시켜 병사들을 모으고 주변 군(郡)들을 엿보면서[候伺] 급박한 상황에 대비했다[1].

1) 【색은(索隱)】 여차하면 서로 모이려 한 것이다.

포에게는 아끼는 여인[姬]이 있었는데 그녀가 병이 들어 의원을 찾아갔을 때 의원의 집은 중대부 비혁(賁赫)[1]의 집과 문을 마주하고 있었다. 혁은 이에 많은 선물을 바치면서 그 여자를 따라 의원의 집에 가서 술을 마셨다. 여자가 왕(王-포)을 모시고 있다가 무슨 말끝에 가만히 혁을 덕망 있는 사람[長者]이라고 칭찬하자, 왕이 화를 내며 말했다.

"너는 어떻게 해서[安從=何由] 그를 알게 되었느냐?"

연유를 갖춰 말하자[具道=具言] 왕은 둘이 사통했을 것[與亂]이라고 의심했다. 혁이 두려워서 병이 났다고 하자, 왕은 더욱 화가 나서 혁을 붙잡으려 했다. 혁은 (포가) 변란을 꾸미고 있다는 사실을 위에 고변하기 위해 역마를 타고서 장안으로 향했다. 포는 사람을 시켜 뒤쫓게 했으나 따라잡지 못했다.

혁이 도착해서 변고에 관한 글을 올려, 포가 반란을 일으키려는 단서가 있으니, 일을 일으키기 전에 먼저 주살해야 한다고 말했다. 상이 그 글을 보고서 소상국(蕭相國-소하)에게 말했다.

상국이 대답했다.

"포는 마땅히 이런 일을 저지를 사람이 아니니, 아마도 그와 원수진 자가 허무맹랑하게 그를 무고하는 듯합니다. 청컨대, 혁을 가두고서 사람을 시켜 회남왕을 몰래 살피셔야[微驗] 할 것입니다."

회남왕 포는 혁이 죄를 짓자 달아나 변고를 위에 말한 것을 보고서 이미 그가 자기 나라의 은밀한 일까지 다 말했을 것이라고 의심하고 있던 차에, 한나라에서 사자가 와 자못 여러 가지를 조사하자 드디어 혁의 집안을 족멸한[族=族誅] 뒤 군대를 동원해 반란을 일으켰다. 반란을 일으켰다는 글이 보고되자 상은 마침내 비혁을 풀어주고 장군으로 삼았다.

상이 여러 장수를 불러서 물었다.

"포가 반란을 일으켰으니, 어찌하면 좋겠는가?"

모두 말했다.

"군대를 일으켜 그 애송이[豎子] 따위를 구덩이에 파묻으면 될 뿐입니다. 달리 무엇을 하겠습니까?"

여음후(汝陰侯) 등공(滕公)이 자신의 객(客)으로 있는 옛 초나라 영윤(令尹-재상)을 불러 물어보니, 그가 말했다.

"포가 반란을 일으킨 것은 참으로 당연합니다."

등공이 말했다.

"상께서는 땅을 떼어 그를 봉해주었고 작위를 나눠[疏=分] 그를 귀하게 해주었으며 왕으로 삼아[南面] 만승의 군주가 되게 해주었는데, 그가 반란을 일으킨 것은 어째서인가?"

영윤이 말했다.

"(한나라는) 지난해에 팽월을 죽였고 그전 해에는 또 한신을 죽였는데, 세 사람은 모두 공로가 똑같아서 한 몸과 같은 사람들입니다. (포는) 스스로 화가 자신에게 미칠 것을 의심했을 터이니, 그래서 반란을 일으킨 것일 뿐입니다."

등공은 이 말을 갖고서 상에게 가서 말했다.

"신의 객 중에서 옛날에 초(楚)나라 영윤(令尹)이던 설공(薛公)이 있는데, 그 사람은 계책을 가진 자이니, 그에게 물어보는 것이 좋을 듯합니다."

상은 이에 설공을 만나보고서 물으니 이렇게 대답했다.

"포가 반란을 일으킨 것은 조금도 이상한 일이 아닙니다. 만일 포가 최고의 계책[上計]을 쓰게 되면 산동은 한나라 소유가 아니게 될 것이고, 중간의 계책[中計]을 쓰게 되면 승부는 헤아리기가 힘들 것이며, 하급의 계책[下計]를 쓰게 되면 폐하께서는 편안하게 베개를 베고서 누워 계셔도 될 것입니다."

상이 말했다.

"최상의 계책이란 무엇인가?"

영윤이 대답했다.

"(만약에 포가) 동쪽으로 오나라를 차지하고[1] 서쪽으로 초나라를 차지한 다음에 제나라를 삼키고 노나라를 차지하고서는 연나라와 조나라에 격문을 돌려[傳檄] 그곳들을 굳게 지킨다면 산동은 한나라의 소유가 될 수 없을 것입니다."

"중간의 계책이란 무엇인가?"

"동쪽으로 오나라를 차지하고 서쪽으로 초나라를 차지한 다음 한(韓)나라를 삼키고 위(魏)나라를 차지하고서는 오창(敖倉)의 식량을 점거하고 성고(成皐)의 험지를 막는다면 승패가 어찌 될지 헤아릴 수 없습니다."

"하급의 계책이란 무엇인가?"

"동쪽으로 오나라를 차지하고 서쪽으로 하채(下蔡)를 차지한 다음 군수품[重=輜重]을 월(越)나라에 두고 자신은 장사(長沙)로 돌아간다면, 폐하께서는 편안하게 베개를 베고서 누워 계실 수 있고 한나라에는 아무런 일도 없을 것입니다."

상이 말했다.

"그는 어떤 계책을 쓸 것 같은가?"

영윤이 말했다.

"하급의 계책을 쓸 것입니다."

상이 말했다.

"어찌하여[胡=何] 최상의 계책을 버리고 하급의 계책을 쓴단 말인가?"

영윤이 말했다.

"포는 옛날 여산(驪山)의 무리로 만승의 군주가 되었지만, 이는 다 자기 한 몸을 위해서였지, 훗날을 생각하며 백성과 만세를 위해 그렇게 한 것이 아니었습니다. 그러므로 하급의 계책을 쓸 것입니다."

상이 말했다.

"좋도다."

설공을 1,000호에 봉해주고 황자(皇子) 유장(劉長)을 회남왕으로 삼았다. 상이 드디어 군대를 동원해 스스로 병사들을 이끌고 동쪽으로 가서 포를 쳤다.

1) 【정의(正義)】 형왕(荊王) 유가(劉賈)가 오(吳)에 도읍해 있었으니, 소주(蘇州) 합려성(闔廬城)이다.

포가 애초에 반란을 일으키면서 그 장수들에게 일러 말했다.

"상은 늙어서 전투를 싫어하니, 반드시 직접 오지는 않을 것이다. 여러 장수를 보내겠지만 그들 중에서 오직 회음과 팽월만이 걱정할 만했는데, 지금 그들은 이미 죽었고 나머지 장수들은 두려워할 필요가 없다."

그래서 드디어 반란을 일으켰던 것이다.

과연 설공이 예상한 대로 동쪽으로 형(荊)을 치니, 형왕 유가(劉賈)는 달아나다가 부릉(富陵)1)에서 죽었다. (포는) 그 병사들을 다 빼앗은 다음 회수(淮水)를 건너 초나라를 쳤다. 초나라는 군사를 동원해 서(徐)와 동(僮) 사

이[2]에서 힘을 합쳐 싸웠는데, 군대를 삼군(三軍)으로 나눠 서로를 도와주는 기습부대 전략을 썼다.

어떤 사람이 초나라 장수를 설득해 말했다.

"포는 용병을 잘하기 때문에 백성이 평소 그를 두려워합니다. 또 병법에서도 '제후가 몸소 자기 땅에서 싸우는 것을 산지(散地)[3]라고 한다'라고 했습니다. 지금 부대를 나눠 셋으로 삼았는데, 적이 우리의 한 부대를 깨뜨리게 되면 나머지는 모두 달아날 것이니 어찌 능히 서로를 구원할 수 있겠습니까?"

듣지 않았다. 포가 과연 그중의 한 부대를 깨뜨리자 두 부대는 뿔뿔이 흩어져 달아났다.

---

1) 안사고(顔師古)가 말했다. "현(縣)의 이름이다. 임회군(臨淮郡)에 속한다."

2) 안사고(顔師古)가 말했다. "두 현의 사이를 말한다."

3) 안사고(顔師古)가 말했다. "자기 집이 있는 곳을 그리워하고 편안하게 지내고 싶은 마음을 품게 됨으로써 쉽게 도망치거나 뿔뿔이 흩어진다는 뜻이다."

(포가) 드디어 서쪽으로 진출해 기(蘄)의 서쪽 추(甀)에서 상의 군대와 만났다. 포의 군사들은 훈련이 잘되어 있어, 상이 이에 용성(庸城)에 성벽을 쌓고 포의 군대를 바라보니 진을 친 것이 항적의 군대와 같아서 상은 이를 싫어했다. 포와 서로 마주 바라보다가, 멀리 거리를 두고서[隃=遙] 포에게 말했다.

"무엇이 힘들어 반란을 한 것인가?"

포가 말했다.

"제(帝)가 되고 싶었을 뿐이오."

상이 화가 나서 그를 욕하다가, 드디어 크게 전투를 벌였다. 포는 달아나 회수를 건너면서 여러 차례 멈춰가며 싸웠으나, 불리해지자 100여 명과 함

께 강남으로 달아났다. 포가 예전에 파군(番君)의 딸과 혼인했기 때문에 장사애왕(長沙哀王)[1]이 사람을 시켜 포를 유인해서 함께 월나라로 도망치자고 속이니, 포는 이를 믿고 그를 따라 파양(番陽)에 이르렀다. 파양 사람들이 경포를 자향(茲鄕)[2]의 농가에서 죽이니, 마침내 경포는 멸망했다.

황자 장(長)을 세워 회남왕으로 삼고, 비혁을 봉해 기사후(期思侯)[3]로 삼았으며, 장군 중에 다수가 공로로 인해 봉작을 받았다[4].

1) 【집해(集解)】서광(徐廣)이 말했다. "성왕(成王)의 신하 오예(吳芮)의 아들이다."
   배인(裴駰)이 생각건대, 진작(晉灼)은 "오예의 손자 고(固)"라고 했는데 어떤 이는 "이는 성왕이지 애왕이 아니"라고 했으니, 전(傳)이 잘못되었다. [안사고(顔師古)가 말했다. "「표(表)」에 따르면 혜제 2년에 애왕(哀王) 회(回)가 비로소 세워졌으니, 지금 여기서 애왕은 예의 아들로 성왕(成王)의 신하일 뿐이다. 진작의 설은 틀렸다."]
2) 안사고(顔師古)가 말했다. "교양현(鄡陽縣)의 향(鄕)이다."
3) 【정의(正義)】기사고성(期思故城))은 광주(光州) 고시현(固始縣) 경계에 있다.
4) 【집해(集解)】『한서(漢書)』에는 장수 중에 봉해진 자가 6명이라고 했다.

태사공(太史公)이 말한다.

"영포(英布)는 그 조상이 어찌 『춘추(春秋)』에서 '초(楚)나라가 영(英)과 육(六)을 멸망시켰다'라고 했을 때의 영씨(英氏)로서 고요(皋陶)의 후예이겠는가? (다만) 몸에 형벌을 받고서도 어떻게 그렇게 빨리 몸을 일으킬 수 있었을까?[1]

항씨(項氏-항우)가 구덩이에 파묻어 죽인 사람이 1,000만 명이나 되는데, 영포는 언제나 그 포악한 짓의 우두머리였다. 그 공로는 제후 가운데 으뜸이었다. 이 때문에 왕이 될 수 있었지만, 또한 그 몸 역시 세상의 큰 치욕을 면하지는 못했다. 화(禍)는 총애하는 여자로부터 시작되었으니, 질투[妬媚]가 환란을 만들어 결국 그 나라를 멸망하게 했도다!"[2]

1) 사마천은 경포가 고요의 후예일 리가 없다고 여기면서도 이 질문을 던져 그 가능성을 살짝 열어
   놓았다.

2) 【색은술찬(索隱述贊)】 구강에서 처음 점을 쳤을 때[九江初筮]/형벌을 당하고 왕이
   될 것이라 했네[當刑而王]/이미 죄수 무리에서 벗어나[既免徒中]/양자강 부
   근으로 가서 도적 떼 모았지[聚盜江上]/초나라 군대에 들어가 매번 큰 공 세
   우며[每雄楚卒]/진나라 장수들을 수없이 깨뜨렸도다[頻破秦將]/병이 의심을
   부추겨[病爲羽疑]/결국 한나라 형벌을 받게 되었구나[歸受漢杖]/비혁은 비방
   받았으나[賁赫見毀]/끝내 복록을 누리게 되었도다[卒致無妄]!

권92 ─ 회음후열전(淮陰侯列傳) 제32

권92 회음후열전(淮陰侯列傳) 제32

회음후(淮陰侯) 한신(韓信)은 회음 사람[1]이다. 애초에 포의(布衣) 시절부터 집이 가난하고 이렇다 할 행실도 없었기에[無行] 추천을 받아 관리가 될 수 없고 또 장사를 해서 살아갈 능력도 없어서, 늘 남을 따라다니며 얻어먹고 지내니[寄食] 사람들 대부분이 그를 싫어했고 늘 신(信)이 하향(下鄕)[2] 남창(南昌) 정(亭-행정 단위)의 정장 집에서 밥을 얻어먹고 지낸 적이 있었는데 여러 달이 지나자, 정장의 처가 그것을 싫어해[患=厭], 마침내 새벽에 밥을 지어 이불 속에서 먹어 치웠다[蓐食]. 식사 시간에 신이 가도 밥상을 차려주지 않았다. 신 또한 그 뜻을 알고는 화가 나서 결국 절교하고 발길을 끊어버렸다.

1) 【정의(正義)】 초주(楚州) 회음현(淮陰縣)이다.
2) 【집해(集解)】 장안(張晏)이 말했다. "하양은 회음현에 속한다."

신이 성 아래에 가서 낚시하는데[1], 빨래하는 아주머니[漂母] 가운데 한 아주머니가 그가 굶주린 것을 알고서는 밥을 주었고 빨래하는 일을 다 마칠 때까지 수십 일 동안 계속해서 밥을 주었다. 신은 기뻐하며 빨래하는 아주머니에게 말했다.

"내 반드시 아주머니에게 크게 은혜를 갚겠소."

아주머니가 화를 내며 말했다.

"대장부가 제힘으로 밥도 먹지 못하기에 내가 왕손(王孫)[2]을 불쌍히 여

겨 밥을 챙겨드린 것일 뿐인데, 어찌 보답을 바라겠소?"

1) **【정의(正義)】** 회음성 북쪽으로 회수(淮水)와 임해 있는데, 옛날에 한신이 하향을
  떠나 이곳에서 낚시를 했다.
2) **【집해(集解)】** 소림(蘇林)이 말했다. "왕손이란 마치 공자(公子)라고 경칭하는 것처
  럼 (별 뜻 없이) 한 말이다."

회음 사람 중에 백정 차림[屠中]의 한 젊은이가 신을 모욕하며 이렇게 말
했다.

"비록 키가 커서 칼을 잘도 차고 다니는지 몰라도, 마음속으로는 겁쟁이
일 뿐이다."

(그러고는) 많은 사람이 보는 데서 신을 욕보이며 말했다.

"네가 나를 죽일 수 있다면 찔러보아라. 만일 그리할 수 없다면 내 가랑
이 밑으로 기어서 가라[跨下]."

이에 신은 한참 동안 물끄러미 바라보다가[孰視=熟視] 몸을 구부려[俛=
俯] 가랑이 밑으로 기어갔다. 단번에 시장 사람들은 모두 비웃으면서 신을
겁쟁이라고 생각했다.

항량(項梁)이 회수(淮水)를 건널 무렵, 신은 마침 칼 한 자루만 들고서 항
량을 따라 깃발 아래[戲下=麾下]에 있었으나 이름이 알려지지는 않았다. 항
량이 패망하자 다시 항우(項羽)에게 소속되었는데, 항우는 신을 낭중(郎中)
으로 삼았다. 항우에게 계책을 올렸으나 우는 쓰지 않았다. 한나라 왕이 촉
(蜀)에 들어가자 신은 초나라에서 도망쳐 한나라에 귀의했는데, 이름이 알
려지지 않았기에 연오(連敖)[1]가 되었다. (이때) 법에 걸려들어 참형을 당하
게 되었는데, 같은 죄명의 13명이 모두 이미 목이 달아나고 이제 신의 차례
가 되자 마침내 고개를 들어 위를 바라보다가 마침 등공(滕公)[2]과 눈이 마

주치자 이렇게 말했다.

"상(上)께서는 천하에 나아가려고 하지 않으십니까? 어찌 장사(壯士)를 목 베려 하십니까!"

등공은 그 말이 기이하고 모습도 장대하다고 여겨서 그를 풀어주고[釋=放] 목 베지 않았다. 함께 이야기를 나눠보고는 크게 기뻐했다. 상에게 천거하니[言] 상이 그를 재배해 치속도위(治粟都尉)로 삼았지만, 아직 그를 비범한 인물로 여기지는 않았다.

1) 【집해(集解)】 서광(徐廣)이 말했다. "빈객을 담당하는 전객(典客)이다." 【색은(索隱)】 이기(李奇)가 말했다. "초나라 관직 이름이다." 장안(張晏)이 말했다. "사마(司馬)다."

2) 안사고(顔師古)가 말했다. "하후영(夏侯嬰)이다."

신은 소하(蕭何)와 여러 차례 이야기를 나눴는데, 하(何)는 그를 기이하게 여겼다. (한나라 왕이) 남정(南鄭)에 이르렀을 때 여러 장수 가운데 행군 도중에 도망친 자가 수십 명이었는데 신 또한 소하 등이 여러 번 상에게 추천했지만, 상이 자신을 쓰지 않는다고 생각해[度] 곧바로 달아났다. 하는 신이 달아났다는 말을 듣자 한왕에게 보고할[聞=告] 겨를도 없이 직접 그를 뒤쫓았다.

어떤 사람이 상에게 말했다.

"승상 하가 달아났습니다."

상은 마치 좌우의 팔을 잃은 것처럼 크게 화를 냈다. 하루 이틀이 지나 하가 돌아와서 상에게 아뢰니[謁] 상은 한편으로 화도 나고 한편으로 기쁘기도 하여[且怒且喜] 하를 꾸짖으며 말했다.

"너[若]는 어째서 도망쳤는가?"

하가 말했다.

"신(臣)은 감히 도망을 친 것이 아니라 도망자를 뒤쫓았습니다."

상이 말했다.

"네가 뒤쫓은 자가 누구인가?"

하가 말했다.

"한신입니다."

상이 다시 꾸짖었다.

"여러 장수 중에서 도망친 자가 수십이나 되지만 그대[公]가 뒤쫓은 적은 없었다. (그러니) 한신을 뒤쫓았다는 말은 거짓말이다."

하가 말했다.

"다른 여러 장수는 얼마든지 쉽게 얻을 수 있을 뿐입니다. 신과 같은 자의 경우 나라의 인재 중에서 아무도 대적할 수 없습니다[無雙=無敵]. 왕께서 굳이 한중(漢中)의 왕으로 오래 계시고 싶어 하신다면 신(信)을 불러다 일을 시킬 필요가 없지만, 반드시 천하를 쟁패하려 하신다면 신이 아니고서는 함께 일을 꾀할 자가 없습니다. 도리어 왕께서 어떻게 생각하느냐에 달렸을 뿐입니다."

왕이 말했다.

"나도 역시 동쪽으로 가고 싶을 뿐이다. 어찌 답답하게 이런 곳에서 오래 머물 수 있겠는가?"

하가 말했다.

"왕의 계책이 반드시 동쪽으로 나아가고자 하는 것이라면 능히 신(信)을 쓰십시오. 신은 그러면 남겠지만, 신을 쓰지 않으신다면 신은 결국 떠나갈 뿐입니다."

왕이 말했다.

"내가 그대를 보아 그를 장수로 삼겠다."

하가 말했다.

"그냥 장수로 삼아서는 신은 결코 남지 않을 것입니다."

왕이 말했다.

"그를 대장(大將)으로 삼겠다."

하가 말했다.

"참으로 다행입니다."

이에 왕은 한신을 불러 (대장에) 제배하려 했다.

하가 말했다.

"왕께서는 평소 사람을 업신여기시어 예(禮)를 갖추지 않으십니다. 지금 대장에 제배하면서 마치 어린애를 부르듯 하시니, 이것이 바로 신이 떠났던 까닭입니다. 왕께서 반드시 그를 제배하고자 하신다면, 좋은 날을 골라 재계하신 다음에 단장(壇場)을 설치해 예를 갖춰야만 마침내 가능할 뿐입니다."

왕이 허락했다. (단장을 설치하니) 여러 장수는 모두 기뻐하면서 사람마다 각자 자신이 대장이 될 것이라고 여겼다. (그러나) 정작 대장에 제배된 사람은 한신(韓信)이었고 모든 군사는 놀랐다.

신이 배례(拜禮)를 마치고 자리에 올랐다.

왕이 물었다.

"승상이 장군에 대해 여러 차례 말하던데 장군은 어떻게 과인에게 계책을 가르쳐줄 것인가?"

신이 감사를 표하고, 이어 왕에게 물었다.

"지금 동쪽으로 나아가 천하의 패권을 다툴 상대가 어찌 항왕(項王)이 아니겠습니까?"

한나라 왕이 말했다.

"그렇다."

물었다.

"대왕께서는 스스로 용감하고 힘차며 어질고 굳세다[勇悍仁彊]고 여기

시는데[自料], 항왕과 비교한다면 어떻습니까[孰與]?”

한나라 왕은 한참 동안 침묵하다가 말했다.

“그만 못하다.”

신이 두 번 절하고 (한왕의 겸손함에 대해) 경하하며 말했다.

“저 신 역시 대왕께서 항우만 못하다고 생각합니다. 그러나 신은 일찍이 그를 섬긴 적이 있으니, 청컨대 항왕의 사람됨을 말씀드리게 해주십시오.

항왕이 큰소리로 화를 내어[喑噁] 꾸짖으면[叱咤] 1,000명이라도 모두 나가자빠지지만, 뛰어난 장수[賢將]를 믿고서 일을 맡기지 못하니 이는 그저 필부의 용감함[匹夫之勇]일 뿐입니다. 항왕이 사람을 대하는 태도는 공손하고 삼가며 자상하고 사랑을 베풀 줄 알며[恭敬慈愛] 말씨도 따스하고 부드러워서[嘔嘔]1) 사람들이 병에 걸리면 눈물을 흘리며 음식을 나눠줍니다만, 부리는 사람이 공로가 있어 마땅히 벼슬을 봉해야 할 경우에는 인장(印章)이 닳아 없어질 때까지[刓敝=抏敝] 차마 내주지를 못하니 이는 이른바 아녀자의 어짊[婦人之仁]일 뿐입니다.

항왕은 비록 천하의 패자(覇者)가 되어 제후들을 신하로 삼고 있지만 관중(關中)에 머물지 않고 팽성(彭城)을 도읍으로 삼았습니다. 또 의제(義帝)와 맺은 약속을 저버린 적이 있고, 자신과 가깝다고 해서 아끼는 정도[親愛]에 따라 제후들을 왕으로 삼은 것은 공평치 못한 일입니다. 제후들은 항왕이 의제를 내쫓아 강남(江南)에 내버려두는 것을 보자 그들도 모두 자기 나라로 돌아가서 자신들의 군주를 내쫓고 각자가 좋은 땅에서 왕 노릇을 했습니다. 항왕이 지나는 곳치고 잔혹한 파괴[殘滅]가 없는 곳이 없었으니, 천하는 많은 원망을 품게 되었고, 백성은 그에게 가까이 붙으려 하지 않고 다만 그의 위세와 강함에 겁먹을 뿐입니다. 명성은 비록 우두머리[覇=伯]라 불릴지 모르지만, 실제는 천하의 마음을 잃었습니다. 그래서 말하기를 그 강함은 얼마든지 약해지기 쉽다고 하는 것입니다.

지금 대왕께서 진실로 능히 그의 길과 반대로 하여 천하의 무재와 용맹을 갖춘 이들을 쓰신다면 어찌 주멸하지 못하겠습니까? 그렇게 해서 천하의 성읍을 공로 있는 신하들에게 봉해주신다면 어찌 복종하지 않겠습니까? 그렇게 해서 의병(義兵)으로 하여금 동쪽으로 돌아가고 싶어 하는 병사들을 거느리게 하신다면 어찌 흩어져 달아나는 자가 있겠습니까?

또 삼진(三秦)의 왕들[2]은 본래 진나라 장군이었는데, 진(秦)나라 (백성의) 자제들을 거느린 지 여러 해 동안 죽거나 도망친 사람이 이루 헤아릴 수가 없습니다. 뿐만 아니라 휘하의 병사들을 속여 제후들에게 항복하게 해서 신안(新安)에 이르렀으나 항왕은 진나라 투항병 20여만 명을 속여 구덩이에 파묻었으니, 이때 오직 장한(章邯)과 사마흔(司馬欣)과 동예(董翳)[邯欣翳]만이 죽음을 모면할 수 있었고 그래서 진나라의 부모 형제들은 이 세 사람을 원망해 원통함이 뼛속까지 사무쳐 있습니다. 지금은 초나라가 강하기 때문에 위력으로 이 세 사람을 (삼진의) 왕으로 삼았지만, 진나라 백성은 아무도 그들에게 애정이 없습니다. (그런데) 대왕께서 무관(武關)으로 들어가실 때는 털끝만큼도 해를 끼치지 않았고 진나라의 가혹한 법률들[苛法]을 없앴으며 진나라 백성에게 세 가지 법을 약속하셨으니[約法三章], 진나라 백성 중에서는 대왕께서 진나라 왕이 되시기를 바라지 않는 이가 없습니다. (관중에 먼저 들어가는 이가 그곳의 왕이 된다는) 제후들끼리의 약속도 있고 하니 대왕께서 마땅히 관중의 임금이 되셔야 하고, 관중의 백성도 모두 이를 알고 있습니다. 대왕께서 직책을 잃고 한중(漢中)으로 들어가시자 진나라 백성 중에 한스러워하지 않는 이가 없었습니다. 지금 대왕께서 군대를 일으켜 동쪽으로 가신다면 저 삼진(三秦)의 땅은 격문(檄文)을 돌리기만 해도 평정될 것입니다."

이에 한나라 왕은 크게 기뻐하면서 스스로 신(信)을 얻게 된 것이 너무 늦었다고 여겼다. 드디어 한신의 계책을 따라서 공격할 곳을 정해 여러 장수를 배치했다[部署=分置].

1) 【집해(集解)】嘔의 발음은 (구가 아니라) 흉(凶)과 우(于)의 반절음이다. 【색은(索隱)】
嘔의 발음은 우(吁)이다. 후후(嘔嘔)는 구구(區區)와 같은데, 『한서(漢書)』에
는 후후(姁姁)로 되어 있다. 후(姁)란 즐겁게 좋아하는 모습이다.

2) 중국의 관중(關中)을 달리 이르는 말로, 오늘날의 섬서성(陝西省) 일대를 가리킨다. 항우(項羽)
가 진(秦)나라로 쳐들어가서 관중을 셋으로 나눈 뒤 장한(章邯)을 옹왕(雍王)으로, 사마흔(司
馬欣)을 새왕(塞王)으로, 동예(董翳)를 적왕(翟王)으로 봉함으로써 한때 진나라가 세 나라로
나뉘었는데, 그 후로부터 이 지역을 뜻하는 말로 쓰였다.

(한나라 원년) 8월에 한나라 왕은 군대를 일으켜 동쪽 진창(陳倉)[1]으로 나
아가 삼진(三秦)을 평정했다.

한나라 2년에 관(關-함곡관)을 나와서 위(魏)나라와 하남(河南)을 거두
니, 한(韓)나라와 은(殷)나라 왕 둘 다 항복했다. 제(齊)나라, 조(趙)나라와
힘을 합쳐 함께 초나라를 쳤다.

4월에 팽성에 이르렀으나 한(漢)나라 군사들은 패배해 흩어져 돌아왔다.
신이 다시 군대를 거둬 한나라 왕과 형양(滎陽)에서 만난 뒤에 재차 경(京)
과 삭(索) 사이에서 초나라를 쳐서 깨뜨리니, 그 때문에 초나라 군대는 끝
내 서쪽으로 나아갈 수가 없었다.

1) 【정의(正義)】기주(岐州) 진창현(陳倉縣)이다.

한나라 군대가 팽성에서 패배해 물러나자, 새왕(塞王) 흔(欣-사마흔)과
적왕(翟王) 예(翳-동예)는 한나라에서 도망쳐 초나라에 항복했으며, 제(齊)
나라와 조(趙)나라도 모두 배반하고 초나라와 화친을 맺었다.

6월에 위나라 왕 표(豹)가 부모의 병을 돌본다는 핑계로 휴가를 얻어서
고향으로 돌아가더니, 그 나라에 이르자마자 곧장 하관(河關)을 폐쇄한 뒤
한나라를 배반하고 초나라와 화친을 맺었다. 한나라 왕은 역생(酈生-역이

기)을 보내 위나라 왕 표를 설득했으나 표가 듣지 않았다.

그해 8월에 신을 좌승상으로 삼아 위나라를 쳤다. 위나라 왕은 포판(蒲阪)에 주력부대를 배치하고[盛兵] 임진(臨晉)1)을 막았고 신은 마침내 더 나아가 자신이 마치 대군을 거느리고 있는 것처럼 보이게 한[疑兵] 뒤에 배를 이어[陳船] 임진에서 황하를 건널 것처럼 하고는 군대를 숨겨 하양(夏陽)에서 목앵부(木罌缻)2)로 건너게 해서 (위나라 수도) 안읍(安邑)3)을 습격했다.

위왕 표는 놀라서 군대를 이끌고 신의 군대에 맞섰으나[迎=對], 신은 드디어 표를 사로잡아 위나라를 평정하고 그 땅을 하동군(河東郡)으로 삼았다. 한나라 왕은 장이를 보내 신과 함께 군대를 이끌고 동쪽으로 가서 조(趙)나라와 대(代)나라를 치게 했다.

후(後) 9월에 대나라 군대를 깨뜨리고서 (대나라 재상) 하열(夏說)을 연여(閼與)에서 사로잡았다. 신이 위나라를 항복시키고 대나라를 깨뜨리자, 한나라는 즉각[輒] 사람을 보내 정예병들을 거둔 뒤에 형양(滎陽)으로 가서 초나라를 막도록[距] 했다.

1) 【색은(索隱)】 임진은 현 이름으로, 하동(河東) 동쪽 연안에 있다.

2) 나무로 만든 통이다.

3) 【정의(正義)】 안읍고성(安邑故城)은 강주(絳州) 하현(夏縣) 동북쪽으로 15리에 있다.

신과 장이는 병력 수만 명을 거느리고 동쪽으로 가 정형(井陘)에서 내려와 조나라를 치려고 했다. 조나라 왕과 성안군(成安君) 진여(陳餘)는 한나라가 장차 쳐들어올 것이라는 말을 듣고는 병사들을 정형 어귀로 모이게 했는데, 그 수가 20만이었다. (이에) 광무군(廣武君) 이좌거(李左車)가 성안군을 설득해 말했다.

"듣건대, 한나라 장수 한신은 서하(西河)를 건너 위나라 왕과 하열(夏說)

을 사로잡았으며 최근에는[新] 연여(閼與)를 피로 물들였다[喋血]고 합니다. 지금 마침내 장이(張耳)의 도움을 받아 모의하기를 조나라를 함락시키기로[下] 했다고 하니, 이는 승세를 타고서 고국을 떠나 멀리서 싸우는 것으로 그 예봉을 감당할 수 없습니다.

신이 듣건대 '천 리 길을 통해 군량을 보내면[饋] 병사들에게는 굶주린 기색[飢色]이 나니, 이럴 경우 (직접) 땔나무를 하고 풀을 베어서 밥을 지어 먹어야 하므로 군사들은 제대로 잘 수도 없고 배불리 먹지도 못한다[1]'라고 했습니다. 그런데 지금 정형으로 가는 길은 (폭이 좁아) 수레를 나란히 해서[方軌] 갈 수가 없고 기병들은 대열을 지을 수가 없어 행렬이 수백 리나 이어지니, 형세상[其勢] 군량미는 반드시 뒤쪽에 있게 됩니다. 바라건대 족하(足下)께서 신에게 기습병 3만 명만 빌려주시면, 샛길[間道]을 따라가서 그들의 군수부대[輜重]를 끊어버리겠습니다. 족하께서는 도랑을 깊이 파고 성채를 높이 쌓아 군영을 굳게 지키기만 하시고, 결코 (한나라 군대와) 맞붙어 싸우지 마십시오. (그러면) 저들은 앞으로 나아가 싸우지도 못하고, 물러나 돌아갈 수도 없을 것이니 (그때) 제가 이끄는 기습병들이 적의 후방을 끊어 들판에서 약탈할 만한 것들을 모두 치워버리면 열흘도 안 되어 두 장수(-한신과 장이)의 머리를 희하(戲下)[2]께 바치게 될 것입니다. 바라건대 군께서는 신의 계책에 뜻을 두셔야 합니다. 그렇지 않으면 반드시 두 사람에게 사로잡힐 것입니다."

1) 중국의 병서(兵書) 『군참(軍讖)』에 나오는 말이다. 1,000리 밖에서 식량을 운송해 오면 병사들은 굶주릴 수밖에 없는데, 작전 중에 땔나무를 베어 밥을 지으면 군사는 늘 배불리 먹을 수 없다. 무릇 군량을 운송하는 거리가 1,000리면 1년분의 양식이, 2,000리면 2년분의 양식이, 3,000리면 3년분의 양식이 소모된다. 이를 두고 나라가 공허해지는 국허(國虛)라고 한다. 국허의 상황이 빚어지면 백성이 빈궁해지는 민빈(民貧)이 나타나고, 민빈이 나타나면 우 아래가 친해질 수 없다. 적이 그 틈을 노려 침공하면 백성은 곤궁한 나머지 약탈을 하게 되니, 이런 나라는

반드시 무너지고 만다. 이를 일컬어 필궤(必潰)라고 한다.

2） 장수의 부하에 대한 경칭이다.

성안군은 유자(儒者)라 늘 의로운 군대[義兵]^의병 [1)]라 자칭하면서 속임수나 기이한 계책[詐謀奇計]^사모 기계을 쓰지 않았기에, 이렇게 말했다.

"내가 듣건대, 병법에서는 '병력이 (적보다) 10배가 되면 적을 포위하고, 2배가 되면 맞붙어 싸우라[2)]'라고 했소. 지금 한신의 병사가 수만 명이라고 하지만 실상은 수천 명에 지나지 않소. 게다가 1,000리를 와서 우리를 치는 것이니 참으로 이미 지칠 대로 지쳐 있을 것이오. 지금 만약에 이런 적을 피하고 치지 않는다면 훗날 더 큰 적이 왔을 때는 어떻게 맞서겠소? 그렇게 되면 제후들은 우리를 겁쟁이[怯]^겁로 여겨 쉽게 와서 우리를 정벌하려 들 것이오."

광무군(廣武君)의 계책을 듣지 않는 바람에 광무군의 계책은 쓰이지 않았다.

1） 이때의 의병은 자발적으로 일어난 군대라는 뜻이 아니라 의로운 원칙을 지키는 군대라는 뜻이다. 이는 유학의 전쟁관에 따른 것이다.

2） 『손자병법(孫子兵法)』에 나오는 다음과 같은 말을 약간 변형해서 말한 것이다. "병력이 적보다 10배가 되면 적을 포위하고, 5배이면 적을 공격하고, 2배이면 적의 군대를 분리해 공격한다[十 즉위지 오즉공지 배즉분지 則圍之 五則攻之 倍則分之]."

한신이 첩자를 시켜 틈을 살피게 하니[間視=間視]^간시 간시 첩자는 광무군의 계책을 쓰지 않기로 했다는 것을 알아내 돌아와서 보고했고, (이에) 크게 기뻐하며 마침내 과감하게 군대를 이끌고서 드디어 (정형의 좁은 길을) 내려왔다. 아직 정형의 어귀에 30리도 이르지 못했는데 행군을 멈추고 야영을 했다가, 그날 밤에 군령을 내려 가볍게 무장한 기병[輕騎]^경기 2,000명을 골라서 저마다

붉은 깃발을 하나씩 가지고 샛길을 따라 산속에 숨어서[萆] 조나라 군대를 살피게 했다.

그러면서 조심시켜 말했다.

"조나라는 우리가 달아나는 것을 보고서 반드시 성벽을 비워둔 채 우리를 추격할 것이다. 만일 그렇게 되면 너희들은 조나라 성벽으로 재빨리 들어가서 조나라 깃발을 뽑고 한나라의 붉은 깃발을 세워라."

(이어) 자신의 비장(裨將-막료 혹은 막비)을 시켜 (병사들에게) 간식[飧]을 전하게 하고는 이렇게 말했다.

"오늘 조나라 군대를 깨뜨리고서 회식을 한다!"

여러 장수는 아무도 그 말을 믿지 않았으나 거짓으로[詳] 응해 "알겠습니다[諾]"라고 대답했다.

군리(軍吏)에게 일러 말했다.

"조나라는 이미 유리한 곳을 선점해[先據=先占] 성벽을 만들었고 또 저들은 우리 대장의 깃발과 북을 보기 전에는 선뜻 우리의 선봉[前行]을 치지 않을 것이니, 이는 우리가 좁고 험한 곳[阻險=險阻]에 이르러 (그냥) 돌아갈 것을 두려워하기 때문이다."

신은 마침내 군사 1만 명을 먼저 가도록 해서 정형 어귀로 나아가 물을 등지고 진을 치게 했다[背水陣]. 조나라 군대가 이를 멀리서 바라보고는[望見] 크게 비웃었다[1].

1) 한신이 병법을 모른다고 생각해 비웃은 것이다.

날이 샐 무렵 신이 대장 깃발을 세우고 북을 설치한 다음에 북을 치면서 행군해 정형 어귀로 나아가니, 조나라는 성벽을 열고 나와 한참 동안[良久] 크게 싸웠다. 이때 신과 장이가 거짓으로 북과 깃발을 버리고 강변의 진지로 달아났다. 강변의 군사들이 진문(陣門)을 열어 맞아들인 다음에 다시 격

렬하게 싸움을 벌였다[疾戰]. 조나라는 과연 성벽을 비워둔 채 한나라의 북과 깃발을 차지하려고 한신과 장이를 추격했으나 한신과 장이는 이미 강변의 진지로 들어갔고, 한나라 군사들이 모두 죽기를 각오하고 싸우니 무찌를 수가 없었다. (한편) 신이 보낸 기습부대인 2,000 기병은 조나라가 성벽을 비운 채 전리품을 쫓는 틈을 엿봐[候] 조나라 성벽 안으로 치달려 가서 조나라 깃발들을 모조리 뽑고 그 자리에 한나라의 붉은 깃발 2,000개를 꽂았다.

조나라 군대는 이미 이길 수 없게 되고 신 등을 잡을 수도 없게 되자 성벽 안으로 되돌아가려고 했으나 성벽에는 모두 한나라의 붉은 깃발이 가득했고, (이에) 크게 놀라며 한나라가 이미 조나라 임금의 장수들을 모두 사로잡았다고 생각해서 병사들은 드디어 혼란에 빠져 숨거나 달아났고[遁走] 조나라 장수들은 도망병들의 목을 베었지만, 막을 수가 없었다. 이에 한나라 군대는 협공을 펼쳐[夾擊=挾擊] 조나라 군대를 크게 무찌르고 포로로 잡았으며, 지수(泜水) 변에서 성안군의 목을 베고 조왕 헐(歇)을 사로잡았다.

신은 마침내 군에 영을 내려 광무군의 목을 베지 말라고 하면서, 그를 산 채로 잡아 오는 자에게는 1,000금을 주겠다고 했다. 얼마 뒤에 어떤 자가 광무군을 포박해 휘하로 데리고 오니, 신이 마침내 그 포박을 풀어주면서 동쪽을 보고 앉게 한 다음에 자신은 서쪽을 향해 마주 보고 앉았는데 이는 그를 스승의 예로써 섬긴 것이다[師事].

적의 머리와 포로를 바치고서[效=致] 휴식을 마친 다음 여러 장수는 모두 축하하면서 곧바로 신에게 물었다.

"병법에는 '산과 언덕을 오른쪽으로 해서 등지고, 물과 못을 앞으로 해서 왼쪽에 두라'라고 했는데, 이번에 장군께서는 도리어 신들에게 물을 등지고 진을 치게 하고서는[背水陣] 말씀하시기를 '조나라를 깨뜨리고서 모

두 함께 모여 먹도록 하자[會食]'라고 하시기에 신들은 마음속으로 받아들일 수 없었습니다[不服]. 그러나 마침내 그렇게 해서 이겼으니, 이는 무슨 전술입니까?"

신이 말했다.

"이는 병법에 있는 것인데, 도리어 여러분이 잘 살피지 못한 것일 뿐이오. 병법에서 말하지 않았소? '죽을 곳에 빠뜨린 다음에야 살릴 수가 있고, 망할 곳에 내던진 다음에야 살아남을 수 있다'라고. 또 나는 평소에 사대부를 길들여 고분고분하게 했던 것이 아니라 병법에서 말한 '저잣거리에 있는 사람들을 내몰아서[敺=驅] 싸우게 한' 것이니, 형세상[其勢] 볼 때 죽을 땅에 두고서 사람마다 각자 자신을 위해 싸우도록 하지 않고 살 땅을 내어준다면 모두 달아나 버릴 터인데 어떻게 이들을 쓸 수 있겠소?"

여러 장수가 모두 탄복하며 말했다.

"훌륭하십니다. 신(臣)들이 미칠 수 있는 바가 아닙니다."

이에 신은 광무군(廣武君)에게 물었다.

"저[僕]는 북쪽으로 연(燕)나라를 공격하고 동쪽으로 제(齊)나라를 치려 하는데, 어떻게 하면[何若] 공을 세울 수 있겠습니까?"

광무군이 사양하며 말했다.

"신이 듣건대, '패한 군대의 장수는 용맹을 말할 수 없고, 망한 나라의 대부는 나라를 존속시키는 일을 도모할[圖=謀] 수 없다'라고 했습니다. 지금 신은 패망한 포로에 불과한데, 이런 신이 어찌 그런 큰일을 헤아릴[權] 수 있겠습니까?"

신이 말했다.

"제가 듣건대 백리해(百里奚)는 우(虞)나라에 있다가 우나라가 망하자, 진(秦)나라에 가서 진나라의 대부가 되었습니다. 그가 우나라에서는 어리석었다가 진나라에서 지혜로운 사람이 된 것이 아니라 (임금이) 그를 썼는지

쓰지 않았는지 그리고 그의 말을 들어주었는지 들어주지 않았는지의 차이일 뿐입니다. 만일 성안군이 당신의 계책을 들어주었다면 저도 사로잡혔을 것입니다. 성안군이 족하를 쓰지 않았기에 제가 족하를 모실 수 있게 되었을 뿐입니다.”

그러고는 굳게 청했다.

“저는 마음을 다해[委心] 계책을 따를 것이니, 바라건대 족하께서는 저의 청을 사양하지 말아주십시오.”

광무군이 말했다.

“신이 듣건대, 지혜로운 사람도 천 번을 생각하면 반드시 한 번은 실수가 있고 어리석은 사람도 천 번을 생각하면 또한 한 번은 얻는 경우가 있다고 했습니다. 그래서 말하기를 ‘헛소리나 해대는 자[狂夫]의 말이라도 빼어난 이는 그것을 잘 가려서 듣는다’라고 한 것입니다. 신의 계책이 충분히 쓸 만한 것인지 두렵기는 합니다만, 어리석은 충정이나마 다해보려 합니다. 저 성안군은 백전백승의 계책이 있었는데도 하루 사이에 잘못을 저질러 군대는 확(鄗)1) 성 아래에서 패배하고 그 몸은 지수 가에서 죽었습니다.

지금 장군께서는 서하(西河)를 건너 위나라 왕과 하열(夏說)을 사로잡고 일거에 정형을 떨어뜨렸으며 내려와서는 하루아침에 조(趙)나라 20만 대군을 깨뜨리고 성안군의 목을 베었으니, 이름은 온 나라 안에 퍼졌고 위엄은 제후들을 떨게 했습니다. 일반 백성은 (멸망이 얼마 남지 않았다고 여겨) 농사일을 멈추고 쟁기를 내던진[輟=止] 채로 아름다운 옷을 입고 맛있는 음식을 먹으면서 장군의 명을 귀 기울여 기다리지 않는 이가 없습니다. 이와 같은 점은 장군에게는 장점입니다.

그런데 병사들은 피로하고 지쳐서 실로 부리기가 어렵습니다. 그런데도 지금 장군께서는 피로하고 지친 병사들을 일으켜 갑자기 튼튼하게 지키고 있는 연나라 성 아래로 쳐들어가려 하고 계십니다. 그럴 경우 이쪽의 내부 실상만 드러낸 채 힘이 다하게 되어 싸우려고 해도 힘이 모자라 뽑아버릴

수가 없고, 시간만 끌다 보면 군량미마저 다[單=盡] 바닥날 것입니다. 게다가 만일 약한 연나라가 항복하지 않을 경우 제나라는 반드시 결국 그 틈을 타서 스스로를 강화할 것입니다. 이 두 나라가 (항복하지 않고) 서로 버티게 되면 유방과 항우[劉項]의 권세는 어느 쪽이 우세하게 될지 가려지지 않을 것입니다. 이와 같은 점은 장군에게는 단점입니다.

신의 어리석음으로 볼 때 방안은 진실로 지나칩니다. 그래서 군사를 잘 쓰는 사람은 이쪽의 단점을 가지고 상대의 장점을 치는 것이 아니라 이쪽의 장점을 가지고 상대의 단점을 칩니다.”

1) 【집해(集解)】 이기(李奇)가 말했다. “鄗의 발음은 (호가 아니라) 확(臛)이다. 상산현(常山縣)이다. (후한의) 광무제가 이곳에서 즉위하고서 이름을 고쳐 고읍(高邑)이라고 했다.”

한신이 말했다.
“그러면 어떤 계책이 있겠소?”
광무군이 대답했다.
“바야흐로 지금 장군을 위한 계책으로는 싸움을 멈춰[案甲] 병사들을 쉬게 한 뒤에 조나라를 어루만져 고아들을 위로하고 100리 안에서는 소고기와 술로 날마다 잔치를 벌여 사대부를 대접하며 병사들에게 술을 먹인[釂=酒] 뒤에야 북쪽 연나라로 향하는 것이 좋습니다. 그런 다음 수레 1대에 변사(辯士)를 실어 보내 짤막한 글을 받들고 연나라로 가게 해서 연나라에 장군의 장점을 알리도록 한다면, 연나라는 분명 감히 듣지 않을 수 없을 것입니다. 연나라가 이미 복종하고 나면, 말 잘하는 사람을 동쪽으로 보내 연나라가 복종한 사실을 제나라에 알리십시오. 그러면 제나라는 바람에 휩쓸리듯이 복종할 것이니, 설사 제나라에 아무리 지혜로운 자가 있다 하더라도 실로 제나라를 위한 다른 계책을 알 수가 없을 것입니다. 이렇게 되

면 천하의 일은 모두 얼마든지 도모할 수 있습니다. 군사의 일이란 먼저 소리를 내고 뒤에 실행에 옮긴다[先聲而後實]는 것은 바로 이를 두고 하는 말입니다."

신이 말했다.

"좋소."

이에 광무군의 계책을 써서 사자를 연나라에 보내니, 연나라는 바람에 휩쓸리듯 복종했다. 마침내 사신을 보내 한(漢)나라에 보고하고 그 참에 장이를 세워 조나라 왕으로 삼아서 조나라를 어루만지게 해줄 것을 청하자, 한나라 왕이 허락하고 마침내 장이를 세워 조나라 왕으로 삼았다.

초나라가 여러 차례 기습병[奇兵]을 보내 황하를 건너서 조나라를 치자 조왕 이(耳)와 한신은 여기저기를 오가며 조나라를 구원했고, 그 참에 가는 곳마다 조나라의 성읍들을 평정하면서 병사들을 징발해 한나라에 보냈다. 초나라가 바야흐로 급히 형양에서 한나라 왕을 포위하자 한나라 왕은 남쪽으로 탈출해 원(宛)과 섭(葉)[1] 사이에서 구강왕 포(布-경포)를 자기편으로 만든 뒤 성고(成皐)로 달려 들어가니, 초나라는 다시 이곳을 급히 에워쌌다.

6월에 한나라 왕이 성고를 나와 동쪽으로 황하를 건너가서 홀로 등공(滕公)만 데리고 수무(修武)에 있는 장이의 군대에 몸을 맡기려 했다. 수무에 이르러 전사(傳舍)에서 하룻밤을 묵은 뒤, 새벽에 스스로를 한나라 사신이라 말하고서 말을 내달려 조나라 성벽으로 들어갔다. 장이와 한신은 아직 일어나지 않았는데, 한나라 왕은 곧바로 그들이 누워 있는 곳으로 들어가서 인부(印符)를 빼앗은 뒤에 여러 장수를 불러 모아 다시 배치했다. 신과 이는 일어나고서야 마침내 한나라 왕이 홀로 와있는 것을 보고서 크게 놀랐다. 한왕은 두 사람의 군대를 빼앗은 뒤에 곧바로 영을 내려 장이로 하여금 조나라를 지키게 했고, 신을 제배해 상국(相國)으로 삼서 조나라 사람

중에 아직 징발되지 않은 자들을 거둬 제나라를 치게 했다.

1) 안사고(顔師古)가 말했다. "완과 섭은 둘 다 현의 이름이다."

　신은 병사들을 이끌고 동쪽으로 갔다. 아직 (회주(懷州)) 평원(平原-나루)[1]을 건너지 않았는데, 그때 한나라 왕이 역이기를 시켜서 이미 제나라를 설득해 함락시켰다는 말을 듣고는 (제나라를 치는 일을) 멈추려 했다. 이때 범양(范陽)의 변사(辯士) 괴통(蒯通)이 신을 설득해 말했다.

　"장군께서 조서를 받아 제나라를 치려 하는데, 한나라 왕이 단독으로 간사(間使-밀사)를 보내 제나라를 항복시키기는 했지만, 여전히 장군께 진격을 그만두라는 조서가 있었습니까? 그러니 어찌 진격하지 않을 수 있겠습니까! 게다가 역생(酈生)은 일개 선비일 뿐인데도 식(軾-수레의 가로막대)에 엎드려 세 치 혀를 놀려서 제나라의 70여 성을 항복시켰습니다. 그러나 장군께서는 수만의 무리를 거느리고도 한 해가 넘도록 조나라의 성 50여 개를 항복시켰을 뿐입니다. 장군이 되신 지 여러 해가 되었는데도 도리어 일개 더벅머리 유생[豎儒]의 공로만도 못하다는 말씀입니까?"

　이에 신은 그의 말이 옳다고 여겨서 계책을 따라 드디어 황하를 건넜다. 제나라는 이미 역생의 말을 듣고서 그를 머물게 하고는 크게 술자리를 벌이며 한나라에 대한 방어 태세를 풀어놓고 있었다. 신이 이를 틈 타 역성(歷城) 아래에서 제나라 군대를 습격하고서는[襲] 드디어 임치(臨菑)에 이르니, 제나라 왕 전광(田廣)은 고밀(高密)로 달아나서 초나라에 사신을 보내 구원을 청했다. 신이 이미 임치를 평정하고 나자, 드디어 동쪽으로 전광을 추격해 고밀 서쪽에 이르렀다. 초나라도 용저(龍且)를 장군으로 삼아 자칭 20만 대군을 보내 제나라를 구원했다.

1) 【정의(正義)】 회주(懷州)에 평원진이 있다.

제왕 전광과 용저가 군대를 연합해 신과 싸우려는데, 아직 교전이 벌어지기 전이었다[未合].

어떤 사람이 용저에게 유세해 말했다.

"한나라 군사는 멀리서부터 싸우러 왔기 때문에 끝까지 싸우려 할 것이니, 날카로운 기세를 당할 수가 없습니다. (반면) 제나라와 초나라는 자기 땅에서 싸우므로 병사들은 쉽게 패해 흩어질 것입니다[1]. 성벽을 높이 쌓고서 제나라 왕으로 하여금 그가 신임하는 신하를 보내서 제나라가 잃어버렸던 성들을 이쪽으로 불러들이게 하는 것이 더 낫습니다. 이미 함락된 성들은 그 왕이 (여기에) 있어 초나라가 구원하러 왔다는 소식을 들으면 반드시 한나라에 반기를 들 것입니다. 한나라 군대는 2,000리나 떨어져 있는 제나라에 와 있으니, 제나라 성들이 모두 반기를 든다면 형세상 식량을 얻을 수가 없을 것이므로 싸우지 않고서도 항복시킬 수 있을 것입니다."

용저가 말했다.

"나는 평소 한신의 사람됨을 알고 있는데, 쉽게 이랬다저랬다[易與] 하는 자일 뿐이다. 또 무릇 제나라를 구원하러 와서 (싸우지도 않고) 그에게 항복해버린다면 나에게는 무슨 공로가 있겠는가? 지금 싸워서 그를 이기면 제나라의 절반을 얻을 수 있는데[2], 어찌 싸우지 않을 수 있겠는가?"

드디어 전투가 벌어지자 유수(濰水)[3]를 사이에 두고 신의 군대와 마주하고서 진을 쳤다. 신은 이때 사람들을 시켜 주머니 1만여 개에 모래를 가득 채워 유수의 상류를 막도록 해놓은 뒤, 군대를 이끌고 반쯤 건너 용저를 쳤다가는 겉으로[佯=陽] 이기지 못하는 척하고서 도로 달아났다.

용저가 과연 기뻐하며 말했다.

"실로 신이 겁쟁이라는 것을 내 잘 알고 있었다."

드디어 신의 군대를 뒤쫓아 유수를 건넜다. 신이 사람을 보내 앞서 막아두었던 모래주머니 둑을 허물게 하자 (얼마 가지 않아서) 강물이 크게 밀어닥쳤다. 용저의 군대는 절반 이상이 건너지 못하고 있었는데, 곧바로 급히 쳐

서 용저를 죽였다. 유수 동쪽에 남아 있던 용저의 군대는 흩어져 달아났고, 제왕 광(廣)도 도망쳤다. 신은 드디어 북쪽으로 성양(城陽)까지 뒤쫓아 초나라 병사들을 모두 사로잡았다.

1) 【정의(正義)】 안사고(顏師古)가 말했다. "자기 집이 가까워서 다들 집으로 돌아갈 생각만 한다는 뜻이다."

2) 안사고(顏師古)가 말했다. "싸움에 이기고 나면 제나라의 땅 절반에 봉해질 것이라고 혼자서 생각한 것이다."

3) 안사고(顏師古)가 말했다. "낭야군(琅邪郡) 북쪽 기현(箕縣)에서 발원해 동북쪽으로 대창(臺昌)을 지나 바다로 흘러 들어간다."

한나라 4년에 드디어 제나라를 모두 항복시켜 평정한 뒤 사자를 보내, 한나라 왕에게 말했다.

"제나라는 과장과 속임수에 능하고 자주 마음을 바꾸며 말을 뒤집는 나라인 데다가 남쪽으로는 초나라와 가까우니[邊=近], 임시 임금[假王]을 세워 눌러주지 않으면 형세상[其勢] 안정시킬 수가 없습니다. 바라건대 신이 스스로를 세워 임시 임금이 되고자 합니다."

마침, 사자가 도착할 무렵 초나라는 형양에서 한나라 왕을 급히 에워싸고 있었는데, 사자가 들고 온 편지를 펴본 한나라 왕은 크게 화가 나서 욕을 하며 말했다.

"나는 이런 곤경에 빠져 아침저녁으로 바라기를 네[而=汝]가 와서 나를 도와줬으면 하는데, 정작 스스로를 세워 왕이 되고 싶어 하다니!"

장량과 진평이 몰래[伏] 한나라 왕의 발을 밟고는 그것을 핑계로 (사과하는 척하면서) 귀에 대고 속삭였다.

"한나라는 바야흐로 불리하니, 어찌 신이 스스로 왕이 되려는 것을 막을 수 있겠습니까? 이번 기회에 그를 세워 왕으로 삼고 잘 대해줌으로써 그

로 하여금 직접 제나라를 지키게 하는 것이 더 낫습니다. 그렇지 않을 경우 변란이 일어날 것입니다."

한왕도 이를 깨닫고는 다시 꾸짖어 말했다.

"대장부가 제후들을 평정했으면 곧바로 진짜 임금[眞王]이 될 뿐이지, 어찌 임시 임금 노릇이나 한단 말인가!"

장량을 보내 신을 세워서 제나라 왕[齊王]으로 삼고, 그의 병사들을 징발해 초나라를 치게 했다.

초나라가 이미 용저를 잃고 나자, 항왕(項王)은 두려움에 빠져서 우이(盱台) 출신의 무섭(武涉)으로 하여금 가서 신을 설득하게 했다.

"천하가 모두 진(秦)나라에 고통받은 지가 오래되어 우리는 서로 힘을 다해 진나라를 공격했습니다. 진나라가 이미 깨뜨려지고 나자, 각자의 공로를 따져서 땅을 나누고 그 땅의 왕이 되어 사졸들을 쉬게 했습니다. (그런데) 지금 한나라 왕은 다시 군사를 일으켜 동쪽으로 진격해서 남의 땅을 침범하고 빼앗았으며, 삼진(三晉)을 이미 깨뜨리고는 군사를 이끌고 함곡관을 나와서 제후들의 병사들을 거둬들여 동쪽으로 초나라를 치고 있으니 속내를 보면 천하를 다 삼키지 않고서는 그치지 않을 것이고 그가 탐욕을 그칠 줄 모르는 것이 이처럼 심합니다. 또 한나라 왕은 결코 믿을 수 없습니다. 그 몸이 항왕의 손아귀에 놓인 적이 여러 차례였건만 항왕은 그를 가련히 여겨 (그때마다) 살려주었는데, 그는 벗어나기만 하면 곧바로 맹약을 어기고 다시 항왕을 공격했습니다. 그를 친신(親信)할 수 없는 것이 이와 같습니다.

(그런데) 지금 족하께서는 스스로 한나라 왕과 두텁게 사귀고 있다고 여겨서 한나라 왕을 위해 온 힘을 다해서 군사를 지휘하고 있지만, 결국에 가서는 그에게 사로잡히는 신세가 될 것입니다. 족하께서 지금까지 이렇게라도 살아 있을 수 있는 것은 항왕이 아직 살아 있기 때문입니다. 지금 한나라 왕과 항왕의 싸움에서 저울추[權]는 족하에게 달렸습니다. 족하께서 오른

쪽으로 저울추를 밀면 한나라 왕이 승리하고, 왼쪽으로 저울추를 밀면 초나라 왕이 승리할 것입니다. 항왕이 오늘 망하고 나면 그다음에는 족하를 붙잡을 것입니다. 족하께서는 항왕과 연고도 있으신데, 어찌하여 한나라를 배반하고 초나라와 손을 잡음으로써 천하를 셋으로 나눠 왕이 되려 하지 않습니까? 지금 이런 기회를 버리고 스스로 한나라를 철석같이 믿어 초나라를 치시다니, 사리를 아는 자[智者]라면 진정 이렇게 할 수가 있습니까?”

한신은 거절하며 말했다.

“신(臣)은 여러 해 동안 항왕을 섬긴 적이 있는데, 벼슬은 낭중(郎中)에 지나지 않았고 지위는 집극(執戟)에 지나지 않았으며 말을 해도 들어주지 않았고 계책을 내어도 써주지 않았기에 그래서 초나라를 배반하고 한나라에 귀의한 것입니다. 한나라 왕은 나에게 상장군 인장을 내려 대군을 수만 명 내주었고, 자기 옷을 벗어 내게 입혀주고 자기가 먹을 것을 내게 내주었으며, 말을 하면 들어주고 계책을 내면 써주었기에 그래서 내가 이 자리에 이를 수 있었던 것입니다. 무릇 남이 나를 깊이 가까이 대해주고 믿어주는데 내가 그를 배반하는 것은 상서롭지 못한 일이니 설사 내가 죽는다 해도 이 마음은 바꿀 수 없습니다. 이 신(信)을 대신해 항왕에게 거절의 말을 전해주신다면 다행이겠습니다.”

무섭이 이미 떠나가고 나자, 제나라 사람 괴통(蒯通)은 천하의 권력이 신(信)에게 달려 있음을 알고서 천하를 셋으로 나누는 기발한 계책을 갖고서 한신을 감동시키려 했다. 그는 자신이 관상을 잘 본다고 하면서 한신에게 유세해 말했다.

“제[僕]가 일찍이 사람을 살피는 술법[相人之術]을 배운 적이 있습니다.”

한신이 말했다.

“선생은 어떤 방법으로 사람의 상을 보십니까?”

괴통이 말했다.

"귀천은 골법(骨法-골상)에 달려 있고 근심과 기쁨은 얼굴 모양과 색깔에 달려 있으며 성공과 실패는 결단력에 달려 있으니, 이 세 가지를 잘 살피면 만에 하나도 어긋남이 없습니다."

한신이 말했다.

"좋소. 선생이 볼 때 과인의 상은 어떻습니까?"

대답해 말했다.

"바라건대 잠깐 주위를 물리쳐주십시오[間=屛]."

신이 말했다.

"좌우는 물러가라!"

통이 말했다.

"군(君)의 얼굴을 보니 후(侯)에 봉해지는 것에 지나지 않고, 그나마도 위태로워 안전하지 않습니다. (그런데) 군의 등을 보니[1] 귀하기가 마침내 말로 다 할 수가 없습니다."

신이 말했다.

"무슨 말이오?"

1) 【집해(集解)】 장안(張晏)이 말했다. "등은 배반하는 것이니, 곧 (배반해) 크게 귀해지는 것이다."

통이 말했다.

"천하가 처음 어려움에 처했을 때 영웅[俊雄]과 호걸들이 스스로 제후나 왕이라고 칭하면서[建號] 한 번 크게 소리치니, 천하의 선비들이 구름처럼 몰려드는[雲合霧集] 것이, 물고기 비늘이 서로 겹치듯이[魚鱗雜襲] 했고 불길이나 바람이 일어나듯이 했습니다. 이런 때를 맞아 근심거리라고는 오직 진나라를 멸망시키는 것뿐이었습니다. (그런데) 지금 유(劉-유방)와 항(項)[1]이 서로 나뉘어 다투게 되자 사람들의 간과 쓸개가 땅바닥에 내팽개쳐지고

(백성 중에) 아버지와 아들의 해골이 들판에 나뒹구는 일이 이루 다 헤아릴 수 없습니다.

초나라 사람 항왕은 팽성(彭城)에서 일어나 여기저기 돌아다니며 싸우다가 달아나는 적을 쫓아 형양(滎陽)에 이르렀으며, 승세를 타고 자리를 말아 올리듯[席卷] 여러 곳을 차지하니 그 위엄이 천하를 떨게 했습니다. 그러나 그의 군대가 경(京)과 색(索)2) 사이에서 곤경에 빠지고 서산(西山)에 가로막혀서 앞으로 나아가지 못한 지가 지금까지 3년이나 됩니다.

한나라 왕은 수십만의 무리를 거느리고 공(鞏)과 낙(洛)에서 험준한 산하를 방패로 삼아 하루에도 여러 차례 싸웠지만 한 자 한 치의 공로도 세우지 못한 채 패배하니, 달아나도 구원해주는 사람이 없어 형양(滎陽)에서 패하고 성고(成皐)에서 가슴을 다쳐 드디어 군대를 돌려 원(宛)과 섭(葉) 사이로 달아났습니다. 이것이 이른바 지혜로운 자와 용감한 자[智勇]가 다 함께 괴로움을 당하는 것입니다. 무릇 날카로운 기세는 험준한 요새에서 꺾이고 양식은 창고에서 바닥나고 백성은 지칠 대로 지쳐 의지할 곳조차 없습니다.

신이 헤아려볼[料=量] 때, 형세상[其勢] 천하의 빼어나고 뛰어난 이[聖賢]가 아니고서는 참으로 천하의 재앙을 그치게 할 수 없습니다. 이런 때를 맞아 두 임금[兩主]의 운명은 족하게 달려 있습니다. 족하께서 한나라를 위하면 한이 이길 것이요, 초나라와 함께하면 초가 이길 것입니다. 신이 바라건대 속마음을 터놓고 간과 쓸개를 드러내 어리석은 계책을 말씀드리려고 하지만, 족하께서 그것을 제대로 쓸 수 없지 않을까 두렵습니다. 바야흐로 지금 족하를 위한 계책으로는 양쪽을 다 이롭게 하면서 두 임금을 모두 존속시켜 천하를 셋으로 나눔으로써 큰 쇠솥의 발[鼎足]처럼 서 있게 하는 것만한 바가 없습니다. 그리되면 형세상 누구도 감히 먼저 움직이지 못할 것입니다.

무릇 족하의 뛰어남과 빼어남[賢聖]으로 수많은 무장 병사를 거느리고 강대한 제나라에 의지해서 연나라와 조나라를 복종시킨 뒤 주인 없는 땅

으로 나아가 한나라와 초나라의 후방을 제압함으로써 백성이 바라는 대로 서쪽으로 진격해 두 나라의 전쟁을 끝내게 하고 백성의 생명을 구해준다면, 천하는 바람처럼 달려오고 메아리처럼 호응할 터이니 누가 감히 족하의 명을 듣지 않겠습니까! 이렇게 해서 큰 나라를 나누고 강한 나라를 약화해 제후들을 세우십시오. 제후들이 일단 세워지면 천하가 복종하면서 제나라에 은덕을 받았다고 여길 것입니다. 그러면 족하께서는 제나라의 옛 땅인 것을 생각해 교(膠)와 사(泗)의 땅을 차지한 뒤에 다움[德]으로 제후들을 회유하며 궁궐 깊은 곳에서 두 손 모아 읍하면서 겸양하는 태도를 보인다면 천하의 군왕들은 서로 끌고 와서 제나라에 조회할 것입니다.

대개 듣건대 '하늘이 내려주는 것을 받지 않으면 도리어 그 허물을 받고[天與弗取 反受其咎], 때가 왔는데도 행동하지 않으면 도리어 그 재앙을 받는다[時至不行 反受其殃]'라고 했습니다. 족하께서는 이를 깊이 생각하시기 바랍니다."

1) 유방과 항우를 한왕이나 초왕이라고 하지 않고 유와 항이라고 부르는 것 자체가 의미심장하다.
2) 하남 형양 부근이다.

한신이 말했다.

"한나라 왕이 나를 대우해주는 것이 두터워, 자기 수레로 나를 태워주고 자기 옷을 내게 입혀주며 자기가 먹을 것을 내게 먹여주었습니다. 내가 듣건대 남의 수레를 타는 자는 남의 근심을 제 몸에 지고, 남의 옷을 입는 자는 남의 걱정을 제 마음에 품으며 남의 음식을 먹는 자는 그의 일을 위해 죽는다고 했는데, 내 어찌 이익을 바라고서 의리를 저버릴 수 있겠소?"

괴생(蒯生)이 말했다.

"족하께서는 스스로 한나라 왕과 친한 사이라고 여겨 영원히 변치 않을 업적을 세우려고 하시지만, 신이 남몰래 생각건대 그것은 잘못입니다. 애

초에 상산왕(常山王-장이)과 성안군(成安君-진여)이 서로 목을 베어줄 만큼 가깝게 사귀었습니다만[勿頸之交] 그런데 뒤에 장염(張黶)과 진석(陳澤)의 일 때문에 다투게 되자 상산왕은 항왕을 배반한 채 항영(項嬰)의 머리를 들고 달아나 한나라 왕에게 귀순했고, 한나라 왕은 장이에게 군대를 주어 동쪽으로 내려가 성안군을 지수(泜水) 남쪽에서 죽이게 했고 그 또한 머리와 다리를 따로 떨어져 나가게 만듦으로써 결국 천하의 웃음거리로 삼았습니다. 이 두 사람이 천하에 둘도 없이 친한 사이였다가 끝에 가서는 서로를 멸망시키려고 한 것은 어째서이겠습니까? 우환이란 욕심이 많은 데서 생겨나고, 사람의 마음이란 앞을 헤아리기 어렵기[難測] 때문입니다.

지금 족하께서는 충성과 신의를 다해 한나라 왕과 사귀려고 하시지만, 분명 그 사귐은 상산왕과 성안군의 사귐보다 견고하다고 할 수 없고, 당신과 한나라 왕, 두 사람 사이에 놓여있는 일들은 장염과 진석의 일보다 많고 큽니다. 그래서 저는 족하께서 한나라 왕이 결코 족하를 위태롭게 하지 않을 것이라고 여기는 것은 실로 잘못[過=誤]이라고 봅니다. (옛날에) 대부(大夫) 종(種-문종)은 범려(范蠡)와 함께 망해가는 월(越)나라를 존속시키고 월왕(越王) 구천(句踐)을 패자(覇者)로 만들어 공명을 세웠지만 자기 몸은 죽게 되었습니다. 들짐승이 다 없어지고 나면 사냥개는 삶아 먹힌다고 했습니다. 교우 관계로 말한다면 (족하와 한나라 왕은) 장이와 성안군보다 못하며, 충성과 신의로 말한다면 대부 종만 못합니다. 이 두 가지 일은 마땅히 거울로 삼아 잘 살펴보아야 합니다. 바라건대 족하께서 깊이 생각해보십시오.

또 제가 듣건대, 용기와 지략으로 군주를 떨게 하는 자는 몸이 위태롭고, 공로가 천하를 덮는 자는 (정작) 상을 받지 못한다고 했습니다. 신이 대왕의 공로와 지략에 대해 말씀드리고자 합니다.

족하께서는 서하(西河)를 건너 위나라 왕과 하열(夏說)을 사로잡고서는 군대를 이끌고 정형(井陘)으로 내려가 성안군의 죄를 주토하고 조나라를

항복시킨 뒤에 연나라를 위협하고 제나라를 평정했으며, 남쪽으로 초나라의 20만 대군을 꺾고 드디어 동쪽으로 진격해 용저(龍且)를 목 벤 후 서쪽(-한나라 왕)을 향해 이 사실을 보고했으니, 이것이 이른바 공로는 천하에 둘도 없고 지략은 불세출이라고 하는 것입니다. 그런데 지금 족하께서는 상을 받을 수 없을 만큼 큰 공로가 있고 군주를 떨게 하는 위력이 있으니, 초나라로 돌아가면 초나라 사람들이 믿지 않을 것이고 한나라로 돌아가도 한나라 사람들이 떨며 두려워할 것입니다. 족하께서는 이러한 공로와 위력을 가지고 어디로 (의탁하러) 가려고 하십니까? 무릇 형세가 남의 신하 된 위치에 있으면서도 군주를 떨게 하는 위세가 있고 이름이 천하에 드높아지셨으니, 남몰래 족하를 위해 위험하다는 말씀을 드리는 것입니다."

한신이 감사하며 말했다.

"선생께서는 잠시 쉬십시오. 나도 장차 깊이 생각해보겠소."

며칠 뒤에 통이 다시 설득해 말했다.

"무릇 남의 말을 듣는다는 것[聽者]은 일을 사전에 살펴보는 것[候]이고, 계책을 잘 세운다는 것[計者]은 일의 성공과 실패의 기틀[機]입니다. 진언을 잘못 받아들이거나 계책에 실패하고도 능히 오래 편안할 수 있는 사람은 드물지만, 진언을 분별하는 데에 한두 가지도 실수하지 않으면 말로도 어지럽힐 수가 없고 계책이 처음과 끝을 잃지 않으면 잘 꾸민 말로도 어지럽힐 수가 없습니다.

무릇 비천하게 말먹이는 일에 종사하는 자는 만승(萬乘-천자)이 될 권위를 잃어버리고[失], 녹봉 한두 섬을 지키는 데 급급한 자는 경상(卿相)의 지위를 지키지 못합니다. 그러므로 지식이란 일을 결단하는 원천이며, 의심은 일을 방해하는 장애물입니다. 터럭 같은 작은 계획을 자세히 따지고 있으면 천하의 큰 계책을 놓쳐버리고, 지혜로는 그 일을 잘 알면서도 끝내 결단해 과감하게 행동하지 못하는 것은 모든 일의 화근입니다. 그래서 사나운 호

랑이라도 머뭇거리게 되면[猶豫] 벌이나 전갈의 독(毒)만도 못하고, 아무리 좋은 준마라도 주춤거리면 노둔한 말의 느릿느릿한 걸음만 못하며, (진나라 맹장) 맹분(孟賁)이라도 여우 같은 의심을 품게 되면[狐疑] 평범한 사내가 반드시 결행하는 것만 못하고, 순임금이나 우왕의 지혜가 있어도 우물쭈물하며 말하지 않으면 벙어리나 귀머거리의 손짓발짓만도 못합니다. 이는 실행하는 것이 그만큼 중요하다는 말입니다. 무릇 공업(功業)이란 이루기는 힘들고, 실패하기는 쉬우며, 때란 얻기는 어렵고 놓치기는 쉽습니다. 때에 맞게 해야 하니, 좋은 때는 다시 오지 않는다고 했습니다. 바라건대 족하께서는 이 점들을 깊이 살피소서."

한신은 망설이면서[猶豫] 차마 한나라를 배반하지 못하다가, 다시 생각하기를 스스로 공로가 많으므로 한나라 왕이 결국 자기에게서 제나라를 빼앗지는 않을 것이라고 여기고서 결국 괴통의 말을 거절했다. 괴통은 자기 말을 들어주지 않자 (후환을 두려워해) 이미 겉으로[詳=陽] 미친 척하면서 무당이 되었다.

한나라 왕이 고릉(固陵)에서 곤경에 처하자, 장량의 계책을 써서 신을 부르니 드디어 신은 장병들을 거느리고 (한나라 왕과) 해하(垓下)에서 만났다. 항우가 이미 깨지고 나자, 고조는 제나라 왕의 군대를 기습적으로 빼앗았다.

한나라 5년 정월에 제나라 왕 신을 옮겨 초왕(楚王)으로 삼고서 하비(下邳)를 도읍으로 삼게 했다.

신은 (자신의) 나라[國=領國]에 이르자 밥을 먹여주고 (예전에 먹을 것을 주었던) 빨래하는 아주머니를 불러 1,000금을 내려주었고, 하향(下鄕)의 정장(亭長)에게는 100전(錢)을 주면서 말했다.

"그대는 소인이다. 은혜를 베풀다가 중도에 그만두었다[不卒=中斷]."

(또) 자신을 욕보인 젊은이들 가운데 가랑이 사이로 기어가게 했던 자를 불러 중위(中尉)로 삼고는, 여러 장수와 재상에게 말했다.

"이 사람은 장사(壯士)이지만, 나를 욕보일 당시에 내가 어찌 이 사람을 죽일 수 없었겠는가? 죽여봤자 아무런 이름이 날 턱이 없어 참았으니, 그 때문에 내가 이처럼 성공하게 된 것이다."

항왕에게서 달아난 장군 종리매(鍾離眛)는 집이 이려(伊廬)[1]에 있었는데, 평소에 신과 사이가 좋아 항왕이 죽은 후에 도망쳐 신에게 귀의했다. 한왕은 매에게 원한이 있었기에, 이때 (종리매가) 초나라에 있다는 말을 듣고는 초나라에 조서를 내려 그를 체포하라고 했다. 신은 초나라에 처음 왔기 때문에 현과 읍을 돌아다닐 때 병사들을 거느리고 드나들었다.

한나라 6년에 어떤 사람이 글을 올려 초나라 왕 한신이 반란을 일으키려 한다고 고변했다.

고제(高帝)는 (이에) 진평의 계책을 써서 천자가 순수(巡狩) 한다고 하면서 제후들을 모이게 했으니, 남쪽에 운몽(雲夢)이라는 큰 호수가 있었는데 제후들에게 사자를 보내 진(陳)에 모두 모이라고 했다.

"내 장차 운몽에 갈 것이다."

실은 신을 급습하기 위한 것이었지만 신은 알지 못했다. 고조가 장차 초나라에 이를 무렵 신은 병사를 출동시켜 반란을 일으키려고도 했고, 스스로 생각할 때[自度] 아무런 죄가 없었기에 상을 알현하고자 했지만 그러다 붙잡히게 될까 두렵기도 했다.

어떤 사람이 신을 설득해 이렇게 말했다.

"매(眛)의 목을 베고서 상을 알현한다면 상께서는 반드시 기뻐할 것이니, 아무런 걱정을 할 필요가 없습니다."

신이 매를 만나 일을 의논하자, 매가 말했다.

"한나라가 초나라를 쳐서 빼앗지 않는 까닭은 내가 이곳에 있기 때문이

오. 그대가 만약에 나를 붙잡아 스스로 한나라에 잘 보이려고 한다면, 나는 지금 바로 죽겠지만 그대도 곧 뒤따라서 망하게 될 것이오.”

그러고는 신을 욕하며 말했다.

“그대는 덕망 있는 인물[長者]이 아니오.”

결국 스스로 목을 찔렀다. 신이 그의 머리를 들고 진영으로 가서 고조를 알현했다. 고조는 무사들을 시켜 한신을 포박하게 한 다음 뒷수레에 실었다. 신이 말했다.

“과연 사람들이 하는 말에 ‘날랜 토끼가 죽으면 훌륭한 사냥개는 삶아 먹고[狡免死 良狗烹]2), 높이 나는 새가 모두 없어지면 좋은 활은 치워 버리며, 적을 깨뜨리고 나면 지모가 있는 신하는 죽게 된다’라고 하더니, 천하가 이미 평정되었으니 내가 삶겨 죽는 것은 실로 당연하구나!”

상이 말했다.

“어떤 사람이 그대가 반란을 꾀했다고 아뢰었다.”

드디어 신에게 차꼬와 수갑을 채웠다가[械], 낙양(雒陽)에 이르러 신의 죄를 사면하고 회음후(淮陰侯)로 삼았다.

1) 【집해(集解)】 서광(徐廣)이 말했다. “동해군(東海郡) 구현(朐縣)에 이려향이 있다.”

2) 안사고(顏師古)가 말했다. “이는 황석공(黃石公)의 『삼략(三略)』에 나오는 말이다.”

신은 한나라 왕이 자신의 능력을 두려워하고 미워한다[畏惡]는 것을 알고 있었기 때문에 병을 핑계로 조회에 나가지도[朝=朝見] 않았고 행차 때 뒤를 따르지도[從=從行] 않았다. 이로 말미암아 (신은) 날로 원망이 쌓여갔고, 평소에도 불만에 가득 차서 씩씩거렸으며[鞅鞅], 강후(絳侯-주발)나 관영(灌嬰) 등과 같은 반열에 있는 것을 수치스럽게 생각했다.

신은 일찍이[常=嘗] 장군 번쾌(樊噲) 집을 방문한 적이 있는데, 쾌는 종종걸음으로 달려와서 맞이하고 배웅했으며 스스로를 신(臣)이라 부르면서

이렇게 말했다.

“대왕께서 마침내 기꺼이 신을 찾아주셨군요.”

한신이 문을 나서며 웃으면서 말했다.

“살아생전에 마침내 쾌 등과 같은 줄[伍]에 서게 되었구나[1].”

상은 일찍이 은밀하게 한신과 함께 여러 장수의 능력을 이야기하면서 각자의 등급을 매겨본 적이 있다.

상이 물었다.

“내 경우에는 얼마나 많은 병사를 이끌 수 있겠는가?”

신이 말했다.

“폐하는 기껏해야 10만 명 정도를 이끌 수 있을 뿐입니다.”

상이 말했다.

“그러면 그대는 어떠한가?”

신이 말했다.

“신의 경우에는 많으면 많을수록 좋습니다[多多益辦].”

상이 웃으면서 말했다.

“많으면 많을수록 좋다면서, 어찌하여 나에게 사로잡혔는가?”

신이 말했다.

“폐하께서는 병사들은 잘 이끄시지는[將兵] 못하지만 장군들을 잘 이끄시니[將將], 이것이 바로 신이 폐하께 사로잡힌 이유입니다. 또 폐하께서는 이른바 하늘이 내려주신 분[天授]이므로 사람의 힘으로는 어찌할 수가 없습니다.”

1) 안사고(顏師古)가 말했다. “둘 다 열후임을 (비꼬아서) 말한 것이다.”

(뒤에) 진희(陳豨)가 거록군(鉅鹿郡) 군수에 제배되어 변경을 감독하러 가게 되어 신에게 작별 인사를 하러 왔는데, 신이 그의 손을 붙잡고[挈]

함께 정원을 여러 차례 빙빙 돌며 걷다가 하늘을 우러러보면서 탄식해 말했다.

"그대는 함께 이야기할[與言] 만한 사람이겠지? 내가 그대와 하고 싶은 말이 있소."

희(豨)가 받아서 말했다.

"오직 장군의 명만 받들 뿐입니다."

신이 말했다.

"그대가 가는 곳은 천하의 정예병이 모여 있는 곳이고, 또 그대는 폐하께서 믿고 총애하는 신하요. 다른 사람이 그대가 반란을 꾀한다고 말해도 폐하께서는 분명 믿지 않을 것이지만, 그런 고발이 두 번 이른다면 폐하는 마침내 의심하게 될 것이고 세 번 이른다면 반드시 분노해 몸소 병사들을 이끌고 나설 것이오. 내가 그대를 위해 이 한복판[中-한나라]에서 일어난다면 천하를 도모할 수 있을 것이오."

진희는 평소 신의 능력을 알고 있어 그를 믿고서 말했다.

"삼가 말씀[敎]을 받들겠습니다."

한나라 11년에 희가 과연 반란을 일으키자, 고제는 친히 군사를 이끌고 나갔다. 한신은 병을 핑계로 따르지 않으면서 몰래 희가 있는 곳으로 사람을 보낸 뒤 자기의 가신들과 함께 모의하기를, 밤에 거짓 조서를 내려 각종 관아의 죄인과 노비[徒奴]들을 풀어주고서는 병사들을 동원해 여후(呂后)와 태자를 습격하고자 했다. 나눠 맡은 역할[部署]은 이미 정해졌고, 희의 답신만 기다리고 있었다. (그런데) 신의 사인(舍人-가신이나 심부름꾼) 중에 신에게 죄를 지은 사람이 있어 신은 그를 가두고서 곧 죽이려고 했는데, 그 사인의 동생이 여후에게 글을 올려 신이 반란을 일으키려 하는 정상을 고변했다. 여후가 신을 부르려다가 혹시 그 당여들이 나아오지 않을까 두려워서 마침내 소상국(蕭相國-소하)과 계책을 세워, 사람을 시켜 제(帝-고조)가

있는 곳에서 온 것처럼 속인 후 '희가 이미 죽었기에 여러 신하가 모두 축하하고 있습니다'라고 말하게 했다.

상국이 신을 속여[紿=詐] 말했다.

"병이 있을지언정 억지로라도 들어와서 축하를 올려야 할 것입니다."

신이 들어오자, 여후는 무장한 병사들을 시켜 신을 포박하게 한 다음에 그를 장락궁(長樂宮) 종실(鍾室)[1]에서 목을 베게 했다. 신은 바야흐로 목이 베이는 순간에 이렇게 말했다.

"나는 후회스럽게도 괴통의 계책을 쓰지 않았다가 마침내 아녀자에게 속았으니, 어찌 하늘의 뜻[天=天命]이 아니겠는가!"

드디어 신의 삼족을 멸했다[夷=滅].

1) 안사고(顏師古)가 말했다. "종이 걸려 있는 건물이다."

고조가 이미 희를 깨뜨리고 돌아와서 신이 죽었다는 소식을 듣자, 한편으로는 기쁘고 한편으로는 슬퍼서[且喜且哀] 이렇게 물었다.

"신이 죽을 때 정말로 무슨 말을 했는가?"

여후가 말했다.

"신이 말하기를, 괴통의 계책을 쓰지 않은 것이 한스럽다고 했습니다."

고조가 말했다.

"이는 제나라 변사(辯士) 괴통이겠구나."

마침내 제나라에 조서를 내려 괴통을 붙잡아 오게 했고, 괴통이 붙잡혀 오자 상이 말했다.

"네가 회음후에게 반란하라고 가르쳤는가?"

괴통이 대답했다.

"그렇습니다. 신이 실로 그렇게 가르쳤습니다만, 그 더벅머리[豎子]가 신의 계책을 쓰지 않아 이렇게 자멸했습니다[自夷=自滅]. 만약에 그 더벅머리

가 신의 계책을 썼더라면 폐하께서 어찌 그를 평정할 수 있었겠습니까?"

상이 화가 나서 말했다.

"저놈을 삶아 죽여라!"

통이 말했다.

"아! 원통하구나! 이렇게 삶겨 죽다니!"

상이 말했다.

"네가 한신을 모반하게 가르쳐놓고는 무엇이 원통하단 말이냐?"

통이 말했다.

"진나라 기강이 해이해지자 산동(山東)이 크게 어지러워지니, 이성(異姓)들이 아울러 일어나고 영웅 준걸들이 까마귀 떼처럼 모여들었습니다. 진나라가 그 사슴을 잃어버리자[失鹿]^{실록}¹⁾ 천하가 모두 그 사슴을 잡으려고 쫓았는데, 재주 많고 발 빠른 자(-유방)가 먼저 그 사슴을 잡았습니다. 도척(盜跖)의 개가 요(堯)임금을 보고 짖는 까닭은 요임금이 어질지 않아서가 아닙니다. 개는 본래 자기 주인이 아닌 사람을 보면 짖는 법이니, 그때 신은 오직 한신만 알았을 뿐 폐하는 알지 못했습니다. 게다가 천하에는 칼끝을 날카롭게 갈아 폐하께서 하신 일과 똑같은 일을 해보려는 사람들이 너무나도 많으니, 살펴볼 때 다만 힘이 모자라서 못 할 뿐입니다. 그런데도 폐하께서는 그런 자들을 모두 삶아 죽이시겠습니까?"

고조가 말했다.

"저자를 놓아주어라."

마침내 통의 죄를 풀어주었다.

1) 【집해(集解)】 장안(張晏)이 말했다. "사슴은 제위(帝位)를 비유한 것이다."

태사공(太史公)이 말한다.

"내가 회음(淮陰)에 갔을 때 회음 사람들이 내게 말했다. 한신(韓信)은 평

민[布衣]일 때도 그 뜻이 보통 사람들과는 달랐으니, 그 어머니가 죽었을 때 가난해서 장례도 치를 수 없었으나 마침내 높고 넓은 땅[高敞地]에 무덤을 만들어 주위에 집이 1만 호나 들어설 수 있게 했다고 한다. 내가 그 어머니의 무덤을 가보았더니 정말로 그러했다.

만약에 한신이 도리를 배우고 겸손하고 사양할 줄 알아서 자신의 공로를 뽐내지 않고 자기의 능력을 자랑하지 않았다면, 한나라에 대한 그의 공훈은 거의 주공(周公)이나 소공(召公), 태공망(太公望) 등에 비할 수가 있었고 후세에도 후손들의 제사를 받을 수 있었을 것이다[血食].

(그러나) 이렇게 되려고 힘쓰지 않고서 천하가 이미 안정된[集=安] 뒤에 마침내 반역을 꾀했으니, 온 집안이 멸족을 당한 것이 참으로 마땅하지 않은가?”[1]

---

1) **【색은술찬(索隱述贊)】** 임금과 신하가 한 몸 되기란[君臣一體]/예로부터 힘든 일이었도다[自古所難]/소상국이 강력히 천거하니[相國深薦]/제배되어 단장에 올랐구나[策拜登壇]/모래주머니 빠뜨려 강물을 막았다 터뜨리더니[沈沙決水]/조나라 깃발 뽑아버리고 군사들에게 간식 먹였네[拔幟傳殮]/한나라와 함께하면 한나라가 중해지고[與漢漢重]/초나라와 함께하면 초나라가 평안해졌도다[歸楚楚安]/삼분하자는 괴통 의견 따르지 않았다가[三分不議]/거짓 회동에 속아 넘어갔으니 한탄스럽다네[僞遊可歎]!

권93 ── 한신노관열전(韓信盧綰列傳) 제33

권93 한신노관열전(韓信盧綰列傳) 제33

한(韓)나라 왕 신(信)[1]은 옛 한나라 양왕(襄王)의 첩이 낳은 손자[孽孫=庶孫]로, 키가 8척 5촌이었다.

항량(項梁)이 초나라 후손 회왕(懷王)을 세웠을 때 연(燕)·제(齊)·조(趙)·위(魏) 나라는 모두 이미 이전의 왕이 다시 왕이 되었지만, 오직 한나라만은 후손이 없었다. 그래서 한나라의 여러 공자 중에서 횡양군(橫陽君) 성(成)을 세워 한나라 왕으로 삼아서 한나라 땅을 어루만져 평정하고자[撫定] 했으나, 항량은 정도(定陶) 전투에서 패해 죽고 성(成)은 회왕에게 달아났다.

패공(沛公-유방)이 군대를 이끌고 와서 양성(陽城)을 치면서 장량(張良)을 한(韓)나라 사도(司徒)로 삼아 한나라 옛 땅을 공략했는데 이때 신(信)을 얻어 한(韓)나라 장수로 삼으니 신은 자기 병사들을 거느리고 패공을 따라 무관(武關)에 들어갔다.

1) 【집해(集解)】 서광(徐廣)이 말했다. "판본에 따라 신도(信都)로 되어 있다." 【색은(索隱)】 『초한 춘추(楚漢春秋)』는 한왕 신도(信都)라고 했는데, 잘못인 듯하다. 다른 어느 책도 신도라고 한 곳은 없다.

패공이 세워져 한(漢)나라 왕이 되자, 신은 그를 따라 한중(漢中)에 들어간 뒤에 마침내 한나라 왕을 설득해 말했다.

"항왕(項王-항우)은 여러 장수를 왕으로 삼았는데 왕(王-한왕 유방)께서

만 홀로 이곳에 머물러 계시니, 이는 내쳐진 것[左遷]입니다. (이곳의) 사졸들은 모두 산동(山東) 사람이므로 발꿈치를 들어 고향으로 돌아가고 싶어 할 것이니, 그 칼날[鋒=銳鋒]을 동쪽으로 돌리신다면[1] 천하(의 패권)를 다툴 수 있을 것입니다."

한나라 왕이 돌아와 삼진(三秦)을 평정하고 나자 마침내 신이 한왕(韓王)이 되는 것을 허락했는데, 그에 앞서 그를 제배해 한(韓)나라 태위(太尉)로 삼아서 병사들을 이끌고 한나라 땅을 공략하게 한 바 있었다.

1) 【색은(索隱)】 위소(韋昭)가 말했다. "기세를 타서 예봉을 동쪽으로 돌리고자 한다는 말이다."

항적(項籍-항우)이 봉해준 여러 왕은 모두 자신들의 봉국으로 나아갔지만, 한나라 왕 성은 항우를 따르지 않아 공로가 없었기 때문에 봉국을 받지 못하고 다시 열후(列侯)에 봉해졌다[1]. 항적은 한(漢)나라가 한신을 보내서 한(韓)나라 땅을 공략하게 했다는 소식을 듣고는 마침내 옛날에 적(籍)이 오현(吳縣)에서 노닐 때 그곳의 현령이었던 정창(鄭昌)을 한(韓)나라 왕으로 삼아 한(漢)나라의 공격에 맞서도록 했다.

한나라 2년에 한신은 한(韓)나라 땅의 10여 개 성을 공략해 평정했다. 한나라 왕이 하남에 이르렀을 때, 신은 양성(陽城)에서 한나라 왕 창(昌)을 습격했다. 창이 항복하자 한왕은 마침내 한신을 세워 한왕(韓王)으로 삼았고[2], 신은 늘 한나라 병사를 이끌고 한왕(漢王)을 따랐다.

한나라 3년에 한나라 왕이 형양(滎陽)을 나가자, 한(韓)나라 왕 신과 주하(周苛) 등은 함께 형양을 지켰다. 초나라가 형양을 꺾자 신은 초나라에 항복했다가 얼마 뒤에 도망쳐서 다시 한나라로 돌아갔고, 한나라는 다시 그를 세워 한왕으로 삼았다. 결국 한왕(漢王)을 따라 항적을 쳐서 깨뜨리고 천하를 평정했다.

한나라 5년 봄에 드디어 부절을 쪼개[剖符] 한왕으로 삼고 영천(潁川)에서 왕 노릇 하게 했다[3].

1) 【집해(集解)】 서광(徐廣)이 말했다. "원년 11월에 성을 주살했다."

2) 【집해(集解)】 서광(徐廣)이 말했다. "2년 11월이다."

3) 한왕으로 삼고서 이제 영천을 도읍으로 정해주었다는 말이다.

이듬해 봄[1]에 상(上)은 한신이 무재(武才)가 있으며 왕 노릇 하는 곳이 북쪽으로는 공(鞏)[2]과 낙(雒)에 가깝고 남쪽으로는 원(宛)과 섭(葉)에 인접해 있으며 동쪽으로는 회양(淮陽)이 있어 모두 천하에서 강성한 군대[勁兵]만 있는 곳이라 하여, 마침내 조서를 내려서 한왕 신을 옮겨 태원(太原)에서 왕 노릇 하면서 오랑캐를 막게 했다. 진양(晉陽)을 도읍으로 정해주었는데, 신이 글을 올려 말했다.

"나라가 변방과 접해 있어[被=帶] 흉노가 자주 쳐들어오는데 진양[3]은 요새와의 거리가 머니, 청컨대 마읍(馬邑)[4]을 다스리게 해주십시오[5]."

상이 허락하니, 한신은 마침내 도읍을 마읍으로 옮겨 다스렸다.

가을에 흉노 묵특(冒頓)이 (쳐들어와) 신을 크게 에워싸자[大圍] 신은 여러 차례 사자를 보내 오랑캐에게 화해를 구했다. 한나라가 군대를 보내 그를 도왔으나 신이 여러 차례 몰래[間=私] (흉노에) 사자를 보내자 두 마음을 품은 것으로 의심했고, 상은 신에게 서신을 보내 꾸짖었다[責讓]. 신은 (서신을 받고서) 목이 날아갈까 두려워 그 참에 흉노와 함께 한나라를 치기로 약속한 뒤, 마읍을 오랑캐에 내주어 항복하고는 태원(太原)을 쳤다.

1) 【집해(集解)】 서광(徐廣)이 말했다. "즉 5년 2월이다."

2) 안사고(顏師古)가 말했다. "지금의 공현(鞏縣)이다."

3) 【정의(正義)】 병주(幷州)다.

한나라 7년 겨울에 상이 몸소 가서 동제(銅鞮)[1]에서 신의 군대를 쳐 깨뜨리고 장수 왕희(王喜)의 목을 베었다. 신은 도망쳐 흉노로 달아났다. 그의 장수 백토(白土)[2] 사람 만구신(曼丘臣)과 왕황(王黃)이 조나라의 먼 후예[苗裔] 조리(趙利)를 세워 왕으로 삼은 뒤, 다시 신의 흩어진 병사들을 거두어 신, 묵특과 모의해 한나라를 치기로 했다. 흉노는 좌현왕(左賢王)와 우현왕(右賢王)에게 기병 1만여 기를 이끌고 왕황 등과 함께 광무(廣武)[3]에 주둔하게 한 다음 남쪽 진양(晉陽)으로 내려와 한나라 병사와 싸웠는데, 한나라가 그들을 크게 깨뜨려 이석(離石)[4]까지 쫓아가서 다시 그들을 깨뜨렸다. 흉노는 다시 누번(樓煩)[5] 서북쪽에서 병사들을 모았고, 한나라는 전차와 기병[車騎]으로 흉노를 쳤다. 흉노는 계속 패해 달아났고, 한나라는 승세를 타고서 북쪽으로 달아나는 적군을 뒤쫓았다.

묵특이 대(代)의 상곡(上谷)에 머물러 있다는 소식을 듣고서 상은 진양에 있으면서 사람을 시켜 묵특을 살피게 했는데, 첩자가 돌아와 보고하기를 "쳐도 좋습니다"라고 했다. (그러나) 상이 드디어 평성(平城)[6]에 이르러 백등(白登)[7]에 올랐는데 흉노의 기병들이 상을 에워쌌다. 상은 마침내 사람을 시켜 연지(閼氏-선우의 아내)에게 많은 선물을 보냈고[厚遺], 연지가 마침내 묵특을 설득해 말했다.

"지금 한나라 땅을 얻는다 해도 오히려 (흉노는) 그곳에서 살 수가 없으니, 장차 두 임금이 서로 횡액을 당할 필요가 있겠습니까?"

7일 만에 오랑캐의 기병들이 점점 물러났다. 이때 하늘에 짙은 안개가 덮여 한나라가 사람들로 하여금 오가게 해보아도 오랑캐는 알아차리지 못했다[不覺]. 호군중위(護軍中尉) 진평(陳平)이 상에게 말했다.

"오랑캐는 병사들을 온전하게 하려고만 합니다. 강한 쇠뇌에 화살을

2개씩 메겨 밖을 향하게 한 뒤에 천천히 걸어서 포위를 벗어나십시오.”

고조가 평성으로 돌아갔고 한나라의 구원병도 도착했으니, 오랑캐 기병은 결국 포위를 풀고 돌아갔다. 한나라도 역시 군대를 풀어 돌아왔다. 한신은 흉노를 위해 군대를 이끌고 오가면서 변경을 공격했다.

1) 【정의(正義)】 노주(潞州)의 현이다.

2) 【집해(集解)】 장안(張晏)이 말했다. “현의 이름이며, 상군(上郡)에 속한다.”

3) 안사고(顏師古)가 말했다. “태원의 현(縣)이다.”

4) 【정의(正義)】 석주(石州)의 현이다.

5) 【정의(正義)】 안문군(鴈門郡) 누번현이다.

6) 【정의(正義)】 삭주(朔州) 정양현(定襄縣)이 이곳이다.

7) 【집해(集解)】 복건(服虔)이 말했다. “높은 대(臺) 이름으로, 평성과의 거리는 7리다.” 여순(如淳)이 말했다. “평성 인근의 고지대로, 구릉과 비슷하다.”

한나라 10년에 한신이 왕황 등으로 하여금 진희(陳豨)를 설득해 길을 잘못 들게[誤] 했다[1].

1) 한나라가 아니라 흉노를 따르게 했다는 말이다. 얼마 후에 고제의 아버지 태상황이 죽자, 고제가 진희를 불러들였으나 진희는 오지 않고 도리어 대나라와 조나라를 들어 반란을 일으켰다.

11년 봄에 전 한왕 신은 다시 오랑캐 기병과 함께 삼합(參合)[1]에 쳐들어와서 한나라와 대치했다. 한나라는 시(柴) 장군[2]을 시켜 그들을 치게 하면서, 신에게 서신을 보내 말했다.

“폐하께서는 너그럽고 어지시어[寬仁], 제후들이 비록 반란하거나 도망을 쳐도 일단 돌아오면 곧바로 옛 지위와 명호를 되찾아주시고 주벌하지 않았습니다. 이는 대왕께서도 잘 아시는 바입니다. 지금 왕께서는 싸움에 져

서 흉노로 달아났을 뿐 큰 죄는 아니니, 서둘러 스스로 돌아오십시오.'

신이 답을 보냈다.

'폐하께서는 여항(閭巷-시골 길거리)에서 저[僕]를 뽑아 임금 자리에 올려서[南面] 스스로를 고(孤)라고 칭하게 해주셨으니 이는 저의 행운이었습니다만, 형양의 일은 제가 능히 죽지 못하고 항적에게 붙잡혔으니, 이것이 첫 번째 죄입니다. 적이 마읍에 쳐들어왔을 때 제가 능히 견고하게 지키지 못해 성을 내주고서 항복했으니, 이것이 두 번째 죄입니다. 지금은 도리어 오랑캐를 위해 병사를 이끌고 한나라 장군들과 맞서서 한순간의 목숨을 다투고 있으니, 이것이 세 번째 죄입니다.

무릇 대부 종(種)과 범려(范蠡)³⁾는 하나의 죄도 없었지만, 몸이 죽었습니다. 그런데 저는 세 가지 죄가 있는데도 살기를 바라니, 이는 (결국) 오자서(伍子胥)가 오나라에서 쓰러져 죽은 것과 같이 될 것입니다. 지금 저는 산골짜기로 도망쳐 숨어 다니며 아침저녁으로 오랑캐들에게 목숨을 구걸하고 있습니다. 그러므로 제가 한나라로 돌아가기를 바란다는 것은 마치 앉은뱅이[癃人]가 일어서는 것을 잊지 못하고 장님이 보는 것을 잊지 못하는 것과 같으니, 형세상으로 불가할 뿐입니다.'

드디어 싸움이 벌어지니, 시 장군은 삼합을 도륙하고[屠] 한왕 신의 목을 베었다.

---

1) 【집해(集解)】 소림(蘇林)이 말했다. "대(代) 땅이다."

2) 【집해(集解)】 등전(鄧展)이 말했다. "시기(柴奇)다." 【색은(索隱)】 응소(應劭)는 시무(柴武)라고 했는데 등전은 시기라고 했다. 진작(晉灼)이 말하기를 시기는 시무 아들이라고 했으니, 응소의 말이 설득력이 있다. 이때는 시기가 아직 장군이 아니었기 때문이다.

3) 안사고(顏師古)가 말했다. "두 사람 다 월왕(越王) 구천(句踐)의 신하다." 범려는 임금에게 죽지 않았다.

(그에 앞서) 신이 흉노에 들어갔을 때 태자와 함께 갔는데, 퇴당성(頹當城)[1]에 이르렀을 때 아들을 낳았기 때문에 이름을 퇴당이라고 했다. 한(韓)의 태자도 아들을 낳아 영(嬰)이라고 했다. 효문제 14년에 퇴당과 영이 자신의 무리를 이끌고 한나라에 항복하니, 한나라는 퇴당을 봉해 궁고후(弓高侯)[2]로, 영을 봉해 양성후(襄城侯)[3]로 삼았다. 오초(吳楚)의 반란 때 궁고후의 공로는 여러 장수 중에 으뜸이었다[冠=首]. 궁고후는 작위를 아들에게 전해 손자에까지 이르렀으나 손자에게 후사가 없어 후(侯)의 작위를 잃었고, 영의 손자는 불경죄를 지어 후(侯)의 작위를 잃었다[4].

퇴당의 서손 한언(韓嫣)은 황제의 총애를 받아 이름과 부유함이 당대에 두드러졌다. 언의 동생 열(說)은 다시 봉해져서 자주 장군으로 불리다가, 결국 안도후(案道侯)에 봉해졌다. 그 아들이 대를 이었으나[5] 한 해 남짓 지나 법에 걸려서 죽었다. 다시 1년쯤 뒤에 열의 손자 증(曾)[6]이 용액후(龍額侯)[7]가 되어 열의 뒤를 이었다.

1) 【집해(集解)】『한서음의(漢書音義)』에서 말했다. "현 이름이다." 위소(韋昭)가 말했다. "흉노 땅에 있다."

2) 【집해(集解)】「지리지(地理志)」에 따르면, 하간(河間)에 궁고현이 있다.

3) 【색은(索隱)】 살펴보건대, 복건(服虔)이 말하기를 양성은 현 이름이며 위군(魏郡)에 속한다고 했다.

4) 【집해(集解)】 서광(徐廣)이 말했다. "「표(表)」에 따르면, 영의 아들 택지(澤之)가 원삭(元朔) 4년에 불경죄를 저질러 나라를 없앴다고 했다."

5) 【집해(集解)】 서광(徐廣)이 말했다. "이름은 장군(長君)이다."

6) 【집해(集解)】 서광(徐廣)이 말했다. "장군(長君)의 아들이다."

7) 【색은(索隱)】 용액은 현 이름이다.

노관(盧綰)은 풍(豐) 사람으로 고조와 같은 마을 출신이다. 노관의 아버

지[親=父]는 고조의 아버지 태상황과 서로 친했고 두 사람이 아들을 얻었는데, 고조와 노관이 같은 날에 태어나니 마을 사람들은 양고기와 술을 갖고 와서 두 집안을 축하해주었다.

고조와 노관은 장성하면서 함께 글을 배웠고 또 서로 아껴주었다. 마을에서는 두 집안이 서로 친하고 아껴주며 아들도 같은 날에 낳은 데다가 커서까지 서로 잘 지내는 것을 아름답게 여겨서, 다시 양고기와 술을 갖고 와서 축하해주었다.

고조가 평민[布衣]일 때 관리에게 죄를 지어 집을 떠나 숨어 지낸 적이 있는데 어디를 가든 늘 노관이 따라다녔다. 고조가 패(沛)에서 처음 (진나라에 반기를 들고) 일어났을 때도 노관은 빈객으로 따라다녔고, 한중(漢中)에 들어갈 때는 장군이 되어 늘 곁에서 시종했다. 동쪽으로 가서 항적을 칠 때는 태위(太尉)로서 늘 시종했고 침실 안까지도 들고났으며 옷이나 음식, 그 밖의 상을 내릴 때도 다른 신하들은 감히 노관과 같은 대우를 바라지도 못했고 소하(蕭何)와 조참(曹參) 등이 각별한 예우를 받기는 했지만, 친행(親幸=제 몸과 같이 여기며 총애함)의 지극함에서는 노관에 미칠 사람이 아무도 없었다. 관을 봉해 장안후(長安侯)로 삼았으니, 장안은 옛날 함양(咸陽)[1]이다.

1) 【정의(正義)】 진나라 함양은 위수(渭水) 북쪽에, 장안은 위수 남쪽에 있었다. 소하가 미앙궁(未央宮)을 지은 곳이다.

한나라 5년 겨울에 항적(項籍)을 깨뜨리자 마침내 노관은 별장(別將)이 되어 유가(劉賈)와 함께 임강왕(臨江王) 공위(共尉)[1]를 쳐서 깨뜨렸다. 7월에 돌아와 (고조를) 종군해 연왕(燕王) 장도(臧荼)를 쳐서 항복시켰다. 고조가 이미 천하를 평정하고 났을 때, 제후 중에 유씨(劉氏)가 아니면서도 왕이 된 사람은 7명이었다. 상은 노관을 왕으로 삼고 싶어 했지만, 여러 신하가

서운해하고 원망할까 봐[觖望] 그만둔 바 있었다. (그러다가) 연왕 장도를 사로잡게 되자 마침내 조서(詔書)를 내려, 여러 신하 중에서 공로가 있는 사람을 연왕(燕王)으로 삼겠다고 했다. 여러 신하는 상이 노관을 왕으로 삼고 싶어 한다는 것을 알고서 모두 이렇게 말했다.

"태위 장안후(長安侯) 노관은 늘 상을 시종하면서 천하를 평정했으니, 공로가 가장 많습니다. 따라서 연나라 왕으로 삼을 만합니다."

상이 그리하라고 했다. 한나라 5년 8월에 마침내 노관을 세워 연나라 왕으로 삼았다. 제후들이나 왕 중에서 연왕보다 더 많은 총애를 받은 사람은 없었다.

1) 【집해(集解)】 이기(李奇)가 말했다. "공오(共敖)의 아들이다."

한나라 11년 가을에 진희(陳豨)가 대(代) 땅에서 반란을 일으키자, 고조가 한단(邯鄲)으로 가서 진희의 군사를 쳤는데, 연나라 왕 노관 또한 그 동북쪽을 쳤다. 이때 진희는 왕황(王黃)을 보내 흉노에게 구원을 청했다. 연왕 노관 또한 자기 신하 장승(張勝)을 흉노에 사신으로 보내 진희의 군대가 이미 격파되었다고 말하게 했다. 장승이 오랑캐 땅에 도착해서 보니 옛 연나라 왕 장도(臧荼)의 아들 장연(臧衍)이 오랑캐 땅으로 도망쳐 와 있었는데, 그가 장승을 보더니 말했다.

"당신이 연나라에서 중용된 이유는 오랑캐 사정에 밝기 때문입니다. 연나라가 오래 존속된 까닭은 제후들이 자주 배반하고 서로 군대를 연합해 승패가 정해지지 않았기 때문입니다. 지금 당신은 연나라를 위해 빨리 진희 등을 없애려고 하는데, 이미 진희 등을 없애고 나면 다음에는 실로 화가 연나라에 미칠 것이며 공들 또한 포로가 될 것입니다. 당신은 어찌하여 진희를 공격하는 일을 잠시 늦추고 오랑캐와 화친하지 않습니까? 일이 느슨해지기만 하면 연나라 왕은 오랫동안 연에서 왕 노릇을 할 수 있습니다. (게

다가) 만일 한(漢)나라에 급한 일이라도 생긴다면 연나라는 편안할 수 있습니다."

장승도 그 말이 옳다고 여겨서 마침내 몰래 흉노에게 진희를 도와 연나라를 치게 하니, 연나라 왕 노관은 장승이 배반해 오랑캐와 함께한다고 의심해 글을 올려서 장승의 일족을 없앨 것을 요청했다. 장승이 돌아와서 그렇게 행동한 이유를 갖춰 말하자[具道] 연나라 왕이 깨닫고는, 마침내 거짓으로 죄주는 것처럼 꾸며서 장승의 가족을 탈출시킨 후 흉노의 간첩이 되게 했다. 그러고는 몰래 범제(范齊)를 진희가 있는 곳[所]에 보내, 가능한 한 전쟁을 오래 끌어 승패를 결정짓지 말도록 했다.

한나라 12년에 고조가 동쪽으로 가서 경포(黥布)를 칠 때 진희는 (종군하지 않고) 늘 군대를 거느린 채 대(代) 땅에 있었기 때문에 한나라에서는 번쾌(樊噲)를 시켜 진희를 쳐서 베어 죽였다. 진희의 비장(裨將)이 항복하면서, 연나라 왕 노관이 범제(范齊)를 시켜 진희와 내통하도록 계책을 꾸몄다고 털어놓았다. 고조가 사자를 보내 노관을 불렀지만 노관은 병을 핑계 대고 가지 않았다. 고조가 다시 벽양후(辟陽侯) 심이기(審食其)와 어사대부(御史大夫) 조요(趙堯)를 보내 연나라 왕을 맞아 오고 연왕의 좌우 사람들을 심문하게 했다.

노관은 더욱 두려워하며 문을 닫아걸고 숨어 지내면서 자신이 총애하는 신하에게 이렇게 말했다.

"유씨가 아니면서 왕이 된 자로는 오직 나와 장사왕(長沙王)이 (남아) 있을 뿐이다. 지난해 봄에 한나라는 회음후(淮陰侯)를 멸족시켰고[族=夷] 여름에는 팽월(彭越)을 베어 죽였는데, 모두 여후(呂后)의 계략이었다. 지금 상은 병이 들어 모든 국사를 여후에게 맡기고 있는데, 여후는 부인으로서 성이 다른 왕과 큰 공로를 세운 신하들을 죽이는 것을 일삼고 있다."

마침내 드디어 병을 핑계로 가지 않았고, 그의 좌우에 있던 신하들도 모

두 도망쳐 숨었다. 노관의 말이 자못 새어나가 벽양후가 듣게 되었다. 벽양후가 돌아가서 고조에게 갖춰 아뢰니 고조는 더욱 화가 났다. 마침, 흉노에서 항복 해온 자가 있었는데, 그가 말했다.

"장승이 달아나 흉노에 와 있는데, 연나라 사신입니다."

이에 고조가 말했다.

"노관이 과연 배반했구나!"

번쾌를 시켜 연나라를 쳤다. 연나라 왕 노관은 궁인과 가속(家屬)과 기병 수천 명을 모두 거느리고 장성 아래에 머물면서 상황을 살피다가, 다행히 고조의 병이 나으면 스스로 들어가서 사죄하려고 했다. 그러나 4월에 고조가 붕하니, 노관은 드디어 무리를 거느리고 도망쳐서 흉노 땅으로 들어갔고 흉노는 그를 동호(東胡)의 노왕(盧王)으로 삼았다. 노관은 다른 오랑캐들에게 침략과 약탈을 당하자 늘 다시 한나라로 돌아가려고 생각하고 있었다. 한 해 남짓 후에 오랑캐 땅에서 죽었다.

고후(高后-여후) 때 노관의 아내와 자식이 도망쳐 와서 한나라에 항복했다. (그런데) 때마침 고후가 병이 나서 만날 수가 없었기에 연나라 왕의 저택에 머물면서 언젠가는 술자리를 마련하여 고후를 만나려고 했다. 고후가 붕하는 바람에 결국 만나볼 수 없었다. 노관의 아내도 병들어 죽었다.

효경제(孝景帝) 6년에 노관의 손자 동호왕(東胡王)[1] 타지(他之)가 항복하니, 그를 봉해 아곡후(亞谷侯)[2]로 삼았다.

1) **【집해(集解)】** 여순(如淳)이 말했다. "동호는 오환(烏丸)이다."

2) **【정의(正義)】** 『한서(漢書)』 「표(表)」에 따르면 하내(河內)에 있다.

진희(陳豨)는 원구(宛句)[1] 사람인데, 처음에 어떻게 해서 (고조를) 따라다

닐 수 있게 되었는지는 알지 못한다.

　고조 7년 겨울에 한왕(韓王) 신(信)이 반기를 들고 흉노에 들어갔을 때, 상은 평성(平城)에까지 갔다가 돌아와서 마침내 (낭중(郎中)이던) 희를 봉해 열후로 삼고서 조(趙)나라의 상국 겸 장수로서 조나라와 대(代)나라의 변경을 통감(統監)하게 하니, 변경의 병사들은 모두 그에게 소속되었다.

1)　안사고(顏師古)가 말했다. "완구는 현(縣) 이름으로, 「지리지(地理志)」에 따르면 제음(濟陰)에 속한다."

　희는 늘 휴가를 내면[告歸] 조나라를 지나갔는데, 한 번은 조나라 재상 주창(周昌)이 희를 따르는 빈객이 1,000여 승(乘)이나 되어 한단(邯鄲)의 관사가 모두 가득 차는 것을 보았다. 희가 빈객을 대우하는 태도는 포의(布衣)의 사귐과 같아서, 늘 빈객의 아래에 머물렀다[1]. 희가 대 땅으로 돌아가자, 주창은 마침내 궁중에 들어와 상을 뵙기를 청했다. 그는 상을 뵙고서 희의 빈객이 성대하고 외지에서 병권을 제 마음대로 하므로 변란을 있을까 두렵다며 실상을 갖춰 말했다. 상이 마침내 사람을 시켜 희의 빈객들이 대 땅에 있으면서 행한 불법적인 일들을 조사하게 하니, 많은 것이 희와 연루되어 있었다. 희가 두려워서 몰래 빈객을 시켜 왕황(王黃), 만구신(曼丘臣)[2] 쪽과 서로 내통하게 해두었다.

　고조 10년 7월에 태상황이 붕했을 때 상이 희를 부르자 희는 병이 너무 심하다고 핑계를 대고, 9월에 드디어 왕황 등과 반란을 일으켜서 스스로를 세워 대왕(代王)으로 삼고 조나라와 대나라 땅을 공격해 빼앗았다.

1)　【정의(正義)】 자기를 낮춰 빈객들을 예우했고, 부귀를 내세워 자신의 존귀함을 크게 드러내지 않았다는 말이다.

2)　【정의(正義)】 두 사람 다 한왕 신의 장수다.

상은 이를 듣고는 마침내 희에게 속아서 땅을 빼앗긴 관리와 백성을 모두 사면해준 뒤, 직접 (군대를 이끌고) 한단(邯鄲)까지 가서 (희의 군진을 살펴보고는) 기뻐하며 말했다.

"진희는 남쪽으로 장수(漳水)에 의지하지 않고 북쪽으로 한단을 지키지도 않으니, 그가 어떤 일도 할 수 없는 자임을 알겠다."

조나라 재상이 상산(常山)의 수(守-군수)와 위(尉-군위)를 죽이려고 하면서, 고조에게 말했다.

"상산의 25개 성 가운데 20개를 진희의 모반으로 잃었습니다."

상이 말했다.

"군수와 군위(郡尉가) 배반했는가?"

대답해 말했다.

"배반하지 않았습니다."

상이 말했다.

"이는 힘이 모자랐기[力不足] 때문1)이다."

그들을 용서해 다시 상산의 군수와 군위로 삼았다. 고조가 주창에게 물었다.

"조나라에도 장수로 삼을 만한 장사(壯士)가 있는가?"

대답해 말했다.

"네 사람이 있습니다."

그 네 사람이 고조를 뵙자, 고조는 그들을 업신여기며 욕했다.

"이런 풋내기들이 장수가 될 수 있겠느냐?"

네 사람은 부끄러워하며 땅에 엎드렸다. (이윽고) 상이 그들을 각각 1,000호(戶)에 봉하고 장군으로 삼자, 좌우 신하들이 간언해 말했다.

"상을 따라 촉나라와 한나라에까지 들어가 초나라를 쳤던 사람들에게도 공로에 대한 상(賞)이 두루 행해지지 못했습니다. 지금 이들이 무슨 공이 있다고 봉하십니까?"

상이 말했다.

"너희가 알 바가 아니다. 진희가 배반해, 한단 이북의 땅은 모두 진희의 차지가 되었다. 내가 격문을 띄워[羽檄] 천하의 군사를 불렀지만 달려오는 자는 없고, 지금은 오직 한단 안의 군사만 있을 뿐이다. 내 어찌 4,000호를 네 사람에게 봉하는 것을 아까워해 조나라 자제들을 위로하지 않을 수 있겠는가!"

모두 말했다.

"좋습니다."

이에 상이 물었다.

"진희의 장수가 누구인가?"

말했다.

"왕황과 만구신인데, 모두 장사꾼이었습니다."

상이 말했다.

"나도 그들을 안다."

마침내 왕황과 만구신에 현상금을 각각 1,000금 걸었다[購].

1) 어쩔 수 없어서 그랬다는 말이다.

11년 겨울에 한나라 군대가 곡역(曲逆)1) 아래에서 진희의 장수 후창(侯敞)과 왕황의 군대를 쳤고, 진희의 장수 장춘(張春)을 요성(聊城)에서 깨뜨리고 1만여 명의 머리를 베었다. 태위 주발(周勃)이 쳐들어가서 태원(太原)과 대(代) 땅을 평정했다.

12월에 상이 직접 동원(東垣)을 쳤지만, 동원은 항복하지 않았고, 병졸들이 상에게 욕을 해댔다. (그 후에) 동원이 항복하자, 병졸 가운데 상을 욕한 자들은 목을 베었고 욕하지 않은 자들은 경형(黥刑)에 처했다. 다시 명을 내려 동원을 진정(眞定)으로 바꿔 불렀다. 왕황과 만구신 휘하에 있던 병사

들이 상금을 받으려고 그들을 모두 산 채로 잡아 왔으니, 이렇게 해서 진희의 군대는 드디어 패배했다.

1) 【정의(正義)】 정주(定州) 북평현(北平縣) 동남쪽으로 15리에 있는 포음고성(蒲陰故城)이 이곳이다.

상은 낙양으로 돌아왔다.
상이 말했다.
"대나라는 상산(常山) 북쪽에 있는데, 조나라는 마침내 상산 남쪽에 있으니 (대나라를 다스리기에는) 거리가 멀다."
마침내 아들 항(恒)을 세워서 대왕(代王)으로 삼아[1] 중도(中都)[2]에 도읍하게 하니, 대와 안문(鴈門)이 모두 대나라에 속하게 되었다.

1) 【집해(集解)】 서광(徐廣)이 말했다. "11년 정월이다."
2) 【정의(正義)】 중도고성(中都故城)은 분주(汾州) 평요현(平遙縣)에서 서남쪽으로 12리에 있다.

고조 12년 겨울에 번쾌의 군졸들이 뒤쫓아가서 영구(靈丘)[1]에서 진희를 베어 죽였다.

1) 【정의(正義)】 울주(蔚州)가 그곳이다.

태사공(太史公)이 말한다.
"한신(韓信)과 노관(盧綰)은 평소 대대로 덕을 쌓고 선을 행한 사람이 아니라 한때의 권모술수[權變]로써 거짓을 행해 공로를 이룬 사람이니, 한나라가 막 천하를 평정하던 때를 만나 땅을 나눠 받고 남면해, 고(孤-임금)라

고 칭할 수 있었다.

안으로 강대하다는 의심을 받자, 밖으로 흉노를 원조자로 믿고 기대었으니, 이 때문에 날로 한나라 조정과 멀어져 스스로 위태롭게 되었고 일이 막다른 데 이르고 지혜가 막히자 결국 흉노로 달아났으니, 어찌 서글프지 않으랴!

진희(陳豨)는 양(梁-위)나라 사람으로, 젊었을 때 자주 위(魏)나라 공자 무기(無忌)를 칭송하고 흠모해서 군대를 이끌고 변방을 지킬 때도 빈객들을 불러 모으고 선비들에게 자기를 굽혔으나 명성이 실상보다 지나쳤다. 그래서 주창(周昌)이 이를 의심하고 조사한 결과 잘못이 많이 드러나니, 화가 몸에 미칠 것을 두려워해 간사한 말을 듣고 드디어 무도한 짓에 빠져들었다.

아아[於戲]! 슬프도다. 무릇 계책의 서투름과 무르익음[生熟], 성공과 실패[成敗]가 사람에게 끼치는 영향이 참으로 깊구나!"[1]

---

1) **【색은술찬(索隱述贊)】** 한양의 서손 한신[韓襄遺孼]/처음에는 한중에서 유방을 따랐다네[始從漢中]/부를 쪼개 왕이 되니[剖符南面]/도읍을 옮겨 북쪽으로 통했도다[徙邑北通]/태자 퇴당 한나라로 돌아왔고[穨當歸國]/용액은 공로가 있었지[龍額有功]/노관은 고조가 친애하던 벗이라[盧綰親愛]/신하 중에 아무도 나란히 할 수 없었다네[群臣莫同]/옛 연나라 왕이 이 왕이건만[舊燕是王]/동호의 계책은 막히고 말았도다[東胡計窮]!

권94 │ 전담열전(田儋列傳) 제34

권94 전담열전(田儋列傳) 제34

전담(田儋)은 적현(狄縣)[1] 사람으로 옛날 제(齊)나라[2] 왕 전씨(田氏)의 종족이다.

담(儋)의 사촌 동생 영(榮)과 영의 동생 전횡(田橫)은 모두 호걸로, 집안이 막강해 능히 사람들을 거둘 수 있었다[得人=收人].

1) 【집해(集解)】 서광(徐廣)이 말했다. "지금의 낙안군(樂安郡) 임제현(臨濟縣)이다."
2) 안사고(顏師古)가 말했다. "이 또한 6국 시대의 제(齊)나라를 가리킨다."

진섭(陳涉-진승)이 처음 일어나 초나라 왕이 되자 주불(周市)로 하여금 위(魏)나라 땅을 공략해 평정하게 한 뒤 북쪽으로 적현에 이르렀는데 적현 성은 잘 지켜지고 있었다. 전담은 거짓으로[詳=陽] 노비를 묶은 뒤 젊은이들을 데리고 관아 뜰에 가서 노비를 죽이는 시늉을 하다가[1], 적현 현령이 나오는 것을 보고는 곧바로 현령을 쳐서 죽인 다음에 세력 있는 관리[豪吏]의 자제들을 불러놓고 말했다.

"제후들이 모두 진(秦)나라에 반란을 일으켜 스스로 일어나고 있는데, 제나라는 옛날에 세워진 나라로서 이 담이 전씨이므로 마땅히 왕이 되어야 한다."

드디어 스스로를 세워 제왕(齊王)이 되어서 군대를 일으켜 주불을 쳤다. 주불의 군대가 돌아가자, 전담은 그 참에 군대를 이끌고 동쪽으로 가서 제나라 땅을 공략해 평정했다.

1) 【집해(集解)】 복건(服虔)이 말했다. "옛날에는 노비를 죽이려면 모두 마땅히 관에 아뢰어야 했으니, 실은 전담은 현령을 죽이고자 했기 때문에 거짓으로 노비를 묶고 가서 아뢴 것이다."

진나라 장수 장한(章邯)이 임제(臨濟)에서 위나라 왕 구(咎)를 에워싸니 사태가 급박했다. 위나라 왕은 제나라에 구원을 청했고, 제나라 왕 전담은 병사들을 이끌고 위나라를 구원했다[1]. 장한은 밤에 나무막대로 (병사들의) 목구멍을 틀어막은[銜枚] 채로 (몰래) 쳐서 제나라와 위나라 군대를 크게 깨뜨리고, 임제성 아래에서 전담을 죽였다. 담의 사촌 동생 영(榮)은 담의 남은 병사들을 거둬 동아(東阿)로 달아났다.

1) 【집해(集解)】 서광(徐廣)이 말했다. "2년 6월이다."

제나라 사람들은 왕 전담이 죽었다는 소식을 듣자 마침내 옛 제나라 왕 건(建)의 동생 전가(田假)를 세워 왕으로 삼고 전각(田角)을 재상, 전간(田間)을 장군으로 삼아 제후들에 맞섰다[距].

전영이 동아로 달아나자, 장한이 뒤쫓아 가서 그를 에워쌌다. 항량(項梁)은 전영이 위급하다는 소식을 듣고는 마침내 병력을 이끌고 가서 동아 성벽 아래에서 장한을 쳐서 깨뜨렸다. 장한은 서쪽으로 달아났고, 항량은 기세를 몰아 그를 뒤쫓았다.

한편, 전영은 제나라가 가(假)를 왕으로 세운 것에 화가 나서 마침내 군사를 이끌고 돌아가 제나라 왕 가를 쳐서 내쫓았다. 가는 초나라로 달아났다. 재상 각(角)은 조(趙)나라로 달아났으며, 각의 동생 간(間)은 그전에 조나라를 구원하러 가 있었는데 거기에 머물며 감히 돌아올 수가 없었다. 전영은 마침내 담(儋)의 아들 시(市)[1]를 세워 왕으로 삼았다[2]. 자신이 재상이

되고 횡(橫)이 장군이 되어 제나라 땅을 평정했다.

1) 전불이라고도 한다.

2) 【집해(集解)】 서광(徐廣)이 말했다. "2년 8월이다."

항량이 이미 계속해서 장한을 뒤쫓았지만, 장한의 군대는 더욱 강성해지니, 항량은 조나라와 제나라에 사신을 보내 군대를 출동시켜서 함께 장한을 칠 것을 요구했다.

(이에 대해) 전영이 말했다.

"초나라가 전가를 죽이고 조나라가 전각과 전간을 죽이면 마침내 기꺼이 출병하겠소."

초나라 회왕이 말했다.

"전가는 동맹국의 왕으로서 사정이 곤궁해져 우리나라에 의탁하고 있으니, 그를 죽이는 것은 마땅하지 않소[不誼=不義]."

조나라 또한 전각과 전간을 죽이면서까지 제나라에 환심을 사고[市] 싶지 않았다.

제나라 왕이 (사신을 통해) 말했다.

"살무사[蝮=虺]에게 손이 물리면[螫] 손을 자르고, 발이 물리면 발을 자릅니다[1]. 어째서이겠습니까? 그렇게 안 하면 몸을 상하게 되기 때문입니다. 전가·전각·전간이 초나라와 조나라에 손이나 발 같은 가까움이 있는 것도 아닌데 무슨 까닭으로 죽이지 않는 것입니까? 장차 진나라가 다시 천하에서 뜻을 얻게 된다면 앞장서서 군사를 일으키고 정권을 세웠던 자들을 당연히 죽일 것이고 그 무덤까지 파헤칠 것입니다."

초나라와 조나라는 제나라의 말을 듣지 않았고, 제나라도 화가 나서 끝내 병사들을 보내주지 않았다. 장한은 과연 항량을 꺾고 그를 죽였으며 초나라 병사들을 깨뜨렸다. 초나라 병사들은 동쪽으로 달아났고, 장한은 황

하를 건너 거록에서 조나라를 에워쌌다. 항우(項羽)가 달려와서 조나라를 구원했고, 이로 말미암아 전영에게 원망을 품었다.

1) 【집해(集解)】 응소(應劭)가 말했다. "손발을 물렸을 경우 그 부분을 잘라내지 않으면 죽는다는 말이다."

항우는 이미 조나라를 구원하고[存=救] 장한 등을 항복시키고 나서, 서쪽으로 가서 함양(咸陽)을 도륙해 진나라를 멸망시키고 제후들을 세워 왕으로 삼았는데 이때 제나라 왕 시(市)를 옮겨서 교동왕(膠東王)으로 고쳐 삼아 즉묵(卽墨)에 도읍하도록 했다[治=都]. 제나라 장군 전도(田都)는 항우를 따라서 함께 조나라를 구원하고 그 참에 함곡관에 들어갔기 때문에, 전도를 세워 제왕(齊王)으로 삼고 임치(臨菑)에 도읍하도록 했다. 옛 제나라 왕 건(建)의 손자 전안(田安)은 항우가 마침 황하를 건너 조나라를 구원해줄 때 제북(濟北)의 여러 성을 함락시킨 뒤 병사들을 이끌고 항우에게 항복했기 때문에, 항우는 전안을 세워 제북왕(濟北王)으로 삼고 박양(博陽)에 도읍하도록 했다. 영(榮)은 항량의 뜻을 따르지 않고 초나라가 진나라를 공격할 때 기꺼이 돕지 않았기 때문에 왕이 되지 못했고 조나라 장군 진여(陳餘) 또한 직책을 잃어 왕이 되지 못했으니, 두 사람은 모두 항왕에게 원망을 품었다.

항왕이 이미 자기 나라로 돌아가자, 제후들도 각자의 봉국으로 나아갔고[就國] 전영은 사람을 시켜 군대를 이끌고 가서 진여를 도와 조나라 땅에서 반란을 일으키게 하고는 영 자신도 군대를 동원해 전도(田都)를 쳤고, 도(都)는 초나라로 달아났다. 영이 제나라 왕 시를 억류해 교동으로 가지 못하게 하니, 시의 좌우에 있던 신하들이 말했다.

"항왕은 강포하니 왕께서는 마땅히 봉국으로 나아가셔야 합니다. 나아

가지 않으시면 반드시 위태로우실 것입니다.”

시가 두려워하다가 마침내 도망쳐 봉국으로 나아가니 영은 화가 나 뒤쫓아 가서 즉묵에서 시를 쳐 죽였고, 돌아와서는 제북왕 안을 공격해여 죽였다. 이에 전영은 스스로를 세워 왕이 됨으로써 삼제(三齊)의 땅[1]을 모두 집어삼켰다.[2]

1) 안사고(顏師古)가 말했다. “제(齊)와 제북(濟北), 교동(膠東)의 땅을 가리킨다.”

2) 【색은(索隱)】 전시는 교동왕, 전도는 제왕, 전안은 제북왕이었다.

항왕이 이를 듣고는 크게 화가 나서, 마침내 북쪽으로 제나라를 쳤다. 제나라 왕 영의 군대가 패배해 평원(平原)으로 달아났는데[1] 평원 사람들이 영을 죽였다. 항우가 드디어 제나라 성곽들을 불태워 평지로 만들고[夷=平] 지나는 곳마다 사람들을 모두 도륙했다[2]. 제나라 사람들은 서로 모여서 항우에게 반기를 들었다. 영의 동생 횡(橫)은 제나라의 흩어진 병사들을 거둬 수만 명을 모아 성양(城陽)에서 항우를 맞아 싸웠다.

한편, 한왕(漢王)은 제후들을 거느리고 초나라를 꺾은 뒤 팽성에 들어갔다. 항우가 이 소식을 듣고는 마침내 제나라를 내버려두고[釋=解] 돌아가 팽성에서 한나라를 치니, 그로 인해 연이어 한나라와 싸우면서 형양(滎陽)에서 서로 대치했다[距]. 그 때문에 횡은 다시 제나라 성읍들을 차지하게 되자 영의 아들 광(廣)을 세워 왕으로 삼고 자신은 재상이 되었으니, 크고 작은 일[巨細]을 가리지 않고 모든 정사가 재상 횡에 의해 결정되었다.

1) 【집해(集解)】 서광(徐廣)이 말했다. “3년 정월이다.” 【색은(索隱)】 평원은 덕주(德州)다.

2) 【집해(集解)】 서광(徐廣)이 말했다. “옛 왕 전가를 세웠다.”

전횡이 제나라를 평정한 지 3년이 지났을 때, 한나라 왕은 역이기(酈食

其)를 제나라에 보내 제나라 왕 전광과 재상 전횡에게 한나라에 항복하도록 설득했다. 전횡은 역이기의 말이 옳다고 여겨서 역하(歷下)[1]에 있던 군대를 해산시켰는데, 한나라 장수 한신(韓信)이 군대를 이끌고 동쪽으로 제나라를 쳤다.

이에 앞서 제나라는 화무상(華毋傷)과 전해(田解)로 하여금 역하(歷下)에 군진을 치고 한나라에 맞서게 했는데, 이런 때를 맞아, 한나라 사신 역이기(酈食其)가 찾아오자, 역하의 수비를 풀고 술잔치를 베푼 뒤 장차 사신을 보내 한나라와 화평을 맺으려 했다. 이런 차에 한나라 장수 한신이 이미 조나라와 연나라를 평정하고 난 뒤 괴통의 계책에 따라 평원(平原) 나루를 건너서 역하에 있던 제나라 군대를 기습해 깨뜨리고 잇달아 임치(臨淄)로 들어왔던 것이다.

제나라 왕 광과 재상 횡은 역생(酈生-역이기)이 자신들을 속였다고[賣=欺] 여겨 그를 삶아 죽였다[亨=烹]. 광은 동쪽의 고밀(高密)로 달아났고, 횡은 박(博)[2]으로 도망쳤으며, 수상(守相)[3] 전공(田光)은 성양으로 달아났고, 장군 전기(田旣)는 이미 교동에 진을 쳤다. 초나라가 용저(龍且)로 하여금 제나라를 구원하도록 하니, (용저는) 제나라 왕과 고밀에서 만나 연합군을 형성했다.

한나라 장수 한신과 조참(曹參)은 용저를 깨뜨려 죽이고 제나라 왕 광을 사로잡았으며, 한나라 장수 관영(灌嬰)은 임시 재상 광(光)을 뒤쫓아 사로잡은 뒤 박양(博陽)에 이르렀다. 한편, 횡은 왕이 죽었다는 말을 듣고서 스스로를 세워 왕이 된 다음에 돌아가서 영(嬰-관영)을 쳤는데, 영의 군사가 영성(嬴城)[4] 아래에서 횡의 군대를 꺾으니, 횡은 양(梁)나라로 달아나 팽월에게 귀순했다. 팽월은 이때 양나라 땅에 있으면서 가운데 입장을 지켰으니[中立], 한나라 편을 들기도 하고 초나라 편을 들기도 했다. 한신이 이미 용저를 죽인 데 이어 병사를 이끌고 나아가 교동에서 전기를 깨뜨려 죽였으며 관영이 천승(千乘)[5] 땅에서 제나라 장군 전흡(田吸)을 깨트려 죽였다. 한신

이 드디어 제나라 땅을 평정하고서 스스로를 세워 제나라 가왕(假王)이 될 것을 청했고⁶⁾, 한나라는 그 참에 그를 진짜 왕으로 세웠다.

1) 장안(張晏)이 말했다. "제남(濟南) 역산(歷山) 아래를 말한다."

2) 소림(蘇林)이 말했다. "태산(泰山)의 박현(博縣)이다."

3) 안사고(顔師古)가 말했다. "임시로 재상의 일을 맡은 사람을 말한다."

4) 【집해(集解)】 진작(晉灼)이 말했다. "태산(泰山) 영현(嬴縣)이다."

5) 【정의(正義)】 천승고성은 치주(淄州) 고원현(高苑縣) 북쪽으로 25리에 있다.

6) 【집해(集解)】 서광(徐廣)이 말했다. "2월이다."

1여 년 후에 한나라가 항적을 멸망시키자 한왕이 세워져 황제가 되었고, (이에) 팽월을 양왕(梁王)으로 삼았다. 횡은 주살될까 두려워 그 무리 500여 명과 함께 바다로 가 섬에서 살았다. 고제(高帝)가 이 소식을 듣고는, 횡의 형제들이 본래 제나라를 평정한 바 있는 데다가 제나라 사람들 중 뛰어난 이들이 대거 그를 따르고 있으므로 지금 바다에 있는 자들을 거두지 않을 경우, 뒤에 반란이 있을지도 모른다고 걱정해 마침내 사자를 보내 횡의 죄를 용서한다면서 그를 불러오게 했다.

전횡이 사죄하며[謝] 말했다.

"신은 폐하의 사신 역이기를 삶아 죽였는데, 지금 듣건대 그의 동생 상(商)이 한나라의 장수가 되었고 뛰어나다고 하니 신이 두려워 감히 조서를 받들지 못하겠습니다. 부디 그냥 평민으로 남아 바다의 섬이나 지키며 살게 해주십시오."

사자가 돌아와 보고하자 고황제는 마침내 위위(衛尉) 역상(酈商)에게 조서를 내려 말했다.

"제나라 왕 횡이 이곳에 들어왔을 때 감히 그를 따르는 사람들을 불안하게 하는 자가 있다면 일족을 멸할 것이다[族夷=族滅]."

마침내 다시 사자에게 부절을 지니고 가서 조서의 뜻을 자세하게 설명하면서 이렇게 말하도록 했다.

"횡이 오게 되면 큰 인물은 왕으로 삼고 작은 인물은 곧 후(侯)로 삼겠지만[1], 오지 않으면 군대를 발동해 주살할 것이다."

전횡은 마침내 빈객 2명과 함께 역마를 타고서[乘傳] 낙양으로 갔다.

[1] 안사고(顔師古)가 말했다. "큰 인물이란 횡 자신이고, 작은 인물은 그를 따르는 무리[徒屬]다."

낙양에서 30리쯤 떨어져 있는 시향(尸鄕) 역에 이르렀을 때, 횡은 사자에게 감사하며 말했다.

"남의 신하 된 자가 천자를 알현하는 것이니, 마땅히 몸을 씻고 머리를 감아야 합니다."

(그러고는) 그곳에 멈춰 머물면서, 빈객들에게 이렇게 말했다.

"나는 애초에 한나라 왕과 더불어 왕 노릇을 하면서[南面] 스스로를 고(孤-왕의 자칭)[1]라고 했는데, 지금 한왕은 천자가 되고 횡은 도망친 포로[亡虜]가 되어 북면해 그를 섬기게 되었소. 그 치욕스러움[媿]이 참으로 너무도 심하구려. 또 나는 남의 형을 삶아 죽였는데 그 동생과 어깨를 나란히 하여 같은 군주를 섬겨야 하니, 비록 그가 천자의 명령을 두려워해 감히 나를 괴롭히지는 못한다고 해도 나 홀로 마음속에 부끄러움이 없겠소? 또 폐하께서 나를 보고자 하는 까닭은 그저 내 얼굴과 모습을 한번 보고자 하는 것에 지나지 않을 뿐이오. 폐하께서 낙양에 계시니, 지금 내 목을 베어 30리를 말로 내달리게 하면 모습은 아직 썩지 않아 오히려 알아볼 수 있을 것이오."

드디어 스스로 목을 찌르면서, 빈객으로 하여금 자신의 목을 받들고 사자를 따라가서 고제에게 바치게 했다.

고제가 말했다.

“아, 다 이유가 있었구나! 평민 집안에서 일어나 형제 3명이 번갈아 왕이 되었으니, 어찌 뛰어나다 하지 않겠는가!”

그를 위해 눈물을 흘리고는 두 빈객을 제배해 도위(都尉)로 삼았고, 병졸 2,000명을 동원해 왕의 예로써 전횡을 장사 지냈다.

1) 안사고(顏師古)가 말했다. “임금이 스스로를 고(孤)라고 부르는 것은 대개 겸손을 나타내기 위함이다. 노자(老子)의 『덕경(德經)』에 이르기를 ‘귀함은 천함은 근본으로 삼고, 높음은 낮음을 기본으로 삼는다’라고 했으니, 이 때문에 제후나 왕은 스스로를 일러 고(孤)·과(寡)·불곡(不穀)이라고 하는 것이다.”

장례가 끝나고 나자, 두 빈객은 그 무덤 곁에다 구덩이를 파고, 둘 다 목을 찔러 구덩이로 떨어져 횡의 뒤를 따랐다. 고제가 이를 듣고 마침내 크게 놀라면서 전횡의 빈객들은 모두 뛰어난 자들이라고 여겼다. 나머지 500명이 여전히 바다 가운데에 있다고 들었다면서 사자를 시켜 그들을 불러오게 했다. (사자가) 가보니 빈객들은 전횡이 죽었다는 소식을 전해 듣고는 또한 모두 자살했다. 이를 통해 마침내 전횡 형제가 능히 선비들의 마음을 얻고 있었음을 알 수가 있다.

태사공(太史公)이 말한다.

“심하구나! 괴통(蒯通)의 계모(計謀)는 제나라를 어지럽히고 회음후(淮陰侯)를 교만하게 해서 끝내 이 두 사람[1]을 망쳤도다! 괴통이란 자는 장단점을 잘 말했으니, 전국시대의 권모술수를 논해 81편으로 만들었다. 괴통은 제나라 사람 안기생(安期生)과 잘 지냈는데, 안기생은 일찍이 항우에게 벼슬자리를 얻기를 바랐지만, 항우는 그의 계책을 쓰지 않았다. 얼마 뒤에 항우가 이 두 사람을 봉해주려 했으나 두 사람은 끝내 기꺼이 받지 않고 도망쳐 달아났다.

전횡(田橫)은 절의가 높아서[高節] 빈객들이 그의 의로움을 흠모해 횡을 따라 죽었으니, 어찌 지극히 뛰어난 이[至賢]가 아니겠는가! 나는 이런 까닭에 그의 열전을 지었다.

계책을 잘 세우는 자가 없지 않았을 터인데도 능히 제대로 도모할 수 없었던 것은 어째서인가?[2]"[3]

1) 【집해(集解)】 한신과 전횡이다.

2) 【색은(索隱)】 '천하에 계책을 잘 세우는 사람이 없지 않았을 터인데 전횡과 그 당여는 의로움을 제대로 현실에 적용할 줄 몰랐으니, 이는 어째서인가'라는 말이다.

3) 【색은술찬(索隱述贊)】 진나라와 항우 사이에[秦項之際]/천하의 전란이 있었도다[天下交兵]/육국은 각기 당여를 심었고[六國樹黨]/스스로 영웅호걸을 자처했다네[自置豪英]/전담이 적에게 죽자[田儋殞寇]/시를 세우고 영을 재상으로 삼았도다[立市相榮]/초나라가 가를 봉해 왕으로 삼았고[楚封王假]/제나라는 역생을 죽여버렸지[齊破酈生]/형제들이 번갈아 왕이 되니[兄弟更王]/바닷가 섬에까지 명성이 전해졌도다[海島傳聲]!

권 95 번역등관열전(樊酈滕灌列傳-번쾌·역상·등공·관영 열전) 제 35

권95 번역등관열전
(樊酈滕灌列傳-번쾌·역상·등공·관영 열전) 제35

무양후(舞陽侯)[1] 번쾌(樊噲)는 패현(沛縣)[2] 사람이다. 그는 개 도살을 생업으로 삼았는데[3], 뒤에 고조와 함께 (망탕산(芒碭山)의 늪지대 안에서) 숨어 지내기도 했다.

1) 【정의(正義)】 무양은 허주(許州) 섭현(葉縣) 동쪽으로 10리 떨어진 곳이다.

2) 【정의(正義)】 패는 서주(徐州)의 현이다.

3) 【정의(正義)】 당시 사람들은 개고기를 양고기나 돼지고기와 함께 먹었기 때문에 쾌는 전문적으로 개를 도살해서 팔았다.

애초에 그는 고조를 따라 풍(豊) 땅에서 일어나 패현을 공격해 떨어뜨렸다. 고조가 패공(沛公)이 되자 쾌(噲)를 사인(舍人-가신)으로 삼았다. (쾌는) 패공을 따라 호릉(胡陵)과 방예(方與)[1]를 공격하고 돌아왔고, 풍 땅을 지키면서 사수군(泗水郡) 감군(監郡)[2]을 풍(豊) 부근에서 쳐서 깨뜨렸다. 다시 동쪽으로 가서 패현을 평정하고 설현(薛縣) 서쪽에서 사수군 군수(郡守)를 깨뜨렸다. (진나라) 사마(司馬) 니(尼)와 탕현(碭縣)[3] 동쪽에서 전투를 벌여 적을 물리치고 적군 15명의 머리를 베어 국대부(國大夫)[4] 작위를 하사받았다.

1) 【정의(正義)】 발음은 방예(房預)다.

2) 【색은(索隱)】 진나라 때 어사감군(御史監郡)이다.

3) **[정의(正義)]** 송주(宋州)의 현이다.

4) 진(秦)나라의 20등급 작위 중 여섯 번째 작위다. 관대부(官大夫)와 같다.

그는 늘 패공을 따랐는데, 패공이 복양(濮陽)에서 장한(章邯)의 군대를 치면서 성을 공격했을 때 가장 먼저 성에 올라[先登] 적군 23명의 머리를 베고 열대부(列大夫)[1] 작위를 받았다. 다시 늘 패공을 따라다니면서 성양(城陽)을 공격할 때도 가장 먼저 성에 올랐다[2]. 호류(戶牖)[3]를 떨어뜨리고 (이사의 아들) 이유(李由)의 군대를 깨뜨려서 적군 16명의 머리를 베어 상간작(上間爵)[4] 작위를 받았다. 패공을 따라 성무현(成武縣)에서 동군(東郡) 군수(郡守)와 군위(郡尉)를 공격하고 포위해서 적을 물리쳤는데, 적군 14명의 머리를 베고 16명을 사로잡음으로써 오대부(五大夫)[5] 작위를 받았다. 패공을 따라 진(秦)나라 군대를 공격하기 위해 박(亳) 땅 남쪽으로 나아가서는 강리(杠里)에 주둔하고 있던 하간군(河間郡) 군수의 군대를 깨뜨렸고, 개봉(開封) 북쪽에 주둔하고 있던 조비(趙賁)의 군대를 쳐서 깨뜨리고 적을 물리칠 때는 성에 맨 먼저 올라가서 척후병 1명과 적군 68명의 머리를 베고 27명을 포로로 잡음으로써 경(卿) 작위를 받았다. 패공을 따라가서 곡우(曲遇)[6]에 주둔하고 있던 양웅(楊熊)의 군대를 깨뜨렸다. 원릉(宛陵)[7]을 공격할 때도 가장 먼저 성에 올라가서 적군 8명의 목을 베고 44명을 포로로 잡음으로써 작위를 하사받고 봉해져 현성군(賢成君)이라는 칭호를 받았다. 패공을 따라서 장사(長社)와 환원(轘轅)을 공격한 뒤 황하 나루를 가로질러 건너가서[絶] 동쪽으로 시향(尸鄕) 남쪽에 진을 치고 있던 진(秦)나라 군대를 공격했고, 주(犨)[8]에 진을 치고 있던 진나라 군대를 공격했다. 양성현(陽城縣)에서 남양군(南陽郡) 군수 여의(呂齮)를 깨뜨렸다. 동쪽으로 원현(宛縣)의 성을 공격할 때도 가장 먼저 성에 올랐다. 서쪽으로 척(酈)[9]에 이르러 적을 물리칠 때는 적군 24명의 목을 베고 포로 40명을 사로잡음으로써 봉읍을 추가로 받았다[重封=益祿=增封]. 무관(武關)을 공격하고 패상(霸上)

에 이르러 도위(都尉) 1명과 적군 10명의 목을 베었으며, 포로 146명을 사로 잡고 병졸 2,900명을 항복시켰다.

1) 진(秦)나라의 20등급 작위 중 일곱 번째 작위다. 공대부(公大夫)와 같다.

2) 【집해(集解)】 서광(徐廣)이 말했다. "「연표(年表)」에 이르기를, 2년 7월에 진나라 군대를 복양 동쪽에서 깨뜨리고 성양을 도륙했다고 했다."

3) 【정의(正義)】 호류는 변주(卞州) 동진류현(東陳留縣) 동북쪽으로 91리에 있는 동 혼고성(東昏故城)이다.

4) 진(秦)나라의 20등급 작위 중 여덟 번째 작위다. 공승작(公乘爵)과 같다. 상문작(上聞爵)이라 고도 한다.

5) 진(秦)나라의 20등급 작위 중 아홉 번째 작위다.

6) 【색은(索隱)】 읍 이름이다.

7) 【색은(索隱)】 「지리지(地理志)」에 따르면, 하남군(河南郡)에 속한다.

8) 【정의(正義)】 여남군(汝南郡) 노산현(魯山縣) 동남쪽이다.

9) 【정의(正義)】 酈은 발음이 (역이 아니라) 척(擲-던지다)이다. 등주(鄧州) 신성현(新 城縣) 서북쪽으로 40리에 있다.

항우(項羽)가 희하(戱下)에 있으면서 패공을 공격하려고 했다. 패공은 100여 기병을 이끌고 가서 항백(項伯)을 통해 항우를 만나서 함곡관(函谷 關)을 막는 일이 없도록 하겠다고 사죄했다. 항우가 이미 군사들에게 주연 을 베풀었고, 술자리가 적당히 무르익었을 때[中酒＝酒酣] 아보(亞父)[1]가 패 공을 죽이고자 계책을 세우기를 항장(項莊)으로 하여금 좌중에서 칼춤을 추다가 패공을 치게 했는데, 위급한 순간마다 항백이 늘 어깨로 패공을 가 로막아주었다. 이때 연회에는 패공과 장량(張良)만이 들어가 앉을 수 있었 고 쾌는 군영 밖에 있었는데, 사태가 급박하다는 소식을 듣고는 마침내 철 방패를 들고 병영 안으로 뛰어들었다. 처음에 들어가려 하자 병영의 보초

가 쾌를 저지했는데, 쾌는 곧장 그를 방패로 밀치고 들어가서 장막 아래에 섰다. 항우가 그를 보고서 누구냐고 물었다.

장량이 말했다.

"패공의 참승(參乘) 번쾌라고 합니다."

항우가 말했다.

"장사로다."

그에게 큰 술잔[卮]에 술을 따라주고 돼지 다리를 내려주었다. 쾌는 이미 술을 다 마시고 나서 칼을 뽑아 들고 고기를 잘라 다 먹어 치웠다.

항우가 말했다.

"더 마실 수 있는가?"

쾌가 말했다.

"신은 죽음도 사양하지 않거늘, 어찌 기껏 술 한 잔을 사양하겠습니까? 다만 패공께서는 먼저 관중에 들어와 함양(咸陽)을 평정하시고도 패상(霸上)에서 병사들을 노숙시키면서 대왕을 기다리고 계셨습니다. (그런데) 대왕께서는 오늘날에 이르러 소인배들의 말만 듣고 패공과의 사이에 틈을 만들고 계시니 신은 이 일로 천하가 분열되어 사람들이 대왕을 의심하지 않을까 걱정입니다."

항우는 아무 말이 없었다[默然]. 패공이 변소에 가면서 손짓으로 쾌를 불러내었다. 이미 병영을 나오자, 패공은 수레[車騎]를 남겨둔 채 혼자 말에 올랐고, 쾌 등 네 사람은 걸어서 뒤를 따랐는데 패공이 산 아래 샛길을 따라 패상의 군영으로 도망쳐 돌아온 뒤 장량을 시켜 항우에게 사과하게 했다. 우(羽) 역시 그것으로 마음이 흡족해 패공을 죽이려는 마음을 먹지 않았다. 이날 만일 쾌가 병영에 달려들어 항우를 나무라지 않았다면[微] 패공의 일은 거의 큰 위험에 처했을 것이다.

다음 날 항우는 함양으로 들어가서 도륙했고, 패공을 세워 한왕(漢王)으로 삼았다. 한나라 왕은 쾌(噲)에게 작위를 내려 열후(列侯)로 삼고 임무

후(臨武侯)라는 칭호를 내려주었다. 쾌는 낭중(郎中)으로 승진해 한나라 왕을 따라 한중(漢中)으로 들어갔다.

1) 항우의 모신(謀臣) 범증(范增)을 가리킨다. 아버지에 버금간다는 존경의 뜻을 담은 이름이다.

(한왕은) 돌아와서 삼진(三秦)을 평정했는데, 이와 별도로 (번쾌는) 백수(白水) 북쪽에서 서승(西丞-서현(西縣)의 승(丞))을 쳤고[1] 옹현(雍縣) 남쪽에서 옹왕(雍王)의 날쌘 기마병을 무너뜨렸다. 한나라 왕을 따라 옹현과 태성(斄城)을 공격할 때는 맨 먼저 성에 올랐으며, 호치현(好畤縣)에서 장평(章平)의 군대를 치고 성을 공격할 때도 맨 먼저 성에 올라 적진을 함락시키고 현령과 현승 각 1명과 적 11명의 목을 베고 20명을 포로로 잡음으로써 낭중기장(郎中騎將)으로 승진했다.

(번쾌는) 한나라 왕을 따라가 양향(壤鄉)[2] 동쪽에서 진나라 전차, 기병 부대를 쳐서 적을 물리치고 승진해 장군(將軍)이 되었다. 조비(趙賁)를 공격해 미(郿)·괴리(槐里)·유중(柳中)·함양(咸陽)을 떨어뜨렸다. 폐구(廢丘)를 수몰시킬 때는[灌=水攻] 전공이 최고[最=第一]였기에 역양현(櫟陽縣)에 이르러 식읍(食邑)으로 두현(杜縣)의 번향(樊鄉)을 하사받았다. 한나라 왕을 따라가서 항적(項籍)을 공격해 자조(煮棗)[3]를 도륙했다. 외황(外黃)에서 왕무(王武)와 정처(程處)의 군대를 쳐서 깨뜨렸다. 추현(鄒縣)·노성(魯城)·하구(瑕丘)·설현(薛縣)을 공격했다.

항우가 팽성(彭城)에서 한나라 왕을 무찌르고[敗] 노(魯)·양(梁) 땅을 모두 다시 차지했다. 쾌는 형양(滎陽)으로 돌아왔는데, 식읍으로 평음(平陰)의 2,000호를 더 받았고 장군으로서 광무산(廣武山)을 지켰다.

1년 뒤에 항우가 군대를 이끌고 동쪽으로 가자 고조를 따라 항적을 쳐서 양가현(陽夏縣)[4]을 떨어뜨렸고, 초나라 주장군(周將軍)의 병사 4,000명을 사로잡았다. 진(陳) 땅에서 항우를 에워싸 크게 깨뜨리고 호릉(胡陵)[5]을 도

류했다.

1) 【집해(集解)】 서광(徐廣)이 말하기를 "농서군(隴西郡)에 서현(西縣)이 있다. 백수는 무도군(武都郡)에 있다"라고 했고, 진작(晉灼)은 말하기를 「지리지(地理志)」에는 서승(西丞)이 없으니, 아마도 진나라 장군의 이름인 듯하다"라고 했다. 배인이 생각건대, 서(西)는 농서(隴西)의 서현(西縣)을 말하고 백수(白水)는 무도군에서 발원해 서현을 지나 동남쪽으로 흐르는 물의 이름이니, 쾌가 서현의 승(丞)을 공격한 곳이 백수의 북쪽이었음을 말하는 것일 뿐이다. 서광 등의 말은 잘못되었다.

2) 【정의(正義)】 양향은 무공현(武功縣) 동남쪽으로 20리에 있다.

3) 【색은(索隱)】 진작(晉灼)이 말하기를 「지리지(地理志)」를 살펴보건대 자조라는 지명은 없고, 「공신표」에는 자조후(煮棗侯)가 나오는데, 청하군(清河郡)에 자조성(煮棗城)이 있다"고 했다.

4) 【정의(正義)】 夏는 발음이 (하가 아니라) 가(假)다. (지금의) 진주(陳州) 태강현(太康縣)이다.

5) 【정의(正義)】 연주(兗州) 남쪽에 있다.

항적이 이미 죽고 나서 한왕이 제(帝)가 되자 쾌는 성을 튼튼하게 지킨 데다가 전투에서 공을 세웠으므로 식읍 800호를 더 받았다. 고제를 따라가 반란을 일으킨 연(燕)나라 왕 장도(臧荼)를 쳐서 도(荼)를 포로로 잡고 연나라를 평정했다.

초(楚)나라 왕 한신(韓信)이 반란을 일으켰을 때 쾌는 제를 따라가 진(陳)에 이르러 한신을 붙잡고 초나라를 평정했다[1]. 다시 열후의 작위가 내려졌고 다른 제후들과 부절을 나눠 가졌으며 대대손손 작위가 끊어지지 않게 되었고 무양(舞陽)을 식읍으로 받아 무양후(舞陽侯)라 불렸으며 기존의 식읍은 모두 없앴다.

장군으로서 고조를 따라가 대(代) 땅에서 반란을 일으킨 한(韓)나라 왕 신(信)을 공격했다. 곽인읍(霍人邑)에서 시작해 운중군(雲中郡)으로 나아가면서 이들 지역을 강후(絳侯) 등과 함께 평정함으로써 식읍 1,500호가 더해졌다. 이어서 진희(陳豨)를 쳤으니, 만구신(曼丘臣)의 군대와 양국성(襄國城)에서 싸워 백인현(柏人縣)에서 깨뜨릴 때 맨 먼저 성에 올랐고 청하군(淸河郡)과 상산군(常山郡) 등에서 모두 27개 현(縣)의 항복을 받아 평정하고 동원현(東垣縣)을 쑥대밭으로 만듦으로써[殘] (그 공으로) 승진해 좌승상(左丞相)이 되었다.

무종현(無終縣)과 광창현(廣昌縣)에서 기무앙(綦毋卬)과 윤반(尹潘)의 군대를 깨뜨렸고, 희(豨)의 별장(別將)인 오랑캐 왕황(王黃)의 군대를 대(代) 땅 남쪽에서 무찔렀으며 이어서 삼합현(參合縣)에서 한신(韓信)의 군대를 쳤다.

그가 거느리고 있던 병사가 한나라 왕 한신의 목을 베었고 다시 희(豨)가 이끄는 오랑캐 기마병을 횡곡현(橫谷縣)에서 깨뜨렸으며 장군 조기(趙旣)의 목을 베었으며 대(代)나라 승상(丞相) 풍량(馮梁), 군수(郡守) 손분(孫奮), 대장 왕황(王黃), 태복(太僕) 해복(解福) 등 10명을 포로로 잡았다. 여러 장수와 함께 대(代) 땅의 향읍(鄕邑) 73개를 평정했다.

뒤에 연나라 왕 노관이 반란을 일으키자, 쾌는 상국으로서 노관을 쳐 계현(薊縣) 남쪽에서 그의 승상 저(抵)를 깨뜨리고 연나라 땅을 평정하니, 모두 18개 현(縣)과 향읍 51개였다. 식읍 1,300호를 더 받아서 무양현(舞陽縣)의 식읍은 모두 5,400호가 되었다.

1) 【정의(正義)】 서주(徐州)다.

고조를 따르는 동안 적 176명의 목을 베고 288명을 포로로 잡았다. 이와는 별개로 7개 군대를 깨뜨리고 5개 성을 떨어뜨렸으며 6개 군과 52개 현을

평정해 승상 1명, 장군 12명, 2,000석 이하 300석 이상의 관리 11명을 사로잡았다.

쾌는 여후(呂后)의 동생 여수(呂須)를 아내로 맞아 아들 항(伉)을 낳았기 때문에 다른 여러 장군에 비해 고조와 특히 가까웠다. 이에 앞서 경포(黥布)가 반란을 일으켰을 때, 고조는 일찍이1) 병이 깊어 사람 만나기가 싫어져 궁중에 누워 있으면서 문지기 병사를 불러 여러 신하가 들어오지 못하도록 하라고 조(詔)했다. 여러 신하 중에 강후(絳侯)와 관영(灌嬰)도 감히 들어갈 수가 없었다. 10여 일이 지나자, 쾌가 마침내 궁중의 작은 문[闥]을 열어젖히고 바로 들어가니 대신들도 뒤따라 들어갔다. 상(上)은 홀로 한 환관을 베개 삼아 누워 있었다.

쾌 등이 상을 보고는 눈물을 흘리며 말했다.

"처음에 폐하께서 신들과 함께 패현(沛縣)의 풍읍(豐邑)에서 일어나 천하를 평정하실 때는 그 얼마나 씩씩하셨습니까? 이제 천하가 이미 평정되었는데 어찌 그리 지쳐 보이시는지요[憊=力極]? 폐하의 병이 깊어져 대신들이 놀라 두려워하고 있는데, 신 등을 만나 국사를 논의하지 않으시고 도리어 환관 한 사람만 데리고 세상을 회피하고 계십니까? 또 폐하께서는 홀로 조고(趙高)의 일2)을 알지 못하십니까?"

고제(高帝)는 웃으면서 일어났다.

그 후에 노관이 반란을 일으키자, 고제는 쾌에게 상국으로서 연(燕)나라를 치게 했다. 이때 고제의 병이 심했는데, 어떤 사람이 와서 쾌가 여씨(呂氏)들과 작당한다고 악담을 했다[惡=毀讒]. 말인즉슨 상이 어느 날 갑자기 세상을 떠나게 되면[宮車晏駕] 쾌가 군대를 이끌고 척씨(戚氏)와 조왕(趙王) 여의(如意)의 일족을 모두 주살하려 한다는 것이었다. 고제는 이를 듣고 크게 화가 나서 마침내 진평(陳平)으로 하여금 강후(絳侯)를 데리고 가서 쾌를 대신해 군대를 통솔하게 하고 군중에 나아가[卽=就] 쾌의 목을 베라고

했다. 진평은 여후(呂后)가 두려워서 (주살하지 않고) 쾌를 묶어 장안(長安)으로 압송했다. 고제가 이미 붕(崩)하고 나서 여후는 쾌를 풀어주고[釋=解] 작위와 식읍을 회복시켜주었다.

1) 안사고(顔師古)가 말했다. "경포가 반란을 일으키기 전부터라는 뜻이다."

2) 안사고(顔師古)가 말했다. "시황제가 붕하자 조고(趙高)는 조명(詔命)을 고치고 속여서 부소(扶蘇)를 죽이고 호해(胡亥)를 황제로 세웠다."

효혜(孝惠) 6년에 쾌가 졸(卒)하자 시호를 내려 무후(武侯)라고 했다. 아들 항(伉)이 후(侯)를 이어받았다. 그런데 항의 어머니 여수(呂須) 역시 임광후(臨光侯)가 되었고 여수는 고후 시대에 정사를 다루면서 전권을 휘둘러 대신들이 모두 두려워했다. 항이 후를 이어받고서 9년 후에 고후가 붕(崩)하자 대신들은 여수의 권속(眷屬-집안 식구)들을 주살했고 그 참에 항도 더불어 주살되었다. 무양후의 작위는 도중에 몇 개월 동안 끊어졌다. 효문제(孝文帝)가 이미 세워지고 나서 마침내 쾌의 서자 불인(市人)을 다시 봉해 무양후로 삼고 옛 식읍을 회복시켜주었다. 불인이 세워진 지 29년 만에 졸하자 시호를 내려 황후(荒侯)라고 했다. 그의 아들 타광(佗廣)이 대를 이어 후가 되었다. 6년 뒤에 그 집안 사인(舍人)이 타광에게 죄를 얻게 되자 그를 원망하다가, 마침내 글을 올려 말했다.

"황후(荒侯) 불인은 병이 들어 사람 구실을 할 수가 없었기에 부인으로 하여금 동생과 정을 통하게 해서 타광을 낳았으니, 타광은 사실 황후의 아들이 아닙니다."

조서를 내려 이 사안을 관리에게 내려 조사하도록 했다. 효경(孝景) 중(中) 6년에 타광은 후 작위를 빼앗기고 서인이 되었으며 봉국은 없어졌다[1].

1) 【색은(索隱)】 『한서(漢書)』를 살펴보건대 평제(平帝) 원시(元始) 2년에 끊어진 가

계(家系)를 이어주었으니, 쾌의 현손의 아들 장(章)을 봉해 식읍 1,000호의 무양후(舞陽侯)로 삼았다.

곡주후(曲周侯) 역상(酈商)은 고양(高陽)[1] 사람이다. 진승(陳勝)이 일어났을 때 상(商)도 젊은이들을 끌어모았는데, 동쪽으로 서쪽으로 다니면서 사람들을 강제로 끌어모아 수천 명을 얻었다. 패공(沛公)이 여러 지역을 공략하며 진류현(陳留縣)에 이른 지 6개월 남짓 되었을 무렵에 상은 병졸 4,000명을 이끌고 기현(岐縣)에서 패공에게 귀부했다. 상은 패공을 따라서 장사(長社)를 공격할 때 가장 먼저 성에 오름으로써 (그 공을 인정받아) 작위를 하사받고 신성군(信成君)에 봉해졌다. 패공을 따라서 구지현(緱氏縣)을 공격해 황하 나루(-평음진(平陰津))를 가로질러 낙양(洛陽) 동쪽에서 진나라 군대를 깨뜨렸고, 패공을 따라서 원(宛)과 양(穰)을 공격해 떨어뜨리고 17개 현(縣)을 평정했다. 패공과 별도로 군대를 이끌고 순관(旬關)[2]을 공격해서 한중(漢中)을 평정했다.

1) **【색은(索隱)】** 고양은 취(聚-고을) 이름이며 진류(陳留)에 속한다.
2) **【집해(集解)】** 『한서음의(漢書音義)』에서 말했다. "한중(漢中)에 순양현(旬陽縣)이 있다."

항우가 진나라를 멸하고 패공을 세워서 한(漢)나라 왕으로 삼았다. 한왕은 상(商)에게 신성군(信成君)의 작위를 내려주고 이로써 장군으로서 농서도위(隴西都尉)가 되었다. 한나라 왕과는 별도로 군대를 이끌어 북지군(北地郡)[1]과 상군(上郡)[2]을 평정했다. 오지현(烏氏縣)에서 옹왕(雍王)의 장군 오지(烏氏)를 깨뜨렸고 순읍(栒邑)에서 (진나라 장군) 주류(周類)의 군대를 깨뜨렸으며 이양(泥陽)에서 소장(蘇駔)의 군대를 깨뜨렸다. 이에 무성현(武成縣)의 6,000호를 식읍으로 하사받았다. 농서도위로서 한나라 왕을 따라

다섯 달 동안 항적의 군대를 쳤는데, 거야현(鉅野縣)을 나아가 종리매(鍾離眛)와 붙어 매우 치열한 전투를 벌임으로써 양(梁)나라 상국의 인장을 받고 식읍 4,000호가 더해졌다. 한나라 왕을 따라서 2년 3개월 동안 항우를 쳐서 호릉(胡陵)을 공격했다.

1) 【정의(正義)】 영주(寧州)다.

2) 【정의(正義)】 부주(鄜州)다.

항우가 이미 죽고 한나라 왕이 제(帝)가 되었다. 그해 가을에 연나라 왕 장도(臧荼)가 반란을 일으키자, 상(商)은 장군으로서 고제를 따라가 도(荼)를 쳤는데, 용탈(龍脫)[1]에서 싸울 때는 가장 먼저 성에 올라가 진지를 함락시켰고 역현(易縣) 아래에서 도의 군대를 깨뜨렸고 적을 물리친 뒤에 (그 공로로) 승진해서 우승상(右丞相)이 되고 열후(列侯)의 작위를 받았으며, 다른 제후들과 부절을 나눠 갖고 대대손손 이어지도록 했으며, 식읍으로 탁현(涿縣)의 5,000호를 받고 칭호를 탁후(涿侯)라고 했다. 우승상으로서 별도로 상곡(上谷)을 평정하고 연이어 대(代)를 공격하고서 조(趙)나라 상국의 인장을 받았다. 우승상이자 조나라 상국으로서 (고제와) 별도로 강후(絳侯) 등과 더불어 대(代)와 안문(鴈門)을 평정했는데, 대(代)나라 승상 정종(程縱), 수상(守相-임시 재상) 곽동(郭同), 장군 이하 600석 이상의 관리 등 19명을 사로잡았다.

돌아와서 장군으로서 태상황(太上皇)을 호위한 것이 1년 7개월이었다. 우승상으로서 진희(陳豨)를 쳐 동원(東垣)을 쑥대밭으로 만들었다. 또 우승상으로 고제를 따라 경포를 쳐서 성곽 앞에 있는 선두 부대를 공격해 진지 2개를 함락했는데, 이로써 포(布)의 군대를 깨뜨릴 수 있었기 때문에 다시 봉해져 곡주후(曲周侯)가 되어 식읍 5,100호를 받았으며 기존의 식읍은 없앴다.

모두 해서 (고제와는) 별도로 군대를 깨뜨린 것이 세 차례이고 군(郡)을 항복시켜 평정한 것이 6개이며, 현(縣)은 73개, 사로잡은 승상·수상·대장이 각각 1명이고 소장이 2명이며 2,000석 이하 600석 이상 관리가 19명이다.

1) **[집해(集解)]** 서광(徐廣)이 말했다. "연나라와 조나라의 경계다."

역상이 효혜와 고후(高后)를 섬길 때 상(尙)은 병이 나서 관의 일을 처리할 수가 없었다[不治]. 아들 기(寄)는 자(字)가 황(況)인데, 여록(呂祿)과 친하게 지냈다. 고후가 붕하자 대신들은 여씨 일족을 주살하려고 했으나 여록이 장군이 되어 북군(北軍)에 주둔하고 있었고 태위(太尉) 발(勃-주발)은 북군으로 들어갈 수가 없어 이에 마침내 사람을 시켜 역상을 접박하서 그 아들 기로 하여금 여록을 거짓으로 유인하게 했다[紿]. 여록이 그를 믿고 그와 함께 외출하는 사이에 태위 주발은 마침내 북군에 들어가 장악할 수 있었고, 드디어 여러 여씨를 주살했다. 상(尙)은 이해에 졸했고, 시호를 경후(景侯)라고 했다.

아들 기가 뒤를 이어 후가 되었는데, 천하에서는 역황(酈況)이 친구를 팔아먹었다[賣交]고 욕했다.

효경(孝景) 전(前) 3년에 오(吳)·초(楚)·제(齊)·조(趙) 나라가 반란을 일으키자, 상(上)은 기(寄)를 장군으로 삼아 조나라 성을 에워싸게 했으나, 열 달이 되도록 떨어뜨리지 못했다. 유후(俞侯) 난포(欒布)를 얻어 몸소 제나라를 평정하고 돌아와서 마침내 조나라 성을 떨어뜨려 조나라는 멸망시키니 왕은 자살했고 봉국은 없어졌다.

효경(孝景) 중(中) 2년에 기가 평원군(平原君)¹⁾을 부인으로 삼으려고 하니 경제(景帝)가 화가 나서 기를 형리에게 내렸는데, 유죄 판결이 나와서 후(侯) 작위를 빼앗겼다. 경제는 마침내 상의 다른 아들 견(堅)을 목후(繆侯)²⁾

로 봉해 역씨(酈氏)의 뒤를 잇게 했다.

목정후(繆靖侯)가 졸하자 아들 강후(康侯) 수성(遂成)이 세워졌다.

수성이 졸하자 아들 회후(懷侯) 세종(世宗)이 세워졌다.

세종이 졸하자 아들 종근(終根)이 세워져서 (무제 때) 태상(太常)이 되었으나 법에 걸려들어 봉국이 없어졌다.

1) 【색은(索隱)】 소림(蘇林)이 말했다. "경제의 비 왕(王)황후의 어머니 장아(臧兒)를 가리킨다."

2) 【색은(索隱)】 繆는 발음이 (무가 아니라) 목(穆)이며, 읍이다. (목후의) 시호는 정후(靖侯)다.

여음후(汝陰侯)1) 하후영(夏侯嬰)은 패현(沛縣) 사람이다. 패현의 마구간 사어(司御)2)로 있었다. 사신과 빈객을 전송하고 돌아올 때면 매번 패현의 사상정(泗上亭)에 들러[過] 고조와 이야기를 나누었는데, 일찍이 하루를 넘기지 않은 적이 없었다. 영(嬰)은 얼마 후에 현의 아전 시보(試補)가 되었고, (여전히) 고조와 서로를 아껴주었다. 고조가 장난을 치다가 영을 다치게 하자 어떤 사람이 그것을 갖고서 고조를 고발했다[告=白].

고조는 그때 정장(亭長)이었기 때문에 (관리로서) 남을 다치게 하면 일반인보다 무거운 처벌을 받게 되어 있었는데 고조는 일부러 영을 다치게 한 것이 아니라고 진술했고, 영이 이를 증언했다. 그 후에 이 사건이 다시 심의를 받게 되면서 영은 고조의 죄에 대한 위증죄에 걸려 1년 남짓 옥살이를 하고 매질을 수백 대 당했으나 결국 고조는 (영이 끝까지 진술을 번복하지 않음으로써) 이 사건에서 벗어날 수 있었다.

1) 【정의(正義)】 여음은 곧 지금의 양성(陽城)이다.

2) 【색은(索隱)】 『초한춘추(楚漢春秋)』를 살펴보니, 등공(滕公)은 말을 기르고 수레

를 모는 어(御)였다고 한다.

고조가 애초에 자기 무리와 함께 패현을 치려고 할 때, 영은 패현 영사(令史-서기)로서 고조 편이 되어 심부름했다[使]. 상(上)이 하루 만에 패현을 항복시켰고[1], 고조는 패공(沛公)이 되자 하후영에게 칠대부(七大夫) 작위를 내려주고 그를 태복(太僕)으로 삼았다. 패공을 따라 호릉(胡陵)을 공격할 때 영은 소하(蕭何)와 함께 사수군(泗水郡) 감군(監郡) 평(平)을 항복시켰고[2] 이때 평이 호릉을 가지고 투항했기에 그 공로로 영에게는 오대부(五大夫) 작위가 내려졌다.

패공을 따라 탕현(碭縣) 동쪽에서 진(秦)나라 군대를 쳐 제양(濟陽)을 공격했고 호류(戶牖)를 떨어뜨렸으며 옹구(雍丘) 아래에서 이유(李由)의 군대를 깨뜨렸는데, 전차로 질주하면서 치열하게 전투를 벌인 공로로 집백(執帛) 작위를 받았다.

늘[常][3] 태복으로서 패공의 수레를 몰면서[奉車] 패공을 따랐는데, 동아현(東阿縣)과 복양(濮陽縣) 아래에서 장한의 군대를 칠 때에 전차르 신속하게 달려가 치열하게 싸워서 무찌른 공로로 집규(執珪) 작위를 받았다.

다시 늘 패공 수레를 몰면서 패공을 따랐는데, 개봉(開封)에서 조비(趙賁)의 군대를, 곡우(曲遇)에서 양웅(楊熊)의 군대를 쳤다. 영은 종군래 68명을 포로로 잡고 병졸 850명을 항복시켰으며 인장 한 상자를 얻었다. 그 참에 다시 늘 패공 수레를 몰면서 패공을 따라 낙양(雒陽) 동쪽에서 진(秦)나라 군대를 쳤는데, 전차로 신속하게 달려가서 치열하게 싸워 무찌른 공로로 등공(藤公)[4]의 작위를 받았다.

다시 늘 패공 수레를 몰면서 패공을 따라 남양(南陽)을 공격했고, 남전(藍田)과 지양(芷陽)[5]에서 전투하며 전차로 신속하게 달려가 치열하게 싸우고 패상(覇上)에 이르렀다. 항우가 와서 진나라를 멸망시키고 패공을 세워 한왕(漢王)으로 삼았다. 한왕은 영에게 작위를 내려 열후(列侯)로 삼고 칭

호를 소평후(昭平侯)라 했으며 다시 태복이 되어 한왕을 따라 촉한(蜀漢)으로 들어갔다.

1) 【정의(正義)】 마을 부로들이 성문을 열어 고조를 맞이한 것을 말한다.
2) 【집해(集解)】 장안(張晏)이 말했다. "호릉은 평이 머무르던 곳이자 소하가 일찍이 물품을 공급했던 곳이다. 그래서 (영이 소하와) 함께 항복시킨 것이다."
3) 아래에서 세 차례 더 반복함으로써 하후영이 그만큼 유방과 가까웠음을 은근히 드러내었다.
4) 【집해(集解)】 서광(徐廣)이 말했다. "현령(縣令)이다."『한서(漢書)』에 이르기를 영이 등령봉거(滕令奉車)가 되었다고 했으니, 그래서 칭호를 등공이라고 한 것이다.
5) 【색은(索隱)】 땅 이름으로, 지금의 패릉(霸陵)이며 경조(京兆)에 있다.

(한나라 왕이) 돌아와 삼진(三秦)을 평정한 뒤 영은 한나라 왕을 따라 항적을 쳤다. 팽성(彭城)에 이르러 항우가 한나라 군대를 크게 깨뜨렸다. 한나라 왕은 패전해 형세가 불리하자 급히 (서쪽으로) 달아났다. (달리는 도중에) 효혜(孝惠)와 노원(魯元-공주)을 발견하고는 두 사람을 수레에 태웠다. 사태가 급하고 말이 지친 데다가 놈[虜]들이 바로 뒤에 오고 있어 한나라 왕은 매번 두 아이를 발로 차서[蹶]^궐1) 내버리려고 했는데, 그때마다 영은 수레 아래에서 이들을 거둬 끝내 수레에 태우고서는 천천히 달리면서 두 아이로 하여금 자기의 목을 끌어안게 한[雍樹]^{옹수}2) 다음 마침내 치달렸다. 한나라 왕이 화가 나서 달리는 도중에 영을 목 베려 한 것이 10여 차례였으나, 마침내 탈출하게 되자 효혜와 노원을 풍(豊)으로 데려다주었다.

1) 【색은(索隱)】『한서(漢書)』에서는 발(蹳)이라고 했다.
2) 【집해(集解)】 소림(蘇林)이 말했다. "남양(南陽) 사람들은 어린아이를 안는 것을 옹수(雍樹)라고 한다."

한나라 왕은 이미 형양(滎陽)에 도착한 뒤 흩어진 병사들을 거둬 다시 세력을 회복하고 영에게 기양(祈陽)[1]을 식읍으로 내려주었다.

다시 늘 패공의 수레를 몰면서 패공을 따라 항적을 쳤고, 진현(陳縣)까지 뒤쫓아 가서 결국 초나라를 평정하고 노(魯) 땅에 이르니 자지(兹氏)[2]를 식읍으로 더 받았다.

1) 【색은(索隱)】 대개 마을 이름인 듯하다. 『한서(漢書)』에서는 기(沂)라고 했는데, 초나라에는 그런 현이 없다.

2) 【색은(索隱)】 현(縣) 이름으로, 「지리지(地理志)」에서는 태원(太原)에 속한다고 했다.

한나라 왕이 세워져 제(帝)가 되었다. 그해 가을에 연(燕)나라 왕 장도(臧茶)가 반란을 일으키니, 영은 태복으로서 고제를 따라 도를 쳤다. 이듬해 고제를 따라 진(陳)에 이르러 초나라 왕 신(信)을 붙잡았다. 고제는 다시 여음현(汝陰縣)을 식읍으로 내려주고 부절을 쪼개 나눠주어[剖符] 대대로 끊어지지 않게 했다.

태복으로서 고제를 따라 대(代) 땅을 쳤고 무천(武泉)과 운중(雲中)[1]에 이르니 그 공로로 식읍 1,000호를 더 받았다. 또다시 고조를 따라 진양현(晉陽縣) 부근에 있던 한신(韓信) 군대의 오랑캐 기마병을 쳐서 크게 깨뜨렸다. 계속 북쪽으로 뒤쫓아 평성(平城)에 이르렀다가 오랑캐에게 포위되어 7일 동안 연락이 끊기게 되었다.

고제가 사자를 시켜 연지(閼氏)에게 두터운 예물을 보내자 묵특(冒頓)은 포위망 한쪽을 열어주었다. 고제는 밖으로 나오자 내달리려고 했으나 영이 일부러 천천히 걸으면서 쇠뇌를 마음껏 당겨 밖으로 향하게 함으로써[2] 마침내 벗어날 수 있었다. 그 공로로 세양현(細陽縣)[3]의 1,000호를 식읍으로 더 받았다.

다시 태복으로서 고조를 따라 구주산(句注山) 북쪽에서 오랑캐 기마병을 쳐 크게 깨뜨렸다.

태복으로서 평성(平城) 남쪽에서 오랑캐 기마병을 쳐 진지를 세 차례나 함락했는데, 공로가 많아서 당시 죄가 있어 식읍을 박탈당한 자들의 읍[所奪邑] 500호를 받았다.

태복으로서 진희(陳豨)와 경포(黥布)의 군대를 쳐서 진지를 함락시키고 적을 물리친 공로로 식읍 1,000호를 더 받았다가 여음(汝陰)의 6,900호를 식읍으로 확정하고[定] 이전까지 받은 식읍은 없앴다.

1) 【정의(正義)】 두 현은 삭주(朔州) 선양현(善陽縣) 경계에 있다.

2) 안사고(顏師古)가 말했다. "한가로움을 보여줌으로써 병사들의 마음을 안정시키는 동시에 적으로 하여금 상황을 알 수 없게 하기 위함이었다."

3) 【색은(索隱)】 「지리지(地理志)」에 따르면 여남군(汝南郡)에 속한다.

영은 상(上)이 처음 패현에서 일어날 때부터 늘[常] 태복으로 따라서 고조가 붕할 때까지 변함이 없었다. 태복으로서 효혜(孝惠)를 섬겼다. 효혜제와 고후(高后)는 영이 하읍(下邑) 부근에서 효혜와 노원을 구해준 것에 감사해[德] 마침내 영에게 궁궐 북쪽에 가장 좋은 저택을 내려주고서 말했다.

"우리와 가깝게 지냅시다."

그를 존중하는 것이 각별했다. 효혜제가 붕하자 태복으로서 고후를 섬겼다.

고후가 붕하고 대왕(代王-효문제)이 들어오자, 영은 태복으로서 동모후(東牟侯)와 함께 궁중으로 들어가 잔당을 말끔히 정리했다[清宮]. 소제(少帝)를 폐위시킨 뒤에 천자의 법가(法駕)를 가지고 가서 대왕(代王)을 대저(代邸-장안에 있는 대왕의 관저)로 맞아들여 대신들과 함께 그를 세우니, 이 사람이 효문황제(孝文皇帝)이고 (하후영은) 다시 태복이 되었다. 8년 뒤에 졸

하니, 시호를 내려 문후(文侯)라고 했다.

아들 이후(夷侯) 조(竈)가 세워졌는데, 7년 뒤에 졸했다.

아들 공후(共侯) 사(賜)가 세워져 31년 만에 졸했다.

아들 후 파(頗)는 평양공주(平陽公主)와 혼인했다[尙]. 세워진 지 13년이 되던 원정(元鼎) 2년에 아버지가 황제로부터 물려받은 하녀[御婢]와 간통한 죄에 연루되어 자살했고 봉국은 없어졌다.

영음후(穎陰侯)[1] 관영(灌嬰)은 수양현(睢陽縣)[2]에서 비단을 팔던 사람이다. 고조(高祖)가 (예전에) 패공(沛公)이 되어 여러 지역을 공략하면서 옹구(雍丘) 아래에 이르렀다가 장한(章邯)이 항량(項梁)을 무찌르고 죽이자, 패공은 군대를 돌려 탕현(碭縣)에 진을 쳤는데[軍=陳], 영(嬰)은 비로소 중연(中涓-시종관)으로서 패공을 따랐고 성무(成武)에서 동군(東郡)의 군위(郡尉)를 깨뜨렸으며 또 강리(扛里)에서 진나라 군대를 쳐부쉈는데, 치열하게 싸운 공로로 칠대부(七大夫) 작위를 내려 받았다. 또 패공을 따라 박(亳)의 남쪽, 개봉(開封)·곡우(曲遇)에서 진나라 군대와 전투할 때 온 힘을 다해 치열하게 싸운 공로로 집백(執帛) 작위와 함께 선릉군(宣陵君)이라는 칭호를 받았다.

패공을 따라 양무(陽武) 서쪽에서 낙양(雒陽)에 이르는 지역을 공격해 진나라 군대를 시(尸-시향)의 북쪽에서 깨뜨렸고, 북쪽으로 하진(河津-황하의 나루)을 가로질러 건넜으며, 남쪽으로 남양(南陽) 군수(郡守) 여의(呂齮)를 양성(陽城) 동쪽에서 깨뜨려 드디어 남양군(南陽郡)을 평정했다. 서쪽으로 무관(武關)에 들어가 남전(藍田)에서 싸웠는데 온 힘을 다해 싸워 패상(霸上)에 이른 공로로 집규(執珪) 작위와 함께 창문군(昌文君)[3]이라는 칭호를 받았다.

1) 【정의(正義)】 영음은 지금의 진주(陳州) 남영현(南穎縣) 서북쪽 13리에 있는 영음

고성이다.

2) **[정의(正義)]** 수양은 송주(宋州) 송성현(宋城縣)이다.

3) **[색은(索隱)]** 선릉군도 마찬가지이지만 둘 다 봉토는 없이 아름다운 칭호만 받았을 뿐이다.

패공이 세워져 한나라 왕이 되자 영을 제배해 낭중으로 삼으니 (관영은) 한왕을 따라 한중(漢中)으로 들어갔고, 10월에 제배되어 중알자(中謁者-시종관)가 되었다. 한왕을 따라 돌아와서 삼진(三秦)을 평정하고 역양(櫟陽)을 떨어뜨렸으며 새왕(塞王-사마흔)의 항복을 받았다. (영은) 돌아와 폐구(廢丘)에서 장한(章邯)을 에워쌌으나 아직 뽑아버리지는 못했다[未拔]. 한왕을 따라서 동쪽으로 임진관(臨晉關)을 나와 은(殷)나라 왕을 쳐서 항복시키고 그 땅을 평정했다. 항우의 장군 용저(龍且)와 위나라 재상[魏相] 항타(項他)의 군대를 쳤고, 그들이 정도(定陶) 남쪽으로 달아나자 치열하게 싸워 그들을 깨뜨렸다. 영은 열후(列侯)의 작위와 창문후(昌文侯)의 칭호를 내려받았으며 두현(杜縣) 평향(平鄉)을 식읍으로 받았다.

다시 중알자(中謁者)로서 한왕을 따라가 탕현(碭縣)을 떨어뜨리고 팽성(彭城)에 이르렀다. 항우가 한나라 왕을 쳐서 크게 깨뜨렸다. 한왕이 달아나 서쪽으로 갔고, 영은 (한왕을) 따라 돌아와 옹구(雍丘)에 진을 쳤다. 왕무(王武)와 위공(魏公) 신도(申徒)1)가 반란을 일으키자 (영은 한나라 왕을) 따르며 그들을 쳐서 깨뜨렸다. 황현(黃縣)2)을 공격해 떨어뜨렸으며, 서쪽으로 병사들을 거둬 형양(滎陽)에 군진을 쳤다. 초나라 기병이 대거 쳐들어오자, 한왕이 마침내 군대 안에서 전차 부대나 기병 부대의 장수[車騎將]가 될 만한 사람을 뽑으니, 모두 추천해 말했다.

"옛날 진나라 기마병 출신인 중천(重泉) 사람 이필(李必)과 낙갑(駱甲)이 기병에 능해 지금 교위(校尉)로 있으니, 기병 장수로 삼을 만합니다."

한나라 왕이 그들을 제배하려 하자 필(必)과 갑(甲)이 말했다.

"신들은 본래 진나라 백성이라 군사들이 신들을 믿지 않을까 두렵습니다. 신들이 바라건대, 대왕의 좌우에 있는 사람 중에서 말을 잘 타는 사람을 구하시면 저희가 그를 돕겠습니다."

관영이 비록 젊기는 하지만 여러 차례 힘써 싸웠기 때문에, 마침내 관영을 제배해 중대부(中大夫)로 삼고 이필과 낙갑을 좌우 교위(校尉)로 삼았다. (관영은) 낭중(郎中)의 기병(騎兵)을 이끌고 형양 동쪽에서 초나라 기병을 쳐서 크게 깨뜨렸다.

(그는) 조서를 받고 별도로 초나라 군대 후미를 쳐 양무(陽武)에서 양읍(襄邑)에 이르는 그들의 군량 보급로[饟道=餉道]를 끊었다. 노현(魯縣) 아래에서 항우의 장군 항관(項冠)을 쳐서 깨뜨렸는데, 부하들이 우사마(右司馬)와 기병대장 각각 1명씩을 베었다.

자공(柘公)[3] 왕무(王武)의 군대를 쳐서 깨뜨리고 연(燕)나라 서쪽에 진을 쳤는데, 부하들이 누번현(樓煩縣) 장수 5명과 연윤(連尹) 1명을 베었다. 백마현(白馬縣) 아래에서 왕무의 별장(別將) 환영(桓嬰)을 쳐서 깨뜨렸는데, 부하가 도위(都尉) 1명을 베었다. 이어 기마병을 이끌고 황하를 건너 남쪽으로 내려와서 낙양으로 가는 한나라 왕을 전송했고, 사신으로 북쪽 한단(邯鄲)에 이르러 상국 한신(韓信)의 군대를 맞이했다. 오창(敖倉)으로 돌아온 영은 승진해 어사대부(御史大夫)가 되었다.

1) 【집해(集解)】 장안(張晏)이 말했다. "진나라 장수로서 항복해 공(公)이 되었는데, 이제 반란을 일으킨 것이다."

2) 【정의(正義)】 고성(故城)이 조주(曹州) 고성현(考城縣) 동쪽으로 20리에 있다.

3) 【색은(索隱)】 살펴보건대, 왕무는 자현(柘縣) 현령이다. 자현은 진(陳)에 속한다.

3년 뒤에 열후(列侯)로서 두현(杜縣) 평향(平鄉)을 식읍으로 받았다. 어

사대부로서 조서를 받고 낭중의 기마병을 이끌고 동쪽으로 가서 상국 한
신에게 소속되어 역성(歷城) 아래에서 제(齊)나라 군대를 쳐 깨뜨렸는데,
부하들이 거기장군(車騎將軍) 화무상(華毋傷)과 장수, 관리 46명을 포로
로 잡았다. 임치(臨菑)를 함락해 떨어뜨렸고[降下] 제나라 임시 재상[守相]
인 전광(田光)을 사로잡았다. 제나라 재상 전횡(田橫)을 뒤쫓아 영(嬴)과 박
(博)에 이르러 기병 부대를 깨뜨렸는데, 부하들이 기병대장[騎將] 1명을 베
고 기병대장 4명을 산 채로 잡았다. 영(嬴)과 박(博)을 쳐서 떨어뜨렸고 천승
(千乘)에서 제나라 장군 전흡(田吸)을 깨뜨렸는데, 부하가 흡(吸)을 목 베었
다. 동쪽으로 한신을 따라가 고밀현(高密縣)에서 용저(龍且)와 유공(留公)[1]
을 공격했는데, 병사들이 용저를 베고 우사마와 연윤 각 1명과 누번(樓煩)
의 장수 10명을 산 채로 잡았으며[生得] 자신은 아장(亞將) 주란(周蘭)을 산
채로 잡았다[生得=生捕].

1) 【색은(索隱)】 유(留)는 현(縣)이다. 현령(縣令)을 공(公)이라고 했다.

제나라 땅이 이미 평정되자 한신이 스스로를 제나라 왕으로 세워서 영
을 별장으로 삼으니, (영은) 초나라 장군 공고(公杲)를 노(魯) 북쪽에서 쳐 깨
뜨렸다. 남쪽으로 방향을 바꿔 설군(薛郡) 수장을 깨뜨렸는데, 자신이 직접
기병대장 1명을 포로로 잡았다. 박양(博陽)을 치고 앞으로 나아가 하상(下
相)과 동남쪽의 동(僮), 취려(取慮), 서(徐)[1]에 이르렀다. 회수(淮水)를 건너
[度=渡] 일대 성읍들을 죄다 항복시키고 광릉(廣陵)에 이르렀다.

항우가 항성(項聲)·설공(薛公)·담공(郯公)을 시켜 다시 회수 북쪽을 평
정토록 했다. 영은 회수 북쪽을 건너 항성(項聲)과 담공(郯公)을 하비(下邳)
에서 깨뜨리고 설공(薛公)을 목 베고 하비(下邳)를 떨어뜨렸으며 평양(平
陽)에서 초나라 기병을 쳐서 깨뜨림으로써 드디어 팽성(彭城)의 항복을 받
아내고 주국(柱國-초나라 관직명) 항타(項佗)를 포로로 잡았으며 유(留)·설

(薛)·패(沛)·찬(酇)·소(蕭)·상(相) 등의 현(縣)을 항복시켰다. 고(苦)와 초(譙)를 공격해 다시 적의 아장(亞將) 주란을 사로잡았다.

이향(頤鄕)[2]에서 한나라 왕을 만났다. 그를 따라 진성(陳城) 아래에서 항적의 군대를 쳐 크게 깨뜨렸는데, 부하들이 누번의 장수 2명을 목 베었고 기병 장수 8명을 포로로 잡았다. 식읍 2,500호를 더 하사받았다.

1) 현(縣) 이름이다.
2) 【집해(集解)】 서광(徐廣)이 말했다. "고현(苦縣-호현)에 이향이 있다."

항적(項籍)이 해하(垓下)에서 패해 달아나자, 영은 어사대부로서 조서를 받고서 전차·기병 부대를 이끌고 별도로 항적을 뒤쫓았고, 동성(頁城)에 이르러서 그들을 깨뜨렸다. 그가 이끄는 병사 5명이 함께 항적을 돈 베자, 그들 모두에게 열후(列侯) 작위가 내려졌다. 영은 적의 좌우 사마 각 1명과 병사 1만 2,000명을 항복시키고 군대의 장군과 장교[將吏]를 모두 사로잡았다. 동성(東城)과 역양(歷陽)을 떨어뜨렸다. 양자강을 건너 오군(吳郡)의 수장을 오(吳)의 성 아래에서 깨뜨리고 오군 군수를 사로잡았으며, 드디어 오군·예장군(豫章郡)·회계군(會稽郡)을 평정했다. 돌아와서 회수(淮水) 북쪽 지역을 평정했는데, 모두 52개 현이었다.

한나라 왕이 세워져 황제(皇帝)가 되자 영에게 식읍 3,000호를 더 내려주었다. 그해 가을에 거기장군(車騎將軍)으로서 고제를 따라 연(燕)나라 왕 장도(臧荼)를 깨뜨렸다.

이듬해 고제를 따라 진(陳)에 이르러 초(楚)나라 왕 한신(韓信)을 붙잡았다. (본국으로) 돌아와서 (황제는) 부절을 쪼개주고 대대손손 (작위가) 끊어지지 않게 했으며, 영음(穎陰)의 2,500호를 식읍으로 내려주고 칭호를 영음후(穎陰侯)라고 했다.

거기장군으로서 고제를 따라 반란을 일으킨 한(韓)나라 왕 신(信-한신)을 대(代) 땅에서 쳤고, 마읍(馬邑)에 이르러 조서를 받고 (고제와) 별도로 누번(樓煩) 북쪽에 있는 현 6개를 항복시키고 대(代)나라 좌상(左相)을 목 베었으며, 무천(武泉) 북쪽에서 오랑캐(-흉노) 기마병[胡騎]을 깨뜨렸다. 다시 고제를 따라 한신(韓信)의 오랑캐 기마병을 진양(晉陽) 아래에서 쳤는데, 부하가 오랑캐 백제(白題) 장수 1명을 목 베었다. 또 조서를 받고 연(燕)·조(趙)·제(齊)·양(梁)·초(楚) 나라의 전차, 기병 부대를 함께 지휘해 사석(硰石)에서 오랑캐 기마병을 쳐 깨뜨렸다.

평성(平城)에 이르렀다가 오랑캐에게 포위되었고, 고제를 따라 돌아와 동원(東垣)에 군진을 쳤다.

고제를 따라 진희(陳豨)를 쳤고, 조서를 받아 별도로 곡역(曲逆) 아래에서 희(豨)의 승상 후창(侯敞)의 군대를 공격해 깨뜨렸는데 병사가 창(敞)과 특장(特將) 5명을 목 베었다. 곡역(曲逆)·노노(盧奴)·상곡양(上曲陽)·안국(安國)·안평(安平)을 항복시켰고 동원(東垣)을 공격해 떨어뜨렸다.

경포(黥布)가 반란을 일으키자, 거기장군으로서 선봉에 나서 상(相) 땅에서 포의 별장을 쳐 이를 깨뜨렸는데, 아장(亞將)과 누번 장수 3명을 베었다. 또 나아가 쳐서[進擊] 포의 상주국(上柱國) 군대와 대사마(大司馬) 군대를 깨뜨렸다. 또 나아가 포의 별장 비주(肥誅)1)를 깨뜨렸다. 영 자신이 좌사마 1명을 산 채로 잡았고 부하들이 소장(小將) 10명을 베었으며, 북쪽으로 회수(淮水) 변까지 뒤쫓았다. 식읍 2,500호가 더해졌다. 포를 이미 깨뜨리고 나자, 고제(高帝)가 돌아와 영에게 영(슈)을 내려 영음(潁陰) 땅 5,000호를 식읍으로 확정해주고 앞서 내려주었던 식읍은 없앴다.

총괄적으로 (고제를) 따라가 2,000석 관리 2명을 사로잡았으며, 별도로 군대 16개를 깨뜨리고 성(城) 46개를 함락시키며 봉국 하나와 군(郡) 2개,

현(縣) 52개를 평정함으로써 장군 2명, 주국(柱國)과 상국(相國) 각 1명, 2,000석 관리 10명을 사로잡았다.

1) 『한서(漢書)』에는 수(銖)라고 되어 있다.

영이 몸소 포를 깨뜨리고 돌아왔을 때 고조가 (이미) 붕(崩)했으니, 영은 열후(列侯)로서 혜제와 여태후(呂太后)를 섬겼다. 태후가 붕하자 여록(呂祿) 등은 조나라 왕으로서 스스로 장군이 되어 장안(長安)에 군대를 주둔시키고 난을 일으키려 했다. 제(齊)나라 애왕(哀王)이 이 소식을 듣고는 군대를 일으켜서 서쪽으로 진격해 들어와 장차 마땅히 왕이 되어서는 안 되는 자를 죽이려고 했다.

상장군 여록이 이를 듣고서 마침내 영을 대장군으로 삼아 군대를 이끌고 가서 그들을 치게 했다. 영이 출정하기는 했지만, 형양(滎陽)에 이르러 마침내 강후(絳侯) 등과 모의해 병사를 주둔시킨 뒤, 제나라 왕에게 (대신들이) 여씨를 죽일 것이라는 소문을 은근히 퍼뜨리자[風=諷] 제나라 군대는 더는 전진하지 않았다. 강후 등이 이미 여러 여씨를 죽이고 나자, 제나라 왕은 군대를 거둬 돌아갔고 영 또한 형양에서 돌아와 강후·진평과 함께 공동으로 대왕(代王)을 세워 효문황제(孝文皇帝)로 삼았다. 효문황제는 이에 영에게 식읍 3,000호를 더 봉하고 황금 1,000근을 내려주었으며, 제배해 태위(太尉)로 삼았다.

3년 후에 강후 주발(周勃)이 승상에서 면직되어 봉국으로 돌아가게 되면서 영이 승상이 되었고, 그래서 태위라는 관직을 없앴다. 이해에 흉노들이 대거 북지(北地)로 침입하자 상은 승상 영에게 기마병 8만 5,000명을 거느리고 가서 흉노를 치도록 했다.

흉노가 물러간 뒤 제북왕(濟北王)이 반란을 일으키자, 조서를 내려 마침

내 영의 군대를 해산하게 했다.

1년여 뒤에 영이 승상으로 있다가 졸하니, 시호를 내려 의후(懿侯)라고 했다. 아들 평후(平侯) 관아(灌阿)가 후의 작위를 이었다.

그가 28년 뒤에 졸하자 아들 관강(灌彊)이 후의 작위를 이었다. 12년 뒤에 관강이 죄를 지어 2년 동안 작위 계승이 단절되었다.

원광(元光-무제 때 연호 중 하나) 3년에 천자가 관영의 손자 현(賢)을 봉해 임여후(臨汝侯)로 삼아서 관씨의 뒤를 잇게 해주었는데, 8년 뒤 뇌물을 제공한 죄에 걸려 봉국을 없앴다.

태사공(太史公)이 말한다.

"내가 풍읍(豊邑)과 패현(沛縣)에서 (진나라 때부터) 살아온, 오래된 노인들을 찾아가서 옛날 소하(蕭何)·조참(曹參)·번쾌(樊噲)·등공(滕公) 집과 그들의 평소 사람됨을 살펴보았더니 세상에 전해지는 바와 같지 않았다.

바야흐로 그들이 칼을 휘두르거나 개를 잡고 비단을 팔 때, 어찌 파리가 준마의 꼬리에 붙어 1,000리를 가듯이 한나라 (고조를 만나) 조정에 이름을 드리우고 은덕이 자손까지 내려갈 줄을 스스로 알았겠는가? 나는 번타광(樊他廣)과 교분이 있는데, 그가 내게 고조의 공신들이 처음 일어날 때의 상황을 말해준 것이 이와 같았다[1].[2]"

---

1) 【색은(索隱)】 살펴보건대, 타광은 번쾌의 손자로서 뒤에 봉작을 잃었다. 대개 태사공은 소하·조참·번쾌·등공의 공로를 남김없이 잘 정리하고 있는데, 그렇다면 이는 타광을 통해 알게 되었기 때문에 두루 갖춰져 있는 것이다.

2) 【색은술찬(索隱述贊)】 빼어난 이, 뛰어난 이는 그림자나 메아리와 같으니[聖賢影響] / 물이 증발해 구름이 되고 뱀이 변해 용이 되는도다[雲蒸龍變] / 개를 도살하고 비단을 팔던 사람이[屠狗販繪] / 성을 공격하고 들판에서 전투를 하는구나

[攻城野戰]/의로움을 붙들어 임금 될 사람에게 나아가[扶義西上]/봉토 받아 왕 노릇했도다[受封南面]/역황은 친구를 팔았지만[酈況賣交]/무양은 안으로 도왔구나[舞陽內援]/등공·관영 번갈아 왕이 되니[滕灌更王]/후손들이 대를 이어 크게 번성했도다[奕葉繁衍]!

권96 ── 장승상열전(張丞相列傳) 제36

권96 장승상열전(張丞相列傳) 제36

장승상(張丞相) 창(蒼)은 양무(陽武)[1] 사람이다. 책과 음률(音律), 역법(曆法)을 좋아했다. 진(秦)나라 때 어사(御史)가 되어 주하사(柱下史)로서 사방으로부터 올라오는 문서들[方書]을 주관했다[2]. 죄를 짓고 도망쳐 고향으로 돌아갔다.

창(蒼)은 패공(沛公)이 여러 지역을 공략하면서 양무를 지날 때 빈객(賓客)이 되어 패공을 따라가 남양(南陽)을 공격했다. 창이 (죄를 범해) 참형을 받게 되어 옷이 벗겨진 채 (처형대로 쓰이는) 모루[質＝鑕＝鍖]에 엎어져 있었는데, 몸집이 크고 살이 올랐으며 피부가 하얀 박속 같았다. 이때 왕릉(王陵)이 이 잘생긴 장부를 기이하게 여겨서 마침내 패공에게 용서하고 참수하지 말 것을 잘 이야기했다.

드디어 패공을 따라 서쪽으로 무관(武關)에 들어갔다가 함양(咸陽)에 이르렀다. 패공이 세워져 한왕(漢王)이 되자 (창은 한왕과 함께) 한중(漢中)에 들어갔고, 돌아와 삼진(三秦)을 평정했다.

진여(陳餘)가 상산왕(常山王) 장이(張耳)를 쳐서 내몰자 이(耳)는 한나라에 귀순했고, 한나라는 마침내 창을 상산(常山) 군수로 삼았다. 회음후 한신(韓信)을 따라 조(趙)나라를 쳤고, 창은 진여를 사로잡았다. 조나라 땅이 이미 평정되자 한나라 왕은 창을 대(代)나라 상국[代相]으로 삼아서 변방 오랑캐의 침입에 대비했다.

얼마 뒤에[已而] 옮겨서 조나라 상국이 되어 조나라 왕 장이를 도왔다. 장이가 졸(卒)하자 조나라 왕인 (그의 아들) 오(敖)를 도왔다[相][3]. 다시 옮

겨서 대(代)나라 상국이 되었다. 연(燕)나라 왕 장도(臧荼)가 반란을 일으키자, 고조(高祖)가 가서 쳤다. 창은 대나라 상국으로서 한나라 왕을 따라가 장도를 공격해 공로를 세웠기에 한나라 고조 6년에 북평후(北平侯)에 봉해졌고 식읍(食邑)을 1,200호 받았다.

1) 【색은(索隱)】 살펴보건대, 현(縣) 이름으로 진류군(陳留郡)에 속한다. 【정의(正義)】 정주(鄭州) 양무현(陽武縣)이다.

2) 【색은(索隱)】 주나라와 진나라 모두 주하사(柱下史)라는 관직이 있었다. 어사(御史)를 가리키는데, 업무하는 곳이 늘 전(殿)의 기둥 아래였다. 노자(老子) 또한 주나라 주하사였다. 장창은 바로 진나라 때 이 관직에 있었던 것이다.

3) 역시 상국이 되었다는 말이다.

승진해 계상(計相)[1]이 되었고, 한 달 만에 다시 열후(列侯)로서 4년 동안 주계(主計)[2]로 일했다.

이때 소하(蕭何)가 상국(相國)이었는데, 장창이 진나라 때부터 주하사(柱下史)가 되어 천하의 도서·재정·호적에 밝았고 산학(算學)·음률·역법을 잘 활용했기에 마침내 창으로 하여금 열후(列侯)로서 상부(相府-상국 관청)에 있으면서 군국(郡國)의 회계 보고 담당자[上計者]들을 관리하고 주관하게 했다. 경포(黥布)가 반란을 일으켰다가 패망하자 한나라에서는 황자(皇子) 장(長-유장)을 세워 회남왕(淮南王)으로 삼고 창을 그곳의 상국으로 삼았다. 14년 후에 승진해[遷] 어사대부(御史大夫)가 되었다.

1) 【집해(集解)】 문영(文穎)이 말했다. "회계에 능해 칭호를 계상이라고 한 것이다."

2) 안사고(顏師古)가 말했다. "계상을 주계로 이름만 바꾼 것이다."

주창(周昌)은 패현(沛縣) 사람이다. 사촌 형이 주하(周苛)[1]인데, 진(秦)나

라 때 둘 다 사수군(泗水郡) 졸사(卒史)로 있었다. 고조(高祖)가 패현에서 일어나 사수 군수(郡守) 감군(監郡)을 쳐서 깨뜨리자 주하와 주창은 졸사로서 패공을 따랐고, 패공은 창을 직치(職志)[2]로 삼고 하를 빈객[3]으로 삼았다. 패공을 따라 관중(關中)에 들어가, 진(秦)나라를 깨뜨렸다. 패공이 세워져 한나라 왕이 되자 주하를 어사대부, 주창을 중위(中尉-수도 치안 담당)로 삼았다.

1) 안사고(顏師古)가 말했다. "苛는 (발음이 가가 아니라) 하(何)다."

2) 【집해(集解)】 서광(徐廣)이 말했다. "기치(旗幟-각종 깃발) 등을 주관하는 관직이다." 【색은(索隱)】 직(職)은 '주관한다[主]'는 뜻이고 치(志)란 깃발을 가리키니, 따라서 깃발류를 담당하는 관직을 가리킨다. 志의 발음은 (지가 아니라) 창(昌)과 지(志)의 반절음이다.

3) 【집해(集解)】 장안(張晏)이 말했다. "막하(幕下)의 빈객이라 관직을 맡지는 않았다."

한나라 4년[1]에 초(楚)나라가 한나라 왕을 형양(滎陽)에서 에워싸니 형세가 위급했는데, 이때 한왕은 포위망을 뚫고 도망가면서 주하에게 형양성을 지키게 했다.

초나라가 형양성을 깨뜨리고 나서 주하를 장수로 삼으려 하자, 하가 욕을 하며 말했다.

"너[若=汝]는 서둘러[趣=促] 한왕에게 항복해야 할 것이야! 그렇지 않으면 이제 곧 포로가 될 것이다!"

항우(項羽)는 화가 나서 주하를 삶아버렸으니[2], 이에 마침내 주창을 제배해 어사대부로 삼았다. 창은 늘[常] 한나라 왕을 따라다니며 항적을 쳐서 깨뜨렸다.

한나라 6년 중에 소하(蕭何)·조참(曹參) 등과 함께 후(侯)에 봉해져 주

창은 제배되어 분음후(汾陰侯)가 되었다. 하의 아들 성(成)은 아버지가 죽은 일 때문에 고경후(高景侯)에 봉해졌다[3].

1) 반고의『한서(漢書)』에는 3년으로 되어 있다.

2) 【집해(集解)】 서광(徐廣)이 말했다. "4년 3월이다."

3) 【집해(集解)】 서광(徐廣)이 말했다. "9년에 봉해졌고, 봉해진 지 39년째인 문제(文帝) 후원(後元) 4년에 모반을 하다가 죽어 봉국이 없어졌다."

창은 사람됨이 강하고 굳세어서[彊力] 과감하게 곧은 말[直言]을 했기 때문에 소하와 조참을 비롯한 모든 신하가 그에게는 몸을 낮췄다. 일찍이 고제(高帝)가 한가롭게 쉬고 있을 때[燕時] 창이 들어가서 일을 아뢰었는데, 고제가 마침 척희(戚姬)를 껴안고 있었기에 창이 뒤돌아서서 달아났다. 고제가 뒤쫓아 와서 붙잡더니, 창의 목에 기마자세로 타고 앉아서[騎] 물었다.

"나는 어떤 임금이냐?"

창이 고개를 쳐들고[仰] 말했다.

"폐하는 바로 걸(桀)이나 주(紂)[1]와 같은 임금입니다."

이에 상이 그를 보고 웃기는 했지만, 이 일로 인해 주창을 더욱 꺼리게 되었다. 제(帝)가 태자를 폐위하고 척희의 아들 여의(如意)를 세워 태자로 삼으려고 하자 대신들이 굳게 간쟁 했으나 뜻을 이룰 수 없었는데, 상이 유후(留侯-장량)의 계책으로 인해 그친 일이 있었다.

그런데 주창은 평소 조정에서 강하게 간언하기 때문에 상이 그의 생각을 물었는데, 창은 본래 말을 더듬는[吃] 데다 몹시 성이 나 있었으므로 이렇게 말했다.

"신이 비록 입으로 말을 잘하지는 못하지만, 그러나 신은 그 그[期期][2] 그것이 옳지 않다는 것은 대략 알고 있습니다. 폐하께서 태자를 폐위하려

하셔도 신은 조 조[期期] 조서를 받들 수가 없습니다.”

상이 흔쾌하게 웃었다. 이미 조회를 마치고 나자, 여후가 동상청(東廂廳-편전의 동쪽 측실)3)에서 벽에 기대 귀 기울여 듣고 있다가 주창을 보고는 무릎을 꿇고 감사하며 말했다.

“그대가 아니었다면[微=無] 태자는 거의 폐위될 뻔했소.”

1) 걸은 하나라를, 주는 은나라를 망하게 한 임금으로, 둘 다 여색에 빠져 국사를 내팽개쳤다가 불행한 종말을 맞았다.

2) 【정의(正義)】 창은 말을 더듬었기 때문에 말할 때마다 같은 글자를 반복해서 말했다.

3) 【집해(集解)】 위소(韋昭)가 말했다. “전(殿)의 동당(東堂)이다.”

그 후에 척희의 아들 여의(如意)가 조왕(趙王)이 되었는데, 나이가 10세여서 고조는 자기가 죽은 뒤에[萬歲之後] 곧장 여의의 생명이 온전하지 못할 것임을 근심했다. 조요(趙堯)가 어린 나이로 부새어사(符璽御史)가 되었다. 조(趙)나라 사람인 방예현(方與縣)의 공(公)1)이 어사대부 주창에게 말했다.

“그대의 사(史) 조요는 나이가 비록 어리지만, 재주가 기이하니, 당신은 반드시 그를 특별하게 대하십시오. 이 사람이 장차[且] 그대의 자리를 대신할 것입니다.”

창이 웃으면서 말했다.

“요(堯)는 나이가 어리고 도필리(刀筆吏)2)일 뿐인데, 어찌 이 자리에 오른단 말이오?”

얼마 후에 조요가 고조를 모시게 되었다. 고조가 유독 마음이 즐겁지 않아 슬픈 노래를 불렀으나 여러 신하는 상이 왜 그런지를 알지 못했는데, 조요가 나아가 물었다.

"폐하께서 즐거워하시지 않는 이유는 조왕(趙王)이 나이가 어리고 척
(戚)부인과 여후(呂后)의 사이가 좋지 않아서 폐하의 만년 뒤에 조왕이 스
스로 몸을 보전할 수 없을 것이라고 여기시기 때문이 아닙니까?"

고조가 말했다.

"그렇다. 내가 남몰래 그 일을 염려하고 있는데, 어찌해야 좋을지 모르겠
다3)."

요가 말했다.

"폐하께서는 오로지 조왕을 위해 지위가 높고 강력한 상국을 두어야 하
는데, 여후와 태자와 군신들이 평소 존경하고 두려워하는 사람을 그 자리
에 두시면 마침내 좋을 것입니다."

고조가 말했다.

"그렇다. 나도 그렇게 생각해 그처럼 하고자 하는데, 여러 신하 가운데
누가 좋겠는가?"

요가 말했다.

"어사대부 창은 사람됨이 굳세고 참을성이 있으며 바탕이 곧습니다
[堅忍質直]. 또 여후와 태자로부터 대신들까지 모두 평소 그를 존경하고 두
려워합니다. 오직 창만이 가능합니다."

고조가 말했다.

"좋다."

이에 마침내 주창을 불러 말했다.

"내가 참으로 그대를 수고롭게 하려고 한다. 그대는 힘을 다해서 나를 위
해 조왕의 상국이 되어달라."4)

주창이 울면서 말했다.

"신은 처음 군사를 일으킬 때부터 폐하를 따랐습니다. 폐하께서는 어찌
하여 홀로 중도에 저를 제후에게 내버리려고 하십니까?"

고조가 말했다.

"나도 그것이 좌천(左遷)5)인 것을 너무도 잘 알지만[極知] 그러나 남몰래[私] 조왕의 장래를 생각해보건대, 공이 아니고는 좋은 사람이 없다. 어쩔 수 없으니[不得已], 공이 억지로라도 가달라."

이에 어사대부 주창을 옮겨 조나라 상국으로 삼았다.

1) 【집해(集解)】 신찬(臣瓚)이 말했다. "공이란 현령(縣令)을 말한다."

2) 【정의(正義)】 옛날에는 간독(簡牘-나무판)에 글을 썼는데, 혹시 잘못 썼을 때는 칼로 깎아냈기 때문에 서기를 도필리(刀筆吏)라고 했다.

3) 【색은(索隱)】 어떤 계책을 내야 할지 모르겠다는 말이다.

4) 【정의(正義)】 환담(桓譚)이 『신론(新論)』에서 말했다. "주창을 조나라 상국으로 삼는 것보다는 여후(呂后) 집안의 여자를 조왕의 비(妃)로 삼는 것이 낫다. 만약에 척부인이 여후를 잘 섬겼다면 여의가 그렇게 죽는 일은 없었을 것이다."

5) 안사고(顔師古)가 말했다. "이때는 우(右)를 높이고 좌(左)를 낮춰보았다. 그래서 지위가 깎이는 것을 좌천(左遷-왼쪽으로 옮겨감)이라고 한다."

창이 이미 조나라로 떠나간 지 한참 뒤에 고조가 어사대부의 인장을 손에 쥐고 어루만지면서 농담처럼 말했다.

"어사대부로 앉힐 만한 사람이 누가 있을까?"

요를 한참 동안 뜯어보다가 말했다.

"요를 대신할[易=代] 만한 사람은 없지."

드디어 요를 제배해 어사대부로 삼았다. 요 또한 이전에 군공(軍功)으로 받은 식읍이 있고 또 어사대부가 된 뒤에 고조를 따라가서 진희(陳豨)를 치는 공로가 있었기에 봉해져 강읍후(江邑侯)가 되었다1).

1) 【집해(集解)】 서광(徐廣)이 말했다. "11년이다."

고조가 붕하자 여태후는 사자를 보내 조왕을 불렀는데, 그의 상국 주창은 왕으로 하여금 병을 핑계 대고 가지 못하게 했다. 사자가 세 번이나 왔지만 주창이 끝내 조나라 왕을 보내지 않았다. 이에 고후는 그것을 걱정하다가 마침내 사자를 보내 주창을 불렀다. 주창이 와서 고후를 뵈니, 고후가 화가 나서 창을 꾸짖으며 말했다.

"너[爾=汝]는 내가 척씨(戚氏)를 몹시 미워하고 있다는 것을 모르는가? 네[而]가 조왕을 보내지 않은 것은 어째서인가?"

고후는 창을 이미 부르고서 (곧바로) 사자를 보내 조왕을 불렀기에 왕이 과연 왔다가, 장안에 들어온 지 1개월여 만에 짐독을 마시고 죽었다. 주창은 병을 핑계 삼아 조정에 나오지 않다가 3년 만에 죽었다[1].

1) 【집해(集解)】 서광(徐廣)이 말했다. "시호는 도(悼)다." 【색은(索隱)】 『한서(漢書)』에서 말했다. "아들 손의(孫意)에게 이어졌는데, 죄가 있어 봉국이 없어졌다. 경제(景帝)가 창의 손자 좌거(左車)를 다시 봉해 안양후(安陽侯)로 삼았는데, 죄가 있어 봉국이 없어졌다."

주창이 죽은 지 5년 뒤, 고후는 고조가 살아 있을 때 어사대부 강읍후 조요가 조나라 왕 여의를 보호하기 위한 계책을 도모했음을 알고서 마침내 요에게 죄를 뒤집어씌운[1] 뒤 광아후(廣阿侯) 임오(任敖)를 어사대부로 삼았다.

1) 【집해(集解)】 서광(徐廣)이 말했다. "여후 원년에 봉국을 없앴다."

임오(任敖)는 원래 패현(沛縣)의 옥리(獄吏)였다. 고조(高祖)가 일찍이 (죄를 범해) 관리들을 피해 다닐 때 관리들은 (아내인) 여후(呂后)를 (대신) 옥에 가두었는데 그녀를 대우하는 것이 거칠었다[不謹]. 임오는 평소에 고조와

사이가 좋았기에 이를 보고 화가 나서 여후를 담당하는 옥리를 때려 상처를 입힌 일이 있었다.

고조가 처음 일어났을 때 오(敖)는 빈객으로서 고조를 따라 어사가 되어 2년 동안 풍읍(豐邑)을 지켰고 고조가 세워져 한왕(漢王)이 된 뒤에 동쪽으로 항적(項籍)을 칠 때 참전해 오는 승진해 상당군(上黨郡) 군수가 되었다. 진희(陳豨)가 반란을 일으켰을 때 오는 상당군을 견고하게 지켜 그 공으로 광아후(廣阿侯)에 봉해지고 식읍 1,800호를 받았다. 고후(高后) 때 어사대부가 되었다. 3년 만에 면직되자[1] 평양후(平陽侯) 조줄(曹窋)을 어사대부로 삼았다. 그러나 고후가 붕한 뒤 조줄은 대신들이 함께 여러 여씨를 주살하는 이 일에 참여하지 않았다 해서 면직되었다. 회남왕의 상국 장창(張蒼)이 어사대부가 되었다.

1) 【집해(集解)】 서광(徐廣)이 말했다. "문제 2년에 임오가 졸하니, 시호를 의후(懿侯)라고 했다."

창은 강후(絳侯) 등과 함께 대왕(代王)을 세워 효문황제로 삼았다. 4년 후에 승상 관영(灌嬰)이 졸하자 장창은 승상이 되었다.

한나라가 일어나서 효문(孝文)까지 20여 년이 되자 마침 천하가 비로소 안정되기 시작했지만, 장상(將相)과 공경(公卿)이 모두 군리(軍吏) 출신이었다. 장창이 계상(計相)으로 있을 때 음률과 역법의 계통을 찾아내[緒=심 尋] 바로잡은 바 있었다. 고조가 10월에 비로소 패상(霸上)에 이르렀다고 해서 원래 10월을 한 해의 시작[歲首]으로 삼던 옛 진(秦)나라의 역법을 고치지 않았고, 오덕(五德)의 운행에 비춰 헤아려보면 한나라는 수덕(水德)의 시대에 해당한다고 해서 검은색을 숭상하는 것을 예전 그대로 했다. 십이율(十二律)의 관악기를 불어 음악을 바로잡고 오음(五音)에 맞게 했으며, 거기

에 준해 율령을 정했다. 모든 장인으로 하여금 일정한 규격을 정해서 물품을 만들게 했다.

이러한 것들이 모두 창이 승상이 되고서야 마침내 이뤄졌으니, 그런 까닭에 한나라 때 율력을 말하는 자들은 (모두) 장창의 설을 근본으로 삼았다. 창은 본래 책을 좋아해 보지 않은 책이 없었고 능통하지 않은 것이 없었는데, 그중에서도 특히 음률과 역법[律曆]에 조예가 깊었다[1].

1) [집해(集解)] 『한서(漢書)』에서 말했다. "저서가 18편인데, 음양과 율력의 일을 말하는 것이었다."

장창은 왕릉(王陵)에게 은덕을 입은 바 있었다[1]. 왕릉은 곧 안국후(安國侯)다. 창은 귀하게 된 후에도 늘 왕릉을 아버지처럼 섬겼고, 릉이 죽은 뒤에 창이 승상이 되자 한가할 때면 늘[常] 가장 먼저 왕릉의 부인을 뵙고 음식을 올린 뒤에야 감히 집으로 돌아가곤 했다.

1) 안사고(顏師古)가 말했다. "사형을 앞두고 구해주었다."

창이 승상이 된 지 10여 년쯤 되었을 때 노(魯)나라 사람 공손신(公孫臣)이 글을 올려, 한나라는 토덕(土德)의 시대이니 상서로운 조짐으로 황룡(黃龍)이 나타날 것이라고 했다. 조서를 내려 이 의견을 장창에게 내리자, 창이 옳지 않다고 해서 그 의견은 폐기되고 말았다. 그런데 뒤에 황룡이 성기현(成紀縣)에 나타나니, 이에 문제(文帝)는 공손신을 불러 박사(博士)로 삼아서 토덕(土德)의 역법 제도를 기초하게 하고[草=創始] 이해를 원년(元年)으로 바꾸었다. 장승상은 이로 말미암아 스스로 위축되어, 병을 핑계 대면서 늙어서 그랬던 것이라고 말했다. 창이 추천해 중후(中候)가 된 사람이 있었는데, 그가 매우 부정한 이득을 취했으므로 상이 그 일로 창을 문책했다. 이

에 창은 드디어 병을 핑계로 벼슬에서 물러났으니, 승상이 된 지 15년 만에 면직된 것이다.

효경(孝景) 전(前) 5년에 창이 졸하니 시호를 내려 문후(文侯)라고 했다.

아들 강(康)이 뒤를 이었고, 8년 만에 졸했다.

아들 류(類)가 뒤를 이었는데, 8년이 지나 제후의 장례식에 참석하면서 뒤늦게 자리에 나아간 까닭에 불경죄에 걸려 봉국이 없어졌다.

애초에 창의 아버지는 키가 5척(尺)도 못 되었는데[不滿], 창은 키가 8척이 넘었고 후가 되었으며 승상이 되었다. 창의 아들도 키가 컸고[1], 손자 장류에 이르러서는 키가 6척 남짓이었는데 법에 걸려서 후 작위를 잃었다. 창은 승상을 그만둔 뒤로 나이가 많아서 입안에 치아가 모두 없었기에 젖을 먹고 살았는데, 매번 나이가 젊은 여인을 유모로 삼았다. 처첩이 모두 100여 명이나 되었는데, 일찍이 임신한 적이 있는 여인은 두 번 다시 총애하지 않았다. 창은 나이가 100세가 넘어서 졸했다.

1) 【집해(集解)】『한서(漢書)』에서는 8척이라고 했다.

신도승상(申屠丞相) 가(嘉)는 양(梁)나라 사람으로, 힘이 세고 용감한 강궁(强弓)의 사수[材官][1]였다. 고제를 따라 항적을 쳐서 대수(隊率)[2]로 승진했고, 고제를 따라 경포를 쳐서 도위(都尉)가 되었다.

효혜(孝惠) 때 회양군(淮陽郡) 군수가 되었다. 효문제(孝文帝) 원년, 옛날에 2,000석 관리로서 고황제를 수행했던 자들은 모두 관내후(關內侯)가 되고 식읍을 받았다. 이들은 총 24명이었는데, 신도 가도 (이때) 식읍 500호를 받았다. 장창이 이미 승상이 되고 나서 가(嘉)는 승진해 어사대부가 되었다. 장창이 승상에서 면직되자 효문제는 황후의 동생 두광국(竇廣國)을 승상으로 삼을 생각을 하면서 말했다.

"천하 사람들이 나를 보고 광국에게 사사로운 정을 베푼다고 할까 봐 두렵다."

광국이 뛰어나고 행실이 있어[賢有行] 그 때문에 그를 승상으로 삼으려한 것이었지만, 오랫동안 생각해보니 그것은 아니었다. 그래서 고제 때의 대신들(을 떠올렸으나) 또한 많은 사람이 이미 죽었고, 남아 있는 자 중에는 맡길 만한 사람이 없었다. 마침내 어사대부 가를 승상으로 삼고 그의 원래 식읍을 그대로 봉해 고안후(故安侯)로 삼았다.

1) 【색은(索隱)】 맹강(孟康)이 말했다. "재관은 강한 석궁을 담당한다."
2) 【색은(索隱)】 率의 발음은 (솔이 아니라) 소(所)와 유(類)의 반절음이다.[안사고(顔師古)가 말했다. "대(隊) 1개를 통솔한다."]

가는 사람됨이 깐깐하고 곧아서[廉直] 집 문에서 사사로운 청탁[私謁]을 받지 않았다. 이때 태중대부(太中大夫) 등통(鄧通)이 바야흐로 융성한 총애를 받아서, 하사받은 재물만도 수거만(鉅萬)이었고 문제는 일찍이 통(通)의 집에서 연회를 즐겼으므로 그 총애가 이와 같았다. 이때 가가 입조했으나 통은 상의 바로 곁에 있으면서 승상을 대하는 예절을 태만하게 했다. 승상이 보고를 마치고 그 참에 말했다.

"폐하께서 신하를 총애하시어 그를 부귀하게 하는 것은 좋습니다만, 조정의 예절에 관한 한은 엄숙하지 않으면 안 됩니다."

상이 말했다.

"그대는 말하지 말라. 짐이 그를 아낄 뿐이다."

조회를 마치고 승상부에 와서 자리에 앉은 가는 격서(檄書)1)를 써서 통을 승상부로 부르면서, 만약 오지 않으면 장차 통의 목을 베겠다고 했다. 통은 두려워서 궁궐로 들어가 상에게 이 사실을 아뢰었다.

상이 말했다.

“너는 일단은[弟=但] 가라. 내가 곧 사람을 시켜 너를 꺼내올 것이다.”

통은 승상부에 이르자 갓을 벗고 맨발로 머리를 조아리며 가에게 사과했다. 가가 태연하게 앉아서 고의로 예의를 갖추지 않고 꾸짖어 말했다.

“무릇 조정이란 고 황제의 조정이다. 등통은 보잘것없는 신하로서 어전을 능멸했으니, 이는 큰 불경죄로 참형을 받아 마땅하다. 형리는 지금 당장 그의 목을 베라.”

통이 머리를 조아리느라 머리에서 온통 피가 났지만 풀어주지 않았다. 상은 승상이 이미 충분히 통을 괴롭혔을 것이라고 생각하고는 사자에게 부절(符節)을 주어 통을 불러오게 했다.

그리고 승상에게 사과했다.

“그는 내가 가지고 노는 신하[弄臣]이니 그대가 놓아주라.”

등통이 풀려나서 문제 앞에 이르자, 울면서 말했다.

“승상은 신을 거의 죽이려 했사옵니다.”

---

1) 당시 종이 대신에 글을 적던 나무판으로, 길이가 2척이다.

가가 승상이 된 지 5년째 되는 해에 효문제가 붕하고 효경제(孝景帝)가 (황제의) 자리에 나아갔다. 효경제 2년에 조조(鼂錯)가 내사(內史-수도 담당 책임자)가 되어 총애를 받으며 정사를 주도했는데[用事], (조조는) 각종 법령 제도를 대폭 고칠 것을 주청하고 잘못을 찾아 처벌하는 방법으로 제후들의 권력과 봉지를 삭감할 것을 건의했다. 그럴수록 승상 가는 스스로 위축되더니[自絀], 자신의 의견이 채용되지 않자 (마침내) 조(錯)를 미워하게 되었다.

조는 내사가 되자 문이 동쪽에 있어 출입에 불편하다 하여 다시 남쪽 낮은 담을 뚫어 문을 만들었다. 남쪽으로 나오면 태상황(太上皇) 사당의 바깥 담장에 이르게 되니, 가는 조가 종묘의 담장을 뚫었다는 소식을 듣고는 조

를 처벌할 것을 주청했다. 조의 문객 중에 그 이야기를 해준 사람이 있었는데, 조는 두려워서 밤에 궁궐에 들어가 상을 뵙고 자신의 죄를 털어놓았다[自歸=自首]. 아침이 되자 가는 내사 조를 주벌할 것을 청했는데, 경제가 말했다.

"조가 뚫은 곳은 진짜 종묘의 담이 아니고 바깥의 낮은 담이다. 그러므로 다른 관리들도 그 안에서 살았던 것이다. 또 내가 그렇게 하라고 시켰으니, 조에게는 죄가 없다."

조회를 마치고 가는 장사(長史)에게 이렇게 말했다.

"먼저 조를 베어 죽이지 않고 먼저 청하는 바람에[1] 마침내 조에게 매도 당하게 된 것이 후회스럽다."

집에 이르러 이 때문에 피를 토하고 죽었다. 시호를 내려 절후(節侯)라고 했다.

아들 공후(共侯) 멸(蔑)이 이어받았고, 3년 후에 졸했다.

아들 후 거병(去病)이 이어받았고, 31년 후에 졸했다.

아들 후 유(臾)가 이어받았고, 6년 후에 구강(九江) 태수가 되었을 때 전임 태수로부터 선물을 받은 것이 법에 걸려 유죄를 받고 봉국이 없어졌다.

1) 선참후계(先斬後啓)하지 않았다는 말이다.

신도가가 죽은 뒤 경제 때 개봉후(開封侯) 도청(陶青)과 도후(桃侯) 유사(劉舍)가 승상이 되었다.

금상(今上-무제) 때 이르러 백지후(柏至侯) 허창(許昌), 평극후(平棘侯) 설택(薛澤), 무강후(武彊侯) 장청적(莊青翟), 고릉후(高陵侯) 조주(趙周) 등이 승상이 되었다. 이들은 모두 열후(列侯)로서 아버지의 뒤를 이어받은 사람들이어서, 청렴하고 근신해[廉謹] 충분한 겉모습이 있었기에 승상이 될 수는 있었으나 승상이라는 자리만 채웠을[備員][1] 뿐 공적과 이름[功名]이 그

시대에 훤히 드러날 만한 사람은 없었다.

1) 이처럼 자리만 채울 뿐인 신하를 공자는 구신(具臣)이라고 했다.

태사공(太史公)이 말한다.

"장창(張蒼)은 문학·음률·역법에 밝았던 한(漢)나라의 명재상이었다. 그러나 가생(賈生-가의)과 공손신(公孫臣) 등이 말한 역법·거마(車馬)·복색(服色)의 개혁 방안을 배척해 따르지 않고 진(秦)나라가 쓰던 전욱력(顓頊曆)을 고집한 것은 어째서인가?[1]

주창(周昌)은 질박하고 강직한[木彊] 사람이었고 임오(任敖)는 옛날에 여후를 보호한 은덕으로 인해 등용되었으며 신도가(申屠嘉)는 강의(剛毅)하고 절조를 지켰다고 말할 수 있겠지만, 그러나 술학(術學-제왕학)[2]이 없어 대개 소하(蕭何)·조참(曹參)·진평(陳平)과는 다르다."

1) 【집해(集解)】 장안(張晏)이 말했다. "경전을 고찰하지 않고 자기 마음대로 전욱력을 쓴 것은 어째서인가라는 말이다."

2) 위나라 유소는 『인물지(人物志)』(이한우 옮김, 21세기북스)에서 술가(術家)·법가(法家)·도덕가(道德家)를 말하면서 이 세 가지 면모를 다 갖춘 재상을 국체(國體)라고 불렀다. 신도가는 도덕가의 면모는 강했으나 술가의 면모가 없었다는 말이다.

효무(孝武) 때 승상들이 매우 많았지만 기록하지 않고 그 행적과 평소 모습은 기록하지 않는다. 여기서는 일단 정화(征和-무제의 연호) 이후의 일만 기록하겠다.

차승상(車丞相)[1]이 있었는데, 장릉(長陵) 사람이다. 그가 졸하니 위승상(韋丞相)이 뒤를 이었다.[2]

위승상 현(賢)은 노(魯)나라 사람이다. 독서술(讀書術)로 관리가 되어 대홍려(大鴻臚)에 이르렀는데, (그 무렵) 관상을 보는 사람[相工]이 그를 보고는 마땅히 승상에 이를 것이라고 말했다.

아들이 4명 있었는데, 관상가에게 관상을 보게 했더니 둘째 아들 현성(玄成)에 이르러 이렇게 말했다.

"이 아들은 귀상(貴象)이니 마땅히 (열후에) 봉해질 것입니다."

위승상이 말했다.

"내가 만일 승상이 된다면, 맏아들은 어떻게 하면 열후의 작위를 얻을 수 있겠는가?"

훗날 결국 그는 승상이 되어 병들어 죽었는데, 맏아들은 죄가 있어 작위를 이을 수 없다고 하여 현성을 후로 세웠다. 현성은 그때 미친 척하며 후가 되지 않으려다가 끝내 세워짐으로써 '나라를 사양했다'라는 명성을 얻게 되었다. 뒤에 그는 말을 타고 종묘에 간 것이 불경하다고 하여 천자의 명으로 작위가 한 등급 깎여서 관내후(關內侯)가 되고 열후(列侯)의 작위를 잃었으나 본래의 국읍(國邑)을 식읍으로 이어받았다.

위승상(韋丞相)이 졸하자 위승상(魏丞相)이 뒤를 이었다.

1) 【집해(集解)】 이름은 천추(千秋)다.

2) 【색은(索隱)】 차천추 이하는 모두 저(褚) 선생 등이 기록한 것인데, 이곳 승상전에서는 대체로 생략되어 있지만 『한서(漢書)』에는 잘 갖춰져 있다.

위승상(魏丞相) 상(相)은 제음(濟陰) 사람이다. 그는 문서를 관리하는 벼슬아치[文吏]로부터 승상까지 이르렀다. 그는 무술을 좋아해 모든 관리에게 칼을 차게 해서, 칼을 찬 채로 자기 앞에 나아와 일을 아뢰게 했다. 혹 칼을 차지 않은 사람이 들어가 일을 아뢰고자 할 때는 마침내 남의 칼을 빌려서라도 찬 다음에야 감히 들어가 일을 아뢸 수 있을 정도였다.

그때 경조윤(京兆尹-수도 최고 책임자) 조군(趙君-조광한)이 죄를 짓자, 위승상은 황제에게 직위를 파면해야 한다고 아뢰었다. 조군은 사람을 시켜 위승상을 붙잡고 자기를 죄에서 벗어나게 해달라고 요구했으나 들어주지 않았다. 다시 사람을 보내 승상의 부인이 질투가 심해 시비(侍婢)를 찔러 죽였다는 무고의 일을 가지고 위승상을 협박하게 했고 또한 몰래 단독으로 조사해 나라에 보고했으며, 이졸(吏卒)을 승상 집에 보내 하인들을 잡아다가 매를 쳐서 심문하게 했다.

그러나 실제로는 부인이 칼로 찔러 죽인 것이 아니었음이 밝혀지자, 승상사직(丞相司直) 파군(繁君)[1]이 황제에게 아뢰었다.

"경조윤 조군이 승상을 협박하고 위승상의 부인이 시비를 찔러 죽였다고 무고한 뒤에 이졸을 풀어 승상 관저를 에워싸고 하인들을 붙잡았으니, 이는 도리에 어긋나는 일입니다."

또 그가 자기 마음대로 기사(騎士)를 파면시킨 일이 밝혀져 조경조(趙京兆)는 허리를 베는 요참형(要斬刑)에 처해졌다.

그리고 위승상이 또 사연(使掾-승상부 아전) 진평(陳平) 등을 시켜 중상서(中尙書)[2]를 탄핵한 사건이 있었는데, 승상은 이 사건을 마음대로 협박해 처리했다는 의심을 받게 되었다. 이는 크게 불경한 죄에 해당한다고 해서 장사(長史) 이하 관련자들이 모두 사형에 처해지거나 잠실(蠶室)에 내려져 궁형(宮刑)을 받았다. 하지만 위승상만은 끝까지 승상 자리를 유지하다가 병으로 죽었다.

아들이 그 뒤를 이었다. 훗날 말을 탄 채로 종묘에 들어가는 불경을 저질렀다 하여 조서(詔書)에 의해 작위가 한 등급 깎여 관내후가 되고 열후의 작위를 잃었으나 본래의 국읍을 식읍으로 받았다.

위승상이 졸하자 어사대부 병길(邴吉)이 뒤를 이었다.

---

1) 【색은(索隱)】 繁은 성(姓)으로, 발음은 (번이 아니라) 파(婆)다.

2) 무제가 환관을 위해 설치한 관서다.

병승상(邴丞相) 길(吉)은 노(魯)나라 사람이다. 그는 글 읽기와 법령을 좋아해 벼슬이 어사대부에 이르렀다. 효선제(孝宣帝) 때 선제를 구한 옛 인연[舊故]이 있다 하여 열후에 봉해졌고, 이어서 승상이 되었다. 일에 밝고 큰 지혜가 있어 후세 사람들이 그를 칭송했다.

승상으로 있다가 병으로 죽었다.

아들 현(顯)이 뒤를 이었다. 훗날 말을 탄 채로 종묘에 들어가는 불경을 저질렀다 하여 조서(詔書)에 의해 작위가 한 등급 깎여 관내후가 되고 열후의 작위를 잃었으나 본래의 국읍을 식읍으로 받았다.

현(顯)은 아전에서 시작해 태복(太僕)에 이르렀으나 직권을 남용한 죄에 연루되었고, 그 자신과 아들 남(男)이 뇌물을 받은 죄로 벼슬에서 쫓겨나 서인(庶人)이 되었다.

병승상이 졸하고 황승상(黃丞相-황패(黃霸))이 뒤를 이었다. 장안(長安)에 관상을 잘 보는 전문(田文)이라는 사람이 있었는데, 위(韋)승상과 위(魏)승상, 병(邴)승상이 아직 미천했을 때 어떤 빈객 집에서 서로 만난 적이 있었다.

(이때) 전문이 말했다.

"앞으로 이 세 사람은 모두 승상이 될 것입니다."

그 뒤에 세 사람은 결국 각각 차례로 승상이 되었으니, 얼마나 정확하게 사람을 알아본 것인가!

황승상 패(霸)는 회양(淮陽) 사람이다. 글을 읽어 관리가 되어서 영천(潁川) 태수에 이르렀다. 영천을 다스릴 때 예의와 법령으로 가르치고 타일러 백성을 교화시켰으며 중죄를 범한 자는 에둘러 말해[風曉] 자살하게 했다.

교화가 크게 행해져 명성이 알려졌다.

효선제가 제(制-칙령)를 내려 말했다.

"영천 태수 패는 조정의 법령을 선포해 백성을 다스렸기 때문에 사람들은 길에 떨어진 물건을 줍지 않고 남자와 여자는 서로 다른 길로 다니며 감옥 안에는 중죄수가 없다. 관내후 작위와 황금 100근을 내려주라."

그를 불러 경조윤으로 삼았다가 뒤에 승상으로 삼았다. 이때도 예의로 다스렸다. 승상이 병으로 죽자, 아들이 뒤를 이어 얼마 후 열후에 올랐다.

황승상이 졸하자 어사대부 우정국(于定國)이 뒤를 이었다. 우승상에 관한 이야기는 이미 「정위전(廷尉傳)」[1]에 있고, 장정위(張廷尉) 이야기에도 그에 관한 언급이 있다.

우승상이 죽자, 어사대부 위현성(韋玄成)이 뒤를 이었다.

1) 정확히 어떤 열전을 가리키는지 알 수가 없다.

위승상(韋丞相) 현성(玄成)은 곧 앞에서 나온 위승상(韋丞相)의 아들이다. 아버지를 이었으나 뒤에 열후 작위를 잃었다.

그는 젊었을 때 책 읽기를 좋아해 『시경(詩經)』과 『논어(論語)』에 밝았다. 아전으로 시작해서 위위(衛尉)에 이르렀고, 옮겨서 태자태부(太子太傅)가 되었다. 어사대부 설군(薛君)[1]이 파면되자 어사대부가 되었다. 우승상이 스스로 사직을 청해 면직되자 승상이 되었고, 그 참에 본래 식읍에 봉해져 부양후(扶陽侯)가 되었다. 몇 년 뒤에 병으로 죽자, 효원제(孝元帝)가 친히 문상하고 상을 매우 두텁게 내려주었다.

그 아들이 작위를 이어받았으나 다스림이 지나치게 너그럽고[容容] 세상의 변화에 따라 흔들거려서 아첨하고 간교하다[諂巧]는 비판을 받았다. 관상쟁이가 일찍이 이렇게 말했다.

"마땅히 열후가 되어 아버지 뒤를 잇겠지만, 훗날 잃게 될 것이다."

떠돌아다니는 벼슬아치로부터 시작해 승상이 되니, 아버지와 아들이 모두 승상이 되었다고 세상에서는 아름답게 여겼으나 어찌 운명이 아니겠는가! 관상쟁이[相工]가 그것을 먼저 알았던 것이다.

위승상이 졸하자 어사대부 광형(匡衡)이 뒤를 이었다.

1) 【집해(集解)】 이름이 광덕(廣德)이다.

승상 광형(匡衡)은 동해(東海) 사람이다. 글 읽기를 좋아했으며, 박사에게 『시경(詩經)』을 전수받았다. 집이 가난해 형은 품팔이를 해서 먹고 살았다. 재주가 변변치 못해 여러 차례 관리 시험[射策]에 도전했으나 합격하지 못하다가 아홉 번 만에, 마침내 병과(丙科)에 급제했다. 그러나 경서 실력 때문에 갑과와 을과 시험에 합격하지 못했다고 여겨 경서에 정통해질 때까지 열심히 익혔다. 평원군(平原郡) 문학졸사(文學卒史)라는 보직을 받았으나, 여러 해 동안 군(郡)에서 아무런 존경을 받지 못했다. 어사가 그를 불러들여 녹봉 100석의 관리로 삼았고, 뒤에 추천해 낭(郎)이 되게 했으며 박사에 보직되고 태자소부(太子少傅)에 제수되어 효원제(孝元帝)를 섬겼다. 『시경』을 좋아했던 효원제는 광형을 광록훈(光祿勳)으로 승진시켜서 궁궐에서 거주하며 스승으로서 황제 좌우에 있는 사람들을 가르치게 했다. 현관(縣官-조정 관리)들도 그 곁에 앉아서 광형의 강의를 들었는데, 그것이 좋게 여겨져서 날이 갈수록 존귀하게 되었다.

어사대부 정홍(鄭弘)이 사건에 연루되어 면직되자 광군(匡君)은 어사대부가 되었고, 1년여가 지나 위승상이 죽자, 광군이 대신해 승상이 되고 낙안후(樂安侯)에 봉해졌다. 10년 동안 장안 성문을 나가지 않고1) 승상에 올랐으니, 어찌 때를 만난 운명이라 아니하겠는가!

1) 지방 관직을 맡지 않았다는 말이다.

깊이 생각해보건대, 선비 가운데 일반 관리에서 벼슬살이를 시작해 열 후에 오른 사람은 매우 적다. 대부분 어사대부에 이르러 벼슬을 그만두게 되니, 모두 어사대부가 되면 다음은 승상이 될 차례이므로 그들은 마음속으로 승상이 죽기[物故]만을 바라고 심지어 어떤 사람은 마침내 몰래 승상을 헐뜯고 해쳐서 그 자리를 대신하려고 한다. 그러나 어떤 사람은 어사대부에 오랫동안 있어도 승상이 되지 못하고, 어떤 사람은 어사대부로 있은 지 얼마 되지 않아 승상 자리를 얻어 후(侯)에 봉해지기까지 하니, 참으로 명(命)이로다!

어사대부 정군(鄭君)은 몇 년 동안 그 자리를 지켰으나 승상이 되지 못했고, 광형(匡衡)은 어사대부에 있은 지 1년도 채 못 되어 위승상(韋丞相)이 죽는 바람에 곧바로 그를 대신했으니, 어찌 지혜와 계책[智巧]으로 얻을 수 있겠는가! 대부분 빼어나고 뛰어난 재능을 갖고서도 곤궁하게 지내거나 재앙을 당해 뜻을 얻지 못한 사람들이 많아도 너무 많다!1)"2)

1) 【색은(索隱)】 광형 이후의 일을 논한 것은 살펴보건대 후세 사람이 서술한 것이니, 혹 거기에 '태사공(太史公)' 운운하면서 그가 지은 것처럼 꾸민 것은 천박하고 비루한 짓이다.

2) 【색은술찬(索隱述贊)】 장창은 주계가 되어[張蒼主計]/천하의 법도와 음악과 율력을 정했다네[天下作程]/공손신 새 의견 물리치고[孫臣]/진나라 역법 그대로 시행했지[秦曆尚行]/어사는 아상이고[御史亞相]/상국은 아형이로다[相國阿衡]/신도가는 임금을 면전에서 꺾었고[申屠]/주창은 조정에서 간쟁했다네[周子廷爭]/그 밖의 다른 사람들은 그저 그래서[其他媞媞]/딱히 드러내 밝힐 것이 없도다[無所發明]!

권97 ─ 역생육가열전(酈生陸賈列傳) 제37

권97 역생육가열전(酈生陸賈列傳) 제37

역생(酈生) **이기**(食其)[1]**는 진류**(陳留) **고양**(高陽) **사람**[2]**이다. 책 읽기를 좋아했으나 집안이 가난해 낙담하며 지냈고[落魄=落薄]**[3]**, 당장 먹고 입을 것도 없어 생계조차 막막해 (그래서) 마을의 문을 관리하는 하급 관리가 되었다[監門吏]**[4]**. 현 안의 관리나 뛰어난 이 또는 호걸들은 감히 그를 함부로 부리려 하지 않았고 현 사람들은 모두 그를 미치광이 선생[狂生]이라고 불렀다.**

1) **【정의(正義)】** (성명이) 역이기(歷異幾) 세 음이다.

2) **【집해(集解)】** 서광(徐廣)이 말했다. "지금의 어현(圉縣)에 있다."

3) **【집해(集解)】** 응소(應劭)가 말했다. "뜻과 행실이 쇠퇴하고 좋지 않은 모습이다."

4) **【정의(正義)】** 『전국책(戰國策)』에서 제나라 선왕이 안촉(顔斶)에게 말했다. "무릇 마을 문을 관리하는 관리는 장부나 선비 중에 가장 천하다."

진승(陳勝)**과 항량**(項梁) **등이 일어나자 여러 장수가 각지를 공략했는데[徇=略], 고양을 지나간 사람이 수십 명이나 되었지만 역생**(酈生)**은 장수들이 모두 도량이 작고[握齪] 시시콜콜한 예절[苛禮]이나 좋아하며 자기만 옳다고 여길 뿐[自用] 도량이 큰 말을 들어주지 않는다는 것을 듣고는 마침내 자신의 계략을 안에다 깊이 감추었다[藏匿]. 뒤에 패공**(沛公)**이 각지를 공략하면서 진류의 교외를 친다는 말을 들었는데, 그때 패공 휘하의 한 기병**(騎兵)**이 마침 역생과 같은 마을 사람이었고 패공은 종종 그 기병에게 읍사**

람들 가운데 뛰어난 선비와 호걸이 누구인지를 묻곤 했다. 그 기병이 마을로 돌아오자 역생이 그를 보고서 말했다.

"내가 듣건대, 패공은 거만하고 남을 업신여기지만[易=狎] 원대한 계략[大略]이 많다고 하더군. 딱 그분이 바로 내가 따르고 싶은 사람이지만 나를 그분에게 소개해주는[先=紹介] 사람이 아무도 없었다네. 혹시 패공을 뵙게 되거든 '제 고향에 역생(酈生)이라고 있는데, 나이는 60살 남짓이고 키는 8척입니다. 사람들이 다 그를 일러 미치광이 선생이라고 부르지만 본인 스스로는 미치광이가 아니라고 합니다'라고 말해주게!"

기병이 말했다.

"패공은 유생[儒]을 좋아하지 않아 여러 빈객 중에 유생의 관[儒冠]을 쓰고 오는 사람이 있으면 패공은 그 자리에서 빈객의 관을 벗겨 그 안에 오줌을 싸버리고[溲溺=尿]1) 다른 사람과 이야기할 때 늘 큰소리로 욕을 해댑니다. 유생으로서는 유세하기가 어려울 것입니다."

역생이 말했다.

"일단은[弟=但] 말을 해주시게."

기병은 역생이 부탁한 말을 그대로 조용히 패공에게 아뢰었다.

1) 【색은(索隱)】 溺은 발음이 (익이 아니라) 내(乃)와 조(弔)의 반절음이다. 원래 발음대로 발음하기도 한다.

패공은 고양의 객사[傳舍]에 이르자1) 사람을 보내 역생을 불렀다. 역생이 객사에 이르러서 패공을 만나러 들어갔는데, 패공은 바야흐로 침상에 걸터앉은 채[倨]2) 두 여자에게 발을 씻기게 하고 있다가 그 자세 그대로 역생을 만났다. 역생이 들어가서 곧장 길게 읍(揖)만 하고 절은 하지 않은 채 말했다.

"족하(足下)께서는 진(秦)나라를 도와 제후들을 공격하려 하십니까? 아

니면 제후들을 이끌고 진나라를 공격하려 하십니까?"

패공은 욕을 하며 말했다.

"이런 빌어먹을 풋내기 유생을 봤나[豎儒]! 무릇 천하가 모두 진나라에 고초를 당한 지가 오래되어 제후들이 서로 힘을 합쳐서 진나라를 치려고 하는데, 네놈은 어찌 진나라를 도와 제후들을 친다고 말하는 것이냐?"

역생이 말했다.

"반드시 무리를 모으고 의병을 한데 모아 무도한 진나라를 주벌하고자 하신다면 그렇게 걸터앉아서 덕망 있는 사람[長者]을 만나보아서는 안 됩니다."

이에 패공은 발 씻기를 멈추고 일어나서 옷을 단정히 한 뒤에 역생을 이끌어 윗자리에 앉히고 사과했다. 그리하여 역생은 (전국시대) 육국의 합종연횡(合縱連橫)하던 때에 대해 말했다. 패공이 기뻐하면서 역생에게 음식을 내려주며 물었다.

"장차 어떤 계책을 써야겠는가?"

역생이 말했다.

"족하께서는 오합지졸 중에서 일어난 뿔뿔이 흩어진 병사를 거두셨지만, 그 수는 1만 명을 넘지 못하는데, 그것을 갖고서 막강한 진나라에 곧장 쳐들어가는 것은 이른바 호랑이 입안으로 뛰어드는 격입니다. 무릇 진류는 천하의 요충지[衝]로 사통오달(四通五達) 하는 길목이며[3], 지금 성안에는 게다가 많은 식량이 쌓여 있습니다.

신이 진류 현령과 잘 아는 사이이니 저를 사신으로 보내주시면 족하께 항복하도록[下=降] 하겠습니다. 만약에[即=若] 그가 제 말을 들어주지 않는다면 족하께서는 군대를 일으켜 공격하십시오. 제가 성안에서 호응하겠습니다[內應]."

이에 역생으로 하여금 사신으로 가게 한 뒤 패공이 군대를 이끌고 그를 뒤따라가서 드디어 진류를 떨어뜨렸다. 이에 역이기에게 칭호를 내려 광야

군(廣野君)이라 했다.

1) 【집해(集解)】 서광(徐廣)이 말했다. "진나라 2세 3년 2월이다."
2) 【색은(索隱)】 살펴보건대 악산(樂産)이 말했다. "평상 끝에 걸터앉는 것을 거(倨)
   라고 한다."
3) 【집해(集解)】 여순(如淳)이 말했다. "사방과 중앙을 합쳐 오달이다." 신찬(臣瓚)이
   말했다. "사통오달이란 험조(險阻)한 곳이 없다는 말이다."

역생은 동생 역상(酈商)을 패공에게 추천해 군사 수천 명을 거느리고 패
공을 따라 서남쪽으로 가서 그곳 땅을 공략하게 했고, 역생 자신은 늘[常]
유세객[說客]이 되어 제후들의 나라를 사신으로서 바삐[馳] 왕래했다.

한나라 3년 가을에 항우(項羽)가 한나라를 쳐서 형양(滎陽)을 뽑아버리
니, 한나라 군대는 공현(鞏縣)과 낙현(洛縣)으로 달아나 그곳에 주둔했다
[保=屯]. (그 무렵) 초나라 사람들은 회음후 한신(韓信)이 조나라를 깨뜨리
고 팽월(彭越)이 여러 차례 양(梁)나라 땅에서 반란을 일으켰다는 소식을
듣고는 군대를 나눠 조나라와 양나라를 구원하러 보냈다. 회음후는 바야
흐로 동쪽으로 제(齊)나라를 치려고 했고, 한왕은 형양(滎陽)과 성고(成皐)
에서 여러 차례 고전했기 때문에 성고 동쪽 땅을 버리고 군대를 공현과 낙
현에 주둔시켜 초나라를 막을 계획이었다.
역생이 그 참에 말했다.
"신이 듣건대, 하늘이 하늘인 까닭을 아는 자는 임금의 일[王事]을 (얼마
든지) 이룰 수 있고 하늘이 하늘인 까닭을 알지 못하는 자는 임금의 일을 이
룰 수 없으며, 임금다운 임금[王者]은 백성을 하늘로 삼고 백성은 먹을 것을
하늘로 삼는다고 했습니다. 저 오창(敖倉-오산에 있는 큰 창고)에는 천하의
곡식을 옮겨다 실어놓은 지 오래인지라, 신이 듣건대 그곳에는 쌓아놓은 식

량이 엄청나게 많다고 했습니다. 초나라 사람들은 형양을 뽑아버리고서도 오창을 굳게 지키지 않고 마침내 군사들을 이끌고 동쪽으로 가면서 죄를 지어 변방으로 쫓겨나 군인이 된 자들로 하여금 성고를 나눠 지키게 하고 있으니, 이는 마침내 하늘이 한나라를 돕는 것입니다. 바야흐로 지금이야 말로 초나라를 쉽게 차지할 수 있는 때이니, 한나라가 도리어 물러나는 것은 스스로 좋은 기회를 버리는 것입니다. 신이 가만히 생각해보건대 이는 잘못된 것입니다.

또 두 영웅[兩雄]은 함께 설 수가 없는 법입니다. 초나라와 한나라가 오랫동안 맞서면서 (승패를) 결정짓지 못한다면 백성이 안정을 찾지 못해서 온 나라가 요동치게 될 것이니, 농민들은 쟁기를 버리고 길쌈하는 여인네는 베틀에서 내려옴으로써 천하의 민심이 불안정해질 것입니다. 바라건대 족하께서는 서둘러 군대를 다시 진격시켜서 형양을 탈환하고 오창의 식량을 확보한 뒤에 성고의 요충지를 막고 태항산으로 가는 길을 끊으며 비호(蜚狐)의 어귀를 가로막고 백마 나루터를 지킴으로써 제후들에게 힘을 과시하고 유리한 지형으로 적을 제압하는 형세를 보여주셔야 합니다. 그리하면 천하는 어디에 의지해야 하는지[歸=依]를 알게 될 것입니다.

바야흐로 지금 연나라와 조나라는 이미 평정되었지만, 제나라만 아직 밑으로 들어오지 않고 있습니다. 지금 전광(田廣)은 사방 1,000리의 제나라를 갖고서 버티고 있고, 전간(田間)은 20만 군대를 거느리고 역성(歷城)에 진을 치고 있습니다. 여러 전씨(田氏) 일족이 막강한 데다가 바다를 등지고 황하와 제수(濟水)를 앞에 두고 있으며 남쪽으로는 초나라와 가깝고 사람들은 임기응변과 속임수[變詐]에 능합니다. 족하께서 비록 군사 수십만 명을 보내더라도 짧은 기간에 격파할 수는 없을 것입니다. 신이 밝은 조서를 받들어 제나라 왕에게 유세함으로써 제나라 왕이 한나라에 속하는 동쪽의 번국이 되도록 하겠습니다."

상이 말했다.

"좋다."

마침내 그 계책을 따라 다시 오창을 지키면서 역생으로 하여금 제나라 왕에게 가서 유세하게 했다.

(역생이 제나라 임금에게 가서) 말했다.

"왕께서는 천하가 어디로 돌아가게 될지를 아십니까?"

(제나라 왕이) 말했다.

"알지 못한다."

"천하가 어디로 돌아가게 될지를 아신다면 제나라는 보존될 수 있지만, 만일 천하가 어디로 돌아가게 될지를 알지 못하신다면 곧장 제나라는 보존될 수 없을 것입니다."

제나라 왕이 말했다.

"천하는 어디로 돌아가게 되는가?"

역생이 말했다.

"한나라로 돌아가게 될 것입니다."

제나라 왕이 말했다.

"선생은 무슨 근거로 그렇게 말하는 것인가?"

말했다.

"한나라 왕과 항왕(項王-항우)은 힘을 합쳐[戮力=合力] 서쪽으로 진나라를 쳐서 먼저 함양에 입성하는 자가 임금이 되기로 약속했습니다. (그런데 한나라 왕이 먼저 함양에 들어갔지만) 항왕은 약속을 어기고 함양을 주지 않은 채 한중(漢中)의 왕으로 삼았습니다. (게다가) 항왕은 의제(義帝)를 내쫓아 죽였습니다. (이에) 한나라 왕은 촉(蜀)나라와 한(漢)나라의 군사를 일으켜서 삼진(三秦)을 친 뒤 함곡관을 나와 (항왕에게) 의제를 죽인 죄를 따졌고, 천하의 병사들을 거둬들여 제후들의 후예를 세워주었습니다. 한나라 왕은 성을 함락시키면 곧바로 그 공을 이룬 장수를 후(侯)로 봉하고 재물을 얻으

면 병사들에게 나눠줌으로써 천하와 더불어 그 이익을 함께했습니다. 호걸과 영웅과 현인과 재사[豪英賢材]들이 모두 기꺼이 한나라 왕에게 쓰이고자 했고, 제후들의 군사가 사방에서 몰려들었으며, 촉한(蜀漢)의 곡식을 실은 배가 다퉈 장강을 타고 내려오고 있습니다.

반면에 항왕은 약속을 어겼다는 오명과 의제를 죽였다는 죄가 있습니다. 다른 사람의 공로는 기억하는 바가 없고, 다른 사람의 죄는 잊어버리는 바가 없습니다. 싸워서 이겨도 상을 주지 않고, 성을 함락해도 봉읍을 주지 않습니다. 항씨(項氏)가 아니면 중요한 자리에 쓰일 수도 없고, 사람을 봉하기 위해 도장[印]을 새겨놓고도 아까워서 기꺼이 주지를 못합니다. 성을 공격해 재물을 얻어도 쌓아두기만 할 뿐 상으로 주지를 않습니다. 그래서 천하 사람들은 그에게 반기를 들었고, 재주가 뛰어난 사람들은 그를 원망하면서 그에게 쓰이기를 바라지 않습니다. 따라서 천하의 선비들이 한나라 왕에게 의지하게 될 것이라는 사실은 앉아서도 알아차릴 수 있습니다.

무릇 한나라 왕은 촉나라와 한나라에서 군사를 일으켜 삼진(三秦)을 평정한 뒤 서하(西河) 밖을 건너 상당(上黨)의 군사들을 모아서 정형(井陘)을 함락시키고 성안군(成安君)을 주살했으며 북위(北魏)를 격파해 성 32개를 거두었습니다. 이는 치우(蚩尤)의 군대나 가능한 것으로, 사람의 힘이 아니라 하늘이 내린 복입니다. 지금 이미 (한나라는) 오창의 곡식을 차지했으며, 성고의 요새를 막고 백마 나루터를 지키며 태항산으로 가는 길을 끊고 비호(蜚狐)의 어귀를 가로막고 있습니다.

천하에서 (한나라 왕에게) 뒤늦게 항복하는 자는 먼저 망하게 될 것입니다. 왕께서 서둘러[疾] 한나라 왕에게 항복하신다면 제나라 사직을 보존할 수 있겠지만, 한나라 왕에게 항복하지 않으면 나라가 망해가는 것을 서서 지켜보게 될 것입니다."

전광도 그렇다고 여겨 마침내 역생의 말을 따르기로 함으로써 역하(歷下)를 지키던 병사를 거둬들인 뒤에 역생과 날마다 마음껏 술을 마셨다

회음후 한신은 역생이 수레 위에 앉은 채로[伏軾] 제나라의 70여 성을 떨어뜨렸다는 소식을 듣고는 마침내 밤을 틈타 군대를 평원(平原) 나루터에서 황하를 건너게 하여 제나라를 급습했다. 제나라 왕 전광은 한나라 군대가 쳐들어왔다는 소식을 듣자 역생이 자신을 속였다고 생각하고서 마침내 이렇게 말했다.

"네가 한나라 군대를 저지하면 내가 널 살려주겠지만, 그렇지 않으면 나는 장차 너를 삶아 죽일 것이다!"

역생이 말했다.

"큰일을 하는 사람은 사소한 일에 신경 쓰지 않으며, 다움이 성대한 사람은 남들의 비난 따위는 신경 쓰지 않습니다. 그러니 그대는 그대를 위해 내 말을 바꾸게 할 수는 없을 것입니다."

제나라 왕은 드디어 역생을 삶아 죽인[亨=烹] 뒤 군대를 이끌고 동쪽으로 달아났다.

한나라 12년에 곡주후(曲周侯) 역상(酈商)은 승상으로서 군대를 거느리고 경포(黥布)를 쳐 공로가 있었다. 고조는 열후(列侯)와 공신들의 공로를 논할 때 역이기를 떠올렸다.

역이기의 아들 개(疥)는 여러 차례 군대를 지휘해 싸움터에 몇 차례 나갔으나 후에 봉해질 만큼의 공로를 세우지는 못했다. 그러나 상(上)은 그 아버지를 생각해서 개를 봉해 고량후(高粱侯)로 삼고 그 뒤에 고쳐서 무수(武遂)를 식읍으로 주었으니, 3대를 이어갔다.

원수(元狩-무제의 연호) 원년에 무수후(武遂侯) 평(平)이 거짓으로 조서를 꾸며 형산왕(衡山王) 유발(劉勃)로부터 황금 100근을 빼앗으려 한 죄에 걸려서 기시형(棄市刑)에 처하게 되었으나 병으로 죽어버렸고 봉국은 없어졌다[1].

1) **【정의(正義)】**「연표(年表)」에 이르기를 "개가 졸하자 아들 적(敵)이 뒤를 이었고, 적이 졸하자 평이 뒤를 이었다. 원년에 죄가 있어 나라를 없앴다"라고 했다.

육가(陸賈)[1]는 초(楚)나라 사람이다. 빈객으로 고조를 따라다니며 천하를 평정했고, 말재주[口辯=言辯]가 있다고 이름이 났으며, 고조 곁에 있으면서 늘[常] 제후들에게 사신으로 갔다.

1) **【색은(索隱)】**『진류풍속전(陳留風俗傳)』을 살펴보니 이렇게 되어 있다. "육씨(陸氏)는 춘추시대 때 육혼국(陸渾國)의 후손이다. 진후(晉侯)가 그들을 치자 옛 육혼의 후손들이 초나라로 달아났다. 육가는 그 후손이다."[육고로 읽기도 한다. 다른 경우에도 마찬가지다.]

고조 때 이르러 중원(中原)이 처음으로 안정되었을 무렵 위타(尉他)[1]는 남월(南越)을 평정하고 그 기세로 남월왕이 되었다. 고조는 육가를 사자로 보내 위타에게 인(印-인장)을 주고 남월왕으로 삼았다.

육생(陸生)이 그곳에 이르렀을 때 위타는 상투를 방망이 모양으로 틀고[魋結] 두 다리를 쩍 벌린 채 거만하게 육생을 만났다. 육생이 그 참에 앞으로 나아가 설득해 말했다.

"족하(足下)는 중국 사람으로, 친척과 형제들의 무덤이 진정(眞定)[2]에 있습니다. (그런데) 지금 족하께서는 천성(天性)을 위반한[3] 채 관대(冠帶)[4]를 내팽개치고 보잘것없는[區區] 월(越)나라를 갖고서 천자에 맞서는[抗衡][5] 적국이 되려고 하니, 화(禍)가 장차 그 몸에 미칠 것입니다.

저 진(秦)나라가 정치하는 도리를 잃었기 때문에 제후와 호걸들이 나란히 일어났는데, 우리 한나라 왕께서 가장 먼저 함곡관에 들어가 함양을 점거하셨습니다. 그러나 항적이 약속을 저버리고 스스로를 세워 서초패왕(西楚霸王)이 되자 제후들이 모두 거기에 귀속했으니 지극히 강력했다고 말할

수 있습니다만, (결국) 한나라 왕께서 파(巴)와 촉(蜀)에서 일어나 천하를 채찍질하며 제후들을 겁박하고 공략해 드디어 항우를 주살하고 멸망시켰습니다. 그로부터 5년이 지나는 사이에 해내(海內-나라)가 평정되었으니, 이는 사람의 힘이 아니라 하늘이 그렇게 만들어준 것입니다.

천자께서는 군왕(君王)께서 남월왕이 된 뒤에 천하 사람들을 도와서 폭도와 반역자들을 주살하는 일을 하지 않았기에 한나라 장군과 재상들이 군대를 움직여 당신을 주살하려 한다는 것을 들으셨지만, 백성이 다시 고달파지는 것을 가엽게 여기시어 일단 백성을 쉬게 하고 신을 보내 군왕께 왕의 인장을 주고 부절(符節)을 나눠 사신을 통하게 하신 것입니다. 군왕께서는 교외로 나와서 사신을 맞이하고 북면(北面)해 신하라고 칭하는 것이 마땅할 터인데, 마침내 이제 막 새로 세워져서 아직 안정되지도 않은[未集] 월나라를 갖고서 우리에게 뻣뻣하고 강경하게[屈彊=倔强]6) 대했습니다. 한나라 조정에서 진실로 이것을 안다면 군왕의 선조들 무덤을 파헤쳐 불태우고 종족을 모두 죽일 것이며[夷種] 편장(偏將) 한 사람으로 하여금 10만 군대를 이끌고 월나라를 공격하게 할 것이니, 그리되면 곧바로 월나라 사람들이 왕을 죽이고 한나라에 항복하는 일은 손바닥 뒤집는 것처럼 쉬울 뿐입니다."

1) 【색은(索隱)】 조타(趙他)가 남월의 위(尉)였기 때문에, 위타라고 한 것이다.

2) 【색은(索隱)】 조나라 땅이다. 본래 이름은 동원(東垣)이고, 상산군(常山郡)에 속한다.

3) 안사고(顔師古)가 말했다. "부모의 나라를 배반하고 형제의 정이 없으므로 천성을 위칸했다고 한 것이다."

4) 중국의 관직을 상징한다.

5) 【색은(索隱)】 살펴보건대, 최호(崔浩)가 말했다. "항형(抗衡)이란 서로 버티며 상대의 아래가 되지 않으려 하는 것이다."

6) 굴(倔)은 '뻣뻣하다' 혹은 '몸을 일으키다'라는 뜻이다.

이에 위타는 마침내 벌떡[蹶然] 일어나 앉으면서 육생에게 사과하며 말했다.

"오랑캐 땅에 산 지 오래다 보니 다만[殊] 예의를 잃어버렸습니다."

그러고는 육생에게 물었다.

"나를 소하(蕭何) · 조참(曹參) · 한신(韓信)과 비교한다면 누가 더 뛰어납니까[賢]?"

육생이 말했다.

"왕께서 아마도[似] 더 뛰어나실 것입니다."

다시 물었다.

"나를 황제와 비교한다면 누가 더 뛰어납니까?"

육생 말했다.

"황제께서는 패현(沛縣) 풍읍(豐邑)에서 일어나시어 포악한 진나라[暴秦]를 주토하고 강력한 초나라[彊楚]를 주벌했으니, 천하를 위해 이로운 것을 일으키시고 해로운 것을 없앴으며[興利除害] 오제(五帝)와 삼왕(三王)의 대업을 계승해서 천하를 통일해 중국을 다스리고 계십니다[統理]. 중국의 인구는 억에 이르고 땅은 사방 1만 리에 이르며 천하의 기름진 땅에 살고 있어서 사람도 많고 수레도 많으며 물산이 크게 풍부한 데다 정치가 황제의 한집안에서 나오니, 이는 천지가 개벽한[剖泮=開闢]¹⁾ 이래로 일찍이 없었던 일입니다. 지금 왕께서는 무리가 수십만 명에 지나지 않고 모두 오랑캐[蠻夷]이며 영토는 험난한[崎嶇] 산과 바다 사이에 끼어 있어서 비유컨대 한나라의 일개 군(郡)과 같은데, 왕께서는 어찌 마침내 한나라 천자와 비교하십니까?"

위타가 크게 웃으면서 말했다.

"나는 중국에서 일어나지 않았기 때문에 여기에서 왕 노릇을 하는 것이오. 만일 내가 중국에서 태어났다면 어찌 실로[渠=詎] 한나라 천자만 못 하겠소?"

마침내 육생이 크게 마음에 들어 그를 몇 달 동안 머물게 하고서 함께 술을 마셨다.

위타가 말했다.

"월나라에는 제대로 더불어 이야기를 나눌[與語] 만한 사람이 없었는데, 선생이 이곳에 오신 뒤로 나는 그동안 듣지 못했던 것을 매일 들을 수 있었소."

그러고는 육생에게 천금이나 나가는 보물을 자루에 넣어주고 또 1,000금을 따로 주었다[他送]. 육생이 결국 위타를 제배해 월왕으로 삼으니, (위타는) 신이라 칭하면서[稱臣] 한나라(천자)를 받들 것을 약속했다. (육생이) 돌아와 보고하자 고조는 크게 기뻐하며 가를 제배해 태중대부(太中大夫)로 삼았다.

1) 이는 군신 관계가 탄생했다는 뜻이다. 하늘은 임금이고 땅은 신하다.

육생은 고제(高帝) 앞에 수시로 나아가 『시경(詩經)』과 『서경(書經)』[1]을 높이 평가하며 강술했는데, (어느 날) 고제(高帝)가 욕을 하며 말했다.

"나[迺公=乃公][2]는 말 위에서 (천하를) 얻은 것이지, 어찌 『시경』과 『서경』이 도움을 주었겠는가?"

육생이 말했다.

"말 위에서 (천하를) 얻었다고 해서 어찌 말 위에서 다스릴 수 있겠습니까? (은나라를 세운) 탕왕(湯王)과 (주나라를 세운) 무왕(武王)은 도리를 거슬러 천하를 차지했지만[逆取] 도리에 순응해 나라를 지켰습니다. 문무(文武)를 함께 쓰는 것이야말로 장구한 계책[術]입니다. 옛날에 오왕(吳王) 부차(夫差)와 진(晉)의 지백(智伯)은 무력을 지나치게 사용해서 멸망했으며, 진(秦)은 형법만 쓰고 (정치 방식을) 바꾸지 않아서 결국 조씨(趙氏)[3]가 멸망시켰습니다. 만약에[鄕使] 진(秦)나라 시황제가 천하를 얻고 난 뒤부터 어짊

과 마땅함[仁義]을 닦고 옛 성인(聖人)이나 성군(聖君)들을 본받았다면 (진나라를 망하지 않았을 터이니) 폐하께서 어떻게 천하를 얻어 소유하실 수 있었겠습니까?"

고제는 못마땅하면서도[不懌] 부끄러워하는 듯한 모습을 보이다가, 마침내 육생에게 말했다.

"그대는 나를 위해 진나라가 천하를 잃게 된 까닭, 내가 그로부터 얻어야 할 교훈, 옛날 왕조들의 성공과 실패 등에 관한 책을 짓도록 하라."

육생이 마침내 국가 존망의 징후에 관해 대략 서술해[粗述] 모두 12편을 썼다. 매번 한 편씩 올릴 때마다 고제는 일찍이 ("처음 듣는 말[新語]"이라며)[4] 칭찬을 아끼지 않았고 좌우 신하들은 모두 만세를 불렀으니, 그 책의 이름을 『신어(新語)』[5]라고 했다.

1) 시서(詩書)란 유학 전반을 가리키는 말이다.

2) 네 임금이라는 뜻으로, 상대를 경멸할 때 임금이 스스로를 부르는 칭호이다.

3) 【집해(集解)】 조씨(趙氏)는 진성(秦姓)이다. 【색은(索隱)】 살펴보건대, 위소(韋昭)가 말했다. "진(秦)나라 백익(伯益)의 후손이다. 조보(造父)에 이르러 목왕(穆王)에게 공로가 있어 조성(趙城)에 봉해졌는데, 이때부터 조씨(趙氏)라고 했다."

4) 반고는 『한서(漢書)』에서 이 부분을 추가했다.

5) 『신어』는 지금까지 전해지는데, 도기(道基)·술사(術事)·보정(補政)·무위(無爲)·변혹(辨惑)·신미(愼微)·자질(資質)·지덕(至德)·회려(懷慮)·본행(本行)·명성(明誠)·사무(思務) 12편으로 이뤄져 있다.

효혜제(孝惠帝) 때 여태후(呂太后)가 정사를 좌우하게[用事] 되자 여러 여씨를 왕으로 세우고 싶었으나, 대신 가운데 입 가진 자[有口者=辯士]들이 (반대할 것이) 두려웠다. 육생은 스스로 헤아려볼 때[自度] 이 문제는 간쟁 할 수 없다고 여기고서, 마침내 병을 핑계로 벼슬을 그만두고 집에 머물렀다.

호치(好時)[1]에 있는 전답이 좋아서 집안을 그리로 옮길 만했다. 아들이 다섯 있었는데, 마침내 그가 월나라에 사신으로 갔을 때 받은 자루 속의 보물을 팔아 1,000금[2]을 만들어서 아들들에게 200금씩 나눠주고 생업을 꾸리게 했다. 육생은 늘 말 4마리가 끄는 안거(安車)를 타고 가무를 하며 거문고 타는 시종 10명을 거느리고서 100금짜리 보검을 차고 다녔는데, 아들들에게 이렇게 말했다.

"내 너희들과 약속하겠다. 너희들 집에 들르면 내가 데리고 간 사람과 말에게 술과 먹을 것을 주도록 해라. 실컷 놀다가 열흘이 되면 다음 아들 집으로 갈 것이다. 그러다가 내가 죽는 집에서 보검과 수레와 말, 시종들을 갖도록 해라. 다른 집에 손님이 되어 오가는 일도 있을 것이니 1년 중 두세 번 정도 너희들 집에 들를 것이다. 자주 보게 되면 식상할 터이니[不鮮]^{불선}[3], 오래 묵어 너희들을 귀찮게[愿=辱=煩]^{혼 욕 번} 하지는 않겠다."

1) 【정의(正義)】 옹주(雍州)의 현이다.

2) 【정의(正義)】 한나라 제도에 1금은 1,000관(貫)에 해당한다.

3) 【색은(索隱)】 아무리 맛있는 음식도 자주 먹으면 맛있게 여겨지지 않는 것과 같다는 말이다.

여태후 때 여러 여씨를 왕으로 세우니, 여러 여씨가 정권을 마음대로 휘두르면서[擅權=顓權]^{천권 전권} 어린 황제를 협박하고 유씨(劉氏)들을 위태롭게 했다. 우승상(右丞相) 진평(陳平)이 이 일을 근심했으나 힘으로는 맞설 수가 없고 화가 자신에게 미칠까 두려워, 진평은 늘 한가로이 지내는 척하면서도 깊은 생각에 잠기곤 했다. (한번은) 육생이 찾아가서 안부를 묻고는[請]^청[1] 곧장 들어가 앉았는데, 진평은 마침 깊은 생각에 잠겨 있어 육생이 온 것도 바로 발견하지 못했다.

육생이 말했다.

"무슨 생각을 그리 깊이 하고 계십니까?"

진평이 말했다.

"내가 무슨 생각을 하고 있는지 선생이 맞혀보시오[揣=度]?"

육생이 말했다.

"족하께서는 지위로는 상상(上相-최고위 재상)이고 식읍이 3만 호인 열후이니, 말 그대로 부귀는 극에 달해 더 욕심부릴 것이 없다고 할 수 있습니다. 그런데도 근심거리가 있다면 여러 여씨와 어린 군주의 일뿐일 것입니다."

진평이 말했다.

"그렇소. 이 일을 어떻게 했으면 좋겠소?"

육생이 말했다.

"천하가 안정되어 있을 때는 재상을 주시하고, 천하가 위태로울 때는 장군을 주시합니다. 장군과 재상이 화목하고 협력한다면 모든 장부와 선비가 힘써 따를 것이고, 장부와 선비가 힘써 따르게 되면 천하에 변고가 있더라도 곧 권력은 흩어지지 않을 것이니, 사직을 위한 계책은 두 분이 손을 잡는 데 달렸을 뿐입니다. 신이 항상 태위(太尉) 강후(絳侯)에게 이런 말을 하고자 했으나 강후는 저와 농담을 잘하는 사이라 제 말을 가볍게 받아들입니다. 족하는 어찌 태위와 친교[交驩]를 맺어 서로 깊게 교결 하지 않으십니까?"

그러고는 진평을 위해 여씨 일족에게 대처하는 몇 가지 계책을 일러주었다. 진평이 그 계책을 써서 마침내 500금으로 강후의 장수를 축원하면서 음악과 음식을 성대하게 준비하니, 태위 역시 이와 같이 답례했다. 이 두 사람이 서로 깊게 결속하자 여씨들의 모의는 점차 움츠러들었다. 이에 진평이 노비 100명과 수레와 말 50승, 500만 전(錢)의 음식비용을 육생에게 주었으니, 육생은 이것으로 한나라 조정의 공경(公卿)들과 교유함으로써 명성이 더욱 자자해졌다[籍甚][2].

1) 【집해(集解)】『한서음의(漢書音義)』에서 말했다. "청(請)이란 문안 인사를 하는 것
   이다."

2) 【집해(集解)】『한서음의(漢書音義)』에서 말했다. "마구 퍼져 나감[狼藉]이 더욱 성
   대해졌다는 말이다."

여러 여씨를 주살하고 나서 효문제(孝文帝)를 세웠는데, 육생도 (여기에)
자못 큰 역할을 했다. 효문제가 자리에 나아가게 되자 남월(南越)에 사신을
보내려고 했다. 승상 진평 등이 마침내 육생을 추천하니 육생을 태중대부
(太中大夫)로 삼아 위타(尉他)에게 사신으로 가게 했다. 그가 가서 위타에게
(황제의 상징인) 황색 비단 수레 덮개의 사용[黃屋]과 제(制-황제의 명령)를 칭
하는 것[稱制]을 못 하게 하고 (등급을) 제후와 동등하게 하고 돌아왔는데,
그것들이 다 황제의 뜻에 맞았다. 상세한 이야기는 「남월열전(南越列專)」에
실려 있다.

육생(陸生)은 천수를 모두 누리고 삶을 잘 마쳤다[壽終].

평원군(平原君) 주건(朱建)은 초(楚)나라 사람이다. 그래서 일찍이 그는
회남왕(淮南王) 경포(黥布)의 재상으로 있었는데, 죄를 지어 벼슬을 그만
두었다가 뒤에 다시 경포를 섬겼다. 포(布)가 반란을 일으키고자 평원군
에게 물으니, 평원군이 만류했지만, 포는 그의 말을 듣지 않고 양보후(梁父
侯)1)의 말을 따라 드디어 반란을 일으켰다. 한나라는 이미 경포를 주살하
고 난 다음에 평원군이 경포에게 반란을 일으키지 말라고 간언했다는 것을
듣고는 그를 죽이지 않았다. 상세한 이야기는 「경포열전(黥布列傳)」에 실려
있다2).

1) 【색은(索隱)】 역사 기록에 이름이 전하지 않는다. 여순(如淳)은 『한서(漢書)』에 주
   를 달면서 "수(遂)는 포의 신하"라고 했는데, 잘못이다. 신찬(臣瓚)이 말하기

를 "포는 양보후의 계책을 써서 드디어[遂] 반란을 일으켰다"라고 했는데, 이 설이 옳다.

2) 【집해(集解)】「경포열전」에는 이 말이 없다.[『한서(漢書)』에는 이 뒤에 다음의 한 문장이 추가되어 있다. "고조(高祖)는 건에게 평원군(平原君)의 칭호를 내려주고 가족을 장안으로 옮겨 살게 했다."]

평원군은 말재주가 좋은 데다 사람됨이 준엄하고 청렴하며 굳세고 곧았으며[刻廉剛直], 집은 장안에 있었다. 행실은 구차하게 남의 비위를 맞추지[苟合] 않았고 의리에 벗어나는 일을 용납하지 않았다. 벽양후(辟陽侯-심이기(審食其))는 행실이 바르지 않았지만, 여태후의 총애를 얻었다. 이때 벽양후는 평원군과 사귀고 싶어 했으나 평원군이 그를 기꺼이 만나주려 하지 않았다. 평원군의 어머니가 죽었을 때 육생은 평소 평원군과 사이가 좋았기에 문상하러 갔는데, 평원군은 집안이 가난한 탓에 아직 장례를 치르지 못해 마침 상복과 장례 도구를 빌리려고 하고 있었다.

육생이 평원군을 도와 장례를 치를 수 있게 해주고는, 벽양후를 찾아가서 축하하며[賀] 말했다.

"평원군의 어머니께서 돌아가셨소."

벽양후가 말했다.

"평원군의 어머니께서 돌아가셨는데 어찌 나에게 축하를 하시오?"

육가가 말했다.

"예전에 그대는 평원군과 사귀려 했지만, 평원군이 의리를 지키느라 그대와 사귀려 하지 않았는데, 그것은 어머니 때문이었소. (그런데) 지금 그의 어머니께서 돌아가셨으니, 그대가 진실로 두텁게 조문한다면[送葬] 그는 당신을 위해 죽을 수도 있는 사람이오."

벽양후가 마침내 조문을 가서 수의를 만들라면서[稅]1) 100금을 냈다. 열후와 귀인들도 벽양후가 하는 것을 보고는 평원군을 찾아가서 수의를 위한

부의[賻=布帛]를 냈는데, 모두 500금에 이르렀다.

1) 【집해(集解)】 위소(韋昭)가 말했다. "의복을 세(稅)라고 한다. 세(稅)는 마땅히 수(襚-수의)가 되어야 한다."

벽양후가 여태후에게 총애를 받자 어떤 사람이 효혜제에게 벽양후를 헐뜯으니, 효혜제가 크게 화가 나서 벽양후를 옥리에게 넘겨 죽이려 했다. 여태후는 부끄러워서, 말을 할 수 없었다[1]. 대신들은 대부분 벽양후의 행실을 미워했기 때문에 마침내 그가 주살되기를 바랐다. 벽양후는 사태가 급박해지자 그 참에 사람을 보내 평원군을 만나려고 했다.

평원군이 사양하며 말했다.

"옥사 판결이 급박해 있기 때문에 감히 그대를 만날 수 없습니다."

마침내 평원군은 이에 효혜가 총애하는 신하 굉적유(閎籍孺)[2]를 찾아가 설득하며 말했다.

"천하에 당신이 황제의 총애를 받고 있다는 것을 모르는 사람이 없소. 그런데 지금 벽양후가 태후에게 총애를 받았다고 해서 형리에게 넘겨졌고, 길거리의 사람들은 모두 당신이 중상해서 그를 죽이려 한다고 말하고 있소. 지금 벽양후가 죽임을 당한다면 일단은 태후께서 분노를 감추시겠지만[含=藏] (결국에는) 또한 당신을 죽이게 될 것이오. 그런데 어찌하여 당신은 옷을 벗어 어깨를 드러내놓고[肉袒] 벽양후를 위해 제(帝)께 용서를 청하지 않는 것이오? 만일 제께서 당신의 청을 듣고 벽양후를 풀어주신다면 태후께서 크게 기뻐하실 것이니, 그렇게 된다면 제와 태후 두 분[兩主]께서 모두 당신을 총애해 당신은 부귀가 더욱 늘어날 것이오."

이에 굉적유가 심히 두려워하다가 그 계책을 따라 제(帝)에게 말씀을 드리니, 제는 과연 벽양후를 내보내주었다. 벽양후는 감옥에 끌려갈 때 평원군을 만나려 했으나 평원군이 만나주지 않은 일 때문에 평원군이 자기를

배반한 것으로 여기고 크게 화가 나 있었다. 그러나 평원군이 계책을 성공시켜 나오게 해주자 마침내 크게 놀랐다.

1) 안사고(顔師古)가 말했다. "스스로 그것에 관해 입에 담을 수 없었다는 뜻이다."
2) 【색은(索隱)】 「영행열전(佞幸列傳)」을 살펴보건대 고조 때는 적유(籍孺)라고 했고 효혜 때는 굉유(閎孺)라고 했는데, 여기서는 둘을 합쳐 굉적유라고 했으니 잘못이다.

여태후가 붕하자 대신들이 여러 여씨 일족을 죽였는데, 벽양후는 여러 여씨와 지극히 가까웠음에도 불구하고 끝내 주살되지 않았다. 계책을 세워 몸을 보전할 수 있게 해준 것은 모두 육생과 평원군의 힘 덕분이었다.

효문제(孝文帝) 때 회남여왕(淮南厲王)이 벽양후를 죽였는데, 이는 그가 여러 여씨와 관계를 맺어서다. 효문제는 벽양후의 빈객인 평원군이 그 계책을 세워주었다는 것을 듣고 옥리에게 평원군을 체포해 그 죄를 다스리게 하니, 옥리가 집에 도착했다는 말을 듣고는 평원군이 자살하려고 했다. 이에 여러 아들과 관리가 모두 말했다.

"일을 아직 알 수 없는데, 어찌해서 자살하려 하십니까?"

평원군이 말했다.

"내가 죽으면 재앙이 끊어져서 너희들 몸[而身=汝身]까지는 미치지 않을 것이다."

드디어 자기 목을 찔렀다. 효문제가 이 소식을 듣고서 안타까워하며 말했다.

"나는 그를 죽일 뜻이 없었다."

마침내 그의 아들을 불러 제배해 중대부(中大夫)로 삼았다. 그는 흉노(匈奴)에 사신으로 갔다가 선우(單于)가 무례한 태도를 보이자 마침내 선우를

나무랐다가 결국 흉노 땅에서 죽었다.

애초에 패공(沛公)이 군대를 이끌고 진류(陳留)를 지나갈 때, 역생(酈生-역이기)이 군문 앞까지 나아가 명함[謁=名銜]을 올리면서 말했다.[1]

"고양(高陽)의 천민 역이기는 패공께서 따가운 햇살과 차가운 이슬[暴露]2)을 무릅쓰고 군대를 이끌고서 초나라를 도와 의롭지 못한 진나라를 친다는 소식을 남몰래 듣고는 삼가 따르는 자들을 위로하며, 바라건대 패공을 만나뵙고서 천하의 대업을 위한 계책을 말씀드리고자 합니다."

사자가 들어가 아뢰었는데, 패공이 마침 다리를 씻고 있다가 사자에게 물었다.

"어떤 사람이더냐?"

사자가 대답했다.

"용모로 보아서 큰 유자[大儒]인 듯합니다. 유자의 옷을 입고 측주관(側注冠)3)을 쓰고 있었습니다."

패공이 말했다.

"나 대신 그에게 거절하고 '내가 지금 천하의 대업 때문에 유자를 만날 겨를이 없다'라고 전해라."

사자가 밖으로 나와 거절하며 말했다.

"패공께서 선생께 정중히 거절하시며 '지금은 천하의 대업 때문에 유자를 만날 겨를이 없다'라고 하십니다."

역생은 눈을 부릅뜨고 칼을 만지작거리면서 사자를 꾸짖었다.

"뛰어가시오! 다시 들어가 패공께 나는 고양의 술꾼[酒徒=酒黨]이지 유자가 아니라고 전하시오."

사자는 두려워 명함을 떨어뜨렸다가 허리를 굽혀 명함을 주운 뒤 다시 들어가서 아뢰었다.

"손님은 천하의 장사이옵니다. 저를 꾸짖는데, 저는 두려워서 명함을 떨

어뜨렸습니다. 그는 '들어가시오! 다시 들어가 패공께 고양의 술꾼이라고 전하시오'라고 했습니다."

그러자 패공은 즉시 발을 닦고[雪足] 창을 짚으면서 말했다.

"손님을 들게 하라[延]!"

1) 이하의 글은 태사공과 잘 지낸 사람의 말을 들어 상세하게 서술한 것이다. 그래서 앞부분과 조금 차이가 나는데, 무엇보다 두 사람이 만난 시점에 차이가 있다는 점에 주목해야 한다.

2) 햇볕과 이슬, 비바람에 그대로 노출된다는 뜻이다.

3) 【집해(集解)】 서광(徐廣)이 말했다. "일명 고산관(高山冠)이라고 한다."

역생이 들어와서 패공에게 읍하며 이렇게 말했다.

"공께서는 몹시 고생하시어 옷은 햇빛에 쏘이고 관은 이슬과 비에 젖은 채 군대를 이끌고 초나라를 도와서 의롭지 못한 진나라를 치고 계시지만, 족하께서는 어찌 스스로를 중하게 여기지[自嘉=自重] 않으십니까?

신이 천하의 일을 갖고서 뵈려 했건만 '내가 지금 천하의 대업 때문에 유자를 만날 겨를이 없다'라고 말씀하셨습니다. 무릇 족하께서는 천하의 큰 일을 일으켜 천하의 큰 공을 이루려 하시면서 겉모습으로만 사람을 판단하시니, (그렇게 하다가는) 천하의 능력 있는 장부와 선비들을 놓쳐버리실까 걱정스럽습니다. 또 제가 헤아려보건대, 족하께서는 지혜가 저만 못하고 용맹스러움 또한 저만 못하십니다. 천하를 도모하겠다고 하시면서도 (정작) 저를 만나주지 않으시니, 가만히 보건대 족하께서는 잘못하고 계십니다."

패공이 사과하며 말했다.

"조금 전에는 선생의 외모에 대해서만 들었는데, 지금은 선생의 뜻을 알겠소."

마침내 역생을 맞아들여 자리에 앉히고 천하를 차지할 방도를 물었다. 역생이 말했다.

"무릇 족하께서 큰 공을 이루고자 하신다면 진류에 주둔하는 것만 한 바가 없습니다. 진류는 천하의 요충지[據衝＝要衝]로, (제후들의) 병사들이 모이는 곳이어서, 식량이 수천만 석 비축되어 있으며 성의 수비는 매우 견고합니다. 신은 평소 그곳 현령과 잘 아는 사이이니 바라건대 족하를 위해 그를 설득해보겠습니다. 만약에 신의 말을 듣지 않는다면 신이 족하를 위해 그를 죽이고 진류를 떨어뜨리겠습니다. 족하께서는 진류의 무리를 거느리고 진류성을 차지한 다음에 그곳에 쌓인 식량을 먹으면서 족하를 따를 천하의 군사들을 부르십시오. 따르는 군사들을 다 불러 모으고 나면 족하께서 천하를 휘젓고 다니셔도 아무도 족하를 해치지 못할 것입니다."

패공이 말했다.

"삼가 명(命)을 따르겠소."

이에 역생은 마침내 그날 밤에 진류 현령을 만나 설득하며 말했다.

"저 진나라가 무도해 천하가 반기를 들었소. 지금 족하께서 천하와 함께 그 흐름을 따른다면 큰 공을 이룰 수 있을 것이오. (그렇지 않고) 만약에 지금 혼자서 망해가는 진나라를 위해 성을 굳게 지킨다면, 나는 남몰래 족하께서 위태로워질 것이라고 생각하오."

진류 현령이 말했다.

"진나라 법은 매우 엄중하므로 망령되이 말해서는 안 되오. 망령되이 말하는 사람은 멸족당할 것이니[無類], 나는 그 말을 따를 수 없소. 선생이 신(臣)에게 가르쳐준 것은 신의 뜻이 아니니, 부디 다시는 말하지 마시오."

역생은 그곳에 머물러 자다가 한밤중에 진류 현령의 머리를 벤 후, 성을 넘어와 패공에게 보고했다. 이에 패공이 군사를 이끌고 성을 공격했는데, 진류 현령의 머리를 긴 장대[長竿]에 매달고 성 위에 있는 사람들에게 보여주면서 말했다.

"서둘러 항복하라! 현령의 머리는 이미 베어졌다. 지금부터 뒤늦게 항복하는 사람은 반드시 가장 먼저 목을 베겠다!"

이에 진류현 사람들은 현령이 이미 죽은 것을 보고는 드디어 서로를 이끌어 패공에게 항복했다. 패공은 진류 남쪽 성문 위에 주둔하면서 그곳 무기고의 무기를 쓰고 비축해놓은 식량을 먹으면서 3개월 동안 머물렀고, 따르는 군사가 수만 명에 이르자 드디어 함곡관에 들어가, 진나라를 깨뜨렸다.

태사공(太史公)이 말한다.

"세상에 전해지는 역생(酈生)에 관한 글에는 대부분 한(漢)나라 왕이 이미 삼진(三秦)을 뽑아버리고 나서 동쪽으로 항우를 공격해 공(鞏)과 낙(洛) 사이로 군대를 이끌고 갔을 때 역생이 유자(儒者)의 옷을 입고 한나라 왕에게 유세했다고 되어 있다. 이는 잘못된 것이다. 패공은 아직 함곡관에 들어가기 전에, 항우와 헤어져서 고양(高陽)에 이르렀을 때 역생 형제를 얻었다.

내가 육생(陸生)의 『신어(新語)』 12편을 읽어보니 진실로 그 시대를 대표할 만한 변사(辯士)였다.

나는 평원군(平原君)의 아들과 친분이 있었기 때문에 그에 관해 구체적으로 말할[論] 수 있었다."1)

1) 【색은술찬(索隱述贊)】 역이기는 포부가 넓었고 도량이 컸으나[廣野大度]/처음에 측주관을 썼다네[始官側注]/문 앞까지 찾아가 길게 절하고[踵門長揖]/큰 그릇 인정받아 중한 대우를 받았지[深器重遇]/역하에서 제나라 왕에게 유세하는데[說齊歷下]/쇠솥에 나아가는 것쯤이야 어찌 두려우랴[趣鼎何懼]/육가가 사자 되어 월나라에 가니[陸賈使越]/위타는 벌벌 떨었다네[尉他儜怖]/나라 안정하는 방도를 설명하자[相說國安]/글은 이뤄지고 군주는 깨달았도다[書成主悟]!

권98 ─ 부근괴성열전(傅靳蒯成列傳 - 부관 · 근흡 · 괴성 열전) 제38

권98 부근괴성열전
(傅靳蒯成列傳-부관·근흡·괴성 열전) 제38

양릉후(陽陵侯)[1] 부관(傅寬)은 위(魏)나라 오대부(五大夫)의 기장(騎將)으로, (패공을) 따라서 사인(舍人-가신)이 되어 횡양(橫陽)[2]에서 일어났다. 패공을 따라 안양(安陽)과 강리(杠里)를 공격했고 개봉(開封)에서 조비(趙賁)의 군대를, 곡우(曲遇)[3]와 양무(陽武)[4]에서 양웅(楊熊)을 공격해 적 12명을 목 베었으니, (패공이) 경(卿) 작위를 내려주었다. 패공을 따라 패상(霸上)에 이르렀다.

패공이 세워져 한왕(漢王)이 되자 관(寬)에게 공덕군(共德君)[5]이라는 봉호를 내려주었다. 패공을 따라 한중(漢中)에 들어가서 승진해 우기장(右騎將)이 되었다.

패공을 따라 삼진(三秦)을 평정하니 조음(雕陰)[6]을 식읍으로 내려주었다. 패공을 따라 항적을 치고 회(懷)[7]에서 패공을 기다리니, 통덕후(通德侯) 작위를 내려주었다.

패공을 따라 항관(項冠)·주란(周蘭)·용저(龍且)를 공격했는데, 그가 거느린 병사가 오창(敖倉) 아래에서 적의 기병대장 한 사람을 죽이니 식읍이 더 많아졌다.

---

1) 【집해(集解)】「지리지(地理志)」에 이르기를, 풍익(馮翊-좌풍익) 양릉현(陽陵縣)이라고 했다.

2) 【색은(索隱)】 읍 이름으로, 한(韓)나라에 있었다. 한나라 공자 성(成)이 처음으로 횡양군에 봉해졌고, 장량(張良)이 이곳에 세워져 한왕(韓王)이 되었다.

3) **【정의(正義)】** 살펴보건대, 지금의 정주(鄭州) 중모현(中牟縣)이다.

4) **【정의(正義)】** 지금 정주(鄭州)의 현이다.

5) **【색은(索隱)】** 아름다운 칭호일 뿐 봉읍은 없었다.

6) 맹강(孟康)이 말했다. "현(縣)의 이름이며 상군(上郡)에 속했다."

7) **【색은(索隱)】** 회는 하내(河內)에 속하는데, 지금의 회주(懷州)다.

회음(淮陰-한신)에 소속되어[1] 제나라 역하(歷下-읍)의 군대를 쳤고, 또 전해(田解)를 쳤다. 상국(相國) 조참(曹參)에 소속되어 (태산현(太山縣)의) 박현(博縣)[2]을 쳐서 식읍이 늘어났다.

이어서 제나라 땅을 평정하자 그 공으로 한왕이 부절(符節)을 나눠주어 자손 대대로 끊어지지 않게 했으며, 봉해 양릉후(陽陵侯)로 삼고 식읍 2,600호를 내려주면서 이전의 식읍은 없앴다.

제나라 우승상(右丞相)이 되어 (아직 항복하지 않은) 제나라(의 전횡(田橫))에 대비했다[3].

5년 동안 제나라 상국으로 있었다[4].

1) **【색은(索隱)】** 한신은 이때 상국이었는데 회음이라고 한 것은 뒤에 그렇게 불렸기 때문이다.

2) **【색은(索隱)】** 태산현(太山縣)이다.

3) **【정의(正義)】** 살펴보건대, 제나라 왕 한신의 재상이었다.

4) **【정의(正義)】** 제나라 도혜왕 유비(劉肥)의 상국으로 5년 동안 있었다.

4월에 진희(陳豨)를 칠 때 태위(太尉) 발(勃-주발)에 소속되어 있었는데, (제나라) 상국으로서 승상 쾌(噲-번쾌)를 대신해 희(豨)를 쳤다. 한 달 만에 대(代)나라 상국으로 옮겨서 주둔군을 지휘했고[將屯][1], 2년 뒤에 대나라 승상이 되어 주둔군을 지휘했다.

1) 【색은(索隱)】 여순(如淳)이 말했다. "한나라 초에는 여러 왕의 관속이 한나라 조
  정과 같아서 대나라에도 승상이 있었다."

효혜(孝惠) 5년에 졸하니, 시호를 경후(景侯)라고 했다.

아들 수후(須侯) 정(精)이 세워져서 24년 만에 졸했다.

아들 공후(共侯) 칙(則)이 세워져서 12년 만에 졸했다.

아들 후 언(偃)이 세워졌는데, 31년에 회안왕(유안)의 모반에 연루되어 죽
고 봉국은 없어졌다.

신무후(信武侯) 근흡(靳歙)은 중연(中涓)으로서 패공을 따라 원구(宛
朐)[1]에서 일어났다. 제양(濟陽)[2]을 공격했다. 이유(李由-이사의 아들)의 군
대를 깨뜨렸다.

박(亳)의 남쪽과 개봉(開封)의 동북쪽에서 진(秦)나라 군대의 기병
1,000명을 쳐서 장군 1명을 죽이고 적 57명을 목 베었으며 73명을 포로로
잡으니, 작위를 내리고 칭호를 임평군(臨平君)이라고 했다. 또 남전(藍田) 북
쪽에서 전투를 벌여 거사마(車司馬)[3] 2명과 기병대장 1명의 목을 베고 적
28명을 목 베었으며 57명을 포로로 잡았다.

패상(覇上)에 이르러 패공이 세워져서 한나라 왕이 되자, 흡(歙)에게 건
무후(建武侯) 작위를 내리고 승진시켜 기도위(騎都尉)로 삼았다.

1) 【정의(正義)】 조주(曹州)의 현이다.

2) 【정의(正義)】 조주(曹州) 원구현(宛朐縣) 서남쪽으로 35리에 제양고성이 있다.

3) 【집해(集解)】 장안(張晏)이 말했다. "관의 수레를 주관한다."

한왕을 따라 삼진(三秦)을 평정했다. (한나라 왕과) 별도로 군대를 이끌고
서쪽으로 가서 농서(隴西)에서 장평(章平-장한의 아들)의 군대를 깨뜨리고

농서의 현 6개를 평정했는데, 그가 거느린 병사들은 거사마(車司馬)와 군후(軍候-정찰 담당) 각각 4명과 기병대장 12명을 목 베었다.

패공을 따라 동쪽으로 가서 초(楚)나라를 치고 팽성(彭城)에 이르렀다. 한나라 군대는 패해 돌아왔고, 옹구(雍丘)를 지키면서 배반한 장군 왕무(王武) 등을 쳤다.

양(梁)나라 땅을 공략할 때 (한나라 왕과) 별도로, 서쪽으로 가서 재(甾-현)[1]의 남쪽에서 형열(邢說)[2]의 군대를 쳐서 깨뜨렸는데, 직접 형열의 도위(都尉) 2명과 사마, 군후 12명을 사로잡고 관리와 병사[吏卒] 4,680명을 항복시켰다. 또 형양(滎陽) 동쪽에서 초나라 군대를 깨뜨렸다. 한나라 3년에 식읍 4,200호를 하사받았다.

1) 【집해(集解)】 서광(徐廣)이 말했다. "지금은 고성(考城)이라고 한다." 【색은(索隱)】 甾의 발음은 (치가 아니라) 재(災)이다. 지금의 고성은 제음군(濟陰郡)에 속한다.

2) 【색은(索隱)】 형은 성이고, 열은 이름이다.

(패공과) 별도로, 하내(河內)로 가 조가(朝歌)에서 조(趙)나라 장군 비석(賁郝)[1]의 군대를 쳐서 깨뜨렸는데, 그가 거느린 병사들이 기병대장 2명과 수레와 말 250필을 얻었다. 패공을 따라 안양(安陽) 동쪽을 공격해서 극포(棘蒲-현)에 이르러 현 7개를 떨어뜨렸다. (패공과) 별도로 조나라 군대를 쳐서 깨뜨림으로써 조나라 장수와 사마 2명, 척후 4명을 얻고 관리와 병사 2,400명을 항복시켰다.

패공을 따라 한단(邯鄲)을 공격해 떨어뜨렸다. (패공과) 별도로 평양(平陽)[2]을 떨어뜨렸는데, 몸소 적군 수상(守相-임시 재상)의 목을 베고 그가 거느린 병사들이 군위(郡尉)와 군수(郡守) 한 사람씩을 베어 업(鄴)을 항복시켰다. 패공을 따라 조가와 한단을 공격했고, (패공과) 별도로 조나라 군대를 쳐서 깨뜨림으로써 한단군(邯鄲郡)[3]의 현 6개를 항복시켰다. 오창(敖倉)에

서 군대를 돌려 성고(成皐) 남쪽에서 항적(項籍)의 군대를 깨뜨리고 초나라 의 식량 보급로[饟道]를 쳐서 끊었는데, 그 보급로는 형양(滎陽)에서 시작해 양읍(襄邑)까지 이어져 있었다.

노성(魯城)[4] 아래에서 항관(項冠)의 군대를 깨뜨렸으며 여러 곳을 공략 했으니, 동쪽으로는 증(繒)·담(郯)·하비(下邳)[5]에, 남쪽으로는 기(蘄)·죽 읍(竹邑)[6]에 이르렀다.

제양(濟陽) 부근에서 항한(項悍)을 쳤고, 군대를 돌려서 진(陳) 성 아래 에서 항적을 쳐 깨뜨렸다. (패공과) 별도로 강릉(江陵)을 평정해 강릉 주국 (柱國), 대사마(大司馬) 이하 관리 8명의 항복을 받았으며, 본인이 직접 강 릉왕(江陵王)을 사로잡아 산 채로 낙양(洛陽)에 압송함으로써 그 참에 남군 (南郡)을 평정했다.

패공을 따라 진(陳)에 이르러 초나라 왕 신(信)을 붙잡으니, 고제는 그 에게 부절을 나눠주어 자손 대대로 작위가 끊어지지 않게 하고 식읍을 4,600호로 정했으며 칭호를 신무후(信武侯)라고 했다.

1) 【집해(集解)】 賁의 발음은 (분이 아니라) 비(肥)이고, 郝의 발음은 (학이 아니라) 석 (釋)이다. 【색은(索隱)】 『한서(漢書)』에는 조비군(趙賁軍-조나라 비의 군대)으로 되 어 있다. 살펴보건대 이곳은 하북(河北)이니, 조참과 번쾌가 공격한 곳이 아 니다.

2) 【집해(集解)】 서광(徐廣)이 말했다. "업(鄴) 땅에 평양성이 있다."

3) 【집해(集解)】 서광(徐廣)이 말했다. "한단은 고제가 이름을 고쳐 조국(趙國)이라 고 했다."

4) 【정의(正義)】 노성(魯城) 주변으로, 지금의 연주(兗州) 곡부현(曲阜縣)이다.

5) 【색은(索隱)】 「지리지(地理志)」를 살펴보건대, 증은 동해(東海)에 속한다. 【정의(正義)】 지금 증성(繒城)은 기주(沂州) 승현(丞縣)에 있다. 하비는 사수현(泗水縣)이고, 담현은 해주(海州)에 속한다.

6) 【색은(索隱)】 기와 죽은 모두 읍 이름이다.

기도위(騎都尉)로서 고조를 따라 대(代)나라를 칠 때 평성(平城) 아래에서 한신(韓信)을 공격했고, 군대를 돌려 동원(東垣)에 주둔했다. 공로가 있어 거기장군(車騎將軍)으로 승진해 양(梁)·조(趙)·제(齊)·연(燕)·초(楚)나라의 거기(車騎)를 아울러 통솔했으며, (고조와) 별도로 진희의 승상 후창(侯敞)을 쳐서 깨뜨리고 그 참에 곡역(曲逆)을 항복시켰다. 고조를 따라 경포(黥布)를 치는 데 로가 있어서 봉토가 늘어나[益封] 식읍이 5,300호로 정해졌다.

모두 해서 적 90명의 목을 베고 132명을 포로로 잡았으며, 고조와 별도로 14개 군대를 깨뜨리고 59개 성을 항복시켰으며 군과 나라 각각 하나씩과 23개 현을 평정했고 왕과 주국(柱國) 각각 1명씩과 2,000석 이하 500석 이상의 관리 39명을 사로잡았다.

고후(高后) 5년에 흡이 졸하니 시호를 내려 숙후(肅侯)라고 했다. 아들 정(亭)이 후의 작위를 이었으나 21년이 지나 나라 사람들에게 지나치게 부역을 시킨 죄에 걸려서 효문제 후(後) 3년에 후 작위를 박탈당했고 봉국은 없어졌다.

괴성후(蒯成侯) 설(緤)1)은 패현(沛縣) 사람으로 성은 주(周)다. 늘[常] 고조(高祖)의 참승(參乘-마차 동승자)을 맡았는데, 사인(舍人)으로서 고조를 따라 패현에서 일어났다.

패상(霸上)에 이르러 서쪽으로 촉(蜀)과 한중(漢中)에 들어갔다가 돌아와 삼진(三秦)을 평정함으로써 지양(池陽)2)을 식읍으로 받았다. 동쪽으로 가서 (다시 초나라) 식량 보급로[甬道]를 끊었고, 고조를 따라 출병해 평음(平陰)에서 황하를 건너고 양국(襄國)에서 회음후의 군대와 마주쳤는데,

전세가 유리할 때도 있고 불리할 때도 있었지만[乍利乍不利]3) 끝까지 고조를 배반할 마음을 먹지 않았다4).

(고조는) 설(緤)을 신무후(信武侯)로 삼고 식읍 3,300호를 내려주었다. 고조12년에 설을 괴성후(蒯成侯)로 삼고 기존의 식읍은 없앴다.

1) 【색은(索隱)】 성은 주(周), 이름은 설(緤)이다.

2) 【정의(正義)】 옹주(雍州) 경양현(涇陽縣) 서북쪽으로 3리에 지양고성(池陽故城)이 있는데, 바로 이곳이다.

3) 사(乍)의 뜻은 잠깐, 한편으로 등이다.

4) 【집해(集解)】 서광(徐廣)이 말했다. "「표(表)」에 따르면, 괴성후는 양국(襄國)에서 회음후의 군대와 만났다. 초나라와 한나라가 홍구(鴻溝)를 나누기로 약속하자 설은 신무후(信武侯)가 되었고, 전세가 불리할 때도 감히 상 곁을 떠나지 않았다."

상(上)이 직접 진희(陳豨)를 치려고 하자 괴성후가 울면서 말했다.

"애초에 진(秦)나라가 천하를 공격해 깨뜨릴 때 시황제는 일찍이 한 번도 몸소 군대를 인솔한 적이 없었습니다.

(그런데) 지금 상께서는 늘 몸소 나가려 하시니, 이는 보낼 만한 사람이 없어서 그러시는 것입니까?"

상은 설이야말로 자신을 진정으로 사랑한다고 여겨서, 이에 궁궐 문을 들어와서 종종걸음을 하지 않아도 되고 사람을 죽여도 사형에는 처하지 않는다는 특전을 내려주었다.

효문(孝文) 5년에 이르러 설이 천수를 누리고 삶을 마치니[壽終], 시호를 내려 정후(貞侯)1)라고 했다.

아들 창(昌)이 이어받았으나 죄가 있어 봉국이 없어졌다가, 효경제(孝景

帝) 중(中) 2년에 설의 아들 거(居)를 봉해 후 작위를 잇게 했다.

원정(元鼎-무제의 연호) 3년에 거가 태상(太常-종묘 의례 담당)으로 있었는데, 죄가 있어 봉국이 없어졌다[2].

1) 【정의(正義)】 시호를 존후(尊侯)라고 했다고도 하고, 도후(悼侯)라고 했다는 판본도 있다.

2) 이 부분을 반고 『한서(漢書)』는 다음과 같이 기록하고 있다. "아들 창(昌)이 이어받았는데, 죄가 있어 봉국이 없어졌다. 경제(景帝)가 설의 아들 응(應)을 다시 봉해 단후(鄲侯)로 삼았고 훙하자, 시호를 내려 강후(康侯)라고 했다. 아들 중거(仲居)가 이어받았으나 태상(太常)으로 있으면서 죄가 있어 봉국이 없어졌다."

태사공(太史公)이 말한다.

"양릉후(陽陵侯) 부관(傅寬)과 신무후(信武侯) 근흡(靳歙)은 모두 높은 작위[高爵]에 올랐다. 고제를 따라 산동(山東)에서 일어나 항우를 공격했는데, 적의 이름난 장수를 주살하고 군대를 깨뜨리며 성을 함락한 것이 십수 차례였지만 곤욕을 겪은 적이 없었으니 이는 실로 하늘이 내려준 것[天授]이었다.

괴성후(蒯成侯) 주설(周緤)은 마음을 잡아 쥐는 바가 굳건하고 발랐기 때문에 의심을 받은 적이 없었다. 상이 출정하려 할 때마다 일찍이 눈물을 흘리지 않는 때가 없어서 마치 마음을 다친[傷心] 사람과 같았다고 하니, 마음이 도타운 군자[篤厚君子]라고 말할 수 있겠다."[1]

1) 【색은술찬(索隱述贊)】 양릉후와 신무후는[陽陵信武]/상투 틀 때부터 한나라 고조를 따랐도다[結髮從漢]/움직임 하나하나가 사람의 모책에 맞아떨어졌고[動叶人謀]/공로가 채워지니 하늘도 도왔다네[功實天贊]/제나라 평정하고 항우를 깨뜨리니[定齊破項]/우리 군대가 항상 으뜸이었도다[我軍常冠]/괴성

후는 온몸 다 바쳐[齕成委質]/위험에 처해서도 반란할 생각 없었다네[夷險不亂]/임금이 충성을 칭찬하니[主上稱忠]/신하 된 자 감격해 팔뚝을 걷어 올리는구나[人臣扼腕]!

KI신서 16201

이한우의 사기 8
열전(列傳) 권80-권98

1판 1쇄 인쇄 2026년 3월 13일
1판 1쇄 발행 2026년 4월 1일

지은이 사마천
옮긴이 이한우
펴낸이 김영곤
펴낸곳 ㈜북이십일 21세기북스

서가명강팀 팀장 양으녕 **책임편집** 서진교 **마케팅** 김주현
디자인 푸른나무디자인
마케팅영업부문 정지은
영업팀 김지윤 강경남 김도연
e-커머스팀 장철용 명인수 황성진
제작팀 이영민 권경민

출판등록 2000년 5월 6일 제406-2003-061호
주소 (10881) 경기도 파주시 회동길 201(문발동)
대표전화 031-955-2100 **팩스** 031-955-2151 **이메일** book21@book21.co.kr

(주)북이십일 경계를 허무는 콘텐츠 리더

21세기북스 채널에서 도서 정보와 다양한 영상자료, 이벤트를 만나세요!
페이스북 facebook.com/jiinpill21 **포스트** post.naver.com/21c_editors
유튜브 youtube.com/book21pub **인스타그램** instagram.com/jiinpill21
홈페이지 www.book21.com

당신의 일상을 빛내줄 탐나는 탐구 생활 〈탐탐〉
21세기북스 채널에서 취미생활자들을 위한 유익한 정보를 만나보세요!

© 이한우, 2026
ISBN 979-11-7357-901-1 (04910)
        979-11-7357-893-9 (04910) (세트)